U0911479

KEY WORDS IN CULTURAL STUDIES

修订版

文化研究关键词

汪民安 —————— 主编

江苏人民出版社

图书在版编目(CIP)数据

文化研究关键词 / 汪民安主编. —南京：江苏人民出版社，2019.7(2025.12 重印)

ISBN 978-7-214-23700-2

Ⅰ.①文… Ⅱ.①汪… Ⅲ.①中华文化—文化研究—名词术语 Ⅳ.①K203-61

中国版本图书馆 CIP 数据核字(2019)第 128235 号

书　　名	文化研究关键词(修订版)
主　　编	汪民安
责任编辑	朱晓莹
装帧设计	潇　枫
责任监制	王　娟
出版发行	江苏人民出版社
地　　址	南京市湖南路 1 号 A 楼，邮编：210009
照　　排	南京紫藤制版印务中心
印　　刷	江苏凤凰通达印刷有限公司
开　　本	718 毫米×1000 毫米　1/16
印　　张	38.75　插页 2
字　　数	660 千字
版　　次	2020 年 7 月第 3 版
印　　次	2025 年 12 月第 8 次印刷
标准书号	ISBN 978-7-214-23700-2
定　　价	128.00 元

(江苏人民出版社图书凡印装错误可向本社调换)

修订版前言

十年前我们出版了《文化研究关键词》的第一版。显而易见，这个关键词并不全面——当然，没有一本关键词是全面的——但我们的目标是尽量地勾勒出此时此刻的理论处境。实际上，这样的目标在书一出版之后就变得过时了：世界在剧变，而对这个世界进行解释和捕捉的理论也在快速地更迭。我们这本书大概体现了20世纪60年代到2000年前后的理论潮流。显然，最近十多年来的理论趋势在这本书中没有得到表述。因此，我们决定增补一些新词来完善它（实际上，这不可能是绝对的完善）。这个关键词已经印刷了两次，现在，我们在第三次重印的时候，决定增补三十多个新词（这本书已经太厚了，我们不可能进行更大规模的补充）。这些新的关键词基本上都是最近十多年开始引发关注的。我们按照自己的判断，将它们从众多流行的理论概念中选择出来。显然，做出这样的选择，一方面是基于它们的影响力，另一方面也基于我们自己对它们的意义判断——有些概念非常重要，但并不一定广为人知；反过来，有些概念非常流行，但其实它贫乏而空洞。这些词的命运寄生在它们的发明者身上，和发明者的命运一样浮沉：有个时段非常流行，但很快就会过眼云烟；有时候长期默默无闻，但在另一个时刻，会被各种各样的机缘莫名其妙地唤醒。

大体上来说，在法国以后结构主义为名聚集在一起的福柯、德勒兹、德里达和拉康引发了20世纪后半期剧烈的理论地震（与之相呼应的还包括德国的海德格尔、本雅明、阿多诺和哈贝马斯）。而今天的理论潮流则是他们的震后余波。一批新近的理论家消化了上一代人的概念，它们结合今天的现实对这些概念进行创造性的解读，并以此建立自己所特有的理论框架。理论总是在批判中创造性地重构出来的。这也是理论的自然进展法则：总是要摆脱前人的思想框架，总是要发明一套新的纠正和解释理论。这一新的理论也意味着是用陌生而崭新的目光来看待既定的历史和现实。德勒兹谈论福柯和尼采的关系时说，尼采射出了一支箭，福柯把他捡起来射向另一个方向。这就是理论和理论之间的形象关系。理论总是在接续、应用和反驳的过程中展开自身的历史的。当然，理论无论如何抽象晦涩，它总是在“现在”的土壤中耕种出来的。

毫不意外，今天的理论家们又拾捡起了上一代人射出的箭。这本关键词就是试图勾勒出这不同的理论之箭的各种飞行节点和轨迹。当然，它不是按照这确定的轨迹来编排的，它的编排完全是偶然的（凭借的是这个词语的书写字母顺序），它因此呈现出的是一个难觅踪迹的立体网络。不过，它并非没有关联，人们在这些不同的关键概念中会找到某些共鸣和呼应关系。人们可以从其中任意一个词开始，但一定会找到与这个词有关联的另一个词，只不过这另一个词并不紧密地站在它的身边。

当然，要通过这些关键词去从事严密的研究远远不够，它们是高度压缩和简化的概念，我们这里的简要勾勒也远非完美准确。这与其说是对一个理论概念进行的标准解释，不如说，这是对那些意义含蓄的理论概念的一个轻微撬动。

汪民安

2019 年 12 月 30 日

前言：词语的深渊

本书搜集的这些关键词条，总是在各类理论书籍中频繁地闪现。它们随意地置身于某些篇章中、某些段落中、某些句子中，甚至是，某些标题中。我们——这些理论学徒——总是在理论课本上不经意地和它们遭遇。这样的遭遇情景往往是，在通常是通畅的阅读中，突然崩出来某一个词，它打断了我们的节奏，使阅读变得磕磕碰碰，犹豫不决，就如同一个在平静的大道上自如地行进的人突然被一块石头绊了一跤一样。我们不得不停下来，细细地端详这些挡路的词语，并将它们从句子中小心翼翼地摘出来。有时候，这些被摘出来的词语，一旦脱离了语境而以一种裸露的状态出现，它们看上去便毫无异常之处。比如，"星座"这个词，它们单纯地出现在我们面前的时候，一群人围坐一起愉快地进行命运和性格推测这一游戏场景，就自然地会浮现在人们面前。但是，当它被本雅明的忧郁而婉转的笔所书写出来，却会让人踌躇不决。在另一些时候，人们面对着这些词语，从它被翻译出来的汉字组合中找不出任何的意义踪迹——这些词语完全溢出了我们的汉语经验。尽管我们总是遭遇它们，但是如果没有专门的解释，对于我们来说，它永远是一个晦暗的秘密。比如，"能指"这个词，尽管它出现的频率如此之高，但是要在这两个单纯的汉字组合中寻找它的意义，依然会徒劳无功。这些词，或者因为它在特殊语境中的特殊意义的运用，或者因为它在汉语中由于强制性的翻译而带来的陌生性，它们埋伏在理论著作中，就像埋下的一道道黑暗深渊，让人望而却步。而理论，恰恰就是由一道道深渊组成的巨大谜团。对于那些非专业领域的人来说，理论，如同数学门外汉面对着的复杂的数学方程式一样，让人一筹莫展。

既然如此，理论和哲学为什么要发明这些晦涩的语词概念？通过概念和词语的围墙将一般人拒绝在理论和哲学的门外，是理论家的天性吗？德勒兹总结自己的哲学生涯的心得之一就是，哲学就是要发明概念。但是，发明这些概念，并不是为了发明晦暗本身,而是为了发现这个世界的晦暗。换一种说法就是,这些深渊般的理论概念,之所以变得晦暗,并不是因为词语本身的晦暗,而是因为世界本身的晦暗。世界本身如此之复杂和晦暗,以至于任何的词语都难以将它耗尽,而词语一旦力图去捕捉这个世界的时候,它必定气喘吁吁,负荷累累。理论和哲学,同人们通常的看法相反,并不是处于生活世界的另一端,相反,理论和哲学都是对世界的表述实践。这种表述实践,充满着运用词语的技术。关键词语和概念的发明,是理论对世界进行表述的权宜之计。晦涩的世界,必须借助词语通道隐约地现身。理论家将某些词语和概念召唤而来,就是为了利用它们,尽可能地照亮世界的晦暗秘密。这些词语,其命运,在理论家手中得以改变。理论家选择它们,尽管有各种各样的特定机缘,但是,他们往往是将这些词语的原初意义作为凭借,然后,在这个原初意义上不间断地进行意义的繁殖。这些词,其意义的增殖过程,也通常是原初意义不断地退隐的过程。一旦被理论家所选择并作为关键的概念来运用的话,词语,在理论著述中的效应,就如同一块单调的石头被扔进池塘中一样,它负载的意义像波浪般地一层一层地荡漾开来。这些词语和概念被种植了大量复杂和晦暗的内容,它们被过度地运用,以致其基本字面意义反而隐而不现。反过来说,这些复杂和晦涩的世界信息,它们强行闯入这些词语中,让词语变得肿胀、饱满和丰富,让词语的意义从其原初的单一性上扩散和弥漫开来。还有一些理论家,甚至对所有的现存词语都不满意,现存词语的既定意义踪迹,对于他的理论陈述而言,总是不尽如人意,因此,不是借助于一个既定的词来繁殖意义,而是在已有的词汇上进行词的改造,进而发明一个新词,并赋予这个新词以意义,这也是一个常见的确定理论概念的方式——不用多说,我们马上就能联想到德里达的例子。对汉语读者来说,这些关键词语还有另外一层复杂性:它还需要被翻译一遍。对一个词的翻译,实际上是将这个词的意义进行一种搬运,将这个词搬运到另外一种空间和时间编织的情景中。词的意义,在这种跨越时空的搬运旅途中不断地经受损耗和添加。此时,译者延续了理论家的工作,在理论家一而再地赋予该词新的意义之后,译者再次为它添加、删削和转换新的意义。因此,在汉语中来解释西方的理论关键词,就需要在揭开理论家赋予它的诸种意义面纱之后,再次揭开翻译者为它所编织的新面纱。

这些关键词一旦被确定下来,有时候,它就脱离了理论家之手,变成了一个自主的世界。关键词的命运在历史中注定会风雨飘摇。有很多词,从历史的深处顽强地延伸下来,在历史的延伸过程中,词义发生了戏剧性的变化,词义的流变和生成,不仅负载着词语自身的历史,而且还负载着历史本身。这些词表现了强大的生命繁殖能力,它们在哲学和理论的历史中存活了千百年。还有一些词只是风行一时,它们短暂地披上了理论的辉光后，不久又恢复到了平庸的常态。介于这两者之间的，是一些关键词历经命运的反复沉浮，它被发明出来，但在某些历史时刻，却沉默无语，而在另一些历史时刻，则又被邀请出来大声诉说。有些词，其命运和它的发明者的命运休戚相关。有些词，则完全抛弃了发明者而自生自灭。但是，无论如何，每个时代都会发明自己的理论关键词。这些词一旦被创造出来，它将自己构造成独立世界的同时，也不得不等待着后人的增补和解释——用德里达的说法是——等待着自身命运的“延异”。这些关键词，其表意实践的技术，为一种矛盾性所铭刻：它们复杂晦涩，将自身设置成一个概念的深渊，但是它也发出自身的特殊光芒，去照亮这个晦涩的世界；它为自己构造一个语词秘密，但是是为了去发现一个世界秘密；它将一个世界隐藏起来，又将一个世界重新打开了；它为自己披上了面纱，但又是为了揭开另外一层面纱；它从日常经验中退隐，但却是为了发现日常经验的核心；它培育了自己的世界，但注定会掩盖另一些世界。关键词的悖论在于，它为自己构造了一层物质性，一个厚度，一个自身的深渊，但却是为了让另外一个深渊剥开自己的厚度，剥开自身的物质性，剥开自己的深渊。哲学和理论，也许就是这样的一场词语和世界之间彼此追逐的表意游戏？

这本书正是试图去探索这些词语构筑的深渊，这些意义繁殖过程所编织的深渊，这些时空交织起来的翻译深渊。同时，借助于这种探索去探索词和物之间的意义的差异性深渊。它强烈地希望能将这些关键词的意义的繁殖实践过程暴露出来，希望能对一个词的传记进行恰当而简要的叙事。对这些关键词语的选择，取决于它们在今天被谈论的频率(尽管有些词非常古老，有些词还非常年轻)；也取决于它们在今天的文化理论领域中的重要性(这不是一个包罗万象的理论关键词汇编)；此外，它还取决于我们这些撰稿人自身(这其中有很多词是词条撰稿人自己提出来的，也有一些计划中的词因为找不到合适的作者而被迫放弃了)。就此，这些关键词，在此时此刻被挑选出来，同样充满着机缘：二十年前，或者二十年后，这样一个词语列表肯定会面目全非。也正是在这个意义上，这个关键词是一个“未完成的计划”，它在可以预见到的将来，也需要不间断地增补和删削。

为什么要编撰这样一本由词组成的书？历史的写作本能之一就是要记载置身于它中间的“事件”，对于我们这些校园中的作者来说，唯有词语才构成我们的“事件”，记录这些词语事件，既是一种学术和教学职业，也是参与历史的方式。或者说，我们参与历史的方式，就是在教育机器中思考——无论是对这种教育机器进行反思，还是在教育机器中进行再生产。因此，我们特别希望这本书，这些“词语事件”，对于庞大的教育机器，起到一些微末的激活作用。尽管它有不可避免的缺陷——有些词条过于复杂，我们难以准确地勾勒它的全貌——我们还是希望它能对学生有用，事实上，它也应该会对学生有用——我是本书的第一个读者，也可以说是第一个学生，我从书中受益匪浅。

事实上，一直以来，我也从这些作者这里所学甚多，从他们的言语交流中、从他们的沉默写作中所学甚多。这些作者，除了少数几个未曾谋面外，大多数是我多年的朋友，他们对这些关键词的写作，再一次打开了我的眼界。这些关键词，对我来说，不仅是它们的意义雾霭被揭开，而且还是我和众位作者友谊和交流得以持续和牢固的线索。

组织这些词条的编撰工作，得益于江苏人民出版社的佘江涛先生和杨全强先生的信任，正是他们的友好邀请，使我在这项琐碎的工作中也享受到了乐趣。此外，感谢《读书》杂志的汪晖先生和叶彤先生，在我们的计划启动之初，他们就在《读书》上发表了本书中的部分词条，这对我们的工作来说是一个极大的鼓励；感谢《国外理论动态》的黄晓武女士，她和她所在的杂志毫无保留地支持了这项工作；也要感谢友人陈永国先生，他在这本书中没有出现，但是他以另外的工作形式帮助了我，帮助了这本书。最后要感谢罗钢老师，本书中有十来位作者曾经受惠于他。这次，我终于有了一个机会，将曾经是他的学生的作者，以这样一种方式——一种通过写作来交流的方式——聚集起来，向他表示感谢。

汪民安

目　录

B

保守主义(Conservatism)

保守主义是当代世界三大主流意识形态之一。保守是人面对变故时的一种基本的心理倾向和态度,即对可能打乱习以为常的生活和工作方式的变动保持审慎,反对或抵制突如其来的变化。保守的倾向和心理长期、广泛地存在于人类社会,保守主义则是诞生于近代的政治思潮,是对现代性挑战的一种回应,它反对激进的变革,重视秩序和传统,提倡调和、平衡和节制。保守主义常常被视为右翼思想,但它并不囊括所有的右翼思想。同时,保守主义与政治生活中的右派——保守派并没有必然的对应关系,保守派多是守旧派,保守主义者的目光则更多地注视着前方。

保守主义的思想渊源可以上溯到古典时代。亚里士多德(Aristotle)具有明显的保守气质,他对柏拉图极力推崇的个人理性深表怀疑,转而求诸法律来达到政治的稳定。他说:“常人既不能完全消除兽欲,虽最好的人们也未免有热忱,这就往往在执政的时候引起偏向。法律恰恰是免除一切情欲影响的神祇和理智的体现。”他因此主张法治,反对人治。亚里士多德之所以看重法律,在于他认为法律超越了个人的意志,是在历史进程中凝聚而成的无数代人的智慧,他在某种程度上将法律等同于传统和习俗,甚至认为后者的地位更高:“积习所成的不成文法比成文法实际上还更有权威,所涉及的事情也更为重要。”基于此,亚里士多德主张审慎地对待变革:“变革实在是一件应当慎重考虑的大事。人们倘使习惯于轻率的变革,这不是社会的幸福,要是变革所得的利益不大,则法律和政府方面包含的一些缺点还是姑且让它沿袭的好。”到了古罗马时期,我们从西塞罗(Marcus Tullius Cicero)身上也看到了保守色彩,这主要体现在他关于自然法的思想和他对罗马共和传统的维护之中。他认为:“真正的法律是与自然相一致的正确的理性的反映;它普遍适用,不会变迁而且垂于久远。”

在基督教的传统中,奥古斯丁(St. Augustine)和阿奎那(St. Thomas Acquinas)对保守思想也多有贡献。奥古斯丁虽然认为人是理性的动物,但人的理性是有限的。

“因为人的头脑中具有一种犯错误的倾向，所以除非他有一个神圣的主使他能够依从，他对知识的追求就很可能变成一口陷阱。”人的理性甚至不能理解自己本身，所以人不可能在政治领域中依靠自己的理性，对完善的国家的追求也就变得毫无意义且自相矛盾。奥古斯丁贬低和厌恶尘世的国家，但他要求教会的成员服从尘世的秩序，认为这种秩序甚至暴君的行为都是上帝旨意的一种体现，秩序总是好于动荡和混乱的无序状态，秩序能带来和平，“如果他们得不到这种与事物的自然法则相一致的和平，他们将遭受更大的苦难”。阿奎那在论自然法时强调自然法与传统和习俗之间的相通之处。他认为传统和习俗是长期积累而成的，其积淀而成的内涵自然而然地体现了自然法，所以与传统和习俗相违的法律基本上也与自然法不合，传统和习俗在现实政治中充当了自然法与法律之间的中介，因此“只有那些与自然以及与一个国家的习俗相一致的法律才是真正有效的”。改变法律在阿奎那看来就应该慎之又慎，“轻易地变法之所以对公民的福利有害，是因为传统本身对于人们守法是有所助益的。……除非变法所带来的福利能够补偿它所产生的不利的影响，人法绝对不应该被轻易变更。”

近代早期，法国的博丹(Jean Bodin)、英国的胡克(Richard Hooker)和霍布斯(Thomas Hobbes)在谈论自然法或习惯法时对保守思想都有所阐发。休谟(David Hume)的哲学和政治思想对保守主义思想的影响则更直接更广泛。休谟是经验主义者和怀疑论者，认为人的知识的最终依据是经验而非理性，人的理性认识能力是相当有限的，人类的理智“即使在最完全的状态下，即在它最精确最谨慎地作出结论时，也是特别脆弱的”。他对建立在理性基础上的政治理论持怀疑和批评的态度。他认为，关于政治问题的判断并不属于真正的知识，而是基于人们自身的心理和感觉，具体地说就是出于人们对痛苦和快乐的体验。社会以及政治社会的出现是人们维护自身利益的结果，因此是一个必然的、自然的过程，而不是社会契约的产物。政治和法律的制度也是实践的产物，是源于习惯和经验的，“政府唯一的基础不是纯粹的理性而是权威和先例”。因此，休谟强调尊重传统和规则、强调保持政府的稳定性。但是，休谟并不忽视社会进步，而是很乐观地看待人类在物质和精神方面的进步和不断改善的人类未来。

保守主义的开创者是与休谟相差不到一代的柏克(Edmund Burke)。柏克是18世纪下半叶英国最负盛名的政治思想家，其保守主义思想主要是在批判法国大革命的过程中阐发的，集中体现在1790年写成的《法国革命论》(*Reflection on the Revolution in France*)一书中。和休谟一样，柏克反对过分乐观地看待人的理性，认为面对社会和政治这样异常复杂的综合体，人的认识能力是非常有限的。他将政治科学归为实践的科学，认为政治科学不仅具有鲜明的实践性，而且是以实践为目的的，是一件需要大量经验的事情。柏克批判法国的革命者以暴力手段与传统决裂。柏克认为，现实世界不可能是完美的，存在各种弊端，政治活动只能减轻而不可能根除社会中的恶。社会共同体在连续不断的实践中，也就是在作为自然过程的历史中形成了传统，即共同的思想和行为模式。传统超越了个人的理性，是世世代代智慧的结晶，也可说是集体理性的结果。传统是缓和社会矛盾，并使社会不断进步发展的保证，所以应该珍惜和维护传统。法国革命者以建立新世界为名，毁坏自己的传统，结果必定事与愿违，将是以暴易暴，为专制强权打开了大门。柏克还认为，法国的革命者的另一个错误就是从抽象的自然权利理论出发提出权利的要求。在他看来，权利并不是先天固有的，而是在社会历史中约定俗成的。他认为，所谓的自然权利只是在自然状态下以极不完善的方式行使的权利，进入社会状态后，人们关注的是如何满足各种需要，而不是满足对自然权利的要求，政治权利不过是传统和习俗的产物。柏克还认为，权利要求应当与特定的社会环境相统一，更确切地说就是要服从社会的秩序。柏克是虔诚的基督教徒，他认为整个世界在上帝的意旨之下，形成秩序，保持着和谐，社会秩序是自然秩序的组成部分，其本身也就是自然的。柏克虽然猛烈地批判法国的革命者，但并非敌视一切革新的守旧派。他指出，“一个缺乏变革能力的国家就意味着失去了自我保存的能力”。他所期望的变革是相当审慎的变革，是在充分准备之下循序渐进的变革。此外，柏克对统治模式的设计还对民主政治提出了挑战，他主张应该由有教养有文明的阶级来承担统治的任务。

一般认为保守主义诞生以来经历了两次大发展。一次是18世纪末到19世纪初，其余波甚至延续到20世纪初，这期间保守主义在欧洲大陆和美国激起了回响，它作为一种思想和实践开始形成自己的传统。毫无疑问，柏克也是英国保守主义的代表，这种强调维护传统的保守主义也成为英国保守党的思想基础，19世纪以狄斯雷利(Benjamin Disraeli)为代表的保守党人曾将保守主义立为治国的原则。法国保守主义的代表人物是德·迈斯特尔(Joseph de Maistre)，他依据基督教关于堕落和原罪的说教，否定启蒙主义者和法国革命者对个人理性的推崇，他认为社会是神创造的，其稳定的基础是权威、宗教和社群，他批判自由主义对个人理性的鼓吹削弱了宗教信仰和价值观，从而动摇了社会秩序的基础。德国的保守主义者将国家作为实现自由的完美手段，而自由又常常与强调统一的民族主义结合在一起。这样德国的保守主义具有民族主义和威权主义的特征。除去添加了地域或不同文化的色彩外，保守主义还衍生出一些极端的支流，如卡莱尔(Thomas Carlyle)和施宾格勒(Oswald Spengler)的思想中出现的对绝对领导权的崇拜，T.S.艾略特（T. S. Eliot）的《荒原》（*The Waste Land*）和奥尔特加·加塞特（José Ortega y Gasset）的《大众的反叛》（*The Revolt of the Masses*）所体现的保守主义“绝望心境的回响”。

保守主义的第二次大发展出现于第二次世界大战后，它是反国家主义的自由主义和传统保守主义的汇合，前者强调个人主义、自由市场以及对政府的严格限制，后者是柏克思想的传人。这种合流的背景就是现代极权主义对自由和传统的挑战，20 世纪 70 年代末出现的新保守主义就是极权主义和新左派的挑战的回应。

保守主义延续至今，虽支派纷杂、内部冲突不止，但其基本的信条和原则仍然清晰可辨。保守主义者相信存在一种自然的秩序，它保证了世界的和谐，对秩序的服从是道德的真正基础；保守主义者坚守传统，视之为人类智慧的结晶和我们的智慧源泉；保守主义者认为历史为社会共同体的延续提供了根本的纽带，变革应该是渐进的；保守主义者确信人类的认识能力是有限的，提倡审慎的态度；保守主义者不相信完美，认为人自身以及社会都是不完善的。

此外，保守主义对进步的批判——不断增进的知识和技术很容易被用于残酷和疯狂的目的——也被视为深刻的洞见。

保守主义诞生于论战之中，围绕保守主义的论战连绵不断，激进主义者和自由主义者是其主要的批判者。其所受指责包括：贬低人的理性、轻视人的自然权利、反民主、反进步、缺乏远见等等。柏克的一段话也许能让我们从另外一个角度去审视或参与论战，他说：“要创立一个真正自由的政府，就必须把那些自由中相互冲突的因素加以调和，并且把它们限制在一种有效的范围之内。它需要大量的思考、深入的探究以及一种睿智、坚强和健全的思想。”

（王燕平）

暴力（Violence）

根据汉娜·阿伦特的考证，长久以来，暴力虽然在人类历史上扮演了重要角色，但只是被视为一种理所当然的边缘现象，对其本质的思考没有获得足够的重视。在她看来，以往存在的不少有关战争和武装冲突的文献大多关注的是暴力的实施，而非从理论层面关注暴力本身。

对暴力本身的论述较早见于马克思和恩格斯的作品。马克思、恩格斯先后探讨了革命、暴力与经济基础的关系。马克思在《资本论》第一卷(1867)中有一段经典名言:"暴力是每一个孕育着新社会的旧社会的助产婆。暴力本身就是一种经济力。"在此,马克思充分肯定了暴力在历史进程中的重要地位,同时也表明,新旧社会的更替并非因为暴力事件。在某种程度上,暴力事件先于新社会,并且见证了新社会的诞生,但并未直接导致旧社会的终结和新社会的诞生。此外,暴力与经济有着密不可分的关系。马克思对暴力与经济的论述在恩格斯那里得到了进一步的阐释。在《反杜林论》(1878)的"暴力论"中,恩格斯指出,作为实现利益的手段,暴力不是单纯的意志行为,它需要可供暴力支配的工具,而暴力工具依赖于经济力量与经济状况,"在任何地方和任何时候,都是经济条件和经济上的权力手段帮助'暴力'取得胜利,没有它们,暴力就不成其为暴力"。由此,在恩格斯那里,暴力可以促进经济发展,成为经济发展的加速器。此外,恩格斯也指出,真正的暴力往往在被统治者和被剥削者手中,因为"被统治者和被剥削者在任何时代都比统治者和剥削者多得多,所以真正的暴力总是在前者的手里"。

在文化研究领域,西方文化理论家对暴力问题的关注始于20世纪前半期,其中重要的先行者是瓦尔特·本雅明。在布洛赫的建议下,本雅明开始阅读乔治·索雷尔(George Sorel)的《论暴力》(*Reflections on Violence*),并在1921年写成了《暴力的批判》(*Critique of Violence*),其后又在《德国悲剧的起源》(1928)以及《历史哲学论纲》(1940)中进一步阐释了对暴力的理解。在索雷尔那里,暴力是指一种不妥协的态度、一种反抗既定权威的行为。但是,在本雅明看来,暴力要么是为了"立法",建立一种新秩序,要么是为了"护法",维护既有的旧秩序,历史就是这两种暴力此起彼伏的结果。那么,在历史上是否存在使用非暴力手段解决人类利益冲突的可能性呢?本雅明认为应该有这样的可能。由此,他提出了一种"作为纯粹手段的非暴力协议",即一种纯粹暴力。对于非暴力的纯粹手段的探讨,本雅明重点关注的是阶级斗争的罢工,在他看来,阶级斗争的罢工"在某些条件下必须视为纯粹的手段"。在此,他同意索雷尔对罢工所做的区分:政治罢工和无产阶级总罢工,对政治罢工而言,其任务是加强国家权力,权力只是在特权者之间转移,从立法意义上讲,这种罢工是暴力的。对无产阶级总罢工而言,其任务是摧毁国家权力,是一种无政府主义,是一种非暴力的纯粹手段,是一种纯粹暴力。在追溯立法暴力与纯粹暴力对立的源头时,本雅明引入了神话暴力与神圣暴力,在他看来,"如果说神话暴力是立法的,神圣暴力就是摧毁法律的;……神话暴力带来罪与罚,神圣力量就是为了赎罪"。在此,神圣暴力并不是上帝用以差遣的手段，而是一种纯粹的暴力，其任务是制止神话暴力，打破法律的神话形式所维持的立法暴力与护法暴力的循环，终止国家权力，以此开辟一个新的历史纪元。通过神圣暴力的概念，本雅明将犹太教的弥赛亚观念与世俗的法律联系起来，提出用弥赛亚王国来终止历史进程。不过在最后，本雅明表示人类不太可能实现这种纯暴力，所以，这种至高无上的暴力何时得以出现也很难确定。

在本雅明这里，历史成为连续的神话暴力，现代性的危机正是在于历史的所谓“进步”只不过是灾难性事件的永恒重复，只有用神圣暴力即纯粹暴力终止“事情就这样没完没了发生”的灾难性历史，才能开始一种弥赛亚的新纪元。在这个如傅立叶所描绘的乌托邦远景中，人类将在世俗中恢复失落的天堂，所以，拯救必须以灾难中“扎入过去的一次虎跃”为根据，在本雅明看来，这个在“历史的旷野”中向着过去一跃的“辩证运动”也就是马克思理解的“革命”。在对暴力的阐释中，本雅明把他的弥赛亚意识与革命的远景结合起来，力图找到一种可能令病魔缠身的历史重新恢复健康的工具。

本雅明对于暴力的阐释对其后西方文化理论家研究暴力问题产生了重大影响。正是受到了本雅明的启发和影响，阿伦特对暴力的工具性、合法性和正当性进行了比较，将暴力与权力(power)、武力(force)以及强力(strength)区别开来，指出暴力是一种工具性的力量，其极端形式是一人对多人的压迫。同时，暴力需要工具，暴力工具的技术进步日新月异，其无法预知的毁灭潜能正日益刷新人们的认知，由此，诉诸暴力的行为对现代社会产生了越来越大的威胁。

遵循本雅明的思路，吉奥乔·阿甘本从现代性危机角度阐释了暴力影响下的例外状态、主权权力与赤裸生命等概念。在阿甘本看来，例外状态成为政治常态是现代性危机的重要表征。在例外状态下，主权者可以合法地将自身置于法律之外，赋予自身具有生死予夺能力的绝对权力，将牲人(homo sacer)置于自己的主权权力之下，制造出失去其政治生命的赤裸生命。纳粹集中营中被随意虐杀的犹太人正是赤裸生命的典型体现。为了达到对生命的根本救赎，阿甘本试图寻找一种逃脱主权权力、回归纯粹生命状态的弥赛亚例外状态。

在对暴力的理解上，斯拉沃热·齐泽克借鉴了阿甘本的思想。齐泽克对主观暴力与客观暴力进行了区分，暴恐属于主观暴力(Subjective Violence)的范畴，它具体存在，也容易识别，其根源在于资本主义的符号暴力和系统暴力，即客观暴力(Objective Violence)。与此同时，利用拉康所提供的一套术语，齐泽克对“实在界”(the real)与社会现实(social reality)进行了区分，指出实在界具有暴力特征，是真实的，而现实由符号和意识形态建构，是虚拟的，暴恐事件是实在界对现实的一次入侵。1993 年世贸中心的第一次爆炸案标志着美国本土成为恐怖活动目标地，这一事件也让沉浸于虚拟现实之中的美国人意识到，曾经以一种坚不可摧的帝国形象存在的美国也摆脱不了暴恐的入侵，而恐怖主义者的目标也恰恰在于要用暴恐的方式去唤醒尼采笔下安于现状、追求享乐的“末人”。

以本雅明为代表的西方重要文化理论家们在暴力研究中开拓出全新的理解空间，极大丰富了对于暴力本身的思考。一方面他们将暴力界定为现代性危机的表现形式，与主权政治、国家价值和意识形态等密切相关；另一方面他们也促使人们深刻认识到，只有依据批判性的评价视角去审视现代性的历史进程、深思现代人的生存状态，暴力问题研究才真正具有价值和意义，才能真正产生对人类的警示作用。

（上官燕）

辩证法（Dialectic）

“辩证法”这个词源于古希腊语“dialegein”，意思是争论或对话。在亚里士多德那里，主要指通过争论而得出结论，或通过讨论以探索真理。而在柏拉图那里，辩证法主要是一种讨论形式，即通过提问和回答这样一种对话艺术来定义观念。所谓通过提问和回答来探究真理，就是说服抗辩的对方承认自己的观点，并通过援引矛盾的结论来驳倒对方为目标；这是一种苏格拉底式的对话模式，所以辩证法是一种抗辩的艺术，柏拉图正是通过辩证法的方式来获得有关“形式”的知识。辩证法这个词就因此演变为古希腊语的“dialektike”，柏拉图的这种辩证法含义，后来被引申为逻辑（logic）和形而上学（metaphysics）两个不同的层面。

在中世纪，随着亚里士多德的著作被发现，“辩证法”一词在 12 世纪后期的欧洲再次出现，它越来越多地被学院讨论所运用。“辩证法”在拉丁语里演变为“dialectia”，在古法文中是“dialectique”。这时“辩证法”意指“形式论证的技巧”，或曰“逻辑”；主要是讨论概念、范畴之间的关系，以及语言的技巧等。

从 17 世纪开始，辩证法在欧洲大陆哲学，特别是德国哲学中，有了特殊的、颇具影响力的用法。“矛盾”的概念被引入到辩证法的使用中，无论在讨论的层面上，还是在现实的层面上，矛盾和对立都成为辩证法的核心内容。而柏拉图所惯常的在概念之间用单一原理来判定的简单模式,被复杂和多样的争论所取代,使得辩证法的含义暧昧不清起来。康德(Kant)在《纯粹理性批判》(*Critique of Pure Reason*)中声称,古代的辩证法是"幻象的逻辑"(the Logic of Illusion),进而主张一种"先验辩证法"(Transcendental Dialectic),即当对一个对立矛盾在某个范围之外进行分析时,纯粹理性就不可避免地成为主导。而黑格尔(Hegel)则将辩证法中的对立矛盾,从逻辑的层面提高到形而上学的层面,辩证法在黑格尔那里也不再是简单的两方争论方式,而是成为精神发展的历史进程。也就是说,精神的发展包含了两个层面:思想层面与世界历史的层面。黑格尔认为世界历史本身就是思想的客观产物,它可以通过辩证过程将对立的部分统一起来,使部分与整体保持一种复杂的关系,从而超越历史中的矛盾。马克思一方面继承了黑格尔的辩证法体系,但另一方面又用物质(matter)这一概念取代了黑格尔的精神这一核心内涵。在马克思看来,辩证法是有关物质运动一般规律的科学。所以,恩格斯将马克思的辩证法称为"辩证唯物主义"(Dialectical Materialism),这种学说既可以适用于自然界的变化规律,也可以用于历史发展必然趋势。具体来说,在自然与历史发展的过程中,已经蕴含了辩证的形式论证原理,从量变到质变、对立事物的肯定与否定,以及否定之否定,都成为自然与历史发展的"定律"。

在马克思主义者中间,对辩证法的使用也有不同,甚至出现观点对立。有些人强调自然科学中的辩证关系,而另一些人则认为辩证历史唯物论更有意义。更有一些马克思主义者从根本上否定了整个辩证法,而倾向于使用"辩证"这一概念的较为古老的含义,即对话、辩论的过程和方法,以及矛盾对立双方之间的互动关系。

(王炎)

辩证意象(Dialectic Image)

"辩证意象"是本雅明(Walter Benjamin)历史哲学的重要概念,既是他的历史唯物主义版本的"单子论",更是他的革命论,因为,在本雅明的历史哲学中,所谓革命,其在哲学上的体现就是打断历史被物化和神化的连续性,粉碎其史诗的虚假光晕,把内在于历史中的断裂点,即弥赛亚对现代资本主义历史的打断和终结,作为一个单子(即历史真理)从资产阶级史学所构造的不断进步的历史连续体中"爆破"出来。这个被"爆破"出来的单子即被本雅明称作"辩证意象"。

“爆破”方法是通过一种辩证凝思。对此，本雅明在作为《拱廊街计划》(*The Arcades Project*)理论前言的N卷中具体描绘道：“思考既是思想的运动也是思想的驻足。当思想在一个充满张力的星座中凝结时，辩证意象就出现了，这个意象是思想运动的断开/停顿(*caesura*)，它的停顿点(*locus*)是必然的而不是任意的。总之，它出现在辩证两极张力最大时。因此辩证意象正是在对历史做唯物主义表征的过程中建构起来的。它是与历史的对象相符合的：它完全有理由被从历史的连续体中爆破出来。”在此，这个“充满张力的星座”指的是人类孜孜不倦地所追求的自由解放的理想与资本主义现实的共现所昭示的巨大反差，当思想一旦觉悟到这个反差，便会产生一个关于社会本质的顿悟，并在脑海中出现一个理念意象，即弥赛亚对历史的最终救赎。这个意象之所以是断开或停顿，就是因为它是对资产阶级史学编年史般的连续叙事的打断，它携带的信息是历史将在此断开、转向，开始一个新的纪元。正是在这种意义上，本雅明在“《历史哲学论纲》的前言”中重新阐发了马克思关于革命的观念：“马克思说革命是世界历史的火车头，但也许正相反，也许革命是这列火车的乘客——即人类——的一种紧急刹车的努力。”

对这种“爆破”方法，他在最后的理论遗言《历史哲学论纲》中给予了更充分的描述：“历史主义导致一般历史。唯物主义史学与它在方法上有着鲜明的区别，一般历史没有理论武器，其方法只是简单累计；它收集一堆资料，填注到同质的、空洞的时间中。而唯物主义史学则以建构(构型)为原则。思维不仅包括思想的流动，而且也包括它的停顿。每当思维在一个充满张力的构型中突然停止，它就会给这构型一个震荡(顿悟)，借此，构型就会结晶为一个单子。历史唯物主义者只有把一个历史问题当作单子时才去研究它。他从这一结构中看到了对事件的弥赛亚式的遏止的迹象—— 换句话说，他看到了为受压迫的过去而斗争的革命的机会。他对之加以识别，是为了把一个特定的时代从连续统一的历史过程中爆破出来——即把一个具体的生命从一个时代中爆破出来，把一部具体的作品从毕生的作品中爆破出来，这一方法的结果是，毕生的作品既被保存在这一部作品中，又被扬弃；一个时代则既被保存在毕生的作品中，同时又被扬弃。站在历史的高度而理解的东西是富有营养的果实，把时间作为宝贵但淡然无味的种子包藏在其中。”

由此可见，所谓辩证意象又可以被看作支撑本雅明的革命实践论的总体论，但与卢卡奇的总体论略为不同，这是救赎哲学意义上的总体论，具有“两面神”特征，它既有神学维度，也有辩证唯物主义维度，集中体现了本雅明式的理论运思。很显然，在这个总体论中，弥赛亚的新纪元对应于马克思主义的社会主义社会，本雅明甚至称后者是

“马克思对弥赛亚时间理念的世俗化”。除此之外，弥赛亚的新纪元所带来的未来同时也是回归，即对原初人类完整、和谐的生存状态没有被资本主义生产方式所异化前的天堂阶段的回归，当然这种回归不是静态意义上的回归，在资本主义已经变成一个单向度的社会现实中，需要首先用“理性的利斧”开路，在这个意义上，本雅明再次重新界说马克思的革命概念，即革命是“进入过去的一个虎跳，但这个跳跃发生在统治阶级发号施令的舞台上”。“这个发生在历史的旷野中的同样的跳跃是一种辩证的跳跃，这就是马克思所理解的革命。”因此这种本原与目标一致的总体论是以记忆激发未来，它是一种记忆的政治，本雅明认为，对于一个革命者来说，正是由于这个记忆的政治，才使他拒绝承认那个已经被物化的“从前有一次……”的历史叙事，在本雅明看来，那种叙事是“历史主义窑子里的妓女”，把那些历史主义者或任何相信进步的概念、与现实认同而无法行动的人都“折腾得精损神耗”，但“历史唯物主义者不会着迷于她的色相。他始终控制着自己的力量。始终精力十足，足以承担爆破连续统一的历史过程的任务”。也就是说，历史唯物主义者之所以能够产生革命意识，就是因为他们不被历史的既成性所束缚，对他们来说“从前”不是“有一次”，而是有“无数次”，尽管都是没有实现的转折点，但却表明历史不是如资产阶级史学家所描绘的那样已经盖棺论定，而是随时会在时机成熟时被打断并转向，正如本雅明在《历史哲学论纲》的最后一句话中所预言的，他们始终相信“时间是一道弥赛亚随时可以进来的窄门”。

但以上这带有神学目的论色彩的运思似乎神秘并玄妙，实际上又不乏对历史唯物、辩证的把握。如前所述，本雅明认为，上述运思产生于对历史现实与人类理想之间张力的认识，当对这个张力的凝思达到哲学顿悟的状态时，会从历史中看到总体的真理“被时间装满到要炸开的程度，这个崩裂点不是别的，正是主体之死，这与真正的历史时间正相吻合”。即他认为，辩证意象所对应的不是主体建构，而是事物发展的必然规律，且这个规律不是可以从现象中直观的，而是必须通过首先解构物化的历史，才能抓住辩证意象定型的那一刻，而一旦抓住那一刻，过去、现在、将来就不再显现为一个空洞的连续体，或世俗意义上的进步史，而是显现为“史前”(pre-history)和“实现”(actualization)，即剥削与压迫的野蛮历史和真正的人类历史的对比。

总之，这样一个辩证意象既是对历史总体的辩证思考所产生的顿悟，即思想的飞跃，也是辩证唯物主义历史学家的永恒理想，从这个意义上，这个意象又被本雅明给予了一连串形象的表达，如“辨识的当下”(the now of its recognizability)，“一道闪电”(a flash)，“雷电般的意象”(an image flashing up)，更叫作“定格的辩证法”(dialectics at a standstill)，“永恒的星座”(eternal constellation)。

但通过阐发辩证意象，本雅明所关注的不仅只是如何牢牢抓住这个意象，更是如何以此激发革命的行动。正如卢卡奇的总体认识与无产阶级的阶级意识、革命行动之间自然形成内在联系，辩证意象也同样与革命意识和行动计划联系在一起。但在本雅明的独特语境中，革命不仅是颠覆与推翻现政权，代之以一个不同的政权，而是弥赛亚主义意义上的改天换地，在他看来，“革命阶级在行动时的特征是这样一种意识，即认识到他们行将让连续统一的历史进程土崩瓦解。伟大的革命带来了一种新的日历，日历的第一天起着为历史存照的慢镜头照相机的作用，正是这一天以节日的形式反复再现，节日都是对此缅怀的日子。因此这个日历并不是如同钟表一样衡量时间，它们是历史意识的丰碑”。即，弥赛亚主义意义上的革命一旦发生，资本主义历史必将终结，新的纪元即将开始，从这个意义上，本雅明又将革命比作“现代约书亚”的行动，而把激发这个行动的辩证意象称作“展示了真正的合题”。

（郭军）

C

擦抹（Under Erasure ）

“擦抹”是德里达在《论文字学》中提出的一个十分重要的概念，从某种意义上说，对它的讨论奠定了德里达解构主义的理论基础。斯皮瓦克把它翻译为英文的“under erasure”。“erasure”的意思是擦除、消除、删去。而“under erasure”与“erasure”还有着微妙而重要的区别，它不像“erasure”那样指示一种较为极端的革命性的举动，而是意味着一种情形，直接的理解就是“置于删除之下”，处于一种游动状态，或者说处于“既要被擦除，但又还没有被擦除”的张力之中。就像我们用手去擦黑板上写下的文字，既已被抹去，但又留有可以辨认的痕迹。这种既去除又保留的行为或情形，我们用汉语的“擦抹”来翻译。

一般认为，德里达发明这一概念的灵感来源于海德格尔对存在问题的讨论。至少可以确定的是，这一概念是在德里达讨论海德格尔及其“存在”问题的时候才成为一个中心词并获得了它的具体含义的。海德格尔曾经有一封写给恩斯特·荣格尔（Ernst Junger）的名为《论存在问题》（*Zur Seinsfrage*）的信，在其中他把“存在”这个词打上了“×”号。“存在”问题是海德格尔对传统形而上学的提问的开始，他认为在西方哲学史中，形而上学把“存在”导向了“存在者”，而“存在”问题本身则被遗忘了。但是我们在语言交往中仍然使用“存在”这个词语，那它究竟意味着什么呢？海德格尔告诉我们，在唤起“存在的声音”之后，“存在”本身已经悄然隐退，它“沉默”、“无声”，是原始的“非声音”（a-phone）。也就是说，存在的意义绝不是“存在”这个词所唤起的历史的“先见”，也不是存在概念。在这里，“存在”的本义与“存在”这个词语、意义与声音、“存在的呼唤”与它的发音之间，或者说所指与能指之间出现了断裂。但是，对存在的领会又不可能脱离语言，存在的意义虽然不能归结为存在一词的先见，但是又与这种先见密不可分。形而上学的问题只不过在于把存在的意义限定在了在场的领域，从而形成了“语言学形式的霸权”。也就是说，“存在”存在既依赖于语言，同时又在被道说时悄然离去。这种状况，海德格尔有时也转换为形而上学语言或者说逻辑语言本身的问题，或者说，存在的问题可以理解为逻辑语言误导的结果。正因为这样，他认为在一种不同于逻辑语言的语言中，我们或许可以领会存在的一些消息，这就有了海德格尔的“诗语言是存在之家”、“诗意的栖居”的说法。当然，逻辑语言的问题是把存在问题导向了在场形而上学，把存在导向了存在者，而诗歌语言虽然在一定程度上是“反”逻辑的，但是它本身作为日常语言的一种延伸物，并不能完全逃离语言的限定进而把存在呼唤出场，它只能使存在走上语言之途，但永不能到达。如果我们把诗语言看成是一种既依赖又背离日常语言的语言转换形式，那么我们也同样可以把“×”号理解为一种语言转换的标记，它意味着带有这一记号的“存在”不是一般意义上的存在，但同时又与之有关。这个问题，在《存在与时间》的开篇海德格尔就有较为详尽的讨论，他在《论存在问题》中使用这个特殊记号时也提醒我们，这个“×”号并非“简单的否定符号”。德里达在《论文字学》(*Of Grammotology*)中解释说，“×”号意味着某种“涂改”(rature)，即我们所说的转换。涂改之后，在场的先验所指隐没在划痕之下然而又保留了可读性，符号概念本身被涂改又易于阅读，遭到破坏然而又清晰可辨。如果说叉号叉掉的是一个陈旧的符号体系，意味着语言转换中的某些否定性因素、消除那种把“存在”看成某种自在自足的东西的习惯的话，那么诗语言意味着的就是这种转换中出现的肯定性的特例，其中蕴含着传统符号体系需要保留的那些因素。

不过，德里达的“擦抹”概念既是对海德格尔的叉号的一种描述，同时也有很大的不同。首先，海德格尔主要在讨论存在问题时涉及这个问题，而“擦抹”指示的是一种更加广泛的语言状况。即语言中能指与所指断裂的普遍情形。其次，在目的上，海德格尔是想把语言从“具有稳定的起源”这个假象中解放出来，恢复“所指”具有的超越于能指的那些含义，通过指出逻辑指意活动的有限性，力图“在这个世界上的语言中复苏原初语言”，从而最终拯救哲学。因此，“所指”对于海德格尔来说仍然具有优先性，而最具优先性的“存在”正是一个所有能指符号指向的“终极所指”。因为这个原因，德里达认为海德格尔的工作是“怀乡病”的一种体现，表现出对丢失的在场的深刻的怀旧感。相反，德里达要说明的是，能指与所指之间的偏离并不是某种语言的“错误”，而是语言的本来状况，词与物或者思想永远不会成为同一个东西，事实上，指意的结构能够并继续起作用并不是因为所谓的符号的两个组成部分之间的同一性，而是因为它们之间的差异关系，符号只不过标识了差异的位置。而把符号置于叉号(或删除号)之下(即擦抹)正在于提醒人们语言只是一种踪迹结构，即一个能指的差异序列。第三，“擦抹”概念既是提醒标记，同时也是德里达文字学中谈论的语言结构原则，即一种自我批判的原则。在德里达看来,语言是一个差异化的场所,也是一个擦抹的场所。在其中,所指始终缺场,只留下它的"踪迹",踪迹自身是作为此前的在场、起源和意义的记号而出现的。但即使对于这一非起源性的"起源",它也在能指滑动的过程中不断逃离自身,或者不断地被擦抹、被替换,旧的痕迹在变模糊,新的痕迹出现并重叠于其上。踪迹的出现和被不断擦抹的过程实际上就是德里达所说的"书写"过程,因此我们也完全可以认为,"擦抹"不过是德里达"书写"、"原初书写"、"延异"、"替补"等概念的一种更为形象的说法。第四,擦抹最终针对的是整个在场形而上学的思维方式,即那种认为所指、意义是一切文字符号的起源和根据的思维方式。由于声音尤其是"内在的声音"一直被认为最接近这些所指意义,最接近精神、内在的真理或者逻各斯(苏格拉底可以不用书本而"谈论"哲学、黑格尔贬斥象形文字而褒扬语音文字就是突出的例子),因此德里达也称这种思维方式为语音中心主义或者逻各斯中心主义。德里达所说的文字学就是对这种思维方式的擦抹,当然也包括对海德格尔的"超验所指"的擦抹。

不过值得强调的是,海德格尔的叉号与德里达"擦抹"概念之间的连续性也是十分明显的。一方面他们都针对在场形而上学的系统,即对之进行某种程度上的否定,另一方面也意味着对旧有系统的依赖和一定程度的保留。叉号不是完全删除,擦抹也不是彻底擦除。从逻辑上讲,旧有系统既是他们针对的对象,同时也是其得以产生和赖以存在的土壤和前提。

(李应志)

残酷戏剧(le théâtre de la cruauté)

在现代法国戏剧家中,对当代世界戏剧影响至深至远者要数安托南·阿尔托(Antonin Artaud,1896—1948)。阿尔托的残酷戏剧的核心理论主要来自他1938年出版的《戏剧及其重影》(*Le Théâtre et son double*)。残酷戏剧理论包含着十分丰富的美学命题,提供了无穷无尽的可供实验和探索的内容,影响并造就了战后以格罗托夫斯基、彼得·布鲁克和姆努什金等人为代表的一代先锋戏剧家,它与布莱希特的叙事剧理论一道被称为现代西方戏剧理论的两大经典。

19世纪末20世纪初,欧洲戏剧革新促成了导演制的建立,戏剧从一个以演出为主的文化活动转变为一门以场景为主的综合性舞台艺术。值得注意的是,法国新崛起的导演中心派在提升戏剧演出技巧的同时也强调戏剧演出要服从于戏剧文学。阿尔托在为残酷剧团发表的第一篇宣言中开宗明义地提出“首先应该打破剧本对戏剧的奴役”，但他并非是在理论和实践中捍卫戏剧演出主权的第一人。早期明确倡导由导演全面控制下的纯粹戏剧艺术的重要理论家首推爱德华·戈登·克雷格(Edward Gordon Craig，1872—1966)。

阿尔托所持的戏剧艺术观在很大程度上与克雷格相近，但对克雷格提出的让剧作只能如实传达导演的意图的观点持异议。在阿尔托看来，戏剧的理想是瘟疫。戏剧与瘟疫的作用相仿，都是将脓疮从机体中排泄出去，具有精神净化的作用。瘟疫在危机中以死亡或极端的净化告终，戏剧则使精神进入谵妄从而激扬自己的能量。因此，戏剧如同瘟疫一样是对某种精神性力量的强大召唤，具有狂热的破坏性。阿尔托的瘟疫隐喻没有中心和焦点，处于无法控制的无序状态。瘟疫既非人力亦非自然之力所致，它源于邪恶而神秘莫测的力量，其特征是任意、难以预料的非自然行为。由此可见，与克雷格着意消除戏剧演出中不利于导演权威的因素截然不同，阿尔托在不削弱演出力量的情况下要尽可能地扶植多重权威。

阿尔托用“残酷”一词来总括他的戏剧特征并非偶然。他从印度教的宇宙论中获得某种感悟，认为宇宙本身是残酷的，自然界和人类社会充满暴力，人性中隐藏着残酷的因素，残酷是一种全方位的存在，它无处不在、无法避免。具体而言，残酷被他比作“吞没黑暗的、神秘的生命旋风，指的是无情的必然性之外的痛苦”。阿尔托的残酷概念也与他的形而上学观念密不可分，它触及的是生活和生命本身的严酷本相，是对宇宙必然性法则的揭示和顺从，是对恶的直面和暴露。因此，残酷戏剧表现的是本体精神上的痛苦，它作为阿尔托的一种理想远非通常意义上的戏剧艺术。

阿尔托认识到，自文艺复兴以来，西方戏剧中的话语向来用以表达人们现实生活中的心理冲突，而舞台演出的目的并不是要解决这种冲突。在他看来，这种倚重于有序的话语来应对心理冲突的语言戏剧离戏剧的本质相去甚远。他断言：“真正的戏剧，正如真正的诗一样(但以另一种方式)，诞生于自律的无秩序之中。”人们因此在混乱中接近了混沌。由此可见，阿尔托旨在确立戏剧所蕴含的宗教仪式和神秘体验的本质，恢复戏剧古老的神圣性。在他的理想中，获得了彻底自由的戏剧不再是一种单纯的艺术，它需要以一种代表宇宙固有残酷性的宗教典仪的方式来组合各种因素，运用各种古老艺术手段和原始仪式的魔力去猛烈袭击观众并且迫使观众面对它，突破他们的戒备，直捣心灵深处，把观众暴露在他们自己隐蔽的罪恶、纠葛和仇恨面前，将人的潜意识解放出来，以此洗涤并净化观众内心深处的罪恶感，从而对社会和人起一种精神治疗作用。

残酷戏剧的功能不同于传统戏剧，戏剧从内容到形式都随之而变。首先，戏剧要展现自然力量和强烈的宇宙冲突，运用介于姿势和思维之间的独特语言进行即兴创作，因此每一场演出都是“一桩事件”。导演要成为一个新魔术师、新牧师和神话的制造者，其首要任务是恢复戏剧的神圣性和仪式性。为了最大限度地利用空间，剧场也要进行彻底的改造，传统的镜框舞台被取消，演出场所只剩四堵光墙和一个空荡荡的大厅，没有通常意义上的装饰和布景。演员戴上庞大的面具像巨型雕像般地进行表演，催眠一般地打动观众的感官，用经过训练的形体和呼吸来展示自己的感情以征服观众。观众或坐在大厅中央的平地上，或坐在可以移动的椅子上，演出在各种高度和深度上展开，从四面八方包围观众，舞台灯光要造成冷、热、愤怒、恐惧等各种感觉，同样地落在观众和演员身上，各种声音和音响效果要同时传入观众和演员耳中，观赏者和场面、演员和观众之间可以直接对话，空间本身被利用来表达思想。

阿尔托不相信语言能够表达人类深刻的思想情感，认为语言和剧本是导致西方戏剧堕落的罪魁祸首，因为它们“只会截断思想、包围思想、结束思想”。阿尔托对新的戏剧语言的倡导与他对巴厘剧团的演出、柬埔寨舞蹈表演和印第安人祭祀仪式的接受密不可分。他曾撰文赞叹“巴厘人极其严格地体现了纯戏剧的概念”，“向我们显示了纯粹戏剧形象的神妙综合体，一种新语言已然诞生”。在他看来，重新界定戏剧语言并借助东方戏剧和舞蹈所具有的优势对演出进行再创造已经迫在眉睫。

在早期戏剧革新者看来，剧作家所写的剧本就是戏剧演出所采用的唯一文本，阿尔托则强调戏剧符号的价值和潜力远在书面文本之上。他把具有图像特性的戏剧符号比作象形文字，认为它既不会丧失文学文本性又具有引人入胜和无法破译的特征，这种神圣的书写可以扮演诸如祝福、诅咒、预言等感召性的内容，所产生的意义超越了理性思考的疆域，无形中使戏剧具有了宗教仪式的功效，戏剧因此不单单能够表现世界还可以创造世界。然而，宗教仪式旨在为神性建立秩序、划定疆界，阿尔托的戏剧却旨在打破秩序和局限，他要让戏剧既与神圣之力合拍又能适应渎神之力，在他看来，观众在演出中如果感受不到渎神的暴行就不能真正接近圣洁之地。

从上述观念出发，阿尔托创造了一种独特的以空间为主的戏剧语言。他着意强调演出的仪式性，想通过有效的手段和密集的动作迅速直接地达到所期望的思想精神状态。传统的文学语言将让位于舞台语言、符号语言，舞台上更多地使用了记号和符号，演员像是活的象形文字。这是一种向词语之外扩张、向空间发展的戏剧，演出用动作、灯光、色彩和声音来布满立体空间。这种“总体戏剧”超越了艺术与话语的通常界限，动用了各种各样的手法来完成一个整体创造。观众不再受语言歪曲和话语障碍的影响,可以直接用心灵来领悟和体验,而且可以像演员那样成为创造性游戏空间的共同参与者。此外,阿尔托还极大地拓展了戏剧语言的范围,调动起音乐、歌舞、绘画、活动艺术、拟剧、哑剧、符咒、各种形状的物体和灯光手段,要在有限的时间内展示最多的活动,同时赋予这些活动以最多的物质形象和意义。另一方面,阿尔托所谓的象形文字文本在很大程度上有赖于演员去创造,其中的材料是人的肢体、器官和其他成分,这种材料不仅可以反复使用,而且可以组成明确的象征,如各种嗓音、面部表情、动作、姿态、节奏、音响等等。演员必须经过严格的训练才能灵活自如地运用这种语言,他的一招一式、每一种肌肉动作、每一次转眼都必须像东方演员那样进行精确计算,不允许无效动作的产生。演员的一切都要服从于仪式,所有动作都必须产生完美无缺的效果。

在阿尔托的残酷戏剧中,文本、场面和演出的表现力都发挥到了极致。文本是闪耀着神圣之光的象形文字,场面由原来的画面扩展为观众无法泰然静观之地,演出充当了演员和观众心惊肉跳地进入冥想并展开形体交流的场所。就这样,“戏剧使我们身上沉睡着的一切冲突苏醒,而且使它们保持自己特有的力量”。阿尔托的残酷戏剧观激发了德里达、福柯、罗兰·巴特等后现代思想家的理论思考与探索。德里达对阿尔托的戏剧语言观极为推崇。他指出,阿尔托要揭示的是“话语就是身体”、“身体就是剧场”、“剧场就是文本的存在”这样一些普通的道理,所有的作品文本不再受原有文本或原有话语的支配,这种剧场就是比剧场本身更古老的书写。

(曹雷雨)

策略性本质主义(Strategic Essentialism)

“策略性本质主义”是美国著名后殖民批评家斯皮瓦克(Gayatri Chakravoty Spivak)在《属下研究:解构历史学》(Subaltern Studies: Deconstructing Historiography, 1985)这篇文章中提出的一个十分重要的概念。该文后来收入其论文集《他者的世界》(*In Other Worlds*, 1987)一书。在斯皮瓦克后殖民批评与女性主义批评中,该概念都有着重要的文化政治实践的意义。

“本质主义”是西方形而上学传统中的一种核心思维方式,在这种思维方式中,事物被分为表象和本质。形而上学家们都认为事物的表象或者我们看到的现象是复杂多变的，但是在这些复杂多变的背后却隐藏着一个固定不变的本质，它是决定事物一切可能性的最根本的东西，是决定“事物之所是”的根源和最终原因。对事物的认识的目的就是要找到这一个固定不变的永恒因素，并以此来解释世界。在古希腊，本质也被称为“逻各斯”（logos），这种思维方式也是典型的以因果逻辑为主的理性主义的思维方式，因此后来的反对者也把本质主义称为“逻各斯中心主义”，或“理性中心主义”。

以“因—果”，“本质—现象”为中心，本质主义完成了对事物的分类和概括，并因此而树立起一系列的二元对立：“意义—符号”、“内容—形式”、“声音—文字（书写）”等等。这些二元对立的方式被扩展到其他领域，形成了“真理—谬误”、“生—死”、“人—自然”、“男—女”、“意识—无意识（本能）”等对立形式。在这些对立中，前者处于中心的、优越的地位，后者处于派生的次要地位。

由于启蒙理性和形而上学在社会和哲学上出现的诸多问题，出现了人们对理性的怀疑和对形而上学的反思，海德格尔、尼采、福柯、德里达等是这条反思链条上的代表。他们在理论上对本质主义进行了反叛。德里达的解构主义就认为，事物并没有一个固定不变的本质，这个作为事物之原因和根源的东西是“不在场”的，我们对事物的把握是根据事物之间的差异，所谓的“本质”是在具体环境中形成并随着环境的改变而不断地被替代和改变，也就是说，是主观的和变动的。以此来看，那些由客观的“本质”建立和扩展出来的一系列二元对立是不能成立的，这种不平等的“中心—边缘”对立模式没有客观的依据，它不过是形而上学暴力的结果。

在 20 世纪的 80 年代到 90 年代初期，随着人们对“逻各斯中心主义”（logo-centrism）的反思的扩展和深入，以及对阶级、种族、性别等社会不平等问题的关注，各种批评理论逐渐转向了反本质主义立场。亨利・路易斯・盖茨以及朱迪斯・巴特勒等认为，种族和性别并非具有生物学上的固定的意义，不过是一种语言学的、社会的建构，是隐喻性的，其背后隐藏的是欧洲中心主义和男性中心主义。

反本质主义对于不平等的二元对立秩序有着强大的冲击力。但斯皮瓦克认为，彻底的反本质主义只具有揭示和批判的意义，而要真正进行有效的反抗，还必须再利用“本质”，当然这里的“本质”不是固定的，而是策略上的，具有临时性的“本质”，这就是“策略上的本质主义”。因为她认为，彻底的反本质主义一方面是不可能的，另一方面对于反抗来说也是有害的。对于前者而言，她分析了解构主义的“踪迹”（trace）概念后认为，虽然德里达的“差异”观否定事物具有固定的本质，事物留下的只是一些“踪迹”，但是“踪迹”概念本身既意味着固定本质的“不在场”，也意味着事物的临时性的、情景化的本质在一定程度上还保留着。就像我们对某一概念打上“删除号”，既否定它，同时也保留其可见性。因此，对形而上学的反抗必然在一定程度上利用形而上学，是一种从内部进行的解构，没有这种利用，我们就无法谈论事物，也就失去了反抗形而上学的根基和可能性。也就是说，从反抗实践的角度，有必要策略性地保留临时性“本质”的作用，这就是“策略性的本质主义”。

斯皮瓦克的“策略性本质主义”概念的提出，针对的是在各种批评理论中片面谈论“反本质主义”所可能具有的危险。她认为，阶级、种族和性别对立中，处于弱势的一方已经因为受到压制而在旧有的话语体系中没有“说话”之处，已经失去了言说自身的主体性，因此，包括反主体性理论在内的反本质主义，如果不注意这一点，就会使弱势一方失去反抗的主体性，这反而在实际效果上维护了旧有秩序。因此批评家有必要有意识地积累受压制群体在反抗上的各种零散的经验，进而形成一种有反抗意义的“主体效果”，即一种“类本质”，进而以这种临时的共同性凝聚起群体的反抗力量，对于少数族群而言，这种政治同一性尤其重要，否则，他们就会是继续处于一盘散沙的无力状态。当然，作为一种策略，这些“本质”在事后必须严格地擦除，不然就会形成新一轮的不平等秩序。

斯皮瓦克批评了西方女性主义者和反人道主义者对策略性的忽略，从而使得女性尤其是第三世界女性，以及那些受压制的工人、囚犯、乡村农民等等继续保留其无力的、零散的反抗状态。她也批评了印度“属下研究小组”的历史学家们在其早期工作的本质主义倾向，指出他们是从本质而不是策略的角度去探讨“属下”阶层的意识，有把属下阶层永久化的可能性。而相反，她认为，马克思的“无产阶级”就是一个从差异而不是本质主义的角度进行界定的概念，因此，“无产阶级”概念不是要树立某一群人永恒不变的本质，而恰恰是为了某一历史阶段的反抗实践，最终目的不是使“无产阶级”永久化，而是为了消除一切阶级，包括无产阶级自身。所以，马克思的“无产阶级”概念不过是一种在反抗实践中运用的，临时性、策略性的本质，马克思的方式正是一种“策略性的本质主义”。

从某种意义上说，斯皮瓦克的“策略性本质主义”是解构主义的肯定性和马克思主义的实践性相结合的产物，对于当代反本质主义理论与实践来说，有着重要的启发意义和纠偏作用。

（李应志）

差异(Difference)

在后现代文化语境中,"差异"是一个被普遍地用来反思和置疑西方文化及其形而上学基础的术语。自尼采以来,经过海德格尔到德里达,这一路严厉反省文化传统和渴望超越文化危机的哲学家,都希望通过凸现"差异"来爆破"同一",在思想危机之中艰辛地探索思想的未来。思考差异,追寻差异,呈现差异,散播差异,进而探询他者的领域和倾听他者的语言,以至于后现代哲学统统都被直白地命名为"思想在差异中冒险"(瓦提姆语)。这不仅构成了后现代的一种思想方式,还构成了后现代的一种生存姿态。

"差异"(difference),源出拉丁文"differre","di(s)"意味着"分离","ferre"意味着"定向"。"differre"的字面意思是"改变、偏离方向",引申意义为"分裂"、"散播"、"推延"和"延宕"。拉丁文"差异"在希腊语中对应于"διαφερειν"。"差异",一般用来指存在之间以示个性的那些互不相同亦不类似的特征。于是,"差异"不仅构成了定性、分类、区分、综合以及逻辑推理的基本可能性,而且形成了不同存在方式之间置换、变易的连续现实性。"没有两片完全相同的叶子",所以"差异"无所不在,世界就是"差异"。但在后现代思想家看来,如此明白地存在、构成存在之基本条件的"差异"却落入了"未思之域",甚至被忘却了。忘却"差异",事实上就忘却了存在的意义。后现代"差异"思想的重大意义,在于它们消解了持久统治着西方体验方式、思想方式以及存在方式的形而上学核心假设。这一占主导地位的形而上学假设在后现代语境以及解构论哲学之中被称之为"本质主义"、"实体主义",或者"在场形而上学"。

"本质主义"、"实体主义"、"在场形而上学"都包含着这么一种信念:本质是一,现象是多。"一"就是同一,"多"就是差异。本质与同一密切相关,被认为是自在自明的事实,是逻辑学、存有论、认识论以及神学的稳固原则。反映在个体身上,本质就是永恒单一像原子一样的个体灵魂;反映在个别事物之中,本质就是永恒的普遍属性,基本的构成物或者理想性;反映在语言之中,本质就是终极的意义或者唯一的词语;反映在性别之中,本质就是天然的男性气质或者女性本质;反映在经济价值之中,本质就是物品之中所凝固的、可以用货币来换算和衡量的劳动。但在后现代思想之中,这些被当作"本质"同一性的东西被宣告为无效,被当作是一些为了方便而约定俗成的虚构。本质不是同一的，而是差异之物互相补充，互相依赖，形成一系列开放的指称网络，敞开语言、认知以及社会存在过程。在后现代思想之中，"差异"被赋予了深刻的反本质主义的含义。

夸张地思考"差异"，是后现代思想的一个基本风貌。但是，"差异"的思想在西方文化历史上却源远流长，"差异"的踪迹散播在犹太—希腊—基督教复杂的文化脉络之中。怀藏一本《圣经》浪迹天下的犹太人，早就把他们的文化精神铭刻为"差异"："断裂在你的核心"。犹太人的圣经是破碎的圣经，神圣的碎片之中"差异"催生了悲剧的诗歌和言语的权力，并诱惑了文本的冒险。在《圣经·创世纪》之中，上帝因他辖下的万民建造巴别尔塔而在一怒之下使天下言辞变乱，从此语言不通，交流无奈，这是一种被张扬到极限的"差异"。赫拉克利特的著作残篇之中已经说到了"存在是一"，但这个"一"是自我区分而又自我和谐的"一"。同一和差异本来彼此蕴含，如此哲思已经明白如话。巴门尼德的哲学诗篇以"存在"和"非存在"来区分真理的两条道路，以这一分际为基础，方可理解光明与黑暗、实在与虚幻、真理与谎言之间的差别，以及一切体现在语言和思想之中的"差异"。在《智术师》(*Sophist*)中，柏拉图重构了巴门尼德真理之路上的"差异"观，试图调和"非存在"与"存在"，把流变不息而又缺乏确定性的现象与理想永恒而又自我指涉的理念协调起来。在《蒂迈欧》(*Timaeus*)中，柏拉图进一步以确定的"一"和不确定的"二"来克服理念论哲学的内在悖论，一方面维持"同一"的地位，另一方面又拯救了"差异"。肯定同一的优先性，但并不否定差异的权力，这种思维取向也体现于亚里士多德的《形而上学》之中。亚里士多德把对立定义为差异形式，而把差异定义为"他者性"(Otherness)形式，把"他者性"对立于"同一性"，把同一性定位在源始"整体"范畴下，"整体"又被等同于"存在"；反之，"他者性"被置于源始的"多元"范畴下，"多元"又被等同于"非存在"。尽管希腊哲学从一开始就力求将"差异"作为一种基本要素涵盖在对立范畴构成的确定体系之中，从而表达了对"差异"的关注，但是，"差异"在逻辑上却服从于同一，在体系之中被剥夺了优先地位。希腊形而上学的基本思维取向，以及支持着它的二元对立范式，构成了对西方文化的强力主导因素。"差异"从属于"同一"，"差异"必须被扬弃于"同一"之中，"差异"最终必须与"同一"和解，这种情形在哲学历史之中反复再现，甚至还体现在形而上学之集大成者——黑格尔——的体系之中。黑格尔开始说精神永远只能在支离破碎之中获得生命力，但他最后说绝对精神的实现就是对"差异"的扬弃，冲突的和解。由此可见，"差异"是哲学体系的起源，思维活动的前提，但在西方文化之中却被哲学体系压抑了。"差异"作为被压抑之物回归，就呈现了后现代哲学之中"差异冒险"的景象。

张扬差异性，置疑同一性在形而上学之中的合法权力，哲学上的这次“差异冒险”在尼采的“权力意志”、“狄奥尼索斯”和“修辞力量”之中得到了淋漓尽致的表演。“权力意志”作为“差异”颠覆了理性的绝对权威；“狄奥尼索斯”（Dionysus）的疯狂迷醉置换了“阿波罗”（Apollo）的澄澈清明；“修辞力量”将真理和价值化作比喻，化作幻象，化作痴迷妄语。海德格尔死死盯着“存在”和“存在物”之间的差异，而把“在场”的同一性视为“存在意义”的遗忘，通过解开笼罩在“差异”之上的“在场优先性”，从而宣告西方形而上学的终结。弗洛伊德透过自我意识的和平与宁静，到深邃浩大的无意识之中去追寻人性的本源，以“差异”、“差异的踪迹”以及“踪迹的踪迹”来呈现理性的极限和无能。列维纳斯则把从柏拉图到笛卡尔一路思想家建构的形而上学及其同一性的幻想读成“暴力哲学”，反过来将“他者”、“自我与他者的关系”引入这一哲学文化体系之中，引发一场出离希腊存在论的反叛运动。列维纳斯（Emanuel Levinas）通过把“他者”激进化，引出一种“绝对差异性”，挣脱画地为牢的形而上学存在论体系，最后引爆一场思想的“灾变”（disaster）。“灾变”，就是星球漂移天体秩序的迷乱状态，也就是“差异”不断产生和不断散播。最后，当然还有语言学家索绪尔，他指出了“语言体系之中唯有差异”，能指和所指之间的联系是随意而且武断的，符号在一个系列之中以示彼此差异，由此而产生意义，根本就不存在一种固定不变的同一体。

德里达敏锐地从上述诸家言论之中得到了启示，从而将“差异”进一步激进化，展开了对西方哲学文化，对犹太—希腊—基督教文化遗产的全面清算。在他那里，“差异”不仅是以示区分的特性，而且是一种产生这种区分特性的“差异”，“延异”（différance）就是“产生差异的差异”。为了表示这种产生差异的主动性，德里达将“差异”之中的一个字母 e 改为字母 a，并把区分、延宕以及散播等多种复杂的意义绑定在这么一个既非词语又非概念的符号之上，从而形成一组复杂力量运转而形成的方向束。由“差异”而生“延异”，真理、本质、在场、本体、结构、同一以至上帝等等，都统统被化作“差异的踪迹”。德里达追寻本源之“无本之源”，从源头上摧毁了形而上学的起源。这个被作为“无本之源”的“本源”，就是先于言语而存在并且涵盖了言语的“文字”，就是先于一切形而上学而存在却被形而上学压抑的思想前提。“延异”如同老庄的“道”，它不仅超越了言语与沉默（“道”在言默之间），而且还不受“存在”与“非存在”二元逻辑的制约（“方生方死”，“方死方生”……），最后还不断生成变易（“道生一，一生二，二生三，三生万物……”）。文字与言语，言语与思想，思想与神言，它们之间从来就没有呈现出一种透明的纯净的关系，相反，它们之间永远只存在一些“绝境”。“真理”是差异游戏的一个暂时的驿站，而非它永恒的家园。“自我”，或者说“主体”，也是在

“与他者的关系”之中不断地被构成和解构的符号，根本就不具有稳定可靠性。“差异”无处不在，却又无迹可求，让一切自以为是的哲学体系陷入绝境。因此，西方哲学就永远是差异的哲学，哲学家即永恒的浪子。

如果说，德里达的“产生差异的差异”（即“延异”）置疑西方形而上学的本源同一性，那么，利奥塔的“歧异”（différendt）则在更广阔的后现代语境之中呈现了美学、伦理以及政治的多元景观。“différendt”，意思是观点的分歧，意见的不协调，以及多种声音之间的冲突。“歧异”是一场诉讼，其中原告被挫败，被剥夺了进行争辩的手段，以及成了受害者。古代智术师在与自己的弟子们进行辩论游戏的时候，常常陷入自己设计的逻辑悖论，而在诉讼之中败诉。原告被挫败，师父在诉讼之中败北，类似于现代性元话语之合法性遭到置疑。启蒙神话和思辨神话都像是原告话语，完全失去了进行辩护的语言。而这就是后现代的公正游戏：弱势话语获得权力，异教的美学成为范本，分歧、歧见、矛盾以及冲突使一切合法性的规则暴露其难以超越的局限。

德里达的“延异”也好，利奥塔的“歧异”也好，它们作为“差异”都表示思想不可逾越的界限，而呈现这种“差异”则预示了中心概念或者元话语的衰落。德勒兹则不顾后现代语境下“哲学终结”的喧嚣，启用“差异”来支持系统形而上学，发挥“差异”的建构功能而不是其解构作用。他认为，存在就是差异，差异就是独特性，独特性构成了世界的多元性。形而上学对存在同一性的把握必须以差异性为前提，差异必定衍生于形而上学同一性形式之中。如果要建立一套表达“差异哲学”的概念和语言，那么，就必须重新铸造“重复与差异”的标准。重复就是区分，即两个具体的事物凭借着相同的形式而互相区分，或者两个具体的事物凭借着差异的形式而自相重复。因此，德勒兹的形而上学谋划，就在于证明差异自在存在，存在即重复之中的差异和差异之中的重复。

如果说，德里达、利奥塔以及德勒兹的“差异”依然活跃在男性中心主义的话语之内，只能导致有限的思维变革，那么，伊丽格瑞（L. Irigaray）的性差异伦理学就表现了颠覆男性中心主义、在更广阔的语境之中实现“差异”的努力。她认为，“性差异”应该是当今时代主要的哲学问题，以及能“拯救我们”的时代哲学问题。“性差异”构成了一个世界地平线，这个世界将比一切可能的世界都更丰腴、更多产，预示着思想、艺术、诗歌和语言的创生时代即将降临。这么一个创生的世界，是对男性主宰的世界的超越。男性主宰的世界，话语的主体和思想的主题都是男性的，上帝的形象也总是叠合于父亲的形象。伊丽格瑞借取心理分析工具，揭示女性心理奥秘，暴露男性社会的偏见，反思女性宗教学谱系，最后渴望建立一种以“性差异”为基础的语言和存在论，再度解释人与社会、人与宇宙、人与精神的关系之中的一切事物，尤其希望使性关系神圣化，使性爱成为神圣生成的场所。

（胡继华）

场域（Field）

社会学发现，现代社会不是一个浑然一体的世界，而是分化为许多“各自为政”又相互联系的小世界。尽管它们有着相对自主、特定的逻辑，但是与整个社会世界在生成结构上异质同构（homology），都遵从支配与被支配的等级结构的作用。卡西尔对关系式思维的强调给予布尔迪厄很大的启发，由此他提出“场域”概念来建构社会空间。“场域”概念就是运用关系式思维思考社会空间的不同“游戏领域”，理解其中或明或暗的权力运作机制。这种关系式方法避免了从本质和实体的角度理解权力及其支配关系，它得益于同时又超越了结构主义思想。

场域是由不同位置之间形成的客观关系网络构成的开放性结构。不同权力或资本对应于一个位置，因此场域中的每一个位置意味着各个不同的资本或利益，意味着资本或权力在分配结构中的不同处境。差异性位置之间形成了对抗和竞争的客观关系，包括支配关系、屈从关系和对应关系等等。场域是不同位置之间的关系网，每一位置受到其他位置的界定和影响；每一位置的变动、转换将影响到整个场域结构，所谓牵一发而动全局。从布尔迪厄对场域的繁琐 、精细的定义中，我们不难发现场域具有结构和系统的特征，但又和它们有本质的区别。在布尔迪厄看来，结构主义的结构、系统是自我调节的封闭性空间网络，而场域是社会空间中的小世界，每个自律的场域最终受到社会支配性权力的作用，即经济逻辑的制约和影响。因此场域的自律是相对的，场域自身的逻辑受制于社会空间的权力逻辑。例如文化生产场的自律原则并非不食人间烟火的规则，而是受到外部经济和政治权力的侵蚀。不同场域之间的同源关系以及它们与权力场的关系，确定了场域的开放性。

布尔迪厄强调“场域”不同于阿尔都塞的“意识形态国家机器”。在他看来，学校教育体系、国家、教会都不是静止的机器，而是场域。“意识形态国家机器”概念从结构主义的抽象冷漠的局外视角来看待社会结构，它是一种共时框架。而场域概念却引进了主动参与、创造性的行动者，行动者受制于场域的同时，具有建构和改造场域的可能性。场域的行动者不是一个前结构主义式的全知全能的主体,也不是结构主义意义上被动接受客观结构召唤的主体。行动者和场域是相互作用、相互塑造的辩证关系,他们的习性、资本,镌刻着其出身、家庭教育和成长轨迹的痕迹。当场域的现实境遇与行动者的习性偶然相逢,行动者便开始生成当下、具体的实践行为。

场域是行动者争夺有价值的支配性资源的空间场所,这是场域最本质的特征。各种资源构成不同形式的资本。每一场域都有各自占主导性的王牌资本。在知识分子场域里是文化资本,在权力场域里则是经济和社会资本。占优势的资本形式决定了场域的具体逻辑,不同场域的特定逻辑往往不可通约。场域也是行动者争夺合法性——象征资本——的场所,争夺对场域的支配性价值、评价标准的垄断权的空间场所。场域不可能凝固成胶着的空间框架,时间、历史的涌动使场域无时无刻不处于复杂微妙的斗争状态。因此,场域中的实践冲突是多元决定的。

参加场域游戏的行动者,必然携带特定的资本和习性。一旦进入某一场域参加特定的争夺游戏,就意味着行动者已具备一张入场券,即具有一种"幻象",他们主动地接受场域的支配性价值、资本,相信游戏的争夺对象、胜负结果,并内化为身体向度的性情倾向、感知方式和思维习惯。也就是说行动者在对场域的认同和想象中形成某种信念关系。信念关系凝结在习性中,是行动者加入场域争夺的前提。例如,一个过早退学、游手好闲的工人阶级子弟会意识到苦练拳击、功夫的必要。在他看来,要加入社会场域争夺金钱、财富和地位,一身健壮的肌肉和过硬的拳脚功夫是至关重要的。在这样一个青年眼里,文化生产场的行动者自甘清淡,热衷于话语斗争的资本逻辑无疑是荒谬而无益的,他对世界的信仰、他的资本构成,都使得他没有条件涉足文化场域的游戏争夺。在场域中取得合法地位的行动者,同时也获得场域加诸其上的被掩饰的"象征暴力"或象征权力。象征权力使得行动者在场域博弈中的战利品披上合法表象。当行动者认同和接受场域逻辑后,象征权力就自然而然地剥夺行动者对场域真相的反思能力。

场域这个狼烟四起的动态空间里的鏖战,说到底是行动者不自觉参与的社会游戏。游戏争夺的对象不是确定的、守恒的,而是由一定的历史条件决定,是偶然的、任意的,游戏规则也并非一成不变的。游戏者可能改变对规则的约定,如不同资本之间的兑换率,改变评价和筛选事物的衡量标准。行动者的实践不是理性的、算计好的和目的明确的,而是在习性的规束下遵循模糊逻辑的前反思行为。

对法国文学场的生成和结构的分析,是布尔迪厄的场域研究的点睛之笔。在布尔迪厄眼中,研究文学意味着建构一系列"纸上的建筑群"。因为,对文学现象的解读,必须语境化、历史化，必须置于社会历史的场域空间之中。根据布尔迪厄的设计，从场域的角度分析文学艺术等文化生产，包括三个内在关联的环节。首先，分析文学艺术生产场与权力场之间的关系；其次，勾画行动者或位置之间的客观关系结构，因为行动者或机构在这个场域中为占据位置，控制场域特有的合法逻辑，相互竞争而形成了关系空间；第三，还需要分析行动者的习性，即千差万别的性情系统，行动者通过将社会、经济条件内在化而获得性情系统，而习性又影响行动者的社会轨迹，形成不同的力量关系。

在社会空间中，资本的不平等分布决定了空间中的等级结构，而且等级结构遵循"异质同构"原则，掌握经济政治权力的支配者位于社会空间的最高层，文学场中的知识分子拥有丰富的精神成果和文化积累，他们秉承相当的文化资本，也属于支配阶级。在支配阶级（或译为统治阶级）内部，拥有更多经济资本和社会资本的权力支配阶层，相对缺乏文化资本，占据权力场中的正极。反之，文学场中的知识分子则富于文化资本，相对匮乏经济和社会资本。他们位于权力场的负极，即支配阶级中的被支配阶层。总之，文学场属于权力场中被统治和支配的部分，这种尴尬的处境和位置，会产生独特的意识形态效果——文学生产者进行文化认同时，往往受到这一处境的影响，并投射到文学场的内部生产中。譬如中国古典文学历来有"香草美人"的传统。

文学场在社会场域中的特殊位置，决定了研究文学场除了要考虑文学作品、作者，读者因素，还须关注赞助商、出版人、监察机构等行动者和社会制度的影响力。重构文学场的位置空间，需要重现被传统文学史忽略的诸多细节。布尔迪厄在《艺术的法则》中重建 19 世纪晚期法国文学场时，就从不惮细节的烦琐。他列举出上百个有名或无名的作家，他们的家庭环境和成长背景，他们的文体、风格，他们追随或反叛的传统以及相互关系，他们出入的咖啡厅、酒吧间或沙龙，与他们有关的出版机构、剧院、读者群等等。因此，文学作品的价值不单单由文本的互文性决定，也不仅源于它所反映的外部社会，而是源于场域炼金术的巫术效果。也就是说，只有在文学场中，文学作品的价值、作者的权威性与文学内在传统之间，与外部社会场域之间的作用力才是清晰可见的。

场域这个空间性概念结合了结构主义的系统和行动者的主体性，但不是二者的简单相加。场域在布尔迪厄的实践逻辑的支持下，揭示行动者在象征权力的作用和自身习性的规导下的彼此争夺，从而将差异性、静止的观念、立场还原为在空间中发生的动态性事件。

（张意）

超人（Übermensch）

“超人”是尼采“重估一切价值”的意志哲学所呼唤的形象，它集中体现了尼采关于社会、伦理和宗教的思想。尼采所谓的超人，不是现存的或历史上的伟大超凡的人物，而是一种理想的人格。超人形象具有两个方面的根本特征：第一，他更有力，更果敢，完全按照权力意志行动，充分发扬权力意志的狄奥尼索斯精神；第二，他更健全、更完整，完全摆脱了奴隶意志，集中体现以权力意志为基础的主人道德，具有巨大的创造力。超人学说是尼采思想成熟阶段的产物，主要反映在他的代表作《查拉图斯特拉如是说》当中。

在《查拉图斯特拉如是说》中，尼采假托古代波斯教主查拉图斯特拉，公然宣称“上帝已死”，“我把超人教给你们”。尼采认为，基督教关于“灵魂不死”的说教和“善良、仁慈、宽厚”为特征的伦理观，就其实质而言，不过是“颓废的道德”和“虚伪的意志”，是对生命意志的违抗。它使人们在精神上萎靡不振，在肉体上孱弱不堪，成了一只“重负的骆驼”。而现在，宗教潮流已经消退，上帝的信仰和天国的理想已经动摇，因而“上帝已死”。显然，尼采是在彻底否定基督教价值观的意义上宣布了“上帝”的死亡的。尼采同时认为，近代西方的理性主义、人性论、社会契约论思想，其实不过是基督教伦理的翻版；建基于启蒙思想之上的所谓“自由、平等、博爱”的理想王国，同基督教的上帝和天国别无二致。因为，它们同样都是一种关于偶像的设想，使人变得颓废、渺小，并且日益消磨其已经风烛残年的权力意志。因此，真正的理想不在上帝的天国，也不在按人类理性和普遍人性建立起来的理想王国，而在于超越于人类。尼采说：“我将教人以生存的意义：那便是超人。”

超人，不仅仅是要超越庸常的他人，更是要超越已经颓废的人类。在尼采的笔下，人类已经损毁和堕落，人群不过是行尸走肉或者残躯断体，繁华的城市也不过是腐朽、恶臭、贪欲、溃烂、叛乱之渊薮，人类的生存阴沉而忧郁，丝毫没有意义。因此，在禽兽与超人之间，人就像是系缚于其间的绳索，又像是一段架设于其间的桥梁。进一步说，“人是要被超越的一样东西”，“人之所以可爱，乃因他是一种过渡和一种毁灭”。人的目的和前途就在于超越自身而达到超人。但是，需要指出的是，超人并不是要超尘世的希望。恰恰相反，超人是“超尘世的希望”的对立物，超人就是尘世的意义。“超尘世的希望”是把上帝的千年王国当作人的最后归宿的基督教神话。如前所述，在尼采看来，这是教人蔑视尘世生活，扼杀肉体和生命，磨灭权力意志的虚伪说教。因此，必须反其道而行之，肯定尘世生活，而“不在世界之外去追求牺牲的理由”。

“权力意志”(Will to Power)是超人概念的核心内涵。权力意志实际上就是冲动的生命力。尼采说，“生物所追求的首先是释放自己的力量——生命本身就是权力意志”，“世界除了权力意志之外，什么也不是；同样，你本人除了权力意志之外，什么也不是。”万类竞长、生生不息的生命状态，已经足以证明生命意志的普遍存在和支配作用。在尼采看来，权力意志尽管是来自自己主观体验的经验假说，但他的真理性却是不成问题、无须讨论的。因为，与知识性的经验假说不同，这是生命对自身的肯定，是一个价值判断，而不是一个认识问题。不受限制地发扬权力意志，也就是发扬放浪不羁的狄奥尼索斯精神，是超人形象最基本的特征。在尼采的思想中，酒神狄奥尼索斯是一个和象征着光明与限制的日神阿波罗相对立的比较性概念。酒神象征着无所牵绊，放任不羁，勇于撕破一切假象和面具的暗潮涌动的生命之流。酒神的性格最初表现于原始的酒神崇拜仪式，它构成了悲剧和音乐的本质。尼采认为，古人所谓的永恒轮回的火不过是权力意志的象征而已，整个世界都是权力意志自我创造、自我毁灭的永恒流转的过程。超人作为权力意志的最高体现者，也是周而复始，永存世间的。

以他自己关于“人类是最残忍的动物”的“人性恶”理论为基础，尼采认为，迄今为止一切用来使人变得道德的手段都是不道德的，因为只有强者的价值标准才符合权力意志的本来特征。在《善恶的彼岸》中，尼采宣称：“生命本质上就是掠夺、伤害，对陌生者和弱者的压迫、压制、严酷，把自己的倾向强加于人，吞并和剥削。”他把道德划分为两类：主人道德和奴隶道德。主人道德是强者的道德，是创造的道德，是敢作敢为的道德；而奴隶的道德是弱者的道德，是平庸的道德，是畏首畏尾的道德。在他看来，基督教的道德就属于奴隶的道德，其实质不过是复仇精神、内疚和禁欲理想。根据这种道德理想，只有受苦难的人、贫困的人、被阉割的人、卑贱的人才是好人。与此相对立，超人则是权力意志的化身，是“主人道德”的纯粹的标准。他更强大、更健壮、更勇敢、更敏锐、更快乐，完全摆脱了奴隶意志，是超越芸芸众生的“充实、平实、伟大又完全的人”。在《快乐的科学》中，他更是强调，超人要摆脱传统习俗和道德标准的约束，就必须在恶劣环境中成长。

尼采是西方文化史上一位承前启后的人。在新旧时代交替之际，站在世纪的转折点上，尼采对传统理性主义、基督教道德和启蒙主义的文化进行了猛烈抨击，他宣布“上帝已死”，提出了“重估一切之价值”的口号，呼吁对传统的宗教、道德、哲学、艺术等所表现出来的西方文明的价值予以彻底的摧毁，对 20 世纪的文化和哲学产生了巨大的、多方面的影响。作为尼采社会、伦理和宗教思想的集中体现，超人学说无疑在其中发挥了重要作用。

（张跣）

超真实（Hyperreal）

1976 年，波德里亚（Jean Baudrillard）出版了《象征性交换与死亡》（*Symbolic Exchange and Death*）一书。在这部从马克思主义转向后现代主义的重要著作中，波德里亚提出了超真实概念。之后，波德里亚在 1981 年出版的《拟像》（*Simulations*）一书中对超真实概念作了进一步的阐释。研究者普遍认为，超真实概念是波德里亚后现代主义理论的一个核心概念，是对传统真实概念的彻底颠覆。

超真实概念是由前缀“超”（hyper-）和真实（real）一词构成的。波德里亚认为，仿真发展到拟像阶段，真实本身已经被瓦解，一种比真实更“真实”的状态或现实显现出来，那就是所谓的超真实。超真实之所以具有比真实更为“真实”的特征，首先是因为它打破了真实与想象之间的界限，使昔日的审美幻境无处不在；而更为关键的是，超真实是按照模型产生出来的，它从根本上颠覆了真实存在的根基。也就是说，超真实不再是客观存在之物或反映之物，而是人为制造（再生产）之物或想象之物。

波德里亚首先注意到意象和想象对真实和超真实之间转换所起到的重要作用。意象对拟像的构造表现为如下四个阶段：一、意象对真实的再现。二、意象遮蔽和扭曲真实。三、意象遮蔽真实的缺场。四、意象与真实断绝关系，纯粹变成自身的仿真。在这四个阶段中，一旦第二阶段的意象开始扭曲真实，再现与真实之间的对等关系实际上已经出现松动，用波德里亚的话说，就是意象开始进入“恶的秩序”，再现变为某种戏仿。当然，此时意象的意义还是来自它与对象的非真实关系，虽然它已游离真实。到了第三阶段，意象已经如同巫术，意象的背后拖着一个长长的影子，虽然空洞无物，但却像真实一样存在着，意象依然维护其背后的某种东西，尽管什么都没有，这种维护只能是出于一种遮蔽虚假的欲望或历史惯性。“从掩饰有物的符号到掩饰无物的符号，这一过渡标志着一个决定性的转折点。前者隐含着一种真理和隐秘的神学（意识形态观念就属于这种符号），后者开始了一个仿真和拟像的时代，这里不再有认识自我的上帝，也不再有区分真与假的最终裁决，真实在人工中复活，因为所有的一切都提前死亡并消散。”(波德里亚，《拟像》，第12页)在意象与真实再现之间关系的变动中，想象成为意象游离于真实的路径。想象既表现出人们超脱现实的愿望，又成为人们追求乌托邦境界的一种方式。想象的认识论价值就在于它的主观性和创造性。由于想象的介入，超真实在意象中得以完成。这可以说是超真实诞生的秘密。

模型和模型先在是超真实超越真实的基础。超真实与真实的区别是显而易见的。真实是一种客观逻辑、一种再现逻辑，它在自然的客观性和理性的科学性中寻求自我存在的根据。通过强调根源性、确定性和连续性，真实维护着自身存在的合理性和正当性。所有这一切都表现在文艺复兴以来西方文化发展的内在精神中。波德里亚的超真实正是对这一真实观念提出了质疑。模型和模型先在从根本上消除了所谓的事实先在，从而也就消除了客观性和再现性，构造出无根源的先在观念。使得超真实成为一种自由空间，人们可以在模型中体验超真实的快感。

波德里亚的超真实不是一种停留在思维层面的理论分析，超真实融入现实之中，把自身打造成为日常的“真实”。超真实在日常生活中不断发酵，被人们所强烈地感受和认可。“事实上，我们应该把超真实颠倒过来：今天的现实本身就是超真实的。超现实主义的秘密是可以将最平淡的现实变化为高于现实的东西，但只是在艺术和想象发挥作用的某些特殊时刻才能如此。今天，日常的政治、社会、历史以及经济的整个现实从现在起都与超真实的拟像结为一体，我们的生活处处都已经浸染在对现实的‘审美’幻觉之中。”(《拟像》，第177页)妇女杂志所鼓吹的理想家居，性生活手册所描绘的诱人的性模式，广告所宣传的时尚和潮流，乃至迪斯尼乐园作为美国的一种魔幻式存在……日常生活的方方面面，模型的范导性是显而易见的。在诸多的模型中，问/答模型是主导日常生活的模型之一，也是值得格外关注的。波德里亚说：“我们生活在公民投票式的现代社会，因为不再有任何指涉物，每一个符号，每一条信息……作为问/答展现给我们。整个交流系统已经从语法上复杂的语言结构过渡到问/答的二元符号系统，这是一种永久的测试。现在，测试和参考答案是被提前设计好的。”(《拟像》，第116—117页)问/答模型的先在性和重复性，以一种逼真的幻觉，培育了现代社会中人们的行为方式。在问/答模型中，每一条信息、每一个图像、每一个物品，都意味着一种测试设计，它们无不是一种选择、蒙太奇、视点的结果：它们已经测试过现实，成为有答案的问题。答案先在，答案就是答案，不再可能有任何疑问，有的只是与答案对应的问题的生成。

凯尔纳在阐释波德里亚的超真实概念时试图从另一个角度来揭示其意义。他指出，波德里亚从日常生活入手，从模型范导与整合物和人的形式出发，提示问/答模型乃至模型本身使一切都处于控制之下，超真实构想留有福柯的“驯服社会”的影子。“拟像社会开始控制个人的应答范围以及选择和行为的方向。与先前的决定性社会理论以及要求个人或集团为了某种目的控制公众的同谋理论相反，波德里亚的模型从根本上是非决定性，它提供了一种新的社会控制模型，在这里，代码和方案成为社会组织的原则，个人被迫应答前代码信息和在经济、政治、文化和日常生活中的模型。”（凯尔纳，《让·波德里亚：从马克思主义到后现代主义及其他》，第177页）从社会控制角度出发，凯尔纳深入到波德里亚超真实模型的内部，揭示出这一构想潜在的社会能量。从某种意义上说，波德里亚的超真实思想不仅表现为一种形而上学的焦虑，而且是对一种新的社会控制技术的体察和描述，因为超真实这一在消除了真实之后对“真实”的回归，已经不是一种幻觉心理在起作用，而是成为人们普遍的日常意识和本能欲望。

（戴阿宝）

赤裸生命（Bare Life）

古希腊人将生命分为两种类型：“zoē”和“bios”。前者指的是神、人、动物都拥有的纯粹活着的事实，一种“赤裸生命”（bare life）；后者则指的是个体和群体拥有的好的生活，是古希腊城邦中的政治性生命。阿甘本认为，从起源来看，政治一直都是针对“生命”的政治：它将简单的事实上活着的生命形式排斥在政治范畴之外，同时也将良善的公共性的生命吸纳其中，组成了政治框架内所有元素的基础。

但是，面对现实存在的个体，政治如何可以一方面排斥掉其赤裸生命，另一方面又纳入其政治生命呢？阿甘本从罗马法中找到了一个更为清晰的脉络。在此，拉丁语中表示生命概念的词是“vita”，相当于古希腊语中的“zoē”，指涉着一种活着的境况，而在罗马法中，“vita”则仅仅存在于“vitae necisque potestas”（生杀权）这样的表述中。也就是说，从法律（主权权力）的角度来看，生命之所以是一种活着的形态，只是因为它可以被杀死；或者说，个体之所以被政治共同体所接纳，能够拥有一种“bios”，其前提就是将自身“zoē”的生杀权交付给法律（主权权力）。同样的逻辑也出现在了霍布斯对主权的论述中：因为生命时刻暴露在死亡威胁下——一切人反对一切人的战争，所以人们才组成了“利维坦”（主权者），在享有其保护的同时也让渡了生杀的可能。因此，亚里士多德的观点——人天生是一种政治动物——也意味着另一个层面的内容：人是一个可以被杀死的赤裸生命。

在政治共同体中，“bios”是赤裸生命的保护壳，让其可以暂时免于主权权力的暴力杀戮。但是，当个体的“bios”被剥夺，失去自身的政治身份后，他就变成了政治共同体中的一个“例外”，可以随时被杀死：古罗马法中的“牲人”（homo sacer）就是这样的个体。“sacer”从字面意义上来看意味着“神圣的”，但同时也含有“污浊、肮脏、不洁”之意。当个体被判定为“牲人”后，一方面，他失去了政治共同体的保护，可以被任何人不受惩罚地杀死；另一方面，他遭到了神灵的唾弃，生命不再属于神，因此也不可用于祭祀。我们可以看到，“牲人”实际上遭到了双重的排斥：不见容于世间的共同体，也不被神灵接纳；既没有法律的保护，也得不到神的拯救。这就是“牲人”的处境，也是个体遭到政治共同体排斥后必然的命运。它生存于一个俗世政治与超验神界之外的空间，面对的只是一种可任意将其处死的权力。

对于前现代的政治而言，这个空间和其中的“牲人”只是正常政治秩序中偶发的“例外”。但进入现代之后，当政治开始希望从“zoē”的角度寻找主权的立足点时，赤裸生命渐渐变成了现代政治中的一种常见形式。1789 年《人权与公民权宣言》（*Declaration des Droits de l'Homme et du Citoyen*）的颁布是一座标志性的界碑。在此，人“出生”便意味着享有了神圣、平等的“人权”，是“国家法律和主权的切实基础”。但另一方面，《宣言》中又特别强调“公民”才是政治共同体中的成员、政治权利的主体。“出生”与“公民”构成了一个相互重合但又截然不同的领域。理论上，每一个人“出生”便意味着有了自己的民族身份，并可在该民族国家主权权力的庇护下享受应有的政治权利。但在现实世界的国家版图上，总有一部分民族没有“出生”在其国家领土之中——犹太人就是典型——因而也不属于该国政治共同体的主体。总之，他无法成为“公民”，也就不能享有政治权利。由此，现代社会出现了这样一群人：他们被宣称有着文明时代所有人均有的人权，却不属于任何一个国家，不享有任何政治权利，同时也得不到法律和主权的任何保护。

阿伦特所关注的“难民”正是这样的群体。自一战以来，许多国家就开始了审查甚至剥夺本国公民身份的进程。由于秉持着国家主权与民族性之间必然的关联，所以当国家之中某个个体和群体“出生”所赋予的民族身份并非本国主权的载体时，被驱逐就成为其必然的命运。正是从这个时期开始，欧洲土地上出现了众多在各个民族国家夹缝中生存的民族，他们的处境真实地揭示着现代民族国家“人”与“公民”之间巨大的裂痕，也表明当生命失去政治外衣时，所谓的人权只是一个毫无实质意义的口号。在阿伦特看来，各种为保护人权而成立的组织和团体，它们发表的宣言在形式上与防止虐待动物的语言相差无几：难民拥有的只是一种动物性的生命。阿甘本则更加尖锐地指出，难民就是现代的“牲人”，一种“赤裸生命”。自被剥夺了国籍（公民权）开始，他们就成了随时可以被杀死的生命。因而，作为收留这些赤裸生命的空间，收容所、难民营及随后由此发展而来的集中营、死亡营，就成为现代民族国家世界必要的补充，也是现代人被政治秩序排斥之后的最终归宿。

难民与收容所矗立在现代民族国家的边缘地带，这是现代政治以“zoē”为根基建构法律—国家秩序的产物。不过，“公民”与“非公民”之分并不是现代生命政治的终点，“非公民的民族”亦不是当代赤裸生命的唯一形式。当“zoē”与“bios”不可分割地出现在政治共同体中时，主权—法律关注的并不仅仅是政治主体的“身份”，同时也对本国公民的“身体”充满了担忧。后者正是福柯“生命政治”的题中之义：一方面，政治与现代医学、生物学、遗传学等生物学科结合在一起，促进国民身体的健康；另一方面，政治还要防范诸如传染病、战争、种族退化等危及健康的风险，保障社会的“安全”，所以，在必要情况下，为了让一部分人活着并更好地活着，政治必须杀死另一部分人，“生命政治”由此变成了“死亡政治”，大屠杀也有了合理性的来源。这种保护生命与杀死生命之间相悖而又相互补充的关系启发了阿甘本，使其进一步扩展了赤裸生命的范畴和生产机制。

在此，阿甘本认为，难民只是现代社会赤裸生命的一种形式，其生产的方式为剥夺公民权。除此之外，在公民之中，现代国家还有一种更为日常和普遍的赤裸生命制造方式，这就是“例外状态”（state of exception）。与施密特对“例外状态”的解释不同，阿甘本认为，现代的“例外状态”并非国家应对战争或动乱的必然选择（主权决断），而是为了保护公民生命的安全而常设的一种治理规范。因而，前现代时期的“例外状态”是一种“真实的例外状态”，如古罗马时代面对共和国危机时被动地颁布“悬法”（iustitium）；而现代的“例外状态”则是一种“拟制的例外状态”，它就刻写在宪法对主权者及其政府权力的规定上，授予其有权在“必要时”暂时性地违宪，悬置法律，打破立法、行政与司法权力的区分，“全权”地行动。而正是在这个基础上，所有的公民（不管是本国公民，还是外国公民）也都随时可能在身处政治共同体（国家）之中时变为赤裸生命，所依据的仅是主权者对“例外”的决断。2001 年美国颁布的《美国爱国者法案》就是最为典型的例证。为了应对恐怖袭击，该法案扩大了警察机关监听、查阅、侵犯本国公民隐私以及拘留、驱逐涉嫌恐怖袭击的外国公民的权力，规定政府可以在违反宪法和民法的情况下“依法”侵犯公民所有的政治权利。在此情境下，所谓的公民，其公民权虽没有被剥夺，但因没有法律的保护而形同虚设，仅仅与难民共享着虚无缥缈的“人权”。关塔那摩监狱中的景象就是其最极致的体现。根据美国的解释，这里关押的虽是在战斗中被俘的人员，但他们不是“战俘”，而是“恐怖分子”，一种非法战斗人员，因此不享有任何法律（如《日内瓦公约》）的保护，也不能根据任何法律进行审判和判刑，只能永远处在被“拘留”的状态。这是另一种形式的“集中营”，其中关押的人虽没有被剥夺公民权，却如二战时期纳粹集中营里的犹太人一样，完全变成了可被权力（暴力）任意处置的赤裸生命。

进而，阿甘本断言，现代社会之中，每个人都是潜在的赤裸生命。现代政治最本真的意象，不是自由女神，也不是“人权宣言”，而是“难民营”与“集中营”，一个处在政治—法律秩序内部边界上的门槛，同时也是囚禁、杀戮、审查、鉴别赤裸生命的空间。

（张凯）

词语误用（Catachresis）

“词语误用”本身是一个语言学和修辞学的术语。在辞典上，一般具有“字或短语的牵强使用”；“故意似是而非的比喻”；“字词的滥用：字或短语的不适当使用，尤指将之用于它并不修饰的事物”；“用词不当，修辞生硬且自相矛盾的误用，词形更改”等等释义。威尔士（Wales，K）的《文体学词典》（*A Dictionary of Stylistics*）中认为“词语误用”是字词的“误用”和“滥用”，“用宽泛的和单一的符号”来指称“具有丰富性的经验和环境”。

但是“词语误用”在德里达的解构主义理论中意义得到了较大的扩展。德里达在其《白色神话：哲学文本中的修辞》（“White Mythology：Metaphor in the Text of Philosophy”）一文中认为“词语误用”是所有指意系统存在的一种普遍的情形，即指意符号对于其所指意义从一开始就存在的不适当性和不完满性。因此，从某种意义上说，任何语言符号的使用都将是“词语误用”的表现，即“词与物永远不可能是同一个东西”。德里达的这一看法是跟他的整个解构主义理论相一致的。在他的理论中，语言符号的所指，或者传统语言观念中的语词意义，作为语词稳定的起源的中心是永远缺场的。语言的运作依赖的是空间化的差异运动而不是深度的“符号——意义”之间的直线对应。这一看法直接指向的是“现象——本质”这种传统形而上学的深度模式。

在《人文科学话语中符号、结构与游戏》(“Structure, Sign, and Play in the Discourse of the Human Science”)一文以及《声音与现象》(*Speech and Phenomena*)中对深度结构和符号意义问题的讨论都可以看成是德里达对“词语误用”的一种解释。而在德里达对约翰·塞尔(John Searle)的言语行为理论的批评文章《有限公司》(“Limited Inc.”)中我们可以看到更为清晰的讨论。在这篇文章中,德里达指出语言符号在交流中的可重复性并不是因为其所指对象的稳定性,专名(proper name)看起来有着具体而单一的对应物,但是我们都忽视了其指称对象本身在不同环境下的变化因素,因此这种对应只可能是在抽象而不是具体的意义上得到保证。关于语言在交流中的重复认同问题,他提出了语言的“重述性”(iterability)和“重复性”(repetition)之间的区别,“重述性”意味着语言在每一次重复中都存在一定程度上的改变,而“重复性”则意味着同一反复。在传统语言的指称观念中,语言在重复交流中得到认同所依赖的就是这种由稳定的起源而决定的“重复性”,而德里达认为,“重述性”本身包含了“变化”的意思,是在改变中的重复。任何语言在重复中都必然包含新的“意图”(intention)和“语境”(context)的寄生,而这些具体因素才是语言在重复中得到认同的根本保证,否则交流就不可能是具体情景中的交流,语言必然将指向抽象空洞的内容。“重复性”设定了一个完整的理想化对象,符号是无条件的重复,没有改变的可能。这种理想化和抽象的前提不过是哲学上设定的对立,它压制了所有与这种理想化对象不相符合的内容。由于变化因素的存在,因此传统语言观念中符号的使用只能是修辞意义上的,或者说是一种“词语误用”。斯皮瓦克进一步解释认为,“词语误用”使语言符号所指的对象呈现出“既是又不是”的特征。例如“上帝”一词,究竟指“上帝”还是仅仅指它的名字?上帝和它的名字相比有没有区别?是否“上帝”比它的名字更多一点什么?在我们的交流中,“上帝”所指的对象似乎是明确的,但事实是每个人都有自己不同的上帝,并且更为重要的是,“上帝”或许有或许又没有。

作为德里达解构主义理论的著名阐释者,斯皮瓦克认为,“词语误用”不仅仅是语言学和哲学的探讨,它所涉及的对变化因素的忽视,以及理想化过程中的对他者的压制等问题的确也具有十分重要的伦理——政治的能量。在她所探讨的民族解放、女性主义和社会主义运动等问题中,她认为那些力图对特定历史、经验和少数族群的斗争进行界定和命名的过程中出现的总体化词汇,诸如“人民”、“工人阶级”、“女性”、“被殖民者”等都是词语误用的典型,它们被这些群体的代理人所使用并服务于特定的政治斗争,但实际上这些词汇并没有具体所指,至少作为全称不可能真正指向具体的个体。她认为,如果我们忽视这些词语的“词语误用”性质,忽视具体的他者的存在,那么解放的目的就不可能真正地完成，斗争的结果必然造成新的压制，甚至存在革命的果实被盗用的危险。总之，“词语误用”不仅是哲学和语言学上的问题，同时也是一个文化政治问题，其核心是凸现出被语言掩盖的他者的存在。

（李应志）

存在（Being）

“存在”是西方哲学中最古老的词语，它与“理念”、“善”、“上帝”和“逻各斯”这些词语共同构建了整个西方哲学的古典传统。“存在”一词也有译成单音节的词语“是”、“有”、“在”的，这是因为“存在”这个词在希腊语那里（einai、to on、ousia 或 parousia）就有上述三种含义，即作为系词的“是”，作为持有的“有”，作为实存的“存在”。但是，汉语里却没有一个词同时兼有这三种基本含义。将这个词翻译成双音节的“存在”，比较符合现代汉语的语感，但并不能完全表达出这个西方哲学核心术语的多重含义。

亚里士多德说，善有多种含义，而存在也有多种含义，很多的东西都叫存在，比如上帝存在，小孩存在，那么，所有这些东西为什么都可以叫作存在呢？是什么把存在的多种含义集中到一起呢？这就是亚里士多德追问的“存在问题”。亚里士多德在《形而上学》中的“存在”概念主要是从其系词的功能（“是”）抽象出来的。追问一个事物的“存在”就意味着追问它既然已经存在在这里了，并已经如此这般了，那么，它之所以如此这般存在在这里到底是怎么回事。亚里士多德认为有四种原因可以用来解释这一问题，这就是通常为人所知的“四因说”。对于柏拉图来说，“存在”概念实际上来源于一种独特的追问问题的方式，即刨根问底的“什么是……？”的追问方式。柏拉图认为，要想知道一个事物的存在及其本质，就要在善的理念（the Idea of Good）的引导下来确定一个事物的存在和本质。从柏拉图那里发展出一种理念论的哲学，而从亚里士多德那里发展出一套探究万事万物的“存在”的知识，即作为第一哲学的“本体论”（ontology，现在我们学界倾向于把它翻译成“存在论”）。

希腊的存在论经过中世纪经院哲学的发展，成为西方哲学传统中最重要的学科。一般来说，它是西方形而上学建构整个知识体系的基础。到了近代，由于西方形而上学的日趋衰微，因此，作为形而上学核心部分的本体论也逐渐沦为一个僵死的哲学学科。黑格尔在他的《逻辑学》中虽然仍然用“存在”来开始他的体系，从最直接性的没有任何规定的存在，经过辩证的扬弃的过程，最终形成了最高的和最完整的存在，用基督教的术语来说，这个最高的最完美的存在就是上帝，但是很显然，在黑格尔的哲学中，“存在”并不是其体系的核心术语。

20世纪德国哲学家海德格尔在《存在与时间》(*Being and Time*)中重新恢复了“存在”作为西方哲学核心词语的地位，使其重新焕发了与希腊哲学中的“存在”一词同样丰富的含义。海德格尔认为，要想理解“存在的意义”，首先就要区分存在和存在者二者之间的差异，也就是首先要进行“存在论的区分”。从语言学的角度来看，“存在”概念在希腊语中更多的是来自其作为动词的含义，而“存在者”则是其动名词的含义。动名词的“存在者”的含义后来慢慢被实体化了，并从逻辑和系词的角度来界定这一范畴，最终成了对“存在”的主宰性的规定。这种逻辑—范畴化的存在概念实际上遗忘了存在最基本的含义，遗忘了存在的动词性的含义。

要想恢复存在这一词最基本的意义，就要从对存在新的理解开始，不再把存在理解为时间维度之外的自在之物。海德格尔的《存在与时间》这本书正如它的标题所显示的那样，存在的意义首先要从时间的角度来理解。形而上学的传统所理解的存在是自在的、客观的、独立的实体或事物，它不为人的理解所干扰和改变。然而，当我们说“存在的意义”的时候，它就不是所谓的自在的“存在”，而是为我们的存在，其意义是可以通过语言和思想而被我们理解的存在。所以，“存在的意义”首先就在于我们人的存在对自身存在的意义以及自身与周围世界的关系的理解之中。

我们人对自身的存在的理解的结果是，人是一种时间性的存在，而且我们的时间性是每个人必有一死的时间性，即与无限的宇宙时空相比的有限性的时间性。由此，我们可以说，人这种存在的意义就是被理解到的这种有限的时间性。理解了这种生存的时间性对于生存有一种解放的力量，那就是，当一个人想到自己必有一死并且无人可以代领属于自己的死亡时，每个人就要决定自己当下如何为自己而生存。从人这种存在对自身存在的意义的理解和关切可以看到“此在与时间性”的紧密关系：此在就“是”时间性。此在与时间性是“存在与时间”的一个方面，也就是从此在来理解存在；而如何从存在来理解存在，这是海德格尔晚年思想中非常重要的主题。

海德格尔对存在的思考实际上分成了两个不同的方面，一方面是从存在本身来思考存在，从存在的历史来思考存在，这是他晚年解构西方形而上学历史所从事的工作。另一方面是从人的存在来思考人的存在的意义，并进而思考一般存在的意义。海德格尔这条早期的思想道路开辟了20世纪对大众文化影响最大的哲学运动，即存在主义。其实，存在主义(existentialism)这个词应确切译为“生存主义”，显然“existence”最初被克尔凯郭尔(Soren Kierkegaard，1813—1855)使用的时候，是用来指人的那种独特的存在。把“生存”(existence)译成“存在”并不是没有道理的，正如尼采所说，只有人的生存才最有资格被称为“存在”。

20世纪的存在主义运动包括很多不同类型的哲学家。在存在主义哲学的两个先驱中，克尔凯郭尔在本质上是一个“基督教作家”，尼采是一个根本无法归类的哲学诗人和哲学先知；雅斯贝尔斯(Karl Jaspers)的存在主义的主题不仅有个人在极限情境中的生存，而且还有超越和整合；别尔嘉耶夫(Nicolas Berdyaev)和舍斯托夫(Lev Shestov)则是典型的“俄罗斯思想家”；法国的马利坦(Jacques Maritain)实际上是一种“新托马斯主义”，马塞尔(Gabriel Marcel)也是一个“基督教存在主义者”；法国的让·瓦尔(Jean Wahl)、伊波利特(Jean Hypolite)和柯热夫(Alexander Kojeve)是“黑格尔主义”的存在主义；只有萨特、波伏娃和梅洛·庞蒂(Maurice Merleau-Ponty)等人公开承认他们是存在主义哲学家。尽管这些哲学家风格各异，但是，他们都关注人的实际的生存，关注人的存在的意义。

不过，当萨特声称存在主义是一种人道主义的时候，海德格尔却批判了他这种存在主义，认为这仍然是近代主体性形而上学传统的人类学中心论的残余。海德格尔不仅从人的生存思考存在的意义，而且也从存在本身以及整个西方的形而上学的历史来思考存在的意义。

相比于中国非哲学非神学的思想，西方思想传统是哲学与神学一体的，这是因为西方形而上学是一个关于从低级存在到高级存在的存在等级秩序，用洛夫乔伊的话说，就是一个“存在的巨大链条”。在这个存在巨链中，哲学思考的是存在者整体即世界的科学，它的核心词语是“存在”；而神学思考的是最高的存在者即上帝的科学，它的核心词语是“上帝”。在整个西方思想传统中，时而是存在论作为第一科学，时而是神学作为第一科学，但是，二者在深层上是统一的。因为，在西方传统中，所有存在者的整体的存在论的基础不在于每个事物的存在自身之中，而在于作为超越每个具体存在并作为它们最终的根据的上帝之中。如果没有上帝这个最高的存在者，或者说使得所有存在者得以存在的最高存在的话，关于整个存在的知识体系就无法建立起来。

海德格尔认为，存在之为存在的根据不在上帝之中，而在于其自身之中，在于每个存在者自身的有限的存在之中。因此，海德格尔拒绝建立一个关于存在物的等级体系，也拒绝为存在者的整体寻找一个中级的原因和根据。海德格尔在存在者通过语言所敞开的自身存在之中去思考存在者之间相互依赖的关系。这种关系实际上是天地神人之间的相互归属，而不是一个存在的金字塔或存在巨链。由此，海德格尔重新诗意地思考了“存在”这一最古老的哲学概念。

（张旭）

存在主义（Existentialism）

存在主义是对20世纪大众文化影响最大的哲学思潮，它远远超出西方哲学的学术和思想范围，而成为20世纪时代精神的一个表征。存在主义的思想在19世纪末就产生了，但是，“存在主义”作为一个哲学流派的名称是从萨特的《存在与虚无》(*Being and Nothing*，1943）发表之后才开始在法国流行起来的。“存在主义”这个词其实应该更确切地译为“生存主义”，因为，显然“存在”（existence）最初被第一个存在主义思想家丹麦人克尔凯郭尔使用的时候，是用来指人的“生存”。相反，捷克作家米兰·昆德拉（Milan Kundera）在他的小说《生命中不能承受之轻》（*The Unbearable Lightness of Being*）中所使用的“生命”（être）一词倒是应该翻译成“存在”。

“存在”是西方哲学最核心的术语，其地位相当于中国的“道”。“存在”（希腊语的eimi，拉丁语的esse，英语的being，德语的sein，法语的être）具有汉语中三个词的意思：是、有、在（或存在），将它翻译成“是”和“存在”在某种意义上都接近于西方语言的语感，而将它翻译成“有”则是以中国固有的术语去“格义”。而用“道”来类比“存在”，则是由于这两个词语在各自语言和思想体系中所占据的位置。“生存”（existence）在中世纪的时候本来也是用来表示“存在”的，后来就被克尔凯郭尔和海德格尔拿来专门用来指“人的存在”，也就是“生存”。因为显然，只有“人的生存”才最有资格被称作“存在”。但是，在古典思想中，上帝是最有资格称作“存在”的，因为只有上帝才是“最高的存在”和“最完美的存在”。黑格尔的《逻辑学》就是从没有任何规定的万事万物的毫无差别的抽象的“存在”开始的，最终达到了最完满最高级的存在，它就是上帝。“存在主义”所说的“存在”，主要还是指人的存在，而不是指万事万物存在的根基的那个最终的和最高的存在。存在主义的主题就是分析和描述在一个失去了万事万物存在的根基的虚无主义的时代中，人的生存的境况以及人的生存的自由。而这一主题又特别适合现代派文学和基督教思想，所以，存在主义哲学往往和存在主义文学、基督教存在主义密不可分。

第一个存在主义思想家是一个基督教存在主义者。基督教作家克尔凯郭尔对人在极限情境如焦虑、恐惧、绝望、罪感、虚无中的生存做出了出色的分析，确立了主体性即生存的存在主义基本原则。别尔嘉耶夫和舍斯托夫是受克尔凯郭尔的存在主义影响极大的两大俄罗斯基督教思想家，他们批判理性主义的思想体系。法国的天主教思想家马利坦的存在主义则更多地是一种"新托马斯主义"，而马塞尔是法国最早的基督教存在主义者。上述存在主义者都是基督教存在主义者，而存在主义哲学的先驱是德国的尼采，尼采的生命、本能、权力意志、历史性等概念以及自我超越的超人形象都是存在主义的思想资源。存在主义真正的创始人是德国哲学家海德格尔，他将尼采诗意的语言和克尔凯郭尔的基督教语言转化成纯粹的哲学语言。当然，海德格尔晚年拒绝存在主义，他不再强调人的生存，而转向不依赖于人的存在的真理和存在的历史。与海德格尔同时的雅斯贝尔斯是另一位存在主义哲学家，尼采、海德格尔和雅斯贝尔斯这三个人都是无神论者。法国的无神论存在主义者让·瓦尔、伊波利特和柯热夫的存在主义是黑格尔化了的存在主义，而萨特、波伏娃和梅洛·庞蒂等人则是现象学的存在主义，其中，萨特对存在主义的风行起到了至关重要的作用，他的名言"存在先于本质"后来成为存在主义的一个口号。西班牙也有自己的存在主义哲学家乌纳姆诺(Miguel de Unamuno)和伽塞特(Ortega Y Gasset)。除了这些哲学家之外，人们有时候也将奥古斯丁、帕斯卡、莎士比亚、陀思妥耶夫斯基、里尔克、卡夫卡、加缪等都视为存在主义作家；而布尔特曼(Rudolf Bultmann)、蒂利希(Paul Tillich)、麦奎利(John Mcquarrie)等人则被视为存在主义神学家。总之，存在主义是一个庞大而混乱的阵营。

然而，广义上的存在主义运动掩盖了一个基本的事实，即存在主义实际上只是一个哲学家的产物。真正的或狭义的存在主义哲学家只有一个人，那就是德国哲学家海德格尔。他被很多人视为20世纪最伟大的哲学家，无论就其思想的深度，还是就其影响力而言。列维纳斯说过，唯一一个存在主义者就是拒绝了这个头衔的海德格尔本人。尽管海德格尔《存在与时间》的"解释学的现象学"方法表明，海德格尔的思想吸收了狄尔泰的生命哲学和历史主义思想以及胡塞尔的现象学思想，但是，《存在与时间》的实质内容是"存在主义"。《存在与时间》完成的部分是"此在与时间性"，主要内容就是通过揭示此在具有的时间性生存结构去领悟"存在的意义"。一个人对自己的存在的意义的领悟就在于，他是否能从死亡及其带来的敬畏的情绪中唤起自己的良心，并做出回到本己生存上的决断。可见，海德格尔是从克尔凯郭尔那里借用了"畏"(angst)、"死"(death)、"罪"(sin)、"良心"(conscience)、"决断"(resolution)等基本概念。克尔凯郭尔对信仰的生活方式的辩护，成为海德格尔分析生存的“本己性或本真性”的一个起源，而这些分析无疑是《存在与时间》中最激动人心的部分。这本书产生了爆炸性的效果，引发了德国与法国的存在主义的哲学的、文学的、神学的甚至是心理分析的运动。

存在主义哲学、文学、神学和心理分析的基本主题就是，对人的生存境遇的被抛弃性和荒诞的体验、对各种生存的情绪（如焦虑、无聊、绝望、希望、异化）等的描述、对死亡的沉思以及对人的决断和自由的追问。因此，存在主义往往被误解为对现代人心性和精神处境的否定性的情绪性的反应。但是，存在主义也给出了一种个体承担自己的生存境遇的英雄主义的可能性，存在主义还给出了一种追问自己生存意义的自由精神。因此，广义的存在主义运动不仅仅有以文学的方式对个体生存处境的情绪性刻画，或者以哲学的方式对人的生存境况的冷峻的剖析，而且，它也有一种通往个体主义的且负责任的伦理学和政治学的可能，甚至也可以通往一种要求个人进行信仰决断的神学。因此，广义的存在主义运动代表了一种时代的精神状况：即使在这个虚无主义的时代中生存的根基或世界的意义已经消失或根本就不存在，但是，每个个体仍要继续追问、思考和表述生存意义的问题。就此而言，存在主义代表了最典型的20世纪的文化精神。

（张旭）

D

单面人(One Dimensional Man)

又译为“单向度的人”,是法兰克福学派左翼代表人物赫伯特·马尔库塞(Herbert Marcuse)在《单面人》这部被称为青年学生造反运动的教科书的著作中提出的一个重要概念。“dimension”一词又可译作“向度”、“方面”或“维度”。单面人指的是丧失否定、批判和超越的能力,不能辨别本质和现象、潜在性和现实性、社会的和自然的、现状和对现状的超越之间的界限,因而处于一种受技术统治和支配的境地的人。这样的人不仅不再有能力去追求,甚至也不再有能力去想象与现实生活不同的另一种生活。这正是发达工业社会极权主义特征的集中表现。

马尔库塞将“发达工业社会的意识形态研究”作为《单面人》一书的副标题,将科学技术、文学艺术、哲学等都纳入“意识形态”的范畴中,对发达工业社会的整个思想文化展开了系统的批判,进而提出了他的单向度理论。这部著作的中心论题是:当代工业社会是一个新型的极权主义社会,因为它成功地压制了这个社会中的反对派和反对意见,压制了人们内心中的否定性、批判性和超越性的向度,从而使这个社会成了单向度的社会,使生活于其中的人成了单向度的人。

单面人所生活的“单向度社会”呈现出如下表征:

一、社会变革的欲求遭到遏制。这是因为:机械化不断地降低着在劳动中所耗费的体力的数量和强度;同化的趋势进而表现在职业的层次中,在重要的工业机构中,“蓝领”工作队伍朝着与“白领”成分有关的方向转化,非生产性工人的数量增加;劳动特点和生产工具的变化改变了劳动者的态度和意识(这在对劳工阶级与资本主义社会的“社会和文明一体化”的广泛讨论中变得十分明显);新的技术工作世界因而强行削弱了工人阶级的否定地位,工人阶级似乎不再与已确立的社会相矛盾。

二、压抑性的俗化趋势更加明显。由于发达工业社会政治的一体化,以及不断增长的技术生产力和不断扩展的对人和自然的征服而获致的成就,使得文化领域中也出现了一体化。例如,文学艺术中的某些重要观念、重要形象及其命运就表明技术合理性的进步正在清除“高层文化”中的对立性因素和超越性因素——它们事实上屈从于流行在当代工业社会发达地区的俗化趋势。那些在旧有资产阶级秩序中的艺术和文学中破坏性的角色,如艺术家、娼妓、姘妇、主犯、大流氓、斗士、反叛诗人、恶棍和小丑——即不去谋生,至少不以有规律的、正规的方式去谋生的那些人所指向的遮蔽性、破坏性和拒斥性的秩序逐渐被现存秩序所同化,公开保存于艺术异化中的艺术和日常秩序间的重大裂隙,被发达技术社会逐渐弥合了。随着裂隙的弥合,“其他向度”被占优势的事态所同化。异化作品被纳入了现存社会,并作为对占优势的事态进行粉饰和心理分析的部分知识而流传。而且,它们变成了商业性的东西被出售,并给人安慰,或使人兴奋。

三、本能需要和社会压抑实现了“虚假的统一”。由于制度化的俗化趋势正成为单向度社会在“征服超越性”方面所取得的成就之一,发达工业文明对人们生活中的超越性因素进行技术征服和政治征服的特征,在本能领域内也表现了出来:使人屈服并削弱抗议的合理性的满足。正如这个社会在政治和高层文化领域内势必会减少、甚至消除对立面(本质上不同的对立面)一样,在本能领域内也是如此。结果便是思维器官在把握矛盾和相反可能性方面发生退化,同时,在单向度的技术合理性中幸福意识逐渐占据压倒一切的优势。这一结果反映了如下信念:现实的就是合理的,已确定的制度不管如何终会不负人们所望。人们被引导到生产机构中去寻找其个人的思想和行为能够且必须任之摆布的有效动因。在这一转变过程中,生产机构充当着道德动因的角色。良心则依靠物化、依靠事物的普遍必然性而得到解脱。本能需要和社会压抑所达到的“虚假的统一”使那些被社会驯化、操纵了的人看不到自己的本能需要受到社会巧妙操纵、控制与压抑这不幸的一面,结果,人就失去了自由性,失去了内在的反抗性、否定性、创造性的一面,舒舒服服地成为“工业文明的奴隶”,成为屈从社会和政治的需要而又麻木不仁、自感幸福的“单面人”,而社会也因此消除了传统的斗争权源,消解了使社会分裂的各种因素,实现了各种对立的政治立场的“显著同化”,成为没有内在否定因素、没有反社会体制力量的“单面的社会”。

四、语言被全面管理。在单向度社会的公众话语领域内,言语的运动方向是同义词和同语反复;全面的商业化把先前那些对立的生活领域结合起来,它们的一致在于成功地把相互冲突的言语成分连接起来。这种语言中的单向度精神表现为:僵化形象中的概念省略;自明而又沉闷的公式对发展的限制;矛盾的免除;物(和人)与其功能的同一等等。这种语言控制是通过下列途径来实现的:减少语言形式和表征反思、抽象、发展、矛盾的符号;用形象取代概念。这种单向度语言否定或吞没超越性术语,它不探究而只是确认所谓的真理并把它们强加于人。其结果是仪式化的极权主义语言遍布当代世界。

五、思想被全面管理。思想本身及其功能和内容正在发生势不可当的物化。个人同社会的协调延伸到精心制作概念的那些心灵层次,而概念的任务则被指定为理解已确立的现实。“理性＝真理＝现实”的公式把主观世界和客观世界结合成一个对立面的统一体,极权主义的技术合理性领域是理性观念演变的最新结果。实证主义、分析哲学的流行标志着单向度思考方式、单向度哲学的胜利。对事实的描述性分析阻碍了人们对事实的理解,变成了那种维护事实的意识形态的一个组成部分。封闭的发达工业文明的思想操作连同其自由与压制、生产率与破坏性、增长与倒退之间的可怕协调,在上述理性观念中被预定为一项专门的历史谋划。

总之,在“单向度”的思想和行为模式中,凡是其内容超越了已确立的话语和行为领域的观念、愿望和目标,不是受到排斥就是沦入已确立的话语和行为领域。它们是由既定制度的合理性及其量的延伸的合理性来重新定义的。结果,发达工业社会发展的物质和文化制度运用它的权力和效能,通过把心灵与事实、思想与被要求的行为、愿望与实在同化起来的办法,阻碍新的主体的出现,也导致了批判性主体的丧失和“单面人”的出现。马尔库塞在《单向度的人》一书中的观点,是法兰克福学派文化批判、意识形态批判思想的体现和发展。由于用文化批判、意识形态批判而不是用政治经济学批判,马尔库塞没有真正揭示造成当代资本主义弊病的根本原因,因此,他最后得出无产阶级革命性已经蜕化以及解放前景十分暗淡的悲观结论也是十分自然的。

(黄念然)

单子(Monad)

“单子”原本是德国哲学家、数学家莱布尼茨(G.W.Leibnlz)的概念,在他的哲学体系中,每个凝缩了世界之道的实体都是一个单子,单子与单子之间似乎并不关联,但是它们正如被上帝所设定的一座座钟表,同时以各自独立的存在反映着世界的规律,由此,每个单子都如同一滴能够映现整个大海的水珠,虽然各成一体,但并不互相抵牾,而是在神的意志掌控下和谐共鸣,共同体现着世界的总体面貌。

本雅明在其认识论(即他写于1929年的《德国悲苦剧起源》中的"认知—批判序言")中,借用这个概念指称他所说的"理念"。所谓"理念",在本雅明的词汇中指的是对历史总体真理的映象,正如"单子"在莱布尼茨的体系中是对世界之道的映象,从这个意义上,本雅明说:"理念所遵循的法则是:凡是本质都以绝对和完美无缺的独立状态存在,不仅独立于现象,尤其是互相之间独立自足。正如星球的和谐在于恒星的轨道使它们互不相撞,因此可知的世俗世界的存在在于纯本质之间不可关联的距离。每个理念都是一个太阳,与其他理念的关系正如恒星之间的关系,这些本质之间的和谐关系构成了真理。"由此可见,这种意义上的理念,最恰当的名称自然就是"单子"。

本雅明之所以沿用旧术语,是因为他认为哲学大师们的概念都描绘了世界的秩序,所以在哲学上滥造新术语,那是有害而无益的,因为哲学所表征的是有限的客观理念,在此之后的一切新术语都是主观臆断,是"无效的、指涉的过程,其中主体意图比语言更起作用",本雅明这里所说的"语言"是他在早期的语言论中所说的"命名的语言",即诸如天堂中的亚当那没有将名称变为符号,因此还能够接受、指认和再现上帝的启示的语言。当语言堕落为符号,便只能交换关于物质世界的信息,即便构造知识体系,也"缺乏那些重要的哲学构型(如柏拉图、黑格尔等)从历史中所获得的客观性",因此,在本雅明看来,只有这些重要的哲学构型(它们的理念概念)本身才能再现具有单子意义的本质,而作为符号的普通词语却已经不能胜任。

那么在本雅明的体系中,能够构成理念或单子的内容是什么?回答是:"本原"(Ursprung/origin)。这个"本原"与起源——即某种东西在某一特定时间产生——没有关系,它不指涉那种以其物质实在性的、未救赎的状态存在的非本质现象,而是指从弥赛亚时代已实现的那天所显现的存在状态,这种状态的本原同时也是目标,所以本雅明在他最后的理论遗言《历史哲学论纲》中把卡尔·克劳斯(Karl Kraus)的名言"本原就是目标"("Origin is the goal")作为格言写在第十四纲的开头。在本雅明看来,这个本原与目标辩证统一的本质就是那种在"在变化和消失的过程中浮现出来的东西",即不变的、永恒的本质,历史的终极归属,它在时间中成型,并随着时间的进程而越来越突显出来。它似乎是"非现实"的,但实际上具有不可被还原的实在性,因为它是一种本质力量,如同一个旋涡的中心,决定着潮流变化的方向,水流的变化以它为核心而构成一个整体,失去了它,水流将是一种无形态、无意义的自然存在状态。这样一种本原与变化生成的关系用黑格尔的术语来说,也可称作世界历史与自然历史的区别,用卢卡奇的话来说,则是总体与当下的关系,离开总体的概念,当下就会变成物化的现实,变成人类无法把控,更无法超越的新的神话力量。因此这种本原浓缩着世界或历史的趋势，构成了本雅明所理解的“单子”。

在认识中，如何获得这个“单子”意义上的本原？在本雅明看来，对于一个只考虑平面的、因果律的历史观点来说，本原的现象是不可能的。本原现象属于这样一种历史观，它的中心是通过分析历史时间（发展与变化）而形成，并且它将时代的发展不是看作主观认知方式的建构，而是看作客观和目的论步骤的一部分。在“本原论”中，本雅明特别批判了那种所谓尊重“纯事实”的实证主义态度，认为按照那种观点，永远只能看到自然力量静态的永久复归，把时间空间化，把暂时与过渡看成永恒不变的法则。本雅明由此认为，这类历史研究的所谓科学方法的最不科学之处就是忽略了人类社会的历史维度，因此成为资产阶级意识形态将现实物化、并借以麻痹无产阶级革命意志的最有力的武器。

作为对这一认识论的应用，本雅明从“本原”的角度研究了德国悲苦剧。与前人仅仅将悲苦剧作为一个剧种，即作为一个平面体系中的个体成分来研究的方法不同，他从历史与现实相结合的角度重新解读这种悲剧形式，揭示出悲苦剧的“本原”就在于“悲苦”本身，而这个“本原”正是对未得到救赎的历史本身的表征，在这种解读中，德国悲苦剧超越了自身，变成了一种索引，它所指向的就是，悲苦历史的终结和救赎的到来的迫切性。由此，可以说，本雅明对悲苦剧的研究将这个人们早已忽略的形式作为一个“单子”拯救出来，使它不仅只是一个剧种，而是浓缩着一种世界总体景观的哲学寓言。

本雅明在其文化与文学批评中就是这样把许多“本原”挖掘出来，成为一个个单子，构成星座，让总体的真理在各个单子的共现中显现出来的。

（郭军）

地方性知识（Local Knowledge）

“地方性知识”是人类学的一个重要术语，是由美国阐释人类学家格尔兹（Clifford Geertz，1926—）提出的。这一术语与后现代主义对宏大叙事的批判、后殖民主义对西方霸权主义的批判联袂而行，既与反本质主义、民族志以及田野作业研究方法密切相关，也与康德有关科学知识的先验构造和胡塞尔有关严密科学的构想的最终失败遥相呼应。

在人类学研究中，一直存在着普遍主义与历史特殊主义研究方法的论争。前者认为人类学的宗旨是发现人类文化的共同结构或普遍规律，如结构人类学理论；后者强调各种不同文化间的差异性特征，主张做具体细微的田野个案考察，相对轻视和避免宏大的理论建构，如象征人类学和阐释人类学。格尔兹是阐释人类学的代表人物，他通过实践活动认识到西方文化之外丰富多彩的地域文化，提出"地方性知识"的概念，以区别于全球化知识或普遍性知识。这一概念最早可追溯到库恩的理论。库恩不屑于分析现成的和既有的知识，而去关注知识实际生成和辩护的过程。他通过"范式"这一"解释学的基础"告诉我们，任何科学共同体都带有历史的成见，因而都不可避免地置身于一种局域性的情境之中，重要的与其说是分析普遍有效的方法，毋宁说是描述特定的历史情境，以及在这种情境中实际有效的"范例"。这一思想后来由格尔兹在其《地方性知识》一书中加以扩大和发挥。

所谓"地方性知识"，不是指任何特定的、具有地方特征的知识，而是一种新型的知识观念，而且"地方性"(local)或者说"局域性"也不仅是在特定的地域意义上说的，它还涉及在知识的生成与辩护中所形成的特定的语境，包括由特定的历史条件所形成的文化与亚文化群体的价值观，由特定的利益关系所决定的立场和视域，等等。正是由于知识总是在特定的情境中生成并得到辩护的，因此我们对知识的考察与其关注普遍的准则，不如着眼于如何形成知识的具体的情境条件。格尔兹主张："我们至少被逼迫在实验室，在诊疗室，在贫民区，在电脑中心，或在非洲的村落，去仔细寻想我们到底是怎样思考'思想'的。"

"参与"是表达"地方性知识"的一个关键概念。人类学家通过对土著人的生活和风俗习惯的观察、民族志研究、图腾崇拜研究、宗教信仰研究、宗教仪式研究以及田野作业等个案研究认识其他文化的特质，而不是拿西方普遍知识的视角来看待它们，从而把地方性知识提高到与普遍性知识同等的地位。因而这一概念旨在打破原有的知识一体化格局。

如何获得地方性知识呢？在人类学研究中，内部眼光和外部眼光、"贴近感知经验"和"遥距感知经验"的方法存在内在的相悖性，前者虽然可以从文化的内里去进行体察，却容易流于琐细而忽略实质的东西；后者则容易囿于先入为主的概念术语而难以把握文化对象的要领。"地方性知识"强调，"文化持有者的内部视界"来自人类学对"族内人"(insider)和"外来者"(outsider)如何分别看待他们的思维和解释立场及话语表达的问题。有人概括成所谓"emic/etic"。Emic是文化承担者本身的认知，代表着内部的世界观乃至其超自然的感知方式，是内部的描写，亦是内部知识体系的传承者。

Etic 则代表着一种外来的客观的“科学”的观察。格尔兹认为，人类学者在很大程度上并不能感知一个当地人所拥有的感知，而只能尽量地近似于那种感知。其关键似乎在于把地方性的知识非地方化。格尔兹说到他自己的经验：既不以局外人自况，又不自视为当地人；而是勉力搜求和析验当地的语言、想象、社会制度、人的行为等这类有象征意味的形式，从中去把握一个社会中人们如何在他们自己人之间表现自己，以及他们如何向外人表现自己，“它既不应完全沉湎于文化持有者的心境和理解，把他的文化描写之中的巫术部分写得像是一个真正的巫师写的那样，又不能像请一个对于音色没有任何真切概念的聋子去鉴别音色似的，把一部文化描写志中的巫术部分写得像是一个几何学家写的那样”。用文化相对主义的眼光审视地方性知识，“用别人的眼光看我们自己，可启悟出很多令人瞠目的事实。承认他人也具有和我们一样的本性则是一种最起码的态度。但是，在别的文化中间发现我们自己，作为一种人类生活中生活形式地方化的地方性的例子，作为众多个案中的一个个案，作为众多世界中的一个世界来看待，这将会是一个十分难能可贵的成就。只有这样，宏阔的胸怀，不带自吹自擂的假冒的宽容的那种客观化的胸襟才会出现。如果阐释人类学家们在这个世界上真有其位置的话，他就应该不断申述这稍纵即逝的真理”。

“地方性知识”命题的意义不仅仅局限在文化人类学的知识观和方法论方面，由于它对正统学院式思维的解构作用，与后现代主义对宏大叙事的批判、后殖民主义对西方文化霸权的批判相互呼应，所以很自然地成为经历“后学”洗礼的知识分子所认同的一种立场和倾向，成为挣脱欧洲中心主义和白人优越论的一种契机，成为反思自身的偏执与盲点的一种借镜，从而能够包容“他者”和“差异”。知识形态从一元化走向多元化，是人类学给现代社会科学带来的进步。虽然“一般性理论”仍在我们中有其信众，但其实质已逐渐空泛，这种企望已逐渐被视为虚妄。地方性知识对于传统的一元化知识观和科学观具有潜在的解构和颠覆作用。

（张进）

帝国（Empire）

“帝国”，是美国学者迈克尔·哈特（Michael Hardt）和安东尼奥·内格里（Antonio Negri）描述当代全球秩序的一个概念。他们于 2000 年联合发表专著《帝国》，用这个有点古旧的罗马词语来描述殖民制度被废黜、冷战终结之后资本主义世界市场全球拓展的政治景观。“帝国”是一种主导全球秩序的新型逻辑规则和逻辑结构，以及一种新型的主权形式。

“帝国”不是一个文学隐喻，用以证明当今的全球秩序与罗马帝国、中国古代帝国以及美洲帝国之间的相似性。相反，它是一个要求证明理论概念，或者一种政治实践的文化视野。“帝国”概念的基本理论前提有两个。一是从帝国主义到帝国存在着一种时间的断裂，发生了历史的转换，帝国主义衰落之处闪现了通向帝国的道路，而在通往帝国的道路上，民族—国家的主权衰落了。二是全球时代社会形态经历着从规训社会到控制社会的历史过渡，与此相应的是以“生命权力”(biopower)为核心的新型主权形式和政治范式的诞生。

与业已衰落的帝国主义相比，帝国不会强行建立权力中心，以暴力来推行自己的信仰，也不倚赖于固定的疆域和界限。它是一个无中心/边缘之分、无内在/外在之别的统治机器，通过指挥来协调网络权力，整合全球景观的流动，建构富有弹性的等级关系，以及自由交流的多元空间。“帝国主义世界版图之中明显的民族国家色彩，已经被吞并混合在帝国全球的彩虹中。”

与规训社会统治力量的强制性相比，控制社会的治理机制变得更加“民主”，普遍地存在于生命的微观层面，通过公民的大脑和身体散播。控制社会的力量及其机制被内化于存在，铭刻于血肉躯体。因此，控制力量弥漫于我们的日常行为，实现于灵活多变的网络系统之中。这种新型权力，就是由福柯发现并被阿甘本展开阐述的“生命权力”；与这种新型权力相适应的新型政治，就是“帝国”的主权政治。“帝国”概念成为一个框架，在这个框架之中，一种置换了民族—国家主权形式的主权渐渐形成。这是一种没有边界，或者只知道灵活流动边界的主权形式，一种无限制的主权形式。以控制社会和生命政治来描绘全球时代，则可见无边无垠的全球空间，深渊一般的生命政治世界，不可预测的时间之流。所有这些都是给新型“超国家权力”界定的维度。“帝国”的生命政治，从内部规定了社会生活，表达了社会生活，以及吸纳了社会生活。

问其究竟，作为全球秩序的“帝国”主权形式渊源于欧洲现代性的内在张力，及其不可和解的悖论。追溯现代欧洲哲学之中“主权”的谱系，人们发现欧洲也好，现代性也好，都不是一种统一和谐的构想，而是始终伴随着斗争、冲突和危机。首先，随着世俗化社会的降临，现代性得到了合法性的表达，而一种张扬主体内在性的革命实现了从神圣到人性的转换。欧洲现代性的第一种主权形式就建立于内在性基础之上，过去为天堂所垄断的创造力量被带到了尘世间，主权意识因此而叠合于民主视野，产生于激进变革的历史进程之中。其次，欧洲现代性在召唤激进变革历史的同时，也在构建一种包罗万象的庞大权力体系，以压制和支配新生的变革力量。这种主权意识与极权意识具有血脉关联，都是企图以超验（transcendence）对抗内在（immanence），以秩序消融欲望，最终反对民众再度分配权力。第三，欧洲现代性的内部冲突也随着资本拓殖运动而演化为外部文化冲突。一方面，欧洲中心论的确立，是对于新生的平等自由力量的反动；另一方面，民众的崛起以及大众社会的形成，又是反抗主权力量的合法化过程。两种互相对抗的趋势使现代性危机日益深重，民族—国家主权形式的诞生暂时平息了现代主权和大众社会之间的冲突纷争。第四，民族—国家的出现标志着主权意识与民众意识的合流，凭借着同国家概念和民众概念的调和，现代主权复活了君主制、贵族制以及民主制三种古典权力形式，并渐渐转变自己的中心，从冲突与危机的调和者一跃成为国家主体，以及想象共同体的共同经验。但国家概念与民众概念的融合却包含着极权的原型，君主制之中的绝对权力被保留，只给民族国家主权形式留下了通往极权的道路。

现代民族—国家主权形式的生成伴随着殖民主义运动。殖民主义运动没有缓和、更没有解决欧洲现代性危机；相反，它以内在和外在的冲突界定现代性的永久危机。一方面，民族国家在内部不停地生产出纯净的民众，从而强化了民众力量与控制力量之间的冲突；另一方面，民族国家在外部不断地制造出“他者”，创造出种族差异，并希望划定疆界，支持现代主权形式。殖民主义制造了“差异”，生产了“他者”，并运用暴力和教化灭杀“差异”，将“他者”反射到自我之中，但总是遭到“差异”和“他者”的抵抗。殖民主义的这种深刻悖论表明，它是支持现代主权的一种不成功的形式。随之而来的，是民族—国家的衰落，以及现代主权范式到帝国主权范式的普遍转移。

主权范式转移的主要表征，是差异政治的兴起，文化冲突的加剧。首先，后现代话语向现代主权世界以及支撑着这一世界的二元论发起了挑战，它们通过置疑现代神话、解构“逻各斯中心主义”、消除自我同一的幻象以及肯定现代媒介技术打造的虚幻文化，展开对极权主义、整体话语和权力结构的决裂。其次，后殖民主义和女性主义文化理论与政治实践，从种族、性别和阶层等多个角度凸现边缘性、杂交性以及“第三空间”，呈现出一幅差异、冲突和断裂无限反复的景象。个性、差异、多元、杂语，在当今全球秩序之中为争取承认而发动一场游牧战争，其根本特征是以差异的流动和散播来破坏现代主权政治的虚幻的自我免疫系统，呈现彼此污染和持续败坏的游戏情境。种种迹象以及种种话语表明，现代主权范式走向了败落，帝国主权应运而生。

帝国主权范式，是一种网络化的生命权力。网络扩张，是使生命权力弥漫开来，不仅没有废弃对立的力量，而且整合并重新解释了这些力量。网络权力扩张，主权弥漫就不是排斥异己，而是容纳他者。因此，主权网络弥漫造就了广阔的帝国空间，永远开放的帝国空间。永恒开放，疆界无边，是帝国权力生产的根本特征。

内/外、主/从、中心/边缘、父/子、白人/黑人、男权/女权，传统的二元逻辑被颠覆，帝国主义随着帝国主权的形成而终结了。帝国权力满溢，越出了地域、血缘、民族以及国家的边界，自然秩序与文化秩序、个人生活和公共生活以及特定文化语境之中的敌人和朋友之间的界限也模糊化。全球化的世界市场就是帝国主权空间的图解，正如福柯的"圆形监狱"就是现代权力的隐喻。现代性危机已经融入后现代差异的文化政治之中，帝国权力也蕴含着无所不在的危机。在帝国解地域和解政治的空间之中，权力没有明确的场所。它无迹可求，却无所不在。

普遍弥漫的生命权力使帝国空间更加复杂，其中无数的变量使帝国处在恒常的流变状态之中。变易与流动，成为帝国力量的源头活水，同时也成为帝国危机与衰败的根由。帝国主权的深刻悖论，在于帝国要制造差异、依靠差异而活着，同时又要控制差异、以征服差异来证明内在权力。帝国的免疫系统无法自我免疫，帝国的混合状态永远驱逐了纯净理想，它只能通过分裂、解构来证明它的强大功能。帝国的悖论，意味着帝国有着结构、生产、生育以及延续生命的局限性，帝国主权必然败落。

帝国主权模式的母体本源就是一个分裂的暂时综合体，奥匈帝国的国徽——"双头鹰"就是它的原型。一头是帝国权力机器构造的"生命政治"力量，一种通过司法和制宪法表现出来的社会控制力量，以秩序与和谐为其鹄的。一头是全球化的生产主体、创造主体构成的复合民众，它们是欲望涌流而成的广阔海域，同时还在不断地倾泻欲望。生命政治的控制力量和复合民众的反叛力量，使帝国陷入深重的危机之中，败落就是它不可回避的命运。像帝国一样，像帝国的生命权力机器一样，复合民众的深刻悖论，在于他们存在于帝国之内，靠帝国而活着，但又必须通过反抗帝国来证明他们与帝国的血肉关联。在事件与事件的碰撞之中，在普遍的游牧状态之中，在帝国生命政治机器的技术变形之中，新的抵抗力量和新的主体被生成出来。复合民众的反抗，是通过把肉体变成生命形式，把反抗的权力铭刻在肉体之中，从而宣告了一种新权力、一种反权力的诞生。复合民众，就成为反抗帝国的生物。"新的野人，庞然大物，和美丽的巨人，在这里诞生，不断从帝国权力的网眼之中出现，抵抗帝国的权力。"

全球时代的人类面临着两种巨大的生命权力。一是帝国持有巨大的压迫和毁灭的力量，二是民众酝酿抵制和反抗的力量。但这不应该成为对旧统治形式和权力模式感伤怀旧的理由，也不应该成为对民众社会表示怨恨和恐惧的借口。相反，正是充满张力的帝国权力结构为自由与和平提供了新的可能性。这种新的可能性是一种弱势的许诺，对未来民主的许诺。像帝国权力一样，未来民主也是永恒开放、没有疆界、不可测量以及不可预见的民主。一个只属于民众的民主，不仅属于平等的个体，也属于平等合作、自由交流和自在创造的权力。

（胡继华）

第三空间（Third Space）

“第三空间”，美国学者爱德华·W.索亚（Edward W. Soja）提出并运用的一个重要跨学科批评概念。首先，作为人文地理学的一种变革性方法，“第三空间”激励人们以不同的方式来思考空间意义。其次，作为一种后现代文化政治的理论与实践，“第三空间”体现了后殖民主义对文化帝国意识形态的抵抗，女性主义对父权中心主义传统的颠覆。最后，作为一种哲学思考向度，“第三空间”代表着当代思想对传统空间观念及其蕴含的思想方式的质疑。

空间性和人类的存在与生俱来。尤其在当今世界，人类生活的空间维度深深地关系着实践与政治。但空间是真实的存在，还是想象的建构？是主观的，还是客观的？是自然，还是文化？在过去的若干个世纪，人类的认识徘徊在二元论的思维模式之中，试图在真实与想象、主观与客观以及自然与文化之间给空间性定位。由此便出现了两种空间认识模式：“第一空间”的透视法和认识论模式，关注的主要是空间形式之具体形象的物质性，以及可以根据经验来描述的事物；“第二空间”是感受和建构的认识模式，它是在空间的观念之中构想出来的，缘于人类的精神活动，并再现了认识形式之中人类对于空间性的探索与反思。如果可以把“第一空间”称之为“真实的地方”，把“第二空间”称之为“想象的地方”，那么，“第三空间”就是在真实和想象之外，又融构了真实和想象的“差异空间”，一种“第三化”以及“他者化”的空间。或者说，“第三空间”是一种灵活地呈现空间的策略，一种超越传统二元论认识空间的可能性。

随着全球时代的到来和都市危机的加剧，这两种认识空间的模式就暴露出其自身的局限性，“空间意识的他者形式”也开始涌现。人们面对着现代媒介所建构出来的虚幻形象，日常生活和电子传媒之间存在着无法和解的爱恨情仇，一切政治策略穷于应付日益增长的贫困、愈演愈烈的种族歧视以及空前恶化的环境，不可和解的文化冲突导致了暴力、犯罪与战争。那些既非真实也非想象的地方，那些既非经验亦非先验的空间，那些幽灵一般游离于自然与文化之外的空间，就是“第一空间”和“第二空间”认识模式所无法把握的空间。这种“测不准的空间”，不仅意味着地点、方位、景观、环境、家园、城市、领土等等，其边界不断漂移和外观不断变化，而且意味着与它们相关的一系列概念都具有深刻的历史社会内涵，并随着文化背景的移易而不断地改变意义。索亚提出“第三空间”的基本宗旨，就是超越真实与想象的二元对立，把空间把握为一种差异的综合体，一种随着文化历史语境的变化而改变着外观和意义的“复杂关联域”。

“第三空间”概念的直接来源是马克思主义理论家列斐伏尔（H. Lefebvre）。这位终身漂泊的知识分子对人类存在的空间性、历史性和社会性具有先知般的领悟，并创造了一套贯通现代世界复杂情境的研究方法，在跨学科立场上把握日常生活和空间生产的辩证法。他力图冲破对二元对立逻辑的束缚，提出空间性、社会性和历史性三元辩证法，解构线性时间观和历史主义的单一统治，在物质空间性、空间想象以及空间建构力量的迷宫之中展开对人类生活形式的思考。同时，他又把“他者”引入到空间，“他者之永恒存在”为空间注入了一种创造差异的批判意识，将同质性空间爆破成异质性的空间，把静态的真实转化成流动的真实。列斐伏尔有一个精彩的比喻：人生在世，恰如“蜘蛛”结网。“蜘蛛网”就是这个复杂、流动的创造性空间的隐喻。空间，作为真实与想象的混合物，具有一种亦此亦彼的开放性，生成于一种永无完结的过程之中。索亚的“第三空间”就是这种开放性和创造性的空间，揭示了历史地发生转换和社会地展开建构的环境：开放的空间，一个理想自由的交流环境，以及一个无法穿越的迷宫。索亚引用博尔赫斯的《阿莱夫》（*The Aleph*）将“第三空间”形象化：“空间之中一个包罗万象的点”，“在那独一无二的巨大的瞬间，我看到了无数可爱又可怕的场面”，“目睹到了那个秘密的、假想的事物……它就是无法想象的宇宙”。这一空间是对真实空间和想象空间的解构和重构，它呈现的是一种重新认识空间和再度呈现空间的可能性。

“第三空间”概念的理论资源主要来自福柯。在索亚看来，以“1968 年 5 月”为象征的西方文化危机之中，列斐伏尔和福柯平行地发现了“第三空间”，不过二者一隐一显。列斐伏尔正面地大写“他者”，提出了“空间”的差异性；福柯则是将“他者的空间”隐秘铭刻于他的著作之中，长期不为人注重。福柯以一种“第三化”来开始自己的探索，对二元论空间想象进行无情批判，把人们引向“他者”，建构出“异型地志学”。这种空间之所以是“异型”的，是因为其中充塞着权力、知识与性欲。空间的历史，归根到底是知识—权力—性欲复杂交织的历史，是“生命权力”运演的历史。福柯曾经置疑：时间为何总是被认为是“丰富、多产、生命和辩证的”，而空间总被认为是“死气沉沉、板刻僵化以及非辩证、不运动的”？根据他对医学史、疾病史以及监狱史等边缘域的往返追寻，他发现历史想象、历史反思以及历史书写的传统总是被给予了过分的特权，以至于剥夺了空间感受、空间想象以及空间建构的同等权利。打破历史主义的专制权力，敞开空间想象，首先必须在空间—历史—社会三维之间再度实现平衡。福柯以谱系学展开的生命权力空间，就是一个充满了差异和断裂的空间，一个异质性构成的灾难世界——一个表示文化危机的“反面乌托邦”。索亚呼吁，不要对这么一个“反面乌托邦”保持令人窒息的缄默，而要开放历史和社会学想象，从而更深切地估价人类生活的空间多元性。而这就是“第三空间”这一后现代理论与实践的根本使命所在。

在危机深重和风险涌流的全球时代，“第三空间”是一种时间与空间、历史和未来的交融状态，一种穿越真实和想象、中心与边缘的心之旅程。索亚以加利福尼亚南部的洛杉矶城堡、巨头权力云集的“小城”为“第三空间”的典范文本。其中一些特定的场景唤起历史记忆，营造一种地理乡愁，再现往昔的空间：1871年落址，1992年的暴动，中心城区非洲后裔美国人的历史存在；被铭刻在“天使圣母城镇”历史之中的墨西哥城，更令人过目不忘，追思怀想；邦克山生活世界的一段回忆，如今成为一座掐头去尾的“文化卫城”，在迪斯尼家族设计的新音乐厅里等待再受冠冕；波那文图拉大酒店已经是引发争论的现代文化研究城堡，作为后现代文化的历史纪念碑永垂不朽；“权力的眼睛”，一个雕塑生动的论坛，它曾见于毗邻监狱的《新世界》之中，而今在众多恍恍惚惚地为美国联邦政府服务的建筑群之内，有形无形地庆祝无政府主义和性解放的胜利……所有这“一切在闲庭信步之间，遭遇过去、现在与将来”。

作为“他者的空间”，“第三空间”是空间差异结构的呈现和增强。在这一方面，后殖民主义文化理论脉络之中的“空间”概念更深刻地蕴含着批判意识，其批判的目标是欧洲中心主义、文化帝国主义以及“东方主义”的地理想象。在重新定位种族性、时间性和现代性的过程之中，霍米·巴巴(Homi K. Bhabha)也着重阐发了“第三空间”概念。他的策略，是背靠文化差异，将自己放置在具有差异性的界限位置。从文化差异书写之中，巴巴引出了“杂交性”(hybridity)，并将它放置在“作为他者的第三化范型”之中。以此“杂交性”筑构起反抗本质主义、解构文化帝国主义以及挑战单一现代性话语的“第三空间”。“第三空间”之存在，既非内在，亦非外在，既非殖民世界，亦非被殖民的世界，而是一个比内在/外在、殖民/非殖民二元对立范畴更古老的本源，一些与人类存在共命的认知世界的可能性。沉入对“第三空间”的探索，即可规避极端主义的政治，而将后殖民世界表现为一个弱势声音的世界。

当代女性主义的迅猛崛起，不仅深化了对空间差异之构成的探索，而且还增强了

“第三空间”的开放性。女性主义不是一种纯粹的理论，它往往体现为一些女性文化批评家身体力行的实践，她们的实践突入种族、阶级和性别的空间领域，想象以及开拓差异的空间，从而直白地将自己的“创生性空间想象”移植到充满反抗色彩的后现代文化政治之中。女性主义开拓的“第三空间”，在父权主义空间、都市主义空间以及现代主义空间之外敞开。与完整和谐的空间想象相对，女性主义的“第三空间”支离破碎、飘逸不定，但因它属于“他者”，因它具有绝对开放性，而蕴含着生生不息的建设性潜能。

（胡继华）

东方主义（Orientalism）

东方主义是与西方殖民主义和帝国主义紧密联系在一起的西方关于东方的话语形式。“东方主义”一词在英文中实际上具有三个基本的意思：一是作为学术研究的一门学科的“东方学”；二是作为一种思维方式的“东方主义”，它以“东方”（the Orient）与“西方”（the Occident）之间本体论和认识论上的意义区分为基础；三是与殖民主义和帝国主义对东方的宰制紧密联系在一起的、作为话语的“东方主义”。作为一门学科的“东方学”肇始于18世纪中期，作为一种思维方式的“东方主义”的历史则要久远得多，甚至可以追溯到古希腊时代。而作为话语的“东方主义”这个概念则是伴随着美国思想家赛义德（Edward Said）的《东方主义》（*Orientalism*，1978）一书的出版才被赋予了崭新的内涵。

在这本“从全新视角出发”撰写的学术著作中，借助于福柯的话语理论，赛义德以一个植根于中东土地上的阿拉伯人的独特眼光，通过亲身、长期对美国的观察和了解，检视了自18世纪中期以来西方关于东方的观念和再现，对西方传统的东方学发起严厉挑战。他将长期以来被拒之门外的政治经济现实的全球视角带入到文学研究领域。在他看来，在各种各样的西方著作中呈现出来的东方，并不是作为一种历史存在的东方的真实再现，而是西方人的一种文化构想和话语实践。也就是说，博大精深的东方学研究，必须放置在自古典时期以来西方关于东方的观念的语境之中加以考察，应当将政治学的视角引入到文学和文化研究领域。换句话说，对所有观点的考察，都必须在西方对东方通过帝国主义、殖民主义以及新殖民主义实行宰制的关系中来进行。

关于“东方主义”，赛义德有一段精心的、完整的论述，我们在此将其概括为三个“不是”和四个“是”。三个“不是”：一、东方主义不只是一个在文化、学术或研究机构中所被动反映出来的政治性对象或领域；二、东方主义不是有关东方的文本的庞杂集合；三、东方主义也不是对某些试图颠覆“东方”世界的邪恶的“西方”帝国主义阴谋的表述和表达。四个“是”：一、它是地域政治意识向美学、经济学、社会学、历史学和哲学文本的一种分配；二、它不仅是对基本的地域划分，而且是对整个利益体系的一种精心谋划；三、它本身就是对一个与自己显然不同的、替代性的世界进行理解、控制、操纵甚至吞并的愿望或意图；四、它是一种话语，虽然与粗俗的政治权力没有直接的对应关系，但却是在于不同形式的权力进行不均衡交换的过程中被创造出来，并且存在于这种交换过程之中的。由此赛义德断言：“东方主义本身就是——而不只是表达了现代政治/学术文化一个至关重要的组成部分，因此，与其说它与东方有关，还不如说与‘我们’的世界有关。”

赛义德指出，东方主义服务于西方对东方的霸权统治的主要方式就是，使东方成为西方属下的他者。其主要做法是，用二元对立的表述系统，对东西方各自的特征进行预先区分，然后再把这些特征打上本质化的标签，从而使东西方之间的差异根深蒂固。结果，在东方主义话语中，东方被标以五花八门的消极特征：无声、淫逸、阴弱、专制、落后、非理性。相反，西方则总是被赋予积极的特征：阳刚、民主、理性、道德、强悍、进步。换言之，建立在政治、文化甚至宗教基础之上的东西关系的本质是一种强弱关系。由此推论，西方学术机构通过他们同强权的关系向强权做出了让步，尤其是在区域研究这样的分支中，话语与权力密切配合，学术与帝国主义互为表里，而西方之于东方便是观看者与被观看者、启蒙者与待启蒙者、统治者与被统治者的关系。

但是，赛义德并不认为东方主义是帝国主义政治在文化、学术中的简单反映，也不只是可恶的、统治东方的帝国主义的简单代表。也就是说，它首先不是什么与露骨的政治权力直接对应的话语，而是通过与政治权力、文化权力、道德权力、知识权力等的交换而形成的。在这里，赛义德引入了葛兰西的“文化霸权”(hegemony)概念。他指出，东方主义就是这样一种“文化霸权”，它的影响并不透过暴力统治强加于人，而是透过葛兰西所谓的积极的“赞同”(consent)来实现的。在他看来，正是霸权，或者说文化霸权，赋予东方主义以持久的耐力和力量。也就是说，由于东方主义的观念持久而有力，它就有可能剥夺一个具有独立思考能力的思想家自由地看待事物的可能性。在此基础上，赛义德总结说，1870年以后东方学的主要变化就是“从学术性态度向工具性态度的重大转变”。赛义德给出了20世纪东方主义话语的四个典型要素：“对事物进行归纳和概括的文化习性";"'我们'与'他们'之间的二元对立";概括化的"叙述性描述"的应用;体现在对超验的、经常是贬抑性的范畴的运用中的"共时本质论"。赛义德认为,"我们的"和"他们的"世界之间的对立意味着:"我们的"世界优越于"他们的"世界,"他们的"世界依赖"我们的"世界。

赛义德认为:从哲学的角度而言,东方主义所使用的语言、思维方式和想象视野具有实在论的一般本质;从修辞学的角度而言,东方主义具有条分缕析的特征;从心理学的角度而言,东方主义是一种狂热的妄想,是另一种知识类型;从政治学的角度而言,东方主义归根结底是一种强加于东方之上的政治学说,是帝国主义和殖民主义的一个组成部分。东方主义"可以被视为一种规范化的写作方式、想象方式和研究方式,受适用于东方的各种要求、视角和意识形态偏见的支配。东方通过一些具体的方式被教学,被研究,被管理,被评判"。

《东方主义》被公认为是一部具有里程碑式意义的著作,直接开创了后殖民研究领域,开创了一个学术探讨的时代:探讨殖民话语,也探讨殖民话语理论或殖民话语分析。通过对东方主义的话语分析,赛义德对文化表述和文化差异这些文化研究的根本性问题进行了反思,矛头直指自启蒙运动以来的理性主义观念和"现代性"观念本身。他把现代性、民族国家、知识生产和欧美的文化霸权都同时纳入自己的批评视野,做到了欧洲法兰克福学派以来的文化批评理论力所不逮的事情:一方面,它对民族国家持一种谨慎的批判态度,既不尊重其历史与现状,又不与之简单地认同;另一方面,它对现代性的批评,着眼于有关的知识与权力生成的历史环境,而不是事先假定一个优于现代化的本位文化。

(张跳)

动物(The Animal)

自西方哲学诞生之日起,动物问题就成为它不可或缺的组成部分。从柏拉图到亚里士多德,从笛卡尔到卢梭,从黑格尔到马克思,哲学家们在探讨人之本质的时候必然谈及动物。他们在探讨动物问题时的出发点不同,得出的结论也不尽相同。然而不管怎样,他们都认为人类与动物之间有着一条天然的界限。从这个意义上来说,西方传统哲学对动物问题的探讨只是在复现和巩固人与动物的界限而已。哲学家们对这一界限的强调是为了从虚构的差异中捕获“人之本质”的概念，从人为的划分中确立人类在世界中的位置，从暴力的切割中去除混沌状态所带来的恐慌。人类从动物这一镜像中审视自己、认识自己。可以说，如果去掉动物他者，“人性”就成了一片虚无的暗夜，成了空洞的能指。

在动物问题研究领域，尼采是奠基者。他提出如下疑问：我们思考生命的方式是否正确？人类与动物之间是否存在一条不容逾越的界限？他不赞同传统哲学对“人类与动物之界限”的划分，而从力的角度来看待生命整体。力分为能动力和反动力，猛兽和主人身上体现的是能动力，而羔羊和奴隶身上体现的是反动力。猛兽和主人是同一种生命类型，羔羊和奴隶是同一种生命类型。尼采指出，现代欧洲文化是道德改良性的，它将人类与动物性生命对立起来，旨在铲除人身上的一切动物性因素，将人塑造成弱的生命。在《论道德的谱系》(*On the Genealogy of Morality*)中，尼采通过历史的回溯，描写了在自己的时代所不能找到的榜样。这些榜样身上带有野兽的特质，摆脱了道德的枷锁，一身轻盈。他们对自身的动物性因素说“是”，肯定生命的模糊性和多样性。如果说西方传统哲学探讨的是“谁是人”的问题，那么尼采则追问的是“谁超越了人”的问题。他呼唤“超人”的到来，而“超人”身上正体现的是人性和动物性的和解。如德勒兹所言，在尼采这里，从“太人性”的人到“超人”的蜕变是“一起临床、健康和康复事件”。

尼采对动物问题的探讨启发了后世哲学家们对该问题的关注。1929—1930年，马丁·海德格尔开设了名为“形而上学的基本概念”的课程讲座。该课程讲稿共三百多页的篇幅，其中有近一百页的篇幅都在探讨动物生命的本质和存在方式问题。海德格尔许诺从动物自身角度来规定动物生命，从非人类中心主义视角来思考动物存在。为了揭示人类生命和动物生命各自的存在方式，他从“世界”(world)角度出发对两者进行了规定：动物可以在其生存的环境中与周围的存在者建立联系，然而它们无法通达存在者之为存在，因此它们是贫乏于世(poverty in world)的；人类此在能够领会存在者之为存在，这种“之为”结构标志着人类此在所专有的向世界和存在的敞开，因此他们建构着世界。值得注意的是，海德格尔反对从“程度差异”角度来区分人类与动物，然而他仍然从“贫乏”角度来规定动物生命，这表明他仍然没有摆脱主流的思维惯式。事实上，“形而上学的基本概念”课程讲座的最终目的是探讨人类生命，海德格尔对动物生命的探讨都服务于这一目的，可见，他并未从根本上突破人类中心主义的思考方式。

在尼采思想的指引下，吉尔·德勒兹和菲利克斯·加塔利也致力于探讨“如何实现对人的超越”问题。在《卡夫卡：为弱势文学而作》和《千高原》两本专著中，德勒兹和加塔利详尽阐述了“生成—动物”(becoming-animal)思想。首先，“生成—动物”不是进化，它的生成轨迹并不依照血统或血缘关系，而永远朝向异质者生成。其次，“生成—动物”不是虚构或幻想，它完完全全是真实的，且始终处于动态的生成之中。或者说，它悬置了起点和终项，始终处于居间状态。再者，“生成—动物”强调的是前一项向后一项的滑动，它指向的是一个无法感知、难以分辨的区域。在这里，人类不再是认知主体，而成为动物之情动的体验者，人类与动物之间的界限变得模糊不清了。在《千高原》中，德勒兹和加塔利指出，我们有三种理解动物的方式：第一种是“个体化的动物，家庭宠物，情感上的，俄狄浦斯的动物”；第二种是“从属于种属、分类或国家的动物”；第三种是“集群的动物”。前两种理解动物的方式都带有拟人化色彩，服从于人类主体的认知，而“集群的动物”开辟出一条逃逸线，摆脱了人类主体的宰制，向难以感知者生成。

动物问题是雅克·德里达思想中的一个重要维度。他在长篇论文《动物故我在》(The Animal That Therefore I Am)中说道：“自我开始写作，我便关注生物问题以及动物问题。于我而言，动物问题始终是最重要、最关键的问题。”在该文中，德里达批判了笛卡尔以来的西方哲学传统，因为这一传统忽略了动物的主观能动性。这一思维定式在现代社会仍起着决定性作用，它直接导致了人们对动物的暴力。有鉴于此，德里达描述了这样一个日常场景：他在浴室里赤身裸体，未料到家猫也跟随他进入浴室，此时，他发现自己在猫的注视下一丝不挂。一直以来，人们把动物看作被观照的对象，从未考虑过动物的注视。德里达强调，此时这只误闯浴室、看到“我”赤身裸体的猫是观看的主体，拒绝被认知，与“我”保持着绝对差异，成为一个不折不扣的全然“他者”。它使自己保持为一个谜，拒绝“俄狄浦斯”人类的揭秘，拒绝被知识之光照亮。

2002年，吉奥乔·阿甘本出版了专著《敞开：人与动物》，将“赤裸生命”概念与动物问题关联起来。他指出，人类与动物之间的区分是赤裸生命产生的前提。有鉴于此，他分析了哲学、神学、生物学等领域对人类与动物之界限的区分方式，并指出了这些区分方式背后共同的运作机制。他借用了意大利神话学家傅里欧·泽西(Furio Jesi)的“人类学机器”(anthropological machine)概念来形容这一机制。在该书第9章中，阿甘本指出，西方文化中存在着两种人类学机器，一种是古代人类学机器，一种是现代人类学机器。前一种通过包含外部空间来获得内部空间，通过将“动物人化”的方式来制造非—人(non-human)。人猿、野孩子、愚人(*Homo ferus*，林奈所划分出来的一类特殊人种)、奴隶、野蛮人、异乡人等都是具有人类生命形态的动物。后一种则是通过“人的动物化”手段将尚不具有人性之人从人类内部排除出去。换言之，它在人类内部制造“非—人”。这两种人类学机器都预设了“人/人性”的存在，并通过制造人类与动物之间的区分来生产“人/人性”。它们所采取的主要手段是排除(所谓的排除已经暗含了一种俘获)和包含(所谓包含已经暗含了一种排除)。实质上，人类学机器制造了一种例外状态，一个模糊不清的地带。阿甘本的“人类学机器”概念揭示了以下两点：首先，哲学、生物学、神学等领域对人类与动物之界限的探讨“从来不是一个中性的科学问题或本体论问题”，它们背后总带有强烈的政治和伦理色彩。更重要的是，这一区别还为当代的生命政治创造了条件。其次，人类学机器本身是虚空的，因为“它无法找出一个或一组人类的专有特征，从而将人类与其他非人类动物区分开来”。

美国学者唐娜·哈拉维(Donna Haraway)的“两大宣言”是动物问题研究领域的重要文本。在《赛博格的宣言：20 世纪晚期的科学、技术和社会主义——女权主义》一文中，哈拉维指出，当今，人类与动物之间的边界被彻底破坏了，“(人类)独特性的最后阵地已经被污染了，甚至变成了游乐场——语言、工具使用、社会行为、心理活动，什么都不能真正令人信服地区分人类与动物”。如果说在《赛博格的宣言》中哈拉维致力于探寻“边界混乱的乐趣”，那么在《伴侣物种宣言：狗、人与意义重大的他性》中，她则致力于建构人类与动物之间的崭新关系。在该文中，哈拉维选取了与人类密切相关的狗为研究对象，阐释了人与狗之间的双向互动关系。她指出，人与狗之间相互驯化、相互陪伴，彼此之间保持着绝对差异，互为意义重大的他者。她提出了“伴侣物种”(Companion Species)概念，旨在打破人与动物的主客体对立关系，消弭人与动物之间的清晰界限。

(庞红蕊)

多元文化主义(Multiculturalism)

多元文化主义是 20 世纪 60 年代之后在美国出现，在加拿大、澳大利亚、英国这些移民较多的国家中也很流行的一种十分复杂且有争议的社会观念、政治态度与文化思潮。多元文化主义一词的出现始于 80 年代的美国。1988 年春斯坦福大学校园的一场课程改革成为后来被学者们称为“文化革命”的开端。它“既是一种教育思想、一种历史观、一种文艺批评理论，也是一种政治态度，是一种意识形态的混合体”。有学者这样总结了美国多元文化主义的特点：一、美国是一个多元民族和族裔构成的国家，美国文化是一种多元的文化；二、不同民族、族裔、性别和文化传统的美国人在美国的经历是不同的，美国传统不能以某一个民族或群体的历史经验为准绳；三、群体认同和群体权利是多元文化主义的重要内容，也是美国社会必须面临的现实。可以看出，多元文化主义已不是纯粹的理论探讨，它成了教育、文艺、政治诉求的出发点和依据。首先，族裔的划分使多元文化呈独立发展的状态；其次，各族裔的共同任务是发展经济，他们面临的最根本任务是为了生存与自然环境进行斗争。因此，各族裔差异和利益冲突在同一国家之内被降至最低，从而保证所有人的共同利益。各族裔一起共同努力，创建了一个全新的美利坚民族，这就是多元文化主义在美国兴起和发展的天然土壤环境。

美国是世界上最大的移民国家，来自世界各个角落的移民一起创建并繁荣、发展、壮大了美国。从这个意义上来说，美国从来就不是纯粹的“一元”国家。从建国初期开始，欧洲各国的移民就开始陆续来到这片新大陆，寻求各自的梦想、财富和机会。特别是从 1620 年起，英国的清教徒在东海岸创建了新英格兰地区及其文化传统，奠定了日后成为美国主流文化的盎格鲁—撒克逊文化的基调。之后，欧洲殖民者对非洲奴隶的贩运又进一步扩大了移民群体的人口数量与组成成分，使黑人成为移民群体中在经济、政治和社会地位上的最底层群族。而在 19 世纪中叶的淘金热中加入移民大军的亚裔移民又给美国这个移民国家提供了当时经济发展中急需的廉价劳动力，在淘金、修筑铁路和农业等方面做出了巨大的贡献。各民族移民的共同奋斗促进了美国的经济飞速发展，使其在二次大战之后成为英、法等欧洲老牌帝国主义国家势力逐渐衰败之后新崛起的世界霸权。

在欧洲的一些移民人口比例较大的国家中，文化是与民族—国家这个概念紧密相连的。在这样的国家里，国家政策主要是要同化移民。国家号召各民族人民与主流文化社会团结一致，积极地融入主流文化之中。而在美国这样的主要以各国移民构成的国家中，起初对待不同群族文化传统的态度则是“大熔炉”政策。这种政策所持有的理念是：在大熔炉中，所有文化都会按照理想化的模式自动地融合在一起。各民族不再保持自己的民族文化特色，大熔炉里锻造出的是同一模式的美国国家民族文化。这在 1965 年之前的移民政策限制严格、经济发展速度又相对较快的时代被证明还是比较可行的。但 1965 年之后，美国移民政策的重大改变使国家的民族文化政策也相应地发生了变化。移民配额制度的放宽导致了移民人口的迅速增长，这使得美国政府无力再用“大熔炉”的模式同化所有的移民，于是多元文化主义的新政策适时地应运而生，成为美国在新形势下的新国策。与上述两种态度不同的是，多元文化主义强调各群族应保持自己的文化传统，在国家内部不同群族的文化应和平共处。用更为形象的一个比喻来形容，那就是各个不同族裔的文化之间要保持“文化马赛克”或“色拉碗”的关系，而不是像“大熔炉”那样将各种不同的文化融合在一起，失去自己的独特个性。

从种族时代所提倡的一元统治到族裔时代所倡导的多元共存，表面上这不能不说是美国社会的一大进步。但仔细思量，多元文化主义实质上也同“大熔炉”一样，充满了内在的矛盾性。首先，从根本上来说，提到“多元”，人们就会不由自主地联想到少数族裔与美国主流文化之间的关系。在多元文化兴起的20世纪60年代，代表这一全新观念的典型例子就是旨在提携少数族裔发展的“赞助性行动计划”(Affirmative Action Program)的出台。而自出台之日起，这个行动计划就在美国全国上下引起了广泛且激烈的争议。支持派认为虽然政府已经从体制和制度上铲除了种族主义的歧视现象，但各族裔之间仍然存在着隐性的种族主义残余势力，少数族裔仍面临如“玻璃天花板”(glass ceiling)之类难以言状的歧视，还需要政府制定专为帮助弱势群体的行动计划。这些政策保证他们在受教育、就业以及升迁过程中受到特殊照顾，享受与白人同样的机会，并保障他们在其他方面的正当权利。但反对者却认为照顾少数族裔的权益就是牺牲多数族裔的权益，而且原指“瓦士普”(WASP——White Anglo-Saxon Protestant，盎格鲁—萨克逊白人新教徒)的所谓“多数族裔”根据目前美国的人口普查结果来看也开始成为了比其他族裔人数更少的“新少数族裔”。他们的利益在新形势下似乎成为了唯一可以牺牲的利益。更具矛盾性的是连一些受到保护、帮助的少数族裔人士都开始反对这项计划。他们认为采取保护措施本身就是种族歧视的另一种表现——他们用实实在在的工作业绩换来的成功也常常被人当作是受保护政策照顾而获得的，因而遭人贬低。虽然这场争论持续至今，但“赞助性行动计划”并无被取消的迹象，这不能不说是从一个侧面说明了这样一个事实，那就是“赞助行动计划”的制定与实施本身就承认了在多元文化时代种族主义仍然没有完全销声匿迹。而这种计划的存在无异于默认了多数人(哪怕人数不多，但种族特性依然明确、稳固)仍然拥有至高无上的权力的事实。实际上，很多学者已经认识到了多元文化主义的这种“开明的保守主义”的实质，认识到了多元文化主义实际上就是有选择地拿政治上的文化差异当作美国文化的装饰物来展览。这样做的结果不仅不利于使少数族裔得到更多的权利和机会，反而是在削弱他们争取政治权利的力量，否认他们用聪明智慧和艰苦奋斗换来的成功的可信度，从而彻底否定他们的智力、能力和贡献。

应该承认，在美国，多元文化主义的提出无疑具有积极的、进步的意义，多元文化主义的争论也显示出社会本身的进步。但在现阶段多元文化主义无论是在美国还是在欧洲其他一些移民国家里都还是一个非常错综复杂的问题，需要我们假以时日继续认真地观察和思考，从而更为准确地认清它的本质。

（陆薇）

E

俄狄浦斯情结(Complexe d'Oedipe)

拉康早在1938年研究家庭的论文里就已经涉及了俄狄浦斯情结；此间他对这个情结的考虑基本上与弗洛伊德一致，不过从马林诺夫斯基和其他人那里获得了一些启示。就我们掌握的文献来看，从1950年开始，拉康发展出了他独具一格的俄狄浦斯理论。虽然他总是遵循弗洛伊德，将俄狄浦斯情结视为无意识的中心情结，但是在很多方面已经大异其趣了。最基本的差别就是，在拉康看来，无论是男孩还是女孩，母亲都是欲望对象，而父亲都是一个竞争者。

而最本质的差别在于，对拉康来说，俄狄浦斯情结不是一个心理事件，而是一个三元结构的范式，与二元的母子关系直接对立，因此决不能从时间上去认识。我们决不能从心理学的角度去解释俄狄浦斯情结，必须谨防将俄狄浦斯情结局限于存在主义式的生活经验，或者将它理解为某些可以外在地客观化的事实或者事件。它不是主体历史边缘上的一件佚事，而是一个文化现象：乱伦禁忌被写入了先于主体而存在的社会编码之中，儿童在这种先在的社会结构中成长起来，因此必然要面临两性差异的问题，作为第三者的问题，以及乱伦禁忌的问题。

在镜像阶段迅速猝成的想象的自我将在随后来临的俄狄浦斯冲突中结晶，但是主体的世界仍然局限于直接的母子二元关系。俄狄浦斯情结首先会重新创造出原先与母亲的二元关系，以及最初针对相似者的侵凌性，不过现在这种侵凌性指向的是一个新的入侵者——父亲，因为父亲是一个竞争者，一个危险的对手。俄狄浦斯冲突的解决结束了二元的母子关系，创造了一个具有无限可能的新的三元关系：他者、自我和对象。俄狄浦斯冲突的解决使主体得以重新以一种新的认同来重塑自己，这就是认同同样性别的父亲；当然，这是一种次生认同。这种次生认同的发生必须以镜子阶段的原始认同为根据，因为如果没有一个虚构的我的存在，对父亲的仇恨是无从产生的。

正是在这个意义上，拉康将俄狄浦斯现象的过程分为三个阶段。在第一阶段里，主体与母亲处于直接的二元关系之中。他不仅希望始终与母亲在一起，得到她的照料，更希望成为她的一切，成为她欠缺的全部补充成分，用拉康的话说，就是欲望成为她欠缺的菲勒斯——在此我只想提请读者注意切勿将它理解为男性生殖器官。在这一状态下，他就是母亲的欲望的欲望，为了满足这一欲望，他将自己认同于菲勒斯。

我们可以说处于这一阶段的幼儿完全不能称之为一个主体，而只是一种欠缺，一种虚无，因为他尚且没有将自己作为一个独特的个别存在安置或者说注册到象征秩序中去。他希望与母亲合而为一，仅仅是母亲的一种延伸或者附件，因此从他自己的角度来看，他仅仅是一个空白，一个虚无。

第二个阶段体现在伴随着俄狄浦斯情结的发生，主体进入了象征秩序。在这个阶段，父亲作为一种否定力量的代表以两种方式介入进来：一方面他否定了幼儿成为母亲的欲望的欲望对象的企图，另一方面否定了母亲的菲勒斯对象；他是一个使人扫兴的人，因为他带来了双重戒律。对幼儿他说：你不能和母亲睡觉。对母亲他说：你不能再次挪用你的产品。

主体于此第一次遭遇了禁忌，遭遇了父亲的法律。这一事件极大地动摇了他所取立场的基础；其直接的结果便是第三阶段的到来：认同于父亲，并通过自我实现将自己注册到象征秩序中去。

一旦在语言和家庭的象征界获得属于自己的一席之地，儿童就在家族和社会中获得了自己的个人身份；这就意味着他实现了自己，从此能够将自己作为一个与众不同的个人来把握。进入象征界，或者说个性的获得、自我的实现就发生在俄狄浦斯阶段。在人一生的精神发展中，俄狄浦斯阶段是一个至关重要的转折点，是人最重要的一个历史时刻。正是在这个阶段，儿童实现了从想象到象征的转化和过渡；也就是说，从二元、直接的镜子关系进入三元、间接的象征关系。

（马元龙）

F

反本质主义（Anti-Essentialism）

反本质主义是美国哲学家理查德·罗蒂在《哲学和自然之镜》和《后哲学文化》等著作中提出的关键概念。罗蒂从后现代主义对传统形而上学关于主体和客体、现象与本质二分的颠覆出发，以价值代替真理，取消了亚里士多德以来关于“认识事物和使用事物”的区别，进而把反本质主义归结为放弃内在，核心与边缘之间的区别。实际上，反本质主义作为一种从现代贯穿到后现代的思潮，不仅指对分析哲学的本质主义的颠覆，还泛指上承尼采的对亚里士多德、培根到笛卡尔以理性为中心的传统形而上学的颠覆。

反本质主义在“后现代思想之父”尼采那里初露端倪。尼采认为真实的世界是流动和生成的，知识是对世界的解释过程，是以人的生命需要为基础的，认知的目标不是掌握根本没有的绝对真理，而是要掌控之并使之为我们的利益服务。从这种实用主义知识论出发，尼采对传统理性主义知识观提出了挑战。他用“上帝之死”来概括西方始自苏格拉底的建立在“认识理性的动物”基础之上的理性主义传统，上帝代表的是西方传统理性主义孜孜以求的终极真理。对此，尼采提出“重估一切价值”实际上是对这种理性主义传统采取虚无主义的态度，他着重批判这种把知识当作生命的仲裁者的极端理性主义，要求将感性的身体代替理性的主体，从生命和权力意志的角度重新理解知识，这其实是通过将知识问题变为生存问题来破除传统理性主义的科学教条。

西方现代哲学史上的反本质主义大致可以分为以分析哲学为代表的科学主义和以存在主义为代表的人本主义。前者以维特根斯坦和波普尔为代表，后者以海德格尔和萨特为代表。

奥地利哲学家维特根斯坦（1985—1951）在后期提出“语言游戏”和“家族相似”，从语用学的角度出发，主张“把语言从它们的形而上学的用途带回到它们的日常用途中来”。他认为西方传统哲学一味地追求共同的本质，追求普遍性，这种形而上的追求是以语言和世界唯一的本质为基础的。维特根斯坦发现，即使我们认为是同类的事物之间，也有许多差异，并不具有我们设想的"那种形式上的统一性，而是由彼此具有或多或少的亲缘关系的构造而组成的家族"。"语言游戏"论则强调"语言就是游戏"，认为人类语言和游戏一样没有共同的本质，只有在不同层面、内容和形式上交错重叠的"家族相似"。各种语言游戏是平等共存和有效的，无法从中获得某种恒定不变的本质。维特根斯坦的哲学颠覆基础主义认识论，是反本质主义思潮的奠基者和先行者。

英国哲学家卡尔·波普尔(1902—1994)从方法论的立场出发，批判了"本质主义"，他所说的"本质主义"指那种肯定事物的本质永远不变，认为科学家能够通过认识本质最终成功地确立理论的真理性，从而获得"终极真理"的方法论思想。波普尔提出，任何一种"科学"，就其本质而言都有一种假设性，因而科学的有效性不应该存在于它的可证实性之中，而是在于它的可证伪性。也就是说，"科学"是可以证伪的假设。如果发现科学命题可以证伪，则该假设就可以放弃了。如果没有被证伪，那么该假设可以暂时被接受。由此，波普尔从方法论的角度出发，否定了那种隐藏在事物之后的普遍的本质。

海德格尔(1889—1976)反对传统形而上学，提倡"回到形而上学的基础"，即他所说的"基本本体论"。他反对传统本体论特别是认识论的"存在对于世界的优先地位"，赋予"此在"的生命实践以哲学的基础地位，结束了西方理性传统的理论知识优先的形而上取向。但他的反本质主义又与他在本体论上的本质主义相联系，即他把人(此在)的自我意识的本质看得高于一切事物的本质，而这个自我意识是人放弃了工具理性对"在"的"诗性"思考。而萨特(1905—1980)的反本质主义则表现为人的无规定性："存在先于本质"、"人是不可规定的"和"自由选择"，认为科学知识所指向的人的本质在于其"非规定性"，因为在萨特看来"人的自由先于人的本质并使之可能，人的本质悬置在人的自由之中"，他觉得"人原来是个无，他什么都不是，等到后来才把他自己造成那种人。所以人没有什么本性，因为没有上帝提供一个人的概念"。

人们都是从后现代的普遍的反本质主义来推想现代的反本质主义的，因此在后现代思想家眼里，存在主义和后期维特根斯坦都不是彻底的反本质主义。后现代的反本质主义思想主要集中在法国后结构主义—结构主义和新实用主义。

后结构主义的反本质主义是从结构论的旗手德里达(1930—2004)的"反逻各斯中心主义"开始的，他认为西方哲学一直都在寻求某个中心，如本质、实体、上帝和终极目的等，西方哲学史"被认为是一系列中心对中心的置换，仿佛是一条由逐次确定的中心串联而成的锁链。中心依次有规律地取得不同形式和称谓"，是一种"存在的霸权"，或者说“逻各斯中心主义”。德里达的反本质主义首先表现为对中心的否定,认为只有放弃对“逻各斯”的依赖和信仰,才能挣脱二元对立结构的枷锁,走出“在场形而上学”的迷宫。其次,德里达以“文本之外,别无它物”为口号,取消了索绪尔对所指和能指的划分,认为符号的意义就是由无数缺席的符号的对立和差异显示出来,从而否认了语言中心论,进一步贯彻了“反逻各斯中心主义”。

罗兰·巴特(1915—1980)则以文本为分析对象,把文本描绘成一个叙事的变化系统。他把文本喻为一艘经历多次修补和加固而原件所剩无几的航船和“洋葱头”,认为文本“体内没有中心……除去它层层包裹的无限性,此外一无所有”,意义在于文本和读者的交互作用中,只是一系列“痕迹”、“差异”和“延搁”的产物,并没有绝对的永恒的意义。

利奥塔(1924—1998)考察了科学和叙事的关系,发现西方的科学知识都是依靠一种“宏大叙事”(grand narrative)来取得合法地位,在宏大叙事决定知识合理性的语境中,必然有一个本质——绝对精神或人类解放的宏伟目标在起作用。利奥塔认为,“后现代是对一切元叙事的怀疑”。因为既然科学知识或叙事都不过是多种“语言游戏”中的一种,各自有自己的规则,那么以思辨哲学和解放理论这“两大合法性神话”为形式,以同一性、权威性和中心性为原则的宏大叙事必然受到质疑,取而代之的是琐碎的、微观的、局域的“小型叙事”,因此,在宏大叙事中起作用的绝对精神或人类解放等“逻各斯”也就荡然无存了。

新实用主义的代表人物罗蒂批判了以柏拉图、笛卡尔和康德为代表的以心与物的二元对立为特征的“镜像哲学”,这种哲学认为“人具有一个本质,即他必须去发现各种本质”,把人心看成照耀万物的镜子,并把这种镜子看成人的本质。罗蒂提出了反本质主义、反基础主义的“后哲学文化”,认为一种反常的、破坏性的“教化哲学”已经取代了“自然之镜”哲学。罗蒂认为教化哲学是反公度性,提倡“不可公度性”的解释学活动。他认为在文化领域内不存在决定“逻各斯”的公度性,主张以不可公度性来反对本质主义。此外,罗蒂把理性分为“较强的”和“较弱的”两种:前者是指“有条理性”,即拥有事先制定的合理的成功标准;后者罗蒂又称之为“模糊主义”,认为人类的研究“是不断地重组信念之网的问题”,不存在是标准不变的试金石。

综上所述,反本质主义是一种多源的、贯穿于现代与后现代的非理性主义思潮,主要表现为三种理论形态:本体论上的反形而上学和解构论,认识论上的反基础主义和整体论,方法论上的反科学主义和多元论。虽然上述的思想家对反本质主义的论述不尽相同,但不难发现一个隐藏的共识,即认为事物无超历史的本质,但具有历史的具体的本质，或者说有斯皮瓦克所说的“策略性本质”（strategic essentials）。由此可见，反本质主义并不是反对所有事物的本质，而是从价值立场出发，反对某一层面上的本质，借以颠覆“理性的霸权”，解构一切形式的二元对立。

（张进）

反俄狄浦斯（Anti-Oedipus）

“反俄狄浦斯”是20世纪后半叶法国著名哲学家德勒兹与精神分析学家加塔利（Felix Guattari）在其合著的《反俄狄浦斯：资本主义与精神分裂症》一书中提出的反弗洛伊德及反拉康精神分析的后结构主义微观政治哲学概念。

作为德勒兹和加塔利“反俄狄浦斯”所针对的对象，“俄狄浦斯情结”（Oedipus Complex）问题必须置入弗洛伊德—拉康精神分析理论背景之中加以论析。俄狄浦斯情结作为精神分析无意识学说的一个核心观念，在弗洛伊德与拉康的学说中是发挥着主要功能的机器。西方精神分析奠基人弗洛伊德把表现“弑父娶母”题旨的古希腊神话与悲剧故事《俄狄浦斯王》解读成为一种潜在的、基本的人类戏剧符号，从中萃取出“俄狄浦斯情结”的概念，认为其代表了一种隐匿的、普遍性的人类欲望。一切梦幻、幻象、幻觉和文学都是这一神话的嬗变。无意识则以不同的形式重述这一故事。而孩子、母亲和父亲共同构成的家庭三角结构决定了个性的形成与成人欲望的轨迹，这种结构决定欲望的观念，启发了拉康关于想象界、象征界、真实界三维结构的构想。拉康以“父亲之名”（the Name- of- Father）的概念置换了弗洛伊德关于“母亲之欲”（the desire of the mother）的概念。拉康以三环相连互扣的新几何学“鲍罗密欧结”即ISR（“想象界”、“象征界”和“真实界”）三个“秩序”置换了弗洛伊德关于核心家庭的“爹地—妈咪—我”的俄狄浦斯三维结构。由此，俄狄浦斯情结被转换成一种语言学现象和文化结构，生物学意义上的父亲变成了文化无意识意义上的父亲之名。

德勒兹和加塔利基于尼采哲学，对弗洛伊德和拉康的唯心论精神分析学说进行了历史唯物论的改造。他们用后结构主义哲学的“分裂分析”方法勾勒出他们关于“反俄狄浦斯”的里比多与社会经济的图式，批判了弗洛伊德“俄狄浦斯”模式和拉康结构主义精神分析图式。德勒兹和加塔利认为，弗洛伊德以核心家庭为基础的“俄狄浦斯情结”忽视了复杂多元的社会文化结构，囿于一隅；拉康的“鲍罗密欧结”或“想象界”、“象征界”和“真实界”三个“秩序”对“俄狄浦斯情结”中父亲之名维度(象征界、菲勒斯、文化律则、权威)的强调和对能指的侧重,都具有结构性的等级制特征,凸现的是一种“能指的霸权和专制”,是“专制超编码的法则”。因此,拉康并未从本质上改变俄狄浦斯问题。其理论与观念具有很大的局限性。通过社会实践和理论反思,德勒兹和加塔利发现了弗洛伊德和拉康精神分析中“俄狄浦斯化”的虚妄性和误导性,认为弗洛伊德的俄狄浦斯情结之说把人的情感与行为性欲化,把社会的人降为动物的人,拉康结构主义精神分析则导致了当代思想中能指的霸权,建立了某种等级制的,让人虔诚信奉的能指(如菲勒斯、阉割情结等)的特殊秩序,把人格与形成人格的社会历史条件完全割裂开来。因此之故,德勒兹与加塔利倡导“反俄狄浦斯”,颠覆传统精神分析学流行的观念,把欲望分析回归其完整的社会历史文化语境。他们提出“欲望机器”的观念,倡导把“欲望”和“劳动”两个体系转换成为“欲望生产”和“社会生产”,否定了自柏拉图以来,包括弗洛伊德和拉康在内的将欲望视为“匮乏”与“需要”双重含义的概念,把欲望看成是第一重要的生产力。

德勒兹和加塔利在俄狄浦斯问题上对弗洛伊德和拉康的批判,主要有两个取向:一是将弗洛伊德与马克思加以整合和扬弃,将无意识欲望与更宏阔的社会生产联系起来,将俄狄浦斯情结模式与资本主义社会的结构与功能挂钩,从欲望生产与社会生产两个维度对俄狄浦斯情结与资本主义进行批判。二是寻绎出以核心家庭为基础的俄狄浦斯模式的局限性和荒谬性,从而颠覆俄狄浦斯模式。德勒兹和加塔利在扬弃精神分析和传统马克思主义的基础上,发展出一种后结构主义的社会历史里比多微观政治学,对资本主义乃至整个人类发展史和社会制度进行了维度独特的反思。为了抵制编码、辖域化和俄狄浦斯化,德勒兹和加塔利创立了一种分析和治疗资本主义所造成的心理分裂症和社会困境的特殊方法——精神分裂分析法,以反拨传统精神分析的理论方法。精神分裂分析的主要任务就是发现里比多在社会语境以及个体心理的“投注”的本质,颠覆其文化表征系统。

德勒兹曾经坦言《反俄狄浦斯》全书的统一性在于:精神分析学的缺陷与它紧密属于资本主义这一事实相关。欲望生产与社会生产的概念及其之间的联系构成了《反俄狄浦斯》的基本脉络。因此,他与加塔利一方面是对俄狄浦斯情结说和精神分析学的批判,另一方面是对资本主义与精神分裂症关系的研究。两方面密切相关。该书在欲望微观政治哲学方面与弗洛伊德一脉的精神分析(核心家庭与俄狄浦斯模式)和马克思的社会生产理论进行对话并且加以反拨;在宏观社会历史叙事方面与马克思等关于社会发展形态模式进行对话,提出自己后结构主义的社会体的系谱学叙事。按照

E. W. 霍兰德的观点，前者属于“反俄狄浦斯”的内在批判；后者属于“反俄狄浦斯”的外在批判。德勒兹和加塔利融合了哲学家和反精神病学家的视域，他们的分裂分析从反精神分析欲望观出发，进而与资本主义政治文化批判结合起来，因而有欲望“微观政治学”(micro-politics)之称。微观政治学在实质上体现了后结构主义思潮反总体化、抵抗等级制、解辖域化等倾向。

在微观政治哲学的意义上，应当在奥斯维辛之后与五月风暴以来的欧洲当代社会历史文化语境中理解《反俄狄浦斯》。这场运动显而易见地激发了德勒兹和加塔利思考资本主义与精神分裂症之间关联性的灵感。德勒兹在访谈录中坦承他和加塔利的“反俄狄浦斯”概念是五月风暴的一个产物。五月风暴激发了他们对欲望与权力(或法西斯主义)的关系、对精神分析与政治关系的思考。精神分析家们“以俄狄浦斯的名义所说出的蠢话，首先是关于儿童的蠢话，都是一派胡言乱语”。因此有必要“反俄狄浦斯”，建构唯物主义的精神病学，必须以“战斗的、经济里比多的、政治里比多的”精神分裂分析取代荒唐狭隘的精神分析。作为无意识表征的欲望与弗洛伊德学说的“父亲”无关，甚至与拉康式的“父亲之名”无关，而是与历史之名相关。在“奥斯维辛之后”的意义上，《反俄狄浦斯》是一部“反法西斯”之书。福柯曾经为《反俄狄浦斯》写了一个简要的序言，强调反俄狄浦斯不仅仅是反对“历史上的法西斯主义，希特勒和墨索里尼的法西斯主义”，而且还是反对“存在于我们的头脑中，在我们日常生活的行为中”的法西斯主义。这种法西斯主义导致我们去热爱权力，渴望获得宰制和剥削我们的那种东西。日常生活的法西斯主义因其隐蔽性而更具危险性，铲除掉它们的任务也更为艰巨。社会历史现象和语境侵扰着所有形式的思想运作，甚至哲学概念的创造亦非完全纯粹的。因此，德勒兹哲学可视为一种反理性主义、反形而上学、反基要主义、反法西斯主义的挑战。反法西斯既具有显而易见的历史维度，也有隐匿无形的伦理维度。“反俄狄浦斯”要超越历史维度的反法西斯及其权力，也就是超越政党或国家的斗争，而将其拓展到伦理的、文化的、家庭的、个人的和里比多的领域。最可怕的法西斯主义不是“围绕我们、压碎我们的那些硕大无朋的法西斯主义”，而是已经变成我们内心的欲望的“构成我们日常生活残酷痛苦的小小法西斯主义”。自马基雅维里以来，西方思想界一直把政治定义为权力的游戏。而在德勒兹与加塔利看来，政治上(法西斯主义)对欲望的控制与哲学上(形而上学)对欲望的控制是一回事。因此，德勒兹和加塔利所倡导的以欲望的分裂分析为核心的资本主义历史文化批判，具有一种“欲望微观政治学”的意蕴。

“反俄狄浦斯”内蕴着德勒兹和加塔利长期的哲学和美学思考。《反俄狄浦斯》既是五月风暴的反应，更是对西方数十年来理论思潮的一种回应。就西方哲学语境而言，俄狄浦斯机器具有总体化（简略化）、本质主义或基要主义的特征，弗洛伊德的性别斗争与家庭三角形模式、拉康的"父亲之名"的能指霸权，都具有原型、律则或真理的意蕴。从理论基点来说，所谓的反俄狄浦斯，实为西方后结构主义思潮反总体化、反基要主义的重要一翼。

（麦永雄　余意梦婷）

仿真（Simulacra）

仿真概念是波德里亚在1976年出版的《象征性交换与死亡》一书中提出来的，在1981年出版的《仿真》一书中又有进一步的阐释。

在描述仿真的基本特征时，波德里亚在《拟像》一书中说：文艺复兴以来，显现的三种秩序，是与价值规律的变化相联系的：一、仿造是"古典"时期的主要形态，这一时期指的是文艺复兴到工业革命时期；二、生产是工业时代的主要形态；三、拟像是当前阶段的主导形态，这一阶段被代码所控制。仿真的第一种秩序建立在价值的自然规律之上，第二种秩序建立在价值的商品规律之上，第三种秩序建立在价值的结构规律之上。波德里亚对仿真的三种秩序做了进一步的说明。

首先，仿造产生于文艺复兴时期，既是人/神关系解放的一种反映，更是等级关系的一种解放。此前的封建社会是一个等级森严的社会，符号受到禁令的保护，是绝对固定和透明的。从这一意义上说，符号的透明性与等级制度的残酷性相辅相成。资产阶级的兴起，资产阶级梦想建构自我形象这一社会动机，催发符号增殖，使符号从中世纪的凝固状态中解脱出来。由于从有限的符号秩序过渡到符号需求的拓展和内涵的增殖，由于民主制度替代了等级制度对符号的控制和运用，符号开始寻求新的内涵。自然、现实和理性成为现代符号的表征对象。

其次，工业革命的到来标志着符号的第二种秩序——生产的诞生。生产是马克思使用的一个概念，波德里亚把生产作为他的仿真秩序之一种，就潜在地把马克思作为了一个重要的参照和批判对象。波德里亚指出："新一代的符号和物品伴随着工业革命而来，这些符号没有种姓传统，从不知晓任何约束。它们无须被仿造，因为它们是在一个巨大的规模上被生产的。它们的独一无二性和本源不再受到关注，它们的本源是技术化的。只有在工业仿真的维度内，它们才拥有意义。”可见，生产成功地主导社会运作之后，符号的存在状态和性质也随之发生根本性变化。“这就是所谓的系列，存在两个或n个相同的物品是可能的。它们之间的关系不再是原物与仿造品的关系——既不是类比也不是反映——而是一种等同的、无差异的关系。在系列中，物品被不确定地转换成其他物品的仿真，生产物品的人亦复如此。只有消灭原始的指涉物，才会出现普遍等同的原则，也就是说，生产的可能性。”在生产原则的主导下，系列的重要性显然超过了指涉的重要性。它们之间的价值认定也呈现出明显不同。前者强调市场交换的等价原则，后者强调自然规律的基础性地位。凯尔纳在分析物品系列与价值规律之间的关系时指出，资本主义市场的等价交换原则在再生产的物品之间建立起无差异的可能，而这一点也正是再生产价值的意义所在。在《从马克思主义到后现代主义及其他》一书中，他说：“在仿真秩序中，不再有对自然秩序的怀恋：自然成为控制的对象，再生产本身成为由市场规律控制的主导性社会原则。波德里亚视工业秩序受‘商品的价值规律’即等价交换所控制，而不再受‘自然的价值规律’所控制。所有的生产对象都是等价的，它们的价值就是它们的市场价值，市场价值使等价交换成为可能，而再生产性已经成为社会的基本逻辑和代码。”应该更准确地说，作为波德里亚的第二秩序的核心概念，生产已经被再生产所替换。

再次，仿真的第三种秩序，既不同于第一种秩序中的仿造，也不同于第二种秩序中的生产。在《象征性交换与死亡》中，波德里亚指出：“拟像并不分泌某种单一的普遍对等，而是由起着监督作用的模型向外辐射。普遍对等被鲜明的对立所取代。代码的分离作用代替了中心的召唤作用。游说代替了最后通牒。俯首帖耳的被动性发展成直接建立在主体的‘积极回应’、卷入和‘顽皮的’参与等基础的模型之上，最后发展到由不停的自发回应、欢快的反馈以及辐射接触等组成的一种总体的环境模型。”在这一意义上，拟像作为波德里亚所建构的第三种秩序的范畴，显现出这一阶段的基本特征。

波德里亚着重论述了第二种秩序与第三种秩序之间的转换，即他所谓的商品价值与结构价值之间的转换。在波德里亚看来，马克思的生产理论与索绪尔的符号学具有相同的理论意义，是古典时期的产物，也是第二种秩序的典型表征。马克思政治经济学把生产和生产方式当作指涉的对象，使价值与生产密不可分，使生产之间的价值联系具有等价交换性，价值依附于生产，生产成为价值的源泉。正是这样的一种价值确认方式，使马克思在劳动力这一特殊的商品中发现了制约资本的理性力量，也发现了具有革命意义的剩余价值。着眼于古典思维逻辑，索绪尔与马克思如出一辙，尽管索绪尔在语言中发现了被认为是结构主义语言学萌芽的任意性原则，而且索绪尔的结构思想也被波德里亚所吸纳，但索绪尔本人始终是在能指和所指的框架里思考语言问题，强调指涉系统、强调指涉系统存在对语言的意义。从这个意义上说，马克思和索绪尔对根源和目的的追求是他们共同的理论动力，也必然决定他们的共同的理论走向和实质。

今天的一切发生了根本性变化：商品的价值规律被代码的结构规律所取代，生产已经无法再指涉任何东西，只能发挥着一种代码或编码的功能。波德里亚用“生产的终结”宣告了马克思的终结，也在某种意义上宣告了索绪尔的终结，宣告了第二种秩序的终结。“货币和符号是悬浮的，需要和生产是悬浮的，劳动本身是悬浮的……马克思和索绪尔没有想到会出现这一切：他们生活在符号和真实的辩证法的黄金时期，也是资本和价值的‘古典’时期。如今辩证法早已解体，在强大的价值自律的震撼下，真实已经死亡，确定性已经死亡，非确定性主宰了一切。生产的真实和符号的真实(在这一词语的字面意义上)已经消亡。”也就是在这一意义上，波德里亚宣布仿真进入第三种秩序，一个以拟像为特征的历史阶段。

（戴阿宝）

菲勒斯(Phallus)

弗洛伊德认为，无论男孩还是女孩，阴茎(penis)对他们都具有重大意义；一旦他们发现有些人没有阴茎，这就会造成某种重大的心理后果。弗洛伊德极少使用菲勒斯这个概念，偶尔出现，也不过是用作阴茎的同义词。他经常使用形容词“菲勒斯的”(phallic)，比如“菲勒斯时期”(phallic stage)，但即使在这种情况下，二者也没有明显的区别；因为所谓的“菲勒斯时期”指的就是儿童认识到只有男性才具有阴茎这样一个发展阶段。

拉康之所以选择菲勒斯而不是阴茎，是因为他想强调这个事实：关系到精神分析的不是生物学意义上的男性生殖器，而是这个器官在幻想中所起的作用。在拉康的语境中，阴茎指的是身体器官，而菲勒斯指的是这个器官所起的想象和象征作用。

虽然弗洛伊德的著作中没有这种术语上的区别，但是在他关于阴茎的种种解释中，已经暗含了这种逻辑区别。当他谈到阴茎与婴儿之间的象征的等同时——女孩幻想有一个婴儿以安抚自己的阴茎嫉妒，显然他谈论的并非一个真实的身体器官。所以我们可以说，拉康在术语上的革新只是进一步澄清了业已暗含在弗洛伊德著作中的区别。

虽然在 20 世纪 50 年代中期前，菲勒斯这个概念并不突出，但在后来的发展中，它变得越来越重要了。在拉康的俄狄浦斯情结和性别差异理论中，它扮演着中心角色。

在构成前俄狄浦斯阶段的想象三角中，菲勒斯是三元素之一。它是一个想象的对象，在另外两个要素，即母亲和孩子之间循环（Jacques Lacan，*The Siminar*. III.）。母亲欲望这个对象，孩子则认同这个对象或者认同菲勒斯的母亲，以满足母亲的欲望。在俄狄浦斯情结中，父亲作为第四者通过阉割孩子而介入这个想象三角。孩子于是面临一个选择：接受或拒绝阉割。

拉康认为，男孩和女孩都必须承担阉割，因为任何人都必须放弃为母亲成为菲勒斯的可能性。这种与菲勒斯的关系的建立与解剖学上的性别差异无关。放弃为而成为想象的菲勒斯为与象征的菲勒斯建立联系铺平了道路，对两性来说，象征的菲勒斯才是不同的。男性拥有象征的菲勒斯，或者更准确地说，他并非没有拥有它，而女性则确实没有它。问题的复杂性在于：男性只有在承担了自己的阉割之后才能声称自己拥有象征的菲勒斯；女性缺乏象征的菲勒斯正好又是拥有象征的菲勒斯的一种方式。

一、实际的菲勒斯。拉康一般以 phallus 表示想象的菲勒斯和象征的菲勒斯，而以 penis 表示实际的身体器官，但有时也以实际的菲勒斯指称阴茎。拉康虽然高度关注菲勒斯，但也没有忽视阴茎的作用。相反，他坚持阴茎在孩子的俄狄浦斯情结中具有重要的作用，因为正是通过这个器官，孩子才在幼稚期的手淫中感受自己的性别。正是这种实在对想象三角的侵入使这个快乐的三角变成了引起焦虑的三角（Jacques Lacan，*The Siminar*. Ⅳ.）。在俄狄浦斯情结中提出的问题就是：实际的菲勒斯到底在哪里？答案是它在实际的父亲那里。

二、想象的菲勒斯。当拉康最初将菲勒斯与阴茎区别开来时，想象的菲勒斯指的是阴茎的形象。想象的菲勒斯在前俄狄浦斯阶段被孩子感知为母亲的欲望对象，感知为她在孩子之外企盼的东西，所以孩子努力认同于这个对象。俄狄浦斯情结于阉割情结的顺利解决使孩子放弃了这种努力。

三、象征的菲勒斯。想象的菲勒斯在母亲和孩子之间循环，从而在孩子的生活中构筑了最初的辩证法。虽然这是一种想象的辩证，但它已经为通向象征的辩证铺平了道路，因为它在运行上已经非常近似于一个能指，虽然是想象的能指。在第四期研讨班中，拉康开始把菲勒斯作为象征的菲勒斯来理解。象征的菲勒斯既非某种幻想，亦非某个对象，更非某种身体器官，而是一个能指。它是他者的欲望的能指，是快感的能指。“因为菲勒斯是一个能指，在（精神）分析的内在结构中，这个能指的功能可以揭开蒙在这个功能上的面纱——这个能指（始终）在一些秘密中为这个功能服务。正是这个能指注定应该作为一个整体标明那些意义效果，因为这个能指以其作为能指的在场规定了它们。”(Jacques Lacan，*Ecrits*：*A Sellection*)。

与阉割情结和俄狄浦斯情结相关的是想象的菲勒斯，而性别差异关系到的是象征的菲勒斯。这个能指非常特别，不仅因为它是所有能指的能指，而且因为这个能指没有所指。

不同于想象的菲勒斯，象征的菲勒斯不能否认，因为在象征的层面上，不在和存在一样是一个积极的实体。所以即使在某种方式上欠缺象征的菲勒斯的女性也可以说拥有它，因为不拥有它本身就是一种拥有。相反，男性只有在承担了阉割的基础上才能拥有这个象征的菲勒斯。正是在这个意义上，我们认为在汉语语境中，甚至在所有非法语语境中介绍拉康思想时，恰当的做法只能是按照音译方式称之为“菲勒斯”，因为在拉康看来，菲勒斯正是也只是一个能指，一个没有所指的能指。

拉康关于菲勒斯的理论是最有争议的一个问题。第一种批评来自女性主义者，她们认为菲勒斯的优先立场呼应了弗洛伊德的父权制思想，而他就菲勒斯与阴茎的区别彻底否定了从生物学上解释性别差异的可能。第二种批评来自德里达，他认为，尽管拉康宣称反对先验论，但是菲勒斯其实就像一个扮演了意义保证人角色的先验元素。德里达问，怎么可能有这样一个充当“特选能指”的东西？在他看来，菲勒斯重新引进了关于存在的形而上学，而这是他所极力反对的逻各斯中心主义的表现。德里达称之为菲勒斯中心主义，拉康以此创造了一个以菲勒斯为中心的思想体系。

(马元龙)

分裂分析(Schizoanalysis)

“分裂分析”是当代法国著名哲学家德勒兹与精神分析学家加塔利在合著的《反俄狄浦斯：资本主义与精神分裂症》中提出的后结构主义重要概念，其前缀“schiz-”，既指心理学意义上的精神分裂症，又指更具哲学普遍意义的裂变、划分、生成的过程，标示着德勒兹与加塔利拆解总体化思想的特征。分裂分析是一种从唯物论和“反俄狄浦斯”视角出发的身体政治学研究，与德勒兹和加塔利的块茎、层次分析、游牧论、微观政治学、实用论、多元性、无器官身体等重要概念精神相通，互相呼应。

在当代西方思想史上，德勒兹和加塔利提倡以后结构主义的“分裂分析”替代传统的弗洛伊德精神分析，认为一切欲望皆属于社会而不囿于家庭。他们把精神分析，尤其是其中标志性的“俄狄浦斯情结”，视为一种总体化的阐释和归纳模式，它如同频道，把欲望纳入适于资本主义的形式之中。而“分裂分析则聚焦于亚个体的身体诸部分与超个体的社会联系，将弗洛伊德和马克思的理论领域整合成为一个单一的欲望生产领域”。他们质疑精神分析关于里比多与匮缺论之间的关系，反思超越家庭的欲望在社会历史中的位相，以及资本主义社会中精神生活与经济生活的关系。他们所倡导的分裂分析把欲望（精神分析）与劳动（政治经济学）两个体系转换成为“欲望生产”和“社会生产”的概念，否定了从柏拉图以来（包括弗洛伊德和拉康在内）将欲望视为“lack”（此词具有“匮缺”与“需要”双重含义）的概念，把欲望看成是第一重要的生产力，认为无意识欲望是一种生产方式和思想方式，是一种“欲望机器”。在与马克思主义关于上层建筑与经济基础的经典理论相关的方面，德勒兹和加塔利把欲望视为基础的一部分，而不是上层建筑。分裂分析将政治经济学与利奥塔所说的“里比多经济学”结合，拒绝承认两者中任何一者有优先权。在分裂分析的理论视域中，弗洛伊德精神分析强化了个人与社会的分离，马克思则反对将社会与个人分离。德勒兹和加塔利则通过分裂分析的“欲望生产”，将弗洛伊德与马克思之间的鸿沟加以弥合，《反俄狄浦斯》的核心章节区分了精神压抑与社会压制，将弗洛伊德历史化。分裂分析并不是回归弗洛伊德或马克思，而是尼采式地注重关系之中的差异因素、多样性、机遇与生成，以无羁之“流”取代索绪尔语言学与结构主义能指霸权的一种积极、革命的逃逸线。可以说，分裂分析既是认识论—心理学批评，也是社会历史批评。

就德勒兹和加塔利的分裂分析的思路与方法而言，社会压制与个体心理压抑有着重要的联系。在大多数情况下，是社会压制的形式决定了心理压抑的形式，两者都随着历史的变化而变化，因此俄狄浦斯情结之说显得褊狭、武断。对分裂分析而言，“精神分裂症”不是精神病患者的病状或精神错乱，而是指在由资本主义释放出来的分裂式的动力学力量与资本主义社会统治机构（包括精神病院、精神分析和核心家庭等等的结构）之间的不协调状态。因此之故，德勒兹和加塔利所著的《反俄狄浦斯》和《千高原》皆以“资本主义与精神分裂症”作为副标题。在此意义上，无法再以单纯而狭隘的心理学维度或个人疾患来界说“精神分裂症”，而应将其作为一种过程或动态，并且将其置入宏阔的社会历史视域。

“分裂分析”具有“唯物论精神病学”之称，有较为复杂的理论资源和唯物主义的特征。其中最重要的理论起点是 19 世纪三位伟大的唯物主义者——弗洛伊德、尼采和马克思的理论学说，分裂分析从他们原创性的思想中汲取了丰富的营养。此外，德勒兹和加塔利还受惠于斯宾诺莎和柏格森。换言之,从学理渊源上说,德勒兹的分裂分析哲学有两类思想资源:一是早期他钟情并浸润于斯宾诺莎、柏格森、尼采的思想中所汲取的反叛、差异的哲理,二是他后来与加塔利合作并密切接触马克思和弗洛伊德的思想,理论视野大为拓展。分裂分析的概念就在这两类皆颇具价值但又迥然不同的思想或著作之间激荡而生。而对《反俄狄浦斯》而言,分裂分析的核心问题不是"它是什么"的问题,而是"它能够做什么"和"它如何做"的问题。与其说"分裂分析"是理论问题,毋宁说它是实践问题和方法论问题。

德勒兹和加塔利赞同必须将弗洛伊德历史化的理论努力,但是不同意精神分析关于"匮缺"形态的描述。追随巴塔耶,他们认为社会总是生产某种剩余物——不管境况多么糟糕,剩余物多么微不足道。社会的组织安排围绕着决定如何和由谁分配这些剩余物而运作。将弗洛伊德历史化和凸现对人为的匮缺性的社会管理,这两者对分裂分析而言具有重要意义。与韦伯、霍克海姆、阿多诺、卢卡奇的不同之处在于,德勒兹和加塔利认为资本主义的经济过程产生了两种对立的文化效应:"解编码过程"与"重新编码"。他们避免了韦伯关于现代性"铁笼"、霍克海姆/阿多诺关于单维度的文化生产的总体性、卢卡奇对前市场化的19世纪现实主义的怀旧情感以及对现代文化的全面抨击等片面的悲观主义倾向。

分裂分析在关于资本主义社会体制的后现代探索中占有一席独特的位置。在德勒兹和加塔利的资本主义与精神分裂症的命题中,无意识欲望具有两极:一极是"精神偏执症"(paranoia),另一极是"精神分裂症"(schizophrenia)。它们既是精神病学的富于特征的症状类型,更是哲学意义上的互相对照的不同取向,分别代表着不同的力量和运动方向。前者是顽固或执著地追求统一、秩序、类同、整体、身份认同和辖域化;后者则是弥散性的和游牧性的,具有如下特色:多元、增殖、生成、流变、片断、解辖域化,等等。

在社会文化层面,精神分裂症标志了资本主义社会及其历史发展的客观趋势,揭示了其内在矛盾。总括而言,资本主义孕育了精神分裂症,资本主义作为近代以来主导世界历史的重要社会文化模式,不断地在扩张。但是,无论是地理上的殖民扩张(帝国主义)还是心理上利益驱动的扩张(市场竞争),都消弭了现存的意义与信仰,因此都是精神分裂症的扩张;正如马克思所言:"一切坚实的东西都烟消云散了。"而资本主义的另一极"精神偏执症"则倾向于建立绝对的信仰系统,企图将一切意义加以固定。尽管"偏执狂"与"分裂症"两个术语皆有精神病学的渊源,但是德勒兹和加塔利主要把它们作为资本主义社会的动力学规律和组织原则。前者古老、传统、以信仰为中心,后者生气勃勃、自由无羁、具有革命的或积极的潜力。

德勒兹和加塔利的“精神分裂症”这一术语常常招致误解。此词最初借用于精神病学，德勒兹和加塔利以此来描绘资本的经济、文化和里比多等的动态之流变。他们以“分裂症”的概念抨击资本主义体系，把分裂症视为建设性、革命性的正常状态，而把偏执狂视为疯癫状态。正是在此意义上，他们把文学视为类似分裂症的革命机器：打破现存体制，孕育新的视界。卡夫卡及其相关的少数民族文学概念是他们的著名例证，其中蕴含着反抗正典文学，反德国法西斯、反英美官僚技术机器、反奥匈帝国城堡、反西方逻各斯菲勒斯中心主义传统的力量。E. W. 霍兰德认为：“更确切地说，德勒兹和加塔利使用精神分裂症以意指精神与社会功能的一种特定模式，具有既为资本主义经济所压抑，又为资本主义经济所生产的特征。”他以爵士乐与交响乐的对比，以及美式足球与英式足球的对比，来对精神状态的这两极加以例说。交响乐队与英式足球队，爵士乐与美式足球显然都不是精神疾患，但却分属两种类型：交响乐队与英式足球队类似精神偏执症，因为它们分享某种组织和运作模式，明确地分派固定的角色，追求一种统一效应；而爵士乐与美式足球则近于精神分裂症，因为它们的组织结构相对松散，群体中的人物互动更为自然随意、自由无羁。由此我们可以理解，为什么对德勒兹与加塔利而言，精神分裂症是在资本主义条件下生存的一种“解辖域化”的模式。

（麦永雄）

否定辩证法（Negative Dialectics）

“否定辩证法”是阿多诺给自己的哲学巨著所起的书名。由于阿多诺后来在社会研究中所实际达到的影响力远远大于霍克海默，因此在 20 世纪 50 年代末、60 年代期间，人们几乎将法兰克福学派的批判理论等同于阿多诺的否定辩证法。直到霍克海默早期的论著于 1968 年得到重新出版，以及随后研究所早期刊物的结集出版之后，人们才逐渐认识到批判理论原有的样貌。

阿多诺最早使用“否定辩证法”这一术语，是在 50 年代他主讲的有关黑格尔哲学的讨论班上，但他的哲学只是在 1966 年《否定辩证法》一书出版之后才正式命名。实际上，即便迟至 1963 年他为自己的《黑格尔三论》作序的时候，他也还只是将自己的哲学建构笼统地称为“变更了的辩证概念”。然而，阿多诺的否定辩证法在他于30年代所建构的理论中就已经初现端倪，虽然那时他将自己的哲学方法称为“解体的逻辑”(logic of disintegration)。阿多诺认为，他所处的时代已经丧失了整体性的感觉。这是资产阶级时代走向瓦解衰朽的症状。当前历史乃是其解体的编年史。资产阶级社会不仅经济面临着破产，其在意识形态霸权方面的努力也同样如此。知识学科的碎片化，哲学之失去其早期所拥有的一切知识的综合与系统化的地位，都是这种解体的一个表征。因此他认为，作为一个哲学家，他的任务就是揭露充斥于其范畴之中的种种矛盾，并通过依循这些矛盾的内在逻辑而将它们推至迫使这些范畴自我毁灭的地步，从而破坏资产阶级唯心主义那已然摇摇欲坠的大厦。因此，阿多诺坚持认为，辩证法必须彻底地“否定”，就是说，它必须意识到被卷入这个“被管制的世界”的整合之中的社会压迫和个体压制的程度。

将“辩证法”说成是“否定的”，意味着什么呢？首先，否定辩证法关注的是概念及其客体的非同一性，而非它们的同一性。阿多诺将辩证思维与他所谓的“同一性思维”相对立起来。同一性思维乃是阿多诺用来描述统摄性的、分类性的意识的术语。这种思维方式并没有告诉我们某物是什么，它只是通过对客体进行分类，将所有的类别囊括以便认识客体。在阿多诺看来，同一性思维实际上是一种将现象统摄在概念之下、剥夺非同一物的表达可能性的宰制工具。同一性原则因此并不仅仅是一种思维形式，因为它的形式与社会统治相互缠绕并以后者为基础。阿多诺的否定的辩证法的任务，就是要将“非同一物”从同一性思维中拯救出来。不过，阿多诺对同一性思维方式的态度非常复杂，并非单纯地持否定的观点。因为在他看来，同一性思维也是人类自我保存之可能性的条件。辩证思维不在于彻底清除同一性思维，而在于承认任何同一性思维的不足。“否定的辩证法”并不是说目前辩证法是肯定性的，需要变成为否定性的，而是说任何真正的辩证思维都已经是否定的了。否定的辩证法并不试图以一种最终是没有矛盾的方法去解决所有的矛盾，而是试图揭示被哲学对逻辑同一性的追求所掩盖的真正的社会对立。要实现这一目标，不能靠提供一种幻象性的、形式的非矛盾性，而应该靠指出逻辑矛盾是如何深深地嵌入并依赖于社会对立的经验。任何哲学、美学上的矛盾都证实了自然—历史对立状态。

因此，否定辩证法的另外一个重要特征，就在于它拒绝综合的说法。在黑格尔那里，矛盾以否定为其逻辑原则，赋予了辩证思维以动态的结构，也为批判反思提供了动力。然而黑格尔只是将否定(即概念走向对立面或他者的运动)看作一个更大规模的走向系统性完成的一个因素而已。而在阿多诺那里，辩证思维只有永恒的否定，而无法最终止歇于明确的综合统一。阿多诺追随康德,认为二律背反始终是背反的。但与康德不同,阿多诺认为背反的根源是现实本身所具有的局限性,而非康德所谓的理性的局限性。无法调和的思维是被客观条件所推动的:由于社会的矛盾无法经由思维的手段而消除,矛盾同样也无法在思维中得到消解。在黑格尔哲学中,哲学的现实化意味着其在绝对知识中的实现,其中思想与现实恰好重合。阿多诺明确反对这种看法。他认为,一切宣称思想有着充分力量来全面把握"真实之物"的说法,都是虚幻的。阿多诺力图避免以一种否定的总体性来对抗一种关于某种肯定的替代方案的图景。就世界历史而言,阿多诺认为,"没有从野蛮走向文明的普遍历史,而只有从弹弓走向百万吨炸弹的历史"。因此没有综合,也没有精神实现自我的最终调和点。

最后,必须注意到,黑格尔的"肯定的"辩证法相当倚重的矛盾概念与阿多诺否定辩证法的非同一性概念是不同的。这就涉及阿多诺的内在批评。这与黑格尔不同。黑格尔认为,内在批判会产生肯定的结果。这就是他所谓的"有限否定"。事实上,对于他来说,他的思辨性辩证法与他所谓的"形式"辩证法、"否定"辩证法或"诡辩"辩证法区别开来的独特性质,就在于"有限的否定"这一能够引向积极结果的特征。辩证法的第一个方面,即对研究对象的否定与批判这一方面,是一切"形式哲学"都能把握的。但这种将批判的结果看作否定的理解,使得形式哲学成了怀疑主义的同盟。黑格尔认为,真正的哲学必须能够产生肯定的结果:"与怀疑主义相比,哲学并不满足于纯然否定性的辩证结果。……否定性作为辩证的结果同时也是肯定的;它包含着它从中产生的东西,将后者吸收进自身,无法在没有后者的情况下存在。"这就是"有限的否定"的原则,就是说,在辩证过程的否定其实是肯定。矛盾最终会被统一到更高层次上的综合之中。然而,在阿多诺看来,辩证法作为一种内在批判,其关键在于它并不诉诸任何外在的绝对原则。实际上,内在批评在批判某一特定概念体系的时候,运用的恰恰就是这一体系本身的理论逻辑。在阿多诺看来,这种批评之所以可能,是因为客体与概念之间的非同一性,就是说,任何概念都是无法完全囊括客体的所有维度的。每当概念宣称自己已经充分理解、统摄了客体的时候,它实际上是将客体的那些无法为它所把握的部分压制、隐藏了起来。因此,对客体的纯粹概念性理解就代表了一种虚假的总体性。悖谬的是,恰恰是概念定义和体系的这种虚假的总体化宣称,给予了辩证法进行内在批评的空间。

阿多诺认为,导致启蒙理性向其反面即蒙昧与专制逆转的内在特征在于,启蒙理性的主要倾向是以普遍性统摄特殊性。这种统摄性的或工具性的合理性将相异的东西看作相同的东西,无视事物的内在特性,可正是这些特性赋予了事物以感性的、社会的、历史的特殊性。同一性思维强调的其实是主体对于客体的优先性。启蒙在等同原则的口号下取消了个体的特质，因此，将不同事物等同化便成为社会对个体的强制。这种统摄，就是服务于主体的目的和意图，即自我保护。正如启蒙合理性以普遍来统摄特殊、对感官特殊性漠不关心一样，资本主义生产以交换价值统摄了使用价值。因此，对于阿多诺来说，同一性思维在某种意义上代表了启蒙本身的宰制性原则，因为同一性思维对于人类的自我保护有着根本的意义，它允许为了人类目的而对现实进行工具性组织。这就是说，对阿多诺来说，同一性思维是不公正的，因为客体可能有着一种要求其所有方面都得到平等的辨识的道德权利。因此，同一性思维它天性就有着一种宰制客体的冲动。这就要求我们努力阻止这种冲动过度发展。反思同一性对个体的拒斥和对非同一物的伤害，就是针对现存状况的强烈抗议。而正是在这里，客体的优先性原则能够发挥作用。

阿多诺提出的客体的优先性原则，并不仅仅把客体当成是主体的认识对象，它要求主体与客体或者其他主体和平共处，彼此尊重，相互聆听。作为某种未知的东西，客体（或其他主体）不再是让主体感到害怕恐惧的东西，不再是有待主体去征服、控制的对象。主体所要做的，就是去意识、体察、领会客体（或其他主体）对主体所作的自我“表达”。就是说，要求主体与客体之间达成一种在差异中求共识的圆通无碍的交往自由。因此，阿多诺的否定辩证法就是在提倡真正关注客体，努力去认识客体之遭到概念的扭曲、改造、限制、化约和侵犯的历史、社会和知识过程，从而实现客体与主体之间的平等相处。事实上，由于主体在对客体的支配中自身也不断受到压制和掠夺，由于人性与必然性之间斗争的结果最终只不过是人类反过来受制于必然性，因此，主体的解放在很大程度就取决于它是否能够解放客体。就是说，客体的解放成了主体解放的先决条件。因此，阿多诺的否定辩证法实际上是要求重新调校主体与客体之间的关系，直到最终获得主体—客体间的交往自由。

（凌海衡）

福特主义/后福特主义（Fordism / Post-fordism）

福特主义和后福特主义这两个关键词，是对20世纪西方社会中工业生产组织的两个不同历史阶段特征的概括，但它们通常又超越了对工业生产方式的单纯描述，被用来表示西方社会文化与政治的重大变迁，从而赋予了这两个术语更大的含义。

福特主义是在20世纪30年代至50年代，伴随着世界经济危机和世界大战的进程而在美国逐渐形成的。它的形成与成熟与泰勒(Tyler，1856—1915)密切相关。被称为工业劳动分工之父的泰勒在20世纪初发明了“泰勒制”劳动组织，即把工厂生产的劳动过程划分成不同的生产阶段，工人被严格限定在固定的生产流水线的某一阶段进行机械的重复劳作，这就使工业生产从一种传统性的劳动密集性的粗放式生产，转向了一种以机械化流水线为特征的生产。后来美国汽车大王亨利·福特(Henry Ford)运用并扩大了泰勒主义，把科学的企业管理从生产流水线扩大到了市场的营销策略。简单地说就是循环的流水线的生产方式，规格化、标准化的产品生产，相对较高的工资，低价的产品，以及相应的广告和产品促销策略等，由此而形成了具有代表性的福特主义的工业生产模式。福特主义通过一系列所谓严格科学的生产和管理方式，在很大程度上提高了劳动生产率，形成了大规模的工业化生产，促进了资本主义的资本积累；在另一方面也增加了工人的收入，提高了人们的生活水平，从而也在很大程度上刺激了大众的消费，促进了大众社会和大众文化的形成和繁荣。

但70年代以来，福特主义生产与再生产模式逐步陷入危机，其过分依赖机器、技术和复杂的生产系统控制的做法开始受到阻碍，一味强调通过提高劳动生产率来提高相对剩余价值的潜力也已被挖掘殆尽，资本利润率的跌落成为严酷的现实，而工人在这种生产模式下，变得愈来愈紧张又感觉单调无聊，甚至形成了劳动异化，由此而出现了工人故意缺勤旷工、磨洋工、拒绝工作、制造障碍等反抗形式，这些都严重阻碍了福特主义的进一步发展。另外，福特主义死板乃至僵化重复的机械化生产过程，以及所谓的科学化的管理方式，把人牢牢地捆绑在了规范、标准的流水线上，造成了社会生产与消费的同质化，泯灭了大众的独特性和异质性。

在这种情况下，一种高度灵活化的，与愈来愈僵化的福特主义完全不同的生产模式出现了，这就是后福特主义。后福特主义是一个很宽泛的术语，它不同于福特主义的标准化商品生产模式、过于严格的工作组织纪律以及单调的资本积累方式。它采用灵活化的机器设备和具有广泛熟练技术劳动力而进行特殊化商品的生产，它从针对大众市场的标准化产品生产转向了针对“目标消费群体”的小规模、小批量的产品生产，因而能够灵活地满足市场的需要；它采用新的信息技术来连接生产与销售，缩短了生产的周期，适应了后现代社会迅速变化的时尚与趣味，加速了资本流通；它不再把工人仅仅看作传统意义上的“劳动力”，看作工厂流水线这一巨大齿轮上的螺丝钉，而是更加重视工人在劳动中的个性和创造性，强调生产过程中的“团队精神”，即每一个工人都要对整个生产过程和产品质量负责，而不再仅仅局限于自己所在的狭小封闭的生产位置。可以说，后福特主义在劳动力市场、劳动过程、产品及销售方式等方面都表现出极大的灵活性，而这最大限度上有效地保障了资本主义企业和经济的发展。

斯图亚特·霍尔(Stuart Hall)曾专门阐述过后福特主义的特征，如信息技术兴起，推动了第二次工业革命；更为专业化和解中心化的劳动的兴起；消费趋向占据主导地位；手工、体力劳动衰退，而服务业和白领阶层兴起；跨国经济，金融市场的全球化；新的社会分化模式的出现，尤其是私人与公共之间的划分，等等，这些都显示了后福特主义与福特主义的显著不同。

与福特主义相比，后福特主义是资本主义一次历史性的转变，是资本主义社会政治的、经济的及文化的深刻的变革。它以更为灵活的非中心化的生产方式为特征，带来了更为多元的生活方式、消费实践和政治实践。它标示出更大的社会断裂性与多元性，显示出了旧的集体认同的虚弱、新认同的出现，以及透过个人消费所产生的个体选择之极大化。从福特主义到后福特主义，可以说是资本主义文明的全面变迁。有关这两个概念的准确含义、它们的意义及其所包含的转义，目前还有争论，但不管怎样，这两个关键概念对于我们理解西方资本主义乃至当今的中国社会的发展变迁都具有重要的价值和意义。

（和磊）

父权(Patriarchy)

“父权”指一种家庭、社会、意识形态和政治的有机体系。它是一种男性对女性的压迫机制。在这个体系中，男人通过强力和直接的压迫，或通过仪式、传统、法律、语言、习俗、礼仪、教育和劳动分工等来决定妇女的性别角色与社会地位，同时把女性置于男性的统辖之下。“父权制”一词在社会学意义上，意味着一种父亲就是家长的社会结构，在女权运动中，它被作为一个斗争的概念重新挖掘出来，对压迫和剥削妇女的关系及其制度进行总体描述，强调在家族体系中的等级，以及家族等级观念在社会上的延续。

父权制不是从来就有的，而是随着社会的发展而产生的。在旧石器时代，男女皆以采集植物和狩猎为生。女性在生育中所承担的角色使妇女地位较高，崇拜“母神”的现象较为普遍。然而到公元前五千年至前三千年，由于频繁的战争、技术及交通工具的运用，男人在生产中的作用越来越重要，也由于人口增多、粮食积累、劳动分工及畜牧业的出现而导致的奴隶制的发展，妇女在社会中的地位日渐衰落，男人对女人进行统治与控制的父权社会逐渐形成。从此，妇女的社会角色由男性界定，她们在教育、财产、公民权、大众生活及劳务市场的境况被男性所限制，被家务劳动和养育子女所桎梏。无论是在古典的、基督教的，还是日耳曼的及儒教的文明里，女性皆是低于男性的二等公民。正如批评家乔纳森·卡纳所指出的，从《圣经》中女人是由男人的肋骨造成的这一典故开始，男人/女人就是一对无穷生成的二元对立。

西方哲学便沿袭这种二元对立的思维定势，充斥着大量歧视妇女的言论。亚里士多德认为，男性天生要比女性优越，男人统治女人恰如君主统治臣民；阿奎那公开宣称妇女是“迅速生长的杂草”，是男人的仆从，且只有男人才拥有使用语言的能力，女性臣服于男性标志着理智的归趋；提倡“天赋人权”的洛克所指的“人”并不包括“女人”，他仅仅强调“男人”的权利，丈夫拥有支配妻子的权威，对妻子的支配权像私人财产权那样不可侵犯；康德与黑格尔皆认为妇女缺乏理性思维及审美的能力，应臣服于男人，其职责在家庭；尼采更是一个著名的男权主义者，公开鼓吹男性对女性的压迫、女人与真理一样难于接近，乃至于基督教也因包含有女性的仁慈与博爱而遭到他的排斥。这种两性关系的等级制使女性成了在世界民主化潮流及宪政改革的进程中受到忽略最久也最深的一个群体，许多妇女也按这些歧视妇女的言说来理解与模塑自身。

凯特·米利特(Kate Millett)是最早将“父权制”这一概念引入女权主义理论的人。她在《性政治》(*Sexual Politics*)一书的第二章引入了这一概念，成为女权主义理论大量使用这一概念的起点。通过对有关两性关系的规范、制度进行考察，米利特发现“从历史上到现在，两性之间的状况是一种支配与从属的关系”，即男人依据天生的、生物学性别就可获得特权，并以此控制、支配女性。米利特认为男人按天生的权利统治女人比任何形式的种族隔离与积极壁垒都更加牢固与持久；无论目前这些思想表面上是多么沉寂，但实际上却仍是“我们文化中最普遍的思想意识、最根本的权力概念”。她将这种已经制度化的社会秩序看作是女人受压迫的主因，并将之命名为父权制。

在《性政治》一书中，米利特从意识形态、生物性、社会性、阶级、经济和教育以及神话、宗教、心理等方面对父权制进行了具体的分析。在意识形态上，父权制通过个性气质、性别角色和社会地位三个渠道肯定父权统治。在对人的品质教养上，父权制根据自己的利益强调其所需要的品质为正面的，比如，父权制赋予男性一系列正面的品质：如积极进取、智慧、力量和功效，而女性则是顺从、无知、“贞操”和无能；父权制还为各个性别制订了一系列行为准则、举止方式等强化男性的统治地位。性别角色将料理家务、照管婴儿之事划归女性，其他的人类成就、兴趣和抱负则为男性之责。这种分工也很自然地使男性凌驾于女性之上，肯定了男性地位高于女性的社会偏见。父权制的信仰与态度甚至在某种程度上以科学的面目出现，假设男女两性的社会心理区别是由他们的生理区别造成的。家庭是父权制的基本单位，通过家庭，父权制的统治得以具体实现。在一个家庭里父权制给予父亲最高的权力，并传授价值观念，教育下一代扮演父权制分配的性别角色，成为父权文化的制品。经济上，传统的父权制没有给女性任何经济权力，女性在家中的工作被认为没有经济价值，即使在社会中从事工作也局限于报酬低微和无地位的下等工作。米利特甚至分析强权（即暴力）本身是怎样强化男性的统治地位的。比如，父权制要求中国妇女折断脚骨裹小脚，以满足男性对女性的欲望和控制，这种对女性——对被统治者的身体的残酷折磨是父权制的一个明显的特征。父权制还制造了种种神话，创造各种宗教帮助父权的统治。在父权文化里，女性的形象都是男性根据自己的需要创造的。心理上，父权文化对两性的心理都进行塑造和控制，结果是两性都把父权文化内在化，认为男性对女性的统治是人类之天性。这种思想体系的深层意识化使女性自我厌弃并相互鄙视，无形中加强了父权制的统治。

父权制在文学创作中表现为大量歪曲女性形象及贬抑女性的想象与描写。波伏娃认为，男人所描绘的女性“有着双重而不实的形象……他在她身上投射了他所欲望的、所恐惧的、所爱的与所恨的”。在男性作家作品中，女性不是“天使”，就是“妖女”。伍尔夫认为男性作家对女性的描写篡写了妇女的真实处境：“在想象中她无比重要；但实际上却完全无足轻重。她占据了一部部诗集的扉页，却在历史名声上留白……在文学中有些最富灵感的字句，最深远的思想从她口唇吐出；但在真实生活中，她却几乎目不识丁，只是丈夫的所有品。”

因此，女性主义批评家首先从文学入手，打破以往女性的固有形象，从新的批评角度切入旧文本，为“女人”这个能指写入新的意义。米利特在《性政治》中展示了劳伦斯、亨利·米勒以及诺曼·梅勒等男性作家的作品中对女人性凌辱的怪诞描写，突显了个体性领域中的政治关系，即“性政治”，用“女性观点阅读”披露了父权制关系中的权力与政治运作；肖瓦尔特（Showalter）、玛丽·艾尔曼（Mary Ellmann）、爱伦·莫尔斯（Ellen Moers）、桑德拉·吉尔伯特（Sandra M.Gilbert）和苏珊·古芭（Susan Gubar）则重新挖掘湮没的女作家，为女性创作正名并肯定了女性文学传统的独特性，为从意识形态上颠覆父权制、争取妇女话语权作出了积极的贡献。

最终，反父权制构成了激进女权主义最主要的理论建树，包括格里尔（Germaine

Greer)、摩根(Robin Morgan)、米利特、戴利等人的理论,这些理论把对妇女的压迫视为统治的最基本最普遍的形式,不仅限于政治和有报酬的工作这类公众领域,而且存在于私人生活领域,例如家庭和性这两者都是父权制统治的工具。格里尔在《女太监》(*The Female Eunuch*)中宣称,女人原本是积极主动的,但她们被男人"阉割"了。女性形成了一个最受压迫的阶级,各种各样的女性形象使女人从婴儿期起便寻求一种不真实的存在,做一个没有性器具的玩偶;且女性受"阉割"的不仅是性,其各方面的生活也受到压抑。因此广大妇女必须团结起来反抗,摧毁父权家庭结构。戴利在《超越父神》(*Beyond God the Father*)以及后来的《妇科/生态学》(*Gyn/Ecology: The Metaesthics of Radical Feminism*)等论著里激进地批判父权制度,强调女性对包括文学在内的一切文化传统的摧毁与重建。此外,激进女权主义还提出了整个女性群体"殖民化"的问题,这一理论的主要假设是:妇女普遍地被殖民化,即普遍屈从于父权制的压迫。女性受到父权制社会制度的压迫,这是最基本的压迫机制;其他形式的压迫,如种族主义,膂力主义(able-bodiedism),异性恋霸权主义以及阶级压迫,全都与性别的压迫有关。由此,女权主义对父权制展开了全面围攻。

(金虹)

复调理论(Polyphonic Theory)

"复调"(polyphony)原是音乐术语,它是多声部音乐的一种主要形式,与"主调音乐"(homophony)相对。"主调音乐"的特点是常常有一个处于主导地位的高声部,旋律性最强,其余声部大多是和声,起烘托作用。"复调音乐"则由两组以上同时进行的声部所组成,这些声部各自独立,但又和谐地统一为一个整体,彼此形成和声关系,以对位法为主要创作技法。

首次将音乐中的"复调"概念引入小说理论的是苏联著名文艺学家米哈伊尔·米哈伊洛维奇·巴赫金(M. M. Bakhtin),他在《陀思妥耶夫斯基的创作问题》(1929)中用"复调"来描述陀氏小说中的多声部、对位以及对话的特点。巴赫金在1963年更名再版的《陀思妥耶夫斯基诗学问题》中进一步发展了"复调"理论,使原理论体系更趋完整和系统。

巴赫金认为,在陀思妥耶夫斯基之前的欧洲小说,其模式基本上属于已经定型的独白型(单旋律)小说。在这种小说中,作者的地位至高无上;这里只有一个声音,即作者的声音在说话,一切主人公的语言、心理和行为都被纳入全知全能的作者的意识之中;众多性格和命运在作者意识的支配下构成一个统一的客观世界,其主人公一般没有主体性,他们通常是作为被描写的纯粹客体得到作者的外来说明。而由陀思妥耶夫斯基开创的复调小说则不存在一个至高无上的作者的统一意识,众多的各自独立的声音和意识拥有平等的地位和相同的价值,它们结合在某一事件之中,并且互相间不发生融合。

巴赫金详细阐释了陀思妥耶夫斯基小说创作的这种复调结构特点。

首先,陀氏笔下的主人公不仅仅是作者议论所要表现的客体,而且也是表现自我意识、直抒己见的主体,对作者以及作者的总结性评语保持着自由和独立。作家采取了一种全新的立场去发现另一个主体,另一个平等的“我”,并由他去表现自己如何认识自己、认识这个世界。在这里,主人公的意识被当作是另一个人的意识,即他人的意识,具有特殊的独立性,与作者以及其他主人公的意识平起平坐,在小说中具有同等价值。陀思妥耶夫斯基的小说世界根本上属于个人的世界,其中的主人公都是些意识相对独立、善于思考的“思想家”。他们并不融合或附属于某一个统一体之中,不受作者思想的支配。在这些形象里,自我意识成了塑造主人公的“主导成分”,思想成了作者描写的对象,成了小说情节的平等的参与者。但是对陀氏来说,没有不属于任何人的思想,他把任何一种思想都当作某一个人的立场来理解和描绘。因此,他也就否认了绝对的、不属于任何人的“真理”。

其次,巴赫金强调所有的思想意识在本质上都是对话性的,而“复调小说整个渗透着对话性,小说结构的所有成分之间,都存在着对话关系,也就是说如同对位旋律一样相互对立着”。陀思妥耶夫斯基所描写的不是单个意识中的思想,而是众多意识在思想观点方面的相互作用。他笔下人物的意识从不独立而自足,总是同他人意识处于紧张关系之中,其中任何一个意识都不会完全变成他人意识的对象。这样,他的小说中就不存在旁观者的位置,任何人都成为参与事件的当事人。并且,他的小说都是众多意识的对峙,这种对峙并不寻求通过辩证的发展得到解决,或融合为统一的精神,从而是没有终结、也不可能完成的。因此,陀思妥耶夫斯基的世界,是带有深刻的多元性的世界,像教堂一样,象征着互不融合的心灵进行交往,多元化变成了永恒的形象。

陀思妥耶夫斯基的构思“要求把小说结构的一切因素全盘对白化”,这就产生了他的小说中那种极度紧张不安的气氛。主人公的每一想法、每一感受都拥有内在的对话性,或具有辩论的色彩,充满对立的斗争,或准备接受他人的影响。他们的每一个人的思想都仅仅只是一场未完成型对话中的一个话语，不同话语间的对话就形成了复调小说的结构。陀思妥耶夫斯基"把思想看作是不同意识不同声音间演出的生动事件"，他在每一思想中表现出了一个人，在对话交锋的边缘上，又"预见到不同思想的组合、新的声音的诞生，预见到思想、声音的变化"。巴赫金把陀思妥耶夫斯基的复调小说中的对话分为"大型对话"和"微型对话"两种。整个小说就是作者建构的一个"大型对话"，关涉小说结构和人物之间的对话关系。然后，对话还向内部深入，渗进小说的每个声音中，构成"微型对话"。这主要指人物之间或人物内心的"对话"，作为主人公的"我"处于一种张力中。这样，陀思妥耶夫斯基就写出了两个对话的主人公，在他们的对话中牵涉到另一个人内心的对话，甚至有的地方与其重合一致。也就是"一个主人公讲出的他人话语，与另一主人公隐隐的内心语言，有着极其重要的联系，或者部分地重复一致"。

总之，巴赫金指出，陀思妥耶夫斯基采取了全新的艺术立场，即对话立场。这一立场确认主人公的独立性、内在的自由、未完成性和未论定性。对作者来说，"主人公不是他，也不是我，而是不折不扣的'你'，也就是他人另一个货真价实的'我'（自在的'你'）"。对话承认世界的多元化，承认多中心、多意识的相互关系，它使作者深深地卷入它们的相互关系之中，使小说失去旁观的"第三者"，从而避免了独白描写中的"背对背议论"。

第三，巴赫金认为，陀思妥耶夫斯基小说创作中的共时艺术的运用，是艺术上的重大创新。陀思妥耶夫斯基善于在同时共存、相互作用的关系中观察一切，他"对此时此刻的世界有着异常敏锐的感受；在别人只看到一种和千篇一律事物的地方，他却能看到众多而且丰富多彩的事物"。他在社会的客观世界中发现了多元性和矛盾性，而他所理解的这个多元世界中的一切，是同时共存，相互作用的。它们表现为社会的状态，而不是不同的阶段，是以一个时代的客观事实呈现出来的。他对这个矛盾的世界进行客观的观察，把这些矛盾看成是同时共存的不同的力量，探索这个世界在某一时刻的横剖面上的相互关系。因此，处于艺术事件中的主人公的每个意识、行为，都只能在现时中体现出来。这样，陀思妥耶夫斯基在小说里一般不写原因和事物的缘起，不写主人公的过去与回忆。他总是要从一个人的内心矛盾中引出两个人来，目的是把这一矛盾放在横向层面上同时展出，让它们同时进入相互关系，各抒己见，互相对话，形成杂然纷呈的冲突。

从这里我们可以看出"复调小说"的艺术魅力就在于这种"复调思维"的矛盾性、对话性、开放性和未完成性，恰恰切合了我们所经历的这个世界的多元、暧昧和边界模糊的状态。复调小说描写出了生活的多种可能性和人性深处的矛盾，而不是灌输一种绝对的、千篇一律的思想，使得小说既具有辩证的色彩，又包含开放的可能。当代捷裔法籍著名作家米兰·昆德拉在他的小说创作中运用并发展了巴赫金的复调理论，提出了“文体的复调”，即将小说之外的多种文类统一展现于同一部小说中，表达一个共同的主题，并在他自己的小说中进行了成功的实践。昆德拉在探讨小说的新发展以及可能性方面，提供了富于创见的思路和启发。

“复调”理论不仅是一种小说艺术的特征，更是一种独特的认知话语和思维方式，在深刻剖析现代人的生存面貌和精神状态方面表现出独特的魅力，展现了巴赫金作为一位文化哲人所具有的广阔视野与辩证思维。正如有些研究者所言，“复调”理论从一种小说论、批评论而走向了审美学，最终返归于哲学。

（张淳）

G

感性分配(Le partage du sensible)

在《感性分配:美学与政治》中,朗西埃给“感性分配”明确下了定义:“我把一种感官知觉不证自明的事实体系称为感性分配,该体系同时揭露了共享之物的存在以及对其中各部分位置的界定。由此,感性分配在确定可被分享之物的同时也界定了被排除之物。”

基于对“共享之物”的认可以及对“被排除之物”的区分,感性分配成为一种经由“感官知觉”才能显现的秩序;但这种秩序并不是一成不变的(可能有序或无序),而是在可感范围内处于某种“可分配的”动态过程之中,并表象为某种关于份额和位置变化的分配结果(可能正义或非正义)。由 partager 这个法语动词(既有分享的意思,也有隔离的意思)可知,朗西埃并非没有考虑到这一点:感性分配既指确立共同体边界的分享条件,同时也指对既定秩序的干扰或者异议。朗西埃想通过“感性分配”这个概念,去解决如下两个问题:(1) 分配对象的问题——何者可被感知?(2) 分配正义的问题——为何能被感知?

这里的“可感知者”/可感之物(the sensible)自然不超过感性知觉范围,根据阿伦特的看法,这个可被感知的对象就是“其自身未来不确定的”、“普通人类事务的世界”,也就是“让我们确定自己的位置并依据共同感思考的世界”。人作为一个参与公共生活的、向死而生的行动者,以康德所谓的“感性共同体”(communauté esthétique)的形式去感知这个世界。然而,朗西埃的兴趣并不是中立性地把现实阐述为认知范畴(如空间、时间、数量等)的概念装置,而是在这些经验形式中强调如何正当分配的问题。我们得以经由感性经验去认知世界,必定是因为有某种先于我们存在,且能界定彼此所处位置的感知形态。这样,感性共同体的问题就不再是问什么能够被看到或听到,而应该去问为什么有的可以被看到或听到,有的却并非如此。

对朗西埃而言,可感之物是某种可分配的(可被计算同时也可被破坏的)对象,以至于有可能出现两个感性世界对立的局面：若计算有位置、有话份的群体，就是治安(la police)；若“额外”计算或“错误”计算无位置、无话份的群体，便是政治(la politique)。至于分配是否正当，朗西埃认为，这关乎每个人是否都得到了应得之份额，也即是否被允许有不同的存在方式、行动方式以及言说方式。

由此可知，感性分配与某种可感知的身体位置和话语秩序密切相关，分配正义与否的问题实际上就转化为一个能否被感性共同体感知到的问题：一方面，身体所在的位置决定了其是否可被承认，也即有没有共识(consensus)。另一方面，主体所言说之物决定了其是否可被理解，也即有没有歧见(disagreement)。

治安通过“共识”的逻辑对可感之物进行第一次分配(先验式分配)，这一套约定俗成的规约安排好人们的社会角色，大家各司其职、各就其位；政治则质疑并拒绝这种治安的分配原则，凭“歧见”的程序对可感之物进行再分配(经验式分配)——每个人都可以对现有秩序进行轰炸，声张他们感知与被感知的权利，使得“来自下层的思想”被公平对待。治安和政治此消彼长的关系，共同决定了可感之物份额的变化，以至于可感世界根据不同的分配原则而呈现为不同的秩序，而这又宣示了构成感性共同体资格的不同“价值”。

政治，在朗西埃那里，被当作一种共同生活的艺术，总是需要在行动之中去验证一种“尚未实现的”、虚构的、被称为“理智平等”的前提。政治通过干涉可感之物，收纳一切被排除、未被感知、有待定义的体验，让失算、误算的无份之分(the part that has no part)作为感性共同体被凸显、被辨认出来，使一种新的公共生活得以呈现。这些在治安秩序中原本“不存在”(il n'y a pas)的主体，“既是全部又是全无”的主体，“多于一”(un-en-plus)的主体，被一种朗西埃称之为“逻各斯暴动”(révoltes logiques)的“政治—艺术”创造了出来。所谓政治—艺术，其关键就在于如何阐释经验场域的间距问题，具体表现为对物质空间和符号空间的重塑。朗西埃在《美学及其不满》(*Aesthetics and Its Discontents*，2009)中已充分阐明这一点：

“说艺术是政治的，不是因为它表达了关于世界状态的信息或情绪，也不是因为艺术有选择地呈现了社会结构或社会团体以及他们的冲突或认同。说艺术是政治的，不仅因为艺术涉及这些功能时有一定的间距(distance)，还因为艺术所构建的时间、空间、人群的类型以及艺术构建这些东西的方式。……艺术只有在具体实践中，重塑了一种新的物质和符号空间，那么这样才是艺术—政治。”

政治的任务，尤其通过艺术，这种铭刻某种在场、让某东西显现的独特力量，潜移默化地撕碎共同体的既有经验，也即通过特定艺术作品而显示新的异质成分，或是表象或是价值，从而重构了物质空间和符号空间。用朗西埃自己的话来说，政治一艺术共同作用于“位置和身份的分配和再分配，空间和时间、可见者和不可见者以及噪音和言语的挪用和再挪用，形成了我所说的‘感性分配’”。于是，政治的发生便以这样的方式内在于艺术的审美体制当中：政治和艺术，同样作为感知方式，共同形成了“虚构”，也即在符号和图像、可见的和可说的、被做的和可做的之间重新配置了感性材料。

在朗西埃看来，感性分配的运行程序，无论是(治安的)计算还是(政治的)误算，都与虚构形式有关，因为它支配了词与物之间关系的有序或无序。现代政治动物作为文学动物，搞政治一艺术就应该利用好文学“这个识别写作艺术的新制度”：“一种艺术的识别制度是一个关系体系，是实践、实践的可见性形式和可理解性方式之间的关系体系。因此，这是对感性分配进行干预的某种方式，而这种分割确定着我们所居住的这个世界：世界对我们来说可见的方法，这种可见让人评说的方法，还有由此表现出的各种能力和无能。正是如此，才可能思考‘文学的政治’对组成共同世界的物体的切割，对居住在这个世界中的主体的分割，还有对他们观察、命名和改造这个世界的能力的切割。”

同样地，在《政治的边缘》里，朗西埃把文学看作一个回圈，只有把文学“归为一种评价活动，并把虚构、约定和制度联结在一起，虚构才有一种特权”。文学的政治，凭借其虚构的功能，能够渗入那决定每个人位置的词语秩序和身体秩序中，松动那既定经验分配模式的界线；政治的文学，作为有关显象的事件，既呈现了对世界新的感知形式，又必然带着不可言明之物，由其异质性开辟出另类的生存空间。作为政治主体，我们需要意识到感性边界的存在，以及思考如何跨越边界，在某种感性现实中切割出一种前所未见的空间。作为文学主体，我们需要创造风格，编织出与世界良性互动的、非人称的感性经验网，且在每个连接处都能感知到不同的以言行事的身体。文学的政治或政治的文学，就是在可感世界这个任何人都能重新阅读和写作的地方，通过词与物偶然却开放的关系去接触所有人。

综上，感性分配是一种关于词语秩序和身体秩序的划分与共享，需要放置到治安、政治以及政体、艺术体制的语境之中去理解。治安和政治，作为感性分配此消彼长的动力要素，有其自身的运作逻辑：前者是基于共识的、合理又合法的秩序，后者通过歧义、误算等程序质疑并扰乱这种既有秩序，争取或创造“无份之分”更多可被感知的条件。如果说政治要去重新配置可感之物，那么它必然需要艺术形式来介入日常，用虚构的力量模糊感知边界，形成新的审美体制，进而对当前政治造成某种程度的干扰。

由于朗西埃非常强调人的理智平等和言语能力，所以政治—艺术或艺术—政治首先得以在文学回圈中展开并演练。感性分配，恰恰只有在边界处，在相互承认、相互理解的平等者间，才能发现新的人性。

（昝朦）

革命（Revolution）

汉语中的革命一词由来已久，《周易》中有："汤武革命，顺乎天而应乎人。""革"就是改变，"命"即天命。古人认为王者受天命，革命便是王者易姓、改朝换代的变动。我们近代以来的革命观却主要源于西方。

在西方世界，革命的定义有很多种。罗伯特森（David Robertson）认为"从严格意义上说，我们所说的革命是政治系统的一场全面的暴力变革，不仅改变了社会的权力分布，还导致了整个社会结构的重大改变"。戈德斯通（J. A. Goldstone）强调，革命包括三个必不可少的方面：国家崩溃、对中央权力的夺取和建立新制度。卡尔弗特（Peter Calvert）则认为有三种定义模型，即自由主义的、功能主义的以及马克思主义的，它们提取的革命特征中有四个共同点：突发性、暴力性、统治集团的更替和变革。

就术语而论，英文中的"revolution"（革命）源于拉丁文"绕转"（revolvere）一词，"revolvere"亦被用于天文学，在晚期拉丁文中，由其衍生的"revolutio"指行星在天球的带动下旋转。占星家却从这种循环中发现了玄机，认为行星到达某个特定位置时，命运会突然有变。15世纪末意大利人将该词引入政治领域，指统治者被暴力突然推翻。1662年爱德华·海德（Edward Hyde）用"revolution"说明英王查理二世的复位。其后，1688年的政变被称为"光荣革命"（Glorious Revolution），表明该词的用法已被英语世界接受，而真正赋予该词现代意义的是法国大革命。

虽然耳熟能详的革命术语是近代的产物，但对作为社会政治现象的革命本身的探讨却由来已久。柏拉图和亚里士多德在论政体时就对作为政体更替环节的革命有过分析。柏拉图认为政体的更替是一个不可避免的渐次堕落过程，其主要原因是公民的品质败坏。亚里士多德则认为革命并非必然发生，革命的根本原因是正义或平等原则遭到违背。进入罗马时期，人们感兴趣的是革命的合理性而不是发生的原因。波里比阿（Polybius）认为革命就是对正义和秩序的恢复。李维（Titus Livius）将罗马从王政到共和的革命解释为有德行的罗马人对高傲者塔克文(Tarquinius)暴虐统治的胜利。在中世纪的基督教和世俗观念中,人民虽有反抗暴政的正当权利,但奥古斯丁和阿奎那又强调教会成员对世俗秩序甚至对暴君都要服从,世俗的日耳曼传统对统治的合法性也缺乏明确具体的界定,所以这一时期关于革命的认识实际上相当保守。近代早期,鼓吹君权的思想家用各种方式否定革命。霍布斯以危言耸听的口气宣称革命带来的祸害远甚于任何政府。不过,与霍布斯同样持自然权利学说和社会契约学说的洛克(John Locke)则将两学说引入对革命合理性的论证,他指出政府如果损害了人民的基本权利,而人民无法以合法的方式纠正政府的错误时,人民的反抗就是合理的。洛克对"革命权"的论证为18世纪的启蒙学者所继承,并成为1776年北美殖民地《独立宣言》的理论基础。

大致从18世纪初开始,作为术语的革命一词的含义也发生了改变。在17世纪末的《简明牛津英语词典》中,它的定义是"新的统治者或政治组织通过武力取代旧的统治"。到了18世纪中叶,革命的含义包括:在动乱和剧变后恢复政府秩序、参与政府以及建立更文明的社会等内容。最终,1789年的法国大革命在西方世界铸造了一个崭新的革命概念。革命是与旧世界彻底决裂,是开创一个全新的社会、开创一个实践"人民主权"的新时代,是普天之下最正当、最神圣的事物。革命一词也焕然一新,代表着新生、文明和进步。"法国革命的参与者是历史上第一批敢于公开把自己所从事的斗争称为'革命'的人。"随法国革命而起的"革命崇拜"遂成为现代政治文化中的重要潮流。19世纪,对法国革命的反思大大推进了人们对革命的认识,贡斯当(Benjamin Constant)看到了自由的独特价值,托克维尔(Alexis de Tocqueveille)则提醒大众:革命往往增强而非削弱中央集权国家的力量。马克思和恩格斯创立无产阶级的革命理论是这一时期革命论的最大发展。同时,19世纪30年代,法国人又将革命术语推广,以"工业革命"来概括方兴未艾的技术革新。

20世纪出现了迄今为止最大规模的革命浪潮,对革命的认识,从世纪之初的心理分析到前期的革命的"自然史"理论,再到"二战"后现代化理论的革命分析以及后现代的革命论,可谓潮起潮涌。如果从认识方法的角度归类,20世纪的革命认识大致可作如下区分:一、历史比较分析,是影响最大的流派,通过对近代以来革命的比较,概括革命的周期、道路和结构性原因等因素。代表有布林顿(Crane Brinton)、邓恩(John Dunn)、摩尔(Barrington Moore)、斯考克波尔(Theada Skocpol),其中斯考克波尔反对唯意志论的革命理论,认为革命仅是结构主义条件下的偶然产物。二、心理学解释,是20世纪最早出现的流派,主要考察革命中群体及个人的心理趋势。弗洛伊德认为革命中的群众行为是缺乏理性的，他们跟随领袖人物，意在将自己从深深的软弱和愤懑中解脱出来。勒庞(Gustave Le Bon)从群体心理概念出发，将群众暴力视为大众迷失方向和非理性的结果。格尔(Ted Robert Gurr)在《人们为什么造反》("Why Men Rebel")中提出了关于政治暴力的综合理论，他认为集体利益满足上的"应然"和"实然"之间的错位所产生的张力导致了暴力倾向。三、社会学解释，主要是功能主义的分析，认为革命就是多重功能紊乱加催化剂的结果，包括爱德华兹(Lyford P. Edwards)、佩蒂(George Sawyer Pettee)和约翰逊(Chalmers Johnson)等人的研究。约翰逊认为社会不平衡导致的功能紊乱、精英的不妥协是革命的必要条件，而革命的充分条件是能充当"官能障碍加速器"的任何一个事件。四、政治学的解释，主要是政治冲突理论，将冲突视为革命的基本原因。蒂利(Charles Tilly)是该派的代表人物，他认为未经组织的个人不可能发动革命，革命是在权力的竞争者或竞争者联盟显示他们拥有满足某一社会群体的利益要求的资源，而政府军队没有镇压反抗者的能力或意愿时发生的。此外，20世纪对革命的认识还包括以阿伦特(Hannah Arendt)为代表的将革命视为建立自由事业的哲学分析。

不过，上述分析对20世纪最著名的两场革命——俄国革命和中国革命——来说总有些力有未逮，这两场革命都是在同一个革命理论——无产阶级革命理论的指导下进行的，对它们的认识首先还是应该回到这种以唯物史观为基础的革命理论中。

在唯物史观中，革命是指社会革命。它是阶级斗争的最高表现，是新旧社会形态更替的关键环节，是进步阶级推翻反动阶级的统治，用先进的社会制度代替腐朽的社会制度的根本性变革。毛泽东说，革命是"一个阶级推翻另一个阶级的暴烈的行动"。

根据社会形态更替的一般规律，社会革命可分为三种类型：新兴地主阶级的革命，奴隶暴动附属于该类革命；资产阶级革命，包括农民起义；无产阶级革命，包括半封建半殖民地国家中由无产阶级领导的民族民主革命。前两类革命都是不同的私有制之间和不同的剥削形式之间的转换，而无产阶级革命则是消灭私有制和剥削制度的革命，是最彻底、最深刻的革命。无产阶级革命和社会主义的建设实践表明，建设社会主义，非一朝一夕之功，革命成功之后还要经历长期的变革。

唯物史观认为革命是社会基本矛盾演变的必然结果，其最深刻的根源是生产力和生产关系的矛盾。当生产关系严重阻碍生产力的发展时，打破旧的生产关系解放生产力就成为社会发展的迫切要求。旧的上层建筑却要压制变革生产关系的要求，社会矛盾不断激化，由此形成革命的客观形势：用列宁的话说，就是"下层不愿"照旧生活下去，"上层不能"照旧生活和统治下去；"被压迫阶级的贫困和苦难超乎寻常地加剧"；

"群众积极性大大提高"。不过,此时还需具备革命的主观条件,革命才会发生。这包括:革命阶级的觉悟程度和组织程度大大提高,形成领导核心,能够聚集起足以摧毁反动统治的革命力量。对无产阶级革命来说,建立用马克思主义革命理论武装起来的无产阶级政党是主观条件成熟的关键步骤。

要以革命的方式解放生产力就必须瓦解旧的上层建筑,其首要任务就是夺取国家政权。列宁指出:"一切革命的根本问题就是国家政权问题","无论从革命这一概念的严格科学意义来讲,或是从实际政治意义来讲,国家政权从一个阶级手里转到另一个阶级手里,都是革命的首要的基本的标志。"由于国家是统治阶级压迫被统治阶级的暴力工具,革命的阶级夺取政权的行动必然遭到暴力镇压,革命的阶级也就不得不使用暴力。因此,暴力革命是革命的基本形式。马克思说:"暴力是每一个孕育着新社会的旧社会的助产婆。"对无产阶级革命而言,它不仅要用暴力推翻反动阶级的统治,还要用暴力彻底打碎旧的国家机器。唯物史观并不排除在阶级力量对比出现特殊情况的时候,革命有采取和平形式的可能。革命的道路则更加具体多样。在无产阶级革命中,"城市武装起义"的十月革命道路和"农村包围城市"的中国革命道路都是富有创见的胜利之路。

马克思用十分形象的话概括了革命的作用:"革命是历史的火车头。"革命解放生产力,确立新的生产关系,带动人类社会完成社会形态的梯级更替,直至进入消灭阶级的社会主义阶段。革命能激发起人民群众巨大的革命热情。在列宁看来,群众的创造性"在革命旋风时期要比在所谓的安定宁静的(牛车似的)历史进步时期强烈、丰富、有效千百万倍"。因此,革命是被压迫者的盛大节日。

(王燕平)

工具理性(Instrumental Reason)

"工具理性"是法兰克福学派批判理论中的一个重要概念,其最直接、最重要的渊源是德国社会学家马克斯·韦伯(Max Weber)所提出的"合理性"(rationality)概念。韦伯将合理性分为两种,即价值(合)理性和工具(合)理性。价值理性相信的是一定行为的无条件的价值,强调的是动机的纯正和选择正确的手段去实现自己意欲达到的目的,而不管其结果如何。而工具理性是指行动只由追求功利的动机所驱使,行动借助理性达到自己需要的预期目的,行动者纯粹从效果最大化的角度考虑,而漠视人的情感和精神价值。韦伯在《新教伦理与资本主义精神》(*The Protestant Ethic and the Spirit of Capitalism*)中指出,新教伦理强调勤俭和刻苦等职业道德,通过世俗工作的成功来荣耀上帝,以获得上帝的拯救。这一点促进了资本主义的产生和发展,同时也使得工具理性获得了充足的发展。但是随着资本主义的发展,宗教的动力开始丧失,物质和金钱成为人们追求的直接目的,于是工具理性走向了极端化,手段成了目的,成了套在人们身上的铁的牢笼。

霍克海默和阿多诺在《启蒙辩证法》(*Dialectic of Enlightenment*)中指出,工具理性是启蒙精神、科学技术和理性自身演变和发展的结果。启蒙精神是一种以人类为中心的主体理性精神,其目的就是确立人对自然界的优越地位和无限统治权,从而促进人的自由,实现人的自身解放。启蒙精神作为工具理性,认为科学和知识是万能的,文明发展所带来的问题依靠科学技术本身就能得以解决。然而,工具理性的极大膨胀,的确推动了科学技术的进步,赢得了人类对自然的胜利,但是与此同时,在追求效率和实施技术的控制中,理性由解放的工具退化为统治自然和人的工具。因为启蒙理性的发展高扬了工具理性,以致出现了工具理性霸权,从而使工具理性变成了支配、控制人的力量。也就是说,西方启蒙运动以来一直被提倡的理性蜕变成了一种统治奴役人的工具。

首先,工具理性已成为社会的组织原则,成为统治形式本身。从根本上讲,工具理性是一种技术理性,现代化资本主义将大规模的工业研究和科学技术综合为一个系统,这使得科学失去了独立性,转而成为行政化的控制手段。它渗透到社会结构和社会生活的各个方面,开始对人进行全面的统治、控制以及把控。正如马尔库塞所说,韦伯所说的"理性化"所实现的是一种特殊的、未被公认的支配形式,科技的工具理性化的结果为一般既存体制的支配机器提供了合法性基础。理性化进程已经进入到资本主义的经济活动、政治管理以及思想文化等各个领域,社会进入到了被技术理性严格统治和支配的历史阶段,其最明显的表现就是技术官僚的出现,在后工业化时代,一切社会问题都被转化成了由专家来处理的技术性问题,技术成了理解一切问题的关键,技术化约、统摄和统治了一切。这种变化增强了技术专家和政府官员对其他人的统治能力,一般公民顶多只能在不同技术专家与官僚的决策方案中作别无选择的选择。科学技术的统治代替了过去的政治统治,这种支配方式的正当性基础是人们相信科学、技术是解决这个世界一切问题的唯一途径,是万能的,而科学技术专家和官僚则是工具理性的代言人,因而科学技术成为统治合理性的坚实基石。这种统治不再表现为政治强制,而表现为科学和正义。这种意识再加上高度发达的现代化手段,工具理性便成为一种最不明显,但比旧的意识形态更具渗透力、更具深远影响的意识形态。这种隐蔽的、不具意识形态表象的意识形态往往以专横、独断,但看起来"理性"的姿态出现在社会生活的公共领域中，成为一种极权主义的统治，有效地支配着民众，它使理性从人的解放力量转变成为人的解放的桎梏。

其次，在当代资本主义社会，工具理性造成了民众的生存困境，使人物化或异化，使人性逐渐丧失。社会的模式化和齐一化把人当作社会大机器中随时可以替换的零部件，科学定量化抹杀了所有事物的质，将之视为无差别和可置换的量。而随着科学技术的不断发展，工具越来越复杂化和精确化，而人越来越沦为被机器操纵的对象。工具理性只关心实用的目的，以及实现目的的手段，由此人由主体而变成了客体，人变成了金钱、机器和商品的奴隶，由目的而转变成了手段。也就是说，人完全失去了自主性，成为墨守成规的执行者，其自由和独立思考的权利被悄悄地攫夺了，其作为个体的自主性、独创性、想象力也大为缩减。工具理性的发展、技术和生产组织的改进使工人成为一种畸形物，随着专门化，或者说分工的越来越精细，人成为一种局部的人，片面的人，他们不可能整体地把握事物之间的联系，从而也就失去了革命的主体性和反抗精神。也就是说，当技术和知识扩展到人的思想和活动范围时，人失去了超越纬度和批判纬度，成为"单向度的社会"中的"单向度的人"。总之，与工具理性相伴随的是人的价值和意义的完全失落。

正是由于工具理性的统治而带来的人的异化和物化，在法兰克福学派的批判理论中，工具理性始终是其批判所指向的核心问题之一。在韦伯之后，卢卡奇将工具理性批判引向了对资产阶级意识形态的总体批判，而霍克海默和阿多诺则又把对资本主义的哲学批判扩大到对人类文明史的批判，马尔库塞等也都对工具理性有过论述。总之，综观法兰克福学派的发展史，对工具理性的批判是愈演愈烈，这本身就说明了在揭示当代资本主义社会出现的各种新问题和新矛盾上，工具理性这一概念有着不可低估的理论意义。

（何卫华）

公共领域（Public Sphere）

当前对公共领域的研究起源于哈贝马斯早期的著作《公共领域的结构性转型》。所谓公共领域，哈贝马斯意指的是一种介于市民社会中日常生活的私人利益与国家权力领域之间的机构空间和实践，其中个体公民聚集在一起，共同讨论他们所关注的公共事务，形成某种接近于公众舆论的一致意见，并组织对抗武断的、压迫性的国家与公共权力形式,从而维护总体利益和公共福祉。按照哈贝马斯的描述,资产阶级公共领域大约兴起于18世纪。它对个体在家庭、经济、社会生活中的私人关怀起着媒介的作用,这些关怀与社会公共生活的要求和关怀相对。公共领域包括资讯与政治论争的机构,如报纸杂志,诸如议会、政治俱乐部、文学沙龙、公共集会、酒吧、咖啡馆、会议厅之类的政治讨论机构,以及其他常常出现社会政治讨论的公共场所。这些公共领域的出现,使得个体与群体在历史上第一次能够塑造政治舆论,直接表达他们的需求与利益,同时影响到政治实践。就是说,资产阶级公共领域的出现,使与国家权力相对抗的公共舆论领域得以成为可能。

应当注意的是,哈贝马斯的研究主要着眼点在于结构性转型,即资产阶级公共领域是如何从合理性的讨论、争辩、舆论的空间转变为一个由政治的、经济的和媒体的精英所支配的、受操纵和管制的公共领域的过程。按照哈贝马斯的分析,在早期资产阶级的公共领域中,公共舆论是通过政治论辩和一致意见而形成的。然而在福利型国家资本主义的衰败的公共领域中,公共舆论受占支配地位的精英分子所管理,他们将公共舆论视为制度管理和社会控制的一部分而进行经营。因此,公共舆论从源自于争辩、讨论和反思的合理性的一致意见堕落为被生产出来的民意调查结果或媒体专家的舆论。合理性的争论因此被受管理的讨论所取代,被广告商、政治咨询机构的策划所操纵,群体之间为了提升各自的私人利益的斗争成了当代政治场景的特色。另一方面,国家也开始在私人领域和日常生活中发挥更根本的作用,因此侵蚀了国家与市民社会之间的区别,公共领域与私人领域之间的区别。随着公共领域的衰落,市民更多的是沉迷于被动的消费和私人事务,或充当那些塑造公共舆论的媒体表演与话语的旁观者和消费者,而不是积极介入公共福祉和民主参与。哈贝马斯据此认为,这个重新政治化的社会领域消解了原本属于私人领域的自由主义公共领域,消解了"公"与"私"的区别。这种情形与封建社会晚期有类似之处,因此哈贝马斯将这一转变称为公共领域的"再封建化"(refeudalization)。

很显然,哈贝马斯对19世纪末发生的这一历史性转型的研究是建立在早期法兰克福学派的关于市场资本主义和自由民主阶段向国家与垄断资本主义阶段的过渡的模式之上。这后一阶段对于社会研究来说是一个新的历史阶段,其标志为经济领域与政治领域的融合、操纵性的文化工业、社会的被管制,以及民主、自由和个性的衰落。与《启蒙辩证法》相似,哈贝马斯向我们展示了资产阶级公共领域是如何走向它的反面的过程。他的描述假定了霍克海默和阿多诺对文化工业的分析的正确性,认为庞大的企业已经接管了公共领域并将它从一个合理性争论的空间转化为一个操纵性消费和消极性的领域。此外，正如以恋旧的心态将早期的家庭形式理想化的《启蒙辩证法》一样，哈贝马斯的研究也将早期的资产阶级公共领域理想化，然后以这种理想化的形式对公共领域后来的变化展开了批判。

然而，仔细研究之下，人们会发现，哈贝马斯在关于公共领域的研究中还是潜藏着对《启蒙辩证法》的批判。首先，哈贝马斯从资产阶级文化中发现了积极的作用，从而对欧洲启蒙运动及其哲学成就作出了更加积极的评价。更重要的是，哈贝马斯还发展了一种他的导师们所无法赞同的政治视角。因为他在重构公共领域的历史时也强调了人们对公共领域的规范性基础的需要。哈贝马斯最终是希望探索重振公共领域的基础。为了发现一种新的批判立场，为了给批判理论提供新的哲学基地，为了贡献一种新的民主化力量，哈贝马斯后来转向语言与交往的领域，以图为批判寻找新的规范，为提升自己的民主化吁求而寻找一个人类学基础，从而发展了自己的交往行为理论。

哈贝马斯的公共领域理论遭到许多批评。人们认为，哈贝马斯将早期资产阶级公共领域理想化了，他展示的是一个合理性讨论与争辩的论坛，而事实上，在这里某些群体被排除在外，因此参与是受限制的。事实上，究竟民主政治是否曾经受到合理性规范所支撑，公共舆论是否真的是由合理性的争论和一致意见所形成的，都是可疑的。在整个现代时期，政治一直被认为是各种利益与权力之间的博弈，当然也包括讨论与争辩。此外，内格特(Oskar Negt)和克鲁格(Alexander Kluge)在 1972 年出版的合著《公共领域与经验》(*Public Sphere and Experience*)中就指责哈贝马斯未能理解资产阶级公共领域的深刻的意识形态特性。他们认为，虽然公共领域的概念假定多样性、宽容、自由，但事实上，资产阶级公共领域却是被中产阶级白人男性所支配。在资产阶级公共领域之外，同时也存在着工人阶级的、平民的和女性的公共领域，它们代表着被前者所排斥的声音与利益。女性主义批评家也同样认为，哈贝马斯的公共领域中排除了女性的参与。比如，玛丽·瑞安(Mary Ryan)就注意到：哈贝马斯为公共领域的衰落所标定的日期，恰恰就是女性开始获得政治权利，成为政治舞台上的重要角色的时候。最后，南希·弗雷泽(Nancy Fraser)等人则批评哈贝马斯的研究建立在公/私二元区分之上，因此排除了对差异的考虑。他们主张公共领域的多样性，而放弃单一的、资产阶级的公共领域。

不过，公平而言，这些批评都不是在全盘反对哈贝马斯的基本思想。相反，他们的批评更多地是在发展和重构哈贝马斯的公共领域理论，以促进社会的民主化。

(凌海衡)

怪怖(Unheimliche)

弗洛伊德1919年发表了一篇论文《论怪怖》(Das Unheimliche)。这篇文本在弗洛伊德的整个著作系统中似乎占据着一个奇特的位置。1919年以后,弗洛伊德的著作里几乎没有再出现"怪怖"这个概念。但是,20世纪的文学批评、美学理论和电影批评特别热衷于使用从精神分析中借用的这个概念,尤其是在英语世界的批评理论中,unheimlich这个精神分析词汇被转译为"uncanny",成了一个被特别广泛地使用的批评术语,被用于分析和说明叙事中的"怪诞"和"恐怖"的成因。

但是,当代叙事分析对这个精神分析词汇的"借用",在很大程度上是在被弗洛伊德在文中指明过的那种不充分的意义上来使用的,也就是说往往被用来指代"恐怖谷效应",即木偶恐惧的效果——"一个表面上有生命的东西是否真的活着,或者反过来,一个无生命的东西是否就真的不会活起来"的悬疑造成的那种恐怖效果,延奇(Jentsch)把这规定为"理智的不确定性"造成的恐怖感。

弗洛伊德写这篇文本恰恰就是要对"神秘和令人恐怖"(怪怖)的这种表象之一作更为系统的补充,而且要通过分析,对这种奇特的感觉背后的决定和过度决定的系统进行说明。正如弗洛伊德在文中指出的那样,"unheimlich(形容词)"是一种特殊的"恐怖"经验,这种经验的一个规定条件是,"怪诞"或者"神秘",即因对某现象、事件或者人产生"神秘"或"怪诞"的感觉,进而才产生了对此现象、事件或人的"恐怖感"。

在文中,弗洛伊德在"日常精神分析的病理学"意义上给出了三大类例子来说明"怪怖"情感经验中"神秘的"这一规定性的情况。第一类情况,往往出现在这样的时刻:"一个人在迷雾重重的山林中迷了路,他一次次寻着标记或熟路走出去,却发现一次次又回到了同一地方",或者弗洛伊德以自己为例,某天如果他乘船,进入舱号为62的舱室,而且同一天里多次碰到62这一数字,注意到所有出现数字的东西里——如:地址、酒店、房间、火车车厢——都无一例外是这一数字,或所有事件中都包含着这一数字,他便会感到蹊跷不安,把这当作上苍赐于他的寿数(弗洛伊德在写作这篇文本之前的年龄是62岁)。第二类由"神秘"引发恐惧的现象是"愿望的即刻实现":比如很久没有想到的某个人,某天突然想到,第二天便碰到这个人或收到这个人的来信。在文中,弗洛伊德还举了自己的一次旅行经验,某次在火车上,他所处的包厢门是打开的,对面是盥洗室，火车猛烈的摇晃甩开了盥洗室的门，弗洛伊德此时猛地抬头看见一位老先生，实际上此人正是弗洛伊德自己在对面盥洗室镜子上的“镜像”。当弗洛伊德察觉这一点的时候，他意识到之所以刚才产生“恐惧感”是和自己的“double（化身）”遭遇有关的——这是第三类“怪怖”经验的例子。

我们知道，弗洛伊德在面对他的神经症患者的“纷乱”的、表面上没有规则可循的各种症状时，总是力图在这些“离散”的症状的表征中，考索出某种规则有限、表达有序的“语法”。与此相同，我们也须在这三类似乎具有不同表现方式的“因神秘而恐惧”的情感经验中，探究它们当中的一些共同因素。首先，如果真正细读文本，我们就会发现，在这三类情形中，“恐怖”只是最后进入到意识中的经验内容，它的前意识感觉是“神秘”，而贯穿于从神秘到恐怖的整个经验过程的真正情感效果是“不安”。首先，这种不安是某种外部非原因性的“必然性”的“反复出现”造成的，因为它“超出”了经验者理性原因性把握之外。其次，如果仔细分析，弗洛伊德在这三类例子中用笔墨最少，甚至没有作任何细致说明的一类例子是第三类，即“遭遇镜像（化身）”，而且，显而易见，这个被一笔带过的第三类例子，显然是前两类较为复杂的“神秘和令人恐怖”的经验的一个更为精要、集中的“模型”。

在第三类例子中，消失的元素是：① “多次复现”的某种“记号”；② 事件 A（心理的）与事件 B（事实的）之间的“神秘联系”。第三类例子用另外的形式重新表述了它们：① “多次出现”在这里被“一次”能唤起更强烈心理能量的“显现”——“我的化身”——重新表述；② “神秘联系”被“误认”—“辨认”重新表述。这种变换了表达方式的第三种类型，更为清楚地点明了“不安”的来源：① 无论是多次出现的“记号”暗示的东西，还是自身愿望“导致”愿望内容的实际实现，事实上都与自恋情结有关，这里真正“强迫性反复出现”而引发“不安”情感的，既不是“神秘”的数字，也不是愿望实现，而是经验者的某种自恋（万能）的“化身”（上天赐予“寿数”，奇特的思维干预功能）。从精神分析的意义上来说，并不是记号或“神秘联系”“在先”，而是经验者在理性之下被压抑的自恋情结“在先”，正是经验者的自恋促使他的“前意识”穿刺性地，或者说，“后验地”在那些无关联的事件之间建立起非因果性联系。② “万能化身”的“复现”之所以会产生不安感，显然与它冲破压抑，进而将经验者带回到更早期的阉割情结（阉割情结和自恋是俄狄浦斯阶段的一对心理效果）有关。

这里还有相互关联的两个问题：① “万能”的“化身”的出现为什么会引发“不安”？这个问题只能在 ② “万能”化身的性质的本质中找到解答。这两个问题也只能放在一起来回答，实际上弗洛伊德的文本也是这么做的，这个化身“万能”并不是真正意义上的“万能”,它是对现实自我的“能”的否定性的否定。每个儿童在俄狄浦斯阶段要经历的“阉割情结”的本质是接受“能”做什么和“不能”做什么的禁令,在这一阶段,儿童的力比多力量接受禁令的规范,开始进入早期的现实原则规训之中。“不能”的范围是由“能”的范围规定的,但在自恋情结的作用下,儿童通过压抑—升华的心理机制,创造出一个想象的化身,并将它置入前意识之中。更为重要的是,这里出现了一种有趣的“过度决定”。一方面现实原则的决定上叠加了生本能的决定,使主体形成了接受社会规范的“自我”;但是另一方面,快乐原则的心理决定在创造了被压抑的万能化身的同时,也为这个化身加上了趋向于“宫内生存(inmuterine existence)”幻想的死本能。因此在这个意义上说,“化身”是死亡的表征。“万能的化身”即永生—死亡—快乐原则的冲动的过度决定的表征,对现实原则下的自我来说应被压抑,但对力比多冲动来说又是“亲密的、自在的(heimlich)”。

弗洛伊德在文中的一处,援引集体心理学—人类学的例子来说明人类在生本能—死本能/现实原则—快乐原则这一对对立冲动中以何种机制形成了对“化身”爱恨交织的“双向情感”,而这种双向情感又总是焦虑性的:“奥托·兰克对‘化身’这个主题曾作过透彻的研究,他深入研究过‘化身’与镜中的影像、影子、保护神之间的联系;以及与相信灵魂的存在和对死的恐惧的联系,而且他还充分阐述了这一观念的令人吃惊的发展演变。兰克认为:‘化身’本来是为了保证自我不受损害,如兰克所言,是‘化身’;而且,‘不朽的’灵魂很可能是身体的第一个复制品……这种保护自我的愿望让埃及人发明了在永久的材料上刻下死者形象的艺术手法。这种想法萌发于无止境的自爱的土壤,源于主宰儿童和原始人的思维的最原始的自恋。但是度过这一阶段后,‘化身’就发生了转变,从原来永生的保障者变成了神秘恐怖的死亡的预告者。”

弗洛伊德因而指出,“神秘和令人不安的”情感,实际上是一个呈多层结构的网络化的情绪丛。表层的症状性原则是“强迫性重复”,这一重复的因素所表达的是被压抑的侵越禁令的自我想象化身,而这个化身本身又表征着死本能—快乐原则。所以,在德语中,熟悉的 heimlich 也有私密的含义,而私密的唯乐冲动(死本能冲动)的压抑失败,就是 un-heimlich。

必须指出的是,《论怪怖》这篇文本之所以在弗洛伊德的著作中显得比较奇特,是因为这篇文本中涉及的概念太多,因而作为本文主题的“unheimlich”本身就是一个过度决定的词,而不能称之为一个“概念”,它是“死本能”、“快乐原则”、“阉割情结”、“自恋”、“爱恨交织的双向情感”、“强迫性重复”以及“个体精神分析—群体精神分析”等多重精神分析概念和范畴的叠加。

我们只能概括说，“怪怖”，是个体或群体因压抑失败而遭遇到自身内部的作为死本能表征的他者时，被激发起的爱恨交织的双向情感转化为不安的情绪丛的焦虑体验。在这个意义上，法语精神分析词汇中 inquiétant étrangeté（古怪的焦虑），比英文 uncanny 更好地表达了 unheimlich 一词的意思。

（赵文）

光晕（Aura）

“光晕”一词最早是德国思想家瓦尔特·本雅明用于界定人与世界的主体间性关系的概念，在此基础上他用于界定传统艺术中人与审美对象的关系，最后又扩大开来，用于界定人与人之间的伦理关系。随着他写作的历史语境不断变化以及他个人思想的不断复杂化，不仅上述三个层面多有融合，使得其中否定神学和工具理性批判的维度交织在一起，而且这个概念本身也分化为肯定与否定两种价值，对于前者本雅明充满怀旧情绪，对于后者，他则希望给予摧毁。

作为第一个层面的概念，他最早的定义出现在他的《摄影小史》（Little History of Photography）一文中，在该文中，他认为，摄影作为一种技术复制的手段，通过深入到裸眼所看不到的细节和内里而能够显现对象的质地、构造、瞬间等细节，并由此而取消了与对象的距离感，由此也就“将现实的光晕吸干，一如水从泄漏的船中流尽”。那么，何谓光晕？本雅明最初的界定是：事物的“一种奇特的时空交织，一种独有的、无论离得多近都总是带有距离感的表象或外观”。作为具体体现，本雅明把它描绘为人参悟自然时所感到的一种氛围：“夏日午后休息，对着天尽头的山峦或头顶上播撒树荫的枝条凝神追思，直至这个凝思的时刻与之所观照的事物的物象融为一体——这就可谓吸纳了山峦或枝条的光晕。”由此可见，事物的光晕首先在于事物在特定时空中的自我存在，即，它不是人的投射、建构或复制，而是有自己的身份；而当事物处于这种自我存在状态时，它也就还没有成为人的材料，还没有被人类的技术所渗透，这时事物与人是一种主体间性关系，具有相互尊重的距离感，事物向人显现的是自己永远略带神秘色彩的外观或形象，两者的关系正如作为两个主体的人眼中的你我。对此，本雅明在《论波德莱尔的几个意象》（“On Some Motifs in Baudelaire”）一文中，说的再明确不过了：“对光晕的体验是建立在这样的基础上，即：将人际间普遍的关系传播到人与无生命，或与自然之物之间，那个我们在看或感到我们在看他的人，也回眸看我们。能够看到一个事物的光晕意味着赋予它回眸看我们的能力。”

这便导出了光晕产生的最重要前提，即人必须能够承认物的自我存在，并能够在一个审美距离之外凝思参悟、模仿移情，直至达到忘我。由此人与世界的关系可变成诗的源泉，诗人正是能够赋予自然之物以回眸能力的人，而被如此唤醒的自然目光又总是给诗人以梦想，并使其通过追忆“被怀旧的泪水所朦胧的往昔”而永远追逐这个梦想。这个梦想的原型就是在机器没有介入自然之前人对世界万物的虔敬和人生体验的完整性。

如今，一方面，技术的渗透打破了自然美妙神秘的外观；另一方面，消费社会的大众急于通过各种技术复制手段而将事物拉近自己，直至占有与消费。在这两种力量的夹击下，事物的光晕不复存在。

上述对光晕作为一个人地间关系，甚或自然美学概念的界定，是这个概念的本质含义，所以当本雅明在《技术复制时代的艺术作品》(The Work of Art in the Age of Its Technological Reproducibility)中界定光晕第二个层面的意义，即传统艺术的光晕时，他认为：“关于历史物件的光晕可参考自然之物的光晕来阐明。”因为本雅明所说的传统艺术的原型，也是与第一自然密不可分的一部分，即作为宗教仪式的一部分、具有崇拜价值的原始艺术品，其特征首先也是其在独特时空中的自我存在，艺术品的这个自我存在指的是，它是一个原件，具有本真性，再加之其魔法魅力，因此构成其权威的光晕，使观者与之保持距离，充满敬畏，这时的艺术品是人们顶礼膜拜的物符。

虽然随着历史的变迁，世界逐渐被世俗化，但是直到文艺复兴时代，艺术品的魔幻和仪式光晕仍然存在，只不过是崇拜的对象发生了变化，对冥冥中神秘力量的崇拜变成了对“美”的崇拜。美的外观是笼罩在光晕中的。

这种世俗化的光晕在艺术品上留存了三个世纪，随后，技术复制日臻完善，社会改革开始，大众的时代到来，艺术品的光晕在这个新的历史时空中逐渐消失，因为技术带来了人的审美观照模式的变化。以摄影技术为例，用本雅明的形象化比喻来说，如果说传统的审美观照如观相术，从外面参悟内里，摄影技术则如外科手术，直接切入对象的细节，且不再顾及对象的崇拜价值。“把一个物的外壳撬开，毁掉其光晕，是这样一种观照模式的特征。”

而这种操作无疑所对应的是大众的消费需求，大众每天都有着强烈的愿望要把东西从空间意义上拉近到自己身边，归为己有，于是自然产生了另一个同样强烈的欲望，希望通过复制技术而得到与其他人同样的东西。随着消费社会的到来，社会不断按大众的需求来自我调整，反过来，大众也在不断按照社会的模式自我教育，于是新的对世界、对艺术的观照模式形成，艺术品对观众不再具有崇拜价值，而只具有展品价值，如果说前者是艺术品的使用价值，那么现在这个使用价值已经被其消费，即被交换价值所取代。

此外，由于技术复制“对同样性的欲望达到了如此程度，甚至要从完全独特的东西中抽象这种同样性”，于是这种去个性、去光晕的模式不仅只影响对艺术品的观照，也在其他领域产生了对应性模式，如大一统的量化和数据操作。

至此，本雅明对光晕概念的阐述已经超越审美领域，而进入对资产阶级工具理性的批判，并在此基础上进入对法西斯主义伦理的批判。正如《启蒙辩证法》的两位作者的观点，本雅明也认为，一个完全去掉光晕的世界是一种灾难，在法西斯主义的暴行中，技术被用来进行批量杀戮，人与人之间的基本距离和相互敬畏荡然无存，本雅明称毒气战为“又找到了一种全新的方式来毁掉光晕”。

具有悖论意味的是，大众之所以对消费价值趋之若鹜，法西斯主义之所以能够打破最后的人文底线，又全在于对一种光晕的建构，在前者是明星或名牌的光晕，在后者是天才、创造力、领袖魅力、政治美学的光晕，这些虚假的光晕具有一种催眠致幻效果，是愚民政策的有效工具，对此本雅明意欲给予摧毁。正是在这种前提下，本雅明欢呼技术打破了光晕，即打破了笼罩在现实和意识形态上的光晕，尤其是欢呼电影的蒙太奇技术通过陌生化手法使观众重审现实，成为对现实的批评者，而不是盲目的移情者。由此，本雅明认为，电影的蒙太奇技术正如先锋派的艺术，是一种“弹道学”，其镜头的快速转换“以半秒钟这个炸弹”炸开了现实虚假的统一与完整，让观众在“震惊”的体验中受到教育，认识到自己是如何被锁在现实这个“牢笼的世界”中，并从此被解放出来，“在废墟中走上探险的征程”，即走向对现实的重新审视。从这个意义上，本雅明借用亚里士多德的概念，称电影具有“宣泄”效果，并认为电影对法西斯主义无用，但是可以成为革命的武器，即可针对法西斯主义对政治的美学化而进行对美学的政治化。

（郭军）

规训（Discipline）

米歇尔·福柯（1926—1984）在 1975 年出版的《监督与惩罚——监狱的诞生》

(*Surveiller et Punir*)一书中,通过“谱系学”和“考古学”方法对近代以来确立的“微观权力机制”的揭示,使得“规训”这一概念获得了崭新的理论内涵,以至于许多理论家把“规训”指认为福柯个人的理论独创。必须说明的是,该书在译为英文之后,才被英译者意译为《规训与惩罚》(*Discipline and Punish*),而德文译本则保留了福柯原法文本的标题(*Überwachen und Strarfen*)。实际上,这个概念在他之前的许多关注现代性的思想家那里便占据着非常重要的地位。比如,在马克斯·韦伯那里,“纪律”(discipline,在韦伯的文本中这个词都被译为纪律)是形成“资本主义精神”的一个非常关键的要素,韦伯明确地描述过现代性发展的这一基本过程:追求利润最大化的“理性化”成为“一种要求伦理认可的确定生活准则”,这种准则以“纪律”的方式反过来迫使社会组织方式发生改变,进而塑造、约束传统个体成为资本主义世界的公民。

福柯的视角是新颖的,他把注意力放在“身体”上,在这个微观层次上寻找权力机制施加影响方式的变化,选取前现代和现代监狱的惩罚机制这种“权力的极端运用”对“囚犯”的身体作用方式的变化,微观地揭示韦伯所说的“生活准则”的形成。正如读者在《规训与惩罚》当中看到的那样,前现代和现代时期惩戒机制最大的不同就在于,以“展布”为目的的肉刑被以“重塑”主体为目的的规训所替代。昔日罪犯受酷刑的身体是一出展示“国王的报复”的戏剧,在那种历史语境中,犯罪本身是对王权的挑战,对犯罪的惩罚则是对王权的恢复和重申,在施加肉刑的过程中让罪犯的痛苦号叫成为公开的忏悔。但随着欧洲经济、政治天翻地覆的“双元革命”的成功,惩罚机制也明显发生了变化。距“处决达米安”这一被福柯当作前现代酷刑经典的场景之后八十年,19世纪30年代以来隐匿而严格的监狱惩罚体系全面地确立了起来。之所以说“隐匿”,是因为相对作为公共景观的肉刑展布而言,这种惩罚体系把对罪犯的惩罚转为一种“区隔”,把他们划归社会之外的一个秘密场所——“监狱”。这种方式非常类似于和监狱差不多同时诞生的现代“精神病院”体系,在那里,由医学权力判定的需要“看护”的病人在某种意义上和监狱中收押的犯人一样,他们都对社会构成了威胁。说到“严格”,福柯从历史文献中发掘出的一份18世纪后期巴黎少年犯监管所的规章就能说明问题。这份规章非常细致精确地规定了少年犯们在每一个具体的时间点应当从事的义务时间表(起床、劳动、进餐、学习、工作、祷告等)。时间表精确到分钟,少年犯们在监管所中的每一天就像一个精心设计、毫无瑕疵的惩罚流水线,这种流水线式的“规训”是非常具有代表性的。

这种历史转变是“知识—权力”形式转变的结果。从表面上看,“规训”对“肉刑”的取代是启蒙运动的意识形态胜利,人道主义对暴虐的胜利。而实际上,促成这种转变的最深层原因乃在于现代“知识型”的转变。“权力/知识”道出了权力对知识的征用和知识对权力运作方式塑型这一福柯式“权力观”。在规训体系形成过程当中，三个基本的知识原则起到了基础性的作用：一、作为现代社会自我理解的“社会契约论”；二、作为理性原则的“实用主义”；三、符号—技术体系。在以契约论为基础的社会中，每个公民都在接受和他人之间契约的同时让渡自己的部分自由从而形成作为社会保障的法律，那么当他违反法律之时，不仅意味着侵越社会法律，而且也意味着对自己缔约能力即社会法律主体能力的取消。在这个意义上，犯罪是更为严重的破坏，它不仅动摇的是法律本身，而且动摇的是作为社会基础的“主体”。因而把罪犯确定为一系列置身于社会契约之外的、道德的或政治的“怪物”并使之与社会隔离便是理所当然的。“隔离”遵循着“实用主义”原则，隔离本身并不是目的，它真正的目的在于运用一套强化的“理想程式”把罪犯改造成有用的劳动力和重获司法能力的社会主体。这套程式是按照“政治经济学”知识话语中规范的标准“劳动力”培训方式设计的，涉及改造对象身体训练、劳动能力、日常行为、道德态度、精神状况各个方面。反过来说，当以计算和合理性为标准的现代各个生产领域都以“效率”、“单位时间的单位产量”、“严格的作息”等等标准塑造生产者的时候，监狱的规训，只不过是军队、学校、工厂这些空间中的一般规范的“象征”和强化的“重申”罢了，因此福柯说：“对于监狱与工厂、学校、兵营和医院彼此相像，难道值得大惊小怪吗?”

在谈到规训场所时，福柯援引了 18 世纪启蒙思想家杰米利·边沁对理想监狱——“环形敞视”监狱(panopticon)的构想。这是一个精巧的环形建筑，由一个个单间牢房构成的环形囚室的中央是一个瞭望塔，每一个单间囚室都处于瞭望塔监视的范围之内。单独囚禁的犯人们根本无法知道他们何时被瞭望塔上的人监视，结果感到自己的一举一动无时不在监视之下。对身处这种囚室中的犯人而言，监狱的权力变得莫名的强大，它把“权力的目光”变成了囚犯自己的“目光”来审视并规训囚犯本人的行为举止。尽管这种监狱在实践上很少付诸实施，但其象征价值是不言而喻的：在福柯看来，环形敞视监狱就是权力以匿名方式实施统治、每个个体都通过职业训练被编码的现代“纪律社会”的缩影。

（赵文）

过度决定(Overdetermination)

该词原本是精神分析术语。在弗洛伊德那里,过度决定(Überdetermination)被用来描述形象对梦思的表现机制,这些形象的特殊性在于它们可以把一组梦思凝缩在一个单独的形象中,可以将心理能量从极为潜在的思想转化为无关的形象。

路易·阿尔都塞(1918—1990)创造性地借用“过度决定”来重新阐释马克思的“社会整体构成”公式。这个公式众所周知,即“经济基础和上层建筑”。阿尔都塞认为,以往对该公式的各种阐释或多或少都是“还原主义”的。最典型的阐释就是“经济主义”的方法。这种“经济主义”认为,经济基础对上层建筑有直接的决定作用,每个社会形态当中的“社会意识、法、宗教、道德、艺术等等意识形态形式”的内在形成“动机”,都可以在该社会当中主导的经济动机当中找到解释。在阿尔都塞看来,这种“还原主义”的解释方式不外乎是黑格尔的“辩证法”的简单颠倒。在黑格尔的整个哲学体系当中,社会总体虽然表现为市民社会、国家、宗教、艺术、哲学等等,但始终是一个“简单的统一体”,都可以还原成这一总体的简单决定因素,即“绝对精神”,所有表现不外乎“绝对精神”在异化过程中的不同表现,“不管是何种物质的或经济的规定、何种政治制度、何种宗教形式、何种艺术形式或哲学形式,都不过是概念在一定的历史环节上在自身中的现实存在”(*Reading Capital*)。因此,社会意识各层面与作为绝对原因的决定因素之间的“同一性”关系,只是简单的“决定”关系,是受思辨的而非现实的“表现性因果律”(expressive causality)支配的决定关系。

在阿尔都塞看来,马克思主义辩证法并非是对黑格尔辩证法的颠倒,绝非用“经济决定因素”替换“绝对精神”的决定因素,而是通过对“过度决定”的“结构因果律”(structural causality)的发现与黑格尔辩证法相决裂(*For Marx*)。在阿尔都塞的理论语境之中,“过度决定”包括以下几方面的理论要件。

首先,“过度决定”的社会形态由“经济、政治、意识形态”三个基本层面构成,“经济基础和上层建筑”是由这三个层面构成的社会形态的“外在表现”:“在每个社会形态内部,不平衡不仅以简单的外在形式而出现(经济基础和上层建筑的相互作用),而且以社会总体的每个因素、每个矛盾的有机内在形式而出现。”(*For Marx*)

其次,经济、政治、意识形态这三个层面构成社会的方式,并非是由其中一个单一层面“统合”在一起的，相反，每个社会层面都有自己的发展节律，毋宁说它们是以结构的方式“链接”在一起的。这一“整体的结构”是“分层次的有机整体的结构”。

再次，社会形态整体是“经济、政治、意识形态”三个层面共同作用的效果(即“过度决定”)的结果，该效果“归根到底”是由“经济层面”决定的。这是理解“过度决定”的关键之点。这一点强调了两个方面的内容。一方面，“决定”因素并非某一单一层面，而是“经济、政治、意识形态”层面间的特殊关系。如果分解开来看，这种说法或许要好理解一些：理论上这些层面有自己的“节律”，但实际上它们总是处于“结构之中”，因此各个层面间相对提前或滞后的节律要“汇合”成一种“节律”。经济受到政治、意识形态诸形式的促进或制约，政治受到经济、意识形态诸形式的影响，而意识形态诸形式也以自己的方式表述政治和经济对自身的作用，总之，每个层面都“移置”、“凝缩”其他层面的一般状况。另外一方面，社会构成诸层面的总体关系“配置”，是历史地变化着的——“主导结构虽然是固定的，但结构中各矛盾的地位却在变化：主要矛盾变为次要矛盾，一种次要矛盾上升到主要地位”(*For Marx*)。阿尔都塞常常引用马克思《〈政治经济学批判〉导言》中的这段话为其观点提供支持：“在一切社会形式中都有一种一定的生产支配着其他一切生产的地位和影响，因而它的关系也支配着其他一切关系的地位和影响。”有时是“政治关系”决定社会形态的主导关系(如革命)，有时是“意识形态生产”在与其他社会层面的关系中占主导地位(如作为思想运动的启蒙，同时也是一场政治运动和政治、经济意义上的阶级斗争的关键运动)。但是，归根到底，哪一种关系占据主导地位，取决于经济层面矛盾汇合的总“形势”。总之，“过度决定”用关系因素取代了决定论的单维决定因素，用“结构模型”取代了“线性模型”。在这个意义上说，不仅“经济”、“政治”、“意识形态”过度决定了社会整体，而且社会整体本身也同时过度决定着这三个构成层面，过度决定着它们的配置关系。

过度决定概念及其理论的提出，引发了几个理论效果。一则，尽管阿尔都塞一再强调“经济基础”的最终决定作用，但实际上他的结构因果性过度决定，使得“意识形态”生产层面变成了影响整个社会结构配置的重要一环，因为在“结构”中，“意识形态”生产总是“移置”着经济、政治层面的矛盾并对后者产生“作用效果”。再则，过度决定理论隐含了一个更大的理论命题，即“理论的反人道主义”。正如历史本身不是由“经济”单维决定的一样，它也不是由人的反思的“实践”单维决定的，历史—社会整体在其现实性上是“无中心的结构”：“因为有哥白尼，我们才知道地球不是世界的‘中心’；因为有马克思我们才知道人的主体以及经济、政治或者哲学的自我不是历史的‘中心’——而且甚至和启蒙时期的哲学与黑格尔的说法相反，历史没有‘中心’，只有一种结构，它没有必然的‘中心’，除非是在意识形态当中。”(*Lenin and Philosophy and the Other Essays*)毋庸置疑，阿尔都塞的过度决定概念的这些理论效果，在当代文学批评及文化批评理论中是十分明显的。其一，按照“过度决定”的理论，文学文本生产以及广义的社会文本的生产本身就隶属于一般意识形态形式生产，也移置着“经济领域、政治领域”的“阶级斗争”状况。这一理论开启了后现代主义文学理论、文化批评理论中的“意识形态批判”、“意识形态斗争”、“意识形态领域内的阶级斗争”、“话语斗争”诸理论思潮。其二，过度决定理论所包含的“理论反人道主义”命题，也为“批评科学”和批评家宣布作家意识对文本不享有“统治权”提供了新的理论支持。作家只是意识形态实践场域中的一个承担者，一个当事人，他只是“社会无意识”表达自身的一种工具；福柯的“作家死了”正是这一理论的后现代版本；最终，文学艺术文本、广义社会文本作为由社会整体“过度决定”了的症状性文本，有待于批评家把其中的意识形态作用用科学的语言表述出来，揭示症状所指向的社会整体内部主导矛盾和社会整体现实。

（赵文）

H

耗费(Expenditure)

这是法国哲学家乔治・巴塔耶提出的概念,他的一些基本思想也出现在这个概念中。在巴塔耶看来,存在着两种消费模式:一种是生产性的消费,就是为了某种目的而进行的消费,消费就是为了更大的占有和积累;另一种是非生产性的消费,它和那种积累式的功利主义消费法则相对。这种消费就是耗费,它是一种非生产性的消费模式,也就是说,它之所以消费,并不是为了产生事后的积累效应,并非抱有生产目的,并不是为了获取。它的目的就是自身,就是为了消费而消费,而从不进行利弊权衡。因而,它的基本品质就是彻头彻尾的缺失(loss)。通常的耗费形式包括:奢华、奇观的展示、哀悼、战争、宗教膜拜、豪华墓碑的建造、游戏、艺术、非生育性的反常性行为等等。

巴塔耶受到了人类学家莫斯的《礼物》一书的影响而提出耗费这一概念。莫斯指出,北美印第安人的夸富宴(potlatch)是古代交换的典范形式。夸富宴通常发生在节日中,是在公开场合的赠礼。这种赠礼是财富的转让和缺失形式,赠礼者通过慷慨的赠予和大度的缺失来获得荣光,同时也使受赠者蒙羞。受赠者为了回应赠礼者的挑战,为了抵消对方带侮辱的财富的耗费性炫耀,它也要进行同样的财富损耗来回击对方,来博得声名。这样,夸富宴的表现形式就是赠礼和收礼的双方展开一场耗费大战,展开一场财富的毁坏竞技。在这场竞技中,首领甚至可以通过杀害奴隶、烧毁村庄、抛洒钱币来让对手蒙羞。在此,毁坏和缺失成为财富的功能性要求,财富的运作根本不是通过贪婪攫取的方式来实施的,相反,"财富完全转向了缺失,仅仅通过缺失,荣誉和辉煌才和财富相连"。这样,在最初的社会交换中,财富听凭这样一种需求:无限缺失的需求。

从这个角度看,财富的耗费,连同耗费行为中所表现出来的慷慨、奢华、过量、放纵——人的这些内心经验——是慢慢地在资本主义社会的贪婪和吝啬中消逝的。在资产阶级那里，保存代替了耗费，占有代替了缺失，积累代替了废弃，吝啬代替了慷慨，这就是资产阶级的“肮脏嘴脸”，同时也是工业资本主义的铁一般的法则——巴塔耶对此耿耿于怀。因为，经济如果没有纯粹的耗费形式，而只是单纯的生产性积累的话，整个世界的能量链条就将崩断。因此，应该倡导一种耗费经济，也就是巴塔耶所说的普遍经济。在这种经济中，地球上的能量被看作是一个关系性的整体，其中一些能量的损耗并不要求回报。这其中最典型的是光，是太阳。巴塔耶发现，太阳在本质上是一切财富的起源，太阳总是没有回报地放射和耗费能量，它是普遍经济的典范表现，太阳的“辐射使地球表面产生过量的能量。但是，首先，生物接受了这种能量并在它所可能企及的空间界限内将能量积聚起来，然后，它对这种能量进行放射或耗费，但是，在释放较大份额的能量之前，生物已经最大限度地利用了能量来促进它的生长。只是在增长不再可能的情况下，才会出现能量浪费。因此，真正的过量是个体或集体达到其增长极限时才开始的”。这个时候，耗费、奢华和慷慨就应该出现了，利润应该被挥霍，过量能量应该被驱散，利益应该化为灰烬。这成为普遍经济的规律性行为。无限的生产、增长和积累是无法想象的，因为生物生命所需的能量是有限的，也因为地球固定的空间和能量对增长构成了限制，局部性的增长只能对另一个局部构成压力，这就会导致失去平衡的危险。“如果系统不再增长，或者这种剩余能量不能完全在系统增长中被吸收，它就必定会毫无利润地丧失；它应当被花费，无论是愿意还是不愿意；无论是以光荣的方式还是以惨败的方式。”对增长的无止境的追求最后可能导致防不胜防的悲剧性耗费——两次世界大战就是生命和财富的悲剧性耗费，即以“惨败的方式”所进行的耗费。这，恰恰是工业理性经济盲目增长的恶果。耗费没有及时地实施，它就会断然地通过战争的方式残酷地爆发。因此，为了避免盲目的增长信念所引发的耗费悲剧，巴塔耶试图设想并不完善的解决答案，他当然要求在具体的历史时刻，有一种“光荣”的耗费，它不求回报，慷慨地将财富作为礼物赠送给他人，犹如太阳的照射从来没有要求返归一样。比如，像美国这样的富国，要避免危险，就应该将部分财富拱手让给贫困的印度。能量不可能永远服务于增长，服务于生产性扩张的有限经济，相反，它应该在普遍经济中，在整个地球的空间内被权衡，这样，剩余的能量和过量的财富应当摆脱生产性目的而被花费，应当消耗在自身的领域中而不屈从于外在的目标。

巴塔耶提出的耗费概念不仅仅是经济意义上的，更重要的是，他借此提出了主体的思维形式。如果耗费经济的特点是纯粹缺失的话，那么，它所代表的思维方式和主体经验同样也是缺失的。巴塔耶相信，主体埋藏的心理内容就是他的经济实践方式。积累、占有、盘算的经济活动对应于理性的主体经验，或者说，（理性）主体的日常实践是有目的的生产性经济活动。因此，在巴塔耶这里，对理性、主体和有限经济的批判是统一的。它们恰好构成了世俗世界的整体：在这个世俗世界中，主体在反复盘算和谋划，这是他的理性推论活动，这一活动直接表现为现实的有限经济生产，即一种占有性的目的论实践。这样的主体是一种没有主权的主体，也就是说，主体总是针对着外在的对象目标并为之绞尽脑汁，逻辑性的有序线路完全铺设在主体经验中，它不是在自身的领域中任意起舞，而是在规划的轨道中小心翼翼地前行。与此相反，耗费表明了另一种主体的心理经验，缺失的经验。一种无的经验，一种非理性的震撼经验。巴塔耶在献祭中发现了这种经验：献祭是纯粹的耗费，但是，在杀死祭物的同时，主体在一瞬间被缺失感所震撼，一下子失去了理性，并深陷入无的震撼中。这就是巴塔耶所说的内心体验。

这样的有限经济实践的主体，同时也是一个知识的主体，当知识在推论、在对未来的结果进行估算、在为这个结果处心积虑地寻求通途时，它和有限经济实践毫无二致。知识同样是在时间中展开，为了未来而漠视当下时刻，它同样灌注着谋划的品质。这样的知识借助语言而进行，语言既是时间性的——它让知识在时间中穿行，同时也是铭刻性的——它让知识得以记载、明晰和具体化，让知识得以存在。在这个意义上，知识和语言都是理性主体的自然而默契的功能。而非知识呢？“非知识的道路是最空洞的无意义之物”，它能交流狂喜，难以捉摸的狂喜。知识主体或有限经济主体——这样的世俗主体必须打破，逻辑性的谋划线路必须断裂，目的论的践行必须拆毁，只有这样，神圣的内心体验才能流溢而出，人所固有的整体性要求——既是对原初混沌世界的乡愁式怀念，也是对神的世界的无保留认同——才能获得满足。

（汪民安）

合法性（Legitimacy）

合法性原是法政治学的核心词汇，内涵复杂。它的形容词“legitimate”（合法的）和动词化名词“legitimation”（合法化）作为衍生概念也有很高的使用频率。合法性一词在社会科学的使用中有广义和狭义的区分。合法性概念在广义上指涉社会秩序、规范或者体制系统，狭义上的合法性概念仅用于理解国家的统治类型或者统治秩序。将合法性发展为系统理论的创始者是马克斯·韦伯。韦伯认为任何一种合乎需要的统治都必须证明自身具有合法性基础，因为统治不会自动地使自己局限于物质或者情感的动机。“任何一种统治都试图唤醒和培养人们对其合法性的信念”，而且“一切权力都要求为自身辩护”。源自合法性的诉求在统治者和被统治者之间建立起了“命令—服从”的等级秩序，同时，秩序的确定也表明统治已经具有的合法性。韦伯在考察东西方历史上的理性主义之后，归结出两种理想型：形式合理性和价值合理性，现代社会所特有的依照法律进行调节的统治类型是实现形式合理性的“合理性统治”（rational rule），其中的合法性秩序由道德、宗教、习惯、惯例和法律等构成。合法性的基础可以是法律程序，也可以是一定的社会价值或共同体所沿袭的先例。在这个意义上，韦伯的合法性概念被认为是价值合理性所确定的法定权威，同时表明人们对统治事实的认可和服从。

出于满足合理性的要求而建立的科层体制统治，在命令—服从的秩序运行中呈现出界限分明、等级森严的权力矩阵关联。符合形式理性的合法性统治不包含暴力的内容，统治的实现只表现为自愿的依顺和服从。而“自愿的服从”从根本上来说是以“信仰系统”作为价值基础的。统治中的个体必须完全认同信仰系统给出的真理标准和意义承诺，才能达到统治所要求的行动一致。韦伯将个人自愿服从的体系视为合法性体系，该体系的判断标准不在于事实评价的正反好坏，而仅仅在于它是否能够被人们认可、信仰。只要某种统治赢得了人们对其合法性的信仰，就获得了秩序上的“正当合法”，换言之就是它确保自身存在的合理性。在正当的合法信念的支持下，个人才会自觉遵从来自统治秩序的命令，无论那命令是来自个体统治者，还是来自律法、契约、规章等其他形式。

对于韦伯的合法性理论，哈贝马斯在解释学的立场上进行了质疑和补充，添加了更加丰富的社会意义。哈贝马斯的第一个质疑在于，合法性信念真的可以如韦伯所说被视为“同真理没有内在联系的经验现象”吗？如果在纯粹的功能主义视角下，有意避免对合法性做出价值权衡，那么合法性这一概念本身就会落入封闭的循环。统治系统的确立要以合法性为基础，但是要判断某个统治系统是否合法，必须对照公众认可与否，而公众认可与否又反过来表明统治的合法性。在理论的理想模式中，统治因为具有合法性而得到承认，然而在社会学研究的视角下，统治因为得到承认才具有合法性。由此出现一个彼此互证的循环逻辑：一方的存在是对方存在的唯一条件。这就无法回答关于统治系统合法性的社会前提的追问。对于统治秩序本身受到要求合法性的压力，哈贝马斯认为还应该补充一个条件，“这种正式程序的合法性功能的基础必须具体确定下来”。另外，韦伯的合法性理论预先回避了暴力内容。合法性虽然包含了公众对统治形式的服从和同意，但是征得公众同意的过程同时也是包含暴力内容的国家机器对社会集体心理的整合。仅仅将合法化视为由价值合理性确定起来的法定权威不够充分，这种权威可能被扭曲为纯粹具有目的合理性形式的合法统治。对此，哈贝马斯提出“从可以论证的合法性信念中推导出正当性信念”。如果纯粹的正当性信念希望被视为合法化的标志之一，该统治系统就必须在整体上实现合法化。比如在法西斯统治下的行政管理和法律形式表现出伪装的性质，此时就必须在实施统治的法律形式之外谋求系统的合法化，否则人们不可能永远坚持付出正当性的信仰。还要将成文法律中所开列的权利清单同该统治系统的意识形态联系起来，才可能具有一种合法化的力量。表示与规范相一致的“合法性”旨在突出某种客观性证明，更加倾向主观化表达的则是“合法化”的概念，旨在强调与社会规范的联系建立在意图明确的主观努力上。合法化是合法性遭到怀疑和否定之后而出现的主观修复和维护，哈贝马斯概括为“合法性基础被质疑的时候达成关于合法性的某种共识的努力”。哈贝马斯本人在谈及合法化问题时，主要针对当代资产阶级国家中的合法化问题进行探讨。他在《现代国家中的合法性问题》一文中认为承认某种统治的合法性就等于承认该统治的制度尊严。这种制度的合法与否有赖于被统治者的信仰标准，涉及公众信任问题，包括对国家结构方式以及代理统治的领导人的信任等。哈贝马斯的合法性在形式合理性的基础上增加了独立的价值诉求。只有能够维护并满足在社会规范内得到认可的公众要求，该统治权力才具有基本的合法性。

在哈贝马斯看来，统治的合法性是决定该统治制度稳固与否的重要因素。政权失去合法性表现为该政权失去了公众的信任和忠诚。现代资产阶级国家的合法性集中在用行政手段调节生产过程的经济系统上，垄断国内的合法权力，由国家系统的非政治手段来掌控市场和经济。哈贝马斯接受了韦伯关于新教伦理构筑合法性内容的理论，将现代国家的合法性产生归因于宗教教会的世俗化变革，形式合理性的法律建构以及伴随商品交换而逐渐确立的民族国家意识和主权概念。但是，哈贝马斯认为导致合法性解体的因素在于统治系统中的阶级问题，不可调和的阶级冲突最终将消除该系统的合法性。从历史上看，19 世纪以来的工人运动已经大大威胁了资产阶级国家的合法性，事实证明，最为有效的调节办法是对社会整体的保障工作大加改善，甚至将资产阶级国家的面目改换为社会国家的面目，以此继续获得广泛的信任和支持。否则，经济上的成就无法转变为公众的普遍利益，阶级冲突加剧以后就会造成国家形式和社会组织结构的变化，出现合法性危机，也就是现代国家的制度系统因为不能履行合法性使命而面临革命的危机，哈贝马斯称之为“晚期资本主义中的系统危机”。

在《合法化危机》(*Legitimation Crisis*)一书中,哈贝马斯将韦伯的合法性概念创造性地运用在动态考察资本主义社会的系统运行上,特别区分了合理性危机(rational crisis)和合法化危机(legitimation crisis)的不同。虽然两种危机都出现在政治系统中,归属却不尽相同。属于系统危机的合理性危机意味着统治行政合理性的破坏,不同利益群体的对立以及与统治系统异质的结构都是导致合理性危机的原因。合法化危机属于认同危机,是因为系统的局限性和行政干预文化传统所带来的意外副作用造成的。由合法化危机引申出来的动机危机虽然另属于社会文化系统,却与合法化危机所引发的信仰传统断裂和普遍主义的价值系统超载密切相关。

哈贝马斯直言合法化危机概念脱胎于马克思的经济危机概念,由于相互矛盾的系统控制命令直接威胁了整个统治系统的有效整合,从而使社会整合出现困难。尽管危机的倾向由经济系统转到了政治系统,经济危机已经转化为公共预算系统的负担,统治对于危机控制的失效,就是合法性被撤销,给公众以主导的行为规范在紧急关头丧失了正当性和有效性。因为阶级社会中的公众认同普遍较为脆弱,失去的合法化必须根据系统的要求加以及时的弥补。如果对这种弥补的要求比可获得的价值总量增长得快,或者这种弥补已经不能满足新出现的价值期望,合法化危机就无法避免了。因此,国家、教育系统和就业系统所需要的动机和社会文化系统所能提供的动机之间的差异就加剧了合法化困境。如果说合法化危机是哈贝马斯对晚期资本主义社会系统做出的诊断,那么避免危机爆发的药方就是改造潜在的阶级结构,消除行政系统所承受的合法性压力。要完成的前提条件是,把内在自然的整合与需要证明的规范剥离开来,使短缺意义的文化系统恢复提供意识形态资源的功能,从而在根本上预防合法化危机。

德国的两位理论家在法学、社会学和政治学的权威问题上使用合法性和合法化的概念,法国理论家则将其引申到知识合法化的领域。利奥塔在《后现代状态:关于知识的报告》中将科学的合法化问题与立法者的合法化问题联系在一起,他的依据是"判断真理的权利和判断正义的权利相互依存"。知识问题由此成为统治的问题,知识和权力构成一个问题的两面,"谁决定知识是什么?谁知道应该决定什么?"科学在没有找到自己的合法性之前就不能称之为真正的科学,否则就会沦为意识形态或者权力工具的地位。利奥塔质疑了知识叙述的合法化功能,否定了通过研究和教学途径能够达成真正的合法化。在排除了宏大叙事的合法性之后,利奥塔反驳了哈贝马斯假设在对话讨论中把合法化问题引向追求普遍共识的做法,特地提出"对话的目的是误构",实现知识合法化的唯一途径就是从新的陈述中产生思想,包括指示性陈述、规定性陈述、技术性陈述、评价性陈述等。存在于潜在的语言陈述中的知识将构成新的政治类型，其中包含了对正义和未知的向往和尊重。

（杨俊蕾）

宏大叙事（Grand Narrative）

宏大叙事（也译作“宏伟叙事”、“堂皇叙事”等）是法国思想家让-弗朗索瓦·利奥塔在《后现代状况：关于知识的报告》（*The Postmodern Condition：a Report on Knowledge*）中提出的一个关键概念。利奥塔通过对科学话语和科学知识中叙事功能的考察发现，无论科学还是文学艺术，都是遵循一定游戏规则的话语活动，在19世纪以前，这些话语活动都是在某个“宏大叙事”制约下、或参照某个“宏大叙事”而营构起来的一套自圆其说的“元话语”，“知识”也在这个过程中获得了合理性。利奥塔对知识获得合理性的过程进行了研究，特别是对“叙事”在这一过程中的作用作了深入探讨。

“宏大叙事”是利奥塔对现代乃至古希腊以来的西方社会的一个总陈述。它就是阿多诺批评的“总体性”和德里达批评的“逻各斯中心”（logocentrism）的另一种说法。利奥塔从知识和叙事的关系出发，通过对知识合理性过程的考察，发现宏大叙事统合了科学知识和叙事之间的矛盾，即柏拉图在《理想国》中就已经提到的人必须凭借“虚数”这个无法证明其合理性的媒介来证明自己所获知识的合理性的窘境，并把这种矛盾表现为一种特殊的西方形式，诸如启蒙运动所标举的人类解放的理想、马克思主义的政治经济学或弗洛伊德的精神分析学那样一类宏大叙事方式的理论体系。

利奥塔发现，作为“语言游戏”（language games）的科学知识，其实从来就面对着一个如何证明自己的合理性的问题。在人类知识的积累过程中，知识话语依赖“宏大叙事”来解决这个问题，证明自身的合理性。而所谓的合理性，就是指科学知识与社会和国家之间的关系。利奥塔认为，历来的知识的合理性表现为两种叙事：一种是政治的解放叙事，另一种是哲学的思辨叙事。

政治的解放叙事与启蒙运动相联系，在法国大革命的理想中得以体现，是人类从奴隶制度和阶级压迫中逐步解放出来的叙事。在这一过程中，知识通过人类的“自由”这个宏大叙事来确立其合理性，但这个合理性是以带有形而上的普遍性的理性为预设的。“解放”叙事的实质是由知识服务的对象——国家和民众——从实用的目的来决定其合理性。在解放叙事中叙事的主体是“作为自由英雄的人类”，即民众。叙事主体被定位于某一制度、国家、民族、人民和他们的观念及信仰的“代言人”这一宏大立场，相信通过知识可以实现人的自由。在利奥塔看来，这种为了证明自身合理性而“明确地求助于诸如精神的辩证法、意义阐释学、理性或主体的解放、财富的增长的话题”的解放叙事，在理论上，受康德的“普遍的人类历史观念”的诱导；在实践上，为目的论的马克思主义所支撑，认为所有人类历史都有一个终极目标，而且这一目标通过科学知识的积累与进步，通过理性主体的发展和成熟，通过个人劳动的自由化和社会化，通过普遍精神的一致化和总体化，是完全可以实现的。

在第二种合理性叙事，即哲学的思辨叙事中，科学知识讲述的是真理，但如何断定这些关于真理的叙事是真理，就需要一种有关判定的规则来陈述决定真理的条件。这就是利奥塔揭示的“康德的批判在认知和意志之间的断裂”，即关于事实和知识等仅属于真理标准范畴的指示性陈述和关系到正义的规定性陈述之间的矛盾。从古希腊开始，哲学就战胜神话和诗歌成为证明知识合理化的宏大叙事。柏拉图在《对话录》中就通过非科学的哲学叙事来使科学知识合理化。从笛卡尔到康德，都把理性主体的人作为人自身建立的根据，规定了人的先在地位，因而作为主体话语的真理必然是自足的，而哲学作为对真理的话语表述也无循环解释的必要。利奥塔发现，从古代到近代，科学知识靠哲学这个宏大叙事把有关真理追求的指示性陈述和有关正义追求的规定性追求统合起来，以此来实现自身的合理性。但在这类叙事中“合法化的主体不是国家性质的，而是哲学性质的”，是“思辨的精神”。“哲学……通过一个叙事，或更准确地说通过一个理性的元叙事，像连接精神生成的各个时刻一样将不同的科学知识联系在一起。”

以上两类叙事是一种位于其他叙事之上的“元叙事”，是对其他叙事进行组织和解释的叙事，通过“回应和确证人类解放或纯自我意识的精神的实现这一宏大叙事的方式来获得各自的意义”。由此，利奥塔的“宏大叙事”可以理解为：科学知识通过在一个层面上对叙事的压抑和排斥，因而在另一个更高的层面上依靠一种使之获得正当性的叙事。换言之，宏大叙事是一种文化或群体通过对微小叙事的压抑和排斥来获得合理性的主要方式。

利奥塔的宏大叙事概念除了在以上两个层面被运用外，还常被看作一种以历史事件、社会实践为主要叙述对象，以相关的历史意识和社会意识为叙事目的的叙事规范。在这种叙事模式中，叙述人以“上帝”或“代言人”的全知视角形式出现，以群体抽象为基础，强调意识形态。这类叙事在形式上往往追求题材的宏大、主体的一致和结构的完整，在内涵上侧重表现总体性、普遍性、宏观理论和共识。

利奥塔采用维特根斯坦的“语言游戏”观点，从宏大叙事本身阐释了“知识的合理化危机”，即宏大叙事的解体。维特根斯坦认为，游戏乃是理解语言与真实世界的最佳思维模型，能够突出“语言的述说乃是一种活动，或是一种生活形式的一部分”。即强调意义就在于语言符号之间的差异性和使用方式的区别。利奥塔对这种语用学观点作了运用和发挥，他认为人类的知识的实际状况是多种不同的语言游戏并存，每种语言游戏都有自身的逻辑规则，它们都只遵循自己的规则，因此各种语言游戏具有不可通约性，所以哲学的思辨叙事和政治的解放叙事，不可能证明知识总体的合理性。另外，利奥塔考察了后现代的知识状况，认为由于社会关系发生了深刻变化，以解放和思辨为基调的宏大叙事失去了可信度，遭受了严重的质疑。他援引了波普尔的“证伪”观点，认为所有宏大叙事就其本质而言都有一种假定性，其有效性不应存在于它的可证实性，而是存在于它的可证伪性之中。也就是说，没有被证伪的“宏大叙事”只是一种可以暂时被接受的语言游戏，可以让人无条件接受的宏大叙事是不存在的。

可见，利奥塔所要做的不是肯定“宏大叙事”而是取消“宏大叙事”，用一种宏大叙事的方式来宣告宏大叙事的消失。

（张进）

后结构主义（Post-Structuralism）

后结构主义是20世纪60年代在结构主义根基上逆生出来，70年代开始广泛进入整个人文学科，迄今已经深刻影响和改变了西方学术和思想面貌的一种理论思潮或思维方式。

“后结构主义”这个名称本身表明，它与结构主义有直接的时间关系和因果关系。“后”是一个历史时间标记，也是一个理论逻辑标记：后结构主义产生于结构主义之后，是对结构主义的调整、改造和反拨，或对结构主义某一方面的发展、扩充和超越；由于二者之间的这种密切关系，有人愿意将后结构主义称为“新结构主义”或“超结构主义”。也有人认为，后结构主义是指1962—1972年间出现的一批用法语写作的批评理论著作，或者在后结构主义一词前加上“法国”限定词，用“法国后结构主义”特指正宗的后结构主义。

后结构主义从语言问题入手，最有影响者是德里达的“延异”概念，即任何符号意义的确定过程都依赖于其他符号，就像词典对词义的解释，要说明任何一个词的词义，总是借助于更多其他的词，而其中任何一个解释词本身的词义也只能通过另外许多词才能“显现”出来。如此不断交织延伸，形成符号链，导致终极意义被永远地推延，永远不能兑现；因此语言中的“差异”同时也是“推延”，索绪尔“语言中只有差异”的命题应改成：语言中只有“异延”。德里达通过“延异”概念表明，语言之外并不存在某种决定语言的意义本体，“意义”只是语言之内符号异延活动的效果或结果，并不是像岩石一样独立于语言之外的某种客观实在；符号活动是由一个能指链滑向另一个能指链的异延运动：移置，增补，擦抹，播撒……根本上是一种无穷尽的自由游戏过程。

语言的重要性在于人们对世界的认识离不开语言，离不开各种各样的语言文本，然而德里达著名的“一切尽在文本之内”的命题，却不是在这种常识意义上说明语言的重要性，而是表明：一、任何文本都不是对某种文本之外客观实在本体的再现或真理意义的表达，文本不是一种用以再现的工具，文本的意义就产生于文本内语言的符号表意活动。二、这同时意味着文本的意义不是牢牢地包裹在文本内的某种稳定明确的实体，或者说文本并不是一个意义清晰的统一有机体，而是多重意义的混合体，甚至可能是对自身的颠覆，包含着相反的意义。三、任何文本都不是封闭自足的，而是与其他文本相互嫁接、寄生、杂交；文本之间没有本质性的类别疆界，因此任何文本性(textuality)必然同时也是文本间性(intertextuality)。这种文本性或文本间性是真正无边的，它不仅将各种文学作品互文化，而且取消了文学与其他学科之间的界限；的确，只有无边的文本性，才能表达德里达“一切尽在文本之内”的真正意思。

在《符号学要素》一书中，巴特用自己的语言提出了“文本性”问题，他指出：所有结构既可以用来解释对象，同时也可以成为被解释的对象，因此不存在最后的源语言，因为任何源语言都能被另一种语言解说，亦即任何源语言背后都有另一种源语言，如此不断后延，不断摧毁源语言的始源性权威，实际上就等于不再存在源语言。

文本的情况亦复如此，每一个文本里都写进了其他文本的词语，充满了无限的引用、重复、参照；文本没有中心，甚至没有作者，或者说作者只是符号网上的一个结点，文本中的一个十字路口，通过它，读者走向四面八方，设计、实现和控制作品的传统意义上的作者已经死亡。主体开始消解。

主体的消解，是后结构主义消解中心工程的一个必然结果，因为“中心”实际上是自我的一种需要的产物，如果没有一个中心，我们就无所适从，甚至不知道我是谁，失去自我，因此“中心”的中心是“主体”。按照西方传统思想中的主体观，主体应该是统

一、完整、自足的实体，你可以将一切物质世界放在括号内，不去计较它们的真实存在与否，但是只要你在思，你就知道自己确实存在着，世界上至少这一点是确定的，也许最终只有这一点是确定的："我思故我在。"

因此，人、主体、意识，这个三位一体的存在成为最终的绝对的"在场"。在这个意义上可以说，后结构主义对西方思想传统的颠覆实验在"主体"问题上进入最后一个环节。德里达将"意义"从文本之外移入文本之内，等于拆除了主体的"在场"，或者说即使主体概念仍然存在，但是已经不复从前，再也不是那个稳定从容、清晰条理的实体了，而是符号链上的一个不断变动的概念，一个不断增补和擦抹的踪迹。

不过在这个问题上，拉康的陈述显得更加具体。他从心理学角度寻找"主体"意识的形成过程。他指出，人之初是没有什么主体客体之分的，然后经历一个前语言的"想象阶段"，婴儿开始产生出某种关于自我的统一连贯的意象，就像在镜子里看到一个"我"的形象，这时的"我"与"他者"之间的区别并不特别清晰。接着，人类主体就开始真正进入世界，在身边各色人物的帮助和推动下，一路不回头地扎进一个早已存在的语言能指系统，在这个系统中找到各自的位置：我，你，他，男他，女她，父亲，母亲，工人，农民，老师，学生，等等。

然而无论"镜象主体"，还是"言说主体"，都不可能是完整充足的主体，因为人的无意识深渊决定了主体只能是一种分裂的自我，语言中的我总是全力逃避意识监视下的我，因此意识之我非我，笛卡尔的"我思故我在"可以修改为：我思故我不在。

不过，后结构主义的"我不在"应该理解为"我不在语言(或话语)之外"，亦即"我在话语之内"。"我"不是独立自足、为事物命名、使名称获得意义的最后根源，不再是传统形而上学树立的那个观照客体的"主体"，而是整个符号链或文本中的一个结点。用艾米尔·本瓦尼斯特的话来说，是句子结构上的一个功能项，一个代词。主体的稳定性消失了，它的唯一属性是被构成性和被嵌入性，它被不断地改写，擦抹，重写，不断建构，重构，只有如此，才能匹配各种不同的话语组织，才能回应社会文化的各种表意实践的要求。

后结构主义的理论起点是对结构主义符号观的改写，但是引申方向却颇多差异，譬如美国解构主义似乎特别强调语言符号的不确定性和阐释的无限性，将注意力放在文本之内，而福柯和巴特(在其一部分著作中)却显示了后结构主义在历史问题上的作为，描述了语言文本与历史的关系。

巴特认为我们的话语方式既不是上帝决定的，也不是某种自然属性决定的，而是受到社会历史中某种背后的"决策集团"的控制，这个集团无处不在，却莫名其状，正是它决定了语言的结构、边界和用法,限定了我们的思维和行为方式,决定了我们的价值规范。

在福柯的话语理论里,这个无处不在而又无法命名的“决策集团”,就是无处不在的“话语权力”。福柯的理论建立在两个基本假设之上:一、不存在话语之外的所谓真理、正义、进步、原则、时代要求、世界观等超验本体,因此话语不可能以这些不存在之物为基础或中心。二、相反,知识是话语活动中权力或真理意志作用的结果,权力控制能指,从而适时地创造出真理和价值,并且把它们表达为普遍的永恒的超验存在。福柯根据这两个基本假设,对西方的知识史和认识论历史作了令人震惊的考古挖掘。他指出,一套知识概念是通过分离、净化、排除等权力程序来占据文化支配地位的,它们将符合自身规范的话语类型说成符合自然规律的存在,把规范之外的一切差异贬为十恶不赦的异类,并且在必要时毫不犹豫地通过学校、教会、监狱等权力设施进行压制和剿灭。

不同的话语系统(譬如医学、心理学、法学、政治学、经济学、文学、文学理论)按照各自的“话语构型”进行话语生产,确定各自的话语纪律:谁能说什么,不能说什么,以及怎样说什么,何时何地才能或只能说什么。

由此看来,决定话语形态的真正因素并不是话语是否表达了对象本身的某种客观本质,而是话语的出现是否符合时宜,是否符合当时的话语纪律和惯例,即使人们一贯认为以探求事物真相为唯一使命的科学话语,也经常因为不合时宜而被痛斥为妖言。

因此福柯说,关键不是说出真理,而是占据真理,“进驻真理”。而要“进驻真理,只需遵守话语‘契约’的某些规则即可,每次言说,都须启动这些规则”。否则,你就不可能用规范的语言合法地表达“自己的”思想或真理。

福柯的知识考古表明,历史并不是连续不断地递进的统一过程,而是在权力的暴力作用下产生的无数断裂组成的网状体,或者说历史的前进是这些断裂面不断衔接的结果,而以编写历史有机进化史为己任的传统历史学几乎做了完全相反的工作:抹平断裂,剔除异质,寻找规律,统一口径。几千年梳理贯通的结果是,使后结构主义的清理工程倍加浩大。消解中心,游戏意义,颠覆主体,这意味着对我们习以为常的一系列传统观念的改写。

(马海良)

后人类(Posthuman)

一般认为,后人类一词最早见于19世纪末俄国神秘学家布拉瓦斯基(H.P. Blavatsky)《秘密教义》书里提出的人类演化理论中对某种哺乳动物的命名。1977年,随着哈桑(Ihab Hassan)提出,后人类主义必将影响我们的文化,并由风靡一时变为持久的文化潜力,"过去五百年的人文主义历史可能行将就木,我们对此无能为力,恐怕只能见证人文主义转化为后人类的必然趋势",后人类时代由此拉开了序幕,并在政治、经济、社会、文化各个层面上展开,诸多学者亦纷纷表示,当代早已步入后人类时代了。

然而,作为概念的"后人类"的内涵及其背后的学术立场,却是众说纷纭、复杂多元。随着生物技术与人工智能发展,人类身体成为后人类主义最先攻破的堡垒:巴克特曼(Scott Bukatman)认为人类的身体不再贮藏灵魂,而是成为生活科技跨越界面的元素——赛博格(cyborg);哈博斯坦姆和利文斯顿(Judith Halberstam& Ira Livingston)更进一步,直言后现代躯体是科技的肉身、怪异的身体。人类身体不再属于人族,而是成为后人类动物园的一部分;帕博瑞尔(Robert Pepperel)在《后人类境况》(*The Post-human Condition*,1995)中,直接将人类描述为点对点的数据信息集合,观看者可以在电脑荧幕中,将这些点组合成人的脸及其影像。格拉汉姆(Elaine L. Graham)甚至断言,在21世纪之前,结合人类特性与机器能力的后人类才是地球上最聪明的生物。学者们还认为,不仅人类身体在技术影响下变异,人类种族特性也随之改变。罗登(David Roden)在《后人类生活》(*Posthuman Life*,2015)中提出现代人类的后代有可能经历技术变革,从而不再是人类,而是"非人"。上述各学说仿佛印证了福柯曾经的喟叹——人不过是发明之物罢了。

这些后人类时代离身性(disembodiment)的表现意味着意识脱离肉体、信息逐渐实体化,19世纪以来形成的现代人文话语因之遭遇挑战。海勒(Katherine Hayles)在《我们何以成为后人类》(*How We Became Posthuman: Virtual Bodies in Cybernetics*,1999)这部后人类奠基之作中,将有限性看作人类的一种状态,她认为,人的生命根植于复杂多样的世界,人的延续离不开物质世界,因而倡导在日益虚拟化的时代谋求具身性(embodiment),并强调人与环境的融合。不难看出,海勒遵循马图拉纳(Humberto Maturana)自创生(Autopoiesis)理论的根本前提"生命系统在有机组织的边界内运行”,认同在人类的生命机体与外部世界之间有着预设的、无可抹去的边界。对此,克拉克(Andy Clark)评说生物自我和技术世界之间的边界事实上从来不是牢不可破的,海勒的人文主义的基本预设——坚固清晰的主体边界注定不过是理论虚构罢了。边界的打破、越界因此也被看作后人类主义诸多阵营唯一可以共享的话题。

波斯卓姆(Nick Bostrom)等人持有使用基因技术等手段改造人类生物局限性的技术进步论观点。他认为后人类是人类极致的强化,将后人类看作超越人类身体束缚的类乌托邦实践。这种基于人类发展视角的“超人类主义”或“跨人类主义”观,坚持在人类主体性概念下增强人类身体与精神各方面的能力,比如基因筛选过滤掉遗传疾病与某些人种特性。然而,仅靠技术增能而没有相应的社会建构和生命道德观念与之配合,这种科技拜物教观点不过是启蒙思想的“人本主义”激进版变形,遭到保守阵营学者如福山(Francis Fukuyama)等人的批评,后者声称要守住人性的底线——“人性为我们作为物种的经验提供了稳定的基础”。而福山所谓的人性,在迈特卡夫(Stephan Metcalf)看来,又不过是自由人文主义者(西方男性白人霸权者)的修辞,本不存在坚守的必要。安塞尔—皮尔森(Keith Ansell-Pearson)甚至放言“本来就没有人性这一词语……有关人类超越的期待不过是一场梦,甚至是噩梦”。在众声喧哗的后人类思想场域中,充满这种 A 的反对者并不必然主张非 A 的情况,这也从另一方面说明难以对后人类主义诸论争进行泾渭分明的区分。

许多学者不约而同、或隐或显地将传统人类主体边缘化。布拉伊多蒂(Rosi Braidotti)《后人类》(*The Posthuman*)一书基于德勒兹的生成理论,将物质性作为连接万物网络的基本媒介——“物质与文化之间,和技术中介之间都不是辩证的对立关系,而是相伴连续的关系”。她认为主体不再指向一个既定的位置(意识—大脑),不再预设一个先天的本质(理性—自由),甚至也不再局限于一个特定的种群(人—类),而是被纳入万物网络不断重新编织的时空过程。拉茨基(R.I. Rutsky)也认为在后现代技术文化业已成为集体无意识的时代,不如放弃人类主体的固定身份,不必谋求控制地位,加入异常复杂的关系网、承认我们自身已经拥有的他异性,建构具有开放性和流动性的主体身份。

然而,在政治经济学领域中,主体的控制地位并不能轻易交出。资本全球化批评者山姆·威姆斯特(Sam Whimster)曾说过“人文科学要么变得非人性,要么虽然人文但不科学”。一味相信人工智能技术发展可以自动地带来美好世界、或认为科学技术进步本身是社会危机的源头,都是危险且不可理喻的。随着人工智能进入市场与生产领域,金融资本开始追求摆脱对劳动的管理,以便轻松获取剩余价值。同时,人工智能和互联网媒介的发展呼唤一个跨越民族国家的新型政治空间，而这并非仅靠新技术和普遍智力协作就能实现。如果简单将这种新的人机关系转译、还原为固有的人与人之间的社会关系，如果简单延续未经改造的社会经济制度，如果仍然坚信技术问题可以随着技术发展解决，那就是忘记控制论（cybernetics）之父诺伯特·维纳（Nobert Wiener）使用“cyber”（意为舵手）这一词根的真实意图——凸显人类的主体性掌控地位。

综上，术语“后人类”含混多义，涉及后人类、后人文、反人文、反人道等内涵，研究领域则跨越自然科学与人文学科，难怪沃尔夫（Cary Wolfe）在《何为后人类主义》（*What is Posthumanism*?）中感叹，“最近，这个术语越来越带着彼此差异乃至往往相互抵牾的意义出现”。在中文语境中，“posthumanism”如今越来越多地被翻译为“后人类主义”（posthuman-ism），其最早的“后人文主义”（post-humanism）内涵逐渐被淡忘。这或许是因为前者能够直面技术时代的风险与挑战，并对未来进行积极的思考，而后者执着于反思历史性的人类本质，无力解决现实人类生存中的各种困境。的确，思考后人类问题更需要着眼于当下的现状，一如哈拉维在《祸福与共》（*Staying with Trouble*，2016）导言中所说，人类纪、克鲁苏纪的词根“纪”（cene）就是当下之意。学者们对后人类的所有思考应该致力于解释当下后人类时代的巨变过程中涌现的问题，在这一时代完成之前，我们无法回答，究竟后人类最终是有机生命（碳基生命）向无机生命（硅基生命）的过渡？还是固有人类的延续——在这种延续中，失效的只是既有人文主义的价值体系？

2018年，布拉伊多蒂编撰了《后人类词典》（*Posthuman Glossary*），该书显出对后人类理论的总结回顾之势，同时也揭示“后人类主义”这一理论术语的过渡性。她提醒我们，后人类理论建构不应该单单满足于从后人类开始，并止步于此。也许是对她此言的呼应，曾试图以“赛博格”来建立人与机器联系的哈拉维也已弃用该词，转而用“同伴物种”摆脱后人类主义的思考视角。如果说，消解及如何消解人类这一物种的中心地位可以视为后人类思想一贯的重要立场，那么，消解乃至完全忽视人类物种可以视为后—后人类思考的方向。在这一思想场域里，思辨实在论者已作出开拓性探索：科布鲁克（Colebrook 2014）强调灭绝主题——“没有我们的世界”“没有人类的自然”——对于哲学思索的重要，并以此“打开一个绝对陌异的他者与未来，并以此推动后人类思索的思想实验”。

（李楠）

后殖民/后殖民主义（Post-Colonial / Post-Colonialism）

后殖民主义是20世纪70年代兴起于西方学术界的一种具有强烈的政治性和文化批判色彩的学术思潮，它主要是一种着眼于宗主国和前殖民地之间关系的话语。

后殖民/后殖民主义可以说是一个困难重重的概念。就所谓时间问题而言，不确切的年代划分是后殖民主义的特点之一，因为确切的年代划分恰恰是后殖民主义所抵制的本质主义的方法；就所谓地域而言，后殖民主义把移民殖民地、非移民殖民地以及美国国内的有色人种全都囊括了进来，这样，被殖民者占领过的国家和未被殖民者占领过的国家之间历史和现实的差异，就被忽略掉了；从所谓论题而言，后殖民主义广泛涉及文化与帝国主义、殖民话语与西方对东方的文化再现、第三世界的文化抵抗、全球化与民族文化身份，以及种族、阶级、性别的关系等诸多方面的问题。

对于后殖民主义，既不能把它看成铁板一块、一成不变的理论教条——因为这一概念常常变动不居，以适应不同的历史时刻、地理区域、文化身份、政治境况和从属关系以及阅读实践；另一方面，也不能把它看成可以任意切割的分析结构，因为显然，围绕着后殖民主义展开的理论探讨和批评实践并没有真正地分裂成为一系列互不相容甚至相互对抗的活动。事实上，与其说后殖民主义是一系列理论和教义的策源地，不如说它是一个巨大的话语场或者“理论批评策略的集合体”。在其中，所有的话语实践都基于这样一个历史事实，即“基于欧洲殖民主义的历史事实以及这一现象所造成的各种后果”。

我们可以大致描述一下围绕着这个核心问题所展开的话语场的一些基本特点：一、后殖民主义话语主要是关于文化差异的理论研究。这里的差异主要是指原宗主国与前殖民地和第三世界国家之间不同于殖民主义时期的复杂关系。二、后殖民主义特别倚重福柯关于“权力”与“话语”关系的学说。按照这一学说，世界上的一切“知识”，归根结底都是一种“话语/权力”的较量。三、后殖民主义否认一切主导叙述（Master-narratives），认为一切主导叙事都是欧洲中心主义的，因此批判欧洲中心主义是后殖民主义的基本任务。与此相关联，对以“现代性”为基础的发展观念的质疑和批判是其重要特点之一。四、后殖民主义对全部的“基础的”历史写作予以否定，认为一种基础的视角总是通过假设一种“同一性”而压制了“异质性”。这样，后殖民主义既拒绝了资本主义这一“基础的范畴”,也否定了作为一个范畴的“第三世界”以及当代资本主义的世界结构。五、后殖民主义把批评的注意力由“民族起源”(national origin)转向“主体位置”(subject position)。它的着眼点角度在于主体形成过程中“自我”与“他者”之间相互依存、相互扭结的错综复杂的关系,这样,对它来说,混杂性的重要程度远高于差异性。六、总体而言,后殖民主义文化理论把现代性、民族国家、知识生产和欧美的文化霸权都同时纳入自己的批评视野,从而开拓了文化研究的新阶段。

后殖民主义的历史可以追溯到20世纪前半个世纪的黑人思想家赛萨尔(Aime Cesaire)、詹姆斯(C. L. R. James)、法侬(Frantz Fanon)等。法侬等人的贡献至少包括:关注非欧洲文化自身的价值和本质,揭示欧洲文明和殖民主义的关系,批判二元对立思想,强调本质特征的建构性,对民族主义的反思等等。而出版于1978年的赛义德的《东方主义》一书则被公认为后殖民主义理论史上“里程碑式的论著”,直接开创了后殖民领域。在《东方主义》一书中,通过将文化和政治两个知识领域联系起来,赛义德对福柯的“话语理论”和葛兰西的“霸权理论”进行了创造性的运用。通过对东方主义历史的系统梳理,以及对潜在的东方主义和显在的东方主义的富于启发性的区分,赛义德令人信服地揭示出,东方主义是与西方殖民主义和帝国主义紧密联系在一起的西方关于东方的话语形式,通过使东方成为西方属下的他者,东方主义服务于西方对东方的霸权统治。也就是说,在东方主义话语背后体现出来的东西方关系是一种权力关系,一种支配关系,一种不断变化的复杂的霸权关系。在其以《东方主义》、《世界·文本·批评家》和《文化与帝国主义》等为代表的一系列著作中,赛义德对于东方主义话语的质疑,对于文化与帝国主义之间共谋关系的研究,对于批评的世俗性本质的探讨,都为后来者的论战开辟了战场。尤其是,赛义德对“霸权”理论和“话语”理论的调和,对民族主义和人文主义的重新反思,对“差异的经验”和“混杂的文化”的细微体验,对“对位阅读法”的精心应用,对知识分子“流亡”与“立场”的思考,都赋予所研究的问题以新的视角、新的内涵和新的生长点。

由于研究视角和批评方法上存在很大的差异性和复杂性,其各位主将之间的关系不仅是论辩性的,而且是对抗性的。在此,我们只能粗线条地加以描绘。第一,由赛义德、斯皮瓦克、霍米·巴巴为代表的后结构主义流派。这是后殖民主义中影响最大的一支,一般被看作后殖民理论的“三剑客”。像赛义德一样,斯皮瓦克关注帝国主义施加于被殖民国家的“认识论暴力”。但是,就方法论而言,她更多地吸取了德里达;就研究对象而言,则更多地偏重于女性主义。而在霍米·巴巴的理论背景中,拉康显然占有极其重要的地位。与赛义德不同,巴巴强调的是殖民权力和殖民话语中的矛盾与冲突，而正是这些矛盾与冲突最终导致了殖民的和新殖民的权威的颠覆。第二，以莫汉蒂(Chandra Mohanty)为代表的女性主义流派。这一流派的理论家以第三世界妇女的独特身份和境遇为切入点，对西方女性主义的本质主义和白人中心主义展开批评。第三，以詹穆罕默德(Abdul JanMohamed)、大卫·劳埃德(David Lloyd)为代表的“少数派话语”及内部殖民主义。“少数派话语”及内部殖民主义标志着在理论话语范围内再次把社会性区别作为一种差异范畴。第四，以阿赫默德(Aijaz Ahmad)等人为代表的马克思主义流派。需要说明的是，尽管常常被划归到后殖民主义的阵营，阿赫默德对后殖民主义更多的是持一种批判态度。他甚至认为，后殖民主义简直就是西方历史上想要主宰世界的权力欲望在当今时代的一种新的表达。另外，还有克利福德(James Clifford)、帕里(Benita Parry)、察特杰(Partha Chatterjee)、蒂芬(Helen Tiffin)、德里克(Arif Dirlik)、麦肯齐(John Mackenzie)等学者也广泛地参与到后殖民话语场的喧哗与骚动中来，他们更多地持一种反调之声，从自己的立场对后殖民主义展开批判。

需要强调的是，在向西方中心、向统治话语发起挑战的时候，后殖民主义的主将们占据着一个非常独特的位置——既不在西方统治历史之内，也不在西方统治历史之外，而是与它保持着一种切线关系：因其固有的东方民族血统，他们在西方总是以“他者”的身份出现；而当他们来到东方时，却又无法摆脱他们所深陷其中的西方文化的影响。这就使得，后殖民理论家表现出与众不同的意义、价值和尴尬。这其实也是后殖民话语场的一个极为重要的特征。而有关后殖民主义的是是非非、成败得失几乎都与这一点脱不开干系。

(张跣)

互文性(Intertextuality)

“互文性”有时候也称之为“文本间性”，在辞源上，拉丁语的“intertexto”和后来英语的“intertexture”应该是其前身，具有“编织、交织、混合、编制物”等意思，是一个与纺织有关的术语。而“互文性”作为一个特殊的文论术语则是西方当代文艺思想的产物，只有几十年的历史。一般认为，这一具有特定理论内涵的术语是法国学者克里斯蒂娃(Julia Kristeva)在《词语，对话与小说》(Word, Dialogue, and Novel, 1967)这篇文章中较为明确地提出，其后随罗兰·巴特对文本问题的讨论而广泛传播，成为后结构主义符号学、解构主义以及新历史主义等当代文论中经常使用的概念。总体上讲,“互文性”打破了对于文学文本性质的传统看法,从文本的生产和文本的消费两个方向强调了某一具体文本同其外部各种因素的所有复杂性联系,使传统眼光中确定的、明晰的和封闭的文本走向一个广阔而复杂的开放性空间。“互文性”最大限度地容纳了那些容易被传统文本观念所忽略的隐含性的非稳定因素。某种意义上说,与传统文学研究那种趋于简约化的文学创作论、本质论以及文学批评论相反,“互文性”概念是对文学作品这一复杂的现实存在的原态还原。

实际上,克里斯蒂娃的“互文性”概念正是通过法国有名的前卫杂志《泰凯尔》(*Tel Quel*)而正式出现的。“泰凯尔”即具有“原样”、“原态”的意思,围绕在这个刊物周围的作家包括福柯、拉康、德里达、巴特等也被称为“原样派”。从符号学的基础出发,克里斯蒂娃认为,文本总是某种表达,因此类似于能指,例如具体作品中的字词。而字词的意义本身不是确定的,在文学中尤其如此,它的指向是各种影响因素在文本空间中相互交织的产物。文本也同样,它至少是两个方向的交织品:从横向看,文本的所指受到作者和读者的主观性决定;从纵向看,文本中字词的选择和意义的生产又总是同此前的、已先期存在的各种文本或者与它同时存在的各种文本材料相关联,即文本的产生建立在客观存在的历史和现实的其他文本材料基础之上。因此,克里斯蒂娃的“互文性”概念不仅仅是指那种可以进行求证的某一具体文本与其余文本的关系,例如典故、引文、改编、回忆等等关系,而是包含了与赋予其意义的各种知识、代码和表意实践的整体性关系。不仅如此,克里斯蒂娃还把文本的不确定性因素推进到潜意识水平。她根据拉康的主体形成的“镜像阶段”和“符号(象征)阶段”的划分,把创作主体也区分为“前符号的”(the symiotic)和“符号性的”(the symbolic),与之关联的语言结构就形成了深层和表层两个文本层次,“前符号的”主体与潜意识语言结构相关,其表述形成深层文本;“符号性的”主体与表层的、经过历史文化规范后的语言结构相关,其表述形成表层文本。因此任何一个具体的文本也因为创作主体的双重性而成为两种文本“互文”后的产物。

“互文性”概念诞生在20世纪60年代,主要针对当时的结构主义和形式主义文学理论把文本当作一个自足的封闭体系、力图把文学批评客观化、科学化的化约主义倾向。但是“互文性”概念这个批判性武器也不是凭空产生的,认为文学作品并非是某种独断性的“创造”这种看法至少可以追溯到T.S.艾略特。他认为,诗人的个性不在于他的创新,也不在于他的模仿,而在于他把一切先前文学囊括在他的作品之中的能力。在《圣林》(*The Sacred Wood*,1920)一书中,他认为在一个诗人的作品中,“不仅最好的部分,而且最具有个性的部分都是他前辈诗人最有力地表明他们的不朽的地方”。艾略特还把传统看成是一个前无起始、后无终结的整体,任何个别的文本都是这个传统链条中的一个部分。

艾略特的观点突破了传统文学批评关注作者背景的狭隘路子,在传统与个人才能之间突出了传统的作用,已经具有“互文性”观念的影子,但艾略特关注的主要是文学本身的传统。巴赫金的“对话理论”(dialogism)、“主体间性”(inter-subjectivity)、“复调”等概念进一步把文本话语的阐释同隐含在文本表述中的“他者”,即对话者联系起来,即任何表述都隐含一个对话者,这个对话者不只是被动的“听”,同时也在以自己的声音影响对方的表述,其中包含了“独白”中的自我对话。而“狂欢化”(the carnivalization)概念则意味着把某一表述同整个文化结构中的其余表意实践汇集在了一起。由于“表述”本身是文化结构中各种表意实践的产物,因此巴赫金的理论实际上把“互文性”的范围扩展到了整个历史文化背景。

克里斯蒂娃正是在对巴赫金理论的理解与阐释基础上,把“互文性”的核心因素从“表述”推进到了符号语义层面,同时增加了一个新的维度,即那种超出文化阐释范围、但又与文化阐释相关的“前符号”文本,从而把“互文性”范围从历史文化背景扩展到生命本能和原始积淀。

克里斯蒂娃“互文性”概念的传播和影响,与她的老师罗兰·巴特的赞赏和进一步研究分不开。某种意义上说,“互文性”也是巴特转向后期符号学研究的一个影响因素,使得“互文性”与后结构主义尤其是解构主义更明确地融合在了一起。由于“互文性”成为文本生产的主要特征,与之形成互文关系的其他表意文本成为某一具体文本的真正原材料和动力,作者在赋予文本所指方面就不再拥有特权,他仅仅是一个场所,但与符号在场上的穿梭运动无关,因此巴特提出了“作者之死”的命题。在此基础上,巴特把克里斯蒂娃“互文性”概念提供的不确定性空间锁定在文本消费方面,放大了读者在互文性中的作用。读者对于文本意义生产具有参与权与自由活动的合法性,在这种意义上,读者是文本的写作者,而现实意义上的作者实际上也就是这种读者,他只是对前文本或者潜文本的阅读和继续写作。这种因为“互文性”而具有可写性的艺术文本也被他称之为“可写文本”(the writerly text)。

把“互文性”理论所认为的文本不确定性提高到哲学高度的当数德里达的解构主义。互文性主要指某一文本与此文本之外的因素之间的关系性特征,德里达用“延异”概念来进行描述,即差异和延迟关系。这种关系不止是一般意义上的文本具有,而且是人类意识和意义形成的根本性关系,对应于全称意义上的大文本和大书写。不仅如此，由于这种互文性关系或延异关系的存在，德里达进一步强化了所有表意实践中意义的不确定性：从生产的角度，他称之为“起源的缺席”，我们所称之为“意义”的东西，不过是某些暂时存在的关于起源的“踪迹”；而从消费的角度，由于起源（意义）的缺席，因此剩下的只能是“能指的游戏”。从逻辑上看，“互文性”理论的广度、深度和它具有的批判力，都在解构主义中得到了极端体现，这应该是互文性理论空间走得最远的地方。

就具体实践而言，“互文性”理论今天已经应用于各种意义的生产领域，它面向一个大写的文化文本，成为文化研究最有力的理论武器之一。

（李应志）

混杂性（Hybridity）

混杂性或杂糅性一词从词源上来讲指两方面的内容。一方面指的是生物或物种意义上的杂交，特别是人种方面的混杂；另一方面指的是语言，尤其是不同语系、语种或方言之间的混杂，典型的例子有西印度群岛流行的法语或西班牙语与其他当地语言混杂的克里奥尔语（Creole），以及在东南亚一带流行使用的英、汉混杂的洋泾浜英语（pidgin English）等等。在当今的跨文化研究和后殖民研究中，混杂性成了一个十分重要的词汇，这不仅仅是因为混杂性可以消除各种等级制严格的界限与桎梏，而且因其可以在混杂相交的地带生成多力抗衡的空间。

追根寻源，混杂性这个概念在后一个意义上的发展得益于以下一些文学、文化理论家的贡献。首先是俄国形式主义文学理论家巴赫金的“对话理论”。在其《对话的想象》（*The Dialogic Imagination*，1981）一书中，巴赫金指出：“混杂性是在同一种语言的限度内所表达的两种话语的混杂，是时代、社会差别和一些其他因素分割开来、在同一种表述中相遇的两种不同的语言意识。”他十分强调这样的一种观点，即语言本身并没有固定的疆界，不可忽视的恰恰是语境的作用。他认为两种语言或发声的区别只有在同一个语句结构中才能存在和显现，并且，两者之间的关系在同一语境中是互动的，既强调融合的一面又强调差异的一面。在政治话语中，他提倡的混杂性是一种“众声喧哗”式的、多声部相互交融的混声合唱，而不是与之相对的单声部、权威性的独白，或“一言堂”式的官方话语。混杂性的渗透对官方话语的权威性无疑起到了消解的作用，二者相互依存又互相制约，维持着各种社会力量之间动态的稳定与平衡。巴赫金关于含混性的观点当然和他著名的“狂欢化理论”在精神实质上不无相通之处。从这个意义上讲，他开启了混杂性这个概念的后现代性的一面。

近年来，使混杂性一词在当代文学、文化批评话语中成为使用频率颇高的词汇的是后殖民理论家霍米·巴巴、罗伯特·杨(Robert Young)和比尔·阿什克劳夫特(Bill Ashcroft)等人。巴巴率先将混杂性的概念借用到了后殖民理论对殖民者和被殖民者之间的关系研究之中。他对于混杂性一词的定义建立在他借自拉康的另一个重要概念“模拟”和德里达的“带有差异的重复”概念的基础上。他认为模拟是一种复杂、含混、矛盾的表现形式，它的目的并不是追求与背景相和谐，而是要像变色龙一样，依照外界环境的需要变化自己的肤色，或者像战争中的伪装术一样，依照斑驳的背景将自己变得不纯而斑杂，从而在隐蔽中保护自己，并力求利用这个优势威胁敌人。在后殖民研究中，巴巴认为殖民者对被殖民者的统治与压迫并不仅仅是权力的单向运作，实际上它们之间的关系是彼此交织、难以严格划界和区分的。被殖民者通过“带有差异的重复”的模拟殖民话语，使之变得不纯，从而进一步解构、颠覆殖民话语。巴巴还特别强调了被殖民者的能动性(agency)，认为唯有混杂的状态才能使能动性成为可能。虽然殖民者的政治、军事、经济权威在很大程度上使被殖民者失去了他自己的语言、文化和身份，但这种统治也不可避免地受到殖民地本土话语的影响，这种含混、矛盾并且模棱两可的状态形成了巴巴所称的“第三空间”。这个空间消除了所谓“本真性”、“本质性”这些意义的权威性，而且开启了创造、生成新意义的可能性。它一方面证实了殖民话语的不稳定性，另一方面通过被殖民者从边缘向中心的移动在殖民话语中间撕开裂缝。

除霍米·巴巴之外，其他几位后殖民理论家也对混杂性的概念做了说明与补充。比尔·阿什克劳夫特等人对混杂性的解释更加具体，他认为混杂性是“由殖民行为所带来的两种文化接触地带所产生的跨文化形式”。他们将混杂性比作植物的杂交，是两个品种之间嫁接或异花受粉所生成的第三种或杂交品种。它破除了生物意义上高贵的“纯种”和低劣的“杂种”之间的差别。在后殖民理论的话语中，混杂现象既不完全属于殖民者一方，也不完全属于被殖民者一方，而是两种文化身份之间的一个“他者”。罗伯特·杨也指出，混杂性一方面重复现有文化的起源，另一方面在殖民压迫下又不断创造新的文化形式和文化实践。在实践上，混杂性就犹如“克里奥化”(Creolization)一样，以新形成的文化来抵抗旧的文化，并不断创造出不稳定的文化形态，即异质的、不连续的、革命性的文化形态。简单地说，他认为混杂性就是在重复中改变，在改变中重复。不难看出，以上后殖民理论家对于混杂性的阐述从理论上挑战了种族主义、殖民主义的意识形态，对在种族和文化上显示出的多元化趋势和离散化的全球新景象作出了理论上的探索。

后殖民理论家对混杂性的阐释在20世纪90年代后殖民理论的第二次浪潮中得到了学术界很多学者的认同，但同时也遭到了一些学者的批判。尤其是一些第三世界的后殖民学者认为巴巴等人以上的观点有些过于乐观，其理论性大大超过了实践性，因而有些纸上谈兵、不切实际的嫌疑。他们认为被殖民者或第三世界在大多数情况下无法阻挡殖民者或第一世界强势文化的入侵，尤其是在全球化进程不断迅猛推进的今天，弱势文化与强势文化发生碰撞的机会变得更多。而当两者混合之后，弱势文化胜算的机会并不很大。很可能它会被强势文化所淹没，根本无力找到抵抗的余地和空间。这些批评是我们在谈论含混性一词时必须考虑的问题。

（陆薇）

货币哲学（The Philosophy of Money）

马克思分析现代社会的内在结构时，为“货币”赋予了现代社会动力学的地位。世界市场中货币的流通不断地在资本积累规律之下加速，生产、消费、分配、流通的巨轮一刻不息地运转，使生产不断变革，“一切社会状况不停的动荡，永远的不安定和变动……一切固定的僵化的关系以及与之相适应的素被尊崇的观念和见解都被消除了，一切新形成的关系等不到固定下来就陈旧了。一切等级的和固定的东西都烟消云散了，一切神圣的东西都被亵渎了……”（《共产党宣言》）；货币的流通在瓦解一切的过程中，却让货币本身“不朽”，让它“替代一切”的神奇力量得到加强、稳固和永恒化——货币的交换能力成了一种实实在在的神话：“依靠货币而对我存在的东西，我能付钱的东西，即货币能购买的东西，就是我——货币持有者本身。货币的力量多大，我的力量就多大。货币的特性就是我——货币持有者的特性和本质力量。因此，我是什么和我能够做什么，这绝不是由我的个性来决定的。我是丑的，但是我能给我买到最美的女人。可见，我并不丑，因为丑的作用，丑的吓人的力量，被货币化为乌有了。我——就我的个人特点而言——是个跛子，可是货币使我获得二十四只脚；可见，我并不是跛子。我是一个邪恶的、不诚实的、没有良心的、没有头脑的人，可是货币是受尊敬的，所以，它的持有者也受尊敬。货币是最高的善，所以，它的持有者也是善的。”（《1844年经济学哲学手稿》）在现代社会中货币成了有形的神明。

熟悉马克思的人们一定对“货币哲学”的提出者格奥尔格·西美尔（Georg Simmel，1858—1918）的思想路径不会陌生。如果说，成熟期的马克思进入了科学性的“《资本论》时期”之后就放弃了对现代性社会的“人类学”考察的话，那么西美尔则一直在早期马克思涉及而未深入的这一个理论方向继续走了下去并形成了自己独特的理论论域——“货币哲学”。严格地说，西美尔的货币哲学的对象并非货币流通规律，而是“货币”对“时代精神”塑造的效果，因而是一种“货币文化哲学”。在1896年发表的《现代文化中的金钱》和1900年出版的《货币哲学》中，西美尔细致地呈现了无人格性和无色彩性而又能无限地人格化、带上一切可能的色彩的货币的一系列矛盾作用。货币让一切事物都有了价值尺度，但却使事物的内在价值无可挽回地丧失，当千差万别的事物“都一样能兑换成金钱，事物最特有的价值就受到了损害”；货币从一种获得使用价值的手段转而变为目的本身，“大多数现代人在他们生命的大部分时间都必须把赚钱当作首要的追求目标，货币从一种纯粹的手段和前提条件成长为最终的目的”，在追逐利益的涌动洪流中，人自身的目的淹没不见了；货币把共同体整合成总体的社会，“以致今天我可以待在柏林，接受来自美国的铁路、挪威抵押款和非洲金矿的收入”，但也正是在这一进步中，人与人的关系被货币中介“匿名化”了，个体与这个中介的关系越紧密，就与活生生的他人的关系越疏远，“最遥远的东西离人近了，付出的代价是原初和人亲近的东西越来越遥不可及”，最致命的结果是人与人的关系的日益冷漠（《货币哲学》）；最终，货币在事物与事物之间、在人与人自身之间、在人与作为人的创造物社会和文化之间造成了巨大的距离，并使“距离感”成为现代生活中最主要的感觉形式。这种“距离感”虽然无可挽回地使个体心灵陷入孤独进而陷于迟钝和萎缩，但它又是一种“保护”，“种种关系的金钱性——要么公开的，要么以上千种形式隐藏起来——在人与人之间塞入了一种无形的、发挥作用的距离，它对我们文化生活中过分的拥堵挤迫和摩擦是一种内在的保护与协调”——“若无这层心理上的距离，大都市交往的彼此拥挤和杂乱无序简直不堪忍受”（《货币哲学》）。

“货币哲学”这种把现代性当作心理主义并根据内在生活反应来体验和解释世界的方法论，并非西美尔所独有。19世纪末期在德语文化世界精英圈子中，这种心理体验方式是切入现代性“文化生命”的普遍方法。路德维希·克拉格斯（Ludwig Klages）就在“梦意识形式”和“醒时意识形式”之间的比较中得出这样的结论：以碎片化的社会结构为基础的现代感觉形式越来越具有“被动感知”、“远逝感”、“飞离感”、“梦意识形式”的特征；西格弗里德·克拉考尔（Siegfried Kracauer）在认识论元批判中这样描述主体的感知特征：“现在因混乱而堕落为精神的唯一担当者，在主体的面前展开了一个无法测度的现实领域。被投射到了空洞时空的冰冷无限性之中后，主体发现自己面对着已被剥去了一切意义的物质。”不难发现，西美尔的“货币文化哲学”经过克拉格斯和克拉考尔对瓦尔特·本雅明产生了影响。当本雅明像个都市浪子一样用文字收集奢华舒适、时尚、广告、卖淫、厌倦等各种“光怪陆离”（phantasmagoria）的现代现象的时候，他恰恰是在反讽地用同样碎片化的“经验”反映出这个时代的“贫乏”。西美尔的“货币哲学”在本雅明那里体现出巨大的方法论意义，而它所蕴含的对货币异化作用的批判，则是卢卡奇从新康德主义进入马克思主义的“门与桥”（《历史与阶级意识》），正是这扇门、这座桥使卢卡奇在《1844 年经济学哲学手稿》未公诸于世的时候便以和青年马克思的思路几乎相同的方式，以“异化”、“物化”为中心概念去揭示资本主义社会的结构秘密了。可以说，西美尔“货币哲学”无论从方法上还是内容上都为 20 世纪现象学社会学、批判理论、西方马克思主义等蔚为大观的学术流派提供了持续的营养和理论资源。

（赵文）

J

机械复制(Technische Reproduzierbarkeit)

在瓦尔特・本雅明(1892—1940)的时代,激进的左派和右派都把艺术当作政治宣传的工具,许多艺术家和批评家为了政治而自愿放弃了艺术追求。本雅明试图提出一种有别于两种极端思想的艺术观点,寻求一条能够兼顾艺术和政治不同要求的道路。他相信,技术是艺术问题的核心,艺术之所以重要的原因在于它具有物质性。新兴文化工业所提供的技术产品突出了艺术的特性,使艺术能够直接再现现实生活。1936年,他发表了关于艺术生产理论的核心论文《机械复制时代的艺术作品》,声称他将引入不会被法西斯主义利用的艺术概念来服务于艺术自身的革命,这个关键性的概念就是机械复制。本雅明通过对机械复制的分析强调了艺术的物质性和技术性因素,把艺术评价的标准从道德与政治意义转移到了艺术制作和艺术接受上来。此外,本雅明以机械复制为核心的理论也是最早出现的对大众文化和大众传媒的理论探讨之一。

从历史上来看,艺术作品向来都能复制。然而,以机械手法来复制艺术品却是个新近的现象。机械复制技术的发展在历史上是持续跃进的,而且一次比一次强度更大。19世纪以来,机械复制技术进入一个全新的阶段,石版印刷术、摄影术和声音复制技术相继产生。20世纪,复制技术达到了一个新的水准,不仅能复制一切传统的艺术作品,以极其深刻的方式改造其影响模式,而且这些复制技术本身也以面目一新的艺术形式出现在人们面前,艺术作品的复制和电影艺术就是这种典型。机械复制对艺术的冲击,一个重要的体现就是艺术作品的光晕丧失。即便最完美的复制品也总是缺少原作在即时即地形成的原真性,会丧失原作具有的那种光晕。现代以前,大多数艺术作品都是独一无二的。然而,机械复制时代的来临和现代感知媒介的变化,导致艺术传统的大崩溃和光晕在当代社会的衰微。由于最早的艺术品起源于某种崇拜仪式,艺术作品具有光晕的存在方式从未完全与其仪式功能分开。可以说,正是艺术作品的可机械复制性在历史上第一次把艺术品从对仪式的寄生状态中解放了出来。然而,艺术创作的原真性标准一旦失灵，艺术的整个社会功能也随之改变。艺术的功能不再奠基于仪式，而是奠基于另一项实践即政治。

在对艺术作品的接受过程中，人们表现出两种不同的态度：一种侧重于艺术品的膜拜价值，另一种侧重于艺术品的展示价值。艺术品从祭奠膜拜的功用中解放出来以后，展示的机会也随之增多，各种复制技术极大地强化了艺术品的展示价值。展示价值的绝对优势给作品带来了全新的功能，同时使膜拜价值退居次要的地位。在照相摄影中，膜拜价值的最后一道防线就是人像。早期摄影以人像为中心绝非偶然，影像的膜拜价值在此找到了最后的避难所。然而，当人像在照相摄影中消失之时，展示价值便首次超越了膜拜价值。由于艺术在机械复制时代失去了原有的膜拜基础，艺术所具有的审美自主性也随之消失，这使传统美学陷入了困境。

对观众来说，舞台演员的艺术成就是用自身形象来体现的，而电影演员所做出的艺术成就则是由机械体现的。对电影来说，关键之处在于演员是在机械面前自我表演，而不是在观众面前为人表演。由于摄影机取代了观众的地位，原先依附在演员及其所扮演的角色周围的光晕也随之消失。可以说，人们在电影中第一次能够展现他活生生的整个形象，但却必须以放弃原有的光晕为条件。另一方面，电影对现实的表现，在现代人看来就是无与伦比地富有意义的表现，因为这种表现正是通过最强烈的机械手段，实现了现实中非机械的方面，而现代人有权要求艺术品展现现实中这种非机械的方面。电影所提出的特殊美学问题不仅是人如何面对摄影机去表演，还有如何借助摄影机去表现客观世界。与绘画或剧场相比，电影所展示的成就具有更大的精确性和可分析性，因此便具有促进艺术和科学相互渗透的倾向。科学与艺术往往各行其道，自从有了电影，我们可以说摄影的艺术发展与科学探索已结合为一体，这是电影的一大革命性功能。

电影将我们周遭的事物用特写放大，对准那些隐藏于熟悉事物中的细节。电影一方面让我们更进一步了解支配我们生活的一切日常必需品，另一方面也开拓了我们意想不到的广大活动空间。摄影机以无意识行为的空间取代了人自觉行动的空间，有史以来第一次为我们打开了无意识的经验世界。银幕上流动的影像与固定在画布上的绘画有着本质的不同：画作邀人静观冥想，流动不居的影像则阻碍着观众心灵的任何联想。绘画艺术要求专注的人整个投入画中，具有消遣特性的电影则因不断变换的场景与道具而令人震惊、潜入大众。消遣性的感受之道在现今一切艺术领域愈来愈明显，最终在电影中找到了最佳试验场所，因为电影的震惊效果正符合这一感受方式。

电影不仅扩大了人的认识领域，而且扩大了人的行动领域，它不仅是集体活动的产物，而且能够造成集体性的接受。在电影中，导演、演员和摄影机都成为新的电影制作集合体中的成分之一，人类主体已经转变为一种客体，这标志着具有民主特征的社会秩序的诞生。可以说，电影开创了一种新的人类认识方式，导致了以主客体二元论为代表的认识论的终结，同时转变和重新结构了社会关系。电影在我们身上培养了一种社会自我意识，使我们从制度化的社会自我中解放了出来，并且进入一个能够自由创造新的混合体的自我形态之中。电影已然成为机械复制艺术最有力的载体。因此，机械复制艺术具有巨大的民主化潜能，可以并应该成为社会改造的特殊工具。问题在于，只有真正的革命意识才能认识和发挥机械复制艺术的革命功能。

（曹雷雨）

集体无意识（Collective Unconsciousness）

集体无意识是荣格（Carl Gustav Jung，1875—1961）分析心理学中最重要的基本假设。它是所有非后天获得而靠遗传得到的“普遍性精神机能”，包括各种联想、意象、生理性机能等。换言之，它是指在人类先天的神经系统凡涉及机能基础上的本能反应或“意识”，其中有人类出现以来的各种过去经验积淀的影响。荣格是精神分析学的创始人弗洛伊德的得意门生，他在许多方面修正、丰富和发展了弗洛伊德的理论，开创了分析心理学和神话—原型批评，并因此与弗洛伊德最终分道扬镳。而集体无意识的概念在这整个过程中无疑扮演了一个最重要的角色。

荣格和弗洛伊德理论分歧的焦点主要集中于两个方面：一是关于性的理论即“里比多”理论，二是对于无意识的结构即内容的理解。弗洛伊德认为，无意识主要是受压抑、被遗忘的心理内容的集合场所，因而具有后天的和个人的特征。关于第一个问题，荣格认为，“里比多”并非以性欲为主的心理能量，而是一种“普通的生命力，性爱只是其中的一部分”。关于第二个问题，荣格批评弗洛伊德虽然看到了无意识往往具有古老的普遍形式和性质，却仍然把它归结为一种完全个人的特性。

荣格认为，无意识不仅包括个人无意识，而且包括集体无意识。在《集体无意识的概念》一文开篇，荣格就对个人无意识和集体无意识进行了概念上的区分：“集体无意识是精神的一部分，它与个人无意识截然不同，因为它的存在不像后者那样可以归结为个人的经验，因此不能为个人所获得。构成个人无意识的主要是一些我们曾经意识到，但以后由于遗忘或者压抑而从意识中消失了的内容；集体无意识的内容从来就没有出现在意识之中，因此也就从未为个人所获得过，它的存在完全得自于遗传。”也就是说，集体无意识是比个人无意识更深一层的无意识，是无意识的深层结构，它是先天具有的，而不是后天获得的，是普遍存在的，而不是个别发生的。由于它具备了所有地方和所有个人皆有的大体相似的内容和行为方式，组成了一种超个性的共同心理基础，因此，它普遍地存在于我们每个人身上。弗洛伊德曾经用海岛来比喻意识的结构：高出水面的部分代表意识，水面以下由于潮汐运动而显露出来的部分代表无意识。如果我们仍然借用海岛比喻的话则可以说，水面下由于潮汐运动而显露出来的部分代表的只是个人无意识，而所有的孤立的海岛的共同基础——隐藏在深海之下的海床，则是集体无意识。

就像弗洛伊德有关个人无意识的假设基本来源于医疗实践那样，荣格关于集体无意识的假设则主要依赖于人类学、神话学和考古学。荣格注意到，某些表现于原始艺术、部落传说和古代神话中的意象，反复再三地出现在不同部落、不同民族和不同文明中。这种反复出现的、超个人的原始意象，在他看来，揭示了人类共同的、普遍的深层无意识结构，也就是集体无意识。基于此，荣格指出，个人无意识主要是由各种情结构成的，而集体无意识的内容则主要是“原型”。

原型是集体无意识的内容，是零碎而不完整，模糊而不统一的原始意象。原型与人类特定的存在模式和典型情景息息相关，是人类远古社会活动的遗迹，也是重复了亿万次的那些典型经验通过积淀和浓缩而形成的。荣格将原型分为两类：形象的型式（types of figures）和情境的型式（types of situations）。前者比如人格面具（persona）、阴影（shadow）、阿尼玛（anima）和阿尼姆斯（animus）、智慧老人（the wise old man）等等，后者比如地狱、天堂、“英雄还乡”、“双重诞生”等等。

尽管原型这个概念经常被简单理解为原始意象，包括荣格本人也经常如此。但是，原始意象的概念并不和原型的概念完全等同。原始意象介于原型和意象等感性材料之间，它是对意象的一定程度上的规范和抽象；而原型，如前所述，它是一种与生俱来的心理模式。二者之间既是一种现在与潜在的关系，也是一种实体与功能之间的关系。之所以强调这一点是因为，荣格本人也曾反复表示，他的集体无意识理论绝对不是奠基于表象（包括观念和形象）能够遗传这一假设之上的。事实上，荣格有时候之所以混用原型和原始意象的概念，是因为原型的概念不仅仅具有认识论的意义，而且同时涉及直觉、想象、情感等心理活动。也就是说，他实际上是要为包括无意识在内的人的感性生活争得地位。

荣格的集体无意识理论把人类对于自身心理结构的认识推进到了一个更深远、更广泛的文化历史领域。正因为如此，荣格的影响没有局限于心理学领域，而是跨越到哲学、美学、人类学、神话学等诸多领域，并直接引发了文学批评中的神话—原型批评流派。

（张跣）

加速主义（Accelerationism）

2010年后频频出现于当下哲学和政治讨论中的“加速主义”（Accelerationism）一词，可以看作是由“加速”这一概念拓展到政治实践领域的一种前卫政治的代称。“加速”原用于描述今天种种与现代性相关的现象：它指涉近年来在社会政治、经济、科学等领域接连发生的种种变迁，特别强调的是技术的转向及其节奏。指出社会病状，是当下社会哲学的一个核心目标，这也是为什么会形成加速主义思潮的一个重要原因。对于加速主义来说，社会加速就是现代化的核心过程。加速，尤其是科学技术领域的加速，与资本主义社会的现代性转型息息相关。

加速主义并非凭空而来，在20世纪初未来主义的技术崇拜中就能看到加速主义的萌芽。未来主义乌托邦式地崇拜技术，狂飙突进地讴歌速度、赞美变革，匍匐于一切颠覆性的力量。意大利未来主义对技术的毁灭性力量进行审美化，毫不犹豫地拥抱了法西斯主义。俄国未来主义全心全意支持1917年布尔什维克革命，投入了共产主义革命。但是，技术并不必然会自动地克服社会矛盾。加速主义之所以要加速，就是要通过加速赢得社会斗争。加速主义这一概念首次出现在罗杰·泽拉兹尼（Roger Zelazny）1967年的科幻小说《光明王》（*Lord of Light*，1967）中，泽拉兹尼把一群企图通过改变社会对技术的态度从而改变社会的革命者称为“加速主义者”。本杰明·诺伊斯（Benjamin Noys）则借用泽拉兹尼小说中“加速主义”这一说法来批判这种思潮。

加速主义思潮形成于20世纪八九十年代的英国华威大学，以尼克·兰德（Nick Land）为代表的华威大学哲学系成为加速主义的大本营。加速主义研究者普遍受到20世纪六七十年代法国思想的影响，包括鲍德里亚、利奥塔、德勒兹和瓜塔里等法国哲学家都注意到了技术加速与资本主义之间的种种张力。加速主义吸收了马克思和当代法国理论中的批判思路，同时吸取了未来主义盲目崇拜技术的历史教训，资本主义和技术成为加速主义所关注的核心问题。加速主义认为技术加速是瓦解资本主义的重要手段，应该对这种加速不断进行加速。在这一加速主义的语境下，资本主义的全球化恰好契合技术加速的需要。同时，加速主义认为通过政治管控限制技术发展是不可取的。政治干预无法从根本上扭转资本主义走向末路的进程，而且技术本身有其自主发展的节律。加速主义开启了一场关于未来、技术、政治和资本的历史对话。

2013 年，亚历克斯·威廉姆斯(Alex Williams)与尼克·斯尼斯克(Nick Srnicek)在"法律批判思想(Critical Legal Thinking)"平台上发表了《加速主义宣言》(*Manifesto for an Accelerationist Politics*)。这一宣言的批判焦点是，新自由主义的资本主义已不能解决全球文明所面临的灾难，资本主义对技术生产力的发展已成为一种桎梏；传统左翼对资本主义制度与技术生产力发展相互掣肘的政治局面既无所察觉也无能为力。对技术极为推崇的加速主义无法简单地被归属到左或右的传统意识形态之中，但加速主义内部因其理论倾向和革命主张不同，可以分为左翼加速主义和右翼加速主义两大阵营。威廉姆斯和斯尼斯克所发表的《加速主义宣言》发展了马克思的加速批判思路，吸收德勒兹和瓜塔里的差异哲学，将加速主义左翼化，形成了左翼加速主义。宣言中所批判的传统意义上的加速主义，如今被看作一种右翼思想。也就是说，《加速主义宣言》实际上是一篇"左翼加速主义宣言"，20 世纪八九十年代以华威大学为中心而形成的加速主义思潮则被视为右翼加速主义。

左翼加速主义与右翼加速主义在对待资本主义和技术的关系上截然相反，他们认为以兰德为代表的右翼思想混淆了速度(speed)和加速(acceleration)的概念，资本主义不是真正加速的代表，仅仅依靠资本主义的速度不可能产生全球变革，而只会陷入全球危机。资本主义一方面通过技术在"解域化"，另一方面它也在"再结域化"，资本的流动一方面促进了技术的发展，另一方面资本寻求垄断增强竞争力也限制了技术的加速。"加速"是在资本主义建构的参数内运行，这种"加速"必然会优先制度的发展从而限制技术生产力的变革。奈格里(Antonio Negri)说"生产力必须与资本主义造成的阻塞反向运动，只有通过对经济的持续增长和技术革命的追求(尽管这将伴随着社会不平等的加剧)，才能彻底颠覆阶级关系"。左翼加速主义预设了资本主义的末日将在资本内部的演化中到来，不加控制的技术加速将会导致资本流动的脱缰，从而建立起新的社会政治经济模式和阶级关系。同时，左翼加速主义认为其犹如哈特穆特·罗萨(Hartmut Rosa)所提出的"共鸣"思想(个体的节律与社会加速的节奏相和谐)，根本摆脱不了加速社会的异化，而是要反其道而行之，实现社会加速的加速。左翼加速主义通过利用资本主义发展起来的一切科学技术，力图突破资本主义适应能力的极限，使资本主义在加速社会的加速循环中停摆，而促使全球化的后资本主义时代的来临。

左翼加速主义同时批判了左翼政治的组织形式。政治操控在现代的古典时期和现代早期可以推动社会变迁，但在如今的加速社会，无法与“加速”同步的政治干预已然成为社会整体进步的桎梏。《加速主义宣言》开篇语是“加速主义推动的是一个更为现代化的未来，一个新自由主义内绝对无法形成的另类现代性”。宣言提出了当下全球文明所面临的新灾难，而这些新灾难的导火索正是在20世纪建立起来的新自由主义的资本主义。新自由主义登上历史舞台的时代契机，是20世纪70年代大多数发达国家资本利润率的大幅下降，而新自由主义重新将经济活动的中心回放到资本利润率和资本家的回报上。全球化与资本的自由流动是新自由主义变革的主要内容。全球化的组织形式带来资本自由流动的同时，还带来了全球性的气候变暖、资源枯竭和经济体系的崩溃。新自由主义的资本主义之所以成为左翼加速主义批判的靶心，就是由于新自由主义为变革所做的种种承诺都变成了其诱发的种种社会危机。新自由主义针对上一轮资本主义社会危机所建立的新秩序，实际上修复了最严格意义上的资本主义制度，表达了资产阶级和资本主义制度最根本的愿望。

左翼加速主义对于技术的看法，不同于未来主义狂飙突进的技术乌托邦，也不同于右翼加速主义试图通过技术自主加速从而颠覆资本主义的理想，而是要达到一种社会政治结构的多元化实践。首先，左翼加速主义要掌握社会技术的领导权，按照后资本主义的目标建立新的“智识平台”，打破资本主义对各种话语体系和物质平台的垄断。其次，要构建一种多元化而非集体化的民主想象，不能只依靠过程性的民主（投票、协商、集会等），而是要重视由资金建立起来的有效政治基础。最后，要进行大范围的媒体改革、新的无产阶级力量的重构、新的意识形态和经济社会模式的重建，三者应该相辅相成。

左翼加速主义和右翼加速主义都认识到了资本主义是一个不公正和不正当的体系，一个阻碍进步的体系。而左翼加速主义和右翼加速主义一系列理论差异的分水岭就在于，二者对于资本主义灭亡路径的设想与实践的不同。右翼加速主义仅依靠资本主义内部的技术加速，促使资本流动脱缰，促进资本主义的内爆。而左翼加速主义则要从意识形态、民主进程、政治经济模型、阶级权力等方面进行多元化的重构，从而促进技术生产力的最大化发展，形成真正的加速，重建一种已被新自由主义的资本主义摧毁的未来。

（董克非）

价值(Value)

大多数西方学者都相信,19世纪自然科学的长足发展为所有人文学科带来的最为明显的后果之一,就是将“事实”与“价值”明确区分开来,即确认“事实”与“价值”背后所关涉到的人类活动领域是截然不同的,尽管二者在某些时候有联系,但却在诸多方面标志着人类活动领域的分野。这种思潮的出现,在很大程度上与20世纪前期分析哲学和语言哲学的巨大影响有关。

在20世纪之前,学者们普遍相信,价值如同真理一样,具有客观性、绝对性和普遍性,认为在现实世界和人们主观经验的背后存在着某种“终极价值”,因而理论研究的重要任务之一就是找出并确认这种“终极价值”,并对它加以阐明。从哲学上看,价值在传统上与意志、欲求、目的、善、存在、真理等范畴有关。哲学家们常常从人性、天理、存在等抽象范畴中去追寻价值的终极根源,甚至把价值当作某种“绝对”的东西。一些哲学家认为,价值在于欲求同它的目的与结果的一致,这样的价值就是善。哲学上的价值论的基础在于意志的欲求,而欲望则是自由的,所以,哲学价值论主张意志论,自由论,自由欲求论。但是,如何理解自由欲求,则成了哲学中的一个重要问题。19世纪末到20世纪初,德国哲学家洛采(Hermann Lotze)和文德尔班(Wilhelm Wildelband)把价值和评价问题置于哲学的中心地位,致力于建构“价值哲学”,造成了当代哲学中的“价值论转向”。价值哲学把事实判断与价值判断严格区分开来,它所提出和关注的问题是:世界万物的存在以及对它们的认识对于人有什么意义。价值作为“世界对于人的意义,客体对于主体的意义”,是以“人的内在尺度”或“主体的尺度”为根据的,体现了人的实践活动的方向性和目的性。

除此之外,在经济学中,对“价值”的界定往往与物质、物质的功用、金钱等等相关(如“使用价值”,“交换价值”,价格,货币等),认为价值所表明的是某物的基本属性或内在特性,并且通常是在经济学的范畴领域内去阐明不同的价值。

但是,与物质属性、物质特性、物质功用相关的价值概念,并不能说明一件艺术品、一种道德和社会行为、一种文化现象或审美感知与我们存在的关系问题,也不能说明艺术品之类存在的理由和意义。这种意义上的“价值”,往往与意义、精神、趣味、立场、评价这些主观的因素或尺度相联系。或者说,价值所表明的是事物(包括物质、社会、人的思想和活动等在内)对于人的意义(好坏、善恶、美丑、利弊、祸福等),以及与之相联系的人的反映和选择等问题。价值对于理解伦理道德、审美艺术、经济政治、思想文化、生命环境、社会发展乃至日常生活等领域的特殊性,具有普遍的理论意义和现实意义。因此,价值不能简单地以"物"与"人"的关系来确定,而应当由传统和社会等复杂因素所决定的某些特定的"准则"或"标准"来确定。

在文学和文化研究中,价值在传统上被认为是各种"文本"固有的性质,人们根据特定的美学、伦理和意识形态的标准,可以对某种文本在传统或"经典"中的地位进行评判。然而,相对立的、更晚近的观点则认为,价值始终都与观众或读者有关,即文本的接受者由于性别、阶级、意识形态等方面的差异,会对文本做出非常不同的评价。在这种意义上,"价值"就成了接受的"主体"与在复杂社会关系中的"客体"相互"建构"的结果。因而,对价值的研究和说明,必须联系到整体的社会条件来进行。

关注"价值"问题,与 20 世纪以来人文学科同社会、政治、文化之间相互关系的转变有关。在这种语境和视野中,"价值"不仅与个人有关,而且也与社会的"机构"和"文化行为"有关,甚至被认为是它们的产物。这种倾向实际上受到了 20 世纪以来的各种怀疑主义思潮的影响。帕森斯(Talcott Parsons)和西尔斯(Edward Shils)在《走向普遍的行动理论》(*Towards a General Theory of Action*)一书里认为,价值取向(value-orientation)是指个人在面临特定事件而采取行动时所依据的某些"常规"或"准则",而价值观的形成要受到社会文化系统和传统的制约,在这个意义上可以说,文化是由一整套价值准则构成的。特定文化体系中的价值系统具有自身的调节功能,无法用简单的因果关系来加以说明和解释。行动与功能有关,而文化则与象征有关,文化活动要维系的不是功能关系,而是以价值为核心的意义关系。受帕森斯理论的影响,当代西方的政治学、社会学、经济学研究,往往从对价值体系的研究着眼,力图建立各种分析不同价值和价值体系的理论模式,并试图用它们去解释现实世界中复杂多变的价值关系。

因而,所谓"永恒的"或"普遍的"价值的观念,在今天越来越遭到了来自各个方面的质疑。人们越来越相信价值与人的需求有关,与不同社会的文化传统有关。所谓的"价值多元论"(value-pluralism)已经成了文化研究中有很大影响的潮流。它认为,在不同社会与文化中存在着各种不同的价值和价值体系,它们相互之间无法通约或替代。由于社会、历史、文化传统、政治制度、经济体制、伦理观念、习俗等等方面的差异,各种价值和价值观的存在都有其理由,不存在普遍适用和不变的价值。因此,价值是多元的,价值体系也是多元的。

(阎嘉)

间离(Verfremdung)

20世纪20年代,德国戏剧改革家布莱希特(Bertolt Brecht,1898—1956)自创了"叙事剧"一词来区分他的戏剧实践和传统的戏剧性戏剧。他认为,自亚里士多德之后统治着西方戏剧的传统不能表现剧中虚幻世界之外更广阔的现实,如战争所带来的灾难、革命、社会经济矛盾与变革、新技术等等。自然主义戏剧以及易卜生、契诃夫的现实主义戏剧都是戏剧性戏剧的代表。它们把某些社会和经济问题孤立出来加以典型化,以使观众能够理解然后解决这些问题,实际上把舞台变成了社会学的实验室。作为一位戏剧哲学家,布莱希特始终关注的是戏剧审美功能最终要达到的一个目的,那就是启迪人们思考生活,认识客观世界,行动起来,参与变革现实。他指出,叙事剧舞台实践的思想基础是马克思的历史唯物主义。这种实践要把舞台演出同观众的物质状况和经济政治力量联系起来,要用已成为积极的批判手段的幻灭把演员和观众武装起来。马克思向人们揭示了政治现实时常是由浮夸的戏剧手段制造出来的,如果戏剧手段可以用来获取真正的政治权力,那么叙事剧就能够揭示这种幻觉机器的运作过程。布莱希特的叙事剧,其目的显然在于从政治上去剖析社会及其阶级结构、经济制度等要素。他把戏剧看成是对人生的一种批判工具,他的戏剧旨在成为科学时代的一种教育性戏剧。

间离的概念是布莱希特叙事剧理论的核心。他于1935年访问莫斯科并观看了中国京剧大师梅兰芳的一次演出后,从中国戏曲艺术中发现了对他的戏剧理论有用的形式要素,于是生造了"verfremdung"一词来表达自己的戏剧观念。不幸的是,布莱希特的关键性概念"间离"在英语中向来被译作"alienation",该词包含着消极的意义:孤立、敌对、情感的冷漠、对同伴和乐趣的摒弃。间离也是与两极分化和空间分离相关联的"疏离"(distancing)。因此,叙事剧空间用欧几里得术语来表示就是两个不相容的区域,意味着演出"之外"的理智的观众静态地对立于演出"之内"的场景。对间离概念的误解极大地影响了布莱希特戏剧观在世界各地的传播和接受。有意思的是,"alienation"也是对马克思的术语"异化"(entfremdung)通用的译法。与异化相比,间离通过前缀表达了一种有希望的能动作用,意味着围绕一个静止的中心实体的运动。对间离更确切的英文译法应该是"making strange"或者"defamiliarization",间离应该是一个动态的过程而非结果。间离概念是布莱希特戏剧观的产物，是艺术家认识生活反映生活的基本方法，贯穿在他的剧作、理论和演剧方法各个方面。在演剧方法上面，主要指演员、角色、观众三者之间应当产生一种新的辩证关系，他们存在于艺术生产的统一体之中，相互依存，但又彼此间离。

布莱希特的特殊贡献之一在于认识到演员能够起到帮助消除传统幻觉的特殊作用。在叙事剧里，演员要进行“表演”而不是模仿。演员的动作、手势和台词必须显得“若有其事”，好使他不至于完全认同于他正饰演的人物，因而观众也就不会轻易同情他。动作应该如同一种实验、一种呈现那样加以表演，使得舞台上演员与其所饰演的人物之间的差异显得一目了然。演员必须向观众清楚地表明他可见的社会态度，应该从他所饰演的人物行动中引出其“性格”，不要像传统戏剧中那样从人物的性格引出行动。演员要客观地进行表演，有一定的保留态度或保持一定距离地说话，慢慢地重复一个动作，或停下来向观众解释他正做着的事。通过这样的行为，演员便能够创造出所要求的叙事剧的间离效果。叙事剧说到底是非幻觉性的，对于这只是一出戏这一事实并不加以伪装。表演会清楚地表明：台词是早已背熟了的，动作也是排练过的，舞台装置则是早已准备好了的。观众当然可以有感觉与感情的体验，但并不要求演员本人向观众传达。于是，模仿性的表演便被叙述性的表演取代了。

叙事剧不分幕、只分场，采用场与场之间关系松弛的结构。剧作家应把剧作结构成插曲式的，每一场叙述一件事，没有贯穿全剧的中心戏剧事件及其高潮，情节可有跳跃性，无须循序渐进，每场事件在全剧中可有相对独立性，还有“戏中戏”结构。戏里的故事可以给观众提供“讨论、批评和改动”的材料，并且在每一场前用幻灯把情节打在幕布上，既避免使观众对情节产生悬念，又使观众认为事件的发生仿佛是在过去，从而使现在显得陌生，好让观众有机会做出自己的判断。有时人物上场时向观众叙述自己的身世或交代事情的原委，有时舞台一端有歌手或合唱队来叙述剧情甚至评述主人公的行为举止。舞美设计师要去掉幻觉和象征性，按照演员的需要来制造布景，不应有任何“第四堵墙”的暗示。除了道具外，舞台应是空荡荡的，只是一个在其间讲述一个故事的开放性空间。换景应在众目睽睽的情况下进行。灯光设计师不再遮蔽光源，应该让装置显露出来让观众意识到自己正身处剧院。舞台则要布以平淡的白光，让演员显得与观众身处同一个世界。作曲家应独立地表现他对该剧主题的想法，对剧情做出可能会与人物的行动发生冲突的评论。总之，一切戏剧结构因素均应配合起来，各以不同的方式来讲述这个故事，在客观上都有助于产生感情间离的效果，互相间离的同时又互有联系，使观众保持清醒的判断、理智的思考。可见，布莱希特的方法是与斯坦尼斯拉夫斯基的方法及现实主义幻觉式的戏剧截然相反的。布莱希特的舞台要剥去其戏剧性的魅力，拒绝使观众处于戏剧性戏剧所要求的感情激动的、移情性的迷醉状态。在他看来，使观众“对台上哭着的人笑，对台上笑着的人哭”，这才是伟大的戏剧艺术所要追求的境界。

布莱希特是现代戏剧艺术家中认为有必要对舞台技巧的各个方面进行彻底而激进的重新思考的杰出代表。他坚持认为，戏剧的生命力就在于不断地试验、讨论和修正这样一个永无终结的过程。正是在他的努力下，新的戏剧空间得以建立。这一空间不再是舞台上封闭静止的区域，可供填充或撤去道具和布景，可供分割、组合、延展或重新布置。从此，戏剧空间变成了动态的、进行中的空间性。这是充斥着间离观念的空间，是任何时刻都会涉及至少两种矛盾思想的空间，并且始终相互并置。中国戏剧对布莱希特的影响尤其表现在他打破了西方戏剧集中的、中心化的空间，将其转换为“流动的”、不连续的并为空的空间所环绕的场景。这种流动性为凝视提供了更多的自由和灵活性。由于缺乏一种固有的结构，叙事剧成为20世纪最富于变化的戏剧形式，其支系无疑将主导21世纪的舞台。

罗兰·巴特是布莱希特在法国最早的维护者和阐释者。他认为，“任何对戏剧和革命的思考都应当提及布莱希特”，布莱希特式的戏剧艺术至少表明当今戏剧艺术更多的是表示现实而非表达现实。萨特则注意到，在叙事剧中整部戏剧机器都是辩证的，每个部分都以各自的方式充当能指语言。瓦尔特·本雅明很早就指出，叙事剧告诉观众历史可以是这样，也可以是全然不同的模样，它强调的不是历史主线中的重大抉择，而是历史的无法衡量和独一无二性。布莱希特的意义远不止这些，他所引发的思考还在继续。

（曹雷雨）

交往理性（Communicative Rationality）

有关交往理性的理论试图将人类理性解释为成功交往的必然结果，它强调在人与人之间、主体之间互相理解的达成。交往理性在真实社会及生活场域的运作，被称之为“交往行为”，它指的是一种主体与主体间动态的交流状况。提出有关交往理性与交往行为的理论的，乃是德国哲学家哈贝马斯。在《交往行为理论》中，哈贝马斯通过对语言使用的深刻分析，对理性进行了一场批判。交往行为理论之提出，目的是要探索理性的交往本质、从而提出规范交往行为的准则，并试图促成系统与生活世界两者之间的相互了解，完成未竟的现代性事业。

哈贝马斯遵循韦伯的观点，认为社会合理性化进程肇始于"世界观的祛魅"。所谓"世界观的祛魅"，简单说来，就是普遍宗教的解体以及不同的文化领域的分化。随着统一化的宗教/形而上世界观的解体，知识分化为科学、道德和艺术这三个领域，其中每一个领域都取得了一种自律性并被划归给一个特殊问题与领土，只有通过对各个领域所适合的东西进行仔细观察和合理性化，才能够获得真理。换句话说，就是每一个领域各自都有着自己的"内在逻辑"，各自按照自身内部发展的规则和律令来运作，有着各自不同的理解和判断的标准，或者说具有不同的"有效性主张"：一、理论性真理(theoretical truth)被看作是认识论的问题，属于一种认知性的交往模式，对应于客观世界，被划归于自然科学；二、规范性的正当性(normative rightness)按正义问题来表述，被划归为道德，因为它属于一种互动的交往模式，对应于社会世界，有调节行为、建立合法人际关系的功能；三、真诚(truthfulness)或本真性(authenticity)主张，其中说话者保证其表达的感情和意向是真诚的，这属于一种表意的交往模式，对应于主观的内心世界，具有表意的功能；主要通过艺术领域中的鉴赏判断而得到明确。

按照传统启蒙理性的理解，由文化领域的这种分化所造成的专业化将提升社会正义、道德进步乃至自我发展。不幸的是，这一切并未发生。不过，与韦伯、阿多诺等人的悲观态度不同，哈贝马斯认为，现代社会并非只能够提高人的物质享受，而在其他层面的发展就一无是处。现代社会虽然产生了工具合理性的宰制，然而它也显示出人类解放的可能性。启蒙运动成功地把人类从传统的枷锁中解放出来，而世界观的祛魅与文化领域的分化丰富了人类对事物的理解角度，增加了人类对不同意见的容忍，同时也促使人类通过交往沟通来解决冲突与纠纷。就是说，科学、道德和法律、艺术等领域虽然各自有着其自身的理解和评价的标准，但它们都存在着合理性的潜能，都属于理性的范畴。理性因此被划分为三种合理性：即经验—理论合理性、审美—表现合理性和道德—实践合理性。就这样，通过区分三种有效性主张，将它们看作具有同等的价值和合理性，一个更宽泛的、多层次的理性概念就敞开了。在这个理性概念中，这些有效性维度相互关联，相互补充，相互渗透。哈贝马斯将这种更广泛的合理性称为交往理性。他认为这一理性观能够正确处理20世纪哲学中重要的思想发展，能够在避免相对主义的同时为现代性批判提供规范和标准。

交往理性的提出，是哈贝马斯的一大哲学创见，改革了欧陆自启蒙时代以来对理性的基本观念。在他看来，欧陆自18世纪以来所推崇的理性是一种以主体为中心的理性。这种理性主要源自于人类主体认知和掌握客观自然世界的能力。它是建立在人的经验主体对物质客体的一种静态的、单向的、宰制性的关系上。传统理性观深陷于主体对认识与行动的关注的范式性局限中，导致主体与客体、主观与客观的分割，理性因此只能在认识和操纵的层面上被还原为一种工具，理性本身所蕴含的丰富的可能性因此被扼杀了。哈贝马斯认为，社会实践时运用的理性、在生活中操作中运用的理性却是建立在人与人之间、主体与主体之间的相互认可之上，这与自然科学中主客对立的理性大异其趣。这种动态的、双向交流的理性就是哈贝马斯所说的"交往理性"。他认为，人类思维若要跳出以主体为中心的理性的谬误、人类社会若要跳出由此谬误基础所建立起来的宰制型文明价值体系，"客体知识的范式必须被能够进行言说与行动的主体之间的相互理解的范式所取代"，这种范式"不再是可再现和操纵的客观世界中的单个主体之间的关系，而是言说和行动着的主体之间的主体间关系"。交往理性范式与理性主义传统的不同在于，理性被置于人与人之间的语言交往的结构之中，而不是在宇宙或认知主体的结构。

根据哈贝马斯的理论，交往理性是通过不同对话者对话语的分享和他们对该话语的有效性的评价而产生的。交往理性的含义最终建立在人类对论争性言语的不受限制的、同一化的、导致一致意见的力量的核心体验之上。在论争性言语中，主体间交往和不同意见的调和不再以神的意志或传统文化的权威为标准，而是按照不同领域的有效性主张，通过讨论，以"更佳论据的力量"(the force of the better argument)来达成共识。就是说，进行交往的行动者，必须证明自己的意图是真诚的，所谈的内容符合事实，而且自己的行为没有违背社会规范，这样真正的共识就能形成。哈贝马斯的这一说法，基本上指的是，有关事实、规范及体验的言语交往在达成相互理解后，行为主体所共同遵循的行为规范或价值规范就能据以确立。因此，哈贝马斯的交往行为理论，实际上是一种真理的共识理论。事实上，按照他的理论，交往行为双方必须在一个理想的言语情境中才能达成共识。所谓理想的言语情境，指所有参与者都有相等的机会，参与陈述性的、表现性的和规范性的言语行动，在没有任何不公平或强制的条件下，进行平等真诚的沟通与对话，并排除只对单方面具有约束力的规范和特权。

然而，哈贝马斯认为，当语言沦为人们透过政治宣传、大众传播媒介、文化产业等偏颇地表达个人或某集团的意见，从而成为压抑别人或其他集团的意见的工具时，理想的言语情景就不可能存在，人与人之间的交往沟通就成为一种"被扭曲的交往"，它对个人的需求和欲望会造成压抑、甚至形成精神病。哈贝马斯认为，健康的主体自我有赖于“更高层次的主体间性”的建立，而健康的主体间性则又归根结底在于未被扭曲的交往关系。受控制或被扭曲的交往应该遭到谴责，这不仅因为它是无自由、受宰制或压迫的证据，而且也因为它破坏了稳定而又成功的人类互动的基础。被扭曲的交往如果表现在整个社会层面，那就是意识形态的社会宰制现象和物化现象。

毫无疑问，交往理性所针对的当属工具理性。依哈贝马斯之见，在资本主义的进程中，理性越来越被局限于目的—手段关系而萎缩为工具理性，金钱与权力成了社会体制及个人行为的整合原则，从而导致了人的异化。这就是现代社会困境的问题所在。据此，哈贝马斯提出了“系统—生活世界”(system-life world)的架构来处理这些问题。系统指的是客观存在的社会制度及其相关的调节功能，它由政府官僚体系和资本主义经济模式构成，其中研究者要以观察者的身份去从事理解与分析。依哈贝马斯之见，工具理性是属于系统的合理性。相反，交往理性则属于生活世界。所谓生活世界，指的是个人活动层面，其中研究者要以参与者的身份去理解这些现象。在生活世界中，各种话语得以进行；意义与价值的文化材料得以贮藏，因此能够担负起对社会团结、有目的性、理性健康的维持。交往理性观认为，系统和生活世界本来是相辅相成的发展层次，然而，随着社会演化的展开，系统逐渐摆脱了规范节制而获得了自由的运作，将自己的结构功能施加于生活世界之上，形成了按具体问题自身的逻辑来处理这些问题的各种新制度，强迫掠夺了生活世界中的自然与人文资源，压迫了其中真实的文化经验主体，从而导致生活世界丧失自主性。哈贝马斯将这种畸形的发展称为生活世界的殖民化。这时候，基于交往的关系(会导致理解、信任和团结)被基于实用目的的关系所取代。因此，对于哈贝马斯来说，为了完成现代性的未竟事业，必须重新联结系统与生活世界，而这个任务，就落实到交往理性的发展之上。

(凌海衡)

阶级(Class)

在今天，“阶级”是一个涉及面较为广泛、含义较为复杂的词语。按照英国文化理论家雷蒙德·威廉斯在《关键词》(*Keywords*)中对该词词源的考察，“阶级”这个词语是在 17 世纪初由拉丁文进入到英文里的。在此之前，这个词语与古罗马历史中的财产划分、中世纪的教会组织、16 世纪的植物分类等含义有关系。17 世纪初进入英文后，这个词语开始具有了某些社会意义，逐渐与“标准的权威”、古代希腊和罗马、教育等方面发生了意义上的联系。

然而，在现代意义上，“阶级”已经衍生出了一些与传统意义不同的复杂含义。我们大致上可以从三个方面去把握这个词语在现代的基本内涵。

首先是阶级的社会学含义。这方面的含义是“阶级”一词进入现代之后最先出现的，它往往与社会中对不同群体的划分有关，如上层阶级、中产阶级、下层阶级等等，而这些划分通常又与不同人群的社会背景、教育、职业、地位、品味、认同感等因素相联系。威廉斯认为，进入现代以来，在这个含义系列里所出现的一个重大变化就是用“阶级”取代其他旧词语来指称“社会分层”(social division)，以及由此逐渐建构起来的关于不同人群的社会地位的意识。人们往往根据上述因素来定位特定的社会群体，确定他们在社会中的地位高低，以及由此产生的对待社会、政治的基本态度。另一方面，在消费社会里，一些市场和经济的研究者们通常会根据不同消费人群的收入、消费能力、消费习惯这些因素来界定社会阶级，把他们划分为不同的消费群体，以此作为研究的基础。显然，社会学的这两方面的划分依据之间有着明显的差异，即它们的出发点和目标、使用的模式和方法都不同。在多数情况下，人们都是在社会分层的意义上来使用“阶级”这个词语。

其次是马克思主义从政治经济学的角度对阶级所做的界定。马克思主义经典作家(马克思和恩格斯)在一系列著作里提出，阶级要由人们在社会经济结构中所依赖的客观条件来确定，它取决于人们在特定社会经济结构里所处的地位、占有生产资料和生产工具的情况、由此形成的生产关系等客观条件。马克思主义通过对现代资本主义社会经济结构的分析，划分出了占有生产资料、从事雇佣劳动并榨取剩余价值的“资产阶级”，以及没有生产资料、受资产阶级剥削和压迫的“无产阶级”。马克思主义认为，现代资本主义社会的主要矛盾是资产阶级与无产阶级之间的矛盾，现代社会以阶级划分为基础的社会分工(包括脑力劳动与体力劳动的分工)，加剧了资本主义社会的各种固有矛盾，其结果必然会导致无产阶级革命。

从这种对社会阶级的基本划分出发，马克思主义把文化与意识形态同社会的阶级划分联系起来，并进而与政治革命、人类解放联系起来，系统地提出了“阶级意识”、“阶级斗争”等命题和理论，把进行无产阶级革命、推翻资产阶级、改变生产资料和工具的所有制、消灭脑力劳动与体力劳动的分工、解放全人类的历史使命置于无产阶级肩上，认为这样的革命将标志着人类社会历史发展的新历程。从这些方面来看，“阶级”在马克思主义的学说中已经不单纯是一个经济范畴，而是与政治斗争、政治革命和意识形态革命有着密切联系的复杂范畴。

再次，从文化研究的角度看，阶级也具有不同的含义。在英国文化研究的“伯明翰学派”的传统中，往往把“阶级”与社会“形成”的过程联系起来理解，尤其是以下层阶级、平民阶级为主要的关注对象。霍加特(Richard Hoggart)通过对工人阶级状况的研究，竭力探索他们作为一个特殊阶级的认同感及其在文化上的表现，特别是在第二次世界大战前后英国文化中的“美国化”对工人阶级意识(“亚文化”)的侵蚀。威廉斯的文化研究则十分关注下层阶级在从乡村到城市的“跨越”运动中内在“情感结构”的变迁及其在文化上的表现，他在《关键词》一书中着重考察了“工人阶级”这个词语自18世纪以来的演变，以及由此标志着的社会分层的变迁。克拉克(James Clarke)等人所著的《工人阶级的文化》(*Working Class Culture*)一书则集中研究英国工人阶级在文化和意识形态方面的“再构成与重组”，并且建立了一整套研究的理论模式和方法，在战后西方文化研究领域中产生了重要的影响。在当代文化研究里，对“阶级”的研究，往往与社会和文化认同方面的性别、种族、族群等范畴有着密切关系，有时甚至被这些方面的研究所取代。此外，“阶级”这个词语在文化研究里有时也会与“群体”、“阶层”、“类别”这些词语交替或连带使用。

（阎嘉）

姐妹情谊(Sisterhood)

伊莱恩·肖瓦尔特在《她们自己的文学》中提出姐妹情谊是女性团结一致的强烈情感。杰梅茵·格里尔在《完整的女人》中指出姐妹情谊是一种以松散但却强大的网络把平等者联系在一起的关系，它不承认任何领导，不施加任何制裁，不沉溺于任何特殊的或秘密的仪式。姐妹情谊这种关系与男人形成的种种集团关系迥然不同，没有等级制度，没有口令，没有秘密的标志，是一种开诚布公的姐妹关系。

姐妹情谊在英美文学中有很深的传统，而倡导姐妹情谊是女性主义批评的理想之一。从开始起，女小说家之间的相互意识及她们对其女性读者的意识就表现出一种潜藏的团结，有时这种团结成了一种时髦。雷吉斯特说为了得到女性的认可，文学应该促进姐妹情谊即妇女之间的新的集体感，旨在克服团体的自我憎恨，克服许多妇女对同性的其他人所怀有的敌意；这种敌意是由分离的、为获得男性注意而展开的竞争以及倾向于自卑心理所引起的。

美国女性主义历史学家吉娜维斯对姐妹情谊这一概念进行了概括和批评。她认为姐妹情谊通常被理解为妇女在共同受压迫的基础上建立起来的互相关怀、互相支持的一种关系。这个概念有两层含义：一是指妇女由于独特性别特征而形成的特殊的妇女之间的关系，这种互相关怀、互相支持、相依为命的感情同充满竞争的男性世界的伦理和价值观念截然不同；二是以强烈的政治色彩团结受压迫者，开展女性主义运动。但是吉娜维斯指出这两层含义都忽视了妇女之间由于种族、阶级、民族的不同而存在的不同的政治和经济利益，有过于笼统和抽象的倾向。苏珊·J.道格拉斯在《少女都到哪儿去了》一书中宣称，关于所有女人都是“姐妹”，不分种族、阶级、代沟和地区，因经历相同、同属受压迫的集团而结成一体这个观点是20世纪70年代女权主义者提倡的一个最强大有力、最乌托邦式，因此也最具威胁性的一个概念。

姐妹情谊的关系一壮大到成为女人之间的主要关系，就遭到兄弟结盟关系的埋怨，其他受压迫团体也抱怨女权主义会破坏他们的斗争。国际社会主义者、工人革命党、所有黑人集团都严厉谴责中产阶级女权主义者，说她们把小资产阶级的情调置于真正受压迫者的生死斗争之上。

黑人妇女积极分子弗罗伦斯·肯尼迪(Florynce Kennedy)1970年在为文集《姐妹情谊是有力量的》撰写的一篇文章中对妇女之间是否存在团结表示怀疑，她认为强调姐妹情谊常常掩盖了处于控制地位的资产阶级白人妇女的情感要求，掩盖了很多妇女剥削和压迫其他妇女这一事实。当代女性主义者所表达的姐妹情谊的意识形态没有承认白人妇女对其他种族妇女的歧视、剥削和压迫，同时不同的文化背景也使交流变得困难，这两个群体无法感觉她们有着共同的利益或政治关注。

贝尔·胡克斯在《姐妹情谊：妇女们的政治集团》中作出如下表述：认为姐妹情谊的观点是建立在共同压迫的思想基础之上的思想是一种错误而虚伪的说法，它掩盖和混淆了妇女们各种复杂的社会现实的本质，性态度、种族主义、阶级特权和其他偏见把妇女们分裂开来。只有面对这种分裂并为消除它而采取必要的行动，才能使妇女们长久地联合，尽管所有妇女共同的经历很有价值，但对于共同压迫的一厢情愿的思考或浪漫的幻想是不可能消除分裂的。胡克斯认为妇女不需要完全消除差异以求团结，而必须共同分享经历、文化和思想。妇女可以成为姐妹，前提是共同的利益和信仰、对差异的正确评价。为了结束性压迫的斗争和政治团结将她们结合在一起。姐妹情谊的原则在于分享权利，但这不过是没有权利的同义语。只有在姐妹情谊以及姐妹结盟是真实的情况下，它才能强大起来。胡克斯认为，在妇女有能力反抗男性统治之前，必须打破自己对性别歧视的依附，必须努力改变女性的意识。妇女们要通过共同揭露、审视和消除自身中的性别歧视的社会化，相互肯定和提高自己，从而为发展政治团结建立坚实的基础。黑人妇女认识到白人男性和女性从种族统治中得到特权，她们对提倡姐妹情谊的女权主义运动作出反应，并指出其矛盾所在：即我们要加入剥削我们的妇女之中去帮助她们得到解放。正如托尼·莫里森在《黑人妇女如何看待妇女解放》中所说的那样：很多黑人妇女并不尊重中产阶级白人妇女，也无法想象去支持一项不会给她们自己带来益处的事业。种族歧视的社会化教导中产阶级白人妇女认为她们必然比其他群体的妇女更加有能力领导广大女性。而大多数贫穷的和劳动阶级的妇女，或者中产阶级的非白人妇女都不会认为她们可以在得到不同群体的妇女的支持和加入之前就可以发起一场女权主义运动。积极参加女权主义运动的白人妇女不愿意面对种族歧视问题的原因之一是她们认为姐妹情谊是非种族歧视的姿态。简·鲁尔(Jane Rule)在《以一切应有的敬意》中评论说，妇女们需要在意识形态分歧的形势下走到一起，并努力改变那种相互影响，以便使相互交流得以产生。妇女们应在敌意的对峙中相互面对，斗争并且超越敌意达到理解。

妇女们不需要完全消除差异以求团结。正如格瑞斯·李·伯格斯(Grace Lee Boggs)和詹姆斯·伯格斯(James Boggs)在《20世纪的革命和发展》中强调的那样，妇女不需要一起承受共同的压迫以求平等地斗争来结束压迫，也不需要用反对男性的观点来联合在一起，而应该分享共同的经历、文化和思想的财富。妇女们可以成为姐妹，是共同的利益和信仰，对差异的正确评价和为结束性压迫的斗争和团结将姐妹们结合在一起。

此外，杰梅茵·格里尔认为有一种说法比认为姐妹情谊可以把各阶级和各种族的妇女联合起来这种提法更成问题，因为它认为姐妹情谊可以把几代不同的女性结合起来。根据定义，姐妹同属一个年龄层次。姐妹之所以亲密，是因为她们同时学语言，在同一种青年文化中成长，或者在缺乏这种文化的环境下成长，她们多多少少在同时经历生命的变化，所有这些共同的经验是姐妹情谊的绝对必要的条件。指望政治上的姐妹情谊将我们祖母一代和孙女一代全部包括进来是不可能的，因为女权主义跟任何激进的运动一样是面向青年的。

姐妹情谊是女性主义理论和批评的基本原则，也是女性主义文学乐于建构的理想国。它的动因在于女性作家和批评家争取女性团结以获得力量的愿望，也基于女性四分五裂而无力反抗压迫的实际。具有乌托邦性质的姐妹情谊，最大的意义在于它即使不可能，却的确为女性主义所必需。它可以提醒女性主体，不妨把散居性的“她者”地位作为“共在”。这需要克服重重困难寻求团结一致的途径，最大的困难是自身的褊狭，同时在集体情感中保持自身的主体性。

（钱俊）

解构（Deconstruction）

解构，是德里达创制的哲学之简明称谓。在“结构”之前加上一个否定式前缀“de”，意思是“反对结构”或者“解除结构”，这清楚地表明了“解构”与结构主义之间的反转关系，又暗示着所谓“解构”就是通过对结构主义的反思批判从而置疑和颠覆西方形而上学及其文化传统。

“解构”的直接渊源是海德格尔的哲学战略。海德格尔呼唤一种追寻“存在之意义”的“存在论”（Ontology，又译“本体论”或者“存有论”）来终结西方形而上学传统，同时发展了“消解”（Abbau，Destruktion）概念，将一切现存的形而上学概念（如“存在”，“时间”，“言语”以及“死亡”等等）提交给“存在论”的法庭来进行哲学的审判。按照海德格尔的说法，领悟“存在之意义”的地平线是“此在”，而“此在”作为历史的存在又负载着诸种前定理解，这些前定理解构成了对“此在”的遮蔽。因此，“消解”就是通过彻底的现象学还原，揭开积累在“此在”之上的种种遮蔽物，而让“此在”作为“存在”的先决条件澄明起来。德里达借取了海德格尔的“消解”战略，但他既剔除了后者的过时的浪漫悲情，又淡化了其建构“基础存在论”的使命感，从而将消解的哲学转化为解构的思想，把建构的战略转化为解构的策略。解构的目标，与海德格尔消解的目标一样，是形而上学传统之中的“绝对”。但在德里达眼里，解构的目标更为具体，那就是隐含在形而上学经典文本之中的“逻各斯中心主义”。他还认为，海德格尔的哲学同样支持把“存在”混同于“存在者”，把“存在者”确定为“在场”，因此没有摆脱“逻各斯中心主义”。将海德格尔的思想激进化，德里达为自己的“解构”确立的使命，是开始拆毁所有源于“逻各斯”的“意义的意义”。

“解构”为德里达创设，但在西方哲学传统之中亦不缺乏其先行的踪迹。在古代智术师（Sophists）和善辩者（Rhetors）那里，一切常识、一切规范和一切信仰都受到了他们诡异的思维方式和圆滑的言辞的冲击，甚至连像柏拉图这样伟大的哲学家们也必须花相当的力气来整饬他们对思想和学术造成的混乱。近代“怀疑论”简直就是根本无法预防也不可能被根治的恶疾,"无论人们怎样祛除,这种疾病都一定会在某一时刻回到我们身上"(大卫·休谟语)。康德创立批判哲学的根本宗旨,就是要防止人类理性的"僭妄"和"滥用",从而为之立法为界。在后现代文化语境下复杂的思想渊流之中,传统话语、意义、权力以及表达这些东西的语言统统受到了质疑,而隐含在现代性启蒙神话和思辨神话之中的文化预设也遭到了全面拒绝。德里达处身在后现代思想的巨大漩流之中,延续着古代智者、近代怀疑论以及批判哲学的脉息,回应当今时代的喧嚣的杂语,以"解构"来反省和置疑西方哲学文化之中已成定论和既成定势的观念与方法。因此,"解构"既是理论又是实践,其思想的旨趣在于给这些已成定论和既成定势的观念与方法布施解毒药,从而激起对于约定俗成的关于语言、经验以及规范的人类交流模式的怀疑。

德里达被迫在多个场合表明,如果要用最简单的语言给"解构"下一个经济的定义,那就是"一种语言以上"(plus d'une langue)。哪里有"一种语言以上",哪里就有"解构"。最让人关注、忧心的是,在唯一的语言之下,多样的语言和异质性遭到吞噬,遭到灭杀,以及贫困化。德里达认为,西方哲学几千年的努力就在于寻找"唯一的语言",就在于建构"通天塔",就在于用"在场"、"逻各斯"、"本质"、"超验能指"来照亮思想的世界,而这就是"光的暴力"、"形而上学的暴力"。"解构"就是要和"唯一的词语"抗争,这就体现在对"逻各斯中心主义"的抗争之中,体现在对表音文字以及整个语音书写的置疑之中。与这些抗争与置疑相伴,是德里达对于"书"的模式、"书"的历史模式,即对于某种以圣经或者百科全书形式表现出来的自我封闭之整体的怀疑。与"唯一的词语"抗争,就意味着"解构"是一种呼唤"他者"、追寻"他者"、倾听"他者语言"以及"回答他者呼唤"的姿态。置疑"逻各斯中心主义",也就意味着通过书写,即"延异"和"散播",同一切以形而上学、辩证法和存在论为象征的封闭体系决裂。为了思想之故,必须将"一种语言以上"即语言的异质性解放出来。

因此,"解构"就是主动地成为"既成"(ready made)信仰的反题。而只要人们接受西方形而上学传统及其基本概念,这些"既成"信仰就被认为是理所当然的。这些信仰包括:哲学和文学以及文学文类之间判然有别;真实与虚构属于不同的世界;记述的言语与践行的言语有根本的差别;一切文本和一切言语都有意义,哲学家和批评家都必须追寻这些意义。德里达认为,这些传统的信仰最后都归结为"唯一的语言",一套整体封闭的"独一无二"的词汇;而追寻"唯一的语言"的探索,则是西方哲学作了三千年的"还乡梦":追求破译,梦想破译某种逃脱了游戏和符号秩序的真理或者源头。与这种梦想相反,"解构"则希望远离真理与源头,以游戏的方式超越人、人文主义、人的存在、形而上学和存在神学的历史，使历史的世界和意义的世界向差异、向他者敞开。

当“解构”自觉地成为一切“既成”信仰的反题之时，并不意味着它是一种否定的思想，或者更糟糕的是一种相对主义和虚无主义。相反，“解构”是一种实在地发生的事件，是一种肯定的思想，是一种对“他者”有所承诺和负担责任的姿态。首先，“解构”是以最忠实和最内在的方式去思考哲学概念的结构和谱系，从哲学概念的无法命名和无法定性的外部，去确定被历史遮蔽的“他者”的声音，被压制的“启示”腔调。倾听和回应“他者”，接纳和领悟“启示”，这就是“解构”的责任，“解构的伦理”，“解构的宗教”。其次，要真正倾听和回应“他者”，就必须同时说几种语言，或者同时写作多个文本，甚至进行“修辞总动员”，以隐喻、象征、双关、戏仿、异文以及新造词语等游而戏之的方式运用语言，来逃避“唯一语言”的暴力，走出一种文化的囚笼。最后，要真正避免“唯一语言”的暴力，就必须彻底地“避免以言行事”。“解构”对于语言的这种不信任的姿态，直接地体现在“无始无终”的书写之中。“书写”，就是从语言之中解放出被言语压制的文字及其生命力，任其超越文体、法则、风格以及规范而自我散播。德里达自己写作的《丧钟》，就是这种同时运用几种语言同时生产几个文本的“无始无终”的书写；在这里，作为“逻各斯中心主义”之总体象征的黑格尔以及作为感性造反之标本的热奈(Genet)同时被戏仿，决裂了西方传统哲学确立的可理解性界限。

“解构”，时而被目为“无害但也无聊的学术游戏”，时而被宣判为“恐怖主义杀手”，时而被当作绝望的虚无主义而横遭贬斥，但这些说法都离题万里。比利时裔的美国批评家保罗·德曼(Paul de Man)说，“解构”是一个事实。因为“修辞”总在破坏“逻辑”，“不可阅读性”恰恰就是文本存在的合法理由，所以，一切文本在阅读之前就自动“解构”了。德曼青年时代为纳粹报纸撰稿的劣迹被公布于世之时，人们将海德格尔、德曼以及德里达一并予以谴责，断定“解构”的游戏姿态居心叵测，其中隐含着“非道德主义”。在追悼德曼的时刻，德里达带着铭心刻骨的伤痛和悲情描述了“解构”就是“绝境”，德曼的“不可阅读性的寓言”就是对“绝境”的体验，即在思想被困，前途无路的时刻“给出或许诺对道路的思考，激发思考尚不可思考的或未被思考的、甚至不可能的东西的可能性”。简单地说，“解构”就是一种主动受难的激情，对不可能之可能性的激情。这是一切有良心的哲人注定必须追求的命运与境界。

“解构”不是打亮手电照别人，而是将犀利的眼光投向自己的内在深处。“解构”也意味着自觉的自我“解构”。所以，越到晚年，德里达越是深化自己的“解构”意识。不过，他显然从海德格尔退回到胡塞尔，希望“解构”成为激进化的“现象学还原”。通过对恐怖主义、流氓国家、“9·11”事件以及形形色色的暴力现象的反省，他把当今世界骚动不安的秩序框架追溯到了三大唯一神信仰的根源——亚伯拉罕精神。亚伯拉罕所象征的“宽容”是“有条件的宽容”，而这种“有条件的宽容”正如建立于血缘、地域、民族、国家之上的“博爱（兄弟关系）”一样，都是导致暴力和冲突的根源。如此无情的揭蔽，德里达有理由让人相信“解构就是未来的民主”，“无宗教的宗教”以及“无弥赛亚主义的弥赛亚”。在后现代地平线内展开思考并推进“解构”的法国哲学家南希（Jean-Luc Nancy）和马利昂（Jean-Luc Marion），以及他们所显示的哲学动向，备受德里达关注。在德里达看来，南希对“基督教（身体）的解构”，马利昂向“纯粹给予性的还原”，都不外乎是穿越犹太—希腊—基督教文化传统，去思考甚至触摸在今天仍然支配着整个欧洲文化的基督教身体，清除这身体之上过分厚重的历史文化积淀，从而暴露出福音书体验的源始信息——纯粹的给予。在这个意义上，“解构”再次被理解为一种责任，一种对责任的承诺。

（胡继华）

解构的伦理学（the Ethics of Deconstruction）

德里达的解构主义自从诞生以来，人们对它的接受和理解有着较为明显的阶段性。在美国耶鲁学派使之广泛传播的时候，人们主要是从文学的角度去关注解构主义的，20 世纪 70 年代中后期则主要是哲学领域的讨论。1980 年在法国举行的一个名为“人的终结”（The Ends of Man）的会议上，人们开始提及解构主义涉及的政治意义等问题。1987 年，米勒（J. Hillis Miller）出版了《阅读的伦理学》（*The Ethics of Reading*），开始涉及解构主义与伦理学的关系问题。1992 年，美国哲学家克里齐雷（Simon Critchley）出版了《解构的伦理学：德里达与列维纳斯》（*The Ethics of Deconstruction: Derrida and Levinas*）一书，最早提出并较为系统地研究了“解构的伦理学”问题。

“解构的伦理学”探讨的是德里达解构主义思想中涉及的伦理问题，而这又与德里达对列维纳斯的伦理学探讨紧紧联系在一起。德里达自己也承认他的解构思想同列维纳斯伦理学之间只不过是一些表述上的不同，在内容和哲学立场上则没有实质性的区别。也就是说，“解构的伦理学”中的“伦理学”一词是在列维纳斯的意义上使用的，而这种使用与传统形而上学中的“伦理学”含义有着重要的区别。简单说来，传统的伦理学是形而上学的一个部分,是价值与道德哲学的领域,联系着康德所说的实践理性,在其中,具有同一性和自治性的"人"是一个潜在的哲学前提。作为主体的人的"自我"(self, ego)成为一个中心,围绕这个中心,他者(the other 或 Other)作为对象被知识主体的认知力量所控制、简化和吸纳。即使是海德格尔在探讨"此在"(Dasein)的构成世界时,这个中心依然存在。从某种意义上说,他者就是主体进行认知游戏时的玩偶,他者本身的独一无二性则被剥夺了。在这里,自由就只是一种保证,即保证在"自我"的同一性和自治性的实现过程中,不会有任何他者成为阻碍。也就是说,传统的伦理学是建立在形而上学的人学基础上的。与此相反,列维纳斯的伦理学概念所强调的是传统伦理学在"简化"过程中粗暴地剥除的东西,这就是他者的"他者性"(otherness)。因此,列维纳斯的伦理学概念恰恰构成了对传统伦理学的批判,它要保留的是他者那不能被简化的、独一无二的他者性或者异变性(alterity),有时候,列维纳斯也称之为"外在性"(exteriority),即所有外在于认知主体的那些特性。这样一来,伦理学或者道德意识就不是一种价值经验,而是与外在存在的接近,一种使他者展现其自身的过程,而不是形成"我心中的他者"的过程。因此对于列维纳斯来说,伦理关系的形成就是自我与他者相遇或者相面对的过程,在其中,他者不能逃避、不能被消融和扼杀,并且正是在他者面前,自我才得到证明。

因此,在解构的伦理学中,他者已经取得了相对于主体的优先性。伦理关系成为一种形而上学形成之前的前哲学的原初关系,亦即那种没有受到主体性哲学沾染的关系。这种观念十分类似于海德格尔的"存在"的"敞开"或者"去蔽"过程,不同的是,这是他者的独特性构成的敞开,主体在这里只是一种手段或者他者之存在得到展开的前提条件。并且十分重要的是,这种情况下的主体已经不能再称之为主体,而是一个自我。在自我与他者相遇的过程中,他者保留了自身的完整性和独特性,不会被任何别的事物同化和吸纳。德里达也称之为"完全他者"(wholly other),他甚至干脆就认为,列维纳斯谈及伦理学时,伦理学就是指完全他者。

"完全他者"的概念在于说明,在与他者的伦理关系中,对他者的尊重是一种必要的前提,在这个前提之下,解构伦理的下一步是强调对他者的"回应"和"责任"这个中心问题。同尊重他者这个前提一致,对他者的责任在列维纳斯的伦理中也具有"不可化约的优先性",在他或她对"我"提出的独一无二的要求中我们才能找到伦理的意思。这个接近"我"的他者是一个独一无二的他者,不会在"他者们"中丢失他或者她自己的他者。同样,那个面对责任、并准备为他者而自我赎罪和自我替代的主体也是一个独立体,一个并不是随时可在普遍的自我概念下被收编的独立体。不仅如此,列维纳斯还通过“存在就是外在性”的命题把“回应”他者的责任看成人的一种本质性规定。就是说，“成之为一个人”的含义就是向外在性敞开自己，就“主体”这个词而言，其本身就内含了服从的意思。在列维纳斯的思想中就是主体对他者的服从。对德里达来说，不是自我建构了他者，相反是从与他者的关系中，“自我”才得到确证。

但是德里达也与列维纳斯存在不同，那就是他避开了从另一个方向去规定人的“本质”。克里齐雷也认为，列维纳斯关于人的新观念仍然是一种存在之本质或者存在之真理的形而上学的和人道主义的决定论。同时德里达也认识到，“完全他者”与自我之间的伦理关系是否能够发生、在发生之后是否依旧会伤害到他者的独特性等问题，列维纳斯的伦理学都没有保证。

那么在解构伦理中，主体对他者的回应和责任究竟会以怎样的方式体现出来？“完全他者”的概念使“自我”面对的是“子非鱼而安知鱼之乐”的问题。实际上德里达仍然采纳了列维纳斯伦理学求助于“经验”的办法。当然这个经验不是形而上学中服务于普遍性的经验，而是拒绝任何公约化的、独一无二的他者的“异质性经验”，即那种“拒绝任何范畴和整体将之封闭起来的东西”，是“抗拒一切哲学素的东西”。在德里达看来，这种他者的“经验”就是他者的“踪迹”。不过我们看到，“踪迹”在解构主义中是一种非本质主义的概念，不具有稳定性。因此要通过这些“踪迹”来达成“自我”与他者之间的伦理关系依旧是十分不可靠的，它只意味着某种可能性的存在，只能在不断延迟的过程中期待，德里达干脆称之为“不可能的可能性”。

对解构伦理这种“被动性”稍稍有所改变的是斯皮瓦克在后殖民主义批评中提出的“主体效果”的看法，即有必要根据具体的情景需要而对他者经验进行累积并形成临时性的他者形象，从而建构起暂时的沟通平台。当然，前提是我们首先必须尊重他者，并在此基础上时刻准备回应他者的“诱惑”和“号召”，在与他者的互动中修正这种已经形成的观念。

总体上看，解构伦理是一种他者伦理，尽管这种伦理观念无法保证自我与他者之间的双向互动的产生，也不能根本避免对他者的伤害，而更可能的是一种姿态，但是在尊重他者，在回应他者的责任心和积极性方面，与传统伦理学及形而上学的主体中心和对他者的排斥刚好是两种完全不同的方向。换句话说，它正是在对后者的批判过程中产生的，并且对全球化时代的多元主义、后殖民主义文化理论以及各种少数民族话语产生了十分重要的影响。

（李应志）

解释学(Hermeneutics)

解释学一词来自希腊文“Hermenia”,即为宙斯传递消息的神。因此,这门学科最初是一种有关宗教和经典文献理解和解释的理论或哲学,又译作诠释学或释义学。早期的解释学有两种形式,一种是对法律所进行的法学解释,另一种是对圣经和经典文献的神学和文献学解释。在17世纪,圣经学研究学者汤恩豪塞尔出版了《圣经解释学或圣经文献解释方法》一书,从这部书开始,“解释学”一词才得以第一次正式使用。但直到18世纪为止,从语文学(philology)和神学成长起来的解释学,作为一个学科仍是零散的,只服务于说教的目的。直到19世纪,德国哲学家施莱尔马赫(Schleiermacher)才把解释学作为文化科学的方法论加以特别的研究,使解释学成为一门关于理解和解释的一般学说,从而摆脱了一切教义的偶然和武断的因素。基于深入研究柏拉图和圣经新约的独特体验,施莱尔马赫强调解释学首先应该是一种解释的方法,即寻求一种心理学意义上的理解,以便揭示那些活在文本作者心中的原则或者观念;而解释的目的就是要克服误解,正确理解在字里行间中表达出来的作者的原意。

德国哲学家狄尔泰(Wilhelm Dilthey)进一步发展了施莱尔马赫的解释学,狄尔泰的观点是解释的对象主要是人类生活和历史的过程,而不只是考证和注释,所以首先要对生活和历史本身进行探索。他还将解释学当作重视作者的原本创作过程、同时为人文科学提供一个客观性基础的方法论;当然这种基础还不同于自然科学中的所谓“客观性”基础。施莱尔马赫和狄尔泰创立的传统解释学,将理解当作认知的一个辅助手段,并将解释学本身当作一种技巧而非哲学来看待,因此人们也称传统解释学为“狭义解释学”。

解释学在20世纪完成了一种由认识论到本体论的革命,这场革命的中心人物是海德格尔、伽达默尔和利科。按照海德格尔的观点,解释学不再是研究我们怎样理解本文、历史或人物传记,而是领悟只有通过理解才能存在的那种存在者的存在方式。理解是“此在”存在的方式,作为存在的人的本质就是理解活动,人是通过理解而存在的。在海德格尔的现象哲学框架内,理解被视为人类生存的根本方式,或者与世界相连的“此在”的各种可能性的抛投。对海氏来说,解释学在看待人类生存时,就如同看待“类似文本者”;或者说,我们要揭示人类生存这个充满意义的文本。以这种方式,解释学成为哲学本身。解释学的循环也就涉及解释缘在的存在，而不仅是澄清文本字面的语义。

伽达默尔在海德格尔关于理解或领悟的看法基础上，发展出来一般解释学或“广义解释学”，也被称为“哲学解释学”。他认为理解不只是一个方法论问题，其目的也不仅仅为了制定一组解释规则。理解或领悟应被视为人类生存状态的基本特点，因此，解释学是存在论的而不是方法论的，其目标应是去揭示各种理解现象所依据的基本条件。人文科学的对象是我们遗产的一部分，又是历史的一部分；我们已经属于历史，历史语境主导了我们理解的方向。在人文科学中要求独立于历史主体的客观性是不得要领的，因为所有理解一定会带有历史性的偏见，绝不会是纯客观的。没有任何解释可能是最终性的，理解是在解释者和文本之间的不断游动。伽达默尔在《真理和方法》中得出如下结论：“因此，这里展示的解释学不是人文学科的方法论，而是试图超出这些学科方法论的自我意识，去理解人文科学到底是什么，以及什么将它们与我们对于世界的总体经验联系起来。”

利科的哲学解释学试图把存在论、认识论和方法论结合起来，他的工作主要是通过对神话、梦、想象、符号、叙事和思想体系的分析来展开的。解释学揭示了我们如何束缚于前意义的存在论，解释学也证明了前理解先于任何认识论的范畴。我们应该从存在论的层面来提出解释，而这又只能通过对语言、神话、意识形态和无意识的分析来达到。哲学解释学的任务在于提出一个标准，这个标准将为各种解释学的范围确定一个理论的界限，以便对各种冲突的解释进行仲裁。利科的解释学把人本主义哲学、心理学、分析哲学、语言哲学等理论融合在一起，他尤其强调语言的存在论地位，认为语言和世界的关系乃是存在论意义上的关系，我们所能认识的世界只能是语言的世界。正因为人和世界的关系本质上是语言的，因此，解释学不仅被当作人文科学的方法论基础，而且也被当作哲学的一个普遍方法。解释学已成为20世纪的主要哲学思潮之一，它对当代西方哲学和文学理论的发展有着深远的影响。

（王炎）

解辖域化（Deterritorialisation）

在当代法国著名哲学家德勒兹审视世界万象的差异哲学、流变思维和游牧思想中,“辖域化—解辖域化—再辖域化”(territorialize—deterritorialize—reterritorialize)是其重要的后结构主义哲学和美学概念。

“辖域化”一词源自于拉康的过程分析理论,拉康认为父母对孩子的爱抚始于母亲的哺乳,由此划定了儿童的口欲区,使特定的器官与相应的对象(如嘴唇与乳房)之间产生了性欲的驱动力与价值关联。辖域化因此指一种将欲望和某种器官与对象的关系加以稳定或固化的过程。广义的辖域化概念意指既定的、现存的、固化的疆域,疆域之间有明确的边界。在人类的物质实践与精神实践中,“辖域化”的表现以西方文化模式为甚。西方思想文化的一种主要的模式就是将事物划分为条条块块以便于掌握。自然科学通过分析、化验、计算、量化等等手段达到掌控对象的目的;政治和意识形态等等人文社会领域中则充斥着利益及其冲突的各种范畴,有着科层化的特征,护卫与算计是两种基本形态或手段。从而形成了广袤的时间与空间内的各种“辖域化”。

德勒兹和加塔利分裂分析的“解辖域化”的概念首先在心理学的领域中颠覆了拉康式的辖域化,他们将欲望的自由流变与相对未定型的形式称为“分裂分析”——解辖域化因此指将欲望从已经建构而成的器官与对象之间的关系中解放出来。例如,分裂分析的主要目标之一是将分裂症的欲望从核心家庭和俄狄浦斯模式中解放出来。在社会领域,“解辖域化”用来将劳动力从特定的生产工具或方式中解放出来。在德勒兹后结构主义哲学美学意义上,辖域化意味着某种等级制中心主义和静止的时空。因此,德勒兹强调“解辖域化”的概念。约瑟夫·恰尔德斯等所编的《哥伦比亚现代文学与文化批评词典》(1995)中对“解辖域化”一词解释说:“此词源于德勒兹与加塔利。‘解辖域化’一词是与更为宏阔的后结构主义解构中心构想相联系的,指涉从所栖居的或强制性的社会和思想结构内逃逸而出的过程。这些结构在地理学意义上可以理解为辖域。对德勒兹和加塔利而言,精神分裂症是解辖域化的完美存在方式,这是在资本主义条件下的一种生存模式。但德勒兹和加塔利是有意摆脱和抵抗任何将他们增殖性的理论观念缩减成为僵硬的系统的努力的,因此,力图界定像‘解辖域化’这类术语有悖于他们的构想。”

“逃逸线”(a line of escape)概念与“辖域化—解辖域化—再辖域化”密切相关。辖域化的概念与逃逸线的概念可以视为一枚硬币的两面,两者都强调摆脱既定辖域的束缚的努力,旨在创造新的流变、生成的可能性。对既有的辖域进行解辖域化或其向自由逃逸之后,往往伴随着某种时空重构或“再辖域化”。这种不断生成变化的过程是开放性的,而不是固定静止的结构和领域。

与上述诸概念紧密联系的术语“编码”(coding)、“解编码”(decoding)与“再编码”

(recoding)表达了德勒兹和加塔利对社会与文化符码的看法。资本主义在体制上暗中破坏了既有的社会文化符码，用市场的现金关系作为社会组织的基础而取代了它们。在资本主义条件下，解编码盛行于世。这就是为什么德勒兹和加塔利所主张的分裂分析把精神分裂症作为一种无限创造的符号学(症状学)并视之为资本主义条件下的基本趋向的原因所在。由于编码/解编码/再编码的不平衡动态以及资本主义条件下意义的无意义，解辖域化与再辖域化因此成为分裂分析更为基本的分析范畴。在法国后结构主义思潮中，唯有德勒兹和加塔利对意义的不确定性和对将差异凌驾于认同之上的倾向提供了一种唯物主义的基点。综上所述，贯串于德勒兹和加塔利的著作之中的“辖域化—解辖域化—再辖域化”的三联概念是理解他们后结构主义哲学美学思想的关键性概念。

（麦永雄）

景观社会(the Society of the Spectacle)

“景观社会”是法国“情景论者”(situationists)的主要发起人居伊·德博尔(Guy Debord)提出来的一个重要概念。面对二战之后现代化进程的突飞猛进，工业化渗透到社会生活的一切领域，特别是大众传媒的兴起，德博尔认为，马克思所说的商品社会开始转变为景观社会。在景观社会，所有的生活都把自己表现为景观的无限积累，人们的生活被五光十色的景观所包围。景观将人们抛入一个抽象的表征世界，甚至人们之间的关系也是以景观作为媒介，原先鲜活的生活本身被转变为一种表征。景观并非简单地指以影像消费、商品消费和景观消费为核心的媒体和消费社会，它同时还指以影像为媒介的人们之间的全部社会关系和建立在景观之上的资本主义的整个运作体制。但是从根本上讲，景观社会仍然是商品社会，因为它根植于生产，而景观本身就是一种被重新组织到了更高更抽象的水平的商品形式。

从某种程度上讲，德博尔实际上是承袭了马克思主义对资本主义社会的批判传统，而又比马克思传统更进了一步。这表现在：首先，在商品社会，物或商品被分解为使用价值与交换价值，而在景观社会，物则被分解为现实与影像，“景观社会”就是一种影像的社会，影像决定并取代了现实，影像统治着一切。其次，在马克思那里，资本主义表现为商品生产和资本的无限积累，商品交换形式是社会物的基本存在方式，虽然商品生产的目的是为了交换价值，但获得商品的使用价值依然是重要的目的。而在景观社会，使用价值已无关紧要。因为当物的消费以影像为中介时，物就必须将自己表现出来，这种表现不只是其使用价值，而更重要的是其影像价值。因为在电子媒介的消费引导中，真实的物及其使用价值不再重要，重要的是被电子符号建构出来的物的影像，消费实际上是对作为一种幻象的商品或影像的消费。最后，在卢卡奇那里，虽然物化统治着一切，但物毕竟还是真实地存在着；到了景观社会中，真实存在的首先是物的虚像，如广告中的物的影像，至于真实的物是否如其所言，已经无关宏旨。

根据德博尔的观点，景观社会是一种新的社会控制形式，其通过景观进行政治安抚。景观通过创造幻想与种种娱乐形式所组成的世界来麻木大众，通过休闲、消费、服务和娱乐等文化设施来播散麻醉剂。首先，景观这种新的统治工具将剥削上升到了心理层面。因为在组织消费的过程中，电视等大众媒体起着重要的作用。通过电视广告等媒介手段，不仅物品的形象得以展示，而且消费也得到了引导与控制。充斥于电视等大众媒介的广告和媒体文化，制造出一种“伪需要”和欲望，将早期资本主义意义上的工人生产者变成消费者来实施剥削。在影像的刺激下，这种伪需要的不断膨胀使人们不再热心于阶级斗争，而是涌向熙熙攘攘的购物中心，从而陷入消费的泥沼而不能自拔。工人阶级反抗被剥削和不公平的愤怒不是发泄出来，而是被新的文化控制、社会服务以及增长的薪水分散并缓和了。这样，“景观社会”解决了资本主义的合法性危机。其次，景观掩盖了人们或阶级之间的真实关系，作为消费者的统一身份使得人们忘记了社会现存的阶级区分，景观把人们的注意力从真实生活的压迫中转移开来。对作为幻觉的商品的消费和对“伪需要”的满足而产生的欣快使得人们转而为这一体制歌功颂德。在这里我们可以看到葛兰西“文化霸权”理论的影子，因为，所实施的社会控制正是通过大多数人的共识而不是强力来实现的。“景观社会”的出现则标志着商品对社会生活的全面占有，通过景观，统治阶级的话语表现为一种不间断的自我颂扬，交流成为一种单向的独白。

景观的功能表现为使人们进一步地异化。根据德博尔的观点，景观是非生命的自主流动，是同鲜活的真实生活相对立的。景观社会遵循着这样一种逻辑：表现在影像之中的都是好的，而好的一定会在影像之中得到表现。这种同义反复传达了这样一种信息：景观既是手段，也是目标。景观所要求的是人们被动地遵从，它禁绝争论和质疑，它需要的是与景观相对应的观众，消极的看客。生活在景观中的人们，被动地消费商品景观和服务，通过形形色色的媒介来把握这个世界，而不是积极地、创造性地投身于其中。因此，在景观社会，视觉取代了触觉，成为人们把握世界的一种特权性感观。

人们喋喋不休地谈论着电视、电影和体育明星，并且按照他们的影像来建构自己的生活。但愈是沉溺于观看，人们离真实的生活愈远；愈是屈从于自己的伪需要，愈不能了解自己真实的存在和需要。人们生活在一种表象之中，离真实、直接的情感和愿望越来越远，而与受官僚控制的消费越来越近。总之，景观将整个现实哲学化，将人们的物质生活转化为一种纯粹的观看。

景观的全面统治促使德博尔号召人们进行反抗和斗争。面对消费大众日益沦落为景观社会的幻想囚徒的局面，德波尔提倡一种以变革为目的的实践，以反对现有的社会和文化。主张采取富于创造性和想象力的积极行动，恢复积极性的生存，以突破来自消费、适应等景观的控制。德博尔还提出了一系列的策略，如“漂移”、“迂回”和“建构情境”等，以从景观社会的困境当中突围。

德博尔的“景观社会”概念，在一个新的时代背景中重新激活了马克思主义，他对马克思关于商品化的理论进行了进一步阐述。德博尔的景观社会理论，给我们提供了一种新的思考方式，继其之后，波德里亚进一步发展了德博尔的理论，波德里亚用一个以类象、内爆和超真实为特征的后现代社会替代了景观社会。

（何卫华）

镜像阶段（the Mirror Stage）

镜像阶段是法国精神分析学大师雅克·拉康理论的核心概念之一。1936 年 7 月，在捷克的马里安巴召开的第十四届国际精神分析学大会上，拉康首次提出了镜像阶段概念，不过他这次宣读的论文并没有正式发表，从而成为一个“缺失的起源”。1949 年 7 月，在瑞士苏黎世举行的第十六届国际精神分析学大会上，拉康宣读了另一篇题为《精神分析经验揭示的作为我之功能的构成要素的镜像阶段》（The Mirror Stage as Formative of the Function of the I as Revealed in Psychoanalytic Experience，以下简称《镜像阶段》）的论文，重新阐述了其在十三年前提出的理论。除了《镜像阶段》这篇文章本身外，拉康还在他写于这个时期的其他论文如《谈心理因果》（1946）、《精神分析中的侵略性》（1948）和《对自我的一些反思》（1951）等以及以后的研讨班教学中，对镜像阶段概念作了概述、发挥和补充，使之更趋丰富和完善。

一般认为，拉康的镜像阶段概念是他对法国儿童心理学家亨利·瓦隆的比较人类儿童与动物的镜前反应行为的“镜子测验”、弗洛伊德的自恋理论以及黑格尔的主奴辩证法进行创造性综合的产物。瓦隆的实验证明了人类婴儿尽管在身体协调性方面不及其他的动物,但在智能上却能领会自身与其镜像间的相互关系,而动物则不能。可以说,正是瓦隆的研究成果给拉康提供了强有力的经验基础。弗洛伊德早期的自恋理论提供了一种不同于其后期的“现实的自我”的“自恋的自我”概念。“现实的自我”指的是主体内部调节“本我”冲动和“超我”压制的冲突的“代理机构”,它是稳定的心理实体,与“自身”是一致的。而“自恋的自我”则是一系列完全流动的、易变的、无定形的具有里比多投注(libidinal cathexes)性质的对自身形象的认同和内化。拉康认为弗洛伊德的“自恋的自我”比“现实的自我”更富有理论上的洞见。主奴辩证法是黑格尔用以说明其自我意识论的一个寓言。它表明了黑格尔对自我意识问题的基本立场:一个自我意识必然是相对于另一个自我意识而存在的,两个主体各自的自我意识均无独立性,他者不是被看作另一个自我意识,而是被看作主体自我意识的投射,即主体在他者中看到自身。在某种意义上,由科耶夫解读的黑格尔哲学构成了拉康镜像阶段论的哲学基础。

拉康的镜像阶段论涉及多方面的论题,但其主题则可说是讨论形象对于人类主体的自我之形成的构形作用以及镜像阶段所体现的主体发展的时间辩证法。根据拉康的说法,婴儿入世时本是一个“未分化的”、“非主体的”自然存在,此时无物无我,混沌一团。拉康把婴儿生命的头六个月称为“前镜像阶段”期,在这一时期婴儿没有任何整体感或个体统一感,有的只是支离破碎的身体经验。婴儿成长期的第六至十八个月为“镜像阶段”期,这期间婴儿首次在镜中看见自己的形象,他认出了自己,发现自己的肢体原来是一个完整的统一体。拉康声称,必须把幼儿在镜中认出自己的行为与条件反射和非意识或非控制的行为区别开,因为前者乃是一种智力的认知行为。

处于镜像阶段的婴儿其身体动作尚不能自主控制,但却已能因在镜中看到自己完整的身体形象而兴奋不已,这与黑猩猩的情形截然不同。在拉康看来,这乃是由于统一形象的矫形作用使幼儿产生了自身机体完满性的幻觉。镜中形象遂成为幼儿进行想象认同的理想统一体。

在拉康看来,“我”的原初形式即自我正是在这种与镜中的理想形象的认同中产生的。像弗洛伊德的“自恋的自我”观一样,拉康亦认为自我不是自然的存在,而是幼儿主体与自身之镜像认同的“自恋的激情”的产物。镜中的形象并不是简单的映象,它形成了自我。在这个意义上说,自我即是“我”的形象,“我”正是在这一完整的形象中获得统一的身份感的。拉康把自我称为“理想—我”,而理想即有想象的、非真实的含义,所以拉康说自我的形成是朝着虚构的方向发展的。这是因为自我得以形成的幼儿主体与自身之镜像的认同乃是一种误认,即是说,主体误把自己在镜中的形象当作了真实的自己,从而漠视了形象的他异性;或换言之,主体是在把自己视为某种实际上不是自己的东西。那么,由误认而产生的自我就是主体的异化的幻象,这正是拉康的镜像阶段论对人类自我之虚幻性质的揭示。

对拉康来说,镜像阶段远不仅是一个发展心理学和精神分析学所发现的幼儿诸多发展阶段的又一个阶段,而是主体发展中的一个体现了时间辩证法的、预期和回溯相交织的决定性的时刻。拉康对这个问题的思考借鉴了海德格尔的时间论。海德格尔对时间的看法不同于通常的时间观念。人们通常把时间表象为过去、现在、将来的连续一维体,而海德格尔则提出了将来、曾在、当前的时间三维。在时间三维中,海德格尔赋予了将来以优先地位,他认为曾在源自将来,当前亦源自将来,也就是说,曾在、当前的意义是由将来规定的。正如特里·伊格尔顿解释的那样:"因为(作为此在的)我只是通过不断地向前'投射'自己,通过不断地认识和实现存在的新的可能性,才得以过着人的生活;可以说,我从来也没有与自己完全同一,我总是一个已被抛到我自己前面去的存在。我的存在从来都不是我可以作为已完成的对象而加以把握的东西,它始终是新的可能性,始终是悬而未决的;而这就等于是说,人的存在是由历史或时间构成的。"此在的生成总是从将来到此时,也就是说,此在总是领先于自己的存在。于是毫不奇怪,在《对自我的一些反思》的演讲中,拉康把主体对"虚幻的统一性"的不断的"寻求"与海德格尔的"被抛的存在"联系起来,用他的话来说,这种被抛的存在"是人类特有的悲剧性的命运"。

从海德格尔的时间论来看,拉康的"镜像阶段"就很难说是一个"阶段"的问题,如果我们用"阶段"指的是主体发展的一段可测定日期的时期的话。这里如果说有一个"阶段",那么它既是不稳定的也是瞬间性的,它是把自我投射到自己前面的"绽出"(ek-stasis)。"镜像阶段"是从"将来到此时的",也就是说,在生理解剖上尚处于前成熟期的幼儿主体已陷入了先行的将来之中,他在镜中预期到自己的成熟的理想形象,并在此想象的预期中形成了虚幻的异化身份,而正是此身份影响着主体的整个心理发展。

对拉康而言,"镜像阶段"不仅是一个"阶段",而且还是一个"舞台"(stage 一词本身就具有"阶段"、"舞台"、"场所"之意,这是拉康玩弄语义双关游戏的一个实例)。在这个舞台上上演的是一出悲剧,演示了主体异化的命运。幼儿被决定性地抛出那短暂的欢乐时刻而进入充满焦虑的"历史"中,一如亚当和夏娃被逐出伊甸园而进入人间。

就像男人和女人虽已被创造出来，但直到被逐出伊甸园才进入人的状态一样，幼儿虽已出生，但直到镜像阶段才成为一个自我。这两种情况都包含着双重的诞生过程：第一次进入“自然”，第二次进入“历史”。当亚当和夏娃偷吃了智慧树上的禁果时，他们期望能把握自己。但其实他们获得的只是惊恐地认识到自己的赤身裸体。这颇类似于幼儿通过预期僭取了一个完整的、自我控制的身体形象，然后回溯式地感知到自身的欠缺不足（他的“赤身裸体”）。在这里，拉康实际上书写了另一则亚当夏娃式的悲剧。在这出悲剧中，幼儿的命运是注定了的：从不足（支离破碎的身体）到预期（矫形的形式），“最后”到僵硬的异化的身份盔甲。在这个意义上说，“镜像阶段”是主体的“失乐园”。

（严泽胜）

救赎（Redemption）

在文化研究领域，20 世纪的德国犹太思想家瓦尔特·本雅明对这个问题有着独特的贡献。于尔根·哈贝马斯在其作品《瓦尔特·本雅明：提高觉悟抑或拯救的批评》（Walter Benjamin：Consciousness-Raising or Rescuing Critique）中明确指出本雅明的理论核心是一种救赎的或拯救性的批评。

救赎在第一个层面上是指传统的复归，其复归之路就是从现代性中拯救被打碎的传统，在历史的碎片中寻找原初的整体性。对本雅明而言，碎片指向整体，是昭示真理的象征。本雅明的“碎片情结”带有浓厚的喀巴拉（Kabala）色彩，“碎片”在喀巴拉传统中象征着“破碎圣皿”中的一块，是对原初整体的表征。本雅明深受犹太教神秘主义的影响，犹太教神秘主义最为人所熟知的名称就是喀巴拉，其字面意义是“传统”，对传统的尊敬深深植根于犹太教之中，喀巴拉思想有着与神话世界特殊亲密的关系，这种关系体现了犹太思想中最高最深刻真理的神秘主义形式——回归原初世界，亦指返回到人类从天堂堕落之前的一种世界和睦的原初状态，甚至更早的天地浑然一体的前天堂时代。在犹太教喀巴拉影响下，本雅明对传统有着一种异乎寻常的关注，对传统的原状和其破碎的起因最完整的阐述可见于本雅明著名的《论本体语言与人的语言》（On Language as Such and on the Language of Man），其次见于《翻译者的任务》（The Task of the Translator）。在本雅明的语言论中，语言代表的是一种世界观，其功能就在于为精神存在提供显形的介质,除此之外,它没有别的功能。当语言从一种显现真理的介质成为索绪尔所界定的平面共时的符号体系之后,语言变成了手段,是一种外在于物并对物进行指涉的符号,从此语言堕落了,它不再传达物的本质,而是被人类主体利用成为交流关于物的相关信息的工具。在这里,本雅明所关注的与其说是语言与对象的关系,毋宁说是人与自然万物的关系,从这种角度否认其工具价值,就可以看作是对资本主义工具理性统治下人与物的关系的批判。语言的堕落打破了原初世界的和谐,语言统一性的消失反映了世界整体性的破碎,当支离破碎的废墟文化初现雏形之时,以波德莱尔所说的"破碎性、瞬间性、偶然性"为特征的现代化进程也从此开始了,所以只能从现代性的废墟中去拯救被人们忘记了的传统。在《论本体语言和人的语言》中,语言用于传达物的本质,这种"可传达性"(communicableness)就是本雅明眼中尚未破碎的传统;在《翻译者的任务》中,翻译是一种独特的、不可替代的精神表达形式,"可译性"(translatability)则是以碎片形式存在于文学、艺术和文化中的传统。现代主义对于本雅明而言是一种多层次的社会现象,所以批评不仅仅是在诗的语言、文学的意象中寻找着"可译性",而且还应该在资本主义前史时期过时的商品中寻找这种"可译性",在本雅明眼里,这些被人弃置的商品代表了资本主义社会中一种极为特别的时间流逝,它们在现代主义历史中的位置特别重要,因为它们存在的时期先于现代主义,所以和这些商品并存的乌托邦理想主义成分还不至于完全被消费资本主义所吞没,通过寻找这种"可译性"使传统穿越现代性的废墟得以复归。同时,批评家、哲学家和史学家再现真理的最佳方式,也并非依靠抽象归纳或整体概括,而是要沉没于物体的"最微小的细节"之中。

救赎在第二个层面上强调的是对传统的修复和拯救。在犹太教回归传统范式的影响下,"弥赛亚"(Messiah)意识在本雅明思想中占有非常重要的地位,不仅与他的救赎理论密切相关,还塑造了他的救世主义历史意识。在本雅明那里,"弥赛亚"有时指救世主,有时就是指人类最初生活的那个天堂,即天人合一、万物平等的原初状态。对本雅明而言,历史上有着无数次实现弥赛亚的契机,但都没有实现。他的弥赛亚意识就指一生追求恢复那种永恒状态的情结。在本雅明救赎的思想体系中,历史与救赎是一对相反的概念,历史是一场灾难,是历史天使所见到的场景,"他回头看着过去,在我们看来是一连串事件的地方,他看到的只是一整场灾难。这场灾难不断把新的废墟堆到旧的废墟上,然后把这一切抛在他的脚下"。救赎意味着历史的终结,对历史的救赎力量必须来自超越历史灾难性循环的他者力量,而这个他者的降临就是历史的终结,历史没有目的,只有末日。本雅明所特有的历史观对这种拯救的冲动作过这样的解释:“在过去的一代人和现在的一代人之间,有一种秘密协定,我们来到世上都是如期而至。如同先于我们的每一代人一样,我们都被赋予了微弱的弥赛亚的力量。这种力量是过去赋予我们的,因而对我们是有所要求的。”当本雅明接触到马克思主义以后,他便把弥赛亚意识与马克思主义的远景结合了起来,为传统的复归开辟出一条新的道路,为传统的修复和拯救找到了救赎的工具。但是本雅明虽然看到了无产阶级的作用,却无法肯定它一定能够担当历史的重任,在他看来,无产阶级只能成为其救世主义的一个工具,革命者或政治家在历史的救赎中所起的作用莫过于“点燃大火,宣布弥赛亚的到来”。本雅明意义上的辩证唯物主义渗透着根深蒂固的神秘主义色彩,由此,本雅明意义上的革命是跳向历史中那个始终没有实现弥赛亚的转折时刻,所谓“进步”是灾难的永恒重复,进步的概念必须以灾难的观念为基础,它是一种风暴,正挟带着历史天使穿过时空,但这种风暴违背了历史天使的意愿,只有用暴力截止“事情就这样没完没了发生”的灾难性历史才能开始一种弥赛亚的新纪元,在这个如傅立叶所描绘的乌托邦远景中,人类将在世俗中恢复失落的天堂,所以,拯救必须以“灾难中的一个小小的跳跃”为根据。在一战后纳粹统治的黑暗年代,本雅明寻求着一种被现代性所忘却的传统,用喀巴拉阐述了他的乌托邦思想,并以建构为最终的视野,以此达到对历史的救赎。

就本雅明救赎的批评模式而言,他所关注的是话语潜能的注入,从文本的社会效果去分析文本结构,他赋予了话语以革命性救赎功能,并将其视为翻译者的任务,所谓翻译者不仅仅是本雅明本人,革命者、唯物主义者、真正的政治家都是把世俗语言译成救赎语言的翻译者。这种救赎的批评打通了美学与神学的界限,贯通两者并最终由此进入了史学,它的意义正在于批评本身的政治性和战斗性以及为了救赎任务而作的艰辛的奋战。

(上官燕)

绝境(Aporias)

“绝境”(aporia),一个希腊古词,德里达以它的复数形式来呈现解构哲学的基本旨趣、哲学家的生存境界以及当代政治—伦理—文化的景观。从字面上说,这个词语的意思指“此路不通”,“进退两难”;从引申意义上说,它指“有悖常理”,“令人困惑”的逻辑或者现实。在汉语中这个词被翻译为“疑难”、“困境”、“僵局”、“悖论”等等。

早在亚里士多德的《物理学》(*Physics*, Ⅳ)中，这个词语就被用来表达“时间”的一种令人迷惑的性质，“时间”之中的“一点”既在又不在同一个空间，也就是说，“时间之点”既在又不在，既“是”又不“是”。

《牛津英语词典》放弃了给“aporia”下清楚明白定义的努力，而是从16到17世纪流行的修辞学手册之中取来两个例子，以资证明这个词语所唤起的疑惑与不安。一个例子出自1589年普滕汉的《英语诗歌写作法则》:“绝境或者疑惑。之所以如此……因为我们以简单朴素的言语来肯定或者否定某些事情时，总是明显地威胁和怀疑它们。”而另一段出现于1657年的话，虽然没有太多的道德意味，却同样地令人迷惑:“绝境是一种修辞方法，说话的人运用它来表示，他不知道从哪开始以及如何言说某些新奇而又含糊的东西。”从这两个示例看来，“绝境”不仅在西方传统修辞学体系之中占有了一个可疑的甚至险恶的位置，而且也远远比解构论修辞之中体现的那种不确定的用法具有更为丰富的暗示。

德里达一再对他自己的解构哲学执行自反批评，而终于发现他自己一直在“绝境”之中同“绝境”做不懈的斗争。在德里达看来，解构坚定不移地揭示的，就是一种常常将自己的文本活动迂回地潜入哲学的真理断言之中的修辞手法，以及它所产生的终极思想困境。通过西方形而上学历史及其经典的解读，德里达概括地说，“绝境是一个显白的事实”(The aporetic is an exoteric)，这么一个不争的事实统治着从亚里士多德到海德格尔的全部哲学圣贤。所有的哲学家，一方面都老实地承认，一个陷入绝境的断言根本说明不了什么，另一方面却又解构不了这个断言而不倦地予以重复。德里达推进海德格尔开辟的解构思路，特别指出从康德到黑格尔一脉哲学传统，所传承的唯一遗产就是“绝境”:“亚里士多德式绝境”，即“时间之点既在又不在”，被理解、被思考以及被消化在作为形而上学体系之集大成的“辩证法”之中，因此流俗的时间观便遮蔽了存在论界限之内的真理。

在解构哲学的解剖刀下，“绝境”是一切哲学思维之中普遍存在的“逻辑死角”，但同时也是无法按照正规逻辑来解决的“理论疑难”，因此，哲学不能不与之遭遇。与“绝境”不自觉地遭遇，哲学家就陷入了思维的“盲点”，这就是传统哲学之中发生的遮蔽存在真理的情形。与“绝境”自觉地遭遇，哲学思维就开始了解构的劳作，这就是德里达思想之中发生的与“绝境”抗争的情形。比如说，言语和文字之间的等级对立，就是由对立系统之内一个“绝境”来支撑的:一方面，为了避免陷入逻辑绝境，必须认为言语先于文字而存在;另一方面，若真正将言语和文字对立起来，就会必然陷入逻辑绝境。

之所以可能认为文字在言语之后，仅仅是因为文字事实上在言语之前；反之亦然。于是，哲学就受到逻辑绝境永无止境的困扰，永远找不到真正的开端，也找不到真正的结局。这一绝境被德里达推向了最普遍和最极端的形式，呈现在“延异”之中：“延异永远在差异之前”，但这并非表明谬论的最后解决或者绝境的真正克服。解构之所以是解构，就因为它自觉地遭遇这些“绝境”，冒险地跨越界限，到同一对立之外去追寻他者，追寻他者的语言。将哲学传统推到极限，让不为哲学家意识到的“绝境”成为“显白的绝境”，这就是解构哲学的基本旨趣。

解构，因此就是在“绝境”之中不断地越界——侵越界限、跨越界限以及超越界限。在这个意义上，真正灵系“思想之事”的哲学家，都可谓解构哲学家的先驱；发现绝境并在绝境之中朝未来奋勉，就成为哲学家的命运和境界。德里达——一个出生于阿尔及利亚的阿拉伯裔犹太人和一个在法国接受教育并献身于思想志业的学者，哲学家的命运和境界就本源地铭刻在他身心深处。命运注定了他要以穿越绝境作为自己的境界。他作为犹太人的后裔在西方世界的反犹意识形态的阴霾天空下度过了成长的岁月，这是他必须首先被动接受然后再主动抗争的第一层“绝境”。他在西方学术文化体制之下展开对这些体制的前提的质疑，还得使用这一体制所赋予的概念符号来完成思想的使命，这是他一直身陷其中的第二层“绝境”。法语不属于他的血脉，欧洲中心主义的信仰与他心灵深处渺远的弥赛亚记忆格格不入，但他只能用法语写作，并不能不成为“希腊—犹太—基督教文化精神”的嫡系传人，这是他无法拒绝的第三层“绝境”。在复数的绝境之中挣扎，就意味着要作为永恒的浪子，充满苦难意识地越界，即“在承认无限性割裂之中撕裂自己以趋向他者”。由此看来，作为哲学家的命运和境界的“绝境”，是一种“不可能的可能性”。对这种“不可能的可能性”的激情，就是德里达解构精神的精粹。

比较直观地体现这种精神的，是解构的文学批评实践。德里达的朋友，耶鲁批评学派的主要代表人物之一保罗·德曼曾经通过文学阅读演示了寓言与反讽、记述式陈述和践行式陈述、盲目与洞见之间复杂交织的“绝境”，从而揭露一切文本不可克服的内在矛盾，以及自我解构的内在动力。德里达在追忆德曼和清理他的批评理论遗产时断言：“在绝境的疯狂之中，显现或映衬出理性之各种喻义”。对“绝境”的体验，给予了思想的道路，或者说许诺了思想的道路，激发了对尚不可思考的、未被思考的、甚至不可能思考的东西的可能性，包括“思考上帝”的可能性。所以，解构就是呼唤“越界”，越界“呼唤”，在“绝境”体验之中，呼唤他者和他者的语言。

“越界”，或者说积极流亡，或者主动被污染，或者激昂地寻求超越，就是解构哲学，以及一切哲学不得不领纳的神圣律令。说到“界限”，德里达说起码有三种不能轻易跨越但不得不跨越的“界限”。第一是把不同的地域、社区、民族、国家、语言以及文化区分开来的界限，而人类学和政治学就致力于研究这些界限。第二是哲学、人类学、神学等话语领域之间的分离和共享的边缘界限，或者说是理想的大学和完备的百科全书之中分门别类的知识学科之间的界限。第三是不同概念、不同术语之间的分界线。在侵越、跨越和超越这些界限而流亡的思考之中，可能遭遇到三种“绝境”。第一是界限两边没有通道，不可渗透，因此感觉到脚下无路。第二是根本就没有界限，界限尚不存在，界限不稳定，正如在家和不在家，和平与战争、敌人和朋友之间并不存在稳定不变的界限一样，因此而感觉到像在沙漠之中行走，无数道路之中却没有一条适合于自己的路。第三是对立的双方之间根本就没有通道、没有和解的可能以及没有彼此走近的步伐，因此感觉到被困在一些封闭的空间。从三种“界限”和三种“绝境”看来，“越界”既是“超越脚步”，又是“没有超越”。德里达将这两层意思结合在一个法文短句——“il y va d'un certain pas”——之中，以显示越界本身就是一种“绝境”。这种堪称经典的“绝境启示录”，回应着布朗肖“悬疑的脚步”（pas au-delà）——陷入空前“灾异”之中当代思想的巨大“绝境”。让-吕克·南希把当代思想的这种“绝境”描述为“非知主义”（agnosticism），即在绝对主义（神话）和相对主义（虚无）之间辗转反侧，留连盘桓。也就是说，不是信仰，也不是非信仰，而是对它们之可能性的追寻，才构成了意义缺席之世界的意义。“意义缺席”，是这个世界的唯一意义；“方向淹没”，是当今生命的唯一方向感。这就是“灾异”，这就是“绝境”。作为对当代思想绝境的回应，在1992年色雷斯—拉—萨拉（Cerisy-la-Salle）的一次以“越界”为中心议题的会议上，德里达说：“绝境，就是死亡，就是在真理的界限上绝望地期待。”

“绝望地期待”什么？期待“死亡”。死亡在字面上是一种不可穿越的通道，因而成为典范的“绝境”。德里达质问了海德格尔《存在与时间》之中两个关于死亡的经典命题。一个命题是“无论如何，死亡在本质上是我的”，换句话说，死亡是每一个人自己必须亲自体验的，没有别人替代你的死亡。另一个命题是“死亡是此在纯粹不可能的可能性”，换句话说，每一个人的死亡都是一道无法通过却必须通过的绝境。在海德格尔的这两个命题里，起支撑作用的是“本真性”与“非本真性”的对立。但在德里达看来，这种对立恰恰就是海德格尔死亡观最后陷入“绝境”的根源。第一，“本真”和“非本真”的对立肯定不是绝对的，因为他人的介入以及自我和他人的关系，导致了主体性自身的破裂，他人的死亡构成了自己的死亡。这样，死亡事实上代表了人类主体性之中“最不本真的”东西。其次，生命与死亡之间也没有绝对的对立，因为死亡也不是生命终点上一个不可移动的界限，而是散播在整个生命过程之中。所以，“死亡”是一个“绝境”的典范，作为一个“终极的绝境”恰恰就是真正绝境的不可能性。因此，再次表明，“绝境”即在真理界限上绝望地期待。

通过发现绝境、与绝境抗争，以及将绝境作为哲学的命运与境界，德里达还以“绝境”作为一个开放的视角，来透视当今的伦理—政治—文化。与“绝境”相关的不只是死亡，而且还包括哀悼、宽恕、友善、义务，以及正义等一系列伦理—政治观念。成功的哀悼活动，应该是死者融入生者之中，永远拥有死者；但是，哀悼活动之所以存在，是因为死者永远离开了生者，永远从生者的视野之中消失了。因此，哀悼总是一种“绝境”，一种面向他人消逝的空洞时空暗自神伤的“绝境”。“宽恕”，只是对不可宽恕者的宽恕而言才是“宽恕”，只有无条件的、不受时间约束的“宽恕”才是真正的宽恕。这种“宽恕”的权利不属于人，而只属于上帝，因此“宽恕”也是一个“绝境”，一个把经受了暴力和苦难世纪折磨的人类留在绝望之中等待的“绝境”。“友善”只有在主人和客人明确区分的情况下才有意义，但是，德里达说应该超越地域、血缘、民族、国家、共同体的界限而追求“无条件的友善”。显然，这种“友善”已经逾越了犹太—希腊—基督教文化界限，甚至逾越了三大唯一神信仰之源——“亚伯拉罕精神”，而成为一种“不可能的可能性”，一种“没有宗教性的宗教”。在这个关于“友善”的“绝境”当中，经受了暴力和苦难世纪折磨的人类终于被许诺了一线被救赎的希望。

而这种无条件的“友善”暗含着一种“义务”，一种超越了与权利对等的义务的“义务”。在“海湾战争”期间，当德里达以“绝境”为视角对欧洲的政治—伦理展开反思时，就提出了这种超越界限约束的“义务”。德里达没有在“权利”和“义务”的辩证法之间规定这种“义务”，而是将它看作是在各种彼此交织的“绝境”之中生成的政治—伦理。他说，这是一种“独特的义务”，反复地无止境地自我增殖，自我分裂，自我矛盾，而永远不至于维持同一；总之，这是一种“独一无二”、“双重约束”以及“负载过度”的政治—伦理律令。说它独一无二，是因为这种“义务”仅仅生成于西方政治文化的脉络之中，跨越这一界限可能产生绝对风险。说它“双重约束”，是因为这种“义务”在两个对立的向度上延伸，它既要尊重差异、习俗、独特性和少数人的法则，又要尊重形式法则的普遍适应性和多数人的法则；它既要忠实于欧洲人的传统和记忆，又要培育对传统记忆的批判品格。说它“负载过度”，是因为它必须超越康德意义上的道德条件，承负过度的义务，并因此而成为没有法则、没有规范以及没有亏欠的义务。这种独一无二、双重约束以及负载过度的义务显然是一种不可能的可能性，一种“绝境”，而迷恋于这种“绝境”恰恰就是解构的激情以及伦理—政治蕴含。

与此同时，这种“绝境”也呈现在解构的“正义”之中。通过追溯“正义”到希腊词源，德里达发现，“正义”(δικε)的原始含义并不是和谐，而是冲突，不在自我之中，而在与他人的关系之中。通过将“正义”与“法律”比较，德里达发现法律可以解构，而“正义不可解构”，不可解构的正义恰恰构成解构的条件。因此，“正义”也必定超越于法律之外，成为一种不可能的可能性体验，一种招致绝境的体验。“解构就是正义”，但这是一个以肯定方式表述的否定陈述——意思是说，“正义”是绝境，解构就是在绝境之中追寻与他人的关系，因此对立、悖论、疑难、困惑、矛盾是绝对没有最后解决的。

当下，用汉语来言说“解构”，我们必然也是在“绝境”之中挣扎：跨越、侵越和超越民族、国家、语言、学科以及概念、话语之间的界限，艰难地接近一个不可接近的他人，费力地言说一种不可言说的他人的语言。

（胡继华）

K

客体导向本体论(Ontology of object orientation)

“本体论(ontolgy)”——或更为准确地说,关于“being(是)”的“存在论”——是哲学的基本思想领地。从古希腊至今,在理性的诉求之下,哲学家们对事物的“是”是什么、怎么“是”进行的思考构成了哲学工作的“本体论”领域。古代哲学中的存在论的唯实论和唯名论传统,在每个知识的时代中,都被重新表述。在18世纪以后,存在论问题在唯实论和唯名论的新的知识领形当中重新构筑自身。但其基本脉络大致有以下几种路向,基本上可以像康德的《纯粹理性批判》中所总结的那样(“纯粹理性的历史”),从唯理论和经验论的存在论探究,必然地汇集到以主体认知条件和物自体现象关系的本体论探究上。时值20世纪存在论问题在新的语言哲学影响之下,很容易发展出“语言的存在论”以及分析哲学,由于这种向主体的“内转化”,这一路向主要对“是”的形式逻辑条件进行探究。但是,语言分析不能取代对“存在事实”的把握和探究。“客体导向本体论”作为延续传统哲学思考的一个思想路径,在语言转向的“是论”成为哲学主流的现代,已然有着其内在的紧迫性。

要在思维和观念中对存在的结构进行清理,18世纪以来立足于“主体”先验和经验条件清理的“观念论”传统的探索本然地遭遇着它的内在限制。我们说“内在限制”,是因为,早在近代“观念论”第一次发展的阶段,它自身已经意识到自己内在的局限。弗里德里希·谢林(Friedrich Schelling),德国古典哲学的最后代表之一,在其《自然哲学》(*Naturphilosophy*)中,就已经意识到,主体的认知条件和物自体的现象之间的关系,既不可能像康德所建构的那样是形式上的和静观的,也不可能像黑格尔所推论的那样,在精神(思维)上从“定在”出发,以辩证法的方式最终包容全部现实性。谢林从“观念论”的内在逻辑出发,走向了观念论的极限,认为思维的知识活动只有以客体为导向,也就是说,只有与自由生成着的客体的差异化运动形成“间性”、涉入其中并和这个运动同步,才能构成一种综合的理知活动。

谢林从观念论的以主体为导向的"本体论"走向以客体为导向的"本体论",他所遵循的这条路径仿佛是在康德哲学和黑格尔哲学之间"走钢丝"。在一方面,谢林必须要让自己避免仅仅批判地提出客体事物的种种"概念",所以他必须通过思维,并在思维中追随着客体的存在与变化的性状,从客体事物的"他性(Daß)"开始并最终在"观念"中形成可能的客体整体的"他性"的体系。但另一方,谢林还必须避免落入黑格尔的客观观念论的辩证法循环中,必须避免让他自己借以把握客体"他性"的"观念"成为某种目的论式的"意识的自我实现"。故此,谢林在走向客体的同时,将"观念"严格限定为与事物"同步"的这样一种"混沌无序"的展开过程,在这种观念运动中,"世界中的所有事物,正如我们现在所见,都遵循着自我呈现的永恒行动,它们每个个体都是尺度、秩序和形式;但基础毕竟仍是混沌无序(anachy),仿佛随时再次破碎似的;没有一处看上去像是有着原初的秩序和形式,相反,混沌无序就是秩序。这就是万物中的现实性基础的不可理解性,即那个不可分割的剩余(the indivisible remainder),它是永远最远地逃离理解力的东西,永恒地持留于地基。但理解力却在真正的意义上诞生于这非理解力的东西。"谢林的客体导向本体论的规划,最终要求观念与这个永恒变动的客体保持同一,最终不可避免地陷入了一个逻辑悖论:理解力活动变为非理解的活动本身,因为理解本身就是与混沌同步,并去达到"黑暗性",因为,正如他自己所说,"没有这种黑暗性,所有被造物都不可能具有现实性,毋宁说,这种黑暗性是它们必然的固有属性"。

从"观念"走出,进入"观念"与客体关联的"界面"上去"显现"客体的结构,这一"现象学"哲学步骤,无疑是20世纪上半叶,由胡塞尔率先开出的解决谢林难题的一个重要方案,也是"客体导向本体论"在新的历史语境中的一个重要发展环节。在现象学的"客体导向本体论"理论的谱系内,海德格尔的贡献无疑是深刻而全面的。众所周知,在这个问题上,20世纪30年代以后,海德格尔的解决办法是非常巧妙的。他在以"存在"取代"存在者"之后,让客体世界和主体的世界成为一个共"是"于"是"中的勾连整体,同时,任何一种从存在者(是者、是什么的东西)角度探问这个整体的理知活动都不再充分,因此必须上溯到一种更为本源的"是"的发生—经验结构之中。客体世界存有、主体生存,世界运行——所有的是和是者都处在"发生/自然"之中。因此,真正能探究客体或物的特性的,不是必然单维度的因而是"遮蔽性"的"认识"或"理解力",而是能让客体事物的事物性结构得以敞开的某种经验活动。这种经验活动就是"艺术"。当然,海德格尔所说的"艺术"既不是具象艺术,也不是抽象艺术的实践,艺术的本质是"诗",他自己明确说,"诗——艺术的本质——即对存在的奠基。而非对诸存在者的生产"。海德格尔所说的诗是"poietic"一词的希腊本意,即"制作"。艺术的经验是让事物被制作的过程、客体成为事物的存在的过程重新被经验的过程。就此，他本人的《艺术作品的本源》举出的三个例子（农民鞋、希腊神庙、罗马喷泉诗）生动地说明了客体（大地）在与世界（人的生存化过程）争执中的感性显现的经验方式。艺术对事物的表象“制作”，而事物竭力“自持”并与人相争执，艺术品保留并让思者看到、感觉到这一“争执”。客体事物的特性，就在这争执中，以隐退和倏忽而逝的“自持”的方式呈现出来。

但是，思想由客体“给予”的现象之思出发、以客体为导向地去思考整个本体论的可能的结构，也还意味着以全部的“肯定性”接受客体的现象。在这一点上，海德格尔的客体导向本体论思考是拒斥的：他毕竟是从对技术的否定性解构角度去把握技术基座构成的客体之“是”的。因此，客体导向的本体论的“肯定性”诉求反倒是愈加迫切了。

晚近以来，如何从肯定性的角度，走向客体导向的本体论，是“思辨实在论”要解决的一个问题，“存在”——人作为存在者的存在和客体对象存在者的存在——的紧迫性在这一新的历史语境中更为突出了。新一代的“客体导向本体论”的哲学家们试图在谢林、海德格尔之后并通过他们来建立新的哲学思辨尝试。这从这些新哲学家的著作中也可以看出来：伊安·汉密尔顿·格兰特（Iain Hamilton Grant）著有《自然哲学：谢林之后》，格拉汉姆·哈尔曼（Graham Harman）著有《游击队形而上学：现象学与物的构作》，昆汀·梅亚苏（Quentin Meillassoux）著有《有限性之后：偶然的必然性论文集》（*Après la finitude: Essai sur la necessité de la contingence*）。尽管他们各自分别侧重于谢林、海德格尔或是费希特，但毕竟在有些问题上形成了一种被他们命名为“思辨的实在论”的客体导向本体论主张。总的来说，这种今天仍在对话中发展的哲学路径有以下几点特征：1. 承认客体的事实性，这种事实性对人的意识来说是“自类无限”的偶然事件；2. 思想必须以全部肯定性接受客体的事实性，这种事实性通过思想而表现为绝对的偶然性或偶然的必然性；3. 为了谈论客体，必须创造新的唯名论方式即充分的思辨的方式。当然，思辨的实在论的这种哲学路径在今天还远没有取得像在“否定性”方向形成了充洽的思辨规范的海德格尔哲学那样的实绩，但他们的思想的确将“如何当代地思考客体”作为一个难题提了出来。

（赵文）

空间(Space)

表达与空间有关的词语在古希腊哲学中有“τοπος”(topos)、“χωρα”(chora)、“κενον”(kenon)和“διάστημα”(diastema)。这四个词都不直接等同于现代意义上的空间。“space”这个英文词语直接来源于拉丁语的“spatium”,它在拉丁语里的最初含义是间歇、距离,所以是比较接近希腊文的“διάστημα”(间隙、空隙)的。大概是从新柏拉图主义开始,古希腊的三种空间经验,即处所(τοπος)经验、虚空(κενον)经验和广延(χωρα)经验,才开始整合为近代意义上的空间(space)概念。这种空间概念在英国物理学家伊萨克·牛顿(Isaac Newton, 1643—1727)的经典力学中得到了完善和巩固。在这个过程中,希腊哲学中表达空间意义的原有四个词都发生了意义转变,在space的观念基础上被给予了重新解释:原子主义者的κενον(虚空),本来指间隙,后来演变成绝对的容器虚空;διάστημα则被广延化。这两点的结合其实是近代空间概念的主要来源。至于在亚里士多德思想中曾占据重要地位的τοπος则在现代空间思想中逐渐被弱化其处所的特殊性,而加强了它的抽象化、背景化、几何化特征。至于χωρα这个在柏拉图的《蒂迈欧篇》(*Timaeus*)中像谜一样费解的词语也被抽象化为差不多与近代广延概念相同的意思。(广延extension来源于拉丁词“extentia”。ex-向外;tend, tent, tens,拉伸、伸张、延展。)

虽然如此,作为哲学问题的空间问题仍然保留为这样一个双重的指向:首先,它意味着从自然科学的空间概念向着生活世界的原初空间性的回指;其次,它意味着从日常的和科学的空间概念向着政治的和神学的空间经验的指引。而且,这两个方向的指引乃是相互交错、相互指引的,未可截然区分。它们是对现代科学空间概念的回溯—超出。空间概念的哲学意蕴及其批判性格就体现在这种双重指引的回溯—超出之中。

在以《存在与时间》为代表的早期海德格尔思想中,海德格尔通过对本真时间性(zeitlichkeit)的清理,把此在从生到死的时间理解为一个充满积极张力的“之间”(zwischen)。这个“之间”并不是指日历时间意义上的“时段”(zeitraum),也不是欧几里得几何学和牛顿力学意义上的“距离”、“间隔”,而是一个原发的境域。在后期海德格尔思想中,这个“之间”的思想通过“nähe”(切近)、“gegend”(地带)、“augenblicks-stätte”(瞬间-场域)、“fuge”(赋格)、“leere”(空)等词语,尤其通过“时间—空间”(zeitraum)或“时间—游戏—空间”(zeit-spiel-raum)思想,得到了进一步的阐发。根据海德格尔所说,这个看似“空间性”的“之间”非但不以现成的空间概念为前提,反倒是给出可测量空间(以及时间)的原现象和原初经验。海德格尔又称这种原初经验为“位置”或“处所”(ort)的经验。与德语词“ort”最相当的古希腊语词乃是“τοπος”。从其位置思想出发,海德格尔开辟了这样一条空间思想的道路:这条道路将引领我们从现代物理学的空间概念回溯,回到重新倾听古希腊的“τοπος”(topos)这个在现代物理学中早已被淹没其原初经验的词语之意义的道路上来。海德格尔之后的空间思想,无论其出发点和理论旨趣与海德格尔相一致或相抵牾,都走在一条广义的拓扑学(topology)道路之上。(注意:现代哲学上讲的这个拓扑学有别于现代几何学上的拓扑学,虽然也不无联系。)

德里达以其“延异”(différance)思想和“替补”(supplément)思想“延异”了海德格尔的“之间”思想,“替补”了海德格尔“位置”思想的位置。德里达通过对文字和语言的比较研究,发现了文字和书写的内在性与外在性的拓扑学性质。从此基本经验出发,德里达指出:作为绝对外在性的起源的替补能够替补起源。“没有本质性恰恰是替补的奇特本质:它本不可能发生,而且,它确实没有发生:它绝不可能随时出现。如果它随时出现,它就不会成为现在这个样子,不会成为取代他物并占据他物地位的替补。……它不过是虚无,但从效果判断,它远非虚无。替补既不是在场,也不是缺席。存在论(本体论)不能思考它的作用。”在此,德里达超出了海德格尔空间之思的界限:存在论。

福柯的“异托邦”(heterotopies,异质空间)概念为这种“发生着而又本不可能发生”、“不过是虚无而又远非虚无的”、“没有本质的”空间存在/非存在提供了一个生动的案例。异托邦不像乌托邦(utopie,即“无地”、“乌有之乡”)那样“不存在”,但是它的存在方式又绝不同于传统空间概念的定位(localisation)空间和伽利略(Galileo Galilei,1564—1642)以来的延展(etendue)空间。异托邦是场域(emplacement)空间时代的空间形态。异托邦是真实存在的场域,但其存在方式却是反—场域(contre-emplacements)的。福柯举了很多例子来说明何谓异托邦。(其实,例子通过其示例作用所展开的空间本身岂不就是异托邦的一个例子?例子之为例子的存在特性在于:它诚然存在,但不存在于自身之中。在例子发生示例作用的时候,例子本身必须被虚化乃至被遗忘为不存在,而这正是其存在。)镜像空间不过是视错觉的投射,但是照镜子并不因此而带来“虚幻的错觉”,相反,正是镜像给予照镜者最精确的自我空间认识:所以镜子既是乌托邦又是异托邦。公墓是一个异托邦的场域,因为它聚集了来自不同时代、地方和文化的死者。这个场域是复合的、拼接的、虚幻的，但是这块地皮却是真实而确定地存在于城市的某个地方。类似的一个异托邦是戏剧舞台：这块不大的方形场域界限明确，其存在之单一性似乎确凿无疑，但是，舞台之为舞台正在于，无论演员还是观众都把它当作一个乌托邦，在其中可以逼真地发生任何时代和地点的多种多样的故事。殖民地和海船也是异托邦的例子，因为它们是对原型的模仿和位移，但是它真实地再造、替补和变异了其原型文化。这就又回到了德里达的主题……

在拓扑学的道路上，德勒兹走得更远。德勒兹，这甚至直接就是一个哲学上的拓扑学家，或者按照他自己的说法，是“地理—哲学家”（Geo-philosopher，参《什么是哲学》）。“游牧民没有历史，他们只有地理。”思想游牧民、概念制造者德勒兹的空间思想并非一个概念的树型体系，而是一个块茎（rhizome）；不是寻踪索迹（tracing），而是绘制地图（map）。在这里，重要的不是从某个点或位置开始，而是画出逃逸路线（line of flight）。“在一个块茎内没有点和位置，即在结构、树或根中发现的点或位置。有的只有线。”线不是用来标示从点到点的运动轨迹的，而是用来标示速度的：静止或绝对极限速度。（德勒兹认为速度与运动无涉。）

如果说德勒兹首先是一个空间思想家，那么这种说法成立的前提必须是对传统几何空间的颠覆。几何空间是那种已经由“国家科学”对之进行了权力分域（territorialization）的条纹空间（striated space）。德勒兹空间哲学的工作则是要对条纹空间进行解域，以便赢回游牧民的平滑空间（smooth space）。这首先是一场游击战争的组成部分：游牧民的战争机器（the war machine）对抗国家机器（the State apparatus）的战争；其次，在一种“游牧科学”（nomad science）的意义上，这才是一种“关于空间的思想”。

从不讳言其对东方思想传统之倚重和借鉴的德勒兹曾通过象棋和围棋的区别来说明什么是条纹空间和平滑空间。象棋棋子的每一个都有内在的质的规定：“马就是马，卒就是卒，象就是象。”而围棋棋子则是“简单的数学单位”。围棋游戏是没有质的、纯粹量的空间游戏，这符合德勒兹构想的作为纯粹量的哲学。象棋棋子的等级性内质规定导致对象棋游戏空间的条纹化：一个象棋棋子所拥有的权力不但取决于其所处位置，而且首先取决于这是一个“什么”棋子。每一个象棋棋子总是把它对空间的条纹化带到它所到达的每一个位置。而围棋棋子则“只有外部环境”。作为无器官身体（body without organs）的一个例子，围棋像野草、蚂蚁或游牧民（植物块茎或动物块茎）一样在平滑空间中“对空间进行分域或解域”，“划定边界，围攻和突破重围等等”。德勒兹的空间思想也许就是这样一场突破东西方世界地理条纹分域的围棋游戏。

（柯小刚）

空间生产(Production of Space)

法国哲学家昂利·列斐伏尔为了补充马克思主义而提出了空间生产这一概念。众所周知,马克思是关于"生产"的哲学家,早在1845年,青年马克思的哲学建构就为"生产"赋予了人类学本体论的意义。在《德意志意识形态》一文中,整个社会体系无非是生产体系:人类的繁衍作为人类的自我生产构成家庭和社会的基础,一般生产不仅包括物质生产,还包括精神生产本身,生产总体在再生产过程中表现为历史。1939年列斐伏尔在分析政治经济学时期的马克思、研究《资本论》的过程中,提出了他自己对马克思"生产"概念的新认识(*Dialectical Materialism*)。列斐伏尔指出,《资本论》就其核心而言只探讨时间,讨论榨取剩余价值和剩余价值的流通。列斐伏尔相信,马克思主义政治经济学忽略了生产的一个物质方面:商品世界既存在于时间之中,也存在于空间之中,他进而宣布辩证法既是时间的也是空间的。

1974年列斐伏尔出版了《空间的生产》(*The Production of Space*)一书,详细论述了"空间辩证法"的展开过程。可以简要地这样来概括"空间生产"的基本意涵:社会空间是一种特殊的社会产品,每一种特定的社会都历史地生产属于自己的特定空间模式。社会生产的主导实践方式决定着空间生产方式。就此列斐伏尔指出,不难在欧洲历史各阶段发现作为社会意识形式投射的空间模式:希腊人的实践和其宇宙观密切相联系,相反罗马人则把权力实践放在首位;空间也因人而变。作为希腊城市中心的agora(集市)一定是空的,一律按照中道的黄金分割律安排比例,这样希腊自由公民可以在那里汇集在"宇宙的统一性"当中进行交流;而罗马城市中心的roman forum(罗马城镇广场)则布满了纪念堂、祭坛、寺庙,甚至监狱,集中地投射着国家和人民之间的权力关系(*The Production of Space*)。

因此,列斐伏尔"空间生产"概念中的"空间"包括三个层面,这里的空间是三位一体的空间,也就是说,它同时既是一种空间实践(a spatial practice,一种扩展的、物质的环境),一种空间表征(a representation of space,用以指导实践的概念模型),同时也是表征的空间(a space of representation,实践者与环境之间的活生生的关系)。作为人实践产物的"空间",首先是人的活动的成果,表现为可感知的物理意义上的环境;其次是特殊的符号抽象,表现为统治者的空间抽象模型对普通民众的空间观念的控制以及后者对前者的“反控制”；最后生成的总体空间是作为中介的表征的空间，身体在其整个生命之中通过此中介与其他身体交流互动，全体社会成员（包括统治者）都在这个中介当中行动和物质化。“空间生产”因而不仅是对“空间”、“社会空间”的生产，而且也是在社会阶级的各个层面内部和之间对不同“空间感”、“空间的心理印象”的生产，最终也是对一般生产关系的再生产。

资本主义的发展以史无前例的“总体性”使一切有用对象都无可避免地商品化了，“空间”当然也不能幸免。资本的流通是资本主义生产过程得以发生的前提条件，为了解决过度生产和积累所带来的矛盾，追求最大的剩余价值，过剩的资本就需要转化为另一种流通方式——资本开始转向了对建成环境的投资，这也就是说，货币的融通、建造住宅群、空间的发展、金融以及土地投机开始构成第二种榨取剩余价值和获取财富的方式，“空间”开始成为彻底的商品。和其他商品一样，资本主义空间生产引发了空间的“碎片化”和“同质化”，处在“可复制和重复的法则”支配之下（*The Production of Space*），这种商品空间以丧失“空间感知”的多样性为代价，仅仅以“可计算的空间”即商品的面目存在，资本主义商品逻辑使得作为“异质中介”的社会空间不可避免地“同质化”了。另外一方面，资本主义生产的破坏性特征，也使得这种条件下的空间生产表现出“不稳定”的特征：资本主义生产的交换价值主导性决定了这样一种“过度商品化”的特征，它要求产品具有不耐用的基本品质，在这一原则的支配下“空间生产”亦复如是，所谓的“新空间”的增长不过是对空间的重复破坏的结果，并且深刻地破坏了人的生存环境本身，因此资本主义空间生产本质上关心的是空间的交换价值，它就是实现剩余价值的新的手段，就是资本主义生产模式维持自身的一种方式。

“空间生产”概念及理论的影响是多重的，它甚至可以被看作是“新城市社会学”的先声，被人称为新城市主义的种子思想家的曼纽尔·卡斯特尔（Manuel Castells）和大卫·哈维（David Harvey），尽管未曾言明但却受列斐伏尔之惠良多。不难看出，他们对城市空间的政治经济研究以及对城市空间关系的政治理解都与列斐伏尔的“空间生产”理论有着千丝万缕的联系。更显而易见的是，当今文化批评和文化社会学的基本理论之一，布尔迪厄的“文化资本”理论，正是通过主张观察“社会象征空间”和“社会生活空间”互动关系去揭示社会权力运作模式的方式，向列斐伏尔“三位一体”的“空间生产”理论致敬的。

（赵文）

空间正义(Spatial Justice)

空间正义是政治学上的正义原则在空间生产和空间资源配置领域中的体现,它所关涉的内容主要指向城市公共空间领域。随着城市化进程的加快,城市空间由中立的物理场所逐渐成为可以生产巨大利益的特殊领域,由此,对空间资源的争夺所导致的冲突日益激烈,空间不公逐渐成为经济剥削、文化统治以及个人压迫的一部分,这一切引发了西方社会旨在争取空间正义和城市权利的都市社会运动。

1968年,英国社会规划师戴维斯在其作品《本地服务中的社会需求和资源》(Social Needs and Resources in Local Services)中提出领地正义(Territorial Justice)的思想,即地方政府和区域规划师的行为目标要考虑公众服务和社会需求,这被认为是空间正义(Spatial Justice)思想的滥觞。根据索亚的考证,在英语世界中,空间正义的首次使用见于美国政治地理学者奥拉夫林于1973年撰写的博士论文。不过,在这篇有关美国黑人选民的种族和空间歧视的论文中,奥拉夫林关注的重点是与选区有关的政治、地理等因素。十年后南非地理学家皮里在《论空间正义》的一篇小文中论述了"从社会正义和领地社会正义的概念中塑造空间正义概念的必要性和可能性"。他认为如果将空间作为社会过程里的一个容器,那么空间正义仅仅是"空间中的社会正义"。同时,深受南非种族隔离影响的皮里还指出各种形式的非正义在空间化过程中的表现方式,并逐步认识到空间可以成为对抗非正义的政治场所。

此后,诸多学者批判性地发展了这一概念。弗拉斯特分析了洛杉矶建筑环境中空间正义所遭到的侵蚀,指出洛杉矶出现了越来越多的不公正地理情况。费恩斯坦提出了空间正义与城市权利的平行话语,试图探索行之有效的正义理论在制订城市政策时的意义。戴安科认为非正义的空间性意味着正义或非正义有一个空间维度,可以通过空间角度辨别空间的非正义。都市研究后现代取向的洛杉矶学派指出特定的空间文化属性极大影响了现代人对城市空间的选择。就此,索亚认为,"正义"所具有的地理性或者空间性内在于正义自身,"是正义和非正义如何被社会化建构以及如何随时间演变的关键因素"。在某种程度上,寻求正义就是寻求一种空间正义,或者,按照赛义德的理解,寻求正义就是为地理而战。

从柏拉图开始,植根正义原则之上的美好城市成为人们一直追寻的乌托邦。19

世纪，莫尔的“乌托邦”、傅立叶的“法郎吉”和欧文的“共产村”已经体现了正义原则。这些追求正义的乌托邦虽然都归于失败，却成了一种可以对现状进行批判的参照物。欧文等有关乌托邦城市的探索在霍华德那里发展为对“田园城市”的探究。在美国，芝加哥学派用人文生态学的理论范式呼应了霍华德的田园城市理论，认为城市是“一个实验室，或诊疗所”，城市变迁过程与自然生态过程类似，城市空间的扩张是社会群体在生存竞争的自然法则下为适应城市环境进行竞争和选择的自然结果。不过，真正将空间正义与美好城市纳入学术视野的研究源自西方马克思主义理论与城市现实问题的结合。

20 世纪 70 年代以来，城市空间利益归属成为西方国家城市研究领域的焦点。面对这个现实，西方学者们重新深入马克思主义内部，力图从中获取用来解剖现实的思想和理论资源。作为现代社会的一种诠释典范，马克思主义的标准形象是一种历史理论。不过，马克思和恩格斯并没有忽视空间问题，恩格斯的《英国工人阶级状况》、《论住宅问题》，马克思的《资本论》，以及他们合作的《德意志意识形态》、《共产党宣言》等经典文本都直接涉及资本主义生产方式下城市生活的变迁，其中也运用了大量代表空间分析视角的共时性研究。与此同时，伴随 20 世纪 60 至 70 年代西方批判社会理论出现的“空间转向”(spatial turn)，一种批判性的空间视角进入了城市研究领域，开启了“万事万物的空间维度与历史维度从此进入平等且相互影响的时代”。在这样的时代，在追求美好城市的过程中，空间资源的重要性被提升到了前所未有的高度，空间正义与城市权利已经交织在了一起，越来越难以区分。

作为一个政治概念，城市权利是列斐伏尔首先提出的。在他看来，“城市权，以差异权和知情权作为补充，可以改善作为城市居民和城市多项服务使用者的公民权，使之具体化及切合实际。一方面，城市权肯定了使用者对城市中活动空间和时间发表观点的权利，另一方面，它也涵盖了使用中心地区和特权领域的权利，而不是只涵盖了针对被驱逐到隔都的(工人、移民、边缘人甚至是特权阶层)的权利”。列斐伏尔这一原创性概念的提出确立了寻求正义、民主和平等的城市基础。城市权利不仅仅是占有现有城市空间的物理存在，也指充分满足城市居民需求、提供城市居民有尊严的生活空间。其中，反对公共空间私有化以及保持大都会的异质性是城市权利的核心。对此，戴安科表示：“列斐伏尔的城市权利概念是号召推进所有的城市居住者能不受歧视通过城市空间参与政治斗争。”列斐伏尔的学生卡斯特于 1973 年出版了《城市问题》，在其中，卡斯特站在了芝加哥学派的反面，认为其本质是在维护资本主义现状的城市意识形态。与此同时，深受列斐伏尔影响的哈维在其《社会正义和城市》中探讨了社会正义的原理在城市研究中的应用。2005 年,《世界城市权利宪章》吸收了列斐伏尔在《城市化的权利》一文中的观点,将全球范围内的正义运动置于城市权利之中。

与列斐伏尔一样,福柯不仅认识到空间的重要性,还发现空间具有无与伦比的塑造力。在福柯那里,批判性空间思维化身为"异质拓扑学"(heterotopoloty)。受益于福柯对空间的微观权力分析以及哈维对现代大都市的政治经济学分析,2010 年索亚在《寻求空间正义》一书中将空间生产和空间资源争夺的过程视为异质力量反对权力宰制的重要手段,指出正义/非正义的空间性正在影响城市社会生活。如果说列斐伏尔强调了城市空间的政治维度,那么索亚则强调了城市研究领域中批判性空间视角的应用,以此对空间正义做出了里程碑式的贡献。索亚曾以洛杉矶为案例,对空间理论与实践进行了探讨,他指出并不存在绝对的空间正义,唯有不断修正既有的空间非正义,空间正义可以作为"一个理论概念,一个经验分析的焦点,一个社会和政治行动的靶子"。

城市化没有完结的一天,城市空间在不断改变着它的界线,城市中的各个社会阶层都有权利参与城市空间的社会生产。追求空间正义正日益成为追求城市权利的同义词,人们对未来城市的期待正如费恩斯坦所言:"建设一个有活力、无地域偏见、正义、民主的城市的理想依然没有消失。……即使这种远景似乎永远显得有些虚幻,但它依旧是人们的潜在理想。"

(上官燕)

块茎(Rhizome)

当代法国著名哲学家德勒兹与精神分析学家加塔利提出的一个重要的后结构主义思想概念。他们在合著的《千高原:资本主义与精神分裂症》的"导论"中,曾经对"块茎"的概念详加阐释。"块茎"概念与"千高原"概念有内在精神联系,它们都强调多元生成的后结构主义状态。在生物学的意义上,"块茎"是指在土壤浅表层匍匐状蔓延生长的平卧茎。在日常生活中,块茎令人联想到马铃薯或红薯之类的植物。但是,这一术语在德勒兹与加塔利的著作中具有更为殊异的哲学和美学含义。尤其是在《千高原》中,"块茎"成为一种复杂的思想文化隐喻。它迥异于传统形而上学的"树状"或"根状"模式。

“块茎”(如藤和草之茎)的生态学特征是非中心、无规则、多元化的形态,它们斜逸横出,变化莫测,而“树状”模式则具有中心论、规范化和等级制的特征。我们可以确认树的不同部分(如叶、枝、干、根),但无法如此辨认块茎;原则上一粒草籽可以块茎式地蔓延生长,直至覆盖整个星球的莽原,而一棵树显然总是立足于一点。故此,德勒兹与加塔利视块茎为“反中心系统”的象征,是“无结构”之结构的后现代文化观念的一个例子。块茎是无结构、开放性的,构成“多元性的入口、出口和自己的逃逸线”。这种逃逸线(反对固定的原点)是典型的反中心或“游牧”思维的体现,与柏拉图以来主导西方思想的“树状逻辑”恰成对照。在此意义上,块茎和树状模式不再是生物学概念或文学隐喻,而是一种思想挑战和哲学实践。

德勒兹和加塔利在《千高原》“导论:块茎”中论述了三种类型的书:第一种是树根之书。经典、高贵、富有意义,有主题的内在性(书的层次)。这种书摹仿世界,犹如艺术摹仿自然。其基础是反映论和一分为二论。他们称之为“最经典、反映最佳、最古老、最软弱的思想形式”。主体与客体二元对立……二元逻辑是根—树的精神现实。

第二种是胚根系统或簇根(radicle-system, or fascicular root)之书。这是现代性所服膺的形式。在现代,树根的原则夭折了,或者说,其末梢遭到了毁灭。但是根的单元仍然存活了下来。簇根体系并未真正地与二元论决裂,它是主体与客体之间的补充物。但是世界也失去了其单一性;主体(主题)甚至也不再能够二元划分,而是进入更高的统一性,即含混的或多元决定论的统一。

第三种是德勒兹和加塔利所集中讨论的“块茎”之书。块茎在地下匍匐衍生,既不同于树根也不同于簇根,它从多元性中排除唯一性。作为地下茎的块茎,是无法用树根的单一性加以一分为二的“辩证逻辑”分析的,也无法用簇根的多元决定论加以界定的,它本质上是不规则的、非决定性的、无法预料的。块茎普遍存在于世界:鳞茎、薯茎是块茎,“老鼠是块茎,洞穴也是块茎,它们表现出隐蔽、运用、侵入、外突等功能。块茎本身设定了多种多样的形式,从分叉的层面向四面八方衍生,结出大小不等的鳞茎和球茎。群鼠奔突之际亦是互相挤压冲撞。块茎包括了最好和最差的东西:土豆和野草”。德勒兹和加塔利试图概括出“块茎”的几个特征并加以讨论。简述如下:

第一和第二个特征——联系性和异质性的原则。

第三个特征——多元性原则。

第四个特征——反意义的裂变的原则。

第五和第六个特征——制图学与贴花的原则。

“块茎”的这些特征迥异于树的特征。他们认为树的所有逻辑都是“轨迹追溯”与枢轴式的再生产的逻辑。采用的是从叶循树的等级制的追溯模式。块茎则与此殊异。它是图式而非轨迹追溯。例如，蜜蜂与兰花各自在繁衍后代问题上互相利用，互相生成，构成共生共赢的“块茎”图式。蜜蜂采蜜的同时为兰花授粉，但从兰花并不能追溯到蜜蜂轨迹；兰花在块茎中建构了与蜜蜂相关的图式。图式本身就是块茎的一部分，具有开放性，可以与多种维度相关联（兰花可以与蜜蜂、蝴蝶、甚至其他小昆虫相关联，同样形成图式），可以被撕裂、颠倒、修改。块茎的最重要的特征之一是它总是有多元的入口，这与树状的追溯相对立。树状追溯总是回到“同一”。在此意义上，洞穴是动物的块茎，其中可以分出作为过道的逃逸线、储存仓库和生活层面（如麝鼠洞穴）。树（根）与块茎也可以互为生成。块茎与欲望的关系是：欲望在块茎中搅动不安，不断生成；而块茎一旦变成树木，则欲望死亡。因此，有着许多形形色色的图式—轨迹、茎—根的装配，带来变化多端的解辖域化维度。乔姆斯基的句法模式向任何方向开放，因此也构成块茎。荷兰的名城阿姆斯特丹纯粹是无根之城市，是个块茎之城，有发达的块茎状运河。从游击队的军事逻辑而言，战争也是块茎。我们已经厌倦了树，应该停止相信树、树根和簇根。思想与大脑亦非树状的，但是众多的人头脑中却长着树；大脑本身是多元性的，是草而不是树，记忆也复如此。长期记忆或有组织的记忆（家庭、种族、社会和文明）是树状的，具有中心化特征。短期记忆则是块茎或几何图式，具有非连续性、断裂、多元、突现的特征（普鲁斯特《追忆似水年华》中著名的“不由自主的记忆”就是这种记忆，它使得“椴花茶”、玛德莱纳甜点心与叙事者关于故乡索多姆的鲜活回忆刹那间融合，从而生成一种新的创造性体验）。精神分析理论和临床实践都建立在无意识专制的概念上，将无意识归于树状结构和等级制图式，视之为记忆的重演，后结构主义则视无意识为非中心的系统，即块茎。

德勒兹和加塔利认为西方与东方的思想文化模式的差异，可以概括为树状与块茎模式。树状模式宰制了西方的全部思想与现实。西方与森林有特殊的联系。东方殊为不同，与平原、花园（或沙漠与绿洲）密切相关。树不但植入了西方人的大脑中，也“植入了我们的身体中，甚至使性别僵化和科层化。我们已经失去了块茎与青草”。块茎是反系谱学的，是短暂的记忆或反记忆。块茎是生产机器，它通过变异、拓展、征服、捕获、分衍而运作。块茎图式永远可以分离、联系、颠倒、修改，是具有多种入口和出口及其逃逸线的图式。块茎是反中心、非等级制、非意义的系统。在块茎中，一切皆生成。

“树状逻辑”宰制了近代西方的几乎全部的思想与现实性。长期以来，主导我们认识世界、评判事物的思维模式是这种严谨整饬、主从有序的“树状”思维模式，我们围绕着“树干”或中心，将亟待理解和研究的对象加以“辖域化”或画地为牢，循序渐进地去把握它们。与此相反，德勒兹倡导的是一种“块茎”思维模式：不把事物看成是等级制的、具有中心意义的单元系统，而是把它们看作如植物的“块茎”或大自然的“洞穴”式的多元结构或可以让思想的骏马自由驰骋的“千高原”。德勒兹注意的不是辖域之间的边界，而是强调消解边界的“逃逸线”、“解辖域化”。流变思维是其哲学美学的核心。德勒兹与加塔利合著的《千高原：资本主义与精神分裂症》具有汪洋恣肆、放纵无羁的风格，其目录设置颇为独特，体现了后结构主义哲学美学的上述观念：全书 15 章中，并无传统意义上的逻辑排序，构成讨论问题的思想平台或供思想游牧的千面高原。各章之间犹如“块茎”，没有编年史和次第等级的轨迹可寻，读者可以从任何一个平台或高原开始思想的游牧。树木是血统制的，块茎是联盟性的。树木强调系动词“to be”，而块茎的构架则赖于连词“and...and...and...”。后者具有动摇和颠覆前者的力量。你往何处去？你从哪儿来？你的目标是什么？——这些都因此成为完全无意义的问题。块茎所建立的是一种 AND(链接)的逻辑。诺里斯认为德勒兹与加塔利属于后现代主义一脉，他们抨击西方思想传统中一切既有的概念与范畴，是一种反“启蒙理性”的极端的十字军东征。《千高原》的语用学实为语言政治学，块茎或游牧的逻辑具有反基要主义的特质。由于德勒兹和加塔利极为颂扬资本主义条件下精神分裂症的“游牧”性质，因而他们从后结构主义哲学观念出发，把“块茎”视为一种异于“树根”的隐喻。

（麦永雄）

快感(Pleasure)

康德在《实践理性批判》中构拟的一个情境典型地说明了启蒙时期对以感官肉欲为基础的“快感”的认识：个体在与美女的性关系和绞架的威胁间，总是放弃前者，这就表明了“理性”对性“快感”的胜利——理性占据了美学(即“感性学”)的绝对统治地位。虽然康德的美学建构也把“快感”作为审美愉悦的一个来源并因而提升了它的地位，但同时又通过“审美的无功利性”的限定让“理性”严厉地监护着危险的快感。然而，19 世纪末以降，“快感”作为美学理论中“危险的他者”，它的解放力量不断受到理论家的重视，它与理性之间的结构关系不断地得到重新理解。

尼采把酒神节日里的癫狂的性放纵和肉欲的狂喜体验当作艺术能带来的最高强

度的快感，而古希腊祭祀狄奥尼索斯的狂欢节乃是一切喜庆节日的最高代表，使得权力意志与肉体实践得到全方位的融合，构成了真正的美的源泉。从尼采传统出发，巴赫金从民间文学与文化的紧密关系中提出“狂欢化理论”，认为“民间文化”及其最集中的体现“狂欢节”，通过对尽是插科打诨、嬉笑和打闹以及尽是情感的宣泄和放纵、不着实际的轻浮和浪漫的“第二种生活”的塑造，使“快感”得到释放，使物质—肉体因素得到解放，并进而重申“下部”永远是生命的起点，人体是最完美的物质结构形式，人类会繁衍的肉体才是不朽的。在巴赫金这里，作为快感释放的狂欢节并不仅仅具有身体解放的意义，而且，更主要的在于其“意识形态”作用：对等级制度、神学、官方的颠覆与瓦解；对生命力的僵化、保守力量的解放；对一切高贵的、精神的、理想的、抽象的东西的降低。乔治·巴塔耶把快感的“解放”逻辑推到了极致，在《色情》(*L'érotisme*)中彻底颠倒了“猥亵”与“神圣”、“肉欲”与“理性”的关系，并强调基于肉欲的“快感”满足，作为艺术起源的“快感”满足，能够建立一种“经济”，它不以“节约”、“积累”为基础，相反却建立在超功利的“耗散”、“消耗”、“浪费”的基础上，并因而根本性地动摇着资产阶级社会的道德和禁忌。

如果说，上述尼采传统对“快感”的重塑，就是对“快感成为解放的力量”(T. W. Adorno, *Theory of Aesthetics*)的理论表述的话，那么，“精神分析—结构主义”传统对快感的认识则是在一系列区分中界定快感。这种认识显然要复杂得多。罗兰·巴特在《文本的快感》中把他曾在《S/Z》中对可读性与可写性的区分转化为 plaisir(pleaure)和 jouissance(enjoyment)两种快感之间的不对称对立关系。“plaisir”是可读的文本引发的“满足、快慰”，但由狂喜的文本(例如萨德侯爵的作品)产生的“jouissance”则是“一种失落状态，它使人不舒服——也许让人有些厌烦——使读者的历史、文化、心理诸方面的论断摇摆不定，使他的情趣、价值观、记忆方面的一贯态度变得动摇，并且使他与语言之间的关系产生某种危机”。巴特对快感的结构主义区分已经超越了文学批评本身，而与弗洛伊德精神分析中生本能快乐原则的快感和死本能超快乐原则的快感的区分，与拉康传统中可满足的快感(jouissance obtained)和只能期待的快感(jouissance expected)之间的区分同构。当巴特说狂喜的文本“渴望的是一种失落、断口、切断、紧缩的地盘”的时候，当他说明裸体不如“外衣遮蔽”下裸露的肌肤更能激发快感的时候，他也正是在谈论雅克-阿兰·米勒((Jacques-Alain Miller)的拉康主义的只能期待的快感，这种快感以缺失为前提，而永远无法满足，正如躲在帘幕后面的窥淫癖者的快感满足以帘幕的存在把现实挡在外面为前提一样。

因而，精神分析传统的“快感”概念较之于尼采传统，甚至较之于强调个体“享乐”

的罗兰·巴特快感概念而言，是一个极其"悲观"的概念。快感从来都不是对"禁忌"的动摇，相反，它与禁忌以及道德、理性这些塑造文明禁忌的东西构成了某种意义上的同谋关系。拉康重新拾起康德构拟的那个"绞架"情境：绞架的作为对快感满足的彻底拒绝，反而能赋予期待快感的最大值。快感是欲望的满足，其前提恰恰是满足的匮乏，匮乏、禁止、被禁止的父亲菲勒斯和法律本身才是快感之源。另外，说精神分析传统的"快感"概念是一个"悲观"的概念，还因为，在这里不存在一种叫"个体快感"的东西。个体从来都只是在进入象征界即语言、文化系统之后才能以区分自我与他者的方式、以与他者自居的方式提出自己的欲望，因而欲望总是他者的欲望。在这个意义上，齐泽克将"enjoyment"写成"enjoy-ment"，以显示"快感"是一种"状态"，欲望的满足总是他者（autre）欲望的象征界意指链中的转喻过程。

结构主义—精神分析的快感概念已经成为后现代主义的理论景观中一个构成性因素。在这一景观当中，快感是"经济"，因为这一经济系统以精神/肉体、遮盖/裸露、满足/缺失等等二元对立的对子再现并再生产着快感本身与禁止的施虐—受虐的同谋关系体系；快感是"经济"，因而也是"政治"——以加大、改造"快感"僭越能力的方式，甚至以"反快感"方式把"快感"从现有"经济"中解救出来，已经日益成为女权主义的政治焦点（Laura Mulvey, *Visual Pleasure and Narrative Cinema*）；当然，运用"讽喻"使"快感经济"的意识形态运作方式得以显露，则是更大范围的左派文化政治的一个重要组成部分（Frederic Jameson, *Pleasure: a Political Issue*）

（马聪敏）

狂欢（Carnival）

"狂欢"是巴赫金在《陀思妥耶夫斯基的诗学问题》和《弗朗索瓦·拉伯雷的创作与中世纪和文艺复兴时期的民间文化》两部文学理论著作中提出的关键概念，与此相近的核心词是狂欢节、狂欢式和狂欢化。巴赫金在分析陀思妥耶夫斯基作品中的体裁特点和情节布局时，把欧洲小说发展的源头归结为三条线索：叙事、雄辩和狂欢化文体，将直接或者间接受到狂欢节民间传统影响的文学称为弥漫着狂欢式世界感受的狂欢化文学，并视之为体裁诗学中的重要课题。狂欢是巴赫金根据陀思妥耶夫斯基的小说提出对话理论和复调概念的思想来源，也是巴赫金研究拉伯雷作品的理论切入点。

巴赫金将西方文化史上的狂欢节传统上溯到古希腊罗马时期的农事节日，比如古希腊的酒神节(Dionysia)和古罗马的农神节(Bacchus)，以祭祀酒神的诞生—受难—复活—神迹为主要内容。从中世纪到文艺复兴，更多的具有狂欢性质的民间节日出现在欧洲文化的范围内。其本义指的是大斋节(Lent，也译为四旬节)前为期一周的庆祝活动，在广场、街头等开放的公共空间举行盛大的诙谐表演和化妆游行。另外还有愚人节、驴节和自由的复活节游戏等，也因为包含丰富多彩的广场娱乐活动而带有狂欢节的气氛。“狂欢节实际上已成为容纳那些不复独立存在的民间节日形式的贮藏器。”狂欢作为节日的价值正在于彻底打破日常时间—空间的约束，假想性地毁坏一切并更新一切，暂时摆脱了秩序体系和律令话语的钳制，在假定场景中消弭了贵贱上下的森然界限，毁弃一切来自财富、阶级和地位的等级划分。另外，巴赫金特别强调人们在狂欢节上经历各种狂欢式，包括所有狂欢式的庆贺和仪式。狂欢式具有合二为一的双重对立特征，无论是象征性地加冕和脱冕，还是结合了死亡和再生的“笑”，以及既毁灭世界又更新世界的“火”，都是由蓬勃强大的改造力量催生出不可摧毁的新生命力。人们从狂欢式中获得独特的世界感受，这种全新的感受全面解除人的恐惧，使世界接近人，也使人接近世界。当狂欢式转而以文学语言出现，就形成了狂欢化，产生了狂欢化的文学。

在狂欢仪式上，等级制完全被打破，插科打诨的语言、俯就的态度和粗鄙的风尚主导了所有诙谐游戏。当这四个范畴渐渐渗透到文学中，就决定了作者对小说主人公的亲昵态度，出现了一种被称为庄谐体的新体裁。这种文体把狂欢节的形象特点带入文学作品的语言结构，彻底颠覆了刻板遵守语言标准规范的官方主流文学。其基本源流来自文艺复兴时期的作家作品，薄伽丘、拉伯雷、莎士比亚、塞万提斯以及早期的流浪汉小说都属于此类。狂欢化文学在时间视角、文学形象和语言材料方面显出不同于正统文学庄严体的特点。首先，狂欢化文体在处理文本中的现实时带入新的关系，具有鲜明而尖锐的时代直感，从时代性而不是历史性的出发点来理解、评价和表现现实。狂欢体文学避免回望历史，而是着力于反映当代现实，“甚至是同活着的同代人进行不客气但却很亲昵的交谈”，历史上或传说中的人物在狂欢体中被有意识地加以“现代化”，把他们的行动和对话都限定在与当代发生亲密交际的范围中。其次，狂欢化文体有意识地返回到经验立场和自由的虚构，绝不依靠古老传说骗取读者的敬服。在文学形象塑造上完全摆脱了对于古老传说的依傍，是文学形象演变中的一次变革。第三，这类体裁故意制造出杂体化的特征和多声部效果。在写作中明确拒绝单体的、统一的修辞方式，常常采用书信、辑佚的手稿和复述的对话等插入性片断，对崇高文体进行讽刺性的摹仿。而且，在某些狂欢文体作品中还可看到混杂式的语言，往往采用方言词汇甚至俚语行话而不是单纯的叙述语言和描述语言。

在巴赫金看来，正是狂欢文体中的变体之一“对话体”促生了陀思妥耶夫斯基的作品，深深渗透狂欢式世界感受的苏格拉底对话和梅尼普讽刺对此变体具有决定性的影响作用。巴赫金分析了陀思妥耶夫斯基晚期的幻想小说，指出其中的语言具有内在的对话性质，充满了争辩的气氛。描写中贯穿不敬的狎昵态度，语气粗俗平凡，充满了狂欢体的象征意义。巴赫金认为陀思妥耶夫斯基在伏尔泰和狄德罗的对话技巧中发现了狂欢化与理性哲学思想的结合；在19世纪的社会惊险小说中找到了狂欢化与尖锐社会现实的结合；在巴尔扎克、雨果的作品中发现了人类欲念的狂欢化表现；在狄更斯的作品中发现了狂欢化与人生感伤的结合；在爱伦·坡的作品中发现狂欢化与浪漫主义的结合。狂欢化作为一种异常灵活的艺术视觉形式，帮助陀思妥耶夫斯基进入人物内心，深入人与人的关系深层，将表面上稳定成型的东西加以相对化，将人和人的思想的双重性暴露无遗。《罪与罚》里拉斯柯尔尼科夫的梦境中出现了狂欢化的戏拟场面，《赌徒》中各种赌法都属于狂欢节象征物的形象体系，《白痴》中具有内在的狂欢式世界感受，男女主人公分别是白痴和疯子，分别对应狂欢节的欢快天堂和阴沉地狱。《卡拉马佐夫兄弟》则借助狂欢化文法，把某个处在限定时代中的狭小个体场面扩大为无所不包的，对于全人类都适用的宗教神秘场面。正是欧洲文学中的狂欢化传统为陀思妥耶夫斯基的复调小说做出了准备，并且以复调小说的新形式重获新生。

巴赫金认为一般的拉伯雷研究只是对其小说中的众多形象叹为观止，真正的理解应该从寻找拉伯雷的民间源头开始，也就是中世纪和文艺复兴时期的民间诙谐文化，包括仪式演出、戏仿体语言作品和不拘形迹的广场言语，都是影响拉伯雷艺术风格的因素。民间狂欢式的笑在拉伯雷作品中显出复杂而深刻的本性，既不是纯否定性的讽刺诙谐，也不是纯消遣性的无心诙谐，而是具有双重性质的狂欢式感受。拉伯雷小说中自始至终贯穿着粗鄙戏谑的广场腔调，创造出“绝对欢快的，无所畏惧的，无拘无束的和坦白直率的言语”。正是这种狂欢化的广场言语大肆嘲笑了哥特时代的黑暗和压抑，并且揭示出新的关于世界的欢快真理。继而，拉伯雷在小说中频频运用民间节日的形式，给思想和语言加上最为积极的外在的和内在的自由，彻底摆脱掉哥特体的严肃整饬，开辟出没有恐惧也没有虚无的广场式的自由道路，强化了否定现存秩序的信念。另外，拉伯雷小说中筵席的形象也属于节庆形式的有机体，人与自然界的界限消融在夸张的吞咽吮吸中。而且，筵席的属性是胜利或新生的庆典，呼应着狂欢节形象的双重性质；在筵席结束时出现新的开始，犹如狂欢节形象在死亡中孕育了一次新生。

拉伯雷坚持认为，只有在筵席的气氛中才能排除谨小慎微的想法，自由而坦诚地说出符合真理本质的开心话。筵席形象是表现绝对无畏的欢愉真理的最佳媒体，饭桌上的交谈把庸俗和神圣、崇高和卑微、精神和物质自由地搅拌在一起。筵席形象中出现的是追求丰盛的全民性倾向，与个人自私的肉体欲求水火不容，所以严格区别于表现个人享受的贪婪饮食。体现全民喜庆的筵席形象与生—死—复兴—新生的概念密切融合，与自由清新的真理联系在一起。而小说中出现的怪诞人体形象也属于广场民间的狂欢式，在怪诞中蕴藏着无穷的新生，由此将生物学意义上的普通人体发展为处于历史进行中的人类身体，宣布每个人都能成为历史的创造者，形成新的历史观念。

巴赫金对于狂欢和狂欢化文学的研究具有超逸文学批评的历史意义。研究拉伯雷的著作主要完成于20世纪的30和40年代之交，其中对于狂欢—民间—笑—自由的序列强调，显然包含了对于专制—官方的曲折批评。这种批评后来被大众文化的批评者们广为借用，着意揭示已经成为文化主导模式的大众狂欢中所隐含的各种权力关系。

（杨俊蕾）

L

浪荡子(Flaneur)

“浪荡子”是对法语“Flaneur”一词的意译。在法语中,它指“散步者,闲逛者”,尤其指 19 世纪巴黎城里有钱财支撑而无须劳动的人士,他着装考究,气质儒雅,闲来无事,漫步街头,悠悠哉哉。

由于这样一个漫步者对街景,包括人群、老屋、店铺,都抱着鉴赏家的态度进行揣摩与玩赏,且漫无目的性,于是他与环境的关系正好与资本主义商业时代大众对一切事物的功利主义态度形成了反差;同时又由于这样一个人在现代都市的快节奏和大人流中越来越显得另类而濒于消失,因此他的形象又代表着一种被现代性挤出社会空间的传统残余,总能唤起人们怀旧的感情。

由于上述原因,“浪荡子”的意象进入了文化研究者的视野,并具有了种种象征意韵。首先,从他与城市大众的关系来看,他既在大众中间,又独立于大众之外,如果将包括他在内的大众看作一个肌体,那么他就是这个肌体的意识,就是在这个肌体中流动的思想,因为与被商品陶醉、直至麻木的大众相比,他永远是清醒和警觉的,他永远能够把自己身处其中的喧闹环境当作文本解读,从由各种商品所构成的象形文字的字里行间挖掘意义。从这个层面来看,他在现代性环境中代表的既是美学、又是哲学的视角,而唯独不是消费者的视角。而这正是对现代性持批判态度的文人所要张扬的态度。其次,这样一个角色又如理想的文学视角,他既参与于事件之中,又能够超然度外;既是主角,又是叙事者;他的视角可近可远,近者能探微,远者能鸟瞰而全知。再次,他更像爱伦·坡侦探故事中机警的侦探,藏身于人群中,神不知,鬼不觉,却有犀利的目光和敏锐的感觉去洞察常人感觉不到的蛛丝马迹。但是对于这个“浪荡子”来说,他所看到的“蛛丝马迹”不仅只有那些可作为城市罪恶线索的现象,更有破碎的传统瓦砾中所掩埋的珍宝的迹象,后者对他更为重要。最后,在喧闹的都市人群中,他无声无息的存在凝结为一个特写,那就是一双幽幽怀旧的眼睛,似乎漠然而懒散,实则却敏锐而机智地掠过快速变化中的都市风景线，把在传统社会被现代社会取代的过程中那些即将消失或转瞬即逝的意象都收集在脑海里，珍藏在记忆中。

第一个明确将上述各层意义上的“浪荡子”作为重要的主题意象来解读现代性空间的人无疑是德国思想家瓦尔特·本雅明。他在写于1929年的《浪荡子归来》(The Return of the Flaneur)一文中，评论了他的朋友赫赛尔(Franz Hessel)的新作《漫步柏林城》(*Spazieren in Birlin* [*On Foot in Birlin*])，并把这本书的作者本人视为一个柏林城里的“浪荡子”，第一次凸显了这个意象的几个特征。其最突出的特征是，这样一个漫步者与旅游者大不相同，他是城市的原居民，所以他不会像游客一样只拣名胜来欣赏，而是如“一只看家老狗”，专嗅被历史扔掉的东西；当他描写城市景观时，毫无外来作家那表现主义的兴奋色彩，事实上，他根本不是描绘，而是叙事，是叙述他所听来的关于这个城市历史的故事，所以这种叙事与当时流行的“城市面面观”类的书籍是不一样的，而是史诗性质的，其内在动力产生于漫步和记忆，两者共同构成它的缪斯。这个缪斯在前面引路，引导他寻着“蛛丝马迹”去发现终极秘密，且这个秘密不是属于某个个体，而是属于集体无意识。既然如此，这样一个漫步者对自己城市的迷恋就犹如一个中产阶级人士对自家客厅的眷恋，他像后者沉迷于自己客厅中的摆设与收藏一样，对城市景观移情陶醉，由此大街对他来说变成了“室内”(the interior)。但是，如前所述，他注目的大多是历史的“垃圾”，只是他自己的视角使之变成了历史的“珍宝”，那么这个转变过程的内在机制何在？它就在于赫赛尔所说的“漫步者的哲学”，即“我们只能看到那也回眸看我们的东西”，这也正是本雅明后来在《论波德莱尔的几个意象》(On Some Motifs in Baudelaire)中对“光晕”(见“光晕”词条)的界定，这意味着他对被看对象的珍视与敬重，这种珍视与敬重使视野之内的东西鲜活与生动起来，具有了与主体交流的能力。由此，一个真正的“浪荡子”是一个集侦探的敏锐、诗人的善感、哲学家的深邃为一身的角色。

在本雅明看来，最出色地将这样一个角色体现出来的人，当数“晚期资本主义时代的抒情诗人”波德莱尔。对于波德莱尔如何演绎了这个角色，本雅明在《论波德莱尔的几个意象》，以及《拱廊街计划》的“J卷：波德莱尔”(J Baudelaire)和“M卷：浪荡子”(M The Flaneur)中都有零散论述，但最为系统的论述是在以上述零散材料为基础而成书的《波德莱尔：晚期资本主义时代的抒情诗人》(*Charles Baudelaire*：*A Liric Poet in the Era of High Capitalism*)中。这本书专辟出一个章节，题目就是“浪荡子”，它将上述关于漫步者的特征种种与巴黎、与拱廊、更与波德莱尔的“都市抒情诗”联系起来进行了论述。

在这一章节里，本雅明重复了他在《浪荡子归来》一文中提出的观点：即“巴黎造就了漫步者”，在19世纪的欧洲，相比之下，罗马太宏伟，更适合观光旅游；伦敦太商业，这里只有匆匆忙忙的“人群中的某人”，而没有“漫步者”；柏林太乡土，在传统和现代之间还没有足够的张力。只有巴黎恰到好处，既让人感到现代性的在场，又有传统的废墟让怀旧的人留连忘返。这样一个恰到好处的典型场所就是巴黎拱廊街，那是19世纪20年代以后巴黎城里出现的一种商业街区建筑，“是豪华工业的最新发明。它们有玻璃房顶，大理石地面，是穿越一片片建筑群的通道。它们是拱廊的拥有者们联合营造起来的。通道的光线来自玻璃房顶，两侧则排列着极其高雅豪华的店铺。所以，这样的拱廊堪称一座城市，更确切地说，一个微型世界”(*The Arcades Project*)。这个微型世界对“漫步者”的魅力和适宜之处就在于，它把“室外”变成了“室内”，既有遮风挡雨的顶棚，又有琳琅满目的店铺；同时又没有伦敦大街上的拥挤，漫步者在这里有足够的空间、时间，慢慢观赏店铺中过时的商品，想象积淀在上面的人类梦想。早期的拱廊街中的漫步者甚至有带着乌龟漫步的习惯，本雅明从这种悠闲的姿态上看到的是一种反抗，反抗把人们变成专业者的劳动。

但是随着现代化的进程，拱廊街被大商场所替代，虽然从建筑上来说，商场是名副其实的“室内”，但是对“漫步者”来说，却一如“室外”的大街，拥挤而喧哗，完全是商品的迷宫，如果在这里还有“漫步者”，那么这个“漫步者”是商品本身，它的幽灵在人群中穿梭，向每个人移情，因为它在每个人身上都看到一个买主。

波德莱尔正是在这种语境中登场，但他却还能成为一个“漫步者”，竟然能把在城市人群中被推来撞去的震惊体验变成抒情诗的材料，能在被商品所陶醉的大众中捕捉到那一闪而过的妇人动人的哀艳，虽然这“不是一见钟情之爱，而是一瞥永别之爱”，体现的正是他对现代性中破碎经验的经典界定，即“瞬间性、变动性、偶然性”，但他还能把这当作城市人独有的快乐来享受。这是他对现实的回避吗？并非如此，在他的《恶之花》(*The Flowers of Evil*)中，有爱伦·坡侦探故事中所有的丑陋意象，包括犯罪场所、受害者、谋杀、大众。但他唯一与爱伦·坡不同的是，他不用“理智打破充满情感的气氛，他读萨德读得太好了”。即他诗人的易感和哲人的终极关怀总是中和了他那侦探般的锐利与冷峻。所以，在本雅明眼中，他是理想的“浪荡子”。

（郭军）

礼物(Gift)

在斯堪的纳维亚人吟咏他们民族古风的诗集《埃达》中,有这样的诗句:“……以兵器或以服饰,朋友间要相互愉悦;每个人自己(通过各自经验)就会晓得,互赠礼物的朋友,才是最长久的朋友,只要那礼物往来不辍……”这似乎是萨林斯(Marshall Sallins)在研究石器时代的经济关系时所发现的礼物关系与人际关系紧密相关性的文学表达:“实物流动和人际关系之间的联系是相互的,某一特定的社会关系可以界定物品的既定运动,但某一特定的交易也同样能促成特定的社会关系,如果说朋友创造出礼物,那么礼物也创造了朋友。”这种表面看起来是自愿,实质上是义务性的礼物交换,也引起了莫斯(Marcel Mauss, 1872—1950)的疑问:“在后进社会与古式社会中,是什么样的权利与利益规则,导致接受了馈赠就有义务回报?礼物中究竟有什么力量使得受赠者必须回礼?”莫斯将波利尼西亚(Polynesie)、美拉尼西亚(Melanesie)、西北美洲和包括古罗马法、古印度法、日耳曼法在内的等几项主要法律作为确定的研究对象,在对毛利人的研究中发现了存在于一个人送给另外一个人的贵重物品(taonga)中的神秘力量——豪(hao),它总是想回到自己原来的诞生地、回到主人那里,这只能通过回赠等值或更高值的礼品才能做到,这个被莫斯称为“礼物之灵”(spirit of the gift)的东西,“事实上是那个人本性或本质的一部分;因为接受了某人的某物,就是接受了他的某些精神本质,接受了他的一部分灵魂;保留这些事物会有致命的危险,这不单单是因为这是一种不正当的占有,还因为该物在道德上、物质上和精神上都来自另一个人……”(《礼物》)。从更普遍的意义上来说,这解释了这些族群里的物质生活、道德生活和交换为什么是以一种无关利害的“义务”的形式发生和进行的,从而回答了他最初提出的问题。更进一步的是,莫斯同时指出,“这种义务又是以神话、想象的形式,或者说是象征和集体的形式表现出来的:事实上,这些被交换的事物的持久影响作为社会生活的象征,则是直接转达了使古式环节社会(societe segmentee)中的那些次群体凝聚起来的方式”。

总起来说,莫斯的理论呈现出以下要点。第一,礼物的馈赠和流动表面看来是自愿的,但实际上同样受到规约的礼品体系首先不是一种个体行为,而是一种集体行为;其次,“一切——食物、女人、儿童、财物、护符、土地、劳动、服务、圣职和品级——都是可以转让和移交的”，已上升为神话与象征的礼仪行为也是交换的一部分；第三，礼物需要具有三种特性、三种本质、三种主旨，即给予的义务、接受的义务、回报的义务。礼物是处于不断的流通过程中的，社会体系正是在这三者的义务性的共同作用下得以建构、维系和再生成的。与莫斯同时代的人贝夫（Haruma Befu）在研究日本社会的赠礼与社会互惠的时候，根据礼物交换的动机不同，把礼物分为表达性礼物与工具性礼物，使礼物交换同时具有两种功能。前者着重于赠者与受者之间既有的地位关系决定了礼物交换的情境，如要送礼物的种类与价值，同时，馈赠支持并加固了该地位的关系；后者则指交换状况即礼物的特点与价值决定了地位关系，即一个人通过送礼操纵了地位关系（*Gift giving and Social Reciprocity in Japan*）。可以看出的是，不管研究方法有什么差异，在两位学者那里，礼物的最根本要素就是要求返还。

莫斯研究的杰出之处不仅在于其对礼品体系的义务性的说明，更重要的是他努力“把这种考察扩展到我们自己的社会”。古代社会的礼品体系与我们所处的时代和现代的商品经济并置起来，从而得出他这项研究的一个最终收获，一个道德的结论，即“礼物、礼物中的自由与义务、慷慨施舍以及给予将会带来利益等等主题，作为一种久被遗忘了的支配性动机的再现，又重新回到我们当中”，“只要社会、社会中的次群体及至社会中的个体，能够使他们的关系稳定下来，知道给予、接受和回报，社会就能进步”。

莫斯的“礼物”这一人类学概念在人文科学领域内产生了广泛的影响。波德里亚把“礼物交换”概念和巴塔耶的“耗散”、“浪费”概念相结合，他认为象征性交换的活动如礼物馈赠、节庆、摧毁和浪费为人类提供了另一种交往模式，是对资本主义交换价值至上性及其整个逻辑的颠覆（*For a Critique of the Political Economy of the Sign*）。发轫于20世纪50年代的新左派理论的激进流派则用礼物经济与商品经济的二元对立来表示自己反对资本主义商品交换的态度。例如，“无政府共产主义（anarco-communism）”推崇礼物经济，认为个人无须国家和市场，而依靠“作为礼物的奉献”也可生存；作为对其主张的证明，在“五月风暴”之后“无政府共产主义者”们在通讯媒体中发起了“纯礼物运动”，不接受政府和商业资助，依靠他们的支持者自觉自愿地献出他们的时间和金钱维持媒体的运转。

更要提一下的是，最新近的信息领域新发展似乎越来越明显地证明了“礼物经济”在“赛博空间”中的作用，数字空间的透明化及共享性等非商品性特点日益明显，因为有越来越多的新型知识分子在信息世界中无偿贡献他们的时间和智慧。正如著名自由软件文化专家雷蒙德（E. S. Raymond）所指出的那样，信息化时代的这种“礼物文化”确立了这样一种“激励机制”：社会地位不是取决于控制多少而是取决于给予多少，重要的不是金钱而是声誉。

（马聪敏）

理论（Theory）

在西方，从词源上看，“理论”在希腊文和拉丁文里的含义为沉思、景象、心里的想法（参见雷蒙德·威廉斯的《关键词》）。17 世纪以后，“理论”又分别衍生出冥想中浮现的景象、思想的体系、用以解释的体系、假说等含义。在威廉斯看来，十分重要的是，将“理论”一词的含义与其对立的词语“实践”（practice）联系起来考察和理解。“实践”表明的是人们所做的事（行动）和所观察到的事物，而“理论”则是人们对事物（有系统）的解释。在自然科学中，“实践”与“理论”的关系单纯地表现为“事件”与“解释”的关系，而在人文学科中，这种关系就显得复杂得多。此外，“理论”的含义也与思索、推测、主义、学说、信条、思想体系、意识形态等意义有关。

由此来看，我们大致上可以把“理论”的基本含义概括为：构成了一定体系的观念或思想，它被用来解释和说明特定的活动（个人的与集体的）、存在的事物（自然的与社会的）以及内心的想法等等。这样的体系，依情况的不同，有可能成为一种推测、一种主义、一种学说、一种信条或一种意识形态。

一般来说，人文学者并不十分关心用某种“理论”去说明或解释某种“实践”；在很多情况下，他们更为关注的是理论本身的发展、演变及其现实状况，关注的是就理论本身所进行的各种“建构”活动。或者说，人文学者的理论建构活动本身就具有重要的价值和意义，其意义和价值并不亚于用理论去解释或说明实践。理论本身发展和演变的历史，对于我们同现实世界的关系、我们对现实世界的把握和理解、我们的生存方式等等的意义与价值来说，同样是至关重要的。因此，用理论去解释和说明实践是重要的事情，而关注理论本身的建构和发展同样也是重要的事情。

进入 20 世纪之后，理论的发展出现了与从前很不相同的情形。传统的观念认为，理论作为一种思想或观念的体系，可以成为解决实践问题的锐利武器；理论自身的发展演变，始终是进步的和进化的，其发展演变的路径是线性的。这些观念在当代已经受到了严峻的挑战和质疑。例如，福柯提出过“理论工具箱”（theory-as-tool-kits）的看法，他拒绝了在传统上把理论看成是系统化和总体化的观点，拒绝相信理论可以放之四海而皆准的普遍主义的观点。他认为，既然理论不过是对事物的解释，那么世界上有多少种事物就有多少种解释；理论随着解释者视角的变换而变换，每种视角都对应着一种解释、一种意义和一种理论；既然现代社会的制度、权力和话语是分层的与多元的，那么在理论上对它们的解释就应当是分层的和多元的；我们不应当谋求某种特定理论的话语霸权。因此，各种不同的理论之间的关系，就如同工具箱中不同工具之间的关系一样，各自都有不同的功用，相互之间在地位上没有什么差别。福柯的观点，实际上突出强调了理论的多元性和差异性，反对用总体化、普遍性的立场来看待理论的地位和价值。

德勒兹和加塔利相信，理论从来就没有终结；理论既不是沉思，也不是反省或交际，而是创造概念的思想活动；因此，概念创新是理论的动力。为此，他们在《千高原》中提出了思想发展的“块茎”理论。他们认为，从柏拉图以来，占主导地位的观点就认为人类的思想及其发展是所谓“树状的”(知识之树)，而现在到了终结这种状况的时候。对他们来说，思想不是树状的，而是块茎状的。“树是分叉的，而块茎则是缠绕的，而且只是缠绕。树就像动词‘生存’，而块茎的构造则是连词‘和……和……和……’。这个连词具有足够的力量摇撼和颠覆动词‘生存’。”块茎的根部系统与植物本身相连，我们不能像确认一棵树的各个部分(树叶、树枝、树干和树根)那样来辨认块茎；块茎可以生长到覆盖这个星球上所有的陆地，而一棵树却只能在一个地点扎根生长。在德勒兹和加塔利眼里，块茎成了一种“非中心系统”的形象，也构成了后现代“无结构的”结构概念的核心。因而，“树”是有结构和有等级的，“块茎”则是没有等级、没有结构、开放和散漫的，它由“许多入口、出口和自身的逃逸路线”构成。这些逃逸路线就是典型的“非中心”或“游牧”的思想，这种思维方式与自柏拉图以来占西方思想主导的“树状逻辑”思维正好相反。这种“游牧思想”的理论，试图摆脱传统西方理论理性的束缚。德勒兹和加塔利有关思想形态与发展的“块茎”或“游牧”理论，对西方传统上对理论及其发展的看法构成了严峻的挑战，可以促使我们反思理论自身的形态和规则。

也有学者和思想家对“理论”持强烈否定的态度，甚至提出了“理论之死”的命题。这种倾向在美学和文艺领域里表现得尤为突出。在西方，从卢梭以来的浪漫主义传统，始终都对理论和理性抱着怀疑与排斥的态度，认为理论对于理解文学和艺术作品毫无帮助。他们认为，如果理论的目的是要对理性和各种理念表示怀疑的话，那么进行理论的思考就必定与理论的目的相反；如果理论意味着一种持续不断的斗争的话，那么这种斗争的终点绝不是要取得一种普遍意义上的“理论”形式。他们还认为，理论会妨碍和扼杀我们天然的“喜好”与“良好感觉”；在另一方面，这个世界上充满了众多不可呈现的东西，它们是全然无法用理论和理性来把握与理解的。哈罗德·布卢姆(Harold Bloom)认为，在理论上对文学进行探讨，不过是一种自相矛盾的修饰，与文学本身毫无关系，因为文学是不可呈现的，只与我们天然的爱好有关。

当然，理论的存在，以及理论在解释我们同现实世界的关系、我们对现实世界的把握和理解、我们的生存方式等方面的意义与价值，确实是无可否认的。但是，理论本身的建构，以及一些后现代思想家对理论本身的质疑，同样值得我们重视。

（阎嘉）

理性(Reason, Vernunft)

启蒙的核心概念，就是理性。当代思想家对启蒙的种种对立的看法，其实就源自他们对理性的判然有别的看法。那么，理性究竟指的是什么呢？就其最基本的意义而言，理性指的是人类进行逻辑推理的能力，与之相对立的，是感受、感知、欲望，是神秘、信仰、神启。自启蒙时代以来，理性一直享有极高的声誉。然而，在西方思想史上，不同的哲学家对理性的理解却是各不相同的。

以笛卡尔为首的理性主义者认为，理性是知识的根本源泉，也是检验知识的唯一标准。他们相信，现实本身有着内在逻辑结构，因此真理能够为知识所直接把握，当然这有赖于理性。他们认为，至少某些人类知识是通过先验的或合理性的、与感官经验不同的洞见而获得的。理性所领悟的，是超越了感官经验的客体，即普遍物及其之间的关系。所谓普遍物，是一种抽象，一直反复出现在各种各样的事例中的特征。虽然这些抽象无法为人所看到、听到或感觉到，但理性主义者指出，人能够明白地思考到这些东西，以及它们之间的关系。这种知识包括所有的逻辑和数学，也包括许多其他领域中的片断性洞见。在理性主义者看来，这种知识是思维所能获得的最重要、最明确的知识。这种先验知识既是必要的(就是说无法想象是相反的情况)，也是普遍的，就是说，它不允许有任何例外。相反，感官经验常常提供一种混乱的、纯粹试探性的方法，因此是不可靠的。

与理性主义恰恰相反的是经验主义。经验主义认为，一切知识均来自感官经验，因此也接受这些经验的检验。比如洛克就认为，人类头脑生来就像一块白板(tabula rasa)，各种感官经验投射于其上并对之进行自由的、大胆的书写，知识从而产生。更具有激进的怀疑精神的休谟则认为，人除去感官经验之外，没有任何真正的能力。他甚至认为，其实人的一系列感官印象的总和，所谓思想、概念、哲学思辨、形而上学等等，都是虚假的。因此，休谟最后走向对整个哲学、人类理性作了最彻底的怀疑，乃至否定。

超越理性主义与经验主义之间的争论的，是西方哲学史上的巨人康德。康德认为知识的获得，既依赖于感官经验，也依赖于人的理性。就是说，经验对知识的产生是必要的，但要把经验转换为知识，就不能没有理性。康德经过研究，发现人类理性中有一些先验(a priori)的东西，通过这些先验的范畴，我们才能获得概念、进行思维，从而获得知识。根据康德的理论，理性是借助全面性的原则而将知性所提供的概念综合为一个统一体的力量。提供先验原则的理性被康德称为"纯粹理性"，而与"实践理性"相区分。后者主要关涉行为的执行。康德的批判哲学并没有盲目地推崇理性，实际上，他为理性设定了有效范围。就是说，他认为，人类的理性在处理感官经验、认识现实世界时是可靠的，然而在超验的范围，诸如事物的本质、神的存在与否这类问题上，却是完全盲目的。

在《纯粹理性批判》的前言中，康德说，该书的写作，是要"召唤理性重新担当其一切任务中最为艰难的任务，即自我认识，并建立一个法庭，以确保理性的一切合法的主张，消除一切没有根据的要求"。因为理性具有普遍的效应，是一切事物的最终审判标准。事实上，虽然启蒙思想家对知识的根源究竟是来自人类的理性还是感官经验有着不同的见解，然而他们都相信，人类能够通过理性的提升而有效地操控大自然，也能够自由地塑造自己的个人世界和社会世界，最终实现自由、平等、法治和幸福。然而，这种乐观思想在当代遭到了许多思想家的怀疑。福柯就怀疑我们是否有理由信奉理性原则的至高无上。在他看来，先验的普遍理性是不存在的，所谓的理性只是一些具体的理性，而这些具体的理性并不享有至高无上的地位。实际上，在福柯那里，理性沦为了权力统治的工具。福柯的观点其实是深受尼采影响的后现代主义者的普遍看法，但也与一些西方马克思主义思想家的态度有相似之处。法兰克福学派的阿多诺和霍克海默就认为，人类为了自我保护，不断运用启蒙理性来谋求对大自然的支配和控制，以图最终获得自由和解放。然而，在通往启蒙的路上，理性逐渐蜕变为纯粹的工具合理性，自然被抹平为可操纵的、可利用的客体，任由工具合理性处置。这一斗争旨在摆脱外在自然对人类的威胁，然而就在人类运用理性以力图控制大自然的时候，人类的内在自然也遭到了压制。理性成了一个盲目的工具，无法反映出自身本来的目的，也无法理解它所施加于其上的物质的特性。阿多诺和霍克海默将这种理性称为工具合理性。这种工具合理性是一种已经被整合进一切社会经济、文化和精神过程中，而且还决定着这些过程的认知模式。在他们看来，正是工具合理性的成功，导致人性倒退到一种“新的野蛮状态”中。

这里值得我们注意的是理性（reason，Vernunft）与合理性（rationality，rationalität）这两个术语之间的关系。在许多场合中，人们并不区分它们之间的意义，而常常混用这两个术语。但也有一些学者将这两个术语区分开来。虽然这一区分在不同的学者那里有着不同的侧重点，然而总体而言，人们倾向于将理性之中的各种具有不同倾向性的因素理解为理性中的各种合理性。需要指出的是，阿多诺和霍克海默所说的理性之蜕化为工具合理性，是建立在他们对理性的辩证看法之上的。就是说，在他们看来，理性本身包含着不同的因素，工具合理性只是其中之一而已。作为一种存在于人类之中的心灵力量，理性不仅仅是力图控制大自然之威力的“心灵力量”，它同时又是大自然的一个部分。就此而言，理性包含着工具合理性的他者。在阿多诺的理论中，工具合理性取代理性本身，成为启蒙的宰制性力量，意味着启蒙从此踏上了逆转为神话的道路。但是，就在工具合理性睥睨一切、大步前进的同时，在历史的废墟中，人们还是能够窥见一种迥然有别的合理性，这就是摹仿。然而，启蒙发展的结果是，摹仿合理性被驱逐到了艺术的领域中，而工具性或宰制性的合理性则是一往无前地发展，最终走向它的反面，即非理性。

因此，阿多诺对理性的内在辩证法的看法，与韦伯和哈贝马斯等人的合理性化理论有所不同。哈贝马斯循着韦伯的理路，也认为社会合理性化进程肇始于“世界观的祛魅”。所谓“世界观的祛魅”，简单说来，就是普遍宗教的解体以及不同的文化领域的分化。随着统一化的宗教或形而上学世界观的解体，知识分化为科学、道德和艺术这三个领域，而理性也相应地分化为经验—理论合理性、道德—实践合理性和审美—表现合理性。随着现代社会的祛魅，这三种合理性按照自身逻辑而各自发展，从而获得了相对的自治性。不过，哈贝马斯对理性的内在辩证法也有自己的看法。与阿多诺将摹仿合理性与工具合理性视为理性的两个对立因素不同，哈贝马斯将这两个对立因素区分为工具合理性与交往合理性，并将人类解放的希望寄托在交往合理性之中。

（凌海衡）

零度写作(Writing Degree Zero)

零度写作是法国文学批评家罗兰·巴特在其第一部文学理论著作《写作的零度》(*Le Degré zéro de l'écriture*)中提出来的文学观念。他在不足五十页的册子里首先区分了政治式写作、小说的写作和诗的写作,进而讨论了资产阶级写作的胜利和断裂,风格的艺匠,写作与革命,写作与沉默,写作和言语的主题,最终假定出现一种全新的文学:语言的乌托邦。

罗兰·巴特首先提出"什么是写作"的问题。他认为存在着一种文学语言的历史,它既不是语言的历史,也不是风格的历史,仅仅是文学符号的历史。对此不应该运用历史决定论的方法去理解,甚至不能用文学史的方法去研究,相反,应该承认它的写作本性。因此,文学不能被视作特殊的社会文化流通形式,而是充满着隐秘的深刻语言本身。

以往的文学往往被当作某种艺术类型的形式,而且必定指向某种对象,但是在罗兰·巴特所言的零度写作中,文学向写作的复归就是一边解除形式束缚,一边摆脱对象附属的过程。这个过程"首先是一种目光的对象,然后是一种劳作的对象,最终是一种'谋杀'的对象",它所达到的最后变体即"不在"。在零度写作的中性活动中,文学的纯粹性遭到否定,并日渐淡化。其结果是文学成为摆脱作家父权的写作,作家也成了不需要文学的奥尔菲斯式的写作者。在罗兰·巴特的视野中,只有加缪、布朗肖或者奎诺的口头语言写作可以称得上是零度写作。这种白色文学是加缪等人在现实主义之后发明出来的,主旨不在于逃避,而是对最纯洁写作的根本研究。

貌似中性的现实主义不仅不是零度写作,甚至是过于绚丽的符号制作术,而零度写作从根本上说是一种新闻式的"直陈式写作",既摆脱了语法和语式的限制,也摆脱了所有特殊的语言秩序束缚,因为不带有作家的意识而堪称清洁的白色写作。说得更加确切一点,是新闻式的写作,其中还没有发展出祈愿式和命令式的感伤情调。零度写作因为摆脱了作家的权力掌控而具有了中性品质,处身在各种呼吁和判断的汪洋之中却能够保持毫不介入的状态,正是这种完全的"不在"构成了零度写作,从而不包含任何私密或者隐蔽。由此可以概括,零度写作是毫不动心的纯洁写作,通过信任并依赖某种远离真实语言和所谓文学语言的碱性(basicité)语言而区别于一般意义上的文学。

事实上，一切写作都呈现出封闭性，是自由和记忆之间的妥协物。任何写作都来自先前的一切写作，也包括个人自身写作历史的顽固沉积，二者掩盖了当前写作中语言的声音。写作的痕迹像某种单纯中性的化学成分一样突然显现，比如说法国的革命式写作永远以流血的权利或者一种道德辩护为基础，而马克思主义的写作则是为了维护社会集体的内在凝聚力。除了真正的马克思式的写作（马克思和列宁的写作）之外，带有政治性质的写作还包括：独断性的斯大林式写作（人民民主派的写作），专制政权的警察化写作以及随机应变式的写作。罗兰·巴特尤其指责最后一种貌似马克思式的政治写作有意混淆了“民主”、“自由”等关键词的内涵，用“工人阶级”替换“人民”一词，继而用它替换“正直的人们”一词。因此，政治式的写作是最重要的社会现象学，写作被专制政权占有利用，在所谓的文学秩序中其实隐藏了社会压制的内容。

小说写作的时态和语态大多是简单过去时，表现出秩序化的欣悦（euphorie）。这种欣悦将现实世界变得明朗，因为“讲述故事的人有力量去拒绝组成故事中各存在物的不可穿透性与孤立性”。但是，简单过去时是一种谎言，在虚假的时间假设中描述了似真的可能，建立起看似可信的连贯内容，其实却“遮掩着有关真理连续性的非真实事实，又遮掩着被谴责的谎言的非真实事实”。小说写作中的第三人称也具有相仿的含混功能，为小说的消费者提供可信的虚构保证，同时还遮掩自身的虚假性质。诗和语言的关系与小说恰恰相反，诗的时间不是虚构的时间，而是“一种可能的历险，一个符号和一个意图的交遇”。

零度写作是写作激情的最后残余，在资产阶级意识形态解体之后到来。资产阶级的“文学”实际上是为了追认资产阶级所信奉的革命合理和历史上升的神话，并且一厢情愿地相信文学中的资产阶级情感是值得推广的普遍人性。但是，随着资产阶级意识的解体，作家们在写作中逐渐漂洗掉身上的阶级属性，同时剔除精神中先验的优越感。1848 年之后，资产阶级与贵族和无产者在社会的张力场内三方对峙，资产阶级文学的意识形态先进性也随之消除，文学不再代表优越的意识形态。资产阶级文学成为社会中某个阶级的文学，资产阶级作家也不再是阶级意识的普遍代表。在古典时代的统一性写作破裂之后，出现了现代写作的多样性，从福楼拜到 20 世纪的文学都转而成为语言的问题，或者说，写作的问题。在罗兰·巴特的历史回溯中，福楼拜一类的作家属于“作家—艺匠”，封闭在某种传奇领域中孜孜于形式加工，“正像一名玉石匠从材料中引申艺术以便把个人的孤独和努力转化为规则时间中的劳动似的”。

资产阶级写作和政治写作在古典写作终结以后出现，说明文学意识中已经承载沉重的政治和社会的成分，由此诞生出一种介于战士和作家之间的新型作者，知识分子取代了作家。此后，写作和写出的作品就成了一种行动，是指向“现存”(présence)世界的专业语言。在这类思想写作中，语言不占据主导地位，而是承担道义的符号。写作更像是在一份集体声明书上签名，俨然已经构成完整的机制。但是这种思想式的写作并不稳定，要么仍然是文学性的，要么就是软弱无力的，这一类型写作者的头脑中都存在着一种集体自救的形象认知。

在革命和沉默之外，罗兰·巴特发现了写作的第三条道路，“创造一种白色的、摆脱了特殊语言秩序中一切束缚的写作”。在单数/多数，过去时/现在时，虚拟式/命令式之间建立一个中性项或者零项，探索一种无风格的或者口头的风格，探索一种零度的或者口语般的写作。为了达到这一目的，作家必须放弃文学，因为作家唯有放弃文学的规则才能创造出自由的语言。正如加缪在《局外人》(*Etranger*)一书中所使用的透明语言，成功地完成了不介入写作风格的试验，罗兰·巴特甚至称之为理想化的“不在”风格。写作由此被归结为否定的形式，语言的社会属性和神话特性都被消除一空，取而代之的是一种中性的、惰性的形式状态，思想由此实现了完全的职责。与此相反的写作在形式上都不够透明，都以语言问题或者社会问题作为前提，形成客体般的语言风格，比如福楼拜写作中包含的法则，马拉美写作中假定的沉默，另外还有普鲁斯特、塞林，通过各不相同的方式依赖于某种社会性的自然存在。可是，知识分子不应当像一个艺术匠人一样停留在客体语言上，而是应该回复到古典写作的首要起点：语言的工具价值。唯一不同的是，这一次的工具性不再服膺于任何一种获得胜利的意识形态，而是作家面对新情境的方式，自愿背离典雅和华丽的语言风格，把时间因素重新导入写作，以沉默的方式凸显历史的存在。如果中性的零度写作得以实现，语言就不再是需要经过学习之后再加以应用的困难工具和沉重负担，而是达到了数学方程式的纯度，文学在人类问题的敞开中缴械。

（杨俊蕾）

逻各斯中心主义(Logocentrism)

“逻各斯中心主义”，又译“逻辑至上论”，“理性中心论”，“法则主宰说”。这个词语是德里达用来描述西方形而上学以及渊源于古希腊哲学文化基本信仰的关键语汇，也是他所开创的“解构”思想所质疑、反省和颠覆的终极目标。在他看来，西方形而上学建立在一组对于理性语言和思想的恒久的信仰之上。

这些信仰包括：“逻各斯”和“语音”存在着一种不可割断的关系；“逻各斯”在思想之中通过“语音”创造意义、接收意义、表达意义以及聚集意义；存在与心灵、事物与情感之间存在着自然的指称关系，“逻各斯”和“心灵”之间存在着约定俗成的关系；言语与存在绝对贴近，与存在的意义绝对贴近，与意义的理想性绝对贴近。

这么一些信仰赋予了西方一个整体文化形象，并为这一整体预设了一个中心。按照这么一种整体的中心的预设，“逻各斯中心主义”成为哲学文化的一种深刻的偏见，那就是将西方的理性奠基在多种二元对立之中——在场与缺席，善良与邪恶，白天与黑夜，心灵与物质，男人与女人，言语与文字等等，并先验地断定这些二元对立之中的前项优先于后项。

“logocentrism”一词源于古希腊语“λoγos”（言语，逻辑，理性，法则，神言）和“centrism”（中心场所）的组合。在古典希腊哲学和修辞学传统中，以及在西方哲学文化的流变之中，被说出来的词语和被诉之于言语的理性被认为是对于被书写出来的词语和被表达出来的情感的“扬弃”，因此前者优先于后者。比如在古希腊时代，有教养有身份的人是不读书面文字的，将书面文字转化成声音，那是经过了专门训练的奴隶们做的事。在古代人们认为，说话者和倾听者的直接在场，彼此最为靠近的时候才最利于理解；反之，如果说话者和倾听者之间存在着空间距离和时间差距，那么，就会对意义产生误解，生发出多种意义解释形式。在亚里士多德之后，“逻各斯中心主义”的哲学文化就直接把“在场”等同于“存在”，而“存在”又被完全等同于“存在物”。贯穿在西方哲学文化之中的就是这么一种将“在场”确定为思想中心场所的形而上学偏见，德里达又称之为“在场形而上学”。

支撑西方哲学文化之整体形象的“逻各斯中心论”，作为一种知识主因和权力意志在语言学、形而上学、神学、种族论以及性别论层面上运作。第一，从语言学上说，“逻各斯”，作为“说话”（oratio）以及“理性”（ratio）之统一，是一切意义表达的媒介（文字、视觉图像以及身体姿势等等）之中最为本质的东西。柏拉图《斐德诺》篇指出，文字是诡诈技巧的入侵，是典型的暴力，是对灵魂深处的破坏。亚里士多德《解释》篇说，言语是心境的符号，而文字是言语的符号。现代语言学也一致地断言，理解语言的真谛必须从言语开始，“语言有独立于文字的口述传统”（索绪尔语），言语构成了语言之最纯洁的内在性，而文字是堕落和迷茫的外衣，是腐化和伪装的礼服，是死亡的金字塔，是无生命的碑林。“苏格拉底，他从不写作……”，这么一种蕴含着西方哲学文化自我终结的格言，却表征着一种历久千年的偏见，那就是以言语压制文字，以声音符号镇压书写符号。这种贬低、压抑、放逐和清除文字的偏见是"逻各斯时代"的标志。在这个漫长的时代，语言学最终把语言不可还原的单纯本质确定为"语音、词汇和逻各斯的统一体"，给予意义和言语以特权地位，通过语音将声音和意义结合起来。与这种统一体相较，文字始终被看作是派生的、偶然的、特殊的和外在的，作为语音的再现之物，用亚里士多德、卢梭和黑格尔的话说，文字是"符号的符号"。

第二，从哲学上说，"逻各斯"的优先价值，"声音"的优先价值，直接就是"在场"的优先价值。海德格尔说，希腊哲学文化之中，"存在"被确定为"在场"，由此产生的"在场形而上学"支配着西方对存在的解释；德里达紧接着指出，海德格尔也没有摆脱"在场形而上学"的支配。从柏拉图到胡塞尔以至海德格尔，一切形而上学家，只要提到"存在"，就立刻将"存在"看作是"在场"，"在场"便成为真实东西无可怀疑的明证。这个具有优先价值的"在场"在形而上学的历史之中发生了形态变化，但其原型却原封不动地保留在哲学家的论说之中，构成西方哲学文化的深层意蕴。在古代观念之中，"在场"就是"理念"；在中世纪哲学之中，"在场"就是绝对唯一的神；在近代哲学之中，"在场"就是主体、自我意识以及个体显现，或者权力意志，自在之物，绝对精神等等。形态的变易改变不了原型，真实只有在"逻各斯"之中作为真理呈现出来，即充分在场，它才成其为现实。

第三，从神学上说，"逻各斯"的全面统治，"声音"特权的确立，以及"在场"的圆满实现，就依附在"存在—神学—终末—逻辑"之根上，即西方形而上学也具有一种绝对神学的结构向度。"充分在场"向着一个圆满完善的程度发展，就意味着必须预先设置"存在物"等级秩序的金字塔顶点，这个顶点是全知全能、无所不在的上帝，以及上帝发出的"大写存在之声"。这个金字塔尖就是一切世俗计划的终结，或者"充分在场"的最后实现。而这就是一切"存在物"的思想和行为的最终目的。基督教创世学说宣称"太初有言"，这个太初之言就是作为无限创造主体的绝对"逻各斯"。伟大的理性主义时代，"充分在场"构成了自我呈现，构成了主体性，但这也是"逻各斯"统治体系的隐喻延伸。总之，"逻各斯"与神性处于同等地位并同时诞生，"逻各斯"时代本质上就是神学的时代。

第四，从种族论上说，"逻各斯"，这个压抑了文字的"声音"，优越于"缺席"的"在场"，作为知识主因贯穿了西方文化历史。从作为宇宙人生最高范本的柏拉图"理念"，到中世纪的绝对神言，从卢梭和康德的良知，到海德格尔的存在之声，从亚里士多德的《修辞学》到现代语言学，一部西方文化历史因为"逻各斯"的绝对统治而获得了整体象征。而西方的“表音字母系统”的持久存在，则成为“逻各斯”时代长盛不衰的直接证明。“逻各斯中心主义”也就构成了“欧洲中心论”生成的底色，而且直接就是白人神话学的基本叙述语法。当“人为万物尺度”的人文主义原则被确立起来，当自由、平等、博爱的现代观念在全球散播，当理性主义借助现代技术和现代媒介展开更大规模的拓殖运动，我们可以看到“逻各斯”神话不仅在时间之中绵延，而且也在空间之中拓展。但是，德里达敏锐地觉察到，中文和日文这些“非表音文字”的存在，即表明了“逻各斯中心主义”外围发展着可以突破欧洲中心主义王国的强大文化运动；同时，在西方内部马拉美、庞德取法形象化语言的诗歌创作，也导致了对“逻各斯中心主义”传统的第一次突破。

第五，从性别学上说，西方哲学文化具有“男性中心主义”（phallocentrism）的品格。按照希腊文化的知识主因谱系，精神意义上的“男根”（phallus）绝不同于生物意义的“阴茎”（penis），而成为真正男性特权的象征。西方形而上学呼唤的“存在之声”也是男性的声音，尤其是父亲的声音。柏拉图的“逻各斯”是“逻各斯之父”，而非“思想之母”，形而上学的碑林里只有父亲、儿子、兄弟的灵位，而没有母亲、女儿和姐妹的幽灵。基督教有圣父—圣子—圣灵三世轮转学说，在十字架上死而无怨的耶稣是圣子而非圣女，圣母的忧伤成为基督受难的伴奏。最深沉的人文主义之内核——博爱，也只是兄弟关系，而将姐妹关系排斥在外，以至于人们觉得西方政治学几乎是“女性的沙漠”。

“逻各斯中心主义”是德里达的哲学要反思、置疑和颠覆的目标。但是，首先使用“逻各斯中心主义”这个词语并对此展开发难的，是德国神秘主义哲学家路德维希·克拉格斯（Ludwig Klages）。在他的著作《作为理智对立面的心灵》之中，他用“逻各斯中心主义”指代理性，而反“逻各斯中心主义”就是以非理性对抗理性统治，使心灵与理性对立而与宇宙生命同流。在批判“逻各斯中心主义”的历史上，即在解构历史上，尼采、弗洛伊德和海德格尔对于德里达的影响特别值得考虑。按照德里达本人的说法，尼采用“非在场”概念（游戏、解释、比喻、符号等概念）取代了形而上学的存在和真理概念；弗洛伊德批判了意识、主体、自我临近、自我一致、自我归属，特别是自我呈现概念；海德格尔则通过对存在与时间、存在和语言的思考瓦解了形而上学、存在神学、在场的存在定义。德里达推进这三种批判思路，不仅对西方形而上学文化之中而且对文学、日常语言行为和推理活动之中呈现的“逻各斯中心主义”进行了质疑。他希望以不是声音也非沉默的“延异”来瓦解言语和文字的二元对立，解放文字的生命力量来颠倒语言学的等级制度，并以作为肯定学说的“文字学”来拯救被禁锢于“在场”之中的思想及其真理。

德里达对“逻各斯中心主义”的解构汇入了更大范围的后现代语境之中，与让-吕克·南希对实在共同体和唯一神宗教的解构彼此呼应，与利奥塔对启蒙和思辨两大现代性神话的置疑相映成趣，激发了女性主义者颠覆父权中心主义的激情，为后殖民文化理论瓦解欧洲中心主义及其文化帝国提供了思想资源。

（胡继华）

M

绵延(Duration)

绵延是柏格森在其著作《论意识的直接材料》当中首次提出来的时间性概念，这一概念是柏格森生命哲学的核心，它贯穿着柏格森的整个思想生涯。

绵延，在字面意义上来理解，便是某种事物占据着一定的时间。柏格森认为，我们理解时间的方式是错误的，原因在于把时间与空间混同起来，将时间仅仅视为衡量运动的一个参数，这在笛卡尔和牛顿以来的时代成为一个主流认识，其影响延续至今。强调绵延，对于柏格森来说不是为世界补充一个被遗漏的知识，而是揭示在我们科学与哲学的思想传统中，人们已经习惯以空间化的方式去看待世界，从而忽略了世界流变、运动、创造的本性，这一本性扎根于时间。提出绵延，就是将时间归还给世界，就是要建立一种能够把握事物时间性质的哲学。

最初，柏格森从意识的层面入手，提出意识的直接材料是“心理事实”，并将其界定为：“这些事实都具有其自身的特征——处于绵延之中而不是空间之中，占据着时间而不是广延。”具体地说，心理事实只占据时间，而非空间，它首先是一种流动的、始终处在变化之中的存在，我们不能将其归纳为一个静止的结构或概念；由于其流变的性质，我们无法对心理事实进行量化，也不能拆分成更小的单位来进行分析；心理事实是独一无二的，属于个人的意识领域，有别于可在公共领域当中共同探讨的物理事实。心理事实具备流动、变化、绵延的性质，这看起来并不新鲜，但柏格森进一步说，在我们的意识活动中，有两个层面，一个是表层自我，一个是深层自我。表层自我是社会性的，往往出于交往、表达的需要，将知觉、情绪、观念等进行区分、整理、归纳，使其明晰化——这是一种仍然以空间化操作为主的意识活动。而深层自我则直接由时间性的心理事实构成，一方面，它是变动不居的，另一方面，它是繁复杂多的。意识不仅仅只是一个连贯的观念，它是充满杂质、涡旋、暗涌的河流。在柏格森看来，只有深层自我才保留了生之活力，而表层自我则是将这种活力减缓、阻断。将心理事实等同于自我，就意味着柏格森进入了“我思”的领域，这个时候，他与笛卡尔之间的对立便得以彰显。笛卡尔的我思，是一个典型的空间化的形象，无论意识活动如何强烈、发散，都归属于一个安静的、边界确切的主体，犹如坐标系中的一个稳定质点。柏格森不满于此，在他眼中这无异于泯灭自我的“生命冲动”，自我的本性应是绵延的，在“无拘无束的自发性”之中自由地生成、创造。实际上，柏格森将时间、绵延、意识及自我统一了起来，这四者本来为一。

然而，柏格森并没有止步于意识，他进一步将绵延的性质推演至物质世界。在《物质与记忆》当中，借助影像(image)概念，他将物质与精神间的森严界限抹去了。在柏格森看来，一切事物都是由影像构成，他说：“我把影像的集合叫作物质，而把能够与一个行动的特定影像(人的身体)相关联的那些影像叫作对物质的知觉。”也就是说，人们对物质进行感知，是两种影像集合体间的碰撞过程，而知觉则是身体在与物质的遭遇中所“过滤出来的影像”。知觉并不是意识对事物的再现，而是直接属于物质，换言之，物质本身就是知觉，它也是精神性的，只不过它缺乏生命冲动，所以表现出重复和怠惰的表象，是“最低程度的精神与绵延”。而人的精神生活之所以体现出更强的生命活力，是由于记忆的运作。在柏格森看来，我们的记忆就像一个持续滚动的雪球，将所遭遇的一切雪片般的知觉纳入自身保存起来，这个不断膨胀的记忆实体，持续伴随着我们去经历迎面而来的每时每刻。所以，我们的每一次觉知，都是在纯粹记忆的伴随下所进行，每一个知觉都是在记忆的参与下所生成。记忆成为创造的源泉，每一个行动，每一个意识流，都是“对我们整个过去生活的一次一次的重复”，但每一次重复都实现着差异。无论精神还是物质，一切都在绵延，它就是世界的本性。如果说，在《论意识的直接材料》中，柏格森论述了绵延的性质，那么在《物质与记忆》中，则是借助影像、知觉、记忆等概念说明物质与精神如何绵延着。

绵延总是处在流变之中，既然我们不能像制作标本一样，将其捕捉、固定从而进行测量、分析，那么，我们如何去思考绵延？柏格森认为，我们只能通过直觉，直觉就是一种绵延的思，一种持续不断的思想行动。传统形而上学以抽象概念对事物进行把握、分析，概念体系将事物的方方面面剥离开来，纳入其编织的网格之中，事物的本来面貌被毁坏了，其自身的活力也丧失了。而直觉则直接面对经验本身，跟随、参与绵延的运动。对于柏格森来说，直觉不是一种神秘主义的模糊情绪，而是一种严谨的方法。这种方法诉诸一种形象化的概念形式，这种概念本身就是一种流动的表象，实际上，柏格森所意指的就是隐喻化的哲学语言。无论如何，思辨终将要诉诸语言，虽然语言的结构性力量有将事物静态化的危险，但隐喻，仍然能够没入事物的实在并将绵延准确地暗示出来。

柏格森的绵延思想深刻地影响了德勒兹。后者的时间哲学呈现出复杂精妙的结构和令人炫目的拼贴式风格，从康德，到胡塞尔，再到海德格尔，关于三种综合和时间性的论述成为其时间观念的文脉线索，在这个基础上创造性地形成了自己的概念框架，其思想内核则是柏格森—尼采—斯宾诺莎的三位一体，然而，柏格森的绵延思想是重中之重。我们可以说，德勒兹以某种方式重写了柏格森的全部著作，一种从重复到差异的绝佳范例。在《柏格森主义》一书中，德勒兹强调，在柏格森思想中"只有一种时间，尽管有无数实际的流，这些流必然分享同一个潜在整体"。也就是说，世界是一个巨大的绵延，但这个绵延整体并非是一切事物之和，它是一个活的机体，生命能量在其内部流动着、喧嚷着，这个作为"一"的绵延是一切事物进行绵延的条件，而一切事物又是其生命的现实化。赫拉克利特说，"一是一切"，这句古老的格言在柏格森的绵延思想中得到了回响。德勒兹则将时间与"一是一切"统一在自己的单义性存在论之中，这是《重复与差异》的核心，也是德勒兹思想的奠基。

（王小雨）

免疫（Immune）

"免疫"本来是一个医学—生物学概念。在西方社会，已经有学者将免疫作为一个政治哲学概念加以研究，意大利哲学家埃斯波西托是其中的佼佼者。在埃斯波西托之前，当代西方思想家们早已发现"免疫"概念在现代社会理论和政治哲学中的重要意义。9·11事件之后，法国哲学德里达提出了自我免疫（auto-immunize）这一概念，从而开启了将免疫作为一种政治哲学观念加以使用的先河。在此之前，德国著名的社会学家卢曼（Nikolas Luhmann）在《法律的分延：论法的社会学和法学》这一法律社会学名著中，将法律形式系统看作一种社会免疫系统。

但是，埃斯波西托的研究成果有自身的特点。他认为，免疫这个词来源于古希腊—罗马社会中一种"义务先在"的政治共同体观念。免疫的拉丁语词源 immunus 由否定前缀 im 和意为"城墙、围栏"的名词 munus 组成，其字面意思为不受围栏保护的人；它的引申义则有罪责、义务等含义，因此，immunus 也有"使人免除其义务"的含义。埃斯波西托指出，与霍布斯等人制定的现代自然权利学说不同，西方古代社会中，个人对共同体的义务先于权利而存在，并保障了个人基本权利；所以，义务的免除同时意味着权利的被剥夺。因此，就法律—政治领域而言，免疫是一种以共同体整体利益为借口，来剥夺个体生存权利的手段和方式。而当免疫概念转化为生物学术语时，它的含义发生了一定偏移：它特指生命体遇到异质力量攻击时，损害自己的一部分，保全自身整体生命的生存策略。从表面上看，免疫最终带来了生命体对其对手的适应，实际上，免疫的生物学定义仍然包含这一概念原有的法律—政治含义。埃斯波西托指出，在当代社会语境中，这一政治含义和生物学含义逐步合而为一。随着现代免疫学、社会控制实践，以及计算机科学的发展，免疫概念不再具有单一的政治哲学或生物—医学含义，而成为解释现代社会系统最为重要的生命—政治隐喻。埃斯波西多认为，从作为法律—政治概念的"免疫"，到当代的免疫学说，经历了三个范式转换。

第一种免疫范式被称为"政治神学范式"。这一范式试图用神学话语来描述免疫概念背后的政治逻辑。按照这一范式的描述，免疫逻辑等同于宗教思想的献祭—赎罪逻辑：共同体试图通过牺牲一部分共同体成员的生命，来免除既有的社会—政治危机，而将这种牺牲解释为对神灵惩罚的补偿。基督教诞生后，这一献祭被义理化，从而成为基督教的原罪学说。西方中世纪政治共同体的正当性建立在这一献祭性免疫的基础上：世俗政体之所以有存在的必要，就是为了在世界末日献祭给上帝，并让其摧毁。

第二种免疫范式是政治神学范式世俗化之后的产物，它被埃斯波西多称为"补偿范式"。在补偿范式中，免疫概念从神学领域转移到社会内部。在政治神学范式中，免疫机制的驱动依赖于人们对外在于共同体的神的构想；而在现代社会中，由于个体感觉到自身能力的有限性，往往渴望集体和社会的帮助，达到对自身限度的超越，而社会却以实现这一承诺为借口，不断剥夺个人的基本权利。埃斯波西托指出，这种补偿不是一种等价补偿行为，而是一种个人向社会的免疫性献祭。这种献祭导致了两种免疫机制的诞生。一种免疫机制是异化。在德国哲学人类学家赫尔穆特·普莱斯纳（Helmuth Plessner）的学说中，异化性免疫成为现代社会和政治共同体得以成立的必要条件。普莱斯纳将"异化（Alienation）"看作一个消极概念。他认为，异化恰恰是现代人组成共同体的一个必要条件，只有一个相信社会中存在着伤害、欺骗和对个体人格压抑的人，才能同样以否定自己本来"人格"的方式，通过伤害、欺骗和对他者人格的压抑，获得进入社会体系的通道。如果不把这些否定力量内化为对自身的否定，社会将面临真实人格之间的相互冲突，反而建构不了有效而稳定的秩序，也无助于每一个成员通过否定的方式达到自身目标的实现。应该说，普莱斯纳所描绘的免疫机制，是把个人自我否定的力量转化为一种积极力量的免疫策略。最终，这种策略以否定的方式，导致了个人人格、生命和积极参与共同体事务的动力，在一定程度上得以补偿和保存。

相对于这种免疫策略，哲学人类学家阿诺德·盖伦（Arnold Gehlen）采取了更激进的免疫策略。盖伦借鉴了哲学家马克斯·舍勒（Max Scheler）的看法，将人看作一种本质上“没有本质”的存在。这一看法导致了盖伦的一个全新推论：人如果要真正实现这样一种“无本质”的本质，就必须不断抛弃既有的生活方式。简而言之，只有将人界定为一种“非人”，人的真正本质才能实现。在社会理论和哲学人类学中，这样一种“作为非人的人”必然导致了如下命题的产生：人若想要返回其真正的“人性”，则必须彻底抛弃其人性，与抽象社会规范的具身化形态合而为一。在埃斯波西托看来，这种“以不补偿为补偿”的个体和社会关系，就是现代理性化社会免疫作用的体现。在社会系统之中，个人能力和“理想”能得到自由的实现；但是，社会却以此为借口来剥夺个人的快乐、尊严、健康与生命权利。

埃斯波西多认为，作为一种免疫范式，生命政治学说能克服补偿性免疫范式的不足。值得注意之处在于，他心目中的“生命政治”概念与福柯和阿甘本对这一概念的理解不甚相同。后两位思想家者强调生命政治以捍卫个体生命为借口，否定个体生命存在权利的消极价值。而埃斯波西多则借用19世纪生理学家魏尔啸（Virchow）的身体组织理论，提出了一种全新的生命共同体学说。在他看来，不存在不可分的生命体，任何生命体都是由次等生命体聚合而成的共同整体，任何一部分的死亡，并不意味着生物体整体的损害和死亡，而是全新生命关系的开始。

在这一理解的指导下，生命政治就被埃斯波西多赋予了积极意义：对人类生命的威胁和剥夺，并不一定是完全消极的；因为，随着这一部分生命的消灭，这一整体的其他部分会建构全新的生命关系，最终甚至意味着生命共同体的新生。通过将这一生物共同体学说移植到社会领域，埃斯波西多呼吁一种以“移植”为基础的免疫关系。在政治共同体中，各种异质生活方式的移植，固然会带来风险，却会让政治共同体自然地学会通过否定自身的“自身免疫”，以牺牲既定生命形态为代价，获得全新的生命关系，从而激发了生命政治共同体的续存和发展。相反，如果对任何社会机体内部的“异质物”十分警惕，反而会造成“过度免疫”，让共同体的防御机制转化为伤害共同体的力量。

最终，埃斯波西多试图为现代西方多元主义政体的存在找到生命政治学和免疫政治学的全新基础。他的免疫学说对当代西方的种族冲突、基因伦理等问题，都有相当的解释力。但是，他无法避免“免疫”概念在实践中的危险和困局。这不仅是他免疫政治学说的困境，也折射了当代世界治理中自我与他者之间的多元共存的难题。

（姚云帆）

民族—国家（Nation-State）

民族—国家这一概念由两部分构成，第一部分“民族”（nation）的词源是拉丁文“nationem”——意指人种、种族。这个词早在13世纪就已经普遍使用了，那时主要指种族意义上具有共同特征的族群。但后来在历史的变迁中，民族一词具有了越来越多的文化和政治含义。特别是在18世纪前后，虽然像“领土”（realm）、“王国”（kingdom）、“国家”（country）这些概念仍然普遍流行，但“民族”开始成为一个重要的政治概念，它指向现代民族—国家疆域内的所有公民，与“外国的”（foreign）一切相对立起来。同时，“nation”一词也衍生出许多变种：“national”既充当形容词修饰与民族—国家有关的实词，也作为名词意指国民；而“nationality”一词则是现代民族国家疆土意识完善的产物，它将个体的身份与国籍联系起来；“nationalism”（民族主义）是一个充满价值判断和意识形态色彩的政治概念，支持这一理念的人会强调国家是民族或文化共同体集体意志的表达，国家有效地保护了国民的共同利益和文化传统，还体现了理性与历史规律的本质；而反对民族主义的人往往将这个概念与狭隘、自私联系起来，同时指责民族主义的基础是“种族主义”（racialism），而种族主义是排他性的和野蛮的，在历史上曾犯下滔天罪行。因此，民族主义在不同的时期和具体情境里，会有完全不同的阐释，以及包括完全对立的善、恶判断。

第二部分“国家”（state）这一概念，起源于古希腊的城邦国家（city-states），从这个概念产生的那一刻起，就已经具有了丰富的政治含义，事实上，“政治”（politics）一词的词根poli，就是古希腊语的城邦国家。国家在古希腊就是一种强制性的社会机制，不惜使用暴力来约束其成员的行为，使所有成员遵守制度和承担义务，也因此维系了权力对城邦成员的政治权威。

民族—国家这一概念也是现代性的产物，它的含义更随历史不断地发生变化。本尼迪克特·安德森（Benedict Anderson）在《想象的共同体》（*Imagined Community*）一书中认为，现代民族—国家的出现与各种新形式的传播媒介的产生有关，在欧洲近代史中，18世纪报纸的出现，促生了人们的民族与共同体的意识，使当时的欧洲人可以将自己想象为一个更大的共同体的一部分，从而产生了民族—国家的认同感。当然，现代民族—国家的产生，特别是现代民族主义的兴起还需要中央集权对自治的区域有效的整合，而这种整合往往以共同的语言、文化传统，以及跨区域的联合作为前提条件。18世纪以来，公共教育系统、统一语言的努力、民主参政、议政，以及现代权力网络对全社会的控制等等，都有效地将一个民族/文化共同体整合起来。

更重要的是，民族—国家作为现代性的产物，与现代个人主体意识的强化有着直接的关系。从18世纪晚期的德国古典主义时期开始，我们可以清楚地看到个人主体与民族—国家意识的建立之间，存在着互动关系。歌德（Goethe）和洪堡（Humboldt）一方面强调完善个人的能力和自由，以便构建个人特殊的主体性；另一方面强调学习民族文化中的精髓，继承德国传统，通过自己独特的生活经验展示民族文化和历史的整体性。从歌德肇始的成长教育小说被广泛视为德国民族文学，为后来德国的统一提供了丰富的文化资源。同时，德国古典哲学对历史的阐释也为现代民族—国家意识提供了观念基础。黑格尔在他的《历史哲学》（*Philosophy of History*）中，强调世界发展的动力是理性，而国家既体现了理性前进的规律，又达到了理性的巅峰。在18、19世纪四分五裂的德国历史背景下，古典主义思想集中体现了现代民族—国家的意识，并将这一概念体系化和历史化，大大拓展了民族—国家理论的外延空间。

随着19世纪民主进程和政治平等意识的深入，贵族与平民开始享有较为平等的公民权利，这使得民族—国家理论在现实中越来越成为可操作的意识形态；但20世纪两次世界大战所造成的人类惨剧，又使它成为一个充满异议的政治概念，现代西方社会对于民族—国家理论的讨论变得非常多元、复杂。20世纪早期，人们将民族—国家概念与种族主义和自私的民族主义联系起来，赋予它负面的价值判断；20世纪中期，殖民主义瓦解了，民族自决和独立运动又给民族—国家概念套上正义的光环；20世纪晚期，经济全球化席卷整个世界，民族—国家再次被重新理解和解读，西方世界对第三世界发出了“人权大于主权”的呼吁。作为民族—国家理论基础的民族文化同质性，也受到了主张人性普遍性观点的学者前所未有的质疑。哈贝马斯在《欧洲民族—国家》（The European Nation-State）一文中分析了欧洲民族—国家意识的产生过程，认为在19世纪贵族王国向平民国家意识转变的过程中，曾一度对民族—国家怀有的积极认同感逐渐转化为现代社会的排外情绪；他进一步作出推论说，随着通信技术的飞速发展，文化融合和传统现代思想的交错成为现代社会不可逆转的趋势，而文化的单一性和同质性已难乎为继，只有开放、民主的现代商业社会才可能顺应历史的发展。

与之相对的文化多元主义认为，经济全球化带来的是精神平面化和文化贫瘠，不同的文明所蕴含的丰富文化遗产，会被武断、单一的消费文化所扼杀。总之，民族—国家这一概念从产生的那一刻起，就被赋予各种对立、冲突的价值判断，它仍会在不同的历史条件下被意识形态话语所裹挟，成为人们争论、讨伐的焦点。

（王炎）

民族志（Ethnography）

民族志，也译作文化志，是20世纪初期由文化人类学家创立的一种研究方法，主要指人类学家对其研究的文化对象或目的物进行田野调查，深入到特殊的社区生活中，从其内部着手，通过观察和认知，提供相关意义和行为的客观的民族学描写而形成民族志描写，然后再对其进行分析、比较，以期得到对此文化的基本概念。民族志是了解未知社会和文化形态的必要手段。

民族志是文化人类学，尤其是当代文化人类学存在的根本，有人把它对于文化人类学的重要性与实验室对物理学、化学和生物学的重要性相提并论。民族志作为当代文化人类学最重要的研究方法，其发展与人类学的发展密切相关。按照哈登《人类学史》对人类学发展的阶段划分，可将民族志的发展分为三个阶段。

早期，英国古典人类学的资料工作和研究工作原本经由两种人分别进行：一方面是传教士、殖民地官员、探险家、游客和商人关于海外民族的奇风异俗和遗闻轶事的报告和笔记；一方面是有人文学科专业修养的知识分子利用这些资料所进行的理论概括，除摩尔根曾对美洲土著易洛魁民族进行过亲身考察外，绝大多数人类学家，包括泰勒和弗雷泽，都不加分析地使用别人记录的未经实地调查的资料，形成了搜集资料的主体与理论研究的主体相分离，或者说业余的资料员与专业的理论家分工的格局。人类学家往往“将有利于自己体系的传说和文化要素从社会背景中分离出来，作为例证”，因此也被称为“摇椅上的人类学家”而受后人诟病。虽然早在1871年，“人类学之父”泰勒在其《原始文化》中将“原始文化”称为“合理的民族志”，但正如哈登所说，这时所谓的“民族志”，“是一堆杂乱的事实或猜想”，是“各种认真程度不同的业余学问家所喜欢涉猎的地方”。可见，这一时期的民族志主要指尚未摆脱“案头作业”模式的特殊的文本形式，具有“对人性的普遍性抱有信念和欧洲中心主义”、“资料不是实地调查的结果”和“选择性利用资料”等特征。

一般认为，民族志作为一种经典的研究手段和学术范式，是由马林诺夫斯基在

1922年出版的《西太平洋的航海者》所奠定的，而由马氏所创造的“参与观察法”则成为民族志方法体系的核心内容。马氏认为人类学家应该尽可能详细地了解土著人实际生活的各个方面，这就意味着“在较长一段时间中，民族志学者参与人们的生活，观察发生了什么，聆听他们说什么，并提出问题”，进而“把握土著人的观点，他与生活的关系，搞清他对世界的看法”。实际上，马氏“民族志”方法不同于一般意义的调查，而是体现其功能主义人类学把田野作业、理论和民族志等三者相结合的范式，包含一整套完整的规范：其一，选择特定社区；其二，进行至少一年的现场调查；其三，能够使用当地语言；其四，先从本土的观点参与体验，即先以“文化持有者的内部眼界”去看待文化，但最终要达成对对象的客观认识。可以说，马氏用一套有效的科学规则把资料员与研究者的身份完美地合二为一，使民族志具有了亲历性和内在性的特点。

在马林诺夫斯基以后，民族志既可以指涉一种特殊的学术研究方法，又可指涉运用这种方法而取得的研究成果——一种特殊的文本形式。但正如哈登所描述的，这时的民族志仍“有着不稳定性和不完美性”。

随着当代哲学和心理学的发展，民族志这一经典的学术方法在20世纪60年代受到了根本性的挑战和质疑，从而导致了人类学理论空前的危机。首先是对非欧洲传统文化以及非其历史传承的文化能否在文化相对主义前提下得到如实描绘的质疑。其次是对文化人类学家职业伦理道德的争论和质疑。怀疑者指出，民族志只是人类学家作为外来者用自己的思维、术语、概念记述对特定文化的见解，而不是该文化内部成员对自己文化的描述和理解，有着个人经历、既定观念甚或想象的因素在内。有的田野工作者甚至为了迎合自己的理论或学术结论而刻意倾斜，写出臆造的民族志。这给当代文化人类学以致命的打击。

为了拯救文化人类学学科的存在与发展，格尔兹的阐释人类学异军突起，以“深描”和“地方性知识”为武器，以观察、移情、认知和自觉追随“文化持有者的内部眼界”，阐释和维护民族志的地位，重新探讨文化之源。

由于受到了韦伯关于文化是“富有意味的网”(webs of significance)的观念的影响，格尔兹指出，“所谓文化就是这样一些由人自己编织的意义之网，因此，对文化的分析不是一种寻求规律的实验科学，而是一种探求意义的解释科学”。他认为这张网是在始终持续地被编织着的符号之网，而文化人类学家的任务则在于分析这些符号的流通。

格尔兹借用哲学家赖尔的“深描”术语，开创了自己的“深描”式显微研究法。格尔兹指出，在赖尔所说的对排演者行为的“浅描”(thin description)和对其行为的“深描”

之间,存在“民族志的对象,一个分层划等的意义结构,它被用来制造、感知和阐释抽动眼皮、眨眼示意、假装眨眼示意、滑稽模仿以及滑稽模仿的排练”。格尔兹进一步得出“民族志是深描”的观点。他认为民族志的特殊性在于对“眨眼示意之眨眼示意加以眨眼示意”,通过“深描”将任何一种人类行为和文化现象的本义尽可能地还原,进而揭示文化内在的认知结构和“文化语法”。而他所谓“深描”,就是从极简单的动作或话语着手,追寻它所隐含着的无限社会内容,揭示其多层内涵,进而展示文化符号意义结构的复杂社会基础和含义。

格尔兹从阐释人类学的角度描述了民族志方法的四大功用和特色:一、它的基本功能在于对文化进行阐释;二、它所阐释的是社会话语流,而不是某个具体的截面或切片;三、这种阐释必须遵从其“叙述”的原始含义并以一种可追溯的话语的形式出之,以便在必要的情况下能使之原汁原味地复原;四、这种描写在其实践性上是具有显微性的。格尔兹的民族志是使用“深描”的方法寻求意义的阐释的“地方性知识”,进而“通过真实生活的踪迹而触摸人们曾经拥有过的真实生活”。

综上所述,民族志由最初的一种特殊的文本形式,演变为马林诺夫斯基研究方法与文本形式的二重组合,进而成为格尔兹用“深描”来阐释文化和“触摸真实”的地方性知识。目前,由于民族志这种方法重视研究对象的社会行为及其与整个社会文化之间的关系,具有跨学科的性质,所以又被广泛地运用到其他学科的研究,如社会学、心理学、文学等,成为哈登所说的“一座具有坚固结构的连贯整体”。

(张进)

模拟(Mimicry)

模拟是近年来后殖民理论中常用的一个词汇。它与另外一个同义词,也就是柏拉图和亚里士多德等人在古典文论中使用的“模仿”(mimesis)一词既有相似之处,也有不同的地方。根据霍米·巴巴在他 1994 年出版的《文化的定位》一书中题为《模拟与人》一文中的区分,“模仿”是同源系统内的运作表现,是模仿者对被模仿者忠实的复制,而“模拟”的目的在于产生出某种与原体相似与不似之间的“他者”。这个他者介乎于模拟者与被模拟者之间,既与两者都有相似之处,又不同于任何一方。而它积极、能动的力量也就蕴藏在这相似和不似的含混、矛盾状态之中。

巴巴的“模拟”一词的概念来源于法国精神分析学家雅克·拉康，该词原指动物（如变色龙）为适应环境、保护自己，将自己的肤色变得和环境一样斑驳，并且借此优势来隐蔽自己、威胁敌人的伪装术，按照丛林法则的解释，这是生物在激烈的竞争中逐渐培养起来的本能的求生之道。此后这种伪装术又被人们运用到了战争之中。巴巴将此概念转换到后殖民理论之中，用来形容殖民者与被殖民者之间的关系。当殖民者以军事、武力的方式入侵、占领了殖民地，开始以“暴力国家机器”的方式对其进行政治、经济等方面的统治之后，他们还用阿尔都塞的“意识形态国家机器”或葛兰西的“文化霸权”的形式，将自己的语言、文化、价值观念、行为准则等灌输、强加给被殖民者。被殖民者在不知不觉之中逐渐开始接受这些观念和准则，甚至主动地赞同、配合殖民者的统治、对前者进行模仿或模拟。但与此同时，被殖民者在模拟的过程中也在不断地调整、改变自己和对方，不断地在自我与前者之间产生延异、差别和超越，一方面吸收、“挪用”一切有用的东西来完善自我，另一方面戏拟、拒绝、不服从和摈弃被模拟者，从而在近似中产生威慑的力量。巴巴认为军事、政治和文化上的征服道理一样，都是一个规训、改造和调整的过程。从后殖民的角度来说，被征服者在被殖民之后被迫不断地对殖民话语进行模拟，在模拟的过程中也不断从内部对其进行改造，在殖民意识中发现、撕开裂缝，打破二者之间的二元对立，在其中制造含混与杂糅，生成第三个空间，以抵抗本质主义、整体性的西方文化霸权话语。这第三个空间是结合了殖民话语与本土话语的、带有创造性的含混与杂糅，对文化殖民主义或全球化时代的新殖民主义具有非常积极的解构意义。

按照巴巴的论述，模拟与含混（ambivalence）和杂糅（hybridity）这两个概念之间有着很强的关联性。模拟也是对殖民话语的复制，但复制出来的并不是与原体完全一样的复制品，而是“像却不是”（like but not quite）的一种他者。这样，模拟就制造出了“近似中的威胁”，它在无形中暴露了殖民话语中的裂缝和局限性。巴巴在这篇文章中列举了多位用英语创作的作家，分析了他们的作品中带有模拟性质的人物与事件的例子，如吉普林、福斯特、奥威尔，还有几年前刚刚获得诺贝尔文学奖的V. S. 奈保尔等人的小说。他指出，模拟对于后殖民写作富有极为深远的意义，因为模拟的重要性并不在于有意的对抗，而在于它自身内部所天然带有的分裂和消解功能。上述小说中的许多人物都是“不合时宜”的人，因为他们的行为有时超出了殖民话语权威控制的范围，是一种德里达的解构主义意义上的“溢出”（excess）。这种“溢出”打乱了殖民话语或文化霸权稳定的常态和秩序，使其固定、完整的意义遭到了破坏，而且这并不是模拟的蓄意所为，而是它与生俱来、骨子里就有的那种潜在的威胁性。它时刻潜伏在模拟的行为之中，有时在不经意间“偶露峥嵘”，给殖民话语以措手不及的打击。

一些带有模拟性质的后殖民文学的文本是说明模拟概念的最好例子。这些文学文本被一些后殖民理论家们称之为“逆写帝国”(Bill Ashcroft et al., *Empire Writes Back*, 1989)的作品，如拉美作家吉恩·莱斯(Jean Rhys)根据《简·爱》所创作的小说《海藻无边》(*The Wide Sargasso Sea*, 1966)，南美作家、诺贝尔文学奖获得者 M. 库切(M. Coetzee)针对英国 18 世纪作家丹尼尔·笛福的《鲁滨孙漂流记》所创作的小说《福/敌人》(*Foe*, 1986)，非洲作家努齐瓦·提昂(Ngugiwa Thiongo)模拟英国 20 世纪作家康拉德的《黑暗的中心》写成的小说《中间之河》(*The River Between*, 1990)与《向北迁徙的季节》(*The Season of Migration to the North*, 1997)，美国华裔剧作家黄哲伦(Henry David Hwang)模拟普契尼的意大利歌剧《蝴蝶夫人》创作的百老汇话剧《蝴蝶君》(*M. Butterfly*, 1988)等等。这些后殖民作家用后现代的叙事手法无情地戏拟了殖民话语的“宏大叙事”，使人们看到代表西方高雅文化的经典文学、艺术作品中原本存在的矛盾和裂缝，使原本罩在这些作品之上的本真性和权威性的光环失去，其挑战和颠覆意义是不言而喻的。虽然巴巴等后殖民理论曾遭到了一些第三世界批评家的攻击，批评他的后殖民理论过于深奥、过于依赖法国解构主义的高深话语理论，从而太缺乏现实意义和实践性。虽然还存在这样或那样的一些缺陷，但以长远的眼光来看，巴巴的理论已经并且还会继续对当今全球化时代带来的新殖民现象起到不可忽视的作用。

(陆薇)

陌生化(Остранение)

陌生化，又译奇特化、反常化，是 20 世纪初俄国形式主义文学理论的主要代表维·什克洛夫斯基首先提出的与“自动化”相对应的术语。什克洛夫斯基说：“艺术的目的是要使人感觉到事物，而不仅是知道事物。艺术的手法就是使对象陌生化，使形式变得困难，增加感觉的难度和时间长度。因为感觉过程本身就是审美目的，必须设法延长。艺术是体验对象构成的一种方式，而对象本身并不重要。”(《作为手法的艺术》)，所谓陌生化就是使艺术作品增加可感觉性的各种手法的统称，也是使文学作品具备文学性的基本手段。

俄国形式主义者们力图证明文学研究的独立存在是正当的，并使文学研究者不再担当二流的人种学家、历史学家或哲学家。这并非是件轻而易举的任务，因为它不只是确定研究方法的问题，而是一个对研究对象的本质下定义的问题。形式主义对文学所下的定义是一种寻找差异或对立的定义：文学的本质不是别的，而是它与其他事物的差异。文学科学的对象甚至完全不是一个对象，而是一系列的差异；而且这门科学本身就在于研究那些使它（即文学）有别于其他任何一种材料的特点。这种差异论的工作概念就是陌生化。

陌生化的手法是多种多样的。列夫·托尔斯泰的陌生化手法在于"他不说出事物的名称，而是把它当作第一次看见的事物来描写，描写一件事则好像它是第一次发生。而且他在描写事物时，对它的各个部分不使用通用的名称，而是使用其他事物中相应部分的名称"（《作为手法的艺术》）。比如，《战争与和平》中用一位天真无邪的乡村少女娜塔莎·罗斯托娃的眼睛来看歌剧；《霍尔斯托密尔》中用马来讲述对私有制的感受；在剖析各种人们熟知的宗教教义和仪式时，不使用习惯的宗教用语而是用普通含义的词，于是产生某种荒诞不经的效果。再如：斯威夫特在《格列佛游记》中广泛利用了陌生化手法，用以描绘出一幅关于欧洲社会和政治制度的讽刺画；而汉姆松《饥饿》中的"她衬衫下露出两个白白的妙物"的色情描写也极富于陌生化效果。什克洛夫斯基认为，形象的描绘也属于陌生化，"几乎是哪里有形象，哪里就有陌生化"。因为形象的目的不是使其意义易于为我们理解，而是制造一种对事物的特殊感觉，即产生"视觉"，而非"认知"。

在形式主义者们看来，真正的诗歌（诗歌是形式主义思想中首要的研究对象）乃是对日常无意识因素的或形式主义者所谓的实用语言经过艺术加工后变得陌生或新鲜了的东西。既然任何东西都可以入诗，那么诗的真谛就不在于内容，不在于作品中任何特定的主题或所关注的事物，而在于诗歌语言的独特运用。因此，文学研究的任务是要分析实用语言和诗歌语言相互对立之中的差异，依据陌生化概念将差异归到问题焦点上。文学研究唯有专注于差异因素才能保持它独特的研究对象。如果继续停留在某一论题而不将它和与它相异的东西对立起来，那么人们所注意的对象似乎就要消失，这样，从内部来给诗歌下定义是不可能的。如果从诗歌语言应当有别于普通的日常语言，使诗歌语言不致成为大白话这一角度来看，应该说，"陌生化"这一概念是有积极意义的。诗歌语言的过分浅俗直白，确实影响诗歌的审美效果。正由于此，历代诗人都努力寻找自己的表达方式，显示它与日常实用语言的区别，以期引起读者的审美注意。我国著名的元散曲套曲作品《高祖还乡》中就用了这样的描写方法："一面旗白胡阑套住个迎霜兔，一面旗红曲连打着个毕月乌，一面旗鸡学舞，一面旗狗生双翅，一面旗蛇缠葫芦”，“明晃晃马镫枪尖上挑，白雪雪鹅毛扇上铺”，是从乡下人的视点来看皇帝的銮驾，改变了人们习惯了的月旗、日旗、凤旗、飞虎旗、龙戏珠旗等仪仗队的器物称呼，从而加深了读者的印象。

形式主义者们对陌生化的研究不仅仅限于诗歌语言和日常实用语言之间存在的差异，他们还旨在建立一种能够概括文学一般规律的理论体系，把诗歌语言对日常实用语言实行变异的观点延伸到叙事领域中去，并由此进一步提出了形式主义的叙事理论，即叙事手法陌生化问题。这种形式主义叙事理论的基点在于把情节和本事加以区别。什克洛夫斯基反对将情节这一概念与事件的描写相混淆，在他看来，本事仅仅是形成情节的材料，本事仅仅是作为自然序列的生活事件，在本事中，无论是延续几天、数年还是数十年的生活事件，都是前后有序、不容倒置的，只能呈现为编年史式的一维性特点。而情节则是在作品中实际呈现的叙事方式，任何小说家在叙述故事时都会采用倒叙、插叙、阻碍、拖延、绕弯子等方式来使情节成为一条弯曲起伏的线路，从而对本事来说产生陌生化效果。按照什克洛夫斯基的观点，情节是高于本事的，本事只是构成情节的基础。本事不但只是用来作为表达情节的一种材料，甚至还要用牺牲本事的方式来突出情节，从而产生陌生化效果。可以说，这是形式主义者关于诗歌语言观点的移植，即本事相当于纯传达性的日常实用语言，而情节则相当于富有表现性的诗歌语言。例如，普希金的《叶甫盖尼·奥涅金》的情节不是奥涅金与塔季雅娜之间的恋爱，而是通过插进打断叙事的插叙的方法对这个故事的情节进行加工。而18世纪英国小说家斯泰恩的作品《项狄传》，之所以被形式主义者看成是世界文学中最典型的小说，原因就在于这部小说几乎不考虑任何叙事的连贯性，它常常颠倒时序，打断叙述，甚至连叙述的句子也常常突然中断，有时还在叙述语言中加进一些拉丁文或奇怪的符号，这样来达到打破读者阅读时的自动化状态，从而实现叙事的陌生化。

如果说雅各布森的“文学性”概念从语言特点上把文学区别于非文学，什克洛夫斯基的“陌生化”概念则进一步强调艺术感受性和日常生活的习惯性格格不入。这一概念的广泛运用表明：文学的语言不是指向外在现象而是指向自身；文学绝非生活的模仿或反映，而是生活的变形：生活的素材在艺术形式中出现时，总是展现出新奇的、与日常现实全然不同的面貌。更为重要的是，以什克洛夫斯基为代表的形式主义者们还试图创建一种要倾全力于文学内部演变历史的诗学——文学流派被看作是在行动与反动、惯例与反叛的辩证过程中的一种变化——惯例陈旧了，手段的“自动化”就需要一个新的“现实化”，新的文学类型的兴起被看作是“低级”形式的再生——它是一种必需的文学的重新野蛮化。

通过在作品本身之中设置陌生化和无意识化(或自动化)的对立,形式主义者便能保持他们所关注的文学的特殊性,同时又能避免一种毫不妥协的为艺术而艺术的立场。由于文学性这一观念并不和艺术对象相毗邻,所以它已经为既包容作品中的非文学因素,而又不抛弃文学的特异性这种研究方法作了准备。因此,可以说,以什克洛夫斯基为代表的形式主义者们为现代反传统艺术奠定了理论基础,而这一理论基础则是由使陌生化和无意识化(或自动化)相对立的差异论这一总方针所确定的。

(黄念然)

N

内爆(Implosion)

内爆是由加拿大当代学者马歇尔·麦克卢汉(Herbert Marshall Mcluhan,1911—1980)在他的《理解媒介》(*Understanding the Media*)一书中提出来的概念。麦克卢汉说:“凭借分解切割的、机械的技术,西方世界取得了三千年的爆炸性增长。现在它正在经历内向的爆炸(implosion,又译作“内爆”——引者)。在机械时代,我们完成了身体在空间范围内的延伸,以至于能拥抱全球。就我们这个行星而言,时间差异和空间差异已不复存在。我们正在迅速逼近人类延伸的最后一个阶段——从技术上模拟意识的阶段。在这个阶段,创造性的认识过程将会在群体中和在总体上得到延伸,并进入人类社会的一切领域,正像我们的感觉器官和神经系统凭借各种媒介而得以延伸一样。”麦克卢汉的内爆概念旨在说明,机械时代与电力时代的交替导致了自然、社会和人三者之间关系出现了根本性的变化:首先,内爆是指与“身体的延伸”相对立的“意识的延伸”,前者是机械时代的特征,后者是电力时代的特征。相对人的心理来说,内爆使地理意义上的距离变近,甚至消失,人具有了拥抱地球的能力,地球变为“地球村”。其次,内爆导致模拟时代的到来,因为电力时代媒介的强大制造和流播功能使得整个社会被媒介的信息所笼罩,这表明真实已经成为过去,对真实的模拟开始统治人们的意识,成为人们认识事物所依赖的基础。显然,麦克卢汉的内爆是对生产力发展后果的一种分析,是对文明进步的一种批判。

波德里亚借用麦克卢汉的内爆概念,把内爆与外爆对举嵌入他的历史视野,外爆与内爆相互替换,社会的内爆阻滞,外爆就发展;同样,社会的外爆被阻滞,内爆就发展。社会形态的变化就同内爆和外爆的动力性的变换相关。原始社会的解体是有控制的内爆难以持续但外爆却在发展的结果,而西方数个世纪以来占主导地位的扩张(外爆)的失败成为内爆产生的根本原因。外爆是一种现代性过程,指商品生产、科学技术、国家疆界、资本等的不断扩张,以及社会、话语和价值的不断分化;内爆则是消除所有的界限、地域区隔或差异的后现代性过程。今天，我们正在经历新一轮的内爆。

波德里亚指出，当今的内爆首先是真实与虚构之间界限的内爆，这即是意义的内爆。意义问题早在波德里亚之前就已有西方的思想家关注过。比如尼采的虚无、德里达的解构都从不同侧面揭示出意义消解的状况。在媒介时代，人们通常是在信息中获取必要的意义，形成人们的经验知识和某种看法，这就对信息内容的真实与否提出了要求。需要审辨的是，媒介事件与人们亲历事件之间存在着差异：媒介在信息的传递过程中不仅吞噬意义，而且在拼贴意义、制造意义，实际上，它总是在自觉或不自觉中把非真实事件呈现在人们面前，这就是电子时代真实和意义被瓦解的基本方式。波德里亚曾举过这样一个例子。在1971年，美国进行了一次电视直播的实验，对一个家庭进行了七个月不间断的录像，并连续播放三百个小时。这一做法的初衷是展示一个美国家庭逼真的日常生活。然而，波德里亚指出，这实质上是不真实的，或者说这一真实只能说是一种媒介真实，因为一切都是经过挑选出来的：家住加利福尼亚，有三个车库和五个孩子，有精心打扮的家庭主妇，一个标准的上等之家。实际上，似乎在不经意之间，媒介已经颠覆了真实，意义也就无从谈起了。这就是对意义的真假界线进行内爆的典型一幕。

真实和意义的内爆，一个直接而严重的后果是整个社会的内爆，这是资本主义在媒介主导下内爆的最后形态。所谓整个社会的内爆，在波德里亚看来，就是当媒介在人与社会之间、人与人之间把任何互动统统内爆为一个平面，内爆为一个单向度的时空现实之际，整个社会交往和社会价值都被瓦解了。哈贝马斯曾对媒介（电影、电视、电脑、电话、收音机等）提出质疑，认为它们事实上构成了交往理性顺利实现的障碍。民意测验就是一个例子。表面看来，民意测验是一种对社会公共意见的收集和传达，是建构社会公共空间的一种方式，但在波德里亚看来，民意测验恰恰是整个社会内爆的一种比较极端的表现形式。民意测验实际上以一种持续的集体观淫癖的行为透露出社会本身的多余性。它每时每刻都要知晓整个社会的何所想、何所需，它以一种自疑症狂的心态时刻注视着统计的荧屏、变化的图表，它对整个社会的操控是空前的。也正是在这一意义上，社会不再拥有真实的自我空间，实际上的社会空间却等同和混淆于荧屏、图表上的统计数字。媒介的超级膨胀最终导致了整个社会及其空间的内爆。

社会的内爆从某种意义上也是大众的内爆。凯尔纳指出："媒体信息和符号制造术四处播散，渗透到了社会领域，意义在中性化了的信息、娱乐、广告以及政治流中变得平淡无奇……面对信息的无休无止的狂轰滥炸，面对各种意图使人们去购买、消费、工作、选举、填写意见或参加社会活动的持续不断的鼓动和教唆,大众已经感到不堪其扰并充满了厌恶之情。于是,冷漠的大众变成了忧郁而沉默的大多数,一切意义、信息和教唆蛊惑均内爆于其中,就好像被黑洞吞噬了一样。"在媒介操控的网络,大众已经完全失去了主体哲学曾经赋予人的那种思想、意志和情感,他们不可能掌握自己的现实命运,而只能是服从于民意测验、统计学和所谓的公共性。他们在自我的麻木中只能选择沉默,把自我内爆为没有任何社会表达的"沉默的大多数"。大众内爆的可怕之处在于,整个社会在内爆之后没有了任何复兴的希望和可能,社会的沉沦也成为无法挽救的历史宿命。

内爆在波德里亚的后现代主义理论中显然已经成为一个负面的词语,将各种真实、意义和价值的界线进行摧毁的内爆,在社会内部首先成为一种破坏、一种颠覆,最终,这种内爆又变成了对社会大众的控制。在这样的意义上,波德里亚使用的内爆已经远离了麦克卢汉制造和使用这一概念的初衷。

(戴阿宝)

内在/超越(Immanent/Transcendent)

"内在/超越"是就存在的界限而形而上地设立的一对描述范畴。界限之内的存在及其属性即内在、内在性,而逾越了界限的存在及其属性即超越、超越性,这分别是由两个词语的前缀所表示的基本含义("im-",意味着内在,此岸存在;"trans-"意味着逾越,彼岸之在)。在西方思想史上,"内在/超越"范畴经过了从形而上学到神学,从神学到政治哲学,从政治哲学到文化研究基本概念的演变,而今已成为勘探现代性生成和描述全球主权文化(帝国文化)的一组概念工具。

在形而上学论域之中,现象学对"内在/超越"概念的规定堪称典范。现象学,力求把人的意识体验当作一种透明的直观来把握,从而在认识论上将"内在性"规定为意识体验的基本维度。"内在"即内在于意识经验,而"超越"即逾越内在意识经验。于是现象学不是到意识之外的客观世界去寻找确定性,而是返心自视到意识经验之内去建构确定性。胡塞尔以不容置疑的口气指出:"内在是所有认识论认识的必然特征。"在这个前提下,现象学的反思就以把握"内在性"即"内在本质直观和内在经验的所有样式"为最高境界。现象学的反思,最为直接的表达就是反对超越性,因为现象学断定一切

“超越性”都包含着需要悬挂起来即需要置疑的前提，超越有待于通过还原而抵达内在。一言以蔽之，作为认识论现象学，就是一种要求克服超越的“内在哲学”。对于“内在/超越”的这一形而上学的表述，遥远地呼应了古希腊人对于“共同理性”的向往，特别是呼应了由柏拉图的哲学沉思所臻达的“理念”境界。在柏拉图看来，世间万物变幻迁流，感性活动幻象丛生，一切实在是理念的影子，而唯有“理念本身”才构成存在的真实。真实不在超越之所，而在灵魂之居。在心灵世界建构真实，恰如在社会世界建构城邦，如果不努力去克服超越性的诱惑，则最终可能放弃自由而接受神秘暴力的奴役。

在基督教思想传统中，神圣逾越了世俗而成为超越性的典范，甚至对感性世界构成了森严的威压。在基督教思想的奠基者奥古斯丁那里，超越的神性采取了抑制、窒息以及灭绝的策略，对内在的生命展开了空前的围剿。一方面是超越者，它是天、灵魂、完美以及安详宁静；另一方面是内在者，它是地、肉体、残缺以及骚乱不安。超越者蔑视内在者，势必就有灵魂弃绝肉体，神圣遗弃世俗。青年奥古斯丁靠诵读《罗马书》来平息心灵的不安，来压制内在肉欲冲动（奥古斯丁《忏悔录》）。把内在性完全交付给超越性，这就导致了神圣性对于世俗性的权威，天堂垄断了一切创造性力量，卑微的存在除了仰望神圣和期待神性的救赎之外，就别无选择。当世俗政治的权力与神圣教会的权力合一，就有了神权政治的诞生。所谓“神权政治”，就是一种渴望的表达，这种渴望是把弥赛亚的拯救节奏（超越）和幸福的世俗追求的节奏（内在）统一起来，从而使人—神缔结永久的契约（本雅明《神学政治论纲》）。因此，一切政治概念都是神学概念的世俗模拟（卡尔·施米特《政治的概念》），这就意味着超越性成为内在性的超级权力之原型，内在被交付给超越。

在当代文化理论中，“内在/超越”范畴被剔除了形而上学和基督教神学观念的积淀，被用于描述欧洲现代性的生成以及全球帝国文化的拓展过程。在迈克尔·哈特和安东尼奥·内格里的《帝国——全球的政治秩序》中，“内在/超越”之间的冲突，被视为现代性生成的强大张力；而“内在/超越”之间的盈虚消息，则被视为现代性生成的辩证节奏。欧洲现代性起源于一个世俗化的过程，世俗化又是“肯定此岸世界权力”和“发现内在层面”的一场革命。感性废黜超感性，生命造反“逻各斯”，内在性拒绝超越性（神性）对于世俗世界的绝对权威，将被天堂所垄断的创造力归还给大地，归还给卑微的生命。内在性之发现，就是个别存在之强大力量的发现，就是知识被奉上权力宝座的加冕仪式。而知识就不在彼岸，而是从超越转向了内在。欢歌在今日，人世即天堂。

内在性的发现构成了欧洲现代性的第一种形态。从中世纪走向现代世界，在欧洲只用了三四百年的时光，历史以狂飙突进的方式完成了以“内在”人性取代“超越”神性为现代权力奠基的进程。在这个进程之中，内在对抗超越，演绎了英雄的宏大戏剧及其慷慨悲歌。内在性在哲学、科学、政治、文化领域里全面凯旋，而最终与理性、民主、自由、博爱等等辉煌的观念合一，与乌托邦精神、弥赛亚救世主义、世界大同主义的视野重叠在一起，从而完全置换了超越性。现代的合法性在于内在性，用布鲁门贝格(Hans Blumenberg)的话说，在于现代人的“自我断言”。内在性成为新世界秩序的蓝本和新生活的范式，其“我思”的透明，构成了笛卡尔哲学思维的神韵，亦构成了古典艺术安详宁静的境界。

内在性的发现伴随着一种紊乱，这是旧秩序瓦解的征兆。在礼乐典章化为废墟之后，人类的欲望被推到了历史的中心。人类欲望高张了叛逆的大旗，而已经被置换或者被废弃的超越也从文化、哲学、社会以及政治上展开一场反扑。这次反内在的运动之困难在于：既不可能扭转时代，也不能灭杀新生力量和新建权力，那么唯一的选择就是寻找一种力量来压制和支配新生力量。

折戟沉沙，前朝未逝。超越性在反扑内在性的斗争中，建构了现代性的第二种形态。这种现代性发动了对新生力量的战争，并企图建立经天纬地的权力体系，从而支配新生力量。从中世纪走向现代的运动中，伴随着内在性的发现而启动了一种反向的运动，那就是极力把人类的形象再度移植到超越之维，从而将知识、科学、认识能力等等相对化，特别是反对在民众之中分配权力。以超越对抗内在，以秩序对抗欲望，这就是第二种现代性的基本取向，它表现在政治中，也表现在艺术中，在哲学上还有一种复活神圣记忆的渴望。走向现代的历史，不是一脉平静的河流，而是一场暴烈的地震，其驱动力则在于“内在”与“超越”之间一刻也没有停息过的冲突。因此，“危机界定了现代性本身”，为了克服危机，欧洲就必须把政治权力和主权建构成超越的形式。

现代主权形式的建构之第一步，是由霍布斯的“利维坦”来象征的。“利维坦”不是神，也不代表神性，而是一种限制欲望和激情以及代表民众意志的主权形象，因此它就是超越的主权形式。经过卢梭、亚当·斯密到黑格尔，这一超越的主权臻于完美，并染上了道德之温情色彩，国家被描述为“道德的实体”。与此相对的纷纭个体则总是在运用爱的方式、法律的方式以及共同体的方式，为承认其内在性而斗争。现代主权形式的建构之第二步，是由“血与土地”来象征的。“血与土地”，意味着民族国家主权及其文化精神。民族国家主权形式的原型是生杀予夺的君主权威，它具有超越性的框架又具有封闭性的空间。从内在性变革之中涌现出来的民族国家主权继承了君权的超越性框架，扬弃了其封闭性空间，从而缔造了民族身份认同的超越对象。现代主权形式建构的第三步，是由作为全球时代政治秩序的“帝国”来象征的。全球时代作为欧洲现代性的扩散和跨文化传播，其直接后果是民族国家和殖民主义主权形式不可避免的衰败与没落。作为这些主权形式的价值支撑，超越性也随之衰微。在殖民主权和民族国家主权败落的时刻，帝国主权复活了超越性，代理行使抑制内在性冲动的权力。帝国主权的特征即超越性在全球文化中的再生：没有中心、没有疆界、没有封闭的空间、没有窒息生命创造力的机械装置。一方面，有帝国主权的诱惑、包容和操控；另一方面又有帝国民众的抵抗、暴乱以及构成性的权力。这构成了超越性和内在性斗争、冲突的新形态，但超越与内在的区分已经大大地淡化了。帝国这架“战争机器”的特征在于德鲁兹所说的“游牧思想”——不断地向外蔓延，不断地解构中心，不断地开拓空间。

以“内在/超越”的斗争、冲突为哲学视野，可以勾勒出现代主权的宏大史诗：从民族国家主权到殖民主权，从殖民主权到帝国主权。

（胡继华）

男性中心主义（Androcentrism）

男性中心主义，意指将理论与实践建基于男性经验的理论建构和实践原则，但却可以概括为全人类的一般经验或不容置疑的普通知识。男性中心主义体现于以理性和理智为知识基础的理念，而强调经验和感性的女性特质（femininity）却被摒除于其知识架构之外。男性中心的学术研究以男性为主要对象，以男性处境为准则，在男性知识体系下，将男性的价值标准与经验作为人类生活的全部内容予以表现和描述，以男性的视角解读全部的社会历史与社会发展问题，从男性的利益出发解释世界。男性中心主义宣称男女的不同是自然的、必然的，因而女性的低等是其合理的结论。男性中心主义文化的显著特色是：男尊女卑；男为积极，女为消极；男主动，女被动；男主外，女主内；男性勇敢坚强，女性柔弱温顺；这是一个女性围绕男性、男性拯救女性的世界。

有文字记载的历史，就是男人主宰一切的历史，就是男性中心的历史。从古至今，无论是在中国还是在西方，女性一直是受压抑的性别，男性的权力大于女性，男性所处的地位高于女性。中国两千多年的封建社会，一直是一个以男性为中心的社会，“三纲五常”和“三从四德”的标准说明从家庭到工作，从私到公，社会权力一直是掌握在男性手中。西方文明史上，无论是希腊神话中天王宙斯建立的庞大的神族谱系，还是希伯来神话中上帝取亚当肋骨创造夏娃的故事,均象征性地揭示了男权中心文化的存在。正如西蒙娜·德·波伏娃所说:"男人的支配权是通过意识形态力量和长久的时间获得的,立法者、牧师、科学家以及哲学家都促成了妇女从属观念的发展和巩固。历史上许多重要思想家、理论家的思想或著作中或多或少地表现出了其男性中心主义的立场。柏拉图认为:女人天生的道德潜能劣于男人,因此她相应地就是个更大的危险,也许要比男人危险一倍。亚里士多德的生理学认为:男性高于女性,女性是男性有缺陷的、发展不完备的形态。他说:"男人天生高贵,女人天生低贱;男人统治,女人被统治。"卢梭在《爱弥尔》中写道:"男人和女人是为对方而存在的,然而他们的相互依赖性是不平等的。没有女人,男人仍然存在;没有了男人,女人的存在便有问题。女人依靠男人的感觉而活,依靠男人对她们的奖赏而活,依靠男人对她们的吸引力、对她们的美德所设定的价值而活……"叔本华认为,每一位处于完全独立的非自然位置上的女人都要直接依附于某个男人,使自己接受他的统治和支配。康德强调理性和客观性,将"人"等同于男性模式,仅仅在与男性的关系中定义女性,强调妻子对丈夫的服从,排斥女性的智力与政治权利。

夏洛蒂·帕金斯·吉尔曼是第一个使用"男性中心"(androcentric)这一术语的女性主义者。她认为,"我们一直称为'人类本性'的东西,在很大程度上只是男子特性"。在其著作《男性创造的世界/我们的男性中心文化》(*The Man-Made World, or Our Androcentric Culture*)中,她详细论述了我们的社会是如何建构在男性中心主义规范之上的。吉尔曼发现,三大男性特征是构成社会信仰和实践的基础——欲望(不仅指性欲,还包括拥有并占有各种事物的欲望)、好斗性(征服并统治他人的攻击性),以及自我表现欲(权利标榜意义之上的)。吉尔曼描述了男性中心主义特征是如何被歪曲地认定为人类的共有特性,从而使人类相信其本质在根本上是自私和贪婪的。等级制度和秩序构造是人类社会体制的中心,就是因为它们都建立在男权中心主义规范的基础之上。女性主义心理学家桑德拉·伯姆在《性别不平等辩论之转变:从生理区别到制度化的男性中心主义》(Transforming the Debate on Sexual Inequality: From Biological Difference to Institutionalized Androcentrism)中将"男性中心主义"定义为"男性特权"、"男性经验"及"男性视角"。她分别从语言、法律及工作等领域探讨了男性中心主义的表现,认为要为女性创造一个正义和公正的社会,必须改变制度,使其不再以男性规范为基础。凯特·米利特从男性与女性间的支配关系出发,进一步阐述了男性中心主义在社会生活中的表现。她在《性政治》一书中写道:男人常常获得权势并在女人身上运用权势,男性通过性政治支配女性,所以,"性别支配是当今文化中无处不在的意识形态，它提供了最基本的权力概念”。人性就是男性，男人不是根据女人自身说明女人，而是根据她与男人的相关性给女人下定义，没有把她看作自主的存在。虽然西蒙娜·德·波伏娃在其著作《第二性》中并没有使用“男性中心主义”这一术语，但她准确地阐释了其概念的精神所在，并将之更为全面地整合成了性别不平等理论。根据其理论，男性和女性的历史关系，从最佳意义上讲，并不表现为支配与被支配的关系，或者身份的高低，甚至是积极与消极的关系。在人类社会的历史和文化长河中，男人是作为绝对的主体而存在的，人就是指男人；女人是作为男人的对立面和附属体而存在的，是男人的客体和“他者”。这里的“他者”是指女人相对于男人所处的边缘化的、陌生人的特殊处境和地位，而这种处境和地位是低于男性的。由于女人一直被界定为天生的“他者”，现实世界被认为是男性主宰和统治的，两性之间不可能存在平等。

男性中心主义在文学创作中的表现是，作品往往以男性为中心，男性按照自己的意愿臆造了“家庭天使”型的女性形象以规范女性。爱情描写不是女性对男性的诱惑，就是男性对女性的征服。女性成为性的诱惑者，英雄的崇拜者，金钱的俘虏或权势的奴隶，失去与男性平等的地位。女性形象在根深蒂固的传统男性叙事中被扭曲化，不是“天使”便是“魔鬼”。将女性神圣化是由于她们为男性而奉献或牺牲，把女性妖魔化是源于对她们不肯服从的厌恶与恐惧。文学评论中也存在着男性中心主义，它从来不像评价男性作品那样公正、平等地评说女性作品，而是采取种种手段和多种词汇贬低、嘲讽女性作家的作品乃至优秀作品；它把男性作家的情史和性史作为风流潇洒来颂扬，而对女性作家的生理和心理给予打击。文学史和文学批评的价值系统带有大男子主义的浓郁色彩，拔高男性，贬低女性，甚至抹杀了有些女作家的地位。男性中心文化严重阻碍了女性的文学创作活动，男性从一开始就篡夺了本属于女性的权力，就开始任意地书写女性的历史，使人类对女性文化无法获得一个全面客观的认识。随着 20 世纪 60 年代女权主义运动的高涨，女性主义者真正对以男性为中心的思想文化本身提出质疑。她们认为，颠覆男性中心主义，解构男性中心的文学传统框架，建立女性自己的诗学，是实现男女真正意义上的平等的有效方法。然而，由于男性中心主义文化的历史源远流长，对它的颠覆是任重而道远的。

（冯蓓）

能指(Signifier)

能指是瑞士现代语言学家索绪尔在他的《普通语言学教程》(*Course in General Linguistics*)一书中提出的一个基础性的语言符号概念。与传统语言学不同,索绪尔认为,语言符号指涉的不是客观存在的事物和语言名称,而是概念和音响形象。概念是所指,音响形象是能指。

索绪尔之所以在传统语言学之外创制新概念,是因为他试图在语言学基础上建立符号学。索绪尔认为,符号学在当时尚未建立起来,但语言学已经为符号学提供了基础和范例,一旦符号学建立起来,语言学将成为其中的一部分。在这一意义上,索绪尔说:"我们把概念和音响形象的结合叫作符号。"索绪尔的语言符号就是由这样的"心理实体"构成的,因为无论是概念还是音响形象,都不像语言名称和物理事物那样具体存在,具有物质实体性,而是纯粹的心理存在,是只有通过心理反思才能知晓的存在。这是能指的一个非常重要的特征,这一特征为后来的索绪尔的研究者和阐释者加以发挥。

能指作为符号要素,它的性质与时间长度相关联。索绪尔在《普通语言学教程》中说:"能指属听觉性质,只在时间上展开,而且具有借自时间的特征:(a)它体现一个长度,(b)这长度只能在一个向度上测定,它是一条线。"能指的这样两个基本性质,看起来非常简单,往往被人们忽略,但实际上能指本身的丰富内涵就包含在看似简单的性质里。

首先,能指在时间长度上的展开表现为语言的"句段关系"。所谓的"句段关系"是指一个句子中词与词的连接,词语作为句子中间的要素一个挨一个排列起来,形成一个线性链条。这种以时间长度为特点的结合是现场性的,所有参与句段组织的词语都出现在现场,但这种现场性并不意味着句段的言语功能,而是一种语言功能的反映。也就是说,句段的这种联结方式不是由说话人随意说出来的,而是受到语言习惯和语言规则制约的,具有某种必然性。句段存在于语言系统中。索绪尔说:"我们不是通过孤立的符号说话的,而是通过符号的组合,通过本身就是符号的有组织的集合体说话的。"句段就是这样的一个"有组织的集合体",一个意义体,以此方式表达意义。

其次,能指的差异性。索绪尔的一个基本观点是"语言中只有差异"。这种差异表现在能指上就是音响形象的差异。能指的差异意味着相互联结的音响形象彼此是不一样的。那么，这种差异是如何构成的？这是索绪尔所思考和解决的一个关键性问题。

在索绪尔看来，差异性与任意性是密切相关的。关于任意性的重要地位和作用，索绪尔曾这样评价过："符号的任意性原则没有人反对，但是发现真理往往比为这一真理派定一个适当的地位来得容易。上面所说的这个原则支配着整个语言的语言学，它的后果是不胜枚举的。诚然，这些后果不是一下子就能看得同样清楚的：人们经过许多周折才发现它们，同时也发现了这个原则是头等重要的。"按照索绪尔的设定，任意性的基本内涵在于能指和所指之间的任意性关系，不是说它们之间的组合是随意的，而是说它们之间的关系是"不可论证的"。比如，无论是汉语中使用的"狗"这个音响形象，还是英语中使用的"dog"这个音响形象，它们与"狗"这一概念之间的联系显然是"任意的"，其中没有任何内在的必然联系，因为汉语和英语采用了不同的表达形式，其他语言还有更多的与"狗"这一概念相对应的表达形式，不同语言所使用的"狗"这一音响形象是完全不同的，但是这里的任意性仅仅是指概念与音响形象之间的"不可论证性"，也就是说，"狗"这一概念为什么要使用这些音响形象，而不使用其他的音响形象，这是一个根本无法进行论证和解释的问题。从这一意义上说，"不可论证性"就意味着"任意性"。

能指的任意性还意味着能指差异的系统性。索绪尔举了三个例子来进行说明。第一个例子：有日内瓦—巴黎快车，每天晚上 8 点 45 分开出，间隔 24 小时，尽管每一趟车的车头、车厢、人员可能是不一样的，但人们通常会认为这是同一趟车，因为它们都是日内瓦—巴黎快车。第二个例子：一条重新翻修的街道，旧街道的面貌已经荡然无存，但它在人们的眼里仍是原来的街道。第三个例子：国际象棋中的王、后、车、马、象、兵，棋子的具体形状和制造材料无关紧要，只要相互之间有所区别就可以，一个棋子丢了，完全可以随便用什么东西替代。这样的三个例子共同表明，能指的差异是系统之内的差异，能指的价值也就蕴含在这一差异中。正如索绪尔所说：能指"在实质上不是声音的，而是无形的——不是由它的物质，而是由它的音响形象和其他任何音响形象的差别构成的"。

能指的这样一些基本的特点，后来被结构主义和解构主义等文论研究加以阐发。能指的非外在的心理性质实际上潜在地为能指的自主存在埋下了伏笔。传统语言观所认为的语言意义来自它所表达的对象（这一对象通常是指外在的客观现实或事物），这一观点在索绪尔语言学中已经受到挑战，因为无论是能指还是所指，都不是对外在现实的一种直接命名或再现。在关闭了向外敞开的寻求意义的大门之后，索绪尔把语言意义的来源落实在能指的差异的结构性之上，也就是说，由于能指的差异，语言生成了自己的意义。结构主义从这里获得了理论灵感。而解构主义则在此基础上提出，能指和所指之间的任意性关系，使得能指处于一种无明确所指的状态，这就造成了能指的向后的滑动（因为语言呈现为线形的句段关系），在这种不断的滑动中，导致了意义的悬搁。所以，任何带有逻各斯中心主义痕迹的始源、中心甚至结构都是不存在的，因为一切都处于变动和悬搁状态。

（戴阿宝）

拟像（Simulation）

拟像是波德里亚在1976年出版的《象征性交换与死亡》（*Symbolic Exchange and Death*）一书中提出的概念，在1981年出版的《拟像》（*Simulation*）一书中又进行了具体的阐释。按照波德里亚的构想，仿真分为三个阶段：第一阶段是仿造，第二阶段是生产，第三阶段是拟像，拟像是超真实实现的基本方式。

在《拟像》中，波德里亚对拟像有如下描述："今天，当真实和想象在同样的操控总体性中被混合起来时，审美幻境无处不在。它是一种对赝品、蒙太奇、电影脚本——对在模型中过度暴露的现实性——的阈下感觉（第六感觉），它不再是一个生产空间，而是一个阅读链条，被符号……所磁化的编码和解码的链条。它被提升到第二层面，提升为第二种力量，不是预先谋划和拥有某种艺术距离，而是通过代码的预知性和内在性。一层不假思索的戏仿色彩笼罩一切，这是一种技术化的拟像，不知所终的命运与审美快感连接在一起，那是一种阅读的快感，一种游戏规则带来的快感。符号的旅行，媒介的旅行，时尚和模型的旅行，拟像的冥暗而又辉煌的氛围的旅行。"拟像是审美幻觉，是第六感觉，是编码和解码的阅读链条，是代码的表演，是戏仿，是旅行。倘若说真实意味着一种普遍的对等原则，意味着一种科学化的反映和再现，那么，拟像则试图通过这样的一些路径来打碎真实：一、以细节解构真实，使所谓的真实衰变为平面、线性的系列；二、通过细节的重复游戏，用不确定的折射把真实反映彻底打碎；三、在封闭的循环中无限制地分解系列，从而使谋杀原型成为唯一的诱惑；四、寻找替代真实的形而上学符号作为模型，在代码的强制重复中回归模型自身。波德里亚道出了实现拟像的四个关键环节，即细节、重复、系列、模型。它们从不同的侧面对真实进行了颠覆。细节使一切形式化，细节的大量涌现形成了所谓的分子代码，在堆积、循环中拼贴出重复和系列。重复和系列标识出再生产替代生产的实质的意义，再生产与生产的不同之处在于：生产的对象是产品，再生产的对象是生产本身，它所指向的是生产的存在方式。在此基础上，模型被构建出来，成为拟像的最基本的保证，模型填补了真实反映对象缺场所留下的空白，拟像似乎找到了一个稳定的基础。

其实，一切拟像都是在寻找一个模型以塑造“真实”。拟像是怎样的一种情形呢？波德里亚曾设计了这样一个故事：组织一次假的抢劫。之前检查好你带的武器，保证不会造成任何的伤害（否则可能导致犯罪），选择最值得信任的假人质，然后提出赎金要求。把这次抢劫做得尽可能逼真，造成比较大的骚乱。如果你想用这样的方法来检验警察机关的反应能力，等着你的将是失败，因为拟像会使这种情形与真实相混淆。警察会真的开枪，把假抢劫犯抓住，把假的赎金收回来。你会发现你完全陷入“真实”之中，这种“真实”把任何还原真实的途径都堵死了，一切都在拟像中成为真正的“真实”。其实，波德里亚用这样的故事要说明的是，真实已经在拟像中消失。迪斯尼乐园也是一种典型的拟像。在迪斯尼乐园中，充满了虚幻的游戏，无论是魔鬼、海盗还是未来世界，都是想象出来的世界。从这一意义上说，迪斯尼不是真实的，但波德里亚却认为，迪斯尼乐园才是真正的真实，也就是所谓的超真实。迪斯尼乐园实际上已经成为一种美国生活，迪斯尼乐园已经成为美国人日常生活中的崇拜物。迪斯尼乐园瓦解了传统的真实观念，把迪斯尼乐园式的真实灌输到美国人的心目中。迪斯尼就是真实的美国，而美国则需要成为迪斯尼乐园才可能成为真实。水门事件是政治上的迪斯尼乐园，想象超过真实，成为一种比真实还真实的“真实”。“水门事件首先成功地让人们认为水门事件就是一个丑闻。从这一意义上说，它是一种让人昏醉的异常操作，它以全球规模重新注入大剂量的政治道德。”这是资本作用的一个结果。波德里亚指出，资本与支配它的社会之间从来就没有什么契约。它是社会关系的一种巫术，是对社会的挑战。但一旦水门事件成为丑闻后，任何试图揭示资本作为的行为都成为虚假的，成为真实事件中的荒谬。

拟像既有它的虚幻性，也有它的真实性。说虚幻是指一种想象和意识形态的某种共谋的结果，说真实是指它已经成为人们心目中无法祛除的真实偶像。

（戴阿宝）

女性奥秘论(Feminine Mystique)

"女性奥秘论"一词出自美国妇女解放运动领袖贝蒂·弗里丹(Betty Friedan)1963年出版的一部著作。作为引来美国妇女解放运动第二次浪潮的经典文献之一,《女性的奥秘》(*Feminine Mystique*)一书具有划时代的意义,是重新定义两性角色的催化剂,至今被奉为女性主义的圣经。该书因揭露父权制社会中女性气质的负面影响,也被喻为《第二性》的实用版。该书的成因值得一提。弗里丹于1957年对她的同学们,即200名无业的、1942届史密斯学院毕业生做了问卷调查。问卷暴露的问题是她们所受的教育并不适合她们后来努力去适应的角色。这个问题的普遍性驱使弗里丹认真审视20世纪50年代后期到60年代初美国中产阶级白人女性的生活。她们身处文化孤立状态,没有事业,是没有工资收入的家庭主妇和消费者,在家庭社会中被磨耗的女性,精神困顿。为什么女性通过婚姻和孩子缩小她们的社会圈子?带着这个问题,弗里丹在《女性的奥秘》一书中剖析女性面临的窘境和无法言说的挫折感。该书一出即火,半年内再版六次,反映了当时美国女性受压抑程度之深,也证明弗里丹暴露的问题之尖锐性。

弗里丹用"女性奥秘论"一词来形容她所说的"没有名字的问题",一种由于女性接受社会指定的角色,即要在智力上、经济上和感情上依靠丈夫而令她觉得自己毫无价值的普遍性症状。弗里丹指出,父权制社会通过女性同男性的关系来定义女性,她们是"妻子、性对象、母亲和主妇",而不是具有独立社会地位和价值的人。在"女性奥秘论"笼罩下,社会对女性设立的人生标准是"女人的最大价值和承担的唯一任务是实现和完善自身的女性气质"。用弗里丹的话说,"女性奥秘论"同时在为女性灌输以下的观点:"过去女人所有麻烦的根源,也是她们所犯的错误,是嫉妒男人,努力想成为同男人一样的人,而不是接受自己的天性,即女人只能在性被动、受男人主宰和培育母爱中找到完成感。"女性奥秘论有很强的渗透力,不管是妇女杂志,电影,电视广告,还是心理学或者社会学的教材,都在传播这个观点。对女性来说,它的具体体现就是"结婚,生四个孩子,在郊区有所好房子"。

弗里丹认为"女性奥秘论"歪曲了女性所拥有的价值观,是"对女性活力和视界的限制",将女性困在家中,阻止她们充分发挥自己的潜力并融入社会主流之中。在战后的 15 年间，这种思想意识主宰着女性，郊区的宅子成了美国女性“舒适的集中营”。弗里丹通过分析证明，弗洛伊德学说为女性奥秘论的蔓延提供了理论基础，二战之后令人压抑的冷战状态以及战后生育高峰是营造女性奥秘论的背景。她采集的大量采访和数据证明，媒体参与打击女性的社会理想和对成就的向往。女性杂志同战后的政治宣传结盟。杂志和文化是渠道，本身并不是女性受压迫现状的元凶，但是它们为父权制服务。弗里丹指出，就女性奥秘论的历史影响来看，这是在逆转历史，是人类进步贬值的明证。她提出的对策是女性应该冲破女性奥秘论的束缚，要求自己作为独立的人的权利，参与主流社会的活动，享有平等地位来施展抱负。她主张女性争取更高一级的教育机会，提高觉悟并工作，从而摆脱女性奥秘论的影响。弗里丹同时认为，反对女性奥秘论并不意味着完全否认女性气质包含的一些特点，也不是强调一个性别要激进地反对另一个性别来声张自己的权利。“反对女性奥秘论，就是渴望停止不健康地束缚在这种症状之中，通过将人生的所有角色融为一体来找到自我实现之路。”

《女性的奥秘》见证了美国女性主义批评的一个重要时刻。有评论家将它称为意识形态批评。弗里丹是基于以下理论前提来提出对策的，即个人能够选择自己的生活和事业，个人的社会历史是进化的和前进的。这一认识的不足之处是没有将影响个人发展的社会因素等纳入考虑范畴。不仅如此，她所提倡的以教育为出路的对策也没有注意到种族和权力的重要性。

在弗里丹之前，已有女性主义者探讨过社会对女性的社会化现象和女性自身定位的问题。弗吉尼亚·伍尔夫在《一间自己的房间》(*A Room of One's own*)中所描述的“家庭天使”是女性气质社会化的产物。伍尔夫认为，父权制对女性的性别期待经过社会化已为女性所内化，成了女性生存的必备知识：“要有同情心，温柔些，恭维；欺骗，用女性所有的技巧和诡计。别让人发现你有主见。最重要的是，要纯洁。”她提倡的做法是“杀死家庭天使”，也就是说摆脱社会化的影响，鼓励解构男性女性气质，倡导双性同体说。

继伍尔夫，尤其是 1970 年之后，女性主义者们因关注点的变化，对女性奥秘论的影响和对策提出不同看法。性政治作为对付女性奥秘论的策略应运而生。弗里丹在《女性的奥秘》的再版序言中评价性政治在当时的作用时写道，这是“当女性完全依附于男性，不得不面对贬低行为时，积蓄已久的怒气的大爆发”。以此为契机，女性主义者们开始通过暴露女性奥秘论的影响和提高觉悟来改变现实。最早受到攻击的是外表塑造身份的这一说法。女性主义者揭露媒体中女性气质的文化定义是误区，认为媒体中的女性往往表征着性角色的模式化。米利特剖析女性气质，认为该词隐含解剖即命运的意思。她将矛头对准性压迫的源头，即父权制本身，倡导女性群体同其他群体，如黑人的结盟，来破除女性奥秘论影响。菲利斯·切尔斯勒在《女性和疯狂》(1972)一书中证明，女性之所以想达到女性气质的要求，是为了面对失败、牺牲和严重的心理疾病。因此她主张女性应摆脱角色的模式化。法国女性主义者埃莱娜·西苏认为，在父权制社会中，女性气质总是同二元对立的词汇中处于劣势、无力的词相联系，因此解构二元对立是解除女性气质束缚和瓦解女性奥秘论的关键。

就历史影响来说，“女性奥秘论”一词引发了一场革命。随着女性主义理论的不断发展，对女性奥秘论的揭露和影响的不断剖析，女性奥秘论在某种程度上已得到了有效的抑制，美国女性的生活已发生了翻天覆地的变化。对此，没有人比弗里丹认识得更清楚。她先后于 1973、1983 和 1997 年为《女性的奥秘》一书再版撰写序言，对每个阶段取得的成绩和不足予以总结。在 1997 年的再版序言中，弗里丹表示女性日益增强的独立性令她惊讶和欣慰，同时指出，男性应该就如何调整和适应变化的局面多做些工作，同女性一起改变。

（单雪梅）

女性气质(Femininity)

女性气质泛指女性共有或应有的心理特征、性格特质、行为举止、兴趣爱好、活动方式，如细心、敏感、时尚、柔顺、依赖等，它具有时代性又具有一定的延续性，既具有民族性又带有一定的人类性。但这不仅是生理性别(sex)，更是社会性别(gender)，是在社会文化中形成的属于女性社会群体的标志，与男性社会群体或男性气质(masculinity)正形成一种二元对立，造成了许多人对女性的偏见，如通常人们就认为心理的差别造成了男女各自的性别气质，一般情况下，男子是胆汁质的，其表现是反应强烈、意志坚强、感情洋溢、勇敢果断。而妇女则天生多血质，其特点是灵活好动、感情充沛、情绪多变。

但是实际上社会性别是在一种占统治地位的社会环境中长期形成的结果，对此许多批评家早有发现，如弗洛伊德在《性学三论》(1905)中提出“只有把男性气质和女性气质当作主动和被动来理解时，精神分析理论中的男性气质和女性气质才可以利用”。进而弗洛伊德认为任何人都没有纯粹的男性气质或女性气质，相反，每个个体都是他或她自己的性别特征和异性的生理特征的混合体，是主动和被动的统一体，因而任何人都具有双性气质。

精神分析女性主义者指出：社会性别的不平等植根于一系列早期的童年经验，使得男人把他们自己看作有男人的气质，女人把她们自己看作有女人的气质；同时也造成父权制社会的看法，即认为男性气质在某种程度上优于女性气质。她们建议创造一个更倾向于雌雄同体的社会，使每个充分发展的人都融合正面的女性气质和正面的男性气质。根据心理学家桑德拉·贝姆(Sandra Bem)的分析，单一的雌雄同体的人拥有充分完整的传统女性气质——有爱心、同情、温柔、敏感、善于交际、合作，同时又有充分完整的传统男性气质——进取心、指挥才能、创造性、竞争性。

由此，许多较为公允的批评家更强调男性气质和女性气质的互补，如弗里丹在《第二阶段》里把所谓"贝塔思考和行动风格"(beta styles of thinking and acting)描述为文化上的女性气质，这种风格强调"流动性、灵活性和人际关系的敏感性"；而所谓"阿尔法的思想和行动风格"(alpha styles of thinking and acting)被描述为文化上的男性气质，侧重于"以工具、技术的理性为基础的等级制的、独断专行的、严格而任务明确的领导行为"。在《女性的奥秘》一书中弗里丹建议女人像男人一样，而在《第二阶段》中则要求女人成为女人。她也鼓励男人和女人朝着雌雄同体的未来而努力，使得所有人都在他们的精神和行为里融合男性气质和女性气质的性格特点。在《生命之泉喷涌》中弗里丹极力主张上了年纪的阿尔法男人发展他们被动的、抚育的或者沉思默想的女性气质，而上了年纪的贝塔女人去发展她们勇敢的、有决断的、指挥调度的或者是冒险的男性气质。

米利特在《性政治》一书中指出父权制的意识形态夸大了男女之间生物学的差异，明确规定了男人永远担任统治的或男性气质的角色，而女人永远担任从属的或女性气质的角色。米利特渴望一种文化整合，能够把分离的男性气质的亚文化和女性气质的亚文化结合为一体。但同时认为这种整合必须谨慎进行，要对所有的男性气质和女性气质作出彻底评估。

舒拉米斯·费尔斯通(Shulamith Firestone)在《性的辩证法》(*Dialectic of Sex*)中坚持认为只有当不再维持男性的和女性的、男性气质和女性气质的严格划分的时候，文化才可能在科学与艺术的鸿沟上架起桥梁。在这种文化里相互抵消，一物和另一相反事物的爆发，以女性气质的男人为终结。

玛丽·戴利在《超越父神》中否认男性气质和女性气质的说法，认为这都是父权制蒙蔽人心的产物。戴利强调要小心地把诸如爱、同情、分享和关怀慈育这些正面的女性气质与那种病态地过分表现受虐女性的“美德”区分开来，只有这样，真正的雌雄同体的人才能开始建构。她在《妇科/生态学》中作出结论性判断说：妇女应拒绝那些“好”的女性气质，也应抛弃那些“坏”的女性气质，因为这些都是男人制造的概念模式。只有摆脱男人建造的女性气质，妇女才会显示出她们原初的、父权制之前的女性力量和美。

如果说上述批评家都是反本质主义者，那么还有一类本质论者，他们认为有男女气质的存在，但是，他们只是从这个角度来解释妇女受压迫的深层原因，如他们认为，女性的气质是造成她在社会上无法和男性一样自由发展的枷锁，因此，解放意味着挣脱这些特质，以便和男人一样在社会里充分发展，这个观点的主要代表人物是西蒙娜·德·波伏娃。再如，另外的本质论批评家认为，妇女受压迫是由于妇女的特质被一个赞扬暴力和个人主义的男性文化所贬抑，因此，解放的出路在于发扬较优异的女性特质。由此，上述批评家将男女气质的差异直接联系到现实世界，而做出种种两性特质消长的社会理论，强调只有两性平等、生态平衡，世界和平才可望达成。

与以上较为公允的批评家相比，激进文化派的女性主义者则有走向新的极端的倾向，她们主张妇女应坚持她们的女性气质，男人应抛弃他们的男性气质中那些极端的形式。女人应努力更像女人，应强调文化上与妇女相联系的价值和美德，比如：相互依靠、群体联系、分享、感情、身体、信任、没有等级制、自然、内向、上进、欢欣、和平和生命，而不要去强调文化上与男人相联系的价值和美德，比如：独立、自主、理性、意志、谨慎、等级、统治、超越、生产、苦修、战争和死亡。

另外，还有一种将女性与受压迫人民类比，以张扬反抗、取得解放为目标的理论。如马尔库塞认为女性的品质是容纳性、敏感、反对暴力、温和，这些特性不仅都是占据主导地位的男性品质的对立物，更是统治和剥削的对立面。在心理的底层，它们从属于爱神的领地，它们表达的是生命的本能力量，是对死亡本能和毁灭源的反抗。因此必须呼吁一场解放运动，“以颠覆既定的等级需求，颠覆既定的价值观和社会规范，为女性价值观占主导地位的社会的到来作好准备”。因此妇女解放运动应当也是人类的解放运动。由此，马尔库塞把女性气质同生命或自由的本能联系起来，这些女性气质对主导着父权制或剥削制的社会权力具有颠覆性。马尔库塞把弗洛伊德所说的对文明具有颠覆作用的女性气质不仅变成了一种美德，更变成了一种革命的拯救力量。

（钱俊）

女性主义(Feminism)

女性主义,又可翻译为“女子主义”、“女权主义”。从辞源学角度来讲,“女性主义”一词是对英文“feminism”的意译。这个词最早成形于19世纪末的法国(法文为féminisme),由法国争取妇女选举权运动中的关键人物,创办第一家主张妇女参政的机关报《女公民》(*La Citoyenne*)的欧克蕾(Hubertine Auclert)首先提出,意指女性为获得平等权利而进行的斗争。1906年,这个词被介绍进入美国,首先出现在一篇介绍欧洲妇女运动的另一个关键人物佩尔蒂埃(Madeleine Pelletier)的文章中,但是,在当时的美国,“feminism”并不是一个被频繁使用的词,另一个词“妇女解放”(women's liberation)比它更为通行。但是,到了20世纪60、70年代,“women's liberation”慢慢被扬弃,而“feminism”则逐渐被更多的人所接受。

女性主义作为一种社会思潮,其源头可以追溯至文艺复兴时代。文艺复兴时期意大利的达斐尔特办了一所无论贫民还是贵族,男性或是女性都可入学的学校。这种办学方式的传播为其后妇女教育的普及开了先河,使得15世纪之后,接受过教育的妇女人数逐渐增多,其声音也逐渐能够传达给世人。启蒙运动时期,法国妇女首先掀起了争取妇女人权,反抗社会压迫的大旗。1789年10月,以梅力葛(Thersigne de Mericourt)为首的一群妇女向国民议会提出建议,要求男女应该享有平等的政治权利。这是历史上妇女解放运动的起点。这一时期最具代表性的理论著作是奥林柏·德·古杰(Olympe de Gouges)1789年提出的《女权宣言》(*Declaration of the Rights of Women and of the Citizen*)和玛丽·沃斯通克拉夫特(Mary Wollstonecraft)1792年发表的《为女权辩护》(*A Vindication of the Rights of Woman*)。《女权宣言》同当时法国的人权宣言相抗衡,要求废除一切男性特权。《为女权辩护》反思了女性的屈从地位,呼吁女性应享有与男性同等的权益。

女性主义运动自发轫以来经历了两次高峰。第一次是在1840年到1925年间,目标是争取和男性相同的政治权利:选举权,受教育的权利,工作的机会和权利。第一个争取到女性选举权的国家是新西兰,是在1893年。其后,芬兰和挪威于1914年,英国于1918至1928年间,美国各州于1868至1920年间,也各自为女性争取到了选举权。女性运动的第一次浪潮取得了巨大成就,越来越多国家的女性获得了参政权利,女性教育广泛展开，女性就业人数不断增加。但是，传统的性别角色并没有获得根本性改变。

这一时期比较具有代表性的著作有穆勒(John Stuart Mill)的《妇女的屈从地位》(*The Subjugation of Women*)(1869年)和伍尔夫的《一间自己的房间》(1929年)。前者描述了妇女在社会各个领域所受到的歧视和不公正待遇，并认为妇女没有理由被排斥在领导职位之外，也应该有发挥自己才能的社会空间；后者则指出女性创造力的发挥有赖于一定的经济支持和必须具备一定的自由空间。

女性主义运动的第二次浪潮发生在20世纪60、70年代。这次运动认为当时女性虽然有了选举权、受教育的权利和工作的权利，但是表面上的平等掩盖了实际上的不平等，因此必须继续批判性别主义、性别歧视和男性中心主义，反省传统文化定义的“女性气质”对女性的束缚，认为所谓“男性特质”和“女性特质”不是自然本质特征，而是后天文化教养的结果。另外，此次运动还要求各种公众领域都应该打破门禁，向女性敞开。男女应进一步缩小两性差别。第二次女性主义运动浪潮涉及各主要发达国家，其间女性组织大量涌现，女性研究风起云涌，性、生育机制、性别规范等问题都得到充分讨论。

波伏娃的《第二性》(1949年)虽然发表较早，但是对女性主义运动的第二次浪潮影响深远。她在此书中用了大量材料证明，女人不是天生的，而是被塑造成的。因而女性的从属地位也不是被自然赋予、不可变更的，而是能够被修正乃至取消的。贝蒂·弗里丹的《女性的奥秘》(1963年)描述了20世纪50、60年代美国女性回归家庭后的失落和空虚，认为妇女应该有丈夫、孩子和家庭之外的更多的追求。凯特·米利特的《性政治》(1970年)，对父权文化中的男性中心意识进行了精辟的剖析，并揭示出了父权制社会中利用性别差异建构不平等的性别关系的权力机制的运行轨迹。

女性主义理论包含着众多派别。比较有影响力的当数自由主义女性主义、社会主义女性主义、激进主义女性主义和后现代女性主义。从18世纪到20世纪60年代，女性主义理论中自由主义思潮占据主导地位，关注女性的个人权利和政治、宗教自由，女性的选择权与自我决定权。社会主义女性主义和激进主义女性主义都活跃于20世纪60年代，社会主义女性主义关注资本主义阶级社会所造成的男女不平等，关注女性的有酬劳动、无酬劳动和国家问题，激进主义女性主义则更关注针对女性的暴力、性、生育等问题，以及男性对女性的整体压迫。后现代主义女性主义是女性主义和后现代思潮的结合，兴起于20世纪60年代以后，她们受后结构主义(福柯、德里达和拉康等)的影响，持反本质主义的社会建构论，否定所有的宏大理论体系，认为并不存在一个固定的本质性的女性特质，女性的形象和身份都是被男性话语所建构而成，她们的批判思想即是对这种被建构起来的女性形象和身份提出质疑，并特别关注身体、性别和述行性等。需要注意的是，上述女性主义理论流派虽然各有特色，但是彼此之间并不存在一个明晰的分界线，而是在论争中不断地分化、组合，越来越呈现出一种多元化的局面。但是无论怎样分化组合，女性主义理论都有着一个基本的前提：女性在全球的范围内都是一个受压迫的等级；和一个共同的目标：在世界范围内实现男女平等。

（徐艳蕊）

P

批判理论（Critical Theory）

1931 年 1 月霍克海默出任社会研究所所长的时候，作了一个题为“社会哲学的当前局势与社会研究所的任务”的就职演说。在这次演说中，他提出要将哲学与经验性的社会研究结合在一起。在他随后几年的论著中，尤其是在《传统的与批判的理论》一文中，霍克海默对这一理论架构作了进一步的阐发。这一架构后来被称为批判理论。哈贝马斯将霍克海默所指定的这个完整的知识纲领称为“跨学科的唯物主义”纲领。哈贝马斯认为，这一纲领在 1937 年之后开始变得模糊，因为阿多诺对同一性哲学的批判及其更为悲观的理性观对霍克海默造成了极大的影响，使得后者逐渐放弃了自己的原初想法，最后在与阿多诺合著的《启蒙辩证法》一书中彻底告别了这种跨学科的研究路数。哈贝马斯对此感到相当惋惜。他认为，霍克海默的理论纲领值得重新激活，因为它使得人们能够重构批判理论，以适应别的社会科学学科所取得的新的成就。他相信他本人自 1970 年代以来的工作，实际上延续了霍克海默所开启的这一批判理论的血脉。

批判理论的批判一词，来自康德。在康德那里，批判意味着关注理性与知识的条件与局限。而在黑格尔那里，批判则意味着对精神的反思。到了马克思，批判则转而关注特定的历史形式，即资本主义和交换过程。所有这些，都在法兰克福学派那里得到了发展。但是最重要的，自然是马克思的批判思想。因为对于霍克海默来说，批判性的社会理论必须以唯物主义为根基和参照点。当然他心目中的唯物主义，指的是马克思主义的社会分析。但霍克海默同时也坚信，要想使唯物主义发展诊断当前社会潮流的能力，就必须克服对马克思主义的教条式的运用，也必须克服各个专门化的学科所造成的碎片化现象。他的目标，就是要建设一种新型的跨学科研究，其中“哲学家、社会学家、政治经济学家、历史学家和心理学家联手……以最精当的科学方法来求索有着远大图景的哲学问题，并在他们的工作过程中重新规划和推进这些问题，设计出崭新的问题,但同时又不会对更广泛的语境视若无睹”。因此哈贝马斯将霍克海默设想的批判理论称为“跨学科的唯物主义”,是非常有道理的。霍克海默所宣告的将经验研究与理论反思整合在一起的纲领,构成了社会研究所从1930年到1937年间的工作的特征。

霍克海默所提出的批判理论至少有两个方面的内容。其中第一个方面就是对意识形态的批判。显然这一点深受马克思对资本主义商品生产与交换的批判所影响。在霍克海默看来,批判的目标,是要测定、评判“理念与现实之间的相互矛盾的程度”。而实现这个目标,唯一的办法就是内在批评。所谓内在批评,就是要将历史语境中的存在物和“该存在物的概念性原则的主张”对立起来,加以比照,以图从中发现它们之间的悖谬关系,并据此展开批评。具体而言,霍克海默认为,资产阶级秩序的理念与现实之间存在着矛盾:资产阶级社会秩序视“正义、平等和自由”这些伟大的普遍理想为其政治和道德哲学的核心。它宣称要通过创造一种服务于自由、公正的交换的社会状况来将上述普遍理想付诸实践。然而在霍克海默看来,资本主义的普遍性原则在它自己的实践中被否定了。实际上,这个鼓吹“自我本位的个体利益与社会进步”之间能够和谐共处的自由资本主义的意识形态,掩盖了这么一种事实,即人民大众通过自己的劳作“创造了一个日益奴役他们、威胁他们的现实”。因此,霍克海默认为,批判理论的任务,就是要通过反思与批判,仔细调查社会发展的每一个阶段。它应该从研究对象的概念性原则和标准出发,然后以这些原则和标准来重新审视和评判这个对象。这样,研究者就能够重新理解自己的研究对象所掩藏的种种矛盾与可能性,从而将社会本身的表现与使其合法化的意识形态之间的矛盾全盘暴露出来。这种研究路数,就是内在批评。内在批评的方法也得到了阿多诺和马尔库塞的强调和大力推广。此外,他们也都认为,通过发展内在批评的方法,他们发展了马克思的方法的核心部分。

批判理论的第二个方面,就是对跨学科的系统研究的重要性的强调。这也是批判理论最为人熟知的特点。霍克海默整个30年代所写的著作都坚持认为,批判理论必须与最发达的“传统”理论保持一致,虽然传统理论在他那里具有贬义的意味——因为他认为,传统理论将社会现象看作是具有不变的、永恒的本质属性,因此实际上是毫无批判性地维护了社会现状。在霍克海默看来,各门具体的经验科学的局限与片面性必须得到超越和克服,但批判理论并不能将这些通过系统研究而获得的成就悉数拒绝,相反,应该在这些概念和判断所指涉的总体语境之中对它们进行重构与再造。具体的经验科学所发展的一切相关的概念、定义和命题,都是理解社会历史事件所必要的材料。但是在进行理论重构的时候,局部性的成果将被整合起来,在更广泛的概念架构和理论架构中获得新的意义。这种跨学科性的研究路数,的确是法兰克福学派批判理论的一大特色。事实上,在社会研究所的早期阶段中,它的组织结构本身就和这一理论架构有着相当高的同质性:它的成员就是由众多哲学家、社会学家、经济学家、音乐学家、精神分析家、政治科学家、法律专家、文化批评家与文学批评家、政治经济学家等构成的。

然而,霍克海默所提出的批判理论纲领,并不是法兰克福学派的全部。事实上,在霍克海默于1931年的就职演说中倡导跨学科的唯物主义之后不久,阿多诺就在他的就职演说"哲学的现实性"中提出了截然不同的图景。这一图景与霍克海默的规划最为根本的不同,在于阿多诺对西方理性的概念结构(他称之为"同一性哲学")所持的激烈批判态度。霍克海默坚信西方哲学传统中发展的理性概念的规范潜能,而在阿多诺看来,这一潜能已经无可挽回地破灭了。因此他实际上对哲学反思与社会研究之间的学科间合作丝毫不感兴趣。对于阿多诺来说,并不存在什么一般性的、肯定性的解决方案,人们不应该对社会科学的内部改良抱什么希望。因此,阿多诺版本的批判理论最后走向了美学与文化批评。由于霍克海默本人深受阿多诺的影响,以及他的学术创作的相对减少,批判理论逐渐走向阿多诺所设定的轨道。事实上霍克海默在战争结束回到德国之后,他本人就基本否定了自己的早期作品,也否定了社会研究所早期所作的跨学科研究。事实上,据哈贝马斯本人的回忆,在二战之后重新回到德国的社会研究所里后,30年代所出版的学术刊物和论著被霍克海默堆到一个地下室里,连门都被用钉子钉死了。

然而到了70年代初,随着哈贝马斯的崛起,批判理论逐渐偏离了阿多诺的航向。哈贝马斯对阿多诺的悲观的理性观相当不满,他拒绝了后者的美学倾向,提出要为批判理论重新定位。从1971年到1983年,哈贝马斯在普朗克研究所(the Starnberg Max Planck Institute)开展了自己的重建规划,试图以一种新的方式将哲学的洞见与经验性社会研究的成果重新综合起来。虽然很难说哈贝马斯在普朗克研究所中所取得的成就是否可以与霍克海默领导下的社会研究所的成就相比,但是从许多方面来看,哈贝马斯的这项工程并非是阿多诺色彩的批判理论工作的延续,而是霍克海默的跨学科唯物主义的重新启动。事实上,《交往行为理论》一书就充分体现了哈贝马斯与霍克海默当初的规划之间的至少是精神上的强烈的亲缘关系。在该书中,哈贝马斯与阿多诺划清了界线,将自己归置到霍克海默所规划的传统之中。在当代,阿多诺式的批判理论更多地是体现在后结构主义阵营的工作中。哈贝马斯本人在《现代性的哲学话语》一书中就将阿多诺列入这一阵营并对之展开激烈的批判。这颇有讽刺意味。因为当年哈贝马斯试图以《公共领域的结构性转型》一书来申请教职的时候，持强烈的反对态度的是霍克海默而不是阿多诺。事实上，阿多诺还主动推荐他到马堡大学去求职，并为他作了诸多的联系。

（凌海衡）

普遍性/普遍主义（Universality/Universalism）

普遍性/普遍主义这一概念，源自德国古典哲学中有关理性和普遍人性的观念。特别是德国哲学家康德将这一原则含蓄地体现在他的“绝对命令”的第一公理里，即人们是根据普遍原则来行动的，因此这一原则就被称为普遍主义原则。一个能满足这一检验标准的行为准则才是可普遍化的，因此在道德上也就是可以接受的；如果不能满足的话，也就不能普遍化，从而它与理性和人性相悖了。

普遍主义在20世纪的新语境下，出现前所未有的发展。1950年代黑尔（Hare）进一步发展了这一概念，对于黑尔来说，普遍主义是所有包含描述意义的判断所共有的。所以在黑尔看来，不只是规范上的要求（道德和评价性的判断），甚至还包括经验性的陈述都是普遍主义的。黑尔所描述的这种普遍主义是可以在道德上做出评价的，他认为任何对普遍主义的反对都只是逻辑上的，而不是道德上的。因此，以黑尔的观点看来，一旦原则有了某种描述性的含义，他们就都是可普遍化的；然而对于康德来说，却不是所有原则都能普遍化的。

关于可普遍化的原则，黑尔还说过：“对于一个人而言是公正，同样也有效于相似情况下的其他人。”这一原则与西奇威克在《伦理学方法》（*The Methods of Ethics*）中的正义原则是相同的。在辛格（M.G. Singer）的《伦理的一般化》（*Generalization in Ethics*）一书中，同样的原则也被称作“一般化原则”，这一原则可以说是一种形式原则，而这种形式原则在所有可得到的推论中也具有可普遍化的特点。

普遍性的形容词形式是“universal”，即普遍的，它的哲学含义为：一个属于同一类属中所有成员的无限制的和容包一切的普遍法则。在逻辑上，它作为普遍陈述而相对于特殊陈述。当把这个形容词作为名词使用时，意为“共相”，也就是表示某种抽象的特征，如正义、美、智慧和善。这个用作名词的“共相”在哲学史上引起了许多重大而持久性的争论。

另外一个与这个概念相关的词是“universalizability”，即“可普遍化”。这个概念主要运用于道德哲学的领域，道德判断可普遍化的这一观念可追溯到上面提到过的康德的伦理学。在20世纪，“可普遍化”还是由黑尔作了进一步的阐发，并成为他的“规定主义”的主要论点。他的这一原则的主要观点是，所有的道德判断在如下意义上是可普遍化的：如果某个人A有行为X是正当的，那么对于另一个完全像A或在某个方面像A一样的人来说，也必定同样是正当的；或者如果A在这种情形下做了X是正当的，那么在另外的极相类似的环境条件下，也必定是正当的。黑尔把这种可普遍化原则看作道德判断的本质特征。“可普遍化”(universalizability)与辛格的“一般化”(generalization)不尽等同，一个道德判断可以是很具体、很详细的，但不必非得要抽象和一般出来。

所以，普遍主义主要作为伦理学用词，普遍主义的伦理学是要面向社会上的所有人，是要求社会的每一个成员，而不是仅仅要求其中的一部分人——不是仅仅要求其中最居高位，或最有教养的少数人，也不是仅仅要求除一个人或少数人之外的大多数人。另外，普遍主义坚持一些基本的道德规范和道德义务的客观普遍性，这使它对立于各种道德相对主义以及虚无主义。当然现在用以支持这种客观普遍性的直接根据和过去不同了，不再仅仅是一种具有“唯一真理”形态的价值体系，而是倾向于与各种各样的全面意识形态脱钩。它往往希望得到各种合理价值体系的合力支持，而不仅仅是一种价值体系的支撑。这种普遍主义还坚持传统社会与现代社会在道德上有一种连续性，坚持道德的核心部分有某些不变的基本成分。

当今普遍主义使用最广泛的，还是国际政治和全球文化领域。哈贝马斯在一篇题为《塑像倒塌意味着什么?》的文章中，这么写道：

> 恰恰是民主和人权的那个普遍主义的核心，不允许它们借助于火和剑单边地实现。使西方受到其“基本政治价值”约束的——也就是受到民主自决的程序和人权的词汇约束的——那个普遍的有效性主张，切不可混同于这样一种帝国主义的主张：即把一个特定民主国家——哪怕是历史最久的民主国家——的生活方式和文化当作所有社会的典范。这种普遍主义是一种老牌帝国的“普遍主义”，它仅仅从它自己世界观的中心化的视角出发，来感受超越其边界的遥远视域的世界。相反，现代的自我理解，则是由一种平等主义的普遍主义所塑造而成，这种普遍主义要求的是，对每个人各自的视角的非中心化。它要求我们将自己的观点根据享有平等地位和权利的他者们的意义视角而加以相对化。

哈贝马斯这里所主张的普遍主义，当然与美国新保守主义的普遍主义有所区别，在这里我们可以概括为世界主义的普遍主义与民族主义的普遍主义的对立，这种世界主义的普遍主义，在形式上所追求的目标是康德式的世界范围的“普遍法治的公民社会”，而不是由一个霸权将自己的法律强加在全世界之上。这种带有理想主义的观点，首先预设了国际社会有关各方之间存在着平等的关系，所以哈贝马斯的世界主义的普遍主义可以说是一种“平等主义的普遍主义”，因此在这个意义上区别于美国新保守主义所主张的那种等级主义的普遍主义，即为少数人和国家有权高高在上地向别人和别国施派像民主、自由这样的普遍主义价值。但是，这种理想主义观点的内核还是西方文化价值的体现。

（王炎）

谱系学（Genealogy）

谱系学的概念是法国哲学家福柯哲学中的核心概念之一，这一概念来自尼采，准确地说是来自尼采的《道德的谱系》（*On the Genealogy of Morality*）。尼采在《道德的谱系》中嘲笑了英国伦理学家保罗·李以同情和功利来解释道德的起源。与之相反，尼采以价值的对立和斗争颠覆了这种道德发生史的基础。被整个西方世界视为生活根基的基督教“善恶”道德评价体系，在尼采看来恰恰是对希腊、罗马异教的“好与坏”的道德评价体系的颠覆。这一奴隶道德的起义源于他们的“怨恨”心理，为了统治那些强者他们发明了“灵魂”、“恶”以及“责任”、“良心”、“内疚”、“自由意志”等教义。尼采认为这些道德教义及其所显示的生命的症状都起源于惩罚和负债等针对肉体的痛苦而真实的历史。当人们错误地以为痛苦会具有高贵的意义的时候，一种虚无主义的种子就深深地埋在这种奴隶的道德之中。道德具有真实的起源，那就是肮脏的、低贱的、野蛮的权力的历史，尼采从真实的历史中看到了真正的“道德的谱系”。福柯的谱系学分析方法就是来自尼采的谱系学思想。

谱系学的分析方法是贯穿于福柯晚年的《规训与惩罚》、《性史》以及治理术研究中的基本方法。可以说，福柯成熟时期的思想主要的分析方法就是“权力谱系学”的方法。福柯晚年以“权力—知识—身体”三角关系的谱系学分析，取代了其早年的“知识考古学”的方法。谱系学的分析方法旨在从身体的视角来审视“现在的历史”和“真实的历史”：它考察产生知识的真理体制和求真意志是如何在某种权力形式和权力关系中诞生的;它考察将个体视为劳动的、说话的、知识的、生物的主体是如何在权力—知识中被制造出来的;它考察某种话语是如何被权力—知识关系在欲望的主体上产生出来并散播的。因此,谱系学的方法就是一种生命政治的解剖术,一种微观权力的光谱分析,一种现代社会规训权力和治理术的发展史。

谱系学不仅仅是一种分析方法,而且,也是一种深刻的哲学观点,一种基于尼采权力意志之上的哲学。追随尼采,福柯把谱系学视为对现代历史主义及其宏大的哲学基础批判,视为对整个西方形而上学传统的彻底批判。就尼采的共同源头而言,福柯与德里达对"本体论—神学—起源—目的论—末世论"的西方形而上学传统的批判的努力是十分接近的,有些不同的是福柯更注重对整个西方现代性哲学的批判。

福柯认为,探求"道德的起源"和"宗教的起源"是历史主义哲学的产物,这种历史主义预设了"起源"作为理想的意义,同时也预设了目的论作为"元历史"。"寻求起源"的历史主义预设了起源的神圣性和庄严性。事物在开端的时刻是最完美的,它们出于完美的造物主之手,出现于第一缕毫无阴影的光中。起源就是逻各斯,它先于堕落、先于身体、先于世界、先于时间。起源不仅神圣庄严,而且是真理的所在。起源是不能被证实的且先于一切实证知识的绝对点,是使得后来所有事物在其中成为可能的前提和条件。起源不仅预设了真理,甚至起源就是真理。"寻求起源",就是要确定事物的本质,确定事物最纯粹的、先验的可能性,确定各种事物之间的同一性,确定偶然的变易的事物不变的形式。"寻求起源",就是寻找隐藏在事物背后的统一的永恒的真理、灵魂不朽、自我意识以及客观的目的、价值和意义,寻找一种最终原因和最高原因的形而上学,寻找一种本体论神学。

然而,无论是道德谱系学,还是禁欲主义与虚无主义的谱系学,无论是价值谱系学,还是权力—知识谱系学,谱系学的分析首先针对的就是历史主义对"起源"这一理念的迷恋。尼采和福柯的谱系学是一种激进的历史主义,这种彻底的历史感反对形而上学的历史主义,反对人类学的历史主义的"起源"的幻象。只有形而上学和人类学的冲动才会从起源那虚无缥缈的理念世界中去寻求事物的本质和真理。谱系学看起来好像也是对事物的起源和产生的分析,但是,它并不将事物的出现和发生视为从完美的起源中派生出来的过程。谱系学良好的历史感能够认出历史的诸多事件,认出种种历史事件不可理解的方面、偶然性和微不足道,认出这些事件的卑微低贱的出身,认出事件的异质性、独特性、不确定性、脆弱性、稍纵即逝、无意义、失败的和被遗忘的,认出这些事件相互交织、繁衍、播撒、分化、混杂,不被占有,也未被整合,没有面孔,也没有身份。这些事件是物质的、身体的和需要欲望的事件,是生命和力量的现实。这些事件不存在于禁欲主义的王国之中。这些事件相互冲突、相互拆解,也相互纠缠、相互渗透。谱系学寻求的不是一个完美的目的论的、形而上学的、理念的、先验的、同一性的、可见的、本质的“起源”，而是要认出真实的历史中被各种权力和话语所构成的事件网络、偶然游戏和斗争状态。显然，谱系学的思想基于针对肉身的权力和事件，而从不迷恋灵魂与理念。在尼采和福柯那里，谱系学的思想与生命的本能与欲望、权力的意志与关系以及对身体的惩罚的政治密不可分。

从激进的历史主义的视角出发，谱系学洞察到，并不存在不朽的事物，并不存在自我确证、自我立法、自律的本体论的安全性和确定性，也并不存在整体性和全能的视角，一切都在流变的过程中，一切都处于分裂和对抗之中；也并不存在永久不变的情感，每种高贵的和超然的情感都有它的历史，情感在历史中不断地分化；本能也不是不变的，本能在历史中总是千变万化的；也并不存在只服从生理规律的身体，身体也是在历史中被一系列体制塑造出来的，身体是多样的；也并不存在纯粹的主体、作者的意图、人性、先验的知识，它们都是权力和历史的多样化的效果。谱系学将这一切都视为多样化的、不连续的、异质的效果的历史，谱系学将这一切都事件化了，将它们视为相互对抗的权力关系所产生的非因果性也非目的性的偶然事件。所以，谱系学既是“效果史”，也是“事件史”，它反对历史主义以连续性的方式构造的同一性对特殊的、具体的、独特的、异质的、复杂的事件的抹杀。谱系学反对历史主义的“宏大的历史”，而转向微观的、卑贱的、非人格的、无意义的但却真实的事件和权力关系。谱系学不仅终结了那种形而上学的历史感，而且也终结了建立在起源和目的、同一与本质之上的时间性和历史性，终结了传统的哲学。

福柯所运用的谱系学的手法首先是戏仿(parody)，戏仿打破了纪念碑式的历史的神圣庄严性，打破了历史的科学性、实证性、现实性和客观性的禁忌和教条，打破了历史的不可逆和不可重复性。戏仿是一种尼采所说的“快乐的科学”，它以载歌载舞的狂欢参与到历史之中。其次，谱系学的手法是事件化和非连续性分析，事件化将对象视为由各种各样杂多的因素构成的复杂体系，视为偶然的、非连续性的、异质的事件交错的网络，从而打破了那种将历史对象视为一种同一性、一种律法、一种禁忌、一种本质主义的保守哲学。最后，谱系学根据尼采的权力意志、视角主义和解释学的思想发展出真理体制的概念，它将西方的主体性、知识论、真理以及人文科学视为权力—知识的效果，视为求真意志的结果，视为真理游戏的产物。对于福柯来说，尼采的谱系学思想提供了一种打破现代性权力—知识—主体关系的工具，有助于分析和解构西方早期现代性以及整个西方形而上学的基本前提。当然，谱系学的哲学思想并不是福柯思想的盖棺定论，福柯晚年清醒地意识到了谱系学思想的局限性。

（张旭）

Q

歧义/歧见(mésentente)

歧义是法国思想家雅克·朗西埃平等主义政治思想中的一个关键概念。歧义的法语词是 mésentente,意为不和、纷争、分歧。在出版于 1995 年的《歧义:政治与哲学》(*La Mésentente*: *Politique et Philosophie*)一书中,朗西埃对歧义的定义是:“一种被限定的说话情境:对话之一方同时理解与不理解另一方所说的话。”歧义并非对话者在词语意义层面上的互相误解,歧义关乎的不是对话的内容,而是谁有资格说话,谁说话算数。歧义最终指向的是政治的平等逻辑与治安分配秩序的不平等之间的冲突。朗西埃认为:“政治的本质乃是歧见。歧见并非利益或意见之间的冲突,它是对可感事物本身内部存在的裂隙的展现。”

朗西埃试图回溯到亚里士多德“人是言语的动物”这一论断,来探寻政治歧义之根源。在《政治学》一书中,亚里士多德提出“人是政治的动物”,他认为人类之所以能够从事政治活动,是因为在所有动物之中唯有人类具备言语(logos)的能力。动物发出的声音仅能表达愉悦或痛苦的感受,但人的言语却可以进行价值判断,分析利害,判断事情是否合乎正义。这种言语的能力为所有人类共同拥有,是家庭、城邦等共同体得以结合的基础。然而,在亚里士多德的划分下,只有城邦公民可以正当地拥有并使用言语,奴隶尽管也可以听懂并使用言语,却没有资格占有言语(理性),因而被排除在城邦之外。对于城邦公民来说,奴隶不具有理性、不具有言说的资格,他们说的话只是类似于动物喊叫一样的声音,是表达无意义情绪感受的噪音。朗西埃想据此说明的是,人类共有的言语能力从一开始就是分裂的,在言语能力使用的背后存在着一套分配秩序,存在着“能够被听见”和“不能被听见”的分隔。有没有资格说话,也意味着言说主体的身体在分配秩序中占据不同的位置和角色。这也即朗西埃所谓的感性分配(partage du sensible)。歧义的情境由此而来:尽管对话者使用同一套言语,但由于在感性分配的秩序中处于不同的位置,对话主体不认可彼此的言说资格,甚至无法就一个共同的讨论对象达成共识。朗西埃认为,政治的共同体作为对身体的象征分配,从一开始就被划分成两个世界:具有话语者和不具有话语者的区分;可见者与不可见者的区分;被理解者与不被理解者之区分……一方面,存在一个等级化、正当化的分配秩序;另一方面,每个人都应是平等的言说者,歧义就产生于这两个感性世界的对立。

歧义与共识(consensus)相对。在朗西埃看来,政治是纷争性的场域,政治不应该也无法建立在共识的基础上。从共同体的原初冲突中,朗西埃推演出两种人类共在逻辑:政治(politique)和治安(police)。具体而言,治安的运作基于等级化和共识的逻辑,它是政府的运作,是管理共同体的手段,接近于我们在现实生活中使用的"政治"概念。治安本质上就是感性分配,它对人和物的位置与功能进行等级化的分配,界定个体的行动方式、说话方式和存在方式,规定着我们对现实的感知。治安是一套可见与可说的秩序,它潜在地划分了某些行动可见,而某些行动不可见,某些话语可被理解,而某些话语被当成噪音。基于共同体的共识原则,治安的分配秩序得以合理化、正当化。

政治则与治安相对立,它运作的唯一原则就是平等。在亚里士多德的城邦共同体中,君主、贵族等城邦统治者将"人民""自由"等属性赋予平民,但事实上,平民没有财富和权力,他们只是一无所有的无区分大众,却承担了一个"自由"的空名,他们是被计算入政治共同体却无法真正参与政治生活的"无分之分"(part des sans-part)。朗西埃认为,政治就是要暴露这个"无分之分"的错误,并不断地打破并重构已被视为常态的感知分配,使不可见的变成可见,使被视为噪音的变成可被理解的言说。当每个人都是平等的言说者这一行动逻辑冲撞了每个人各就其位、各守本分的治安秩序时,政治才真正发生了。对朗西埃来说,平等是一切人之间的纯粹平等,平等不是"铭刻于人性的本质或理性之中的价值",平等只是一种预设,它要在政治行动中不断被实践而得以显现。平等不是政治行动的目的,而是行动的前提。人们以平等为预设进行政治行动,其目的不是为了获得"每个人最终都被平等对待"的结果,而是要展现言说者的平等与分配秩序的不平等之间的裂隙,并介入、穿越、改变原有的等级化的治安秩序。治安秩序利用法律或政体的运作,试图将平等逻辑固定下来,将其改头换面,包装成一套虚假的共识,实际上这种共识隐匿了那些"无分者",其实质是对平等的否定。政治是对治安的中断和扭转。政治就是要用歧义揭露虚假共识,用纷争性的话语暴露共同体的错误。

朗西埃指出了歧义与利奥塔的差异(différend)观点的区别。利奥塔主张,在后现代境况中,有关科学与知识合法性的宏大叙事已经衰落了,取而代之的是碎片式的、异质性的、多元化的叙事。利奥塔借鉴了维特根斯坦的"语言游戏"说,来说明不同语言体制之间具有不可通约性，在他看来，语言之间是难以相互交流的，差异无法被调节，各种叙事之间存在着无法弥合的裂缝，各种共识都已经破裂而不复存在了。利奥塔所说的差异在于强调语言游戏的异质性，强调观点之间的分歧和冲突是不可调和的。朗西埃也强调政治性对话中的差异和冲突，但是他认为这种冲突不是语言的不可沟通性导致的，而是由于不存在一个让所有言说主体都能自由发声的政治性舞台。“歧见指的是两大逻辑之间的对立：一个是分级的、不平等的、统治的逻辑，另一个是革新的、可以赋予任何个人能力的逻辑。”一方面，人们具有平等的言说能力；另一方面，由语言决定的感受性体制对人们进行了区分和排除。歧义正是要标示出人人平等与既定的共同体秩序之间的“间距”，不断地在强调共识的治安秩序中打开新的言说空间，让被隐藏的、被压抑的声音凸显出来，将平等的预设铭刻在不平等的分配秩序之中。歧义的本质也即平等的实践。

对朗西埃而言，那种探求政治本质的纯粹性观念应当被抛开，政治不是对人类共同利益的寻求，也并非人类共在的体现。政治不建立在任何共同体的共识之上，政治实践不应当被某套价值判断和行动准则所规定。真正的政治是政治与治安这两种异质性运作之间的冲突和互动。朗西埃批评“共识性民主”，他认为政治是非共识(dissensus)，政治的独特性在于歧义。“歧义是一种永远无法被消解，但可以寻求到一些调节方式的对立。”歧义使两个感性世界之间的断裂处得以显现，但也试图不断地擦除可感知者和不可感知者之间的分隔线，为处于不同社会经验领域之中的人们创造联系，重构感性分配的秩序，推动平等和解放。

（邵小凡）

奇异性(singularity)

如若追本溯源的话，奇异性(singularité)最初来自中世纪经院哲学家邓斯·司各脱的“此性”，德勒兹与加塔利、福柯、阿兰·巴迪欧和阿甘本等当代哲学家都非常重视这个概念，都赋予了其略有差异的内涵。这个词的用法还来自斯宾诺莎的实体、莱布尼兹的单子以及阿尔伯特·洛特曼的数学，与天体物理学家的用法也有些类似，后者将奇异性视作自然法则不起作用的极点，例如黑洞内部的强引力场等。

奇异性是德勒兹哲学极其重要的概念之一，来源于他对结构主义的批评与先验经验论。结构主义建立了普遍的范式、模式与形式，具有一般性与普遍性。在《差异与重复》、《如何辨识结构主义？》中，德勒兹指出结构是至少两个彼此联系而又相互区别的系列构成的关系系统，奇异性与象征要素、微分关系共存于结构之中，而系列之间的差异与重复则与奇异性密切相关。如果重复存在，那么重复就同时表达了一种反对一般之物的奇异性、一种反对特殊之物的普遍性、一种反对普通之物的特异之物、一种反对变异的瞬时性、一种反对恒常的永恒性。这种观念恰好表达奇异性的基本含义，“奇异性”在词源上来自形容词 singulier，singulier 是指单一的（相对于一般的）、个别的（相对于复数的）、独特的（相对于普遍的）、稀有的。如若说普遍性在逻辑上可应用于全体，那么特殊性则应用于部分，如若一般性应用于一些，那么奇异性则应用于一个，且只有一个。德勒兹支持奇异性与普遍性的对立，抛弃一般性与特殊性的对立。因而重复不是再现，也不具有一般性与同一性，被重复的是差异自身，由此奇异性肯定是某种具有差异自身的东西，正如差异自身为了不断地进行差异化而必定是奇异的一样。从重复的角度来看，奇异性的每一次出现都意味着一种重复，同时也强化了一种差异，因为奇异性始终是一种来自域外的差异性力量，不断地演绎着重复与差异的辩证法；从差异的角度看，一切奇异性都意味着偶然的游牧性分配，指向了一种浑然未分的混沌世界，因而正是奇异性连接了差异与重复，促使差异的重复与重复的差异成为可能。

当奇异性被引入《差异与重复》、《意义的逻辑》时，德勒兹批判了“思想的传统影像”与先验论，以奇异性悬置了一般性与普遍性，明确指出了奇异性的前个体的和非人称的特征。传统上或者将奇异性在个体和人称的层面加以把握，或者将奇异性置于未分化的深渊，德勒兹显然不能接受这样一种二择一的困境，他指出匿名的、游牧的、非人称的、前个体的奇异性充斥的世界敞开时，我们最终还是漫游在先验领域中。德勒兹认为尼采探索了一种前个体的、非人称的奇异性的世界，一个尼采称之为狄奥尼索斯的或强力意志的世界，充溢着自由的、无拘无束的力量。游牧的奇异性既不拘禁于无限存在的固定主体性，也不拘禁于有限主体的常驻疆域。某种东西既不是个体的，也不是人称的，而是奇异的，它完全不是未被分化的深渊，而是由一种奇异性跳跃至另一种奇异性，投掷着充满偶然性的骰子。奇异性意味着一种原初的状态，自由自在，无所拘束，不可再现，难以定位，不可思考，难以界定，因而一切个体性尚未产生，或者说奇异性是前个体化的条件。西蒙栋严格区分了奇异性与个体性，他指出前个体性的存在条件是奇异的而非个体的，是差异、奇异性、歧异化。因而奇异性是前个体的、非人称的，是一切事物得以形成的原初状态，蕴含着个体性得以现实化的潜在能量，而一般性、同一性也不过是奇异性的衍生物而已。

在德勒兹的哲学中，奇异性隐含着一种“结构—事件—意义”的三元体，来自他基于斯多葛派、莱布尼兹、西蒙栋和怀特海探索的事件哲学，在某种意义上，奇异性是思考得以可能的事件，呈现出事件哲学的双向运动。事件一方面是自我实现与自我完善的运动，另一方面也蕴含着未能实现的潜在可能性。事件与奇异性的这种关系充分体现了西方哲学上的两种逻辑——亚里士多德的形式逻辑与斯多葛派的事件逻辑——之间的差异。亚里士多德的三段论表达了谓词之于主词的内在性，呈现出一种严密性的形式逻辑，而斯多葛派的三段论则表达了事件之间的关系，体现了一种悖论性的事件逻辑。德勒兹则将形式归于事件之下，将作为差异本身的奇异性重复的事件性与事件的被实现的形式连接起来，由此连接了西蒙栋基于反亚里士多德的个体化事件的奇异性与洛特曼在数学意义上的奇异性。在事件的层面上，西蒙栋的奇异性就是信息的事件；在形式的层面上，数学的奇异性传递了变化运动的曲线。在西蒙栋的逻辑下，奇异性被德勒兹解释为一种基于形式的事件，最终将亚里士多德的形式逻辑归摄到斯多葛派的事件逻辑之下。在《褶子》中，德勒兹通过莱布尼兹的单子概念阐述了奇异性如何与密集的事件联系起来，指出奇异性是单子的清楚表达的领域。单子的奇异性就是各种使单子变得独特而又普通的事件，事件则成为奇异性彼此从属与相互延展的空间。整个世界可以通过微知觉的方式被感知，又可以通过宏观知觉的方式被感知，奇异性容许主体能够以极微小的、无限的方式感知世界，我们可以聆听一场音乐会，也可以聆听自然界的天籁之音，我们还可以感知一个微笑、一个姿势、一个蹙眉，甚至感知伴随着音乐律动的“灰尘之舞”。德勒兹注意到伟大作家都拥有知觉的奇特条件，奇异性使他们能够将审美感知物转变成丰富的想象与无限的幻觉，使他们能够通过微知觉将整个世界变成一种充满差异与奇异性的风格，使日常语言变得陌生化，从而构建了令作者与读者产生共鸣的奇异世界。

从斯多葛派的“什么是事件?”到莱布尼茨的“世界如何成为事件?”再到怀特海的“什么使一切成为事件?”，德勒兹构建了事件哲学的演变谱系，演绎了事件与奇异性的内在关系。对于德勒兹而言，事件之所以是事件，就是因为事件与奇异性一样是无人称的，不属于你或我，也不属于任何人，事件永远不会指向某个人，而是指向某个人物，或者某个概念性人物，而且始终处于无人称的状态。德勒兹多次引用布朗肖关于死亡的著名论述——“‘人们’(on)死亡，‘人们’不停地死亡”，往往将死亡视作“事件的事件”。在法语中，on 是一个非限定性的第三人称代词，但又不同于单数的、阳性的或中性的第三人称代词 il。on 几乎可以代指所有人称(你、我、他/她/它、你们、我们、他们/她们/它们……)，是一个最不确定但又最一般化的人称代词，不会指向任何人或任何个人，但 on 永远指向最纯粹的事件性，建构了一个奇异性的世界。正如德勒兹所指出的，无人称的个体化与前个体的奇异性的世界就是人们(ON)或他们/它们(ils)的世界，是一个不可能化约为日常生活的平淡无奇的世界，反而是一个产生相遇与共鸣的狄奥尼索斯式的世界。及至《什么是哲学?》与《内在性，单一生命》，德勒兹指出事件具有世界时刻与任意空间所界定的时空条件，奇异性就存在于世界时刻之中，而且置身于任意空间之中，最终促使前个体性的和无人称的奇异性进行言说，一切皆是奇异的，这已然成为德勒兹哲学的核心任务之一。

（董树宝）

启蒙(Enlightenment)

启蒙意味着告别蒙昧，走向开明。从历史的角度来看，启蒙指的是在 17、18 世纪发生在欧洲的一场知识运动。造成这场运动的原因有很多，但总体而言，文艺复兴时期的人本主义、欧洲宗教改革以及实证的自然科学的兴起等构成了这场运动的基础。在启蒙知识分子看来，欧洲的中世纪是个黑暗的时代，基督教的知识大厦与政治大厦主宰了人类社会的一切，人们盲目崇拜上帝、迷信权威。实际上，中世纪的哲学家尊重他们的前辈，也毫无保留地接受他们的方法。比如说，如果有关大自然的新发现与亚里士多德的理论相悖，那么他们通常会认为这一发现本身是错误的。启蒙运动所要做的，就是推翻旧有的权威，尤其是王位与神坛。事实上，西欧知识分子自文艺复兴以来就一直在努力摆脱中世纪的权威和教条主义，启蒙可以理解为这一运动的高潮。

众所周知，欧洲文艺复兴重新发现了许多古典文化，并复兴了人作为一种有创造力的存在的概念。这种人本主义颠覆了基督教对人的传统看法。而宗教改革则更长远地挑战了罗马天主教的坚如磐石般的权威。对于路德，对于培根，对于笛卡尔等人而言，通往真理的道路，在于人类理性的应用。曾经被人广泛接受的权威，如科学研究中的亚里士多德和托勒密，精神事务方面的教会威权等等，都遭到自由思想的深刻质疑。事实上，启蒙运动的倡导者将自己视为大无畏的文化先锋。他们认为，启蒙运动的目的是引导世界走出充满着传统教义、非理性、盲目信念以及专制统治的传统，从而走向自由、进步和幸福。不过，值得注意的是，启蒙并不鼓励无政府状态或永远革命。就是说，启蒙并非要颠覆一切权威，而只是想树立一个新的权威，以取代旧的权威。这一新的权威,就是理性。

理性的核心地位体现在启蒙的方方面面。尤其在科学与数学中,理性取得了最为显著的成就。事实上,归纳与演绎的逻辑使得一种全新的宇宙学成为可能。特别是在牛顿成功地发现一些数学等式统辖着天体的运动法则之后,人们开始相信,宇宙只不过是一个由一些简单的、人类能够理解的法则所支配的机制。这种韦伯称之为"祛魅"的观念对基督教核心观念即人格化上帝和个人救赎等概念造成了颠覆性的效果,直接导致了自然神论的兴起。这是一种以理性为基础的神学理论。自然神论者认为,上帝创造世界之后就抛弃了它,不再支配生命,不再向自然现象施加影响力,也不再给予超凡的启示;人事万物都受法则的控制,连国王的权力都是由这一法则所赋予的。因此,这种神学所信奉的不再是传统的人格神,而是一种类似于建筑师或机械师的上帝。虽然它从未成为一种有组织的崇拜或运动,却在整整两个世纪里一直与基督教相冲突,尤其是在英国和法国。

启蒙思想家们相信一个合理性的、有秩序的、可知的宇宙,并据此对知识与国家进行了合理性的、有序的组织。比如,英国哲学家洛克将人类头脑看作生来就像一块白板,感官经验在其上自由地、大胆地书写,根据对世界的个体经验而产生个别的性格。因此,传统基督教所相信的诸如原罪的说法,就失去了合法化根据。霍布斯走得更远。在他的描述之下,人只受自身的快乐与痛苦所驱使,人非善非恶、只关注自身的生存和快乐的最大化。这种观念导致了激进的政治理论。国家曾经被看作永恒秩序的地球上的近似,人之城按上帝之城而建造,可是如今国家却被看作一种人与人之间互利的安排,目的在于保护每个人的自然权利和自我利益。人们越来越关注个体的自由,并视之为由大自然和自然之神所赋予的基本人权。因此,启蒙运动高扬自由、平等和合理性的大旗。这些信念至今依然被看作大多数政治哲学的基础。

显然,启蒙的核心就在于对理性的运用和颂扬。启蒙知识分子坚信,人类借助理性能够理解宇宙,提升自己的自由与幸福。对此康德有着明确的说明:"启蒙就是指人类摆脱其自己招致的受监护状态。受监护状态就是人在没有来自他人的指导下没有能力来运用他的知性。这一状态是自己招致的,因为它的根源不在于理性的缺乏,而在于缺乏决心与勇气在没有来自他人的指导下来运用理性。'鼓起勇气,运用你本人的理性!'——这是启蒙的箴言。"因此,在传统理论中,启蒙就是一种解放过程,在这一过程中,理性得以不断展开,朝着道德的自决而大步向前。事实上,启蒙运动将理性奉为至高无上的判断力以及获得知识的工具。理性维持着挑战神话、揭穿迷信、消除无知等的许诺。在启蒙知识分子看来,对自然法则所进行的科学研究不仅能够使人类控制自然，而且也会产生永恒的、普遍的道德基础。就是说，合理性秩序的建立最终能够实现正义、自由以及全人类的幸福。这不仅仅是康德的观点。黑格尔也强烈相信理性之无法阻挡的进程，以及相伴而来的主体对自由的意识的发展。因此，培根的“知识就是力量”这一说法概括了启蒙的最根本的理念：即合理性越强就越好。

然而，启蒙对理性的强烈推崇，引起了后人的许许多多纷争。当启蒙还正在开花结果阶段的时候，康德就认为他所处的时代只是一个“启蒙的时代”，而不是“启蒙了的时代”。就是说，在当时，启蒙的道德要求和政治要求并没有得到充分的满足。康德对他所处的时代的评价也适用于我们这个时代。就是说，我们所处的时代也尚且只是一个启蒙时代，而非已经启蒙的时代。事实上，我们的时代面临着一种康德未曾料到的挑战：后现代的挑战。它试图推翻理性本身的权威。在文学世界和学术世界的许多地方，道德是否真的被理性所统辖，一直都受到怀疑，如果不是直接的讽刺的话。后现代思想家宣称，理性是一种建构，权利是一种发明，自然是一种虚构，而真理其实是幻象。不过，对启蒙的激烈批判并非仅仅出现在以尼采为历史先导，以福柯、德里达等人为代表的后现代主义阵营中。实际上，在马克思主义阵营中，同样也有对启蒙的进步观表示强烈怀疑的思想家，尤其是《启蒙辩证法》一书的作者阿多诺和霍克海默。对于他们来说，启蒙过程乃是一个辩证的过程，而不是一个从黑暗到光明、从神话到理性的这么一种普遍的、明确的前进运动。历史证明，现实并非如此。恰恰相反，随着启蒙的盲目发展，理性化约为一种纯粹的工具，丧失了应有的批判能力及其幸福承诺，从而导致人性倒退到一种“新的野蛮状态”中。

并非所有的思想家都承认启蒙的失败。实际上，当代高扬启蒙旗帜的，恰恰就是阿多诺和霍克海默的弟子，法兰克福学派第二代领导人哈贝马斯。对于他来说，激进地将启蒙视为宰制而进行批判，其主要后果就是，理性概念变得模糊了，而这威胁着要摧毁西方文化本身的合理性遗产。他抱怨说，针对理性和启蒙的总体化批判使得后现代主义思想家和《启蒙辩证法》的作者们无法公正地对待现代性的合理性内涵。事实上，理性的发展自有其值得肯定的方面——即他所谓的交往合理性。诚然，哈贝马斯承认，理性的发展有着走向生活世界的殖民化的危险倾向。然而，他始终坚持认为，我们应该拯救启蒙之值得肯定的成果，以完成现代性未竟的事业。对于哈贝马斯来说，这种做法远比将启蒙理性与现代性的潜能彻底抛在身后的解决方案要好得多。他认为后者在哲学上是不负责的，在政治上是危险的或是倒退的。

不过，论争双方也许并非像表面上那样尖锐对立。事实上，正如许多理论家所指出的，后现代主义对启蒙和理性所持的怀疑和批判的态度，恰恰就是启蒙的精神。不过与坚持理性权威的启蒙思想家所不同的是，后现代主义者颠覆了权威本身。他们与以哈贝马斯为首的现代主义者的不同，在于后者坚持认为理性（尤其是交往理性）的发展最终必定能够带来进步，而前者则认为，启蒙和理性具有辩证的两面，它们的逻辑发展未必就一定是进步。正如阿多诺所做的那样，后现代主义者所做的，或许应该说是对启蒙的再启蒙。

（凌海衡）

启蒙辩证法（Dialectic of Enlightenment）

启蒙，就其原本的意图，是“要唤醒世界，祛除神话，用知识代替幻想”，因此启蒙是一种自由与解放运动。

但在这个过程中，人的主体性、主人意识也牢固建立起来，成为一种理所当然的与世界的关系模式。一旦如此，自然再也不是人类敬畏和服从的对象，而是成为人类的材料和资源，两者的关系发生了质的转变，原先人对自然的膜拜与模仿变成了后来人对自然的改造和开发，与此相对应，人与自然发生关系的领域也不再停留在宗教或任何形而上学的参悟层面，而是进入实践领域，目的则是工具和功利性质的。

当这种模式作为一种意识形态而牢固建立起来时，启蒙便走向了与原初承诺相反的道路，它变成了一种新的神话，一种唯我独尊的同一性范式和大一统的独裁方式，因此，它从对理性的追求开始，却最终走向了非理性和新的蒙昧，其最极端的表现是在法西斯主义时代，在对待犹太人和任何不入主流的他者人群问题上，它走向了新的、由于与技术结合而更加令人发指的野蛮与暴虐。于是，一个“被彻底启蒙的世界却笼罩在一片因胜利而招致的灾难之中”。

所谓“启蒙辩证法”，就是德国法兰克福学派批评家霍克海默和阿多诺对启蒙走向反题的揭批。那么启蒙何以最终变成一种新的神话与蒙昧？究其原因就在于，启蒙在粉碎神话的过程中，却汲取了神话的所有因素，即它也始于对自然的恐惧，并将对恐惧的表达变成了解释。而解释总是在与已知事物的关系中确定未知，在神话中是从泛灵论的角度解释世界的超验性，在启蒙理性中，则是从实证科学的角度解释世界的规律性。无论哪种解释，都已经是以主观与客观的对立或概念与事物的分离为基础，但是却都认为解释与对象同一。在这点上，两者都建立在神人同形的基础上，即建立在人的绝对话语权力的基础上。

但启蒙却指责以上只是神话的基础，实际上在这点上，启蒙有过之而无不及。启蒙的谜底正是俄狄浦斯对斯芬克斯之谜的解答："这就是人！"无论它所面对的是什么，它只承认在其思维范式的整体中可被理解的事物的存在价值，它的理想就是以此建立包罗万象的体系。具体来说，就是按照培根的理想，建立普遍性的秩序，在第一原理和观察命题之间提供逻辑联系。这个第一原理就是科学理性，以数字、有用为原则，把历史简化为事实，把事物简化为物质，把整个世界纳入一套公式，把一切关系简化为各种等式，以便符合等价交换原则支配下的现代社会，因为这样一个社会的机制正是"把不同的事物还原为抽象的量的方式，而使之具有了可比性"。这原本在社会发展的过程中只是特定生产方式的产物，但是启蒙把它绝对化了，任何不能还原为数字的、无用的东西一概被它称之为幻象、虚构，启蒙要用这种模式摧毁多元与异质，启蒙理性使得人将自身替代了上帝，两者的近似之处体现在对生存的主权中，体现在君主的正言厉色中，也体现在命令中。人类为这种权力的膨胀付出的代价就是理性的异化，使得原本以自由、解放为己任的启蒙却如独裁者对待人一样对待万物，使万物"顺从科学家的意志"，使"事物的本质永远都是统治的基础"。

与这种极端同一性相辅相成的，就是抽象。如果说在巫术试图影响世界的意识中，被宰杀的牺牲物还被赋予不同特征，使之在特定的场合还不可被替代，那是因为巫术毕竟还敬畏神灵，因此为不同的神献上不同的祭物。但是"科学预设了这一情形的终结。科学中不再具有特定的替代物……神也销声匿迹了。替代物变成了普遍的可替换性"，任何东西都不过是实验室中的物质样本，每个物质都被划入同类物质中，没有个性可言。如果说巫术使事物有灵，科学则把灵魂物化。

这在《启蒙辩证法》的作者看来是比巫术更巫术化的对待世界的模式，巫师在试图把控世界而招魂乞灵时，还并没有以自然的统一性或主体的同一性为前提，而是呼唤不同的神灵祛除不同的魔鬼，他也没有把自己看作绝对真理即绝对权力的化身，他装神弄鬼只是为了吓走或安抚鬼魂，后者被认为更加强大。相比之下，启蒙理性则正相反，它使自己成为无限权力的化身，绝对以"我"来统括"他者"，同一性成了启蒙的总体性。从这个意义上来说，启蒙变成了唯灵论的巫术，所不同的只是，原则替代了神话英雄，而启蒙原则又都被罩上了规律的光环或逻辑的严密性，所以比神话更无法抗拒，更具绝对权威性。

用同一性和抽象对待事物，使事物更简单而易于掌控，并可最终被归类为更加简单的二元对立，即相对于主体的客体和相对于理性的偶然，前者通过不断将自己抽离于后者而建立起绝对的权威性，于是，巫术“彻底统治世界”的愿望最终在成熟的科学中得以实现，父权制太阳神话的理想最终在启蒙理性中找到了世俗的版本。

一旦如此，世界变成了可以再现的东西，即从既定的模式和原则来言说世界，这就意味着，它不仅把多样性的世界变成了抽象的种类，同时，事实变得如同虚设，一切按主体性来操作，最后的结果是，不同的事物在被同化的同时，它的“代价就是不能与自身认同”，因为事物实际上在权力者的主观强制中受到扭曲。当这样的强制性在资本主义大工业中通过消灭个性和内在价值，一概按量化和实用原则用在工人身上，特别是当这种模式以一种狂热的意识形态被法西斯主义用来灭绝“异类”的犹太人时，他们取得了“强制性平等的胜利，他们把正义的平等发展为平等的非正义”。但是，他们也倒退回了野蛮，正如《启蒙辩证法》的作者所指出的：“每一种彻底粉碎自然奴役的尝试都只会在打破自然的过程中，更深地陷入自然的束缚中。”由于技术理性而获得了自由和权力的人们最终成了“群氓”。黑格尔称这是启蒙的结果。

启蒙使世界被彻底解魅，自然完全变成了客体，神话时代的人类接近自然的方式还是匍匐于自然脚下，因为他们认为自然是有灵性的，是人的力量所不能把控的，所以为了自我持存，他们采取的是顺从和模仿。而启蒙时代的人类，从培根开始，就以实验科学的态度接近自然，他们探索自然，从中获取知识，借助知识，他们渐渐揭开了自然神秘的面纱，找到可被把握的规律，通过在探索中顺从这些规律，他们得以在实践中利用这些规律，从而愈来愈能够驾驭自然，为自己谋取福利。随着这个过程日益深入与扩大，知识越来越变成人类征服自然的力量，“它在认识的道路上畅通无阻：既不听从造物主的奴役，也不对世界统治者逆来顺受”，有了知识的人类感到自己终于可以走出束缚了，因此可以在将自然为我所用的道路上为所欲为了。

于是，这种力量转换成了权力，权力意志实际上也是启蒙与神话同源的因素，正如《启蒙辩证法》的作者所指出的，尽管启蒙彻底清算了神话，甚至将奥林匹斯山上的神灵家族都用逻各斯加以重新界说，把它们抽象成为代表不同存在的形式，然而，在这个过程中，启蒙却继承了神话系谱中的等级观念，只是把宙斯那至高无上的地位赋予了人类。此外，尽管启蒙拒绝任何形而上学，然而却从柏拉图和亚里士多德的形而上学中发现了一种古老的力量，即要求对真理顶礼膜拜，而启蒙理性的真理就是它本身，它把自己变成了一种绝对的东西来统括世界，要求绝对的同一、服从，任何异质的因素都会由于在这个大一统的体系中找不到自己的坐标点而没有生存的可能。由此，启蒙不仅“始终在神话中确认自身”，更是“带有极权主义性质”。

（郭军）

千高原(A Thousand Plateaus)

在当代法国哲学家德勒兹与精神分析学家加塔利合作的“资本主义与精神分裂症”题旨的研究中,他们最具影响力的两部著作《千高原》和《反俄狄浦斯》是姐妹篇。《千高原》是总览德勒兹与加塔利思想观念的一条颇佳的途径,且在文化研究中亦具有重要性。

千高原中的“原”(plateau)一词出自乔治·巴特森(Gregory Bateson)的一篇论印度尼西亚巴厘岛文化的论文,与性高潮有关。作者在巴厘文化中发现完全不同于西方高潮式的取向的一种里比多经济学。巴特森以此词描绘一种特殊的状态:指避免臻于高潮点的一种强度的持续、自振动之域。在巴厘文化中,母与子的性游戏和男人之间的争吵都会注意保持这种奇特的强度稳态化。“某种持续的强度之‘原’取代了(性)高潮到来。”国内多将此书名译为《千高原》,强调其“强度的稳态化”的特质,但易引发关于“高潮”的联想,似乎多少有悖于此义。这一关键词更确切的中译似应是“千面原”,由此可以展现德勒兹和加塔利后结构主义思想中强调“居间”(in-between)而非“高潮”的观念。不同于基要论的开端与高潮式的终结,“居间”是丰姿多彩、变化生成的平台;“千面原”既可指高原,也可指平原,有参差不齐、气象万千之意趣,当更切近德勒兹/加塔利哲学美学的要义。“平原”与“高潮”之分,在德勒兹和加塔利的后结构主义哲学美学观念中,不仅是性取向之分,也是文化取向和思维模式之分。

德勒兹和加塔利的《千高原:资本主义与精神分裂症》是部颇为特殊的著作。在内容上,在形式上,这部著作以地理学上的“原”(高原抑或平原)的概念取代一般书籍中的“章节”概念,“千高原”则展示了一个充满差异与联系的大千世界,以供思想的骏马驰骋或游牧。《千高原》呈现出“高原的网络”,虽然标明日期,但却是时空倒错的,没有编年史顺序可循。高低不同的千面高原之间隐伏着众多新颖的概念与奇崛的思路。这部著作中的15个“原”的聚合可以让读者按任何系列阅读(除了“结论”应该在最后读之外)。每一个原构成一个“一致性的平台”——这是一种异质因素共享的平台,各因素之间的关系是一种“选言综合”(disjunctive synthesis)关系,即对差异的非逻辑合并,从而保证了它们质量的而非数量的多元性。这些异质因素通过在此平台上的生成、嬗变或变形黏合在一起,其量或质的任何变化都会引起其多元性的质变。在每一个原内,各种概念在构形和拓展,并随着追溯它们在不同的学科领域和话语的踪迹而变化。例如在 14 原,光滑而平行的条纹空间概念通过对布纹、音乐、海战兵法、数学、物理、艺术史的研讨而得到精致详尽的阐发。11 原展示了音乐领域和动物生态学中的"迭句"(the refrain)概念。10 原在恐怖电影、小说、萨满教、士兵的迷信、音乐、艺术和哲学的讨论中揭示"生成"(becomings)的蕴含。不同的"原"互相交叉、巧遇并且一一分支发展,提供了多元互联的共振域。而最重要的是德勒兹与加塔利写作的运作模式(modus operandi),《千高原》中某一题旨或概念在不同的"原"中或写一句,或写一段,或写一页,随机修改,但又到处留下文本生成的踪迹。德勒兹和加塔利的《千高原・导论》在介绍"块茎"概念时把他们的合作方式也描述成为一种后结构主义的多元生成的状态:"我们两人共同撰写《反俄狄浦斯》。鉴于我们每一个人都是几个人,因此已然是相当多的一帮人。……我们一直是互相帮助、互相鼓舞、互相多元化的。""我们将此书(《千高原》)作为块茎来写作。它由原构成。虽然我们曾经要赋予它循环的形式,但那只是开玩笑。每天早晨起来,我们各自都会问一下,今天打算对付哪一个原,这里写下五行,那里写下十行。我们曾经有过幻觉体验:看见一行行字离开一个原走向另一个原,犹如一列列小蚂蚁。"由此,该书的内容与形式皆呈现了真正的多元性,并非是单一主题的创作。其概念、谋篇布局、词汇、节奏、声调既是独特的,又是复合的,开放的,是一种可辨识的多元之声和思想,无法归纳成任一作家的个人风格或仅仅是两人的并置。既非德勒兹,亦非加塔利,而是糅合的,甚或是魔幻式的德勒兹和加塔利。这种"千高原"最适于思想者自由无羁的"游牧"。

德勒兹和加塔利把《千高原》称为一部"概念的书",认为"哲学研究概念,一个系统就是一整套概念"。《反俄狄浦斯:资本主义与精神分裂症》中的一些概念在此有了更丰富的拓展。德勒兹和加塔利还大量使用了一些与科学共鸣甚而相通的概念:黑洞、白壁、模糊总体、邻域、黎曼空间……他们借用现代物理学的黑洞概念,描述了一些吸入而不复吐出的空间。德勒兹认为有些科学概念同属于学者、哲学家、艺术家。比如说柏格森对精神病学有着深入的研究,他的一些概念同黎曼的数学空间和物理空间有着紧密的关系。德勒兹强调:"哲学总是注意概念,搞哲学就是试图发明和创造概念。概念应该说明事件,而非本质。这样就有可能将十分简单的小说的方法引入哲学。……这是一部哲学著作,既是一本难懂的书,也是一个完全可以理解的东西,只要人们需要它,渴望它,它便是一个打开的工具箱。这本充满了科学、文学、音乐、人种学叠句的书,力图成为一部概念的著作。它在行动,在强有力地行动,这是押在将哲学回归为快乐的学问上的一个赌注。"阅读此书也犹如你听录音磁带,如果你不感兴趣,可以快速掠过其中一段。德勒兹和加塔利的游牧思想认为，概念犹如砖块，可以用来建筑思想大厦。如果不合用，则可以扔出窗口。概念的砖块之喻挑战表达领域中的三种人为的区分，即主体、概念与存在。砖块跟环境有关，很难确定是主体抑或客体。概念既非主体亦非客体，它就是它自己，是运动。游牧思想以开放的表达式取代传统封闭的表达式：不再是 x＝x＝not y(我＝我＝非你)，而是……＋y＋z＋a＋……(……＋手臂＋砖块＋窗户＋……)，“千面原”不将丰富多姿的世界简化成为某种秩序，不将多简化为一，是对柏拉图以降的西方形而上学之思的解辖域化。

（麦永雄）

潜能(Potentiality)

潜能是亚里士多德思想的核心概念之一。亚里士多德在《形而上学》、《论灵魂》和《尼各马可伦理学》等作品中都论述过潜能概念，他认为潜能是万事万物的存在方式之一。亚里士多德讲道：“潜能是运动和变化的本原，潜能不存在于被动变的事物，而存在于另一事物之中，或存在于那动变事物但是是作为自身中的他物。”也就是说，潜能一方面是一事物使另一事物变化的能力，比如说，建筑技术不存在于建造的房屋中，而存在于建筑师的头脑中。这就是说，就建筑技术而言，建筑的能力不存在于“被动变”的房屋中，而是存在于施动的建筑师头脑中，它能使建筑材料变成一座房屋。另一方面是一事物内在之潜能使自身由某一状态向另一状态变化。比如说，医疗术存在于医生的头脑之中，但这时，医生既是病人，又是自己的医生。因此，持有医疗术的医生能使病人恢复健康，但这时医生既是医生，又是病人；既是自身，又是他人；既是施动者，又是被动者。从这里可以看出潜能包括主动和被动两个方面作用，有时是主动的潜能，有时是被动的潜能，有时主动潜能和被动潜能为同一个事物或人同时拥有，也就是主动潜能与被动潜能共属一体。

不仅如此，亚里士多德还认为，“对于同一事物在同一方面所持有的潜能都有一个相应的不能，不能是潜能的短缺”，“有时，潜能是持有某事物的潜能，有时它是缺乏这一事物的潜能。如果丧失在某种程度上是一种能力，那么，潜能是如此之潜能，要么是因为有某种能力，要么是因为有这种丧失。”所以能够存在的东西既能够存在，也能够不存在。比如说，风琴师有弹琴的潜能，意味着他既能弹琴，也能不弹琴；建筑师有建造房屋的潜能，意味着他既能建造房屋，也能不建造房屋。也就是说，所有的潜能既是做某事的能力，同时也是不能（能不）做的能力。亚里士多德虽然提出了能与不能的共属，但是对于“能不”的潜能只是寥寥几笔，并未展开。然而正是这种未引起亚里士多德重视的“能不”的潜能，在两千年之后激起了阿甘本的兴趣，阿甘本就是从这个视角来阐述他对潜能的理解。

阿甘本从亚里士多德对麦家拉学派潜能观的驳斥中来重新定义潜能，即不转化为现实的潜能。麦家拉学派认为“一个事物只有在用其所能时才有潜能，在不发生作用时就没有潜能”。比如建筑师在不建造房屋时，他就没有建造房屋的潜能；只有他在建造房屋的时候，他才有建造房屋的潜能。或者说风琴师在不拉风琴时，他就没有拉风琴的潜能；只有他在拉风琴时，他才有拉风琴的潜能。也就是说，当潜能运用时，潜能存在；当潜能不运用时，潜能就不存在，这样就否定了事物的运动、变化和生成。而亚里士多德非常注重运动、变化和生成，所以在他看来，这种观点必然是荒谬的。建筑师能够建筑房屋的这种能力，是通过不断的学习和实践而习得的，他在建筑房屋时，能够证明他拥有这种能力，这是麦家拉学派和亚里士多德所分享的观点。如果建筑师没有失去或遗忘这种能力，那么他在没有建筑房屋时就应该一直持有这种能力。要不然，他在从事建筑工作时，他的能力从何处而来？难道建筑师一会儿持有这种能力，一会儿又缺失了这种能力吗？也就是说，能力和能力的运用是可以分离的，在能力不运用的时候，能力并不会消失，而是一直持存。阿甘本感兴趣的就是这种潜能：通过学习某种知识和技巧，而拥有相应的能力，这样才可以能而不做。我们拥有技术和知识而持有相应的能力，但是我们可以不把自己的潜能付诸行动和转化为现实。那么建筑师拥有潜能在于他能建造而不建造；琴师拥有潜能在于他能弹琴而不弹琴。正是在这个意义上，潜能被其不实现的可能性而定义了。所以，在阿甘本看来，有某种潜能，就是有某种丧失，潜能就是持有丧失，就是不实现的潜能，也就是非潜能。

所有潜能都是非潜能，非潜能就是潜能的丧失。这意味着什么呢？“在潜能的本原结构里，其存在与自身的丧失、自身的非存在相关联。就同一事物而言，永远就是存在与非存在的潜能，做与不做的潜能，这种关系构成了潜能的本质。潜能与它本身的非存在和不做相关，所以它才可以存在和做。”从潜能的结构来看，存在就是非存在，做就是不做。换言之，在阿甘本看来，潜能可以分为两类，做的潜能和不做的潜能即非潜能，其原初的结构就是潜能与非潜能的共属一体，潜能就是非潜能，非潜能就是潜能，但是非潜能是更为源始的潜能，处于更根本的位置。非潜能之源始是：正是由于不存在和不做的非潜能的存在，才有存在和做的潜能；正是由于不存在和不做的非潜能的存在，持有潜能的主体才可以把潜能现实化；更重要的，正是由于不做这种非潜能的存在，持有潜能的主体才可以能而不做，使潜能不付诸行动，这样潜能就摆脱了现实的支配。

显然阿甘本的潜能来源于亚里士多德的潜能，虽然亚里士多德开创了潜能的学说，认为万物既有存在与做的潜能，也有其缺失，不存在与不做的潜能；对于同一物的同一方面，存在与做的潜能也就是其不存在与不做的潜能，但是亚里士多德的潜能是在与现实相联系的框架下来定义的，现实是根本的，它是潜能的目的和归宿，规定着潜能，因此亚里士多德的潜能终究都是要转化为现实的，从而实现万物的运动和变化，正是因为这样，他才未能足够重视不存在和不做的潜能，未能赋予其丰富的内涵。阿甘本正是在这里重新建构潜能的概念，把潜能之箭射向另一个方向。阿甘本同样认为，做的潜能与不做的潜能相互共属，但潜能的本质是不做的潜能，正是不做的潜能切断了潜能与现实的联系，使潜能可以不转化为现实而持有潜能。由此可以看出，阿甘本对亚里士多德的潜能概念既有继承，又有批判和发展。

（万明科）

潜在(Virtual)

潜在概念本出自柏格森，虽未曾对其进行专门阐释，但潜在总是作为一个关键语汇，频繁出现于他的诸多著作中。德勒兹重新强调了潜在概念的重要性，这个概念在他的单义性存在论中发挥了重要作用。

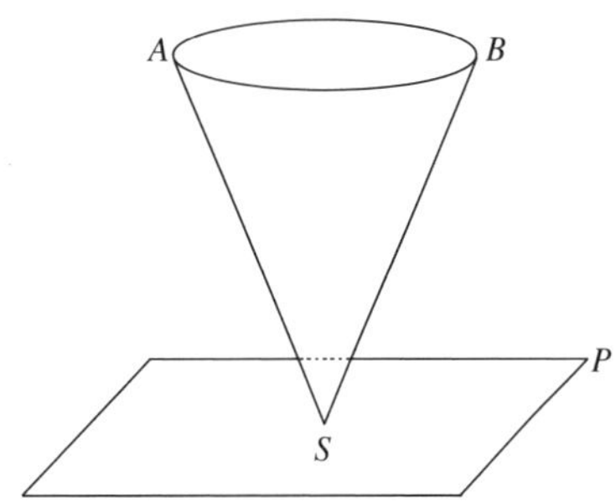

理解柏格森之潜在的门径在于其论述记忆运作的“锥体模型”。这个模型，用柏格森的话来说，“反映着我们全部的精神生活”。时间锥体由底面 AB 和尖点 S 构成，S 同时是平面 P 上的一点。锥体代表的是记忆整体，我们的一切记忆全部储存于此。S 代表现在，即当下的觉知。平面 P 则指代当下正在和将要遭遇的现实。记忆的运动是双向的，S 不断地为记忆整体补充新的内容，而记忆整体则参与着每一新时刻之生成。

普鲁斯特在《追忆似水年华》中关于“玛德莱娜蛋糕”的片段，最为形象地展现出时间锥体的运动过程。吃下玛德莱娜蛋糕的那刻，一种温暖亲切的感触升腾起来，“我”苦苦追索，才发现这味道曾在贡布雷的姨妈处尝过。在贡布雷消磨的所有时光连同整座城市，在某种光芒之中，以前所未有的形态猛然浮现于脑际。吃下玛德莱娜蛋糕的时刻便是尖点 S 与现实 P 的相遇时刻，而贡布雷的重现则是锥体中的某一切面、某一局部在此刻的现实化。这里有两个关键处：这是一种“不自主”的回忆；事物以“新”面貌出现。在与世界遭遇着的当下，我们的感知使得某些记忆被唤醒，从而被自动地现实化，成为当下的一个层次。过去向着当下的运动呈现为一种自由状态，一种柏格森所谓的偶然。过去作为一个整体总是与我们如影随形，它时刻参与着每一个当下之生成；新的生成又融入过去为其整体增添内容。过去不是一个盛满记忆的静态容器，而是构成我们精神生活的一个生命体。这种过去的存在自身，即是柏格森所谓“潜在”。

到了德勒兹这里，潜在乃是现实（the actual）的始基，或说土壤，潜在/现实成为书写“单义性存在论”的一个概念对子。单义论（univocity）的对立面是类比论（analogy）。在中世纪，经院哲学家们争论不休的问题之一是：上帝的存在与造物的存在是否能在同一个意义中去理解？阿奎那所代表的类比论认为，当我们说“上帝存在”或“人存在”时，存在一词在这两个短语中的含义截然不同。假如它们是同一个意思的话，那么在存在这个谓词之下，上帝就被降格到与他的创造物同等的地位了。所以，阿奎那认为，以上两种“存在”不是在同一个意义上被使用的，它不是单义的；进一步来说，上帝创造了万物，万物正因有了上帝的存在才形成自身作为类比物的存在，在这个意义上说，存在的意义是类比的。然而，司各脱却认为，存在作为谓词，只能是单义的。“最重要的超越性词语是 ens（存在，being）——实体、偶然事物、造物和造物主，都是完全同一个意义上的存在。”存在与事物的外在属性无关，上帝与事物的存在只有强度上或者样式上的区别，没有意义上的区别。存在只有一种意义，这便是司各脱意义上的单义性。在类比论当中，上帝是单纯、纯粹的至善，万物的存在既区别于他又归因于他，所以基于类比论的形而上学最终都会归于对最高存在者的探究，从而成为存在—神—学。只有在单义论中，无论是造物的有限存在还是神的无限存在之中，存在就是存在者的“是其所是”，只有在这样一种概念的廓清之下，形而上学才能够独立于神学，成为一门自足的将“作为存在的存在（being qua being）”作为主要研究对象的学科。

在德勒兹所勾勒的单义性哲学传统的脉络中，一直到斯宾诺莎，单义性这个概念才真正趋于完善。虽然斯宾诺莎本人没有使用过这个概念，但在德勒兹看来，斯宾诺莎的哲学贯彻了单义性原则。斯宾诺莎认为，其一，上帝是唯一的实体（substance），实体拥有无限多的属性；其二，世间万物亦各自拥有着自己的一些属性，这些属性同时构成为此物的本质。那么，万物与上帝的关系究竟是怎样的？斯宾诺莎提出“表现(express)”概念，连接了以上两个命题：每一存在物都以各自的属性表现着上帝。通过“表现”，上帝或无限，直接体现在诸物的存在之中。正如威廉·布莱克的诗句所感叹的：“在一颗沙粒中见一个世界，在一朵鲜花中看一个天堂”，从中我们可读到类似“表现”的意思——一颗沙粒的内在结构、硬度，一朵花的颜色、香气、摇曳的运动都是对永恒本质的表现，同时，上帝又通过事物显露出来的性质来展现自身。也就是说，上帝将自身撒播于世界，并形成着世界，世界反过来以自身的一切属性来表现着上帝。事物作为表现的样式是丰富而多义的，但表现作为一种存在模式本身是单义的。在《斯宾诺莎与表现问题》中，德勒兹强调，斯宾诺莎眼中的上帝与事物之间是一种双向平行关系，它们是“共同出现、相互联系”的运动——“所有事物都向上帝呈现，后者包含前者。上帝向所有事物呈现，后者展开并暗含前者”。作为完满的实体，上帝包含着世界，同时，世界又以自身的存在将上帝展开。表现概念并非宣称上帝和世界是同一的，而是试图说明，上帝的存在与世界的存在是平等的。“上帝按照其本质包含事物，这是绝对存有，而诸事物按照各自的本质或样态展开上帝，这也是绝对存有。”两者的存在享有同一种意义。上帝与世界在存在意义上的平等，也意味着一切造物在存在意义上的平等，这就是斯宾诺莎哲学中所体现出来的单义性。

从司各脱到斯宾诺莎，德勒兹就是要走这条单义性形而上学的路。他说，单义性，“是作为发生于最多样的事物之上的唯一的事件”，“其要旨并非是存在在单一、相同的意义下被诉说，而是存在的一切个体化、一切内在模态(modality)都在以同样、独一的意义诉说着它。”如果说，斯宾诺莎的单义性哲学奠基于实体、属性、表现这几个关键概念之上，那么对于德勒兹而言，构建一种新的单义性哲学，“潜在”是最重要的概念基石。

在《差异与重复》当中，德勒兹提出了“时间的三次综合”，详述存在如何以时间样态来展开自身。三种综合的概念来自康德，而德勒兹则重构这三种综合来挑战康德在《纯粹理性批判》中所建立的人类认识论框架。二人拥有共同的出发点：休谟的经验论。休谟认为人类的知识完全来自经验——我们相信太阳每天升起，是由于重复地经验到日出而使得心灵获取了这种知识，不是理性发现了太阳的规律，而是重复所生成的“习惯”创造了这一规律，只有习惯“才能使我们的经验成为对我们有用的东西”。针对休谟，德勒兹与康德的分歧立即显现：康德认为，如果承认了休谟的经验论，那么哲学与形而上学将没有立足根本，因此他相信人必有先验知性能力来理解一切经验感受；而德勒兹恰恰将休谟的心灵“收缩”作为认识的第一阶段，也就是他所意谓的时间的第一次综合。德勒兹进一步在时间的第二次综合中，引入了“潜在”以及锥形图式，正如我们上文中所提到的，人如何在一种“回忆”的过程中获得一种个体化的认识。这里所指称的回忆，不是去某一个盛满记忆的容器中提取信息，而是卷入一种动态的生成过程从而获取对事物的新颖认知。这种认知，与其说是一种发现，不如说是一种创造——潜在不停地绽出新的现实，而现实则反哺着潜在。更为重要的是，这种锥形图式，这种潜在/现实的不尽转化，不仅仅停留在精神层面，实在世界中的一切都处于这种存在模式之中：“潜在必须严格定义为真实客体的一部分——仿佛客体自身的一部分存在于潜在之中，它投身于潜在之中就仿佛投身于客观维度一样。”可见，对于德勒兹来说，时间万物皆处在潜在/现实的双向转化之中，循环往复，直至无穷。而这种潜在/现实的存在模式，便是所谓“单义性”存在的样式——一切皆潜在，而无往不在现实化之中。存在是单义的，没有一个形式、理念主宰着存在，一切都是潜在/现实中展现的差异、运动和多样性。不消问现实是什么，而是问在怎样的潜在中生活被展开。第三次综合则终结于尼采的“永恒轮回”，即潜在/现实这一存在模式的永恒轮回，一种单义性存在的夺目形象：“内在性生命”。无论如何，如果说永恒轮回是存在的天空，那么潜在/现实则是存在的大地，三种时间综合互相嵌套、折叠，但其实在性根基落在“潜在”之中。

难点在于，潜在的存在模式——潜在/现实这个对子是否有分裂或者二重性之嫌？是否可称得上真正的单义性？德勒兹为了规避一种辩证主义或多义性的矛盾，宣称存在的潜在部分与现实部分是“全然殊异却不可分辨”——这是一种不对称的相互转换。存在完美地存储着一切记忆，同时又与此刻一起向不可预知的现实转化，这种转化不是一种量的逐渐累加，而是一种强度和质的变化。土壤是果实的潜在，而当果实成熟坠地，重又成为土壤的潜在。

（王小雨）

强度（Intensity）

强度是德勒兹哲学中的重要概念，它在德勒兹的存在论、伦理学以及美学当中都扮演了重要的角色。柏格森曾在意识层面为强度下过明确的定义。首先，他问，在心理现实之间是否存在数量性差异？比如，两种快乐之间是否有可比性？换言之，一种强烈的快乐是否从一种微小的快乐发展而来？答案是否定的。柏格森指出，如果我们曾认为一种快乐情绪比另一种在程度上要强，那是因为，我们混淆了情绪作为心理现实本身，以及处在这一情绪当中时身体所表达出来的张力，比如肌肉的紧张程度等。也就是说，无论是令人兴高采烈地手舞足蹈或仅仅是令人莞尔一笑的快乐情绪，两者之间能够比较的是身体表象，但情绪本身，作为一种纯粹的、独一无二的质，是不可比较的。强度意味着以下几个方面：强度不可测量；强度代表着性质的绝对差异，每一种强度都是唯一的；既然强度是不重复的性质，那么强度的变化就意味着心理现实的持续流变，由此推导出绵延的特征。德勒兹部分同意柏格森，但认为后者将强度的定义限制在意识的性质之内是有局限的。德勒兹扩展了强度的定义，并将这一概念置于其存在论的核心位置。

在《差异与重复》"感知的非对称性综合"一章当中，德勒兹对强度进行了界说。他认为，我们无法从广延和性质的维度中去真正地理解事物及其本源，事物生成的秘密只能通过对强度的感知来触及。德勒兹说："差异并不是事物的多样性。事物多样性是已经给定的，而已给定的事物是通过差异来被给予的……强度是差异的形式，是感知所发生的原因……"也就是说，每一种强度既是差异又处在差异化之中。德勒兹认为强度有三个特点。第一，强度总是在其内部"包含着一种不等式结构"，也就是说，就其本性是差异化的根源来说，强度总是处在一个从潜在过渡到现实的过程当中，潜在和现实永远是不相等的、非对称的关系。比方说，从种子过渡到果实，种子的内在强度作为潜在通过现实化的过程变为果实，但种子的强度不等于果实的强度，它生成为果实，强度发生了一种绝对性的变化。第二，强度"肯定差异"。强度通过肯定自身来肯定一切，它不做任何否定，即使是最卑微、弱小的力的存在。瀑布倾泻的壮观之力来自对坠落和纵深的肯定，而不是悬崖对于河流的否定。"一切事物都像鹰的翱翔：飞升、盘旋、下降。"飞翔不仅仅是对高的肯定，也是对最低处的肯定，否则这一运动不可能发生；一切强度都是如此，肯定一切运动以及相关联的存在，否则生成不可能发生。第三，强度是被"暗示的、包裹的、胚胎化的量"。强度并不内在于其他，而是包裹于自身，它像褶子一样，不停地折叠又打开。在这个意义之下，一方面，强度不能像广延一样被分割；另一方面，强度也可以被分割，但其本性会被彻底地改变。所以强度借肯定自身而存在，并处于永恒的流变之中。在德勒兹看来，强度的性格就是永恒轮回的性格，两者都是绝对的肯定，肯定差异、肯定流变、肯定偶然。强度，也是内在性生命的另一个名字，这种生命的伦理，德勒兹已在对斯宾诺莎的阐释中书写过。

德勒兹在《斯宾诺莎的实践哲学》一书中指出，在斯宾诺莎看来，存在的本质，就是力量的程度，强度的等级，“人的力量，就其可以通过它的现实本质得到说明而言，就是神或自然的无限力量的一部分”。每一个事物，都是由各种力的交织所构成，当一个事物遭遇另外一个事物，它们各自所秉持的力的关系必然发生变化。变化呈现出两种趋势，一种趋势使得事物自身的力更加充盈、强大，另一种趋势则使得事物自身的力遭到消耗、贬损。原因在于，事物要么遭遇了与它契合的存在样式，于是与这些存在的力量关系相连接；要么遭遇了与它相悖的存在样式，于是它们之间便产生出消解、毁灭对方的意志。正如我们与朋友、爱人和食物的遭遇，能够使我们在身体或精神上充满给养、生机勃发，因为我们内在的力的关系被强化了；而我们与敌人、仇人、毒物的遭遇，则消磨我们的精神、毁坏我们的健康，因为我们内在的力的关系被削弱了。当我们内在的力增强，我们就感到快乐，当我们内在的力减弱，我们则感到悲苦。在存在之力的作用机制之中，德勒兹特别强调了斯宾诺莎的 conatus(努力)概念。Conatus 这个概念的意思就是存在之力竭力保持其存在状态。如果存在没有 conatus 的作用，那么也就不会产生事物与事物遭遇时所激发出来的力的角逐了，力没有 conatus，就是不具有维持自身的强度，那么它无论遭遇任何存在都会被吞噬。Conatus 就是力的生命，它的本性就在于肯定自身、强化自身、认识自身，从而使得存在去寻找、挑选能够壮大自身力的强度的事物，建立更广阔、有益的力的关联。它的伦理学原则就是体验快乐、创造快乐，就是提升自身的强度。

德勒兹在其美学理论中亦强调强度的重要性。德勒兹不满于康德美学中“共感”所体现出来的意涵，即我们在审美活动中所体会到的愉悦，是理性的各个功能达到和谐状态时所带给我们的感受，我们把这种感受投射于自然或艺术之中。而德勒兹认为，感知发生在意义与认知之前。感知是去体验一种创造性的、瓦解事物表象的力量。在这样的意义之下，艺术作品不再是借助形象来进行表义的系统，而是一个充满了力与强度的平面，这种平面要求一种新的观众。在阿尔托的影响下，德勒兹重提“无器官身体”的概念，指出“这是一个强烈的、具有强度的身体”。“无器官”并不是指这个身体在生理学意义上缺少器官，而是说，器官并不在有机体秩序的统摄下运作。无器官身体不仅不缺乏器官，它还为自身创造器官，它是一个充满了力的平滑空间，强度在它身上划分出各个层面，而各个层面根据遇到的力的大小与强度而生成一种暂时的、临时的器官。德勒兹举例说，在我们观看绘画时，绘画的强度作用于我们的感知，从而“在我们身上到处都安上了眼睛……”感知，就是成为无器官身体，去遭遇另一种事物的强度。

总之，在德勒兹这里，强度是一种贯穿于物质和精神的存在之力，处在永恒的连接、运动、生成之中。强度理论展开了一个力与力交织的世界，在这个世界中，笛卡尔意义上的精神/物质、主体/客体的对立被取消了；康德体系中声称要为自然界立法的纯粹理性失去了它的绝对权威；以悲苦情绪为主调的海德格尔的存在论被一种快乐的伦理学所否定。强度概念告诉我们，生命不需要任何超验事物的检验和认定，生命能够进行自我肯定，它的本性在于自由的创造。

（王小雨）

情动/情感（affect）

在 20 世纪的最后几年，西方学界出现了一股关于“批判情动/情感研究”（critical affect studies）的理论热潮，几乎所有人文学科都在讨论情感问题。从词源来看，情动/情感（affect）一词来源于拉丁语 affectus，既有影响、打动的意思，又可以指情绪、感受等。它既是动词也是名词，而情绪（emotion）、感觉（feeling）等则偏向名词属性。在中文语境中，affect 作为理论术语也有多种译法，如情感、情动、感受、情动力、情状、情一调等。简言之，情动就是情感的流动变化，只是更加强调情感中的“感受”或“运动”。

而把情动/情感和情绪区分开是为了说明情感是不确定的，是正在变化的过程，这样，情感就意味着它有无限的可能性，因为没有被语言或者意识形态所规范固定。因此，“情动/情感转向”（affective turn）一方面是说情感的概念发生了转变（由确定的情绪变为不确定的情感强度），另一方面则是说人们认识世界的逻辑发生变化（由“理性逻辑”转变为“情感逻辑”）。

在当代西方情感理论研究学界，马苏米（Brian Massumi）和塞吉维克（Eve Kosofsky Sedgwick）两人可以算是情动/情感理论的奠基者，两人分别从情感的本体论和情感的性别研究两个维度开创了情动/情感研究的新范式。

马苏米的《虚拟的寓言：运动、情感、感觉》（2002）一书被认为是当代情动/情感理论研究的奠基之作，书中很明显可以看到德勒兹和斯宾诺莎的影子，而“德勒兹—马苏米”这条思想脉络（情感本体论）也是当代情感理论研究中最为重要的一条路径。

德勒兹在 1978 年万塞讷（Vincennes）讲解斯宾诺莎时，把情动/情感定义为“存在之力或行动之能力的连续流变”。也就是说，情感不是某种固定状态，而是正在变化的过程，当行动能力从小到大时，人们会感到快乐，反之，则是痛苦。这是对斯宾诺莎的解读，因为在斯宾诺莎那里，情感就是身体遭遇刺激产生的变化，或是心灵对这种变化的理解。德勒兹重新激活了这个概念，并进一步提出情动/情感是“非人生成”（nonhuman becoming），是强度，是向他者转变的过程。只有通过微观层面的生成，我们才能从宏观抽象的概念中逃逸，只有通过考察情感的强度和力量，我们才能跳出“人”的视角，去理解生命的复杂与多变。所以情动/情感也可以理解为一种潜在的力量，一种变化的权力。

作为德勒兹著作的英译者和研究者，马苏米延续了德勒兹对斯宾诺莎情动/情感理论的阐释，强调情感的变化过程，同时也对情动/情感和情绪两个概念进行了区分，认为情绪是“一个主体性的内容，是从社会语言学上确定一种经验的性质，这种经验从一开始就被定义为是个人的”。这也是情动/情感概念的一个重要演变，就是说情感不同于主体性的情绪，而是一种非主体的或主体间的，是一种强度的变化过程。马苏米曾借用神经科学的实验“消失的半秒”来说明大脑意识和身体反应之间有着半秒的间隔，在这一间隔中情感是“自治的”，是充满不确定性和无限可能的，是无法被预知的。而在经过主观的意识认知理解后，情绪才会产生。马苏米的“情动”借鉴了德勒兹的理论，把情动和“生成”、“强度”等概念联系，但同时又赋予了情感新的解读视角——从时间维度思考情感。“当面临未来的威胁时，恐惧就是当下所预想的现实，是不存在但又能感受到的现实，是事物若隐若现的情动/情感现实。”对未来威胁的感知就类似于认知和身体反应的间隙状态，它不是真实发生了的，而是具有发生的可能性，所以应该采取先发制人的策略。

这种逻辑就是情感逻辑，不是依据已经发生的事实行动，而是依据未来的可能做出推测，是基于对未来的恐惧而采取的行动。当下很多政治问题更多是涉及感知和情感，而不仅仅是正义或道德，国家治理的方式也正从身体的规训转为情感的控制，从理性逻辑转为情感逻辑。可以说，马苏米把德勒兹抽象的哲学概念引入文化政治的维度，使情感理论更具生命力，也为文化政治的分析提供了一种新的思路。但从某种程度来看，马苏米的语言又是极度晦涩的，同时掺杂了大量最新的科学技术分析，这也造成了人文社科学者在研究理解时的一些困难。

在诸多情动/情感理论研究著作中，除了马苏米的《虚拟的寓言》外，美国著名性别研究学者塞吉维克所写的《触感：情感，教育，操演》（*Touching Feeling: Affect, Pedagogy, Performativity*，2003）也被视为奠基性著作。塞吉维克继承了心理学家汤姆金斯（Silvan Tomkins）的传统，这样，情动/情感理论研究除了“德勒兹—马苏米”这条路径外，还有另一条路径，即“汤姆金斯—塞吉维克”式的情感研究。

20世纪60年代，心理学界还是以弗洛伊德为尊，汤姆金斯则对弗洛伊德提出挑战，认为情感不是伴随其他心理活动产生的次要现象，而是一种独立的心理过程。因为弗洛伊德是把情感置于其驱力系统中的，并认为情感是一种再现的、意向性之物，是对外部经验的反应。甚至，对象的出现与否决定了情感是否会发生。与弗洛伊德不同，汤姆金斯把情感从驱力的附属中解放出来，使得情感系统与弗洛伊德的驱力系统成为同一层面的范畴。情感不受大脑和认知控制，也不受个体经验制约，例如婴儿皮肤对外界刺激的反应就是一种情感，母亲的触摸和猫狗的惊吓都能引起婴儿的情感反应。可以看出，汤姆金斯一方面把情感置于其理论的核心位置，另一方面则把情感与动机结合，这对后来文化研究学者影响巨大。

塞吉维克同马苏米一样，都是从六七十年代的理论家那里寻找其理论资源，他们分别激活了汤姆金斯和德勒兹关于情感的论述。在《触感》一书的导言中，塞吉维克认为情感可以并且是依附于其他东西的，当被其他事物刺激影响后，情感会发生变化并产生某种效果，这种效果(如愤怒、羞耻、愉悦)可以被理解为情绪，所以情感是先于情绪的，是无意识的，情感引发的效果也是不可预测的。塞吉维克之所以重提汤姆金斯的情感，并不是要从心理学上解释情感是什么，而是要强调情感是无意识的、是不确定的，与情感相对，情绪则是被作为情感固化的效果。例如，在美国的同性恋权利运动中，很多人呼吁公开自己的性取向来反对异性恋的霸权，只有“出柜”确认自己的身份才是最有效的抵抗，这也使得诸多地下同性恋者长期处于“身份缺失”状态，他们认为自己不够勇敢并长期处于一种不安全的状态中。但塞吉维克认为我们应该保持“暗柜”状态，与“出柜”相对，“暗柜”意味着处于一种私密的、不公开的、未确定的无意识状态。因为无论是否公开自己的性取向，人们仍然是处于同性恋/异性恋这样一种二元论思维模式中的，“出柜”这一行为本身就使得自己继续遵循了传统的二分思维，个体的复杂多样性被单一固化的阶级、种族、性取向等话语模式所限定。所以塞吉维克的“暗柜”状态其实就类似于马苏米所说的情感的“自治”状态，当一切还未确定，当一切还拥有变动的可能时，情感的力量才会凸显。

马苏米和塞吉维克分别从情感的本体论和性别研究两个维度展开他们的论述，而从他们的理论资源来看，六七十年代的德勒兹和汤姆金斯几乎在同一时期注意到了情感的重要性，但他们又采取了完全不同的研究方式。但是，德勒兹和汤姆金斯都没有就如何应对当下情感经验的变化这一现状给出相应的策略。这也是马苏米和塞吉维克在20世纪末重提情感的意义所在，他们关注的不再是“情动/情感是什么”，而是我们在新的情感领域中该如何行动，或者说是“情动/情感有什么用”。马苏米认为我们应该采取“先发制人”的策略，把危险扼杀在萌芽状态，现代国家的统治者也经常采取这样的方式；而塞吉维克则强调我们应该保持情感的潜在状态，不运用语言或行动来使其确定化，例如不公开自己性别取向时的“暗柜”状态。他们分别采取“激进”和“保守”的态度对待情感，但又都为我们现实生活的文化逻辑提供了一种新的认知策略。于是，我们可以采取一些方式对抗过去的理性逻辑，或者是主动的“先发制人”，或者是被动的“暗柜”。所以，“情动/情感转向”所关注的绝不仅仅是情感的本质，而是情感的功用，这也暗示了当下从“理性逻辑”到“情感逻辑”的重要转变。这种对情动/情感的讨论几乎可以在当下所有人文学科中看到，正是人类学、政治学、历史学、地理学、传播学、教育学和文化研究等学科研究重心的转移，共同构成了所谓的“情动/情感转向”。

（郝强）

情感结构（Structures of Feeling）

“情感结构”是英国文化理论家雷蒙德·威廉斯在“文化唯物主义”理论中使用的一个专门术语。他最早在《电影序言》（*Preface to Film*）里提出了这个词语，后来在其很有影响的著作《漫长的革命》（*The Long Revolution*，1961）和《马克思主义与文学》（*Marxism and Literature*，1977）中不断延伸和发展了这个概念。

在《漫长的革命》里，威廉斯以1840年代欧洲（尤其是英国）作家作品中表现出来的“极为深刻和广阔的沉着”为例，来说明一代人的思想与感受的形成，认为新时代所塑造出的对已经改变了的环境的反应，已经熔铸在了一代人变化了的“情感结构”之中。在《马克思主义与文学》里，威廉斯着重讨论了“情感结构”与意识形态之间的关系，尤其是与“霸权”的关系。他认为，“情感结构”表明的是“客观结构”与“主观感受”之间的张力，突出了个人的情感和经验对思想意识的塑造作用，以及体现在社会形式之中的文本与实践的特殊形式。

不过，要真正理解威廉斯的“情感结构”的概念，必须从他对“文化”概念的界定出发。在这方面，最常为人们援引的是他在《文化分析》（“Cultural Analysis”）一文中所作的说明。他认为，我们可以从三个方面来界定“文化”：一是“理想地”依据某些“绝对的或普遍的”价值把文化界定为“人类完善的一种状态或过程”；二是“文献式地”把文化界定为“知性和想象作品的整体”，它们以不同方式详细记录了人类的思想和经验；三是“社会地”把文化界定为“对一种特殊生活方式的描述”，它表明了艺术、习得、制度和日常行为所体现出来的意义与价值，因而文化分析就是阐明一种特殊生活方式、一种特殊文化隐含或外显的意义与价值。威廉斯非常强调“文化”的这三个方面是一个完整的、大于单个方面的“整体”；在这个前提之下，他“把文化理论定义为是对整体生活方式中各种因素之间的关系的研究。分析文化就是去发现作为这些关系复合体的组织的本质”。

他认为，最适合于说明这种“整体生活方式”的办法，就是寻找到一种类似于美国人类学家本尼迪克特(Ruth Benedict)所说的“文化模式”，而威廉斯本人寻找到的这种“模式”，就是“情感结构”：“它同结构所暗示的一样严密和明确，然而，它在我们的活动最微妙和最不明确的部分中运作。在某种意义上，这种情感结构是一个时期的文化：它是一般组织中所有因素产生的特殊的现存结果。”

威廉斯非常强调“情感结构”是一种在历史过程中不断发展、变化和有机的东西，即始终处于塑造和再塑造的复杂过程之中。正如他所说：“新的一代人将有其自己的情感结构，他们的情感结构好像并非‘来自’什么地方……变化的组织产生于有机体中：新的一代人将会以其自身的方式对他们继承的独特世界做出反应，吸收许多可追溯的连续性，再生产可被单独描述的组织的许多内容，可是却以某些不同的方式感觉他们的全部生活，将他们的创造性反应塑造成一种新的情感结构。”在此基础上，威廉斯所重视的文化生活的“主体”，不是以其老师利维斯(F.R. Leavis)为代表的精英主义认为的“少数人”，而是日常生活中普通的男男女女，尤其是普通的工人阶级。

威廉斯的这些看法，构成了他的“文化唯物主义”的重要组成部分。根据上述看法，我们可以把威廉斯的理论大致概括如下：“文化”是物质、知识和精神所构成的特定社会整体生活方式的表现，“文化分析”的目的在于要重建特定的生活方式，尤其是要重建特定的“情感结构”，而作为文化生活之主体的普通人的“生活经验”，必须在物质生产和物质条件的背景下，通过文本和日常生活实践的不断互动展现出来。因此，文化始终都是在不断形成的过程中，而“情感结构”也处于不断形成的过程中，它集中反映了一代人在日常生活中所体验到的意义与价值。威廉斯的“文化唯物主义”，也被称为“文化主义”(Culturalism)，它强调“文化”是由普通男男女女的意义和实践所构成。文化是鲜活的经验，而作为文化研究对象的文本，不可能脱离我们的物质生活条件。这就是从威廉斯以来形成的文化研究的“伯明翰学派”(Birmingham

School)的传统。

威廉斯的“情感结构”的概念被认为与把马克思主义的观点简单化、庸俗化的做法不同,也与结构主义(例如,以阿尔都塞为代表的“结构主义马克思主义”,也可参见威廉斯《关键词》对“结构”一词的解释)的观点不同。他在总体上想强调的是:文化是一个“形成与构成的过程”,而不是简单的对“基础”的反映,它本身就是“生产性的”。文化也不是一种“固定不变的”“形式”或“结构”;而“情感结构”始终都是一种处于“溶解状态的社会经验”,是一种在特殊地点和时间之中对生活特质的感受,是一种特殊的思考和生活的方式。

不过,我们也应当注意到,在威廉斯之后,“情感结构”这个概念经常被用于文学研究和文本研究之中,其意义已不止于威廉斯的“文化唯物主义”所阐明的含义,而常被用来考察特定社群的意识结构或心理结构。

(阎嘉)

全景敞视主义(Panopticism)

“全景敞视主义”是福柯在《规训与惩罚》中使用的自造的术语,这个词是由希腊语的“全”(pan)和“视”(optic)组成,所以,意译为“全景敞视主义”。

福柯造这个词的主要灵感来自英国功利主义哲学家边沁所设计的“全景敞视监狱”。这种监狱被设计成一种环形监狱,所有囚室对着中央监视塔,监视塔里的看守对囚徒的活动一览无遗。这种封闭的割裂的空间结构暗示了一种每个人都被嵌入其中的无微不至的监视机制,它是规训机制最典型、最精细的微观形式。福柯用“全景敞视监狱”这一令人难忘的意象描绘了一个我们现代的“监禁的社会”。“全景敞视监狱”远比《疯狂与文明》中疯人院的“大禁闭”意象和《临床医学的诞生》中的“凝视”的意象更为令人触目惊心。我们“监禁社会”是由“惩罚”和“规训”两种权力机制编织成的权力网络,其中监视是规训机制的核心内容,每一个人都被一种不可见的权力组织到被隔离、被分割的空间之中。

“全景敞视监狱”与一般的监狱不同,它除了空间封闭之外,并不像传统的监狱那样光线昏暗和监管者隐秘。因为充分的光线和监督者的注视比黑暗更能有效地捕捉囚禁者的目光,可见性比之隐秘是更有力的监视方式。罪犯之间的横向不可见性防止了罪犯阴谋串通、集体逃跑、密谋犯罪、相互影响、制造混乱。全景敞视监狱最神奇的效果就在于，被囚禁者会知道自己正在受到观察，由此给自己造成一种有意识的自我监督机制，从而确保权力不断地自动发挥作用，将权力关系铭刻在每个人的肉身之上，在其物理躯体中生产出整个权力机制。全景敞视建筑是一部神奇的机器，无论人们出于何种目的来使用它，它都会产生同样的权力效应。全景敞视的监禁机制的两个特点就是权力的再生产性和非个体化。权力的统一分配和安排能制约每个人。无须使用暴力来强制犯人改邪归正，强制疯人安静下来，强制工人埋头干活，强制学生专心学问，强制病人遵守制度；也不再有铁栅，不再有铁镣；只需要实行鲜明的隔离和妥善地安排门窗开口，不仅简单而经济，而且人道而有效。全景敞视监狱像某种权力实验室，它是对人进行分析、实验并改造人的优良场所，是规训权力运作的完美典范，也是现代政治技术的一个象征。

"全景敞视机制"不仅可以用于改造犯人，也可以用于医治病人、教育学生、禁闭疯人、监督工人、强制乞丐和懒惰者劳动。它是一种在空间中安置肉体、根据相互关系分布人员、按等级体系组织人员、安排权力的中心点和渠道、确定权力干预的手段与方式的样板。它可以应用于医院、工厂、学校和监狱中。它能减少行使权力的人数，同时增加受权力支配的人数；它能使权力在任何时刻进行干预，但它的力量却表现在它从不干预，它自动运作，它能产生连锁效果；它不使用任何物质手段却能直接对个人发生作用，是精神对精神的权力。因此，全景敞视机制能被巧妙地纳入于任何职能之中并强化任何权力机构的使用，使其更为经济有效。它不仅对权力进行了安全有效的安排，而且它也极其微妙地不断加强了整个社会网络的力量。

"全景敞视的领域"是微观权力的领域，它包括各种被区分的肉体的各种细节，它们的多样化运动，它们的多样化力量，它们的空间分配、间隔、差距、序列、组合的关系。全景敞视的领域其对象和目标不是君权的各种关系，而是渗透于整个社会的各种规训关系。福柯认为，这种非常奇怪的规训的方案在 17 和 18 世纪竟然转变为一种普遍化监视的方案，规训机制灵活的"非制度化"的控制方法遍布了整个规训社会的机体：从工厂生产到知识传授，从技能传播到战争机器。警察和治安科学、治安权力的诞生使得人们生活在一个无限的监视社会之中。无比庞大的警方治安记录覆盖了整个社会的各个角落，它远比司法体制更能与规训社会合而为一。

现代社会就是从封闭的"隔离带"到一种渗透到社会肌体的各个毛细部位的"全景敞视主义"机制的运动。"全景敞视主义"是规训权力微观化和自动再生产的机制。全景敞视监狱不仅仅是一个技术问题，通过它一种全新的社会诞生了，这就是"监视社会”。它按照一种关于力量与肉体的技术将个人小心地编织在社会秩序之中，人既不是置身于圆形竞技场中，也不是在悲剧舞台上，而是处于全景敞视的机器之中，受到其权力效应的干预。全景敞视机器用一种精妙而温和的小技巧就将现代社会的每个人都纳入一个规训的网络之中，使每个人在特定的节点上成为推动这架机器灵活运转的部件。在全景敞视的机器中产生的是守纪律的驯服的身体。我们的肉体是我们的灵魂的监狱。

全景敞视的权力之所以能够无孔不入，就在于它是一种微观的、基础的、技术的、纯物理的层次上的日常而细小的权力，它并不直接依附于法律—政治机构，也不需要暴力的维持，但是，正是这种征服各种力量和肉体的规训网络在根基上运转着整个现代社会。不仅阶级斗争、司法制度以及国家机器都建立在这一机制之上，而且整个社会肌体都建立在这一微不足道的技术之上。

全景敞视的权力也产生其相应的知识或数据，比如临床医学、精神病学、犯罪学、儿童心理学、教育心理学以及管理科学。通过新型知识的形成与积累，规训权力的效应前所未有地扩张。这些知识和话语很少获得哲学和科学的地位，但是，这些不光彩的科学却是现代微观权利技术的最佳的同谋，它们以程式化的形式复制了每种特有的规训权力—知识图式。如果说全景敞视监狱对犯人的监视和调查是将监狱变成一个实验室和知识库，那么，那些不光彩的知识则将知识和教育体制变成了教养和改造犯人的监狱。全景敞视监狱是一种典型的规训的权力—知识机制。

福柯的“全景敞视主义”现在已经成为一个对现代社会的微观权力机制分析的典范。它深刻地改变了人们的权力观念，使人们更为深刻地理解权力关系的实际运作机制。通过追溯惩罚权力向规训权力的转变，追溯规训社会的诞生，福柯揭示了相应于一种新的权力观念的新的反抗策略。福柯以全景敞视监狱的意象对现代社会的权力机制的分析尽管不无夸张之处，但是却鲜明地揭示了现代社会权力运作的基本特点。

当然，福柯从未说现代社会就是一个全景敞视的监狱社会，或一个规训社会，至少，治理术与规训权力在福柯分析现代社会的权力机制中具有同样重要的地位。此外，福柯也没有否认主权权力和司法权力在现代社会中的存在。因此，与其为追求效果而使用“全景敞视主义”，不如追随福柯对现代社会的各种权力—话语机制进行更为严谨而深入的分析。究其根本，“全景敞视主义”只是对规训权力的微观机制的一个文学化的表述。

福柯的“全景敞视主义”非常容易给人留下一个“权力无孔不入、无处不在”的令人绝望的印象。“全景敞视主义”本身反而成为一种“全景敞视主义”的话语。然而，福柯说:“哪里有权力,哪里就有反抗。”谈全景敞视主义,也必须去谈一种逃逸式的抵抗。这样才能更为全面地理解福柯的思想,而不是望文生义,加给福柯一种犬儒主义哲学家的形象。

（张旭）

权力(Power)

权力是当代法国思想家米歇尔·福柯提出的一个重要概念。按照他的说法,权力是一个庞大的网络,是各种力量关系的集合。福柯的权力不是某个集团、某个主体的所有物,权力永远是关系中的权力,只有在和另外的力发生关系时才存在。因此,它没有一个中心,也没有一个始发的源头。但是它无处不在,存在于一切差异性关系中。这并不因为它有特权将一切笼罩在它战无不胜的整体中,而是因为它每时每刻,无处不在地在所有关系中被生产出来。总的说来,福柯的权力是分散的、不确定的、复数的、无主体的和生产性的。

福柯的权力观同传统的法权模式和马克思的经济学模式权力观是针锋相对的。首先,法权模式从法律、法定权利和道德权力以及政治主权等方面来分析权力,这种权力体现为一种司法话语。它基于法令、君主、规则和禁止形成法规,让它的对象依法行事。它通常表现为:你既不要这样,也不要那样。这种禁令迫使对象消灭,这样你就不能谈论它,它也就不存在了,因此这种权力是否定性的。而福柯是反对这种将权力仅仅看作一种压制的、否定的力量的观点的。其次,马克思的经济学模式持一种经济主义的立场,这种权力分析模式用经济上的统治阶级取代了君主。它认为权力依赖于对经济因素的控制,并且能像商品一样被获取、交换、夺取和分享。它把权力简化为经济问题,而当前的社会权力反抗实践已经多元化,所以这种权力观有了明显的局限性。同时,上述两种权力观,都认为权力存在一种单一的、本质的形式,而福柯认为权力是一个非本质主义的概念,他谈论的是一种复数形式的权力。而且福柯的权力观抛弃了传统“自上而下”的分析方法,而以“从下而上”的观点来看待权力,这种权力从上层建筑摇身一变而成为基础,是生产性的和积极的。

“规训权力”是福柯最有价值的研究成果之一。福柯拒斥所有那些认为权力停泊于宏观结构或统治阶级手中的观点,他从微观层面分析了现代权力,因此他所论述的权力是一种微型权力,福柯将这种权力称作规训权力。这种微型权力不再是个人(如君主)的特权,它是一种针对人体的权力机制,这种权力通过种种微型策略和实践来运作,如全景敞视主义。在《规训与惩罚》中,福柯发现早在17世纪的古典时代,人体就被零碎地处理和把握,被微型权力细致而微妙地控制和监督。这种微型权力耐心地、反复地作用于人体各个部位,最终使人体按照它的意愿发生改变。人体因此而变得更为驯服,也更为有用。之后,这种权力机制逐渐向学校、医院、军队、工厂等各个社会领域弥散,"规训社会"于是产生了。在这里,福柯的这种权力观还同主体的话题联结了起来。在《事物的秩序》(*The Order of Things*)中,福柯表明了人仅是一种由话语生产出来的形式。而在《规训与惩罚》中,福柯进而指出:主体不仅是一种知识形式,它更是一种权力的建构,它通过一整套技术、方法、知识、描述、方案和数据,对躯体和灵魂进行塑造。这种积极的权力还表现在知识的生产,权力同知识结成同盟,互相促进,权力操控着知识的生产,知识反过来又帮助权力扩张社会控制。因此,没有中立的、完全客观的知识,知识无不受到权力的浸染。所谓的"真理"实际上是权力的产物,在其背后是一场惊心动魄的文字厮杀。

福柯的生命权力则可以被视为规训权力的一种延伸。生命权力针对的是"类身体"(species body),也就是社会人口,即受制于生物学法则的人群总数,也就是说权力从作用于个人身体转向作用于人群身体。生命权力形式也是一种积极的、建设性的权力,它以人口、生命为中心,它在生命、人类、种族和人口的层次上发挥作用。它关注生命,关注相关的生育、出生率和死亡率、健康,以及人口的寿命和质量。这种权力以生命为对象,对人口进行积极的调节、干预和管理,将肉体纳入资本主义的控制机制之内,旨在提高生命,管理生命,繁殖生命,控制和调节生命。对经济过程中出现的人口现象进行管控,可以让驯服的肉体发挥出最大的经济效益。因此,生命权力的发展,以及关于生命和身体的知识,都有利于促进资本主义经济的发展。

权力是积极的和生产性的,是福柯对性这一文化现象进行分析的前提。在其研究的晚期,福柯对"性压抑假说"提出了严肃质疑。这种压抑假说认为,社会建立了权力机构,这些权力机构与性的关系,正是压制和被压制的关系。性在权力的作用下,受到了严格的限制和规定,它遭到驱逐和否认,它被迫沉默无语。一切违背规定和制度的关于性的话语和行为都会受到谴责和制裁。而权力的运作并不是否定性的,禁止的,而是积极的、建设性的,它总是不停地生产和造就着什么。在《性史》(*The History of Sexuality*)中,福柯认为:权力在压制性的同时又在传播性,权力和权力机构并未压制住性。求知意志促使人们突破这种压制性的氛围,因而关于性的话语并没有减少,而是大大激增，不断扩散性，加快性的影响，使其广为流传甚至达到自由泛滥的地步。这种压制性的企图结果为性吸引了更多的目光，促使人们喋喋不休地去谈论性，表达性，最终建立性的科学和知识。

总之，福柯突破了从宏观上分析权力的传统，转而从微观的角度对权力的性质、功用和运作方式进行了剖析。最后补充一点，这种微观的、弥散的权力并非无所不能，不能加以反抗，恰恰相反，福柯认为："哪里有权力，哪里就有反抗。"继其之后兴起的新历史主义、女性主义和后殖民主义从福柯的权力观中得到了极大的启示。因此我们可以说福柯的权力观为强化西方左派抵抗意识，推进针对资本主义的文化思想批判提供了有力的理论武器。

（何卫华）

权力意志（Will to Power）

权力意志是尼采哲学的核心。如果说用一个词可以表示尼采的哲学的话，那么，既不是"上帝之死"，也不是"超人"学说，而是"权力意志"。海德格尔认为，尼采的哲学就是权力意志的哲学，甚至可以说是欲求意志的哲学。"权力意志"并不是通常所理解的汲汲追求政治权力的意思，也与自由意志毫无关系。在尼采的哲学中，"权力意志"意味着追求更强有力的生命的意思，它是生命维持和发展自身的意志，是一切生命的创造性力量。尼采的哲学是从叔本华的意志论哲学而来，不同的是，叔本华认为，要想获得生命的安宁和幸福就必须放弃盲目冲动的意志，而尼采认为必须以更强的意志来克服生成的混乱和无意义，才能维持更高级的生命。尼采将叔本华的静寂无为的哲学方案视为欧洲佛教主义，是一种虚无主义的典型表现。可见，尼采的权力意志的哲学并不仅仅是一种纯粹的哲学思辨，而是针对整个欧洲病入膏肓的虚无主义所提出的一种矫正性和治疗性的哲学。

从传统哲学来看，尼采的"权力意志"概念仍然是从西方哲学体系中发展出来的基本概念，甚至可以说是一个形而上学的概念。意志的概念是从基督教的思想传统中发展出来的。奥古斯丁以"意志"的概念解释人的自由和责任，中世纪晚期唯名论不仅以意志解释基督教的上帝的本质，而且也以意志来解释人的本质，尽管在二者之间存在着无限的而本质的差别。近代霍布斯以"权力"的概念来解释人的激情与力量，开辟了不管事物的目的而仅仅关注于手段和效应的新哲学。就此而言,权力意志的概念的源头实际上来自基督教和近代的哲学传统。而海德格尔也认为,尼采的“权力意志”实际上是从“意志”的视角去理解和解释存在,因此,尼采将存在视为生成,视为意志的创造物,视为无目的的无辜的生生不息的世界。由此看来,尽管尼采是最现代的哲学家,甚至被奉为后现代的鼻祖,但是他的哲学思想仍然根植于西方哲学的传统,甚至可以说,尼采的“权力意志”正是西方哲学传统的彻底完成。海德格尔将尼采称为最后一个形而上学主义者并不是没有道理的。

“权力意志”代表了尼采晚期成熟思想,他早年的酒神狄奥尼索斯以及悲剧精神都成为权力意志的表征。尽管晚年尼采仍然借助大量的意象来表述自己的权力意志学说,但是,他也更多地以概念的方式直接阐明自己的权力意志学说。在尼采遗稿中,最核心的一个词语就是“权力意志”,因此,尼采的80年代遗稿一度以《权力意志》之名而为人所知。

尼采并未就“权力意志”的含义给出严格的定义,但是,尼采通过各种方式给出了这一学说的复杂含义。在《查拉图斯特拉如是说》这部哲学戏剧中,尼采以圣经式的语言宣告了自己的哲学学说,这些学说包括超人、权力意志和永恒轮回。然而,这并不是三个学说,而是一个学说的不同侧面。查拉图斯特拉在第一次下山时宣讲的“超人”学说其实质内容就是“权力意志”学说,超人就是拥有权力意志、自我克服的人。而查拉图斯特拉第三次下山时所宣讲的“永恒轮回”学说则是权力意志学说的深化。如果说一切都是权力意志的结果的话,那么,很容易导致一切都注定要毁灭、消失和无意义的虚无主义的后果。然而,只有以权力意志去肯定一切意义或价值都是权力意志的创造,肯定并不存在一个超验的目标或永恒的意义,肯定这个大地是一个注定要生成和毁灭的世界,那么,权力意志就肯定了生命自身,肯定了大地的意义,肯定了人在这个尘世上的生活。否则的话,生命就会沦为一个毫无意义的生成与消逝。当生命不能以权力意志肯定自身的生命的时候,生命就注定陷入虚无主义的泥潭,这是一个恶性循环;而只有以权力意志肯定有限存在的永恒轮回,肯定大地的意义,生命才能不断地克服和超越自身,从动物向超人提升。因此,永恒轮回学说是对权力意志学说的一个深化,是从属于权力意志学说的。《查拉图斯特拉如是说》的哲学戏剧已经表明,尼采以权力意志学说克服了从历史主义去理解永恒轮回所导致的虚无主义。

尼采的权力意志学说其实并不那么深奥,因为权力意志归根到底就是生命自身,生命就是权力意志。尼采在《查拉图斯特拉如是说》中的“论自我超越”一节中说:“我在哪里发现生命,就在哪里发现了权力意志;即使在仆人的意志中,我也发现了想成为主人的意志。弱者说服自己的意志说，自己要服务于强者；但它还想要成为更弱者的主人，这是它唯独不能割舍的快乐。”因此，权力意志对于尼采来说就意味着生命本身。有时候尼采也说权力意志是生命的本能，但是这个本能并不是生理学和人类学意义上的，而是哲学上的，它指的是每个生命都欲求更多的生命，更强大的生存力量。因此，权力意志实际上是一种生命哲学。

对于尼采来说，生命就是权力意志，就是保存和发展自身的意志，就是追求更多生命力量的意愿。生命或权力意志对于人来说才是最根本的尺度，而不是那些超出人之外的上帝、道德、科学和历史。尼采在《善恶的彼岸》中指出，哲学家和科学家对真理的追求同样是一种权力意志。这种追求真理的“求真意志”是西方最根深蒂固的权力意志。并不存在着什么真理，“真理”只不过是权力意志的创造，为了生存得更有价值，更有意义，更有目的，更有根据，人的权力意志为自己创造了一个真理的世界。最典型的就是柏拉图的理念的世界，于是，真实的世界被柏拉图变成了一个虚幻的世界或寓言的世界，真正的意义就不在这个世界中了，人们必须在彼岸的世界中才能获得生存的意义。而这就导致了西方的虚无主义。最后，人宁可欲求虚无，也不愿意无所欲求。对理念的世界的欲求，对禁欲主义的理想的欲求，对真理的欲求，在尼采看来都是对虚无而不是生命的欲求。然而，求真意志归根到底是“求真意志”的产物。并不存在真理和事实，存在的只有生成、混沌、解释、游戏和隐喻。求真意志不仅是对生命的损害，而且也是对人的意志的催眠。为什么人一定要追求真理呢？这个启蒙主义的现代理想真的是千真万确的吗？尼采认为，人可以不追求真理而生存，但真理却不能脱离人的权力意志而存在于真空之中。假的和不确定的事物可能比真理更有价值，更能保护人的生存和生命，更能体现人的权力意志。尼采将艺术视为权力意志的主要体现。尼采这些思想后来成为后现代主义的思想资源，尼采也被后现代主义者尊奉为鼻祖。

权力意志就是生命的创造性和肯定性的力量，而虚无主义则是一种对生命和大地的否定性的力量。当权力不再欲求创造和肯定的时候，人们就开始追求支配性的权力，开始贪婪地占有。尼采把这种对权力的欲求方式称之为奴隶的权力意志。正如末人也有他的永恒轮回一样，奴隶也有他的权力意志，而且由于他的力量的不足，他就必须发展出一套极精致的世界体系来征服强者。尼采在《道德的谱系》中把基督教的道德以及现代民主的平等政治都视为一种奴隶在道德上的反叛，一种低的权力意志对高贵的权力意志的征服。从整个思想史来看，尼采将苏格拉底的理性主义、柏拉图的理念世界、基督教的道德、卢梭的平等主义、英国人的同情的道德情感、灵魂的概念、责任的概念和内疚的概念等等都视为力量软弱的群体对强有力的权力意志者的征服工具。

因此，尼采以权力意志揭穿整个西方历史上这些道德观念背后的真实谱系，揭穿它们无非是奴隶式的权力意志的产物。

为了克服这些奴隶的权力意志所导致的欧洲虚无主义的危机，就必须重新估价这些事物的价值，摧毁这些旧的形而上学的世界观念。尼采以拥有权力意志超人学说呼召新一代强有力的欧洲人重新建立自我肯定的此世生活。只有以权力意志才能克服上帝之死的欧洲虚无主义，才能克服日益变得孱弱和虚伪的欧洲文化。

（张旭）

权力—知识（Power-Knowledge）

“权力—知识”是法国哲学家福柯哲学的核心概念之一。福柯的“权力—知识”的思想创造了一种解剖整个现代社会将身体政治化的“生命政治学”，这种生命政治学是对极权制度以及现代社会中的法西斯主义因素的微观运行机制的分析，它深刻地改变了我们对政治的观察和理解的基本模式，在社会理论、法学、哲学和政治学等领域中都引起了研究范式的革命。

福柯自己认为，他在《规训与惩罚》中提出的“权力—知识关系”的分析方法标志着他思想的成熟。当然，这一思想并不是福柯思想的最后的话，福柯晚年对这一概念所导致的“泛权力论”的误解和危险有着非常清醒的反思，他试图以希腊生存美学的自我技术去反抗和克服这种无所不在的“泛权力论”。这是一个从不固守旧说的哲学家不断超越自我的尝试。

福柯的“权力—知识”的概念首先是指作用于人的身体的“规训权力”。这种直接控制身体的“微观权力”是一种生命权力。人的身体并不仅仅是人口学、生理学和医学的对象，而且也是政治领域的对象。权力关系对身体的使用不仅将其作为劳动力和生产力直接控制它，干预它，训练它，强制它，折磨它，而且，它也被权力关系经济地使用、精心地计算和全面地规训，将其驯服为一种有用的力量。在不动用暴力机器和意识形态工具的情况下，在没有硝烟、恐怖和威吓的情况下，权力关系仍然可以有效地计算身体，控制它，构建它，驾驭它，征服它。正是这种对身体的微观权力支撑了大型的国家机器和各种社会机构。

福柯的权力知识概念提出了一种针对身体的微观权力机制。首先，施加于身体的微观的“生命权力”不应被看作是一种“所有权”，而应被视为一种“策略”。它所产生的支配效应不应被归因于“占有”，而应归因于策略、调度、计谋、技术、运作。人们应该从中破译出一个永远处于紧张状态和活动之中的关系网络，而不是读解出人们可能拥有的“特权”；它的模式应该是永恒的战斗，而不是进行某种契约、主权或对领土的征服。总之，这是一种被行使的权力，而不是被占有的权力。它不是统治阶级获得的或保持的“特权”，而是其战略位置的综合效应。其次，这种微观的“生命权力”在实施时，其权力效应不仅在被统治者的位置上显示出来，而且有时还由其扩大和散播。正是在他们反抗权力的控制时，它对他们施加压力。权力关系并没有被限制和固定在国家与市民社会的关系中，而是以这种微观的方式渗透到整个社会的深层，在个体的身体和行动上复制出各种社会机构的形式。最后，这种微观的权力机制不是固定在某个对象上，它们有无数冲撞的焦点，在每一个不确定的点上都有可能发生冲突、甚至发生暂时的权力关系的颠倒。这些“微观权力”的颠覆并不是摧毁国家机器式的毁灭，而是无数的局部的插曲，它对制约着它的整个权力网络产生影响。

这种作用于身体之上的微观权力之所以能够扩散和播撒，之所以能在每个个体的身上再生产出权力关系本身，就在于它征用了关于身体的知识，关于人的科学。在《知识考古学》中福柯将“人的科学”（或人文科学）视为关于人的“半成熟的科学”，它塑造了“人”的形象。现在，福柯进一步将这些人的知识视为被权力关系的运作所征用的知识，它存在于权力对身体的作用之中，存在于对身体的统治、支配和利益之中。正是在生命权力的关系之中，权力制造了知识，权力鼓励了知识的产生，比如临床医学、刑法学、人口统计学等等，这样权力才在征用知识的同时生产了知识。如果不通过建构一种知识和话语体系，权力关系就不可能以微观的形式运作和播撒；如果不预设和建构权力关系，知识也不会在一定的空间中建构起自身。

福柯的“权力—知识关系”的分析打破了传统的与知识和真理无关的物质性的权力观，以及与权力无关的中立化的知识观。在分析对肉体的政治干预和权力微观物理学的问题域中，我们必须抛弃暴力—意识形态的对立、所有权观念、契约的观念以及征服等权力观念；同时，我们也必须彻底抛弃“有利害关系”和“无利害关系”的对立、认识论和主体性的知识观念。从尼采的哲学出发，福柯将康德的主体性视为权力的效果，将认识主体及其知识体系视为权力—知识关系所产生的历史结果和效应。并不存在一个外在于权力关系并有助于反抗权力的理性主体及其知识体系，相反，权力—知识塑造了各种作为主体的人，决定了知识的形式及其可能性的领域。不存在一个先验的空间，或者像在《疯狂与文明》中所保留的沉默的神秘的领域，一切都是权力—知识关系所制造的效应和效果。

由此可见，在福柯那里，“权力—知识”概念是与直接针对个体身体的“生命权力”无法分开的。只有从人的身体或肉体的角度来看，我们才能看到国家机器运作的微观机制，看到整个社会完美运作的微观机制。我们的身体在这个社会中是一个“政治的肉体”，它被权力—知识作为一系列的物质因素和技术组装成微观权力机制中的一个部件，或者是作为武器，或者是作为中转站，或者是作为载体，或者是作为路径，总之，在现代社会中，人的肉体被权力—知识关系变成了认识的对象和被驯服的对象，变成了被规训和被惩罚的客体，同时也是驯良的主体。

就像尼采在《道德的谱系》中所做的分析一样，福柯不再将灵魂视为基督教的意识形态的残余，视为自由意志，而是视为权力—知识关系在人的肉身上产生出来的各种现实性的效果或效应。正是权力—知识关系施加在被惩罚和被规训者的肉身之上，才产生了被监视、训练和矫正的人，疯人，家庭和学校中的儿童，被隔离的人以及被机器所束缚没有休闲时间的人，产生了现代社会中个体的灵魂。现代社会中的灵魂不再是基督教的灵魂，被原罪所困扰被圣灵所救赎的灵魂，而是被现代权力—知识关系所塑造的灵魂，被各种心理、主体、人格、意识等现代概念所建构出来的灵魂，被权力—知识关系所划分并强化的灵魂。这种灵魂当然不是一个实体，但是，它却更为现实，因为它表现为被权力规训和惩罚的肉身的某种效应，某种机制。正是基于现代的“人的科学”和现代的各种灵魂的概念，权力关系才生产了各种知识体系，反过来，各种知识又进一步扩大和强化了这种权力的效应。对于福柯来说，现代社会的“灵魂”不过是权力—知识的微观机制的效应和工具。那些被教育专家、心理学家或精神病专家所掌握的“灵魂”的技术实质上无外乎支配个体肉体的权力技术。因此，“这个灵魂是肉体的监狱”。

由此，我们会理解，福柯晚年试图探索一种新型的灵魂，一种新型的灵魂的技艺，那就是他称之为“生存美学”的自我的解释学和自我的技艺。福柯在古希腊人那里发现这些异教徒对身体有着一种迥然不同于现代社会的权力—知识关系的对待方式，他们把身体的快感视为可以节制地享用的对象，视为对自我与自我关系的呵护，视为一种自由的生命艺术。在这里不再有对身体的监视、规训和惩罚，也不再有对欲望的忏悔和消灭、对肉身的控制和训练、对灵魂的规范和强制。福柯晚年像尼采和海德格尔一样，诉诸希腊人的生活方式来克服现代社会所制造的现代主体性的权力—知识关系。因此，我们可以说，作为对现代性的分析，福柯的权力—知识关系的概念提供了一种理解现代社会运作的微观机制的方法；但是，作为对现代性的批判，权力—知识概念并不是福柯最后的哲学思想。从福柯思想的开端就存在着一种隐秘的对现代社会的权力—知识关系的批判，只是到了福柯晚年，隐藏在福柯一生的著作中那种批判的前提才借助对希腊人性观念的考古发掘的形式清晰地展示出来。因此，我们不能轻易地将“权力—知识”的概念视为福柯最终的哲学思想，没有与福柯一道思考，未经检验就将这一概念当作万能钥匙来随意使用。在福柯的整个哲学中，权力—知识的确是他非常重要的概念，但绝不是他思想最后的总结。

（张旭）

R

人类纪(Anthropocene)

历史上,一个新的地质年代总会经过地球环境的漫长演变。今天,人类所生活的年代属于地球的第四纪,也是最后一次冰期结束以后的温暖时期。在过去的几百年中,人类对地球功能的影响已经变得如此之大,以至于科学家开始提出一种全新的地质纪年:人类纪。"人类纪"(Anthropocene)一词来源于"anthropo"(人类)和"cene"(新的)两个词根。表面看来,"人类纪"是一个历史概念,类似于白垩纪、侏罗纪这些地质年代术语。"人类纪"最大的特点是,在"人类纪"中,地球的历史正在因人类(Anthropos)而发生改变,而且人类所扮演的是一个至关重要的领衔角色。换言之,由于工业革命以来人类活动对气候及生态系统造成的巨大影响,导致地球上的某些地质特征发生了明显的变化,并由此进入了一个新的地质年代,即人类纪。人类纪的出现标志着人类文明的发展已经改变了传统的根据地层和古生物划分地质年代的格局。如今,人类的行为已经与整个地球的命运紧紧联系在一起,而这种羁绊不仅指代宏观的人类整体,更涉及每一个独立的微观的人类个体。正如被誉为"人类纪"的预言者的美国学者迪莫西·莫顿(Timothy Morton)指出的那样,在如今的时代,人类"正在成为一种具有地球级影响力的地质力量……这意味着无论你对此持怎样的态度,无论你是否意识到了这一点,你都正在作为一种地质力量而存在"。不同于此前的地质纪年法大多只在地质学或地理学科内部发挥作用,"人类纪"的概念冲破了学科的界限,在人文批评家和历史学界中引发了极为热烈的讨论。

2000年,诺贝尔奖获得者、荷兰大气化学家保罗·克鲁岑(Paul Crutzen) 在一次会议上颇带遗憾地宣称:"我们已经进入了人类纪!" 克鲁岑认为,自上一个冰河时代结束后,也就是进入全新世(Holocene)这一地质时期之后,人类对地球的影响愈来愈大,以至于现在的人类活动"改造地球的程度已经堪比远古时代的一些大事件"。因此在克鲁岑看来,为了强调这个时代中人类所发挥的核心作用,应当把现在这个地质时期称为“人类纪”。人类纪概念一经提出,便得到了各国学者的关注和重视,在一年之内便出现在近两百篇同行评价的学术期刊文章中。澳大利亚环境史学家利比·罗宾(Libby Robin)也表示,“人类已经进入了一个新的地质时代:人类纪。目前已经有大量证据证明,人类改变了地球的生物物理系统,这种改变不仅包括二氧化碳含量,也包括了氮气循环、大气层以及整个地球的气候”。总体而言,人类纪概念的基本观点是,地球已经进入一个以人类统治地球体系为特征的新的地质时代。换言之,在人类纪所处的“生物基因的时代……这个历史性的时刻,人类已经成为一种可以改变地球上所有生命的地质力量(geological force)”。

关于人类纪的确切起始年代,目前学界存在着一些争论。一些学者如克鲁岑认为,人类纪起始于1800年左右,也就是瓦特发明蒸汽机之后。此外,也有的学者将人类纪的起始时间推至一万年之前。虽然对人类纪究竟应当从何时算起,人们还有一些不同的观点,但是有一点是毋庸置疑的,那就是人类纪的发端开启了现代人类在地球环境变化中发挥核心作用的时代。目前,学者们除了关注人类纪的起始年代,还对人类纪的几次重要的发展节点提出了相应的观点。例如,威尔·斯蒂芬(Will Steffen)和克鲁岑等人经过共同研究指出,自1950年以来,地球上二氧化碳排放量的增长已经达到了以往总和的四分之三,其中自1977年至2007年间,二氧化碳的排放量达到了过去总和的大约二分之一,因此他们认为这也标志着人类纪开始进入急速发展的阶段。2011年,斯蒂芬和雅克·格林沃德(Jacques Grinevald)等人经过论证后进一步指出,人类纪在20世纪中叶以来,曾经历过一个“大加速”(Great Acceleration)时期,他们称之为人类纪的第二阶段。这些研究也使我们可以更加立体地了解人类纪的发展里程和波动阶段,以客观地看待自己所生存的年代。

目前,关于“人类纪”的概念,学界也有很多不同的争议,尤其是关于要不要使用“人类纪”这个术语来指代目前的时代——也就是说,是否有更好的术语可以代替“人类纪”来描述目前地球所面临的环境状态呢?要回答这个问题,我们首先要理解“人类纪”这个概念的命名基础。“人类纪”一词的现实根源是目前愈演愈烈的生态危机,在这场前所未有的危机中,人类所发挥的作用——既包括负面作用也包括正面作用——被认为超过了所有其他物种,以至于占据了核心的地位。对此,有一些学者认为“人类纪”的概念有历史简约主义的嫌疑,相当于把工业化和城市化等同为历史发展的动力,而忽视了其他推动历史变迁的客观因素;这种把历史发展的动力简约为技术进步和人口增长的做法容易给人带来误解,得出过于笼统的结论。此外,亦有学者认为“人类纪”的概念过于强调人类物种,在一定层面上带有笛卡尔式的二元论痕迹,即将人类物种与其他物种对立起来，或者说将人类与自然、文化与自然相对立，暗含了一种人类社会发展必然导致自然环境衰落的观点。再者，还有的观点认为"人类"一词本身过于笼统，没有考虑到人类内部的阶级分化和阶级冲突等问题，尤其是忽视了资本运作在生态危机中发挥的作用。

因此，有一些学者提出，应当使用"资本纪"(Capitalocene)的概念来取代"人类纪"的说法。例如，西方马克思主义历史学家杰森·摩尔(Jason Moore)认为，近几百年来地球生物圈中出现的一系列重大变化的根源并不是人类，而是资本的运作。他提出，资本并不是外在于生态系统的推动力，而是一种"组织自然的方式"。这种组织自然的方式进而形成了一种"生态体制"，或曰"世界生态系统"(world ecology)。因此摩尔认为，一切自然环境和生态系统都处于资本主义内部，受到资本的控制，自然和资本之间是相互依赖的关系，这也是"资本纪"概念的核心所指。

除了"资本纪"的说法，也有一些学者将目光聚焦于殖民维度。例如，印度后殖民主义史学家查克拉巴第(Dipesh Chakrabarty)认为，人类纪的概念忽视了殖民主义对当地自然环境的暴力干预和影响，未能正视殖民主义造成的非正义的历史；甚至直至现在，大部分被殖民者依然没有意识到殖民主义对当地生物圈进行的殖民掠夺。凯拉·安德森(Kayla Anderson)也曾提出使用"殖民纪"(Colonialocene)来代替人类纪，以彰显殖民掠夺对地球生态环境的影响。

虽然"人类纪"在学界遇到了一些不同的声音，但是总体而言，学界还是比较认可这个概念的。正如有学者指出，作为一种反观人类和地球生存状况的方式，虽然其自身有一些缺陷和局限性，但仍然"比资本、殖民主义等概念更清晰、更精确地预设了现有全球经济和生活方式必将导致的毁灭，它的意味不仅是人类文明和生态圈的终结(dooms-day)，而且包含对生命必死性或生命极限(finitude)概念的哲学反思"。也正因如此，"人类纪"的概念不仅在自然地质考古学中发挥作用，还在哲学与历史学视域内构成了一种独特的分析与思考框架，在学术界以及更为广泛的关于文化和政策的辩论中发挥着越来越重要的作用。

（马特）

人文主义(Humanism)

"人文主义"有时候也翻译成"人道主义"或"人本主义"。这个词在汉语中的不同译法是由于这一词语的含义在西方的不同时代发生了很大的变化：在16、17世纪这一词语是“人文主义”和人文学科的意思；在18世纪它是“人道主义”和博爱的意思；在19世纪变成了“人本主义”哲学的意思；在20世纪下半叶它又成了“人类中心论”的负面形象。无论如何，这一词语之所以可以被翻译成“人文主义”、“人道主义”、“人本主义”或“人类中心论”，都与对人的本性或本质的理解有关，都是基于各种对人性的认识或人的概念。所以，既有基督教的人文主义，也有马克思的人道主义；既有对敌视科学的怀疑论的人文主义，也有将希望寄托于科学的人本主义；既有存在主义的人道主义，也有人格主义的人文主义；……总之，人文主义或人道主义是一个包罗万象的用语。我们用人文主义或人道主义既可以指法国大革命的政治意识形态，也可以指文艺复兴对古典的追慕；既可以指基督教对人道的关切，也可以指反基督教的无神论色彩；既可以指科学实证的精神，也可以指怀疑科学的精神；……总之，它包含了各种政治、宗教和科学的意识形态，可以说是现代西方最为复杂的一个词了。到了现在，不管这个术语包含了多么丰富的内涵，它都已经失去了它前几个世纪的声誉，几乎成为一个过时的贬义词了。

西方第一个人文主义不是希腊的人文主义，而是罗马的人文主义。当时希腊尚没有人文主义的概念。人文主义是一个罗马人的概念。希腊那里的核心概念是“教化”。希腊认为人的本质在于人特有的理性，而这一本质只有通过教化或教育，使灵魂转向对智慧的热爱和对完美的追求才能得以实现。这就是希腊人的“教化”或“教育”的概念，耶格尔(Werner Jaeger)在其经典著作《教化》(*Paideia*)中认为，这一概念是历史上希腊人自我认同以及后来希腊化运动的基本动力。希腊看待人之人性的观念并不像后来的法国人道主义和启蒙运动那样从抽象的哲学人类学出发，而是基于希腊人与野蛮人之间的区分，这是第一次东西方“文明的冲突”即希波战争之后的一个结果。因此，希腊的“教化”的概念或关于“希腊人”的概念就是西方文明的开端。原本是蛮族的罗马在强大之后所发展出来的人文主义，继承的正是这一传统。受希腊化运动影响的罗马人为了翻译希腊语“教化”这个词语而使用了拉丁语的“人性”(humanitas)这个词，意思是通过“教化”使人合乎其本质，使人变成具有理想的“人性”的人。这样他们就把“教化”的概念转化成了“人性”的概念，这就是罗马的人文主义。就西方的古今各种人文主义都以希腊哲学对人的本质的规定为前提而言，人文主义在本质上就是希腊的“古典人文主义”；就人文主义接受希腊人关于人的本质只有通过教育才能实现的观念而言，人文主义在本质上就是希腊的“教化”或“教育”。

罗马人文主义所理解的“人道”或“人性”就是通过学习希腊的“教化”或“教育”，使自己脱离野蛮的状态，成为合乎人性的文明人。罗马人通过吸收希腊文明而教化了自己。罗马的人文主义是早期现代人文主义的起源。现代人文主义，无论是意大利15世纪的文艺复兴，还是法国18世纪的启蒙运动，或是德国18、19世纪的人文主义，都与罗马的人文主义理念息息相关，进而与希腊的“教化”或“教育”概念息息相关。西方第二个重要的人文主义是意大利文艺复兴的人文主义。文艺复兴运动所复兴的首先并不是希腊文化，而是第一个重要的人文主义即罗马人文主义的理念。对于文艺复兴而言，中世纪是野蛮的象征，而罗马则是文明教化的代表，因而要复兴罗马的人文主义传统。意大利人文主义虽然是打着复兴古典的旗号，却颠覆了整个基督教以及古典世界，开创了西方的现代性。意大利的人文主义比较典型的是皮科(Pico)的“人的尊严”的思想。出于反对基督教的动机，皮科认为，人的尊严就在于认识到人之为人所具有的独特性。“认识人自己”就是认识到人的本质就在于人缺乏本质，人在宇宙的位置是一个不确定的位置。这些思想深刻地影响了现代启蒙运动。法国启蒙运动的人道主义及其人性论建立在百科全书派对以自然科学为核心的新知识体系的崇拜之上。而卢梭不满于他们从自然科学的宇宙论对人性的规定，他根据人的自然状态提出了对人的本质的新规定，即人的本质在于人的自由，人的自由在于在历史中不断地恢复到自然人的本性之中。人的本质在于自由，这种观念是卢梭连接皮科和萨特的桥梁，也是现代人道主义不同于古典人文主义的根本所在。意大利文艺复兴是通过罗马的人文主义传统间接地回到希腊教化或教育的。而18世纪由温克尔曼开启的德国人文主义复兴运动则直接将自己接到希腊教化之上，他们在希腊人的“教化”的概念中发现了人性或人道的最高理想。在温克尔曼、歌德和席勒那里的希腊文化复兴，乃是基于对希腊的文明教化或文化教育的重新发现。他们建立“希腊—日耳曼”的文化亲缘谱系，连极度拒斥现代人道主义的尼采都受惠于复兴希腊古典思想的运动。

人道主义或人文主义在20世纪的命运出现了巨大的转折，人们转而批判前几个世纪的人道主义意识形态。海德格尔的《关于人道主义的信》(*Brief über den Humanismus*，1945)是20世纪“反人道主义”的经典之作。《关于人道主义的信》是直接针对萨特刚刚发表的演讲“存在主义是一种人道主义”。海德格尔认为，萨特的存在主义实际上不过是现代主体性哲学的变体，仍然是一种人类中心主义的哲学。无论是基督教的人道主义，还是马克思的人道主义，无论是平等博爱的人道主义，还是存在主义的人道主义，实际上都造成了巨大的政治危害。海德格尔对萨特的存在主义的人道主义的批判给整个法国哲学界带来了一个新的潮流：“反人道主义”(anti-humanism)。这场“反人道主义”思潮不同于法兰克福学派的批判理论对“启蒙辩证法”的批判，它塑造了一种“主体性之死”和“人之死”的新思想姿态和新话语风格。

法国1960年代结构主义的“人之死”以及福柯的“人之死”和德里达的“人之终结”的先后呼应，是对海德格尔批判萨特的人道主义的一场回应。尼采的超人学说是根除人道主义或人文主义这一最强大的现代性话语的一次巨大的尝试。当人和人性的概念的形而上学的基础不复存在之时，“人的科学”或人文知识也就分崩离析了，人文主义或人道主义的意识形态也就走到了其历史的尽头。在现代社会中，只存在着一个自我幻象的主体和一种行使规训权力的教育，而没有给人文主义及其教育留下任何空间。作为主体的人、人格、人文主义灵感、人道主义情怀、浪漫的文人，这些人文主义或人道主义的意识形态已经成为过往世纪的宏大叙事，在后现代已经不再具有其合法性的基础了。人文主义或人道主义被证明不过是一种塑造了西方文明自身的知识体制、教育制度、话语类型、价值观念、意识形态和文化形式。人文主义当它开始反省自身的时候，却终结了自己的存在。

（张旭）

人之死（Death of Men）

“人之死”是法国思想家米歇尔·福柯在《事物的秩序》中提出的一个关键概念。福柯通过对西方人文科学进行的历史考古发现，“人”这一概念是在18世纪末期之后进入知识学科的。从那时开始，“人”成为语文学、政治经济学和生物学的知识对象。在此之前，人文学科虽然发现了人的存在，但并没有将人当作一个特殊的对象来看待，人并不是这些学科的中心，这些学科也“没有关于人本身的认识论意识”。只是到了18世纪末期之后的现代思想中，人既是知识的客体，又是认知主体，既是人文学科捕捉的对象，又是这些学科得以奠定的基础。人成为学科和知识的中心。人文学科正是以人的秘密作基础来展开自身的学科想象的。这个诞生于18世纪的知识过程，实际上就是“人的诞生”的过程。而无论是人的诞生，还是人的死亡，并不是意味着作为一个具体实在的人的诞生或死亡，而是指人文学科中作为知识对象和知识客体的“人”的诞生或死亡。

这样一个学科中的人，就是一个概念的人，或者说就是人文学科所形成的人的观念。福柯将18世纪末期以来的现代思想对于人的分析称作人类学，它由康德开创。

正是在人类学中，人成为中心。它的基本问题是："人是什么？"它贯穿了整个19世纪。但是，福柯却宣布这种人类学将要死掉了。这就是所谓的"人之死"，或者说，就是人的终结或人的消失。显然，这里的"人之死"，是作为某种知识形态和观念形态的人的死亡，是以人为中心的学科的死亡，是以康德的人类学为基本配置的哲学的死亡，最终，是18世纪末期以来的以人为中心的现代知识型（épistèmé）的死亡。但是，这样一个观念意义上的"人"是如何死亡和消失的呢？

福柯借助尼采提出了这个问题。尼采的"上帝之死"和超人思想是"人之死"的哲学起点。超人正是对人和人性的克服，超人将取代人，它的出现意味着人的消失。在福柯看来，上帝之死同人的消失是同义的。在尼采那里，上帝和人相互归属。人与上帝存在着一种亲缘关系，他们紧紧地缠绕在一起。二者的意义只有依赖于对方，只能以对方为参照、为语境、为解释的条件才能被阐发，它们无法彼此隔绝和孤立。上帝只能是人的上帝，人只能是被上帝所俯瞰的人。就此而言，人和上帝是孪生子。只有在人和上帝相互依托、相互寄生的意义下，"上帝和人才相互归属"。人和上帝具有怎样一种牢靠而密不可分的关系？在尼采看来，上帝常常让人负债于他，在人和上帝的契约关系中，人占据着债务者的位置，人和上帝的关系成为一种欠债和还债关系。作为债务者的人，被上帝免除了债务，也因此免除了因为债务而该得的惩罚。但人并不因此解脱，他反而充满了罪感、负疚和责任。这样，在上帝面前，他愈发谦卑恭顺。他应该不停地偿付、同情、怜悯、牺牲。他的罪感意志构成了他的全部存在性，这也决定了他在上帝面前的永远敬畏和臣服。他的一切，无论是哲学还是伦理，无论是行动还是意识，总是处在上帝的凝视下，总是以上帝为准绳，以上帝为永恒的裁判、起源和理念，人无法摆脱上帝的咒语。同样，就上帝而言，如果没有人，没有人的行为、道德、意识、哲学，没有人的全部存在性，上帝同样没有自己的存在意义。上帝的发明正是人的发明，上帝的出现正是人的出现的结果，上帝是为人而生的，它的职责、任务、价值和意义，它的全部起源性要素只有在控制人、操纵人、作为人的参照物这一点上才可以得到解释。这样，上帝和人须臾不可分离，二者互为参照，既是父子关系，又是孪生关系。在这种关系中，如果一方死去了，另一方也将死去，如果一方失去了全部的存在性，另一方也将堕入虚无之中，正是在这个意义上，福柯说，"上帝之死和人之消失别无区别"。

但是，尼采的"人"和福柯的"人"并不完全相同。尼采更多地将道德意义和情感意义根植于人之内。他将内疚、责任、仇恨、善、恶、爱等道德内容作为人的中心所指。尼采的上帝之死，意味着一种作为道德形象的人之死。上帝死去了，上帝所施加于人的责任、愧疚、痛苦、同情和怜悯——这些道德素质——也将死去。超人和人的差别在于,超人摆脱了人的这些道德负担,摆脱了人的这些禁忌、束缚和内心的自我压力,变得身轻如燕、无所顾忌、从容潇洒、神志健全而又孔武有力。但是,福柯的人并不是一个道德和伦理主体,是一个与道德无缘的知识形象。人,是一个概念的人,是知识学科建构和想象出来的人。人之死,是作为学科内容的知识形象的人的消失。既然这个学科对象消失了,那么,在这个对象基础上所发展起来的伦理主题和人文主义当然也会随风飘逝。如果说在尼采这里,是道德的人的死亡导致概念的人的消失;那么,福柯则将尼采颠倒过来,概念的人先死去,道德的人自然就不存在了。尽管二者的逻辑次序不一样,但人之死和伦理主义的消失紧密交织,道德的人和概念的人,伦理主体和知识主体,人文主义和人类学,其中之一的死亡必定引发另一个的死亡,其中之一的丧钟必定敲响另一个的丧钟。

除了尼采之外,福柯还在马拉美以及后来的结构主义那里看到了人之死的征兆。马拉美对语言作了激进的反思。对马拉美来说,语言有至高无上的自主性。不是人在说,而是言词自身在说,在其孤独中,在其脆弱的摇摆中,在其虚无中,在其谜一般的存在中说。词语在自主地行动、表达和说话,写作是在设定一个空间,人在这个空间中不断地消失,“作品现在获有一种杀戮的权利,它成为杀死其作者的凶手”——我们在这里看到了福柯和罗兰·巴特的“作者之死”的呼应。人在写作中退场了——言语活动取代了从事言语活动实践的人。这,则是具有结构主义意味的人之死,事实上,在结构主义活动中,人陷入一个巨大而无情的语言网络中,他被语言和结构吞噬了。尽管福柯后来一再否认他和结构主义的关系,但在60年代中期,福柯的“人之死”的观点,不可能摆脱如日中天的结构主义的影响。我们可以说,“人之死”就这样诞生在尼采、马拉美和结构主义交织的三岔路口上。

(汪民安)

认识论断裂(Epistemological Rupture)

“认识论断裂”是阿尔都塞从法国科学史传统中借来的一个术语。在法国认识论传统当中,比如,在加斯东·巴什拉(Gaston Bachelard)那里,该词表示新的科学对象的发现而导致的科学史突变性发展,在这一发展过程中“科学理论实践总是同它史前期的、意识形态的理论实践划清界限：这种区分的表现形式是理论上和历史上的'质的'中断"(*For Marx*)。阿尔都塞指出，"认识论断裂"也是人类知识生产史上的常态，每一次断裂都产生着支配人思考范围的知识型，迄今为止人类历史上经历过三次"科学"发现和认识论的断裂发展的过程：一是古希腊人打开的"数学大陆"，在此基础上形成了柏拉图的"理式哲学"；二是由伽利略打开的"物理学大陆"，在此基础上形成了笛卡尔的心物二元论哲学；第三次科学大陆的发现，就是马克思、恩格斯所打开的"历史科学的大陆"，在此基础上形成了以改造世界为根本特征的马克思主义哲学，即辩证唯物主义。(*Montesquieu*, *Rousseau*, *Marx*)

通过《保卫马克思》和《阅读〈资本论〉》两部著作，阿尔都塞详细论述了在马克思本人的思想发展过程当中，"认识论断裂"是如何实现，它产生的后果又是什么。

《保卫马克思》一书提出了"两个马克思"的新见。阿尔都塞指出，通过"症状阅读"马克思的著作，可以探知1845年前后的马克思发生了认识论上的突变。1840年到1844年"巴黎手稿"阶段的马克思完全处于康德和黑格尔的"问题性"当中；1845年之后，马克思开始找到自己的问题性，与康德和黑格尔的古典哲学断裂。1845年开始的断裂期延续的时间很长，又可以分为三个阶段：第一阶段为1845年，在这一时期马克思写作了《关于费尔巴哈的提纲》和《德意志意识形态》，其中首次出现了马克思自己的问题性，但它还不成熟，只能以论战和批判的方式表达自身；第二阶段为1845年—1857年，是马克思撰写《资本论》初稿的那个阶段，在此阶段马克思逐渐锻造出了表述自己问题性的概念和术语体系；第三阶段为1857年—1883年，是马克思的成熟期，在这一阶段马克思通过《资本论》和《哥达纲领批判》表述了自己的历史科学，即社会复杂结构整体通过"阶级斗争"而获得历史发展的科学学说。

马克思的"认识论断裂"符合科学史上发生过的认识论断裂的一般条件。新科学的诞生总是以新的认识对象的发现为前提的："一种知识的生产过程必然要通过它的(概念的)对象的不断的演变才能够实现；这个演变同知识史是一致的，其结果必然要产生同现实对象相联系的新的认识，而对现实对象的认识又随着认识对象的改变而深化。"(*Reading Capital*)1845年之后的马克思，明显开始从哲学转向"政治经济学"，后来他说《德意志意识形态》是一部清算他过去哲学信仰的手稿，以后再也没有回到古典哲学论题的"领地"中去，这一手稿也就留给"老鼠的牙齿去批判了"(《〈政治经济学批判〉序言》。此外，马克思所发现的新的对象也不同于古典政治经济学的对象。在古典政治经济学范围内，古典政治学家通过抽象的"经济人"构造整个经济现象的原因和结果之间的表现性关系，并以之为研究对象。然而马克思的"新对象"却不是"人"，而是由“结构因果性”支配的“过度决定”的社会历史结构(参见“过度决定”)。这一“新对象”要求马克思创造新的“术语体系”来进行新的理论表述,在阿尔都塞看来,马克思对新术语体系的锻造经历了漫长的过程,直到《资本论》的写作才得到了阶段性的实现。

从阿尔都塞知识生产史的角度来看,马克思的“认识论断裂”也是作为知识发展整体“认识论断裂”的一个组成部分。在马克思之后,有许多科学学科都“不约而同地”完成了同样的“断裂”,告别了“从人出发”的传统知识型,而进入了从“结构出发”的新的知识学领地,比如弗洛伊德的精神分析学说,结构主义人类学等。

总之,在阿尔都塞那里,“认识论断裂”是由“新知识对象的发现”,“为表述这一对象而进行的概念体系生产”的一系列知识过程构成的认识飞跃,也是他把马克思结构主义化的一个工具。

(赵文)

认知暴力(Epistemic Violence)

“认知暴力”这个词语是美国后殖民批评家斯皮瓦克在《三个女性文本和一种帝国主义批判》(Three Women's Texts and a Critique of Imperialism, America: *Critical Inquiry*, XII, i, Autumn, 1985)这篇文章中提出,并在其后的著作中经常提及的一个词语,比较集中地表达了斯皮瓦克对于帝国主义殖民话语的批判。在斯皮瓦克的使用中,“认知暴力”是帝国主义以科学、普遍真理和宗教救赎这样的话语形式对殖民地文化进行排斥和重新塑造的行为,一方面,这种方式配合了帝国主义对前殖民地的政治和军事占领,为其辩护并且使这种赤裸裸的暴力合法化;另一方面,也使得殖民地人民丧失了自己的文化主体性,失去了表达自身独特经验的可能性,从而被迫处于依附状态。

帝国主义对前殖民地人民的文化输出和对殖民地本土文化的破坏一直是后殖民主义理论家们的中心议题之一。也就是说,他们对帝国主义的批判注重的不再是政治的、军事上的殖民,而是帝国主义文化在殖民主义中起到的作用,以及这种作用在前殖民地国家获得民族独立之后所表现出来的后遗症。赛义德在《东方主义》中就十分集中而清楚地分析了西方各种文献材料中存在的对“东方”世界的想象和偏见,包括作家的作品、游记、学者对东方的研究以及官方的档案记录等等。在赛义德看来,这些文献系统地建构了一个帝国主义意识形态和殖民主义需要的"东方",不仅把东方简单地同质化、抽象化,同时还用西方的标准和眼光把东方看成野蛮落后之地,并以此树立起自身"文明的"、优越的文化中心地位,为其殖民主义行为提供冠冕堂皇的借口。西方人对东方世界的这种看法也广泛地存在于西方作家的文学作品中,即使这些作家并没有真正与"东方"或者第三世界有所接触。例如斯皮瓦克通过对《简·爱》的分析后认为,正是通过把西方之外的世界描述为野蛮、地狱般的景象,把来自殖民地的人物形象描述为"疯狂的"、"歇斯底里的",因此那些基督教的传教徒才变得崇高,简·爱才变成了一个西方个性主义和女权主义的英雄。因此西方优越的文化形象是在贬低东方的基础上建立起来的。

帝国主义对前殖民地的文化控制正是以这种文化优越感为前提的,它不是通过强制的方式,而是以体现这种优越性的一整套话语形式为基础,即一种以"真理性"、"普遍性"和"客观性"为特征的科学话语形式,贯穿其中的是西方二元对立思维这一认识论核心。通过这种具有排斥性的思维方式,第三世界文化和知识不仅被置于边缘,同时还使其变成西方文化优越性的客观性证明。在《后殖民理性批判》(*A Critique of Postcolonial Reason*,1999)一书中,斯皮瓦克分析了康德的三大"批判",指出其中"理性"这个基本概念所具有的文化排斥因素。由于康德认为"只有受过文化熏陶的""文明人"才具有理性,因此不管是"纯粹理性"、"实践理性"还是审美中存在的"理性补偿",实际上都假定了野蛮人和文明人之间的区别。那些"野蛮人"不仅不适用于三大"批判",而且为了使得他们摆脱"盲目"状态,具有实践理性的欧洲人必须担负起神圣的道德任务,那就是使野蛮人变成文明人。更为重要的是,由于这种道德上的"绝对命令"来自理性法则而非某个具体的人,因此必须设想一个命令的发出者,那就是"上帝"。斯皮瓦克的分析清楚地表明了西方认识论与真理观如何与宗教传教行动和殖民主义的政治军事占领相互配合的。

"认知暴力"是一种非强制性的"软暴力",但它的后果却不亚于直接的殖民统治。在漫长的殖民历史中,以语言为基本标志的帝国主义文化对殖民地的民族文化形成了巨大的冲击,随着帝国主义话语体系的支配性地位的确立,变成殖民地人民的思想和行动准则,本土文化遭到严重破坏。由于第三世界文化精英大多数都受到了宗主国文化的深刻影响,以其为代表的殖民地人民的自我思想表达不得不依赖于西方话语系统,以西方的方式进行思维和言谈。其结果是,殖民地人民对西方文化无论是顺从还是反抗,都最终不得不进入西方文化的轨道,进而在政治观念、经济运行方面继续处于依附性的地位,这正是那些前殖民地国家独立之后的现实,更是那些身处西方世界的第三世界移居者的现实经验感受。换句话说，由于帝国主义文化对本土文化的“消音”，第三世界人民的主体性和文化上的自我认同已经变得十分困难。因此斯皮瓦克认为，自身话语系统的破坏使人们“不能说话”，这不是说他们失去了发音的能力，而是指他们不能用自己的方式进行思考和文化表达。由于无法用自身的话语体系建构自我的主体地位、文化身份和观念形态，由于“认知暴力”带来的“失语症”，殖民地人民难以形成根本性的反抗力量，要么处于永久的“沉默”中，要么接受西方文化为他们规定的“非我”身份，成为西方话语霸权的共谋。这种状况决定了对帝国主义的文化反抗是一种复杂的和长期的任务。

西方文化霸权对第三世界本土文化的这种破坏，斯皮瓦克用“认知暴力”这个词语来进行概括。这一关键词的特点是突出了这种破坏的本质因素，破坏的深度、广度和永久性，把重心放在了文化暴力的认识论根基上，即西方二元对立思维的压制特性上。因此我们也会看到，“认知暴力”的提出主要源于福柯的话语权力理论，尤其是“知识型”这个重要概念。“知识型”作为一种认识论的基本结构模式，影响着特定时期的知识生产和话语形式。斯皮瓦克用这个词语意欲表明，帝国主义的殖民主义过程是对殖民地的整体性压制，与之相关联的是西方文化的那种以真理性、普遍性、客观性为旗帜的霸权性质，而这种性质有着深刻的认识论根基。另一方面，福柯的话语理论也十分明确地指出了西方人文科学在话语体系建立过程中的排斥性和选择性，以及它与权力之间形成的共生关系，因此人文“科学”并非是某种客观普遍的东西。“知识型”不是“知识”和“文化”，但作为后者形成的基础、形成的秩序空间和特定的规范性条件，也同样不是客观不变的。

另外，我们还可以看到“认知暴力”与葛兰西的“文化霸权”以及德里达对西方形而上学的暴力的揭示之间的关系，“文化霸权”这个概念也同样指出了文化与权力之间的共谋关系，与“认知暴力”一样，它还表明了文化是通过思想观念来实施控制行为的特征。而德里达则对西方形而上学的二元对立思维方式所具有的排斥和压制性质进行了有力的揭示。在更深一些的背景上，尼采对西方形而上学真理观和道德谱系的批判以及“权力意志”等概念也为“认知暴力”的内涵提供了学理上的营养。总体来讲，“认知暴力”这一概念是这些批判思想和后殖民主义思潮背景相结合的产物。

（李应志）

认知图绘(Cognitive Mapping)

"认知图绘"是詹姆逊针对后现代空间问题提出的一个文化策略。空间概念是詹姆逊的后现代主义话语的核心所在,在他看来,特定的空间转换乃是正确地区分现代主义与后现代主义的有效途径之一,如果说时间是现代主义文化逻辑的主导因素的话,那么,空间和空间逻辑则可以说是后现代主义文化的典型表征。

在1988年发表的《认知图绘》一文中,詹姆逊依照列斐伏尔的方式,根据特定的空间形式把资本主义时代个体对空间的生存经验与特殊的生产方式联系起来,并强调每一种空间形式又都对应着相应的再现领域。就像在现实主义、现代主义和后现代主义中的辩证法一样,资本主义生产方式的每一个历史阶段都生产出其自身独特的文化形式,而每一个文化形式又转过来生产出其自身的空间形式或特殊的空间再现体制。

在市场资本主义阶段出现的是无限等价和延伸的几何空间,或笛卡尔式的同质性空间,这一空间的出现是与启蒙运动分不开的,即对世界的非神圣化,对旧的神圣或超验形式的解码和世俗化,交换价值对使用价值的逐渐殖民化,对《堂·吉诃德》这样的小说中旧的超验叙事进行"现实主义"的解神秘化,对主体和客体的标准化,对欲望的非自然化以及欲望最终被商品化所取代,等等。

第二个空间是与垄断资本主义或帝国主义相对应的,那是一种结构断裂的空间,在那里,个体的生活经验与生存条件的正规结构模式之间总存在无法弥合的矛盾:如果个体经验是可靠的,就不可能是真实的;如果同一内容的认知模式是真实的,那它就是个体经验所无法捕捉的。现代主义就是为解决这一矛盾而在这一阶段应运而生的。

第三个空间就是跨国资本主义或曼德尔所说的晚期资本主义时代无深度的后现代空间,在那里,新的空间涉及对距离的压制,和对仅存的空无或空地的无情渗透,以至于后现代身体——无论徘徊于后现代的旅馆,或通过耳机而被闭锁在摇滚乐的音响之中——现在都暴露给一种感知的直接攻击,一切掩蔽的层面和介入的中介都被这种攻击摧毁了。

詹姆逊认为,从现代主义到后现代主义的空间转换表现在诸多方面。例如,在跨国资本主义的多样化空间中,场所只是在极为脆弱的层面上存在,它们被更为强大的抽象空间(如通信网络)所淹没;空间经验的真实性不再与这种经验得以发生的场所相匹配，尤其是，社会空间和体验如今都已经被同质化和碎片化，我们再也无法获得对空间的总体性把握，身处后现代的都市空间之中，主体所感受到的只有一种空间的无方位感，一种身体与环境的断裂。詹姆逊挪用波德里亚的概念把后现代的这种空间又称之为“超空间”，并认为它是新近发生的空间转化的结果。詹姆逊说，“超空间”是一种仿真或拟象，其特有的作用就在于把日常生活周遭的现实世界加以“非真实化”。在这样的空间里，主体再也没有能力给自身定位，再也没有能力以感官系统组织周围的环境，亦不能通过认知系统测绘自身在外部世界中的位置。

詹姆逊还认为，对于这种超空间，主体的感官还未能找到与之相适应的感受方式，因而只能沉陷在难以言喻的美感经验之中。他选择位于洛杉矶市中心的鸿运大饭店为例对此进行了分析，其神谕般的描述给人这样一个深刻的印象：后现代的空间就犹如后现代社会的一个隐喻，一方面以其超空间的形式折射、映现着都市世界光芒耀目、充满异彩的崭新风格，使我们感觉到自己就像是身处一个既诡谲奇异又富有梦幻色彩的感官世界；而另一方面，在这些浅表的形式背后，在这些以商品化伪装起来的虚假时刻，还存在着一个偌大的阴谋，那就是对资本主义生产方式的总体性和历史现实的真实时刻的掩盖，对掩藏在超空间背后的社会关系和社会矛盾的销蚀。

针对后现代空间的种种表征，詹姆逊提出了“认知图绘”的概念。他认为，后现代社会更严重的问题在于，非中心化的主体已经无法在新的都市（文化）空间中定位自己，不能在认知上组织起他切身的周遭环境，也无法在一个原本可以图绘的外在世界中以认知方式图绘出自己的位置。因此，一种新的文化政略的可能形式就是提出认知图绘美学，这种美学将增强个人主体在全球经济、政治、文化格局中对自己的位置意识，用一种总体化的方式正确地评价这个世界，从而重新获得行动和斗争的能力。詹姆逊强调，认知图绘概念不仅有助于我们在当下的直接感知中来图绘我们个体与城市空间或环境的关系，而且有助于我们在想象中来认知性地图绘我们与那一“缺席的总体性”的关系，在詹姆逊那里，这一“缺席的总体性”指的就是历史的现实性的“真实”情境，因此我们与“缺席的总体性”的关系其实就是个体与历史“真实”的关系，认知图绘的概念正好可以用来说明个体对于城市空间的直接感知与个体把城市作为一个缺席的总体性加以想象性的感知之间的辩证关系。认知图绘美学在掌握极其繁复的“再现辩证法”方面可以更加丰富和灵活，或者说，更有助于个体对其自身处于整个全球性世界系统中的位置有所了解，并提供一个具有教育作用的全新的“政治文化”，按照詹姆逊的理解，这一全新的“政治文化”就是后现代时期的社会主义政治。因此，面对后现代空间，我们同样需要一种马克思主义的辩证批评，来打开这一空间的意识形态封闭，通过揭示那被意识形态所压抑的东西来开启这一空间所蕴含的革命性维度，那就是詹姆逊所说的社会主义政治。

（吴琼）

日常生活（Everyday Life）

“日常生活”是自发性、自在（in-itself）的生活样式，包括日常消费、日常交往、日常意识等领域，与之相对的“非日常生活”则是自为（for-itself）的、自觉的生活样式，包括物质、精神生产领域以及理论、科学、宗教、艺术等实践形式。进入20世纪之后，西方思潮当中存在着一个回归“日常生活”的潮流。胡塞尔在《欧洲科学危机和超验现象学》当中提出回归日常“生活世界”的命题，指出要对抗近代以来对人忽视、把人的活动及世界化约为外在于人的、与人无关的、可计算的、本质既定的存在的科学主义思维，可能的出路就是回到前反思的生活世界思维即直观思维当中。几乎同时，在语言学哲学方面，维特根斯坦也发现了“日常生活”语言的本真性，并为自己确立了“把字词从形而上学的用法带回到日常用法”（《哲学研究》）的任务。继胡塞尔之后，马克斯·舍勒和奥尔格·许茨等人还把“日常生活”直观的方法运用到了社会学研究当中，指出“日常生活”中情感和情绪因素对生活世界的建构作用。

但是，把“日常生活”这一论题深入发挥，运用于“批判”和文学批评的，当属“西方马克思主义”这个特殊的理论流派。与现象学学派有着千丝万缕联系的西方马克思主义早期代表人物卢卡奇，给“日常生活”赋予了非常重要的理论地位，认为“日常生活”作为人的对象化产物的这一领域，虽然是前理论的，但却是“理论”活动的活的根基所在，这一观点在其晚年的《社会存在本体论》中得到了总结；其弟子阿格尼斯·赫勒（Agnes Heller）进一步发挥了这个论题，并倾向于认为日常生活是一种本体论意义上的“本真”状态，以之作为对资本主义异化生活方式的批判之源。

如果换一个角度来看，资本主义的“异化生活方式”也是“日常生活”，虽然它并非是“本真的”。具有浓厚的社会学兴趣的法兰克福学派就是从这一角度切入对“日常生活”的研究与批判的。一方面，法兰克福学派理论家们注意到，资本主义日常生活机制是资本主义生产的补充机制，它使得无产阶级在日常娱乐中消磨阶级意识，从而推迟预期中的社会革命。法兰克福学派早在1930年代初期就留意到了这一事实，该学派的早期合作者西格弗里德·克拉考尔在专著《白领工人：一份来自德国的最新报告》(*Die Angestellten. Aus dem neuesten Deuschland*)中确切指明了日常生活消费的文化设施所起的“慰藉”作用：“就在各个工厂进行合理化调整的同时，这些场馆设施(也就是‘祖国宫’[Haus Vaterland]，柏林的‘莱西影院’[Resi-Kino]，也叫‘京都影院’，以及‘默凯福地’[Moka-Efti]咖啡屋，等等)也把提供给非手工劳动工人的娱乐合理化了。当我问他们为什么以批量方式为大众提供这种娱乐时，一个职员悲伤地告诉我说：‘因为人们的生活太糟糕了，他们甚至无法再进行和自己的判断力有关的任何事情了。’无论事实是否如此，大众的确在这些组织设施里、在他们自己的工作团体里面感到很自在。这不是出于对公司所有者的商业利益的考虑，而是由于他们自己的无意识的无能感。他们在相互之间汲取温暖，相互慰藉，因为他们无法摆脱他们作为成员中量的单位的命运。”另一方面，法兰克福学派的理论家们也意识到，资本主义工业和文化工业生产整体构成的日常生活机制，不仅形成了对人的“宰制”，而且更为可怕的是，工业化、机械化、区隔化的日常生活已经使人丧失了本真的主体性，使传统的优雅生活不再可能。就此阿多诺在《最低限度的伦理》当中做了如下的沉思，作为异化的日常生活灵魂核心的科技，“使人的手势变得精确而粗鲁，也使人变成了这样的人：运动驱走了所有的犹豫、深思熟虑和礼貌……因此人的才干丧失了，比如，门可以平静而谨慎地，但却牢固地关上。汽车和冰柜的门必须猛地关上，其他有些门自身就能够猛地关上，强使人们进入不礼貌的状态。……对于主体来说，没有可以向外推开的窗户，只有可以猛推的滑动窗体，没有和缓的门闩只有转动的把手，街前的房子没有前院和门阶，没有环绕着花园的围墙，这意味着什么呢？而且驾驶员无须鼓动，只须依赖发动机的力量，去杀死街上的害人虫，杀死行人、孩子和骑自行车的人，这又意味着什么？运转的机器要求使用它们的人早先就具备法西斯主义的残暴所表现出的狂暴的、强有力的和动荡的痉挛”。在法兰克福学派的理论家们看来，异化的科技理性的日常生活和法西斯主义的“理性的残暴”具有共同的逻辑。如果说，阿多诺更多的是在哲学批判当中考察“日常生活”的话，那么，英国西方马克思主义者切入“日常生活”的角度则更多地带有“文化社会学”关怀。“文化唯物主义者”雷蒙德·威廉斯在《文化与社会》一书中，指出“文化是普通的”，也是以无意识方式主导着社会中的男男女女的日常生活方式。在文化形成的过程之中，文化本身起着“区隔”和“阶级划分”的作用，并把掌握“主导权”的社会阶级的观念强加给被统治的弱势阶级的日常生活和日常实践。

无论是法兰克福学派学者们所说的“宰制”，还是“文化唯物主义者”所说的“主导”，实际上就是指“日常生活”本身蕴含的“意识形态”统治作用。也就是在雷蒙德·

威廉斯探讨文化领导权对日常生活作用的同时，法国的批评家罗兰·巴特也开始在新文学杂志每月撰写“本月神话学”的专题短文，从符号学角度揭示“日常生活”中的起居日用恰恰是具有修辞功能的符号体系：能指虽然千变万化，但所指相同，它们都共同指向着资产阶级价值和社会习俗，从而构成巨大的“当代神话”，潜移默化地实施着无声的统治。所谓“神话”也就是那种使人为价值、习俗变成“自然”的修辞过程。在“神话”意指生产意义的过程中，文化环境中的日常生活使文化本身自然化：“一切都深受这种无名的观念的浸染：我们的出版物，我们的电影，我们的黄色文学，我们的礼仪，我们的司法，我们的外交，我们对天气的评论，杀人案的审讯，动人的婚礼，我们梦想的厨房，我们穿的衣服，日常生活中的一切事物都取决于资产阶级所具有并且同时是我们也具有的、人与世界之间关系的那种再现。……资产阶级的行为准则已经成为一种自然秩序的不证自明的规律。”(*Mythologies*)这种日常生活的器物制度意识形态神话性，在路易·阿尔都塞那里被描绘为“意识形态国家机器”的特征。阿尔都塞以结构主义的视角发现了“意识形态国家机器”与“日常生活”同谋的图景(*Ideology and Ideological State Apparatuses*)：从家庭、学校到教堂等一系列传统意义上的“日常机构”，都是“意识形态国家机器”，为补充“生产力的再生产”和进行“生产关系再生产”而发挥作用(参见“意识形态国家机器”)。

当然，也有学者对待“日常生活”并不那么悲观。例如昂利·列斐伏尔和米歇尔·德塞都。列斐伏尔审慎地在其人道主义理论前提下，分析了“日常生活”(the everyday life)和“日常性”(everydayness)之间的现象学关联(*The Critique of Everyday Life*)，以资本主义拜物教支配下日常生活的“琐碎性”、“无趣性”批判为出发点，揭示了在这种日常性样态下，个体生存在意识与身体之间存在着内在的无法抹消的距离和异化，但同时并没有放弃改造日常生活的希望，他认为日常生活的实践改造乃是“总体性的人的生成”的基本前提。德塞都切入“日常生活”的视角显然受到福柯的启发。在福柯那里，社会整体虽然无时无刻不规训着个体，但个体也可以在规训之中形成个体主体自身的“自我照看”的技艺。同样，德塞都对“日常生活”的理解，也超越了以往“宰制/被宰制”、“控制/受控制”的二元对抗模式。在德塞都看来，“日常生活”毋宁说是个体的“日常生活实践”，个体主体能通过日常生活的实践“躲避”日常生活当中的规训力量。个体主体的这种躲避方式在日常生活中随处可见，被他称之为“假发战术”的抵制模式就是一个典型：个体在工业社会的规训之中偏离轨道，小规模地冒犯它，并以此方式延续个体活生生的创造力，例如某秘书在上班时间写一封情书、某木工“借用”工厂的车床给自家的起居室打造一件家具这样的行为即属此例。另一种“抵抗方式”是个体主体对消费品的控制。工业社会中,消费虽然是生产的延续,消费者虽然只是使得这一环节延续下去的一个中介,但作为主体,他也可以有意识地利用消费品来进行属于自己的"生产",工业产品不再必须由消费者原模原样接受下来,相反消费者有充分的权力对产品进行改装、改制、组合,从而达到自己的使用目的和消费意图,借以创造属于自己的"领地"。德塞都的日常生活"抵抗"实践策略则类似于"游击战",对他来说,"许多日常实践(交谈、阅读、走动、购物、烹饪,等等)属于策略,许多'运作方式'也属于策略:'弱者'对'强者'的胜利(无论强者是有权有势的人物,还是事物的暴力或强加的秩序等)、聪明的伎俩、知道怎样成功地逃避、'猎人的狡猾'、花招、多重伪装、快乐的发现,既是诗意的,也像战争"(*The Practice of Everyday Life*)。

(赵文)

S

赛博格(cyborg)

“cyber”(赛博)源于希腊语“kubernan”,意为“掌舵人”,后来衍化为“管理人的艺术”之意。1948年控制论创始人诺伯特·维纳(Norbert Wiener)基于该词创造出“Cybernetics”(控制论)一词。1960年,美国两位合作研究的航空科学家曼弗雷德·柯林尼斯(Manfred Clynes)和内森·克拉英(Nathan S. Kline)则将“cybernetic(控制)”和“organism”(有机体)两个词混合,首次提出赛博格(cyborg)一词,旨在探索通过安装辅助的控制装置,增强人类身体在外部空间的适应能力。对于他们而言,赛博格是能够在控制装置帮助下完成超越人体限制的新身体。20世纪中后期,随着医学、通信科学、生物学等学科的迅速发展,新技术的改造让人类身体实现越来越多与以往不同的可能性——人类身体不仅可以安装假肢、假牙、心脏起搏器等机械器官,而且人的大脑可以与电子设备连接,完成信息交互。例如,爱尔兰裔英国艺术家内尔·哈布森(Neil Harbisson)患有色盲症,因而在头上安装了装有数码相机的天线,识别出的颜色能够通过电脑声波传导出来。天线成为哈布森大脑/身体的一部分,他本人则成为首位政府承认的赛博格。

关于赛博格的思考没有停留在科学技术层面。1985年,美国女性主义科学家唐娜·哈拉维发表了标志性的《赛博格宣言:20世纪80年代的科学、技术和社会主义—女性主义》(A Cyborg Manifesto: Science, Technology, and Socialist-Feminism in the 1980's),从而使得“赛博格”概念跨越科学,在哲学、政治、文化等多种维度交叉展开。哈拉维对赛博格的界定是“一种控制生物体,一种机器与生物体的混合体,既是社会现实的生物,也是虚构的生物”。哈拉维的赛博格不仅是科学意义上能够与机器相互结合的新身体,而且是哲学意义上能够跨越一切界限的新主体,是在实践中能够超越种族、性别、阶级的新的政治力量,也是文化上想象与现实共同交织的新的书写。

作为新主体,赛博格跨越了人和动物之间的边界。自亚里士多德开始,人与动物就区分开来。人通过动物这个建构起来的他者建构起自身:人是理性的动物、人是语言的动物、人是政治的动物等。人与动物之间的二元划分使得人确立起自身的主体地位。可是,现代生物学和进化论使得人和动物之间的界限变得模糊。动物研究为解释人类行为提供基础。现代医学将动物器官移植到人体之中。赛博格标志着对人和动物既有界定的挑战,代表着人与动物的紧密结合。同时,赛博格还跨越了人和机器之间的边界。机器与人或其他生物的重要区分在于机器是人造的,是非自然的。机器是人创造出来的纯粹客体,必须接受人的指令运转。可是,现在人体也会安装机械肢体,或植入芯片,而机器也实现智能,能人机对话,还能在人机比赛中频频战胜人类。赛博格本身就是作为人和机器的混合体而出现。再有,赛博格跨越了物质和非物质之间的边界。在量子学的微观物理世界中,物质变得模糊和不确定。现代机器中的微电子装置既无处不在,又隐而不见。与机器混杂的赛博格也具有了以上特性。总之,跨越了一切边界的赛博格最终摧毁的是西方传统的二元对立(如自我与他者、主体与客体、自然与文化、男性与女性、心灵与身体、西方与东方、白人与黑人等)的根基,并瓦解由此确立的人类中心、男性中心、意识中心、西方中心、白人中心等意识形态基础。

作为一种杂合体,赛博格开启了后性别政治时代。赛博格没有单一的身份,没有固定的性别,无须经过性的繁殖产生,这为超越性别身份和性别统治的政治提供可能性。在旧有的二元制下,女性和男性"自然"的性别差异成为男性统治的基础,因性别差异而带来的劳动分工为男权资本主义的剥削提供基础,性别和种族的差异也是白人男性殖民扩张的基础。20世纪晚期,在赛博格身上体现了因新技术影响而带来的超越种族、性别、阶级的可能性。通过现代通信科学和生物科学,新的赛博格身体可以分散重组,可以相互连接交合。在通信技术对赛博格身体的重构中,微电子集成电路将信息转化为一种编码。世界虽然由不同的边界划分,但是信息可以实现跨越边界的流动,实现普遍的转换。虽然信息的普遍转换依赖某种共同的语言和统一的计量基础,但是,信息本身的流动与转换不受任何权力的阻挡。同样,在现代生物技术对赛博格身体的重构中,赛博格生物体被转化为基因编码和解码,成为一种特殊的信息一处理装置。生物学成为密码系统,生物技术成为书写技术。现代通信科学和生物学促使劳动向机器人技术和文字处理转化、性向遗传工程和生育技术转化、心智向人工智能和决策程序转化。新技术发展给整个世界带来如此结构性变化和流动,以往意识形态区分出来的各种边界变得模糊。

哈拉维不是一个技术决定论者,她用"科学和技术的社会关系"来表述这样的变化,以表明科学和技术是新的力量之源,可以促成社会关系中的种族、性别和阶级的流动、联合与重组。从社会现实来看，新技术带来全球经济结构的调整。在这场技术发展、资本流动和国际劳动分工中，受到冲击最大的是之前享有工作特权的白人男性。在新兴的计算机和电子工业中，第三世界妇女成为优先劳动力，办公室自动化的普及，使得工作具有女性化特征。哈拉维将这种新的经济称为“家庭工作经济”。在新的“家庭工作经济”中，男性和女性、白人妇女和黑人妇女面临着同样的境况——裁员、无能为力、高技术机器控制。就集成电路的家庭工作经济中的联合而言，跨阶级、跨性别和跨种族的联合不仅可能，而且必要。赛博格的混杂团体，不是通过血缘的纽带联系，而是异质的联合。

赛博格还是虚拟而现实的生物，是想象的神话。书写赛博格，创造语言，重新编码，从而颠覆西方文化起源的菲勒斯—逻各斯中心主义故事。在赛博格科幻小说（如玛丽·雪莱的《弗兰肯斯坦》、安妮·麦克弗雷的《歌唱的船》、乔安娜·罗斯的《阴性男人》、萨缪尔·迪拉尼的《纳弗文》等）和影视作品（如《黑客帝国》、《机械姬》、《终结者》、《攻壳机动队》、《毒液》等）中，人工智能、基因编辑生物、异质寄生体、机器肢体、芯片植入等比比皆是，人类、生命、身体、性别或身份等问题也通过书写得以呈现和反思。20世纪末，随着互联网的迅猛发展，赛博格的虚拟性和现实性更加突显。赛博格通过虚拟的网络与现实连接，人通过虚拟的网络进入赛博空间，在微博、脸书上书写真实而想象的文本，以虚拟又现实的方式存在和交流。

赛博格开启的是一个新的时代，一个后人类和后性别的时代。哈拉维在《宣言》中说：“这是我们的时代，一个神话的时代，我们全都是喀迈拉，是理论上虚构的机器和生物体的混合物。总之，我们是赛博格。”

（郃蓓）

赛博空间（Cyberspace）

“赛博空间”是加拿大作家威廉·吉布森（William Gibson）1984 年在其科幻小说《神经症漫游者》（*Neuromancer*）中创造的一个词语。此后不久，这个词语就超出科幻小说领域，在有关计算机和信息技术的领域中流行起来，并进一步进入到文化研究与分析领域之中。

“赛博空间”这个词语由“cyber”（汉语音译为“赛博”）和表示“空间”的“space”两个

词构成。“cyber”在希腊语里的意思是“舵手”、“驾驶者”，在现代被运用于自动控制、信息通信和计算机技术领域中，将它与“空间”联系起来，其基本含义是指由计算机和现代通信技术所创造的，与真实的现实空间不同的网际空间或虚拟空间。网际空间或虚拟空间是由图像、声音、文字、符码等所构成的一个巨大的“人造世界”，它由遍布全世界的计算机和通信网络所创造与支撑。

当初，吉布森创造“赛博空间”这个词语的灵感来自青少年面对大型电子游戏机出神入迷的景象，以及计算机荧光屏背后的“真实空间”对感官的刺激。不过，吉布森本人并不十分懂得计算机技术，他那部石破天惊的科幻小说《神经症漫游者》是用老式的手动打字机打出来的。但是，他相信，在那些计算机屏幕上的电子游戏背后，存在着“某种真实的空间”，虽然看不见，却存在着。当人们沉浸在模拟真实世界的虚拟实在系统之中，即由计算机生成的三维虚拟世界之中时，就进入和沉浸在了“赛博空间”之中。在《神经症漫游者》中，赛博空间就是那种“交感幻觉”，它是存在于计算机屏幕背后的一个“空间”，其联系是在计算机网络的“母体”内进行的。它存在于那个世界之中，人们在创造它时便把自己的神经系统直接记录进了计算机网络，从而增加了“心灵”与“母体”的亲密关系。

然而，吉布森所说的“三维空间”，实际上很难与物理学或地理学意义上真实的“三维空间”概念相提并论，而应该从电子“虚拟”或“超空间”方面去理解和把握它。虚拟的世界是非现实的，但在感官感受的效果上又是“真实的”，所以，赛博空间既是虚拟的，又是真实的；虚拟是相对于现实的三维空间而言，真实是相对于我们的感官感受而言。我们可以进入到这个特殊的“虚拟的真实空间”里，与它发生互动关系，在其中穿越物理和地理意义上的时间与空间，甚至穿越历史和现实、过去和未来。现代计算机游戏就是将这种“虚拟的真实空间”变为现实的一个例证。按照斯泰西·吉利斯(Stacy Gillis)在《赛博批评》(*Cybercriticism*)中的说法，“这种新空间涉及一种新的、虚拟社群和赛博文化的电子地理学”。“赛博空间破坏了隐喻和真实之间的符号距离，通过呈现一种日益真实地仿真‘真实的’现实而抛弃了真实。信息在赛博空间中丧失了它的实体性。”

计算机和电子信息技术在全球的广泛运用，导致了一系列前所未有的伦理学和政治学问题，引发了对人类性质和主体性问题的关注，它们与文化研究中的社群理论、权力、边界、控制和民主等问题密切相关。例如，吉利斯认为，伴随着计算机和信息技术出现的所谓“后人类”(posthuman)，标志着西方人本主义传统中具有自主理性之主体的分裂和终结，即“主体不仅在与自己的关系上非中心化了，而且也在与世界的关系上非中心化了。赛博空间把主体定位在虚拟现实地图的多个点之上，赛博文化则利用交互式网络的一个网页把这种'无主体的'主体捕捉住了，并取消了它的自主性。技术已经把呈现'真实'的技术扩展和完善到了这样的地步，以至真实的本体地位已经招致了大规模的怀疑”。个人主义的学说也在赛博空间的网络中丧失了。吉利斯还认为，当代社会向“后人类”的转移，实际上是从有序向混乱的转变，而在赛博空间所涉及的“身体”与“技术”的关系之中，人类的“身份”问题已不复存在。

与此相应，当代文化研究领域里出现了“赛博文化”这个新的分支，它所涉及的问题包括：赛博空间，技术文化，虚拟社群，虚拟现实，虚拟身份，虚拟空间，半机器人，控制论，电脑化身体，景象，仿真和拟像等等。赛博文化存在于多维的虚拟现实之中，这些现实受制于全球化的网络，由计算机维系、存取或生成。实际上，赛博文化被技术进步压缩在了一个封闭的空间和时间之中。也许，这些发展正好印证了加拿大学者马歇尔·麦克卢汉 1964 年在《理解媒介：人的延伸》(*Understanding Media: The Extensions of Man*)中所做出的预言：“由于受到电子技术的制约，地球变成了一个村庄。电子速度突然内爆，把所有的社会功能和政治功能整合在一起，把人类的责任意识提高到了极端的地步。正是这些内爆的因素，改变了黑人、青少年和其他一些群体的地位。在有限交往的政治意义上，他们再也不可能受到'约束'。由于有了电子媒介，现在他们'卷入'到了我们的生活之中，就像我们也卷入到了他们的生活中一样。”在这个意义上，我们或许可以把麦克卢汉发明的那个被广为传播的词语“地球村”(global village)理解为一场赛博文化的革命，看成是他对数字信息时代技术的文化含义所作的预言。

（阎嘉）

商品拜物教(Commodity Fetishism)

“商品拜物”是马克思从黑格尔、亚当·斯密等哲学家处借用而来、在《资本论》中对其进行了详细的论述的一个概念。“商品拜物”原指原始部落对山川树石有灵的崇拜投射，后又指女巫所赐的护身符。它指的是宗教给物赋予超自然的力量，也指之后人们对物的崇拜。《资本论》的第一章指出，商品拜物教是与资本主义社会的发展分不开的。马克思首先根据费尔巴哈对宗教崇拜的解释区分了商品拜物与宗教崇拜的区别：宗教崇拜是人们创造一种宗教，然后赋予其人自身没有的能力。而商品拜物是将商品的价值看作是它自身固有的、与生俱来的属性，而不是人们劳动的体现。在商品拜物时，人和他的劳动通通不见了踪影，人们忘记了商品的价值体现的是人劳动的价值，而首先考虑的是商品自身的价值。演变到后来商品就等同于了价值本身。

按照经典马克思主义学说对商品拜物的阐释，我们必须认清商品的以下几个特征。首先，产品不一定都是商品。商品的属性是在市场交换的过程中获得的，并非与生俱来的。这就是要认清的商品拜物的第一层虚幻。其二，产品的价值不由它的使用价值决定，而是由它的交换其他商品的能力来决定。同样，人的劳动也不是由他生产的产品的使用价值大小来决定，而是由它的交换能力来决定。其三，人的劳动也因此变为一种可以随意买卖的商品。各种不同的劳动都可以拿到市场上来衡量，看它能换取多少物品。这样，人与人之间的关系就变成了物与物之间的关系。人与人之间的关系发生了异化，这是商品拜物教给人们带来的又一层虚幻意识，它掩盖了商品是人生产出来的这样一个事实。马克思指出，商品拜物教是资本主义社会的产物。资本主义社会将具体的劳动变成了抽象的劳动，因而也把个体的人变成了抽象的"人"。在商品社会中，物具有控制人的力量，而人却往往缺乏控制物的力量。在商品交换的过程中，人们往往忽略了一个重要的事实，那就是商品的价值是由人的劳动所赋予的，如果人不赋予物以力量，物本身是没有任何力量的。但不幸的是在这里人的价值与物的价值被等同起来：一只苹果的价值和一位教师一个月的工资是可以换算、交换的，这样人在物面前就失去了其重要的主体地位。人与人、人与自我、人与自然在商品拜物的资本主义社会中都产生了分离和异化，又由于商品拜物的虚幻色彩，许多由此导致的社会与个体的问题都被遮蔽了起来。

举例来说，在现代社会，我们时常会发现，对几乎所有物品，甚至是人的描述都要通过它/他/她的价格，而且似乎只有价格描述才说明问题。凡是人类能够掌控的东西都可以用它的交换价值来衡量，最后连人类自身的价值也只能以交换价值来衡量了。简言之，商品就是一件具有价格标签的物品，而拜物就是给物品赋予一种灵性——这灵性就像是物品的天然属性。两项加在一起就是给价格一种灵性，那价格就变成是商品天然的属性了。比如，我们赞美一只手表的不是它的走时准确，而是它高昂的价格；我们赞美海滩的不是它的美丽，而是它惊人的地价；我们急于送给孩子的不是他们的快乐，而是昂贵的学校……马克思在《资本论》中论商品拜物时曾经有过一段精彩的比喻：他说只有使用价值的物品是没有什么神奇可言的，但一旦当它变成了商品（如一张木头桌子），它就化身为神奇空幻之物了。它不仅可以双脚站立，而且在与其他商品的交换关系中它便会倒立而行，它的商品迷魅就会飞，会走，会倒立旋转，犹如神灵附身的神物。

在马克思之后，德国马克思主义者、哲学家卢卡奇对商品拜物的概念进行了发展，进一步提出了“物化”(reification)的概念。卢卡奇在他1932年出版的《历史与阶级意识》一书中指出：在一个被商品拜物所主宰的时代，物化是生活的所有方面无法摆脱的共同命运。资本主义是所有经济制度中最精明和量化最精确的一种。它把人性的、流动的、渐进的、有机的和相互关联的一切都变成互不相关的“异化了的”客体、物件和无生命的原子。在这种环境里，时间丧失了它可变的、定性的和流动的性质，凝固成一个界限十分明确的量化连续体，里面装满了可以量化的“物”……卢卡奇深刻地认识到，资本主义制度的“明细化”(articulation)好像是一张巨大的清单，物、人、时、地，尽入账中。一切的一切都可以计算清楚，但被忽略或误解的恰恰是人或事物自身，如感情、激情和机遇等“非理性”因素。卢卡奇对资本主义社会“物化”现象和它的遮蔽性的揭示对于法兰克福学派对“工具理性”与“单向人”的批判起到了极其重要的启示作用。

马克思从政治经济学的角度对商品拜物给予了诠释，而弗洛伊德却是从精神分析的角度将人们对“物”的迷恋作了另一番不同的诠释。在他的《恋物》(“Fetishism”，1927)一文中，他指出“恋物”是小男孩面对母亲“被阉割”的身体时的心理转移机制：当小男孩看到母亲无阳具的身体时，他认为母亲的阳具是被人切除了的，所以他也由此产生了一种焦虑，担心自己的阳具也会有一天被人切除，于是他以恋物的形式来取代母亲缺失了的阳具，将被剥夺了的阳具由物的形式来代替。这个理论在20世纪后半叶的后现代女性主义和后殖民主义那里得到了新的补充和发展。

首先，在后现代女性主义学者，特别是法国的后现代女性主义者露西·伊丽格瑞那里，对“女性商品拜物”的研究成了商品拜物研究的又一个新维度。后现代女性主义者们不仅将她们颠覆和解构的目标锁定在父权主义的社会结构上，更将资本主义与父权主义的勾结(其结合物为“父权资本主义”)设定为她们颠覆与解构的对象。伊丽格瑞等女性主义学者们认为，在这样的社会结构中，女性本身就是市场上流通的商品。和马克思在分析产品如何变成商品一样，她也详细分析了女性是如何变为商品的过程：女性首先要有生儿育女、传宗接代和从事家务及社会劳动的使用价值，这是商品最为普通的“物质形式”，然后她们还要具备一个“价值的形式”，也就是从劳动力向价值的转换。这个转换必须在交换过程中完成，在与其他商品的评判高低中实现。换言之，女性作为商品的价值不在她物质形式的使用价值上，而在父权交易的价值积累承载了多少男性之间交换的需求和欲望上。同样也是由于商品拜物的虚幻性，女性对自我的认识很多时候也就是男性对女性认识的复制，而她们却往往看不清自己转换为商品过程中的奥秘。

从20世纪70年代末开始，一些后殖民理论家也注意到了商品拜物这个现象，将其挪用、改造成了后殖民理论中的一个重要概念。但与以上各种理论有所不同的是，后殖民理论家们把他们的目光投向了商品拜物的“殖民凝物”(colonial fetishism)这个层面。所谓“殖民凝物”是由后殖民理论家爱德华·赛义德和霍米·巴巴所提出的，它也源于弗洛伊德的“缺失”与“阉割”情结：殖民者(西方)在面对被殖民者(东方)时，并不是在客观地看一个真实、多样并在不断变化着的东方，它看到的是通过掺杂了自己欲望的凝视而看到的幻想中的东方。这就是赛义德的“东方主义”(orientalism)所表述的要旨。弗洛伊德的“缺失”或“阉割”情结又被霍米·巴巴用在了他对殖民主义刻板化现象的分析中。他认为殖民者的身份是建立在对被殖民者的统治的基础上的，因此前者对后者“既固定又不固定”的刻板化描述就是一种殖民凝物的表现——即将对自我身份和主导地位不确定的焦虑投射到对被殖民者的迷恋上去。这实质上就是一种特殊形式的“物化”。这种殖民凝物的最好体现就是赛义德所分析的东方主义话语了，它将东方遥远、陌生的现实用已知的知识结构去框定和描述，使之既古老又新奇、既熟悉又陌生，既遥远又易于掌控。另一方面，被殖民者在殖民内置之后需要一种心理上的调适机制：他们在渴望成为白人却永远都无法实现这一终生最大愿望的时候，很明显是把白种人的肤色、种族特征和语言(以及附加在这些特征上的一切优越感)当作了弗氏意义上的缺失，在无法获得它们的情况下以恋物的方式将其转移、替代。这便是法侬所说的“白面具”。

进入到20世纪80年代的信息时代之后，“商品拜物”的现象又引起了另一位法国后现代哲学家——让·波德里亚的注意。波德里亚特别研究了后现代社会媒体的商品拜物现象，并将这种现象与马克思对商品拜物的分析结合起来，更加深刻地揭示当代信息传媒社会中文化商品化、符号化倾向所带来的遮蔽作用。拿电视这种媒体与人的关系来说，本是信息接受主体的人却逐渐变成了媒体的隶属品。这恐怕就是传媒的商品拜物最好的例子了。电视将不同文化、不同习俗、不同阶级、不同品位的人都连接在传媒系统中，将不同人的思想、体验、价值认同都整合在同一频道、同一观念模式和同一价值认同之中。这样，人与人、人与世界、人与自然、人与自我的关系在电视机前全部消失了，私人空间的公有化和世界类象的家庭化进而导致了世界的一体化，同时也加剧了后现代社会中传媒、信息工业对人们心灵的异化。波德里亚不仅深刻地指出了传媒在肢解社会心理和个人心智的健全方面造成的严重威胁，还注意到了带有商品拜物教特征的商品广告的作用。他特别研究了通过广告出现的商品上笼罩的文化神秘色彩,发现商品及其广告的宣传对人的身份具有重要的建构作用。在后现代社会里,人的身份、地位和贵贱不再像在封建社会那样仅仅由他的出身和地位所决定,而是由他/她使用的商品的品牌和价格来决定。一个开着凯迪拉克的人被人看作高人一等,这并不是因为车本身的实用性能所致,而是因为笼罩在车上的文化象征意义。这样,经过以上两个多世纪中不同哲学家们的共同努力,以各种形态出现的商品拜物教都已纷纷解密。这对于我们对今天商品社会的认识无疑是一双必不可少的"火眼金睛"。

(陆薇)

上帝之死(God's Death)

"上帝之死"是尼采的名言。尼采的话在19世纪末的欧洲产生了振聋发聩的影响,它是尼采哲学中流传最广泛的一句话。尽管整个西方思想史上不乏各种各样的无神论者,但从没有哪个无神论者对基督教的攻击像尼采"上帝之死"这句话产生了那么强烈的震撼力。"上帝之死"本来是基督教的核心教义之一,上帝在自己的独生爱子耶稣基督的身体里曾经死在世人的十字架上。上帝被钉在十字架上之死是上帝爱世人的象征,而上帝从十字架上的复活则是上帝战胜世间的罪恶的象征。因此,在基督教中,"上帝之死"是一部十字架上的死亡与救赎的宗教戏剧。但是,尼采所说的"上帝之死"完全不是在这个宗教戏剧的意义上讲的,他说"上帝之死"说的就是基督教的上帝已经死了。

尼采并没有说基督教的上帝不存在,而是说他已经死了,而且我们现代人是谋杀上帝的杀手。尼采在他的《快乐的科学》(*The Gay Science*)的第三部第125节中借着一个疯子之口喊出了"上帝死了",这个疯子说,是"我们"杀死了他。尼采的《查拉图斯特拉如是说》开篇说:"查拉图斯特拉三十岁时离开了家乡和家乡的湖泊,来到山上。"查拉图斯特拉之所以离开家乡上山,是因为他被一个根本的问题所困扰:"上帝死了"之后,再没有了一个永恒意义或超验的目标,那么,人类将如何在虚无主义的尘世中生活?查拉图斯特拉下山时已经领悟了解决之道,这就是他的"超人"学说:"上帝死了",那么,"超人"就应该作为尘世的意义而自我肯定。在《查拉图斯特拉如是说》的第四部"最丑陋的人"中尼采再次论述了"上帝之死":最丑陋的人因为无法忍受上帝的存在而杀死上帝。那些最丑陋的人就是谋杀上帝并试图取代上帝的现代无神论者。尼采认为这些最丑陋的人实际上是一群“末人”(the last man)。由此看来,尼采所说的“上帝之死”实际上并不是一个简单的断言,而是一种对欧洲处境的激进的历史主义的分析。所以,它产生的影响并不是由于格言的效果,而是由于尼采哲学对整个西方现代性彻底的批判所致。“上帝之死”是尼采对欧洲虚无主义的判断。

尼采的话“上帝之死”首先要表述的就是基督教信仰面临有史以来最大的危机情况,“上帝之死”并不是说上帝不存在,也不是说上帝是人的本质的对象化,而是说,上帝连同整个基督教的文化,连同整个西方对最高价值的规定,都已经不再被西方人所信仰和信任了。不仅仅是不再信仰上帝,而且是不再坚持传统的西方最高价值体系了。尼采把这种情况称之为“欧洲虚无主义”。尼采的话“上帝死了”富有声势和色彩地表达了19世纪至20世纪这场西方全局性的变革的特征。在尼采看来,“上帝之死”是一个可以与基督教诞生同等重要的历史事件。自此以后的所有的严肃思想家都无法绕开这一重大事件进行思考:我们如何在这样的历史处境中面对“上帝之死”,克服自身虚无主义的历史处境。

“上帝之死”不是克尔凯郭尔所抨击的基督教教会和神职人员自身腐败的结果,而是19世纪末整个西方文化危机的表征,是整个19世纪末西方文化转型的结果。整个“上帝”这一词语所支持的以及支撑它的西方基督教文化突然崩塌了,基督教的形而上学体系、道德伦理观念都不再有效了,人们突然失去了安身立命的根基,失去了存在与生活的意义和价值的源泉和标准。陀思妥耶夫斯基以文学的方式最深刻地表达了失去基督教信仰之后生存毫无意义的巨大的虚无感。“如果上帝不存在,那么一切意志就都是我的意志。”“一切都是可能的了”,这就是“自杀和杀人的充足理由!”这个世界剩下的就是纯粹的利益和权力,反抗上帝的群魔乱舞的暴力和宇宙主宰的空虚的人。可以说,尼采、克尔凯郭尔和陀思妥耶夫斯基这三大思想家都表述了整个欧洲的“上帝之死”的时代信仰状况和精神状况。

海德格尔在《尼采》中说,尼采的话“上帝之死”中的“上帝”,指的是“哲学的上帝”,就是传统形而上学的上帝概念。传统的形而上学的上帝是基督教的上帝概念的一部分。基督教的上帝概念既包括圣经中道成肉身的耶稣基督那个上帝概念,也包括作为本体论上最高的存在和最深的根据相统一性的上帝概念。后者是传统的形而上学的上帝概念,它指向一个超验的、超感性的世界,其一系列的名字是理念、善、最高存在、根据、理性、自因、进步、最大多数人的幸福、文化、文明、最高价值等等。按照这种解释,“上帝之死”就意味着:一、作为抽象的绝对精神和绝对价值的上帝理想形象的死亡;二、这些宏大概念及其所表达和塑造的世界和社会已经崩溃;三、形而上学的人造文化偶像的死亡;四、一个欧洲虚无主义时代的来临,没有根据,没有意义,没有真理,没有目的,没有道德的根基,没有超越。因此,尼采所说的"上帝之死"是一个西方现代性的历史事件,而不仅仅是一个单纯的不再信仰上帝的宗教现象和社会现象。作为"上帝之死"的后果的"欧洲虚无主义"意味着欧洲旧的文化体系的转换,从此西方进入了一种"非基督教道德"的时代,一个彻底的政教分离的时代。这一西方现代性分化和剧变的过程之中,必然会发生价值、意义和本体论基础的危机,而基督教的信仰危机和失效只是这一现代性整体危机的一部分。因此,"上帝之死"并非一个浅薄的口号,"上帝之死"是对这一现代性危机最鲜明的表达。

"上帝之死"是一场深刻的欧洲文明的变革,不仅西方传统的形而上学的上帝概念彻底失效,而且,以基督教神学为核心的思想体系、以基督教人性论和基督教道德为核心的价值观念体系也彻底崩溃了。"上帝之死"问题在基督教内引起了神学、教会和基督徒信仰的三重危机,整个20世纪的基督教都处在尼采的"上帝之死"这一判定之下。德国人朋霍费尔(Dietrich Bonhoeffer,1906—1945)就是回应"上帝之死"的时代精神状况的一个基督徒和基督教圣徒,他也是在神学问题、个人信仰和教会问题上最深刻、最诚实、最坚定地面对这一基督教有史以来最大困境的神学家,他提出了"匿名的基督徒"、"世界的成年"、"非宗教的基督教"等思想,对整个二战后的西方思想界有很大的影响。受到朋霍费尔的影响,英美在50、60年代兴起了"上帝之死神学"(The Theology of God's Death),代表人物包括史密斯(Ronald Smith)、阿尔泰泽(Thomas Altizer)、瓦哈尼安(Gabriel Vahanian)、范布伦(Paul van Buren)、哈密尔顿(William Hamilton)、罗宾逊(John Roninson)、考克斯(Harvey Cox)、鲁本斯坦(Richard Rubenstein)等,在德国60年代也有莫尔特曼(Jürgen Moltmann)、云格尔(Eberhard Jüngel)、奥特(Heinrich Ott)和索勒(Dorothee Sölle)等回应朋霍费尔提出的神学问题,正视"上帝之死"的基本困境。

尼采以"上帝之死"所断言的"欧洲虚无主义"在西方已经有一百多年的历史了,人们已经把"上帝之死"的时代状况作为一个基本的历史事实接受下来了。现在人们已不再有尼采当年面对虚无主义时代来临时的那种亢奋和悲情,当年"上帝之死"给西方人带来的那种巨大的冲击和震撼也已经平静。现在西方是一个"上帝之死"之后的时代。

(张旭)

社群(Community)

"community"这个词,在汉语里有"社群"、"社区"和"共同体"三种译法。实际上,这个词的词根是"共同"(common),这是这个词语含义的关键所在。如果要做仔细区分的话,"社群"、"社区"和"共同体"这三个词语在内涵上是有区别的。"社群"一词的着重点是具有"共同点"的人群(如居住在共同的区域,具有共同的语言、观念或信仰等),"社区"着重的是一群人共同居住的(地理上的)"区域"或"位置",而"共同体"着重的是某些具有"共同利益"的人群。因此,我们既要注意到"社群"的基本含义中所包含着的"共同性",也要注意到这种"共同性"在实际内涵上的差异。

从文化研究的角度来看,真正具有理论意义的是不同"社群"之间在"共同性"方面的差异。英国文化理论家雷蒙德·威廉斯认为,"community"这个词语的复杂性总是与历史上各种思潮的复杂性相互关联的,用它来描述一组现存关系或另一组现存关系,比起"国家"、"民族"和"社会"这些表示群体的词语来,不具有负面的或否定的含义。例如,在威廉斯看来,"社群政治"不仅不同于"国家政治",而且也不同于形式上的"地方政治",它通常包含了各种不同的直接行动、直接的地方组织、"直接与百姓工作"。他认为,在"共有"的意义上,"社群"往往又与"秩序"、"阶层"、"普通"等意义有关系。威廉斯对"社群政治"的强调,与他重视创造民主文化的思想有关。

威廉斯的"社群"理论对1980年代的"社群主义"(communitarianism)产生过重要影响。社群主义是在批评新自由主义(尤其是其代表人物约翰·罗尔斯的《正义论》)的过程中产生的,它与新自由主义形成了当代西方政治哲学中两种相互对立的理论。社群主义强调社群之间的联系、环境的影响和文化传统的积极价值,试图论证社群之共同利益的理论基础,批判自由主义理论所造成的个人主义的极端倾向,其主要代表人物有查尔斯·泰勒、迈克尔·沃尔泽、迈克尔·桑德尔等人。他们对罗尔斯自由主义理论的批判,主要集中在罗尔斯认为人的本质是某种原子式的个人主义理论之上。罗尔斯认为个人可以理性地选择自己的偏好,而社群主义者则认为人应该归属于某个社群才具有其意义,群体的价值或利益高于个人的价值和利益,应当重视的是大多数人的意志,而不是个人的意志。他们强调"共同的善"、社会责任和传统道德,甚至强调"草根"阶层的意义与价值,把它们当作道德建构的理想。社群主义与自由主义之间的论争，成了当今西方政治哲学中最为重要的论争之一。

除此之外，也有一些学者（如威廉·拉勃夫）从语言学研究入手，认为语言在文化与社会的“社群”建构方面起着重要的作用，并且提出了“言说的共同体”的概念，即在共同的社会、文化规范和价值的基础上参与交流活动的言说者们，而那些规范和价值在实际上引导、规范和调节着他们的各种实践活动。他们认为，言说共同体内的人们进行交流的基础不是地理、国家、宗教等方面的共同性，而是共同具有的一整套规范、地方知识、信仰和价值观，这对于理解一个共同体的认同来说，是至关重要的。他们非常关注从日常生活和礼仪中去研究言说共同体的形成与建构，关注单一语言的形式结构的严格性和内在的同质性，因为它们对有效交流来说是必不可少的。但是，在现代社会，由于迁徙和“散居”(diaspora)现象的大量出现，一些毫无共同社会和文化联系的人们进入到言说共同体之中，经常有可能导致文化冲突的产生。

也有人（如艾利斯·马瑞恩·杨）对社群理论提出了怀疑和反驳，认为社群的理想否定了差异，是无法接受的乌托邦，在全球化造成的乡村和工业社区的加速消失过程中，强调“差异政治”更具有实际意义。还有人（如多琳·马西）提出，“社群”或“社区”具有“内在结构”，在认同上具有多重性，具有分化的特殊性，因而反对把“社群”当作一个本质论的概念。

（阎嘉）

身份/认同(Identity)

在当代文化研究和文化批评中，“identity”一词具有两种基本含义：一是指某个个人或群体据以确认自己在一个社会里之地位的某些明确的、具有显著特征的依据或尺度，如性别、阶级、种族等等，在这种意义上，我们可以用“身份”这个词语来表示。在另一方面，当某个人或群体试图追寻、确证自己在文化上的“身份”时，“identity”也被称为“认同”。实际上，identity的这两种含义是密切相关的，确切地说，它的基本含义是指一种“同一性”，即某种事物原本固有的特质、本质等等。但是，如果我们用发展变化的眼光来看，如果我们承认“特质”、“本质”并非固定不变的东西，那么所谓“认同”就与寻求和确认特质、本质的途径、方法、过程相关联。在文化研究中，人们关注的重点往往是不同人群在社会之中的“社会身份”和“文化身份”，简单地说，我们要在理论上追问自己在社会和文化上是“谁”(身份),以及如何和为什么要追问“谁”(寻求“认同”)。

就确认人们的社会身份和文化身份而言,在理论上大体有民族(nation)、族群(ethnicity)、种族(race)、阶级(class)、性别(gender)、宗教(religion)、职业(profession)、语言(language)等依据或尺度。对这些问题的关注和研究,自然会涉及特定的历史、地理、社会、政治、经济、国家、意识形态、殖民和殖民地、文化和亚文化、通俗艺术等等复杂的领域,加之研究者自身的立场和价值取向,也会影响到他们如何看待上述复杂的问题。很明显的是,当代文化研究对身份和认同问题的关注,往往带有浓厚的政治倾向和意识形态倾向,而政治和意识形态维度,确实也是文化研究意图的一个指向,正如英国学者库珀(Adam Kupper)在《文化:人类学的说明》(*Culture: The Anthropologist's Account*)里所说:“文化身份与文化政治学密不可分。”

按照英国文化研究学者斯图亚特·霍尔(Stuart Hall)在《文化身份与族裔散居》(“Cultural Identity and Diaspora”)一文中的看法,我们或者可以把“文化身份”定义为“一种共有的文化”,集体的“一个真正的自我”,它反映了共同的历史经验和共有的文化符码,为我们提供了变幻的历史经验之下稳定不变和具有连续性的意义框架。按这种定义,文化研究的任务就是要揭示这种“隐藏着的”文化身份以及“隐蔽的历史”。对“文化身份”的第二种理解更加强调“真正的现在”(与“真正的过去”相比)在塑造文化身份中的作用,认为文化身份既是一种“存在”,又是一种“变化”,它在连续性中有着差异,而在差异中又伴随着连续性持续的存在。这种看法实际上强调的是从现实状况出发去理解“文化身份”,而“过去”始终是一种“想象”,它无法确保我们定位“真正的现在”。

有关身份和认同最有争议的重要问题确实是:人们的社会身份或文化身份到底是固定不变的、普遍的、本质论的,还是在实际的社会历史过程中被人为地建构起来的,并且是为了某些特定目的与利益(政治的、民族的、意识形态的等)而人为地建构起来的。今天,大多数有影响的文化研究者都赞同社会身份和文化身份是流动的、是在历史和现实语境中不断变迁的观点。例如,爱德华·赛义德在《文化与帝国主义》(*Culture and Imperialism*)中提出,“想象的地理和历史”(例如殖民探险者和小说家们讲述的故事)有助于“精神通过把附近和遥远地区之间的差异加以戏剧化而强化对自身的感觉”,“它也成为殖民地人民用来确认自己的身份和自己历史存在的方式”。安德森在《想象的共同体》(*Imagined Communities*)中则提出了“想象的共同体”的概念,认为“想象的共同体”构成了我们对身份、家园之想象的必要组成部分。克里斯蒂娃详细研究过语言在塑造民族身份中所起的作用。霍尔认为,“……我们先不要把身份看作已经完成的、然后由新的文化实践加以再现的事实，而应该把身份视作一种‘生产’，它永不完结，永远处于过程之中，而且总是在内部而非在外部构成的再现”。可见，把身份看成是流动的、建构的、不断形成的，重视差异、杂交、迁移和流离，挑战和解构本质论、普遍化的身份观，已经成了当代文化研究的主潮。

在身份和认同方面的另一个重要问题，是“我”（“我们”、“主体”）与“他”（“他者”、“他们”、“客体”）的关系问题。文化身份的建构，始终都与建构者（作为叙述者的“我”）和被建构者（被叙述的“他”）密切相关。在后现代的语境里，关注“我”与“他”的问题，通常都是在一种二元对立的关系中进行讨论的，如男人与女人，殖民者与被殖民者，黑人与白人等等，因此，身份与认同问题成了后殖民主义、女性主义理论等关注的焦点。一些后现代的文化研究者通过追溯“我”与“他”的关系，实际上是试图通过文化研究来进行社会批判、政治批判和意识形态批判，并通过批判去颠覆和解构西方资本主义社会中某些既定的理论、陈规与偏见，例如赛义德的“东方主义”理论，斯皮瓦克、克里斯蒂娃等人的“女性主义”理论、霍米·巴巴的族裔理论等。在这些社会的、政治的和意识形态的批判之中，经常成为其讨论的核心问题的是“权力”与“话语”之间的复杂关系，或者说，这类批判始终是围绕着“权力”与“话语”这样一个中心展开的。

文化研究领域中对身份与认同问题的关注，与20世纪以来全世界范围内社会方面的一些重大变化有关系。其一，自两次世界大战以来，社会主义阵营与资本主义阵营的长期对垒，以及一些地区持续不断的宗教矛盾和武装冲突，造成了一些民族和人群在世界范围内的流动、移居，其中一些人是由于各种原因被强制的，而另一些人则是自我选择了流动和移居。其二，随着资本主义社会进入后工业社会以及全球化进程的加快，世界市场日益扩大，加剧了人口从贫穷国家向富裕国家的流动和移居，也加剧了世界人口跨越第一、第二和第三世界的流动和移居，以及各种劳动力在世界范围内的跨国流动。其三，各种政治原因和社会原因造成的知识分子选择的自我放逐与迁徙，使他们集中到环境相对自由和宽松的某些世界性大都市之中，如巴黎、伦敦、纽约、维也纳等。所有这些跨越疆界、国家、民族、地区的流动、移居、放逐和迁徙，形成了20世纪以来全球性的“散居”现象，并且带来了空前突出的文化身份问题与文化“认同危机”，从而也使文化身份和认同问题在文化研究领域中成为聚集了众多矛盾、论争和复杂性的问题领域。这些方面的理论发展，始终伴随着总体的社会演变过程，并且为研究提供了各种进行描述的词语和进行分析的具体方法。

（阎嘉）

身体(body)

从柏拉图到基督教,从笛卡尔到黑格尔,身体在西方思想史中的发展历程就是一部屈辱卑微的贱斥史、血肉力量的沉默史。即便在最推崇身体美的古希腊时代,哲学意义上的身体也只能作为与意识相对的质料。在最极致的情况下(如柏拉图《蒂迈欧篇》),身体只能沦为等待灵魂/意识/精/神"穿透"的受体/物质/孔穴/母体/子宫。现代西方哲学中,真正让身体开始发出声音的,是尼采。对于尼采而言,权力意志就是力量充盈的身体本身。犹太一基督教传统扼杀了身体的酒神能量,使其成为满身罪责又惴惴不安的奴性躯体。尼采要做的,是打破否定身体的奴隶道德,拆卸加诸身体之上的重重枷锁,释放轻盈的生命力量。换言之,没有身体作为起点与旨归,权力意志就会成为同传统形而上学一样空洞的概念。

尼采对身体的褒扬在当代法国哲学中引发了巨大反响,尼采的法国信徒以各自方式让身体发出了呐喊。作为"后现代思想策源地",作为"爱欲与死亡的大师",巴塔耶在当代法国哲学脉络中最早地回应、弘扬了尼采的身体观。身体是"有界体系"的典型代表(因此政治哲学中才有层出不穷的身体比喻传统,从柏拉图《理想国》中的寓言到埃斯波西托的"免疫体"[immunity],不一而足、延绵不绝),身体象征着各自独立的界域,个人身体在现代社会具有不可侵犯的神圣地位。但在巴塔耶看来,这无疑是资产阶级世界营造出来的幻象,名曰"神圣"(the sacred)实为"奴性"(the servile)的"亵渎"(the profane)伦理,同资产阶级鼓吹的奴隶道德一脉相承。巴塔耶心中的现代资产阶级"习惯了自身的孤独与庸碌","代表了最卑微的人类"。这就是尼采口中的"末人"(the last man),现代资本主义"自由民主"世界引以为傲的"最后的人"。末人的身体腐朽衰颓却毫无自知,巴塔耶追求的,就是让身体的动物性冲破末人的枷锁,从根本上穿透身体之间的孤绝状态。他所向往的神圣,是界线消融、海天一色的"亲密"(intimacy),是身体与身体、物与我、生与死浑然一体的状态,是对个体主义身体观釜底抽薪式的颠覆,是从卑微小我向宇宙大化的返归。而实现这一返归的途径,则是耗费式的色情(不为繁衍的性爱行为)与死亡(纯粹耗费的人牲献祭),是所有慷慨挥霍、不求回报的无"用"行为。

有意思的是,对死亡的狂热追逐似乎让当代哲人与贬斥身体的古希腊人发生了共鸣,但这只是表面上的假象而已:信奉灵魂优于肉体的古希腊哲人要“练习死亡”,以求实现抛却肉身后的纯粹精神;巴塔耶同样痴迷死亡,但他所追求的并非抛弃动物性,而是借由动物性的恣肆奔流突显宇宙能量的丰饶与充盈。死,就是超越个体身体的局限,慷慨地抛弃一切,同于大化、归于真实——泯然于能量洪流不分你我的“真实”。

巴塔耶的能量耗费揭穿了资本主义社会败絮其中的衰颓真相,构建了自由自主的真实王国。德勒兹则更进一步,将创造性的身体观推至极致。在他笔下,尼采的权力意志化身为奔腾流泻的欲望,他眼中的身体是一台台相互关联、相互较量的欲望机器:不是弗洛伊德意义上不断遭到压抑、又不断因压抑而梦魇谵妄的无意识机器,而是不断流动、生成、同其他机器发生关联的反俄狄浦斯(anti-Oedipus)/反精神分析(anti-psychoanalysis)机器。不唯如此,身体不是独立运作的末人机器,而是永远处在相互关联、相互影响、相互生成过程中的创造性机器,没有内容只有运动、没有目的只有流溢、没有深度只有强度的身体机器。如今,“有机”身体与“无机”机器的界线已由“赛博格”(cyborg)击破,德勒兹甚至从根本上否定了身体作为“有机体”的地位,用阿尔托的“无器官身体”来指代一具具逃离了社会辖域束缚的“部件堆积”。身体进入鲍德里亚意义上碎片化、恣仿化、“超性别”(transsexual)的“后纵欲”(post-orgy)时代,成为可以随意拼接、断开、解构、重构的无“用”之物。在这样的“碎形”(fractal)时代,如果还有所谓“我们”的话,我们能做的只能是玩弄碎片,将其推至“无何有”的极境。

这种观点似乎非常类似于当代美国哲学家朱迪斯·巴特勒的性别操演理论,却恰恰是巴特勒力图避免的“唯意志论”身体观。关于身体与权力的关系,巴特勒更肯定福柯的看法。如果说巴塔耶与德勒兹代表了尼采身体观的主动性、攻击性演绎方向,那么福柯就代表了演绎尼采身体观的另一个方向:尽管同样肯定权力的创造性作用,但福柯更侧重于身体受塑于权力的事实,以及在此基础上的反抗可能。福柯也深受阿尔托“无器官身体”影响,但他的侧重点不在于追求“前再现”、“前辖域化”的“原初”身体,而是借此探究权力经由身体运作的模式:弥散而非集中、规训而非压抑的运作。对于福柯而言,身体不是权力控制的被动对象,而是权力施展作用的中介。或者毋宁说,身体既是权力控制的被动对象,又是权力继续施展作用的主动中介。换言之,权力必须经由身体的行动才能不断发挥作用。巴特勒抓住的就是这一点,发展了自己的性别批判理论,用语义暧昧的“操演”(the performative)来称呼权力的“施展”与“发挥”。在她看来,不存在不受话语、权力玷污的“原初”身体,身体不可能没有“内容”,因为它始终“身”处权力话语之中,而身体“既受决定、又可颠覆”的矛盾处境(决定源于权力规训,颠覆寓于自我技术)正是反抗与改造实践的起点与依据。身体是自我实践的起点,没有基础、没有范本的依托,权力必须经由身体才能发挥效用,所以自我关切与生存美学都可以成为改造、扭转、颠覆霸权的有力途径。

可是,驯服也好,反抗也罢,这一切在福柯所谓"生命政治"(biopolitics)的历史背景下都变得无足轻重,生命权力(biopower)关注的对象不是规训权力驯服的身体个体,而是作为集群整体的"身体":以数字、数据、量化指标体现出来的人口。换言之,在生命权力的注视与关怀下,社群身体的福祉无比重要,而个人身体则只能沦为一系列空洞的数字符码,极简高效又便于治理的有用信息。无论是身体的各类生物指标,还是身体拥有的意识、脾气、禀赋、审美等,都成了可以量化表征的数据,尽在算法与程序的"智能"掌控之下。身体成了海量数据库存中的一个个碎微分子,个人身体湮灭在群体数据的海洋之中。

从不值一提的质料,到历史、社会、文化塑造的产物,再到极力挣脱历史、社会、文化塑造的"逃逸体",身体在西方思想中的旅程可谓极尽曲折。作为意识之外丰饶的充盈之物,作为巴塔耶意义上"被诅咒的部分"(the accursed share),身体注定享有悲剧性的命运:要么遭到贬斥与扼杀,成为精神/意识的"建构性外在",要么主动燃烧、分解甚至爆炸,成为炫目而短暂的碎片。也许现在,我们可以借巴塔耶的口吻总结:对待身体的态度决定了个体与社会的样貌,身体以及穿梭来往于其上的各类"身体之重"(价值、教条、框架、自我技术等)亦因此成为衡量、评判社会思想的重要指标。

(何磊)

深描(Thick Description)

"深描",是美国文化人类学家克利福德·格尔兹在其论文《深描:迈向文化的阐释理论》中加以论证发挥的重要概念,但这个概念非他首创,而是他借用现代英国哲学家吉尔伯特·赖尔的概念来表达自己对民族志的写作要求。

赖尔在其论文《思考与反思》和《对思想之思考》中,对"随意眨眼"和"挤眉弄眼示意"两个动作做了有意义的区分,认为在当存在一种公众约定的信号密码的情况下,按照这个密码有意张合眼睑而向某个当事人发出信号,这时的张合眼睑就是挤眼示意。由此他进一步区分出"假挤眼"、"模仿假挤眼"和"练习模仿假挤眼"等概念。格尔兹发现,在赖尔称之为对排演者正在做的事的"浅描"(thin description)与对他正在做的事的“深描”之间存在着民族志的对象：意义结构的分层等级；通过这些结构，眨眼、挤眼、假挤眼、模仿、模仿之练习才得以产生，才为人所知觉并为人所解释。他根据自己的田野日志片段(一个抢羊袭击事件)说明：作为由可以解释的记述构成的交叉作用的系统制度，文化不是一种引致社会事件、行为、制度或过程的力量，它是一种风俗的情景，在其中社会事件、行为、制度或过程得到可被人理解的“深描”。

按照格尔兹的理解，人类学就是对阐释进行阐释，也就是对“眨眼示意之眨眼示意加以眨眼示意”，是对文化，特别是对异文化的解释。而作为人类学的民族志描述亦具有如下特点：“它是解释性的；它所解释的是社会性会话流(The flow of social discourse)；所涉及的解释在于将这种会话‘所说过的’从即将逝去的时间中解救出来，并以可供阅读的术语固定下来。”此外，这类描述还通常是“微观的”。这样看来，所谓“深描”，就是从极简单的动作或话语着手，追寻它所隐含的无限社会内容，揭示其多层内涵，进而展示文化符号意义结构的复杂社会基础和含义。如此做的目的，是建立一门用来探索文化意义的解释人类学，其解释要达到的要求，就是“深描”。

“深描”是阐释性的。人类学家面对理解异文化时的困难，大多主张通过“进入土人的头脑”而与其研究对象的观察思考保持一致，进而撰写作为自然事实叙述的民族志并从中寻找具有普遍意义的文化规律。在格尔兹看来，这种过分乐观的观点并未意识到，不同文化之间的差异是无法彻底消除的，自然事实与普遍规律不过是幻想而已。他认为，人类学著作本身即是解释，而且是第二和第三等的解释，是“虚构”的产物。人类学家应该“既不求成为一个本地人，也不想模仿本地人”，而是超越认识层面的主客界限，以一种全新的视角观察和阐释文化现象，既能进入角色又能够保持清醒的异己意识，既不是本族人又不是外来人。这种表达不再是一种叙述，而是一种阐释，其目的也不再是构建事实和寻求规律，而是解释文化和阐释意义。

“深描”所阐释的对象是社会话语流。人们总是习惯于从心理结构上探询文化的意义，但是作为异文化的他者，人类学家无法探究到本地人的想象空间。为了摆脱这种困境，人们又发展出一种图式主义方法，认为只有把文化当成纯粹的符号系统来对待，通过区分其要素，确定各要素间的内在联系，然后按照某种一般的方式描述整个系统的特征，文化才能受到最为有效的处理。这虽然比起前者是一个明显的进步，但为了建立对现实文化意义的理解而将现实剥离出去，等于是把一个概念从心理主义的缺陷中解救出来，又把它推入图式主义的缺陷。而“深描”阐释的对象，则应该是关注社会行为这一实在的社会话语流，其首要任务也就在于，“追踪社会话语流的取向，赋予它一个可以检验的形式”。

"深描"是一种微观描述。微观描述作为典型的人类学方法,"是从以极其扩展的方式摸透极端细小的事情这一角度出发,最后达到那种更为广泛的解释和更为抽象的分析"。人类学家同样要面对权力、变革、信仰、压迫、劳动、激情、权威、优美、暴力、爱情和名望等宏大的实在,但微观描述的优势在于,它通过长期的、高度参与性的、详尽的田野研究所产生的材料,使那些让当代社会科学痛苦不堪的巨型概念具有可感觉的实在性,从而有可能不仅现实地和具体地对它们思考,而且,更重要的是,能用它们来进行创造性和想象性思考。

"深描"的目的是阐释文化的意义。意义的不确定性是长期困扰人类学家的问题,对此,如何把握好"深描",格尔兹的立场是同时抑制主观主义和神秘主义,"试图使符号形式的分析尽可能紧密地与具体的社会事件和场合,即普通生活的公众世界联系在一起,以那样一种方式组织这种分析以使理论公式和描述性解释之间的关系不致被诉诸尚未澄清的知识而弄得模糊不清"。

格尔兹的"深描"将人类学变成一门"其进步不以达成一致为标志,而以辩论的巧妙为标志"的科学,使解释成为一种艺术性的活动。这一定程度上是将文学批评引入人类学研究的结果,而这些观念方法经由文化人类学改造发挥之后又返回到新历史主义的文学研究之中,使后者成为"人类学'厚描'方法的历史学和一种旨在探寻其自身可能意义的文学理论的混合产物",也使新历史主义与文化人类学成为彼此的"深描"。福柯《规训与惩罚》开篇对处死钦犯达米安的撕心裂肺过程毫发毕肖的描写和对权力运作令人毛骨悚然的展示,被认为是"深描"的范本,在福柯及其后学的著作中,人们也许可以窥见"深描"的真面目。

(张进)

神话/神话学(Myth/Mythology)

神话一词语义十分复杂,在不同的历史时期有很不同的含义。古希腊诗人荷马(Homer)在使用"神话"这个词语时,表达的是一种叙事和谈话的技巧,而不是一种虚构。在他的史诗《奥德赛》中,奥德修斯(Odysseus)在讲述自己的经历时,用"mūthologenevein"一词来表示讲述的一个故事。但在此之后,希腊词"mūthos"就开始常常被用来表示虚构。

后来柏拉图也曾用 mūthoi 来指称某物或某事,但他并不是说它完全不是真的,而是说某物或某事的绝大部分是编造的。在罗马时代的拉丁文字里,古希腊词“mūthos”演变成为“mythicus”。而古希腊词“Mūthos”的拼法在拉丁文里仍然存在,只不过意思等同于了“fabula”,即寓言、传说。当我们现在说到一个神话时,往往是指一种虚构的事情,同时这种虚构也传达了一种哲学意义上的真实。

在今天,我们使用神话一词时,主要是指虚构的和不真实的故事,这个故事里往往包含着一些超自然的存在,至少也要有某种超越人类的存在。神话通常与对超自然力量的信仰相关,也与世界的创造、毁灭和拯救密切相联。人们通过神话来解释事物是如何被创造的以及如何存在的,也在神话中体现一种对自然的感受和宇宙观念,因此古希腊就有普罗米修斯和大力神赫拉克勒斯的神话以及月神和太阳神的传说等。这些神话多是对自然的秩序及宇宙力量的最原始和最纯朴的解释。

英语的“神话”一词是“myth”,这个词实际上到 19 世纪初才出现,在此之前大约在 17 到 18 世纪欧洲语言中出现了“mythos”一词,它直接从后期拉丁文“muthos”衍生而来,其含义主要与指称“真实”的“历史”或“真理”的概念相对立,因此它意指一种不可能真正存在或发生的事情。而“神话学”(mythology)一词比“mythos”出现得更早,“mythology”一词于 15 世纪前后出现,它的衍生词“mythological”,“mythologize”,“mythologist”,“mythologizing”也在 17 世纪初就开始使用了。“神话学”主要是指对神话寓言故事的解释或注解。从 17 世纪起,欧洲就出现了“神话学的诠释”这一学问,也即对神话经典如古希腊神话和古罗马奥维德的《变形记》进行分析和诠释的著述。

到了 19 世纪初期,神话学出现进一步理论化和体系化的趋势。有的文学理论家试图通过分析神话来掌握文学虚构的基本结构以及想象力的源泉。另一些文学批评流派,如《威斯敏斯特评论》(*Westminster Review*)则在 1830 年提出了“神话的起源”的问题,并力图寻找神话在传说中的历史情景和原因,神话在这个流派的研究中不仅仅被视为寓言,他们还将人们对史前史的一些令人困惑的记忆与神话传说联系起来。这样一来就产生了一些新的研究方法:神话研究运用语言学、考古学和人类学发展的成果,对神话进行研究,颠覆了实证化和理性化神话学的理论倾向,神话从这时开始被认为是一种比(世俗)历史或科学论证更为“真实的”历史。人们试图通过神话去窥探人类心灵的某些特质,甚至人类群体的精神或心理层面的基本表征。最重要的是,这些表征与“世俗历史”不同,它们不受时间的影响,有某种永恒的特性,为考察某一时期或某一地域的文化提供了重要参照。同时,人们意识到神话的功能也与艺术创作和文学想象密不可分。

在20世纪，神话研究更进入到一个新的阶段，卡尔·荣格在原始神话中寻找集体无意识的踪迹，从神话的母题和无意识的宣泄中，分析文学创作的源泉和人类灵魂的家园。加拿大文学理论家诺思罗普·弗莱(Northrop Frye)运用结构主义的方法，在古代神话中做了一部文学原型(prototype)的语法学。这种原型研究把文学作品分解为一个个神话主题，用结构设计出抽象原型之间的关系，从而阐明了虚构作品的许多方面。而法国文化理论家罗兰·巴特更另辟蹊径，将神话学用于大众文化的意识形态批判中，他在《神话——大众文化诠释》(*Mythologies*)一书中，承继了瑞士语言学家索绪尔的结构语言学思路，对大众文化符号的象征性再政治化予以解构和颠覆，有力地揭穿了大众文化中政治神话的营造与权力操纵的现实。

（王炎）

神话—原型(Mythic - Archetypal)

神话—原型是对以弗莱(Northrop Frye，1912—1991)为代表的批评方法的概括。该方法着眼于文学与某个种族或者文化的潜意识之间的联系，探讨文学原型发生及置换的规律。按照弗莱的看法，文学是神话的"置换变形"。每一个文学文本片段中都存在着一种可以用来解释其他文本的存在形态的"神话原"，全部文学则构成一个完整的故事。当涉及叙述形式时，弗莱称之为"神话"；当涉及意蕴时，弗莱称之为"原型"。

一般认为，神话—原型批评经历了三个发展阶段：以弗雷泽人类学理论为代表的早期阶段、以荣格集体无意识理论为代表的发展阶段、以弗莱为代表的批评体系的完善阶段。弗雷泽的《金枝》一书揭示出西方文化起源于巫术仪式，并且发现了西方文化和文学中一些极为普遍的原型，如"死而复活"、"替罪羊"等，这为弗莱提供了方法论的启迪。荣格的集体无意识理论及其文艺观，尤其是他对原型和原始意象的阐述、对"艺术家本质上是其作品的工具"的论证等，对弗莱产生了直接的影响。此外，恩斯特·卡西尔的《符号形式哲学》、列维·布留尔的《原始思维》、列维-斯特劳斯的《野性的思维》等对神话—原型批评的发展和成熟都曾起到积极的推进作用。

在其被誉为神话—原型批评"圣经"的代表作《批评的剖析》(1957)中，弗莱把探究文学原型发生和置换的规律视为文学批评科学化的基本内容。在他看来，以往的文学研究忽视了单个作品与文学整体的联系，缺乏对文学内在结构的理解，而神话—原型批评就是要从滋生文学结构模式的温床——神话和仪式——着手描述和概括文学的基本结构模式。弗莱认为，文学的结构是神话模式的展开和置换变形。不同类型的文学构成“一个中心的，统一的神话”的不同方面，而在各类文学的具体作品中，人们可以发现相似的原型和模式。

弗莱继承并发展了荣格的“原型”概念。在荣格那里，原型是集体无意识的内容，是零碎而不完整，模糊而不统一的原始意象。原型是人类远古社会活动的遗迹，也是重复了亿万次的那些典型经验通过积淀和浓缩而形成的。而在弗莱，原型就是典型的、反复出现的意象，它“把一首诗同别的诗联系起来，从而有助于把我们的文学经验统一成一个整体”。用原型作为纽带，不同的作品之间就得以相互关联，文学类型的共性就能够显现出清晰的轮廓，文学发展演变的规律线索也就能够归结为原型的置换变形。

弗莱认为，文学和神话密切相关，是神话的置换变形。神话表现了原始人的欲望和幻想，神的为所欲为的超人性质是人类欲望的隐喻式表达。随着人类对自然的认识和科学的兴起，人类的欲望和幻想越来越受到压抑，神话也日益趋于消亡。但神话的消亡不是表现为神话的终结，而是“置换变形”为文学而继续存在，就像神祇“置换变形”成了文学中的人物一样。参照人类学和心理分析的方法，弗莱把整个文学史看成由神话原型所展开的五阶段“置换变形”：一、主人公在类别上高于他人和环境，便是超自然的存在——神，关于他的故事就是“神话”。二、主人公不是在类别上，而是在程度上高于他人和环境，他就是传奇英雄或者童话人物，神话就被置换为了传奇、传说、民间故事、童话等。三、主人公在程度上高于他人但并不高于他所处的环境，也就是说他具有大大超出常人的激情、能力和表现力，其所作所为仍然处于社会批评和自然秩序的范围之内，有关他的故事就是大多数史诗和悲剧，弗莱称之为“高级模仿”。四、主人公既不高于他人，也不高于环境，只是和我们大家一样的常人，其活动遵循着我们在自己的经验中所获得的那种可然性法则，这就是“低级模仿”，大多数戏剧和现实主义作品就属于这种模式。五、主人公在智力和体力上都不如我们常人，以至于我们感到自己是在居高临下地俯视一个受奴役、受愚弄或者荒诞的场面，这便是反讽模式。弗莱认为，神话和现实主义分别为文学形态的两极，从神话到现实主义的过程类似于弗洛伊德所说的梦的运作过程中的“置换变形”，实际上也是一个从“隐喻”到“明喻”的过程。

从置换变形的角度，弗莱从西方文学史中归纳出五种类型的基本的意象世界，即启示的世界、魔幻的世界、天真类比的世界、自然和理性类比的世界和经验类比的世界。前两种意象世界直接来源于神话未经置换的世界，后三种意象世界则由前两种意象类比出来，显示了趋向理想或者趋向现实的不同程度。在弗莱的体系里，每一种意象世界都对应于一种文学类型：启示意象关联于神话模式，在它的世界里，人的欲望和幻想得以充分展现。魔幻意象关联于反讽模式，它所展示的世界是一个完全违背人的意愿的世界，是一个梦魇和替罪羊的世界。启示意象和魔幻意象之间的置换变形和辩证作用，产生了三种中间类型的类比意象世界。天真类比意象关联于传奇模式，它的世界是一个理想化的世界，显示为启示世界在人间的对应物。经验类比意象关联于低级模仿模式，它的世界与魔幻世界有对应关系。自然和理性类比意象则关联于高级模仿模式，它的世界介于天真类比的世界和经验类比的世界之间。这五种原型意象可以说是文学作品的基础，根据它们趋向理想还是趋向现实的程度上的不同，它们之间可以相互转换。

在对意象世界的动态考察中，弗莱抽象出四种基本的文学叙述范畴，并认为整个文学史就是这四大叙述范畴置换和循环的过程。借用亚里士多德的术语，他称它们为“神话原”（单数形式为“mythos”，复数形式为“mythoi”）。“神话原”实际上就是神话的叙述程式，或者说它是在文学意象世界循环运动中形成的基本要素。四大神话原分别为：喜剧、传奇、悲剧、反讽。四种神话原分别代表着主要的神话运行方向：一、喜剧是春天的神话，讲述神或者主人公的诞生或复活。二、传奇是夏天的神话，讲述神或者主人公的成长和胜利。三、悲剧是秋天的神话，讲述神或主人公的末路和死亡。四、反讽是冬天的神话，讲述神或者主人公逝去后的世界。喜剧和传奇是向上运动的叙述程式，悲剧和反讽是向下运动的叙述程式。四者衔接构成文学的一个圆形的循环运动。因此，关于神由死而生而复活的神话已经包含了文学的一切故事，各类作品都讲述着同一个故事，或讲述这个故事的一部分。正是在这个意义上，弗莱对格雷夫斯的一句诗心有戚戚：“有一个故事而且只有一个故事/值得你细细地讲述。”通过这样的循环模式，弗莱就把原本在逻辑上先于题材的文学叙述程式范畴，转化为文学的历史体裁，并且运用于对西方各类文学体裁的阐释。

尤为重要的是，通过这样的解释体系，弗莱就把共时性的文学范畴体系转化为历史性的文学体裁的循环运动。在弗莱看来，从神话开始，西方文学的发展经历了喜剧、传奇、悲剧等阶段之后，现在已经进入了秋去冬来的季节，在英雄已逝的舞台上，充当主角的只是不起眼的小人物，尽是“荒原”中的“反英雄”，比如卡夫卡笔下的变成了甲壳虫的小职员，或者福克纳笔下的白痴等等。当然，按照这种循环模式，大可不必悲从中来，因为伴随着冬去春来，文学也将通过重建神话而回归到生命的源头。只不过，在现代文学中对于深化的借用和创造并非为了重演古老的故事，而是要借非理性的外观传达理性化的思考，对现代文明的畸形发展和种种弊端作出反讽性的批判。

神话—原型的概念把文艺研究同现代心理学、文化人类学以及其他人文学科融会在一起，从深层的文化心理角度研究文学规律和文学作品，显示出比精神分析批评更深厚更广阔的理论视野。

（张跣）

神圣人（homo sacer）

20 世纪 90 年代以来，意大利哲学家阿甘本（Giorgio Agamben）对当代西方哲学和人文科学的影响日益显著。“神圣人”这一概念在阿甘本的思想体系中处于最为核心的位置，并深入影响到了当代西方文论和文化理论的发展。

“神圣人”一词由拉丁语名词“人（Homo）”和形容词“神圣的（Sacer）”共同组成。按照法国著名语言学家本维尼斯特（Emile Benveniste）的看法，Sacer 一词与同属印欧语系的古希腊词 Hagio，古伊朗语 yaozadata 是同源词，一方面，它们都被翻译为“神圣”，包含着受保护、不被玷污的含义；另一方面，它们也都包含着被毁灭、被诅咒这层含义。因此，我既可以把“神圣人”理解为被神保佑的人，又可以把它理解为神所唾弃毁灭的人。

在古罗马文化中，“神圣人”概念则有具体定义。古罗马语文学家费斯图斯指出：神圣人就是那些因罪被人民审判的人。此人不能被用来祭神，杀他的人却不会被判杀人罪。实际上，最早的保民法案记载：“若杀了民众所认为的牲人，不算犯杀人罪。”这就是为什么坏人和不洁净的人常被叫作神圣人。

通过对西方人类学的研究，阿甘本认为，神圣人的地位与一种特殊的禁忌有关，他将这样一种禁忌叫作“禁制（Ban）”。禁制概念首先由法国哲学家南希指出。南希发现，在禁制关系中，集体利用一定的规范和标准，将特定个体排除出去，在排除的过程中，原来未被界定的规范，才显现出来。禁制关系体现了神圣人概念独有的特质：这一概念并不简单描述一种禁忌或排斥，而是通过这种禁忌或排除，呈现出权力最鲜明的形式。

阿甘本认为，这样一种禁制关系，鲜明地体现在阿甘本对罗马法“生杀大权”的描述之中。在罗马法中,家父(paterfamilias)不仅是一个血缘概念,而且特指一种法律权力。通过对家中一切子嗣、妇女和奴隶生命权的支配,家父的绝对权威才能显现出来。这一生杀大权和古罗马民法对基本公民权的规定有所抵触。这是因为,一个公民有可能也是一个家中的儿子,是一个受支配者。显然,这就意味着,每一个罗马公民在某种程度上既是一个有权活着的生命,又是一个无权活着的生命,他既是公民,又是神圣人。这也意味着,古代社会中,神圣人作为一种权力表征,尚未彰显出来。

罗马帝国成立之后,情况发生了变化。由于帝制代替了共和制,皇帝成为罗马这样一个共同体最高权力的唯一代表,皇帝的决定权(imperium)就成为罗马帝国的主权权力,这种权力使皇帝可以像主宰家庭成员一样统治每一个罗马公民,而基督教的传播和兴盛,又加剧了神圣人概念从一种潜在的空洞观念,转化为描述现实权力结构的重要概念。在《圣经·新约》中,救世主耶稣既是上帝最高权力的表征,却又只能作为"圣子",被父亲所支配,以"死而复生"的方式完成上帝依靠"生杀大权"实现末日审判的手段。这时,"生杀大权"就从家庭政治领域转化为一种基督教教义体系中独有的象征关系:耶稣基督在象征层面是被上帝"支配"而死的。随着基督教和罗马帝国最高权力的结合,罗马皇帝的帝权和基督教的最高教权产生了结合。这种结合贯穿了罗马帝国晚期和整个中世纪,神圣人由此成为王权最为合适的表征形式。皇帝/国王反而成了神圣人:一方面,国家的最高领袖具有对国民的生杀大权,这一权利成为上帝最高权力的尘世表征;另一方面,这一领袖又是上帝唯一可见的样貌——耶稣基督的"象征"形式,这就意味着,他必须首先被"处决",才能完成上帝拯救全体基督徒的意图。

当然,在整个中世纪,作为国王权力之象征的神圣人虽然得以彰显,但是,这种内容停留在象征层面。阿甘本引入了德国犹太裔历史学家康拓洛维奇和其弟子吉赛的看法,来佐证这一看法。上述两位历史学家都注意到,在中世纪西欧国家中,国王权力的正当性依赖于"两个身体"这一神学—法学学说。一方面,国王的自然生命构成其可见的"自然身体(Nature Body)";另一方面,其权力所在,即所谓"王座(Throne)",是其不可见的"神圣身体(SacredBody)"。特定国王肉身的消灭和新国王的继位,被法学家和政治学家解释为国王自然身体的毁灭和神圣身体的新生和续存,并被类比为上帝安排基督死去,并让他复活的尘世对应物。在中世纪,只有在国王自然死亡时,通过排除他的自然生命,王权的神圣性和永恒性才彰显出来。此时,国王才被称为"神圣人"。

文艺复兴之后,随着现代主权学说的发展,主权权力的承担者发生了变化。在霍布斯、洛克和卢梭那里，通过社会契约主导下的让渡过程，主权者不再是上帝的尘世代表，而是人民的代表。但是，经由基督教神学的塑造，现代主权权力在形式构造和运作机制上，仍然延续了中世纪的传统。唯一不同之处在于，主权权力运作的目标和正当性理由产生了改变。在中世纪，王权为上帝的意志和全体臣民的精神救赎服务；而在现代社会，主权权力为其所代表的所有民众（以及每一个民众）服务。这时，一个悖论产生了：如果一个或少数民主成为全体民众生命安全和福祉的“危害”或“阻碍”，主权者就必须侵犯这些民众的生命安全。

在阿甘本之前，法国哲学家福柯已经注意到这一点，并将主权者以保障全体公民生命为借口，摧残少数人基本生存条件和福祉的政治实践称为“生命政治（Bio-politics）”。阿甘本继承了福柯的思想。但是，他进一步指出，主权者无法直接对拥有基本权利的公民或臣民下手，来剥夺他们既有的基本权利；原因在于，主权者是每一个公民基本权利的代表者和保障者，如果他罔顾公民的基本权利，施加生杀大权，就会产生自我矛盾，从而丧失行使主权权力的正当性。唯一的办法，就是用各种手段，将部分民众的公民权剥夺。通过这种剥夺，现代意义上的“神圣人”得以产生。

阿甘本认为，现代神圣人的诞生是两种例外状态相互作用的产物。第一种例外状态是生存空间的例外状态。在现代民族国家中，“血统”和“祖国”概念的相互配合，让未建立主权国家的民众群体，即便居住和长期出生于某个民族国家之中，也能“天然”地获得公民权，犹太人成为这一例外公民的代表。第二种例外状态是法理上的例外状态。在主权国家的法制体系中，通常存在着这样的规定：一旦国家陷入灾害、战争和内部暴乱等危机状态，主权机关就会宣布“例外状态（紧急状态）”，悬置保障个人基本生命权利的规定和原则，来达到更好地保护“全体人民”生命财产安全的目的。一旦例外状态产生，许多本来具有公民权的个人，不仅被排斥出主权国家保护的范围之中，而且成为主权者直接加以打击和消灭的对象。这种对神圣人的打击和消灭，并非是为了维护其他公民的基本权利和人身安全，而是用来直接彰显主权权力本身的形式和力量。换句话说，排斥神圣人的过程，恰恰是以一种否定的方式展现主权权力规范形式的过程。

德国二战时期集中营中的被屠杀者，就是现代神圣人最为鲜明的例证。一方面，通过修建集中营，主权者将犹太人和其他亟待屠杀的人与正常的社会空间隔离，并向一般公民隐瞒了这批人的存在，这为实施越过基本权利的虐待和屠杀创造了条件；另一方面，恰恰通过种族纯洁话语的宣传，被彻底排除出公民社会的犹太人，成为主权权力以优化德国人生命福祉为由进行对外扩张的借口。在这种情形下，集中营中的被屠杀者具有双重价值:作为被主权者排斥的客体,他(她)彰显了现代主权权力的外在轮廓:一种生命权力;作为主权者施加暴力和虐待,且连自身生存状态都无法表达出来的主体,他(她)的存在却揭露了主权者的实质:一种死亡权力。正是这种生命和死亡的非区分领域,赋予了"神圣人"这一概念以最终的具身化形式,并将西方现代主权权力"以维护人权之名,来剥夺人权"的悖谬核心展现得淋漓尽致。

总而言之,通过对"神圣人"概念的分析,阿甘本构建了一条从古罗马发端,途经中世纪,在西方政治现代性中彻底展开的主权理论谱系,开启了不同于自然法传统和历史社会学传统的政治权力分析方式,既具有重要的思想史意义,又对当代世界权力体系中主权与人权之间的辩证关系,有着极强的批判价值。这种思想和现实的双重意义,让神圣人概念成为当代西方理论研究者必须面对和反思的重要理论术语。

(姚云帆)

审美(Aesthetic)

"aesthetic"是一个形容词,在汉语中译为"审美的"、"美学的",而这个词在希腊语里的本义却是"感性的"。在西方理论界,一般都把这个词的现代用法追溯到 18 世纪德国唯理主义哲学家鲍姆加登。1750 年,鲍姆加登用"aesthetic"这个词的名词形式"aesthetics"来命名他的两卷本著作,试图用这个本义为"感性学"的词语来创立一门研究情感和对"美"的感知的"科学",也就是我们今天所知的"美学"。鲍姆加登认为,美是情感或感官感知的"完善",尤其是在艺术之中。虽然鲍姆加登的著作在当时影响并不大,但"美学"或"审美"这个词语从此却在哲学和艺术领域中被普遍使用。19 世纪初,这个词语出现在英文中,直到 19 世纪中期才得到广泛使用。"aesthetic(s)"最初由日本人译为汉语的"美学(的)"或"审美(的)",20 世纪初由日本传入中国,并沿用至今。

在现代,"审美"这个词显然具有比鲍姆加登时代的理解更为特殊的含义。19 世纪晚期,欧洲出现了一场被称为"审美主义"(aestheticism)的艺术运动,其中心在法国。这场运动反对科学思想在艺术领域中的主导地位,反对当时中产阶级因为艺术没有实用价值和道德价值而表现出来的对艺术的冷漠态度,提出艺术是人类创造物中最有价值的东西,因为它本身是自足的,除了它本身之外,没有任何外在的、实用的或道德的目的。艺术作品最终以其形式上的完美而存在，它单凭自身就可以成为“美的”和“完整的”。审美主义的理论主张集中体现在法国艺术家戈蒂耶(Théophile Gautier)提出的“为艺术而艺术”的口号里，而在德国哲学家康德的重要著作《判断力批判》(*Critique of Judgement*)中，则可以寻找到审美主义的理论资源。康德提出，“纯粹的”审美体验并不涉及现实的、功利的或道德的外在目的，它只因其本身而感到愉悦，只涉及对于审美对象的“无关功利的”沉思。可以说，审美主义是一种把“美”看成以自身为目的的学说，它试图脱离社会道德和政治目的来看待艺术。这场运动是18世纪的浪漫主义文艺思潮在19世纪的进一步发展，具有反对资产阶级实用的或道德论的审美价值观的倾向。

今天，美学已经被普遍认为是对美的本质、美的概念、审美感知和审美判断(尤其是体现在艺术中的)进行哲学探究的学科，是有关艺术和审美趣味的理论探究。“审美”这个在传统上被认为与“天才”、“品味”、“形式”、“感知”、“愉悦”、“判断”、“评价”等等有关的形容词，现在被更多地认为同审美主体(人)的主观态度、立场、趣味有密切关系，它除了专门被用来讨论文学和艺术的话题之外，也被普遍运用于非文学和艺术的领域之中，如视觉映像、视觉效果(如文化研究中对影像的研究)，甚至也被运用于日常生活或政治学的研究之中。例如，美国的新马克思主义理论家大卫·哈维在《后现代的状况》一书中，就讨论过后现代时代资本主义的生产体制和社会体制中出现的所谓“形象生产工业”，认为后现代时代的资本主义已经有意识地、系统地利用各种“审美”手段来人为地制造各种虚幻的外表“形象”，包括政治领导人的形象，以此来维系资本主义生产机器的运转和文化机制。因此，“审美”这个词语在今天的这种用法，同它在历史上的含义——非功利的和非实用的——已经形成了明显的悖论。

这表明了后现代时代把“审美”范畴扩大到社会、政治和文化领域去讨论美学与文艺问题的大趋势，也表明了“美学”泛化趋势的势不可挡。英国马克思主义理论家特里·伊格尔顿在《审美意识形态》(*The Ideology of the Aesthetic*)一书中认为，美学在寻求传统上本质化和超越性的艺术定义的同时，其实已经强化了与主体性、自主性和普遍性相关的特定概念，这就使美学与现代阶级社会主流意识形态的建构密不可分；因此，美学(包括审美)与艺术都要受到特定社会的意识形态和历史的制约。伊格尔顿的这种论断，可以看作对19世纪后期以来的审美主义立场以及由此确立的审美、伦理和政治彼此无关的思潮的反拨，并且在更大的范围内得到了一些“反美学”和“反艺术”理论的回应，也得到了女性主义、族裔文学、地缘政治美学、后现代政治美学等等理论的回应。

这些趋势使得一些西方理论家认为,以影像制造为主导的后现代时代,已经创造出了一个全面“审美化”的社会,一切时尚、品味和风格问题,都可以看成是美学和审美的问题;美学已经丧失了自身独特的领域和自主性,总是与它自身以外的各种领域有着千丝万缕的联系。他们甚至提出了后现代时代是一个“日常生活审美化”的时代的看法,致力于探讨对非艺术客体和事件的审美体验的可能性,认为艺术通常都产生于一系列非艺术的活动与经验,审美领域经常会超出传统上被认为是美的艺术的领域,尤其是在后工业社会中出现的各种通俗艺术、大众艺术和流行艺术。在这些情况下,“审美”往往成了点缀、装饰、噱头、戏仿等等的代名词,与市场、交换、利润、操控、权力等有着密切关系。

(阎嘉)

生成(Becoming)

“生成”论是当代法国著名哲学家德勒兹思想观念的最重要的基石之一,在德勒兹的哲学和美学思想中,它甚至被认为具有后结构主义哲学的过程本体论的意义。可以说,德勒兹的全部思想与著作,都贯串着对 becoming(生成)而非对 being(存在)的强调。“生成”的概念或主题在德勒兹著作中一再凸现,是与他关于“差异与重复”、“反俄狄浦斯”、“千高原”、“块茎”、“褶子”、“分裂分析”、“欲望机器”、“文学机器”、“游牧”、“无器官的身体”、“辖域化—解辖域化—再辖域化”、“逃逸线”等关键词密切联系的。它们反映了德勒兹的后结构主义差异哲学和流变思维的特质。

德勒兹“生成论”美学在西方思想史上具有特殊而重要的意义。科尔布鲁克在《吉尔·德勒兹》(2002)中认为,整个西方思想史都建立在“存在与认同”(being and identity)的基础上,而德勒兹则相反,他强调的是“差异与生成”(difference and becoming)。结构主义与现象学皆将差异与生成置于某种基础之上:或是语言结构,或是体验视点。而德勒兹后结构主义是反基要主义的,它拒斥以静态的差异结构作为认知世界的基点,关注的是结构的出现和动态生成。因此,德勒兹及其一代人强调差异和生成的哲学和文化概念,但又并不是把它们固化成为某种静态的、宏大叙事式的存在。他们针对的主要目标不仅是当时的现象学和结构主义运动,而且也是整个西方思想史。

首先，相对于古希腊文艺思想和文学批评的传统而言，德勒兹"生成论"美学的价值与意义在于对柏拉图主义及模仿论传统的颠覆。柏拉图以"理式"为本原，认为文学艺术只不过是模仿了比感觉印象更远一步的拟像而已（"影子"的"影子"）。1990年德勒兹谈到他的法文版著作《感觉的逻辑》(1971)的主要构想是颠覆柏拉图主义。当代语境中德勒兹后结构主义哲学美学对生成的肯定和后现代社会学先锋理论家波德里亚对"拟像"的阐发，皆是对柏拉图主义的否定，即认为不再有某种源头或存在作为生成的基点，也没有需要经历的某种拟像过程。德勒兹拒斥了存在的基础，倡导"生成"流变，否定柏拉图所预设的基要主义"理式"观，对其原本/摹本、真实/虚假的二元"模仿论"加以解辖域化。这不仅仅是对 becoming 的评价高于对 being 评价的问题，而且是对柏拉图式的二元对立哲学观和等级制思想的消解，从而使得后结构主义美学的思想游牧成为可能，"千高原"或"褶子"式的多元分衍流变的"生成论"美学由此成为审视文学与文化的一种新的维度。

其次，德勒兹生成论的思想文化意义表现在对人类中心主义和逻各斯思想传统的解构与活力论重构。德勒兹的著作不仅是反柏拉图主义的，也是反人本主义的，反启蒙的。德勒兹认为，我们错误地设想有一个真实的世界隐匿在生成之流背后，那是一个稳定的存在(being)世界。但是，实际上大千世界除了生成之流以外余无他物。一切"存在"皆不过是"生成生命"(becoming—life)之流中的一个相对稳定的瞬间。由此，西方思想文化传统中的人本主义和主体中心论被后结构主义哲学美学视为妨碍生成思维的障碍，因为它们以人类或主体为生成的基础。德勒兹拒斥以人作为基本存在的观念，肯定大千世界各种"存在"都有生存价值与意义的多元、动态的生成观。我们所感知的现实世界是由虚幻之流构成的。颜色是人将光线现实化的结果，音乐是人将声波现实化的结果，但是还有其他生物将光线和声波加以现实化的方式，例如人类眼中的五彩斑斓的世界在响尾蛇的眼中则是一幅红外线的单调图景；蝙蝠将声波视觉化，迥异于人类将声波听觉化的途径。雌雄蛾子之间、大海中鲸鱼、陆地上大象之间交流所发出的次声无法为人耳所接收，因为它们将声波现实化的途径或方式不同于人际交流。即使同样是人，色盲者、色弱者眼中的世界亦异于常人。因此，维度不同而"生成"殊异。人类的眼睛、大脑和心灵只对自身感兴趣的东西加以感知，把感觉的混沌世界缩减成为特定的"客体"，而自己成为观察这种客体的"主体"。德勒兹以"活力论"的多元视角对传统的人类中心主义视域解辖域化。而文学则被视为是这种自由解放的主要力量。

后结构主义哲学的"生成论"美学突出地体现在德勒兹和加塔利关于"少数族文

学”和“生成动物”(becoming－animal)的论析上。德勒兹和加塔利合著的《卡夫卡:走向少数族文学》(1975)一书对此进行了集中论述。少数族文学是文化多元共生时代与双语或多语言生存状况相关的一种特殊现象。德勒兹与加塔利通过对卡夫卡的研究,对“少数族文学”进行了界说并提出了它的三大特征:语言文化的解辖域化;政治性(反精神分析);集体价值。少数族文学不是用少数族语言写作的文学,而是在主流语言中建构出来的少数族性。“少数族文学”在使用主流语言的同时又从内部颠覆这种语言的文学。少数族文学的三个特征都突出地体现在卡夫卡身上。卡夫卡身为犹太人,在布拉格写作,用主要语言德语来实现他作为陌生人的快乐的“逃逸线之旅”。在主流语言与文化框架内运作的所有批评话语和前存在的范畴与文类在卡夫卡这里失去了效用。

他们重新解读了卡夫卡文学中显而易见的“生成动物”的旨趣,强调具有差异哲学特征的“生成”观,阐发卡夫卡小说中“生成动物”的“逃逸线”及其喜剧性质。卡夫卡的文学世界中“生成动物”——不再是人与动物的二元对立模式,而是人与动物的互为解辖域化,是处于一种流变之间的链接,是一个生成的问题,其中容纳了最大的差异。卡夫卡的文学世界没有表层现象,也没有深度模式,是反意义的。因此在文本阐释上要运用以关注裂隙、异质和嬗变为特征的后结构主义方法来加以把握。由此,德勒兹与加塔利对现代主义关于卡夫卡的传统看法和阅读方式提出了挑战,否定了广为人们所接受的卡夫卡作为俄狄浦斯叙事、孤寂、苦行、神秘、忧郁的作家、现代异化与焦虑的编年史记录者等形象。他们认为卡夫卡作品充满了社会与政治的意蕴,渗透了愉悦与幽默,揭示了“未来的恶魔式的权力”——奥匈帝国模式的法西斯、苏联和资本主义官僚主义的权力。卡夫卡描写人变成动物,动物变成人。人在他的笔下变成大甲虫、变成猿猴、变成鼹鼠,可以变成任何东西,但却不是变成官僚、警察或法官等等权力机器。卡夫卡的小说中,充满着从俄狄浦斯权威的掌控中逃逸的描写,这是对宏大的权力机器进行拆解:无论是技术机器(《美国》),还是法律机器(《审判》),或是官僚机器(《城堡》),都是被拆解的对象。卡夫卡作为“少数族文学”的喜剧性代表作家,揭示了一种全新的文学与文化模式。

德勒兹的哲学美学观念对女性主义理论一直具有强劲的影响力。德勒兹及加塔利把“生成女性”置于一个特殊的位置,甚至认为一切生成皆始于和经由生成女性,因为男性本质上是多数族的,是历史文化的主体,是衡量一切的尺度。德勒兹倡导否定男性－西方中心主义的文化多元论,其“生成女性”是针对着“作为存在的男性”(man－as－being)而提出的。但他也提醒我们:不能把女性视为男性的他者,因为这样会坠入“不同的存在”的逻辑陷阱。德勒兹强调的是“生成”而不是“存在”，是生成他者而非生成男性。因此这种“生成女性”的观念具有特殊而重要的理论意义。

通过文学艺术，可以思考和表现超越女性禁忌的欲望，思考和表现生成女性和生成动物。从单一的“性”走向“千万个小小的性”。生成女性就是开放前个体的、反俄狄浦斯的、革命性的欲望。这是不再从男人或人类历史的故事中进行阐释的欲望。由此，德勒兹和加塔利把生成女性与文学创作冲动联系在一起。

德勒兹的“生成论”哲学美学在预设好的男/女、白人/非白人、成人/儿童、人类/非人类的范畴或分类之间开拓通道，提倡生成女性、生成黑人、生成儿童、生成动物，从而解构了社会文化符码的二元对立。生成论对当代具有重大理论意义的主体观也有重大影响。个体的身体不是单数而是复数，通过不同的行为和关系形成多元的主体身份。一个人可以同时是女人、白人、中产阶级等等。这是一种语境生成。因此，在后现代文艺学美学和当代性的语境中，德勒兹与加塔利“生成”论提供了超越二元对立的一种重新思考的方式，为文化研究提供了特殊的思路。

（麦永雄）

生命权力/生命政治（Biopower/Biopolitics）

生命权力和生命政治是福柯在《性史》第一卷中提出的概念。福柯从 19 世纪 70 年代开始转入了他的谱系学时期，这一时期，他对欧洲的现代个体的形成谱系进行了研究。在《规训与惩罚》中，他就发现了权力新的运作方式。即从 17 世纪开始，权力对个体的管制不再是单纯的惩罚和报复，而是进行矫正式的运用。权力不是消灭个体，而是创造出一个有用的个体。也就是说，权力的否定和消灭品质转化为肯定和生产的品质。同样，在《性史》第一卷中，福柯也彻头彻尾地颠倒了权力的“压抑说”：性不是被权力所压制，而恰恰是被权力所生产。性的话语和性的知识并没有受到抑制，而是一再被激发和创造。权力的这种性质的变化，使福柯提出了他的生命权力概念。由于权力是积极和生产性的，无论是对于性，还是对于生命——性和生命显然密切相关——权力就不再是杀戮式的，就不再是君王的那种肆无忌惮的消灭式的，相反，权力在保持、激发、促进性、生命和社会的发展。而生命权力正是这种提高生命、管理生命、繁殖生命、控制和调节生命的积极权力，它在生命、人类、种族和人口的层次上发挥作用。围绕着生命，生命权力和君王的屠杀权力针锋相对，这也是肯定权力和否定权力的针锋相对。

生命权力在17世纪通过两种形式发展起来。一种是以人体为中心，它对人体进行训练，使人体的能力提高，同时也使人体驯服，这种权力生产出既有用又驯服的人体，人体的实用性和驯服性同步发展，这一点，福柯在《规训与惩罚》中作了完整而全面的描述。这一种生命权力形式被福柯称为人体的解剖—政治学，它运用的程序是训练，人体最终被纳入经济系统中得以检验。另一种生命权力形式是以人口—生命为中心的，它形成于18世纪，它关注生命，关注作为生物过程的人体，将人体作为繁殖生命的基础，它根本的关心是生育，出生率和死亡率，健康，人口的寿命和质量。福柯称这种生命权力为人口的生命政治学，这种权力以生命为对象，对人口进行积极的调节、干预和管理。“对身体的规训、对人口的调节构成了两极，控制生命的权力就围绕着它们而展开。古典时期建立起来的这个伟大的双重技术——解剖学和生物学的，个体化和具体化的，它着眼于身体性能，关注生命过程——使得权力的最高功能可能不再是屠杀，而是对生命完完全全地投资。”这就开倡了生命权力的新纪元。一方面，对人体的规训机器纷纷建立，它们旨在生产和训练出有利于资本主义发展的劳动力，这些规训机器是工厂、学校、军营、社团；另一方面，在政治实践和经济观察领域，对人口的控制技术也成熟了，对人口和资源的关系也作了研究，出现了人口学，观念学派的哲学等等。对身体的规训和对人口的控制，这两种权力并不排斥，前者针对肉体的人，后者针对的是活着的，有生命的人。准确地说，规训权力“试图支配人的群体，以使这个人群可以而且应当分解为个体——被监视，被训练，被利用，并有可能被惩罚的个体”。而针对生命的权力“也针对人的群体，但不是使他们归结为肉体，而是相反，使人群组成整体的大众，这个大众受到生命特有的整体过程，如出生、死亡、生育，疾病等等的影响”。这些生命权力的发展，围绕着生命和身体而建立起来的知识，都有利于促进资本主义的经济发展。而且，都与对人体和生命的管理、控制、分配密不可分。在此，人的生命进入历史之中，也进入知识和权力的领域之中，进入政治技术之中。“西方人逐渐懂得，一个生物世界中的生物种类意味着什么。拥有身体、存在状况，生命的可能性、个人和集体健康，可被修正的力量以及以一种理想方式对这些力量进行再分配的空间，这些又意味着什么。无疑，在历史上的第一次，生物存在根据政治存在而得以反思。”生命受到权力—知识的积极干预，受到政治的干预，福柯称这种新的“历史上的第一次”发生的现象为“生命政治”，它意味着，大量增加的政治技术开始包围身体、健康、饮食和居住方式以及整个存在空间。生命成为权力的支点。

这样，性的重要性就显露出来——这或许是《性史》第一卷的根本出发点——性处于“身体”和“人口”的结合地带，它横跨生命权力的两条线索：它既属于身体领域，也属于生命领域；既属于对身体进行训练的权力对象，也属于对人口进行控制的权力对象。性既是通向身体生命的途径，也是通向生物生命的途径，它既是规训的标尺，也是调节的基础，性既成为个体的标志，也成为政治、经济和意识形态干预的主题。围绕着性，权力战术将身体规训和人口调节结合起来，而它的中心目的，正是对于生命的调控和管理。这种对生命的调控，实质上就是要更好地维护和肯定生命。权力就不是屠杀生命，而是使人活，提高生命的价值，是控制事故、缺陷、流行病，对于生命而言，生命—权力是肯定性的，它旨在消除疾病，建立医学知识和公共卫生机构，总之，它要对生命负责。如果说，从 19 世纪起，“生命权力”的纪元开始了，生命进入一种政治战略中，社会也迈入了它的“现代性门槛”，那么，我们也可以在同样的意义上说，这也是一个“性”的社会，在这个社会中，性成为权力的靶心。福柯将“性”的社会和“血”的社会作了对比。前者正是规训社会，是训练身体和控制人口的社会，是以生命作为权力和知识的干预对象的社会，是“性”被权力生产，性话语被权力刺激的社会；而“血”的社会呢？“血”的社会是君主社会，是暴力洒血的血腥社会。在此，血具有多重象征意义：死亡、战争、屠杀、酷刑，“权力通过血在讲话”，它是血淋淋的恐怖和镇压。福柯大胆断言，古典时期发明的，在 19 世纪被应用的新的权力手段（即生命权力）使我们的社会从血的象征进入到性的分析中。社会的变化以权力变化为先决条件。以血为中心对象的权力是消灭和镇压，以性为对象的权力是繁殖和传播。

总之，到了 19 世纪，“权力占有了生命，承担了生命的责任，它通过身体的规训技术和人口的调节技术，完完全全覆盖了从有机体到生物学，从肉体到人的全部”。但是，这个以促进生命为宗旨的生命权力，却一再引发了种族屠杀和战争，这怎样解释呢？“这个主要目标是使人活的权力怎么可能让人死呢？在围绕生命权力的政治体系中，死亡的权力、死亡的职能如何运转呢？”福柯指出，一个国家向另一个国家发动战争，其理由恰好是要保护自己人民的生命。“战争不再以保卫君王的名义，而是以保卫全体人民生存的名义而进行。不同国家的人民被动员起来为生存而互相残杀……将一个国家的人民置于死地的权力同时也就是保证另一个国家的人民的生命安全的权力。战场上为了生存而杀人的原则变成了国与国之间的战略原则；但是，受到威胁的，不再是王权的合法地位，而是一个国家的人民作为生物的存在。”这就是生命政治的逻辑。同样，种族屠杀也遵循这一逻辑，在一个国家内部，人口发生了种族上的错层，有些种族高级而强壮，有些种族低级而虚弱，为了防止低级人口对高级人口的损害，杀戮就发生了，而这恰好就是生命政治的逻辑："如果你要生存，其他人就必须死掉。"种族主义就这样在"我的生存"和"别人的死亡"之间建立了联系。生命权力也就此转向了死亡权力。

（汪民安）

生态文学（Ecological Literature）

生态文学是指蕴含着浓厚的生态思想的文学，它以生态整体主义为思想基础，以生态系统整体利益为最高价值的考察，表现自然与人之关系，探询生态危机之社会根源。生态思想的核心是生态系统观、整体观和联系观。生态思想以生态系统的平衡、稳定和整体利益为出发点和终极标准，而不是以任何一个物种、任何一个局部的利益为价值判断的最高标准。它否定把"人作为万物尺度"的人类中心主义，反对任何形式的中心论，强调共同体中万物的相互依存和密切联系，这也是衡量一部作品是不是生态文学作品的第一标准。

生态文学在表现自然与人的关系上，与一般的描写自然的文学不同。后者把人以外的自然仅仅当作工具、手段、符号、对应物等等，来抒发、表现、比喻、对应、暗示、象征人的内心世界和人格特征，是人类中心主义在文学及其创作手法里的一种典型表现。而生态文学在表现自然与人的关系时，特别重视人对自然的责任与义务，呼吁保护自然万物和维护生态平衡，赞美为生态整体利益而做出的自我牺牲。正如布伊尔（Lawrence Buell）所突出强调的那样，生态文学把人类对自然的责任作为文本的主要伦理取向。另外，生态文学还具有显著的文明批判的特点，探询和揭示造成生态灾难的社会原因，找出人类文明"究竟从哪里开始走错了路"，表达人类与自然万物和谐相处的理想。生态文学研究主要是思想研究，是对文学所蕴含的生态思想的发掘、分析和评论，以增强人们的生态意识。在20世纪波澜壮阔的生态思潮中，生态文学是极其重要的一个支流，甚至可以说是掀起和推动这一思潮的主要动力。因为，奠定生态思想之基础的就是生态文学家列奥波德（Aldo Leopold），掀起这一思潮的关键人物之一是生态文学家卡森（Rachel Carson）。

生态文学研究，即生态批评，发端于20世纪70年代，并迅速地在90年代成为文学研究的显学。1974年，美国学者密克尔（Joseph W.Meeker）出版专著《生存的悲剧：

文学的生态学研究》，提出“文学的生态学”(Literary ecology)这一术语，主张批评应当探讨文学所揭示的“人类与其他物种之间的关系”，要“细致并真诚地审视和发掘文学对人类行为和自然环境的影响”。作者还尝试着从生态学的角度批评古希腊戏剧、但丁、莎士比亚以及某些当代文学作品。同年，另一位美国学者克洛伯尔(Karl Kroeber)在《现代语言学会会刊》上发表文章，将“生态学”和“生态的”概念引入文学研究。1978年，鲁克尔特(William Rueckert)在《衣阿华评论》当年冬季号上发表题为《文学与生态学：一次生态批评实验》的文章，首次使用了“生态批评”(ecocriticism)一词，明确提倡“将文学与生态学结合起来”，强调批评家“必须具有生态学视野”，认为文艺理论家应当“构建出一个生态诗学体系”。1991年，英国利物浦大学教授贝特(Jonathan Bate)出版了他从生态学角度研究浪漫主义文学的专著《浪漫主义的生态学》。在这部书里，贝特也使用了“生态批评”这个术语，他称之为“文学的生态批评”。同年，现代语言学会举行研讨会，议题为“生态批评：文学研究的绿色化”。1992年，“文学与环境研究会”(The Association for the Study of Literature and Environment)，简称ASLE，在美国内华达大学成立。1994年，克洛伯尔出版专著《生态批评：浪漫的想象与生态意识》，提倡“生态学的文学批评”或“生态学取向的批评”，并对生态批评的特征、产生原因、批评标准、目的使命等主要问题进行了论述。1995年6月，ASLE首次学术研讨会在科罗拉多大学召开，会议收到了两百多篇学术论文。同年，第一家生态批评刊物《文学与环境跨学科研究》出版发行。人们一般把ASLE的这次大会看作生态批评倾向或潮流形成的标志。同年，哈佛大学英文系的布伊尔教授出版了他的专著《环境的想象：梭罗、自然文学和美国文化的构成》。他以生态尺度重审美国文学和美国文化，写出了这部被誉为“生态批评里程碑”的著作。1996年，第一本生态文学论文集《生态批评读本》由格罗特费尔蒂(Cheryll Glotfelty)和弗罗姆(Harold Fromm)主编出版。这一著作被公认为生态批评入门的首选文献。1998年，由英国批评家克里治(Richard Kerridge)和塞梅尔斯(Neil Sammells)主编的生态批评论文集《书写环境：生态批评和文学》在伦敦出版。这是英国的第一本生态批评论文集。理查德·克里治在论文集的前言里说，生态批评是“一门新的环境主义文化批评”，“生态批评要探讨文学里的环境观念和环境表现”。同年，ASLE第一次大会的会议论文集也正式出版，书名为《阅读大地：文学与环境研究的新走向》。2001年，布伊尔出版了新著《为危险的世界写作：美国及其他国家的文学、文化与环境》。麦泽尔(David Mazel)主编出版了《生态批评的世纪》，对生态批评进行了全面的回顾和总结。2002年年初，弗吉尼亚大学出版社隆重推出第一套生态批评丛书：“生态批评探索丛书”。著名的文学研究刊物

《跨学科文学研究》当年连续推出两期有关生态批评的特辑——“生态诗学”第3期和“生态文学批评”第4期，后者由ASLE现任副会长马歇尔（Peter Marshall）教授撰写导论——《文学批评的生态思想》。2002年3月初，ASLE在英国召开研讨会，讨论“生态批评的最新发展”。9月，ASLE英国分会在利兹大学召开第三届年会，重点研讨生态批评、生态诗学和生态女性主义。2003年6月，ASLE在波士顿召开第五届年会，议题是“团结的地球，行动的世界”，重点探讨生态文学如何推动环境保护的实际行动。

生态文学研究之所以有如此迅猛的发展，其主要原因是愈演愈烈的生态危机。现代工业社会的发展在带给人们丰富物质资料的同时，造成人类生存环境的急遽恶化。生态文学及其研究的繁荣，是人类减轻和防止生态灾难的迫切需要在文学领域里的必然表现，也是作家和学者对地球以及所有地球生命之命运的深深忧虑在创作和研究领域里的必然反映。

虽然生态文学这一术语和生态文学研究直到20世纪才出现，且人类历史上占主流的文化是人类中心主义和征服、控制、改造、利用自然的思想，但生态思想源远流长。古希腊米力都学派的代表人物之一阿那克西曼德（Anaximander）早在公元前6世纪就强调了自然规律不可抗拒。学者毕达哥拉斯强烈反对虐待动物，认为：“只要人还在残酷地毁灭低等生命，他就绝不会懂得健康与和平。”犬儒学派的学者们蔑视征服和扭曲自然的文明，宁愿像狗一样自由自在地生活，摆脱名利地位，追求质朴纯真，与动物平起平坐。亚里士多德的学生泰奥弗拉斯托斯（Theophrastus）反对老师的观点，坚持认为人与自然是一个相互依赖的整体。中世纪的神学家圣弗朗西斯试图把人的君临万物的地位废黜，建立所有生物平等的生态民主。文艺复兴时期的人文主义学者切萨尔皮诺（Andrea Cesalpino）明确提出要尊重自然万物。18—19世纪，伴随着倡导回归自然的哲学思潮和浪漫主义文学的兴起，西方文明史的第一个生态思想繁荣时期到来了。回归自然并与自然万物和谐相处的意识甚至一度成为主流思想。德国浪漫主义诗人诺瓦利斯（Novalis）把大自然看成“心灵的另一存在”，严厉地抨击与自然为敌的工业文明，称之为“人类去与大自然进行的一场考虑周密的持久毁灭战”。法国的浪漫主义作家夏多布里昂（Chateaubriand）指出，“森林先行于各族人民，沙漠在人后接踵而来”。雨果认为，要避免人类在毁灭自然万物之后也毁灭了自己，当务之急是要建立人与自然的文明的合乎道德的关系。梭罗堪称浪漫主义时代最伟大的生态文学家。他不赞同以人为本地对待自然，强烈反对凭借科学技术干扰自然和统治自然。叔本华特别强调了人对自然的伦理道德。他指出：“基督教伦理没有考虑到动物，大家一直装作动物没有权利，他们告诉自己，人对动物的所作所为与道德无涉，这真是令人发指的野蛮论调。”尼采则明确提出，人“根本不是万物之冠：每种生物都与他并列在同等完美的阶段上”。恩格斯在《自然辩证法》中提出著名的“一线胜利二线失败论”。20 世纪初，生态伦理学的发展无疑是生态思想的又一宝贵财富，也是生态批评最直接的精神资源。其中影响很大的有阿尔伯特·施韦兹（Albert Schweitze）的“敬畏生命”的伦理原则，列奥波德的“大地伦理”，拉夫洛克（James Lovelock）的“盖娅假说”等。同样，在悠久的东方文明中也深藏着丰富的生态智慧。儒家的“亲亲而仁民，仁民而爱物”的“仁爱”思想强调了自然与人的密切联系，人与自然的和谐相处。道家的创始人老子则明确提出“自然”这一重要范畴，讨论人与自然的关系问题，并以“回归自然”作为其哲学的根本宗旨。另一位道家代表人物庄子提出“天人合一”的命题，他的“万物一齐”的平等观，“天在内，人在外”的人性观，“与天地精神往来”的自由观，都体现了热爱大自然、尊重大自然，与大自然共生共容、和谐相处的伟大情怀。

可以看出，生态文学的发展有着悠久而深厚的历史渊源。在当下的生态危机和由此所激发的生态思潮中，生态文学凭借其通俗性和趣味性特点，潜移默化地把关爱自然的思想植入读者心中，极大地推动了生态运动的发展。

（任素娟）

时间/时间-空间（Time/ Time-Space）

由于时间经验之概念表达的难以把捉，时间概念史的演变情况不同于空间概念的情形。奥古斯丁曾经感叹：“时间究竟是什么？没有人问我，我倒清楚，有人问我，我想说明，却茫然不解了。”（《忏悔录》卷十一）这是对时间经验之概念把捉困境的经典表述。因此，正如黑格尔所说：“绝没有任何研究时间的科学，对应于研究空间的科学，即几何学。”（《自然哲学》第一编第一章）海德格尔也说过：“如其所是的时间只能是哲学的课题。无论以自然科学的方式，还是以人类学的方式，时间本身都不让自己有所道说。”（*Zollikoner Seminare*，Frankfurt am Main，1987）。时间具有某种秘密的性质。因此，时间的概念史不过是（也许也只能是）时间的误解史。全部时间概念史也许都是在人类知识的宏观层面上印证着和一再重复着奥古斯丁在个人思想层面上曾经遭遇过的困境或绝境。但是，也许正因为如此，这才是时间概念的历史，因为时间本身也许就是误会、误差、差异、歧义、延伸、延长、延迟、延异的代名词。而一部“时间的真理史”也许恰好就不再是关于时间的历史。

然而，时间问题又无论到哪里都与永恒真理和永恒意义问题纠缠在一起。时间与永恒，这也许是一对孪生的相互错乱的双胞胎。赫拉克利特曾经说过：“时间（αιων，有年岁、时间、永恒等义）是一个玩跳棋的儿童，儿童掌握王权！”柏拉图定义时间为“永恒之运动的影像”（《蒂迈欧篇》）。亚里士多德把时间定义为“时间是关于前后运动的数”（《形而上学》第四章）。在基督教经验那里，时间成为通往永恒的通道。（比较：passage，通道；passive，承受[苦难]；passion[承受]激情。）尼采的瞬间永恒轮回思想倒转了柏拉图—基督教的时间—永恒关系。“那是人生吗？好，那就再来一次吧！”（《查拉图斯特拉如是说》）“人的成熟：找回儿童游戏的严肃。”（《善恶彼岸》断章第974）尼采从柏拉图—基督教返归赫拉克利特。这意味着：永恒的意义要从时间获得，而不是相反。（当然，这绝不意味着：永恒被理解为时间的持续。）尼采的永恒轮回思想开启了时间概念的新时期。

但是，从尼采开始的时间概念的代价是哲学与科学的时间概念的分裂；或者说，这本来就是在这个由来已久的分裂大背景中发生的事件。从伽利略（1564—1642）和维科（1668—1744）的时代以来，时间经验之概念化的困难就已经导致了现代哲学和现代物理学在时间问题上的分歧。一方面，在科学上，从古希腊丰富的空间思想到近代广延概念和绝对背景空间概念的演变（参见“空间”词条）导致了对时间概念的几何化、抽象化和数量化。结果便是：无论是在牛顿经典力学的绝对背景时空概念中，还是在爱因斯坦相对论的四维时空概念中，时间都是完全被空间化了的。另一方面，哲学则一直在尝试解说时间本身的独特性质，乃至试图以时间性为主导来构建一种与相对论的四维时空相对立的时间—空间概念。

在这个过程中，康德和黑格尔的时间、空间思想首先表达了德国古典哲学试图在哲学中理解和整合科学的宏伟抱负，虽然这种抱负并未获得20世纪科学以及带科学倾向的哲学的认可。康德在其《纯粹理性批判》的“先验感性论”中把空间和时间视为“先天感性形式”。先天感性的直观形式即空间和时间是认识的前提条件，它们直接规定了为我们所认识的对象的性质。在其“图式论”（schematism）中，时间则被视为连接完全异质的现象和纯粹知性范畴的中介，因为只有时间才既是纯粹的、无任何经验内容的，同时又是感性的。康德先验哲学每当遭遇困难便不得不回到时间、倚重时间，这表现了超时间的科学—形而上学体系的内在困难。后来海德格尔对康德图式论、想象力乃至先验统觉之时间化的解读（《康德与形而上学问题》）强化了时间概念在康德思想中的重要性。

黑格尔在其《自然哲学》中批评牛顿力学的绝对时空观未能从空间点的“彼此并列”、“漠不相干”状态中凸显出时间点的独特规定性：作为变易本身的绝对当前属性。他批评说，在力学的“空间和时间”中的“和”字未能表达从空间到时间的辩证进展。而“哲学就是要与这个‘和’字作斗争”。“空间和时间”中的“和”字表明：时间被空间化地与空间并置。对此，法国现代哲学家柏格森曾进行深入批判。他反对将时间空间化，提出“绵延”(durée，duration)概念以描述时间本身的不可被空间化的内在经验。

海德格尔批评黑格尔的时间点的充满辩证否定性活力的点性仍然没有把捉本真的时间性，因为这个点性乃是来自“精神”的规定，未能在其“存在”中得到把握。在以《存在与时间》为代表的前期海德格尔的基本存在论思想中，一方面，就其理论旨归而言，本真时间性的展开是为揭示存在的意义问题服务的；另一方面，就其展开途径和基础而言，本真时间性的解说又必须是通过此在的生存论解释学和现象学描述才能得到的。因此，在早期海德格尔那里，时间问题无时不与存在问题联系在一起。“时间是解说存在意义问题的境域。”在赢得此一境域之后，《存在与时间》本来还应该有一个“时间与存在”的部分以及清理存在论历史之部分的。

很大程度上是因为在处理时间、空间和存在的关系问题上遭遇了困难，《存在与时间》成为一部未竟之作。这一困难导致海德格尔时间—空间思想的转向。在《存在与时间》第70节中，海德格尔曾经“试图把空间性归结为时间性”，而在后期演讲“时间与存在”(1962)中，海德格尔则明确承认《存在与时间》中的“这种企图是站不住脚的”(《面向思的事情》)。但这也绝不意味着：在以“时间与存在”为代表的后期思想中关于“时间—空间”、“时间—游戏—空间”和“瞬—间”的思想是试图倒过来把时间归结为空间。实际上，“时间—空间”成为后期海德格尔用以说明无论时间还是空间现象的原现象。为了说明何谓时间，必须说明何谓时间—空间。

而为了说明何谓时间—空间则必须理解海德格尔关于“之间”的思想。在其后期思想中，海德格尔所要力图说明的无非是：无论时间还是空间，其“原现象”都是“间”或者“之间”。“之间”，这个构成着的缘域，在前期海德格尔那里还可以用如下词语来道说：Ort(位置)，Ortschaft(地方)，Gegend(地带)，Nähe(切近)，Riss(裂缝)，Fuge(接缝)，Gefüge(组织接缝)。从这个“之间”的缘域出发，后期海德格尔把时间理解为时间—空间或时间—游戏—空间，或者像在“时间与存在”中所说的由过去、现在、未来和“到达”这四个维度的相互到达游戏所构成的“四维时间”。即使“瞬间”也不再被理解为一个无限短促的“现在点”，而是被理解为“瞬—间或瞬间—场域”。

"之间"，这在海德格尔创造的一系列关于时间和空间的关键词中是用连字符来标示的。在"时间—游戏—空间"中前后都带连字符的"—游戏—"(-Spiel-)一词，指示了"时间—空间(Zeit-Raum)"中联系空间和时间的连字符的含义：把时间和空间用连字符连接起来，海德格尔要表达的含义不是黑格尔的"空间和时间"或者"空间是时间"意义上的空间和时间的辩证统一，也不是在爱因斯坦和明可夫斯基把时间归作空间之一维(时间是空间)意义上的时空连续统。海德格尔的"时间—空间"或者"时间—游戏—空间"，说的是：时间与空间，即时间与空间的相与游戏。这种时间—空间游戏既是对日常时空经验的现象学回溯，又是对天、地、神、人之纯一性空间的允诺和敞开。

（柯小刚）

时空压缩(Time-Space Compression)

"时空压缩"是美国著名新马克思主义者大卫·哈维在其《后现代性的状况》一书里提出的一个重要概念。他使用这一概念是试图表明："资本主义的历史具有在生活步伐方面加速的特征，而同时又克服了空间上的各种障碍，以至世界有时显得是内在地朝着我们崩溃了。"

在现代西方，在理论上对时间和空间以及对它们的体验等问题的关注，一般都被追溯到法国诗人波德莱尔 1863 年在《现代生活的画家》(The Painter of Modern Life)一文里所表达出的看法："现代性就是短暂、流变、偶然事件；它是艺术的一半，另一半则是永恒与不变。"不过，波德莱尔在这里所关注的主要是时间问题。从西方思想发展的脉络来看，在 20 世纪以前，对时间问题的关注远远超过了对空间问题的关注，时间被赋予了超过空间的优先性。正如福柯在 1976 年的一次访谈中所注意到的，"空间贬值"早已在很多代知识分子之中盛行："空间被当作死寂、固定、非辩证和静止的东西。相反，时间却是丰富的、多产的、有生命的和辩证的。"(《关于地理问题》，载《权力/知识：访谈精选与其他著述，1972—1977 年》)

19 世纪后半期以来，随着西方资本主义现代化进程的推进，尤其是伴随着"文化地理学"的兴起，对空间问题的关注开始压倒了对时间问题的关注。爱德华·索亚、米歇尔·福柯、昂利·列斐伏尔、吉尔·德勒兹、弗雷德里克·杰姆逊以及大卫·哈维等理论家从不同角度介入，向启蒙运动以来把空间当作物质实体或空洞容器的空间观念发起了挑战。他们或者从殖民和后殖民研究的角度,把焦点集中在欧洲人支配空间和移民的后果以及不同文化与人群的相互影响之上;或者从女性主义和性别研究的角度,集中关注身体、性别和主体的具体化等问题;或者从通俗文化和风格研究的角度,聚焦于非经典的文化形式的特定实践;或者在更加广泛的其他学科的范围内对空间与时间问题及其对话进行研究。

在这种背景下,大卫·哈维从马克思主义和批判理论的角度介入时间和空间问题,力图证明空间问题早已是马克思本人的很多著作中重点关注的对象。哈维试图表明,虽然如今对“全球化”的关注确实把空间问题与文化地理学推上了中心舞台,但是我们必须看到,像“全球化”这样的概念始终都是一个深刻的意识形态概念,它阻碍了特定的机构与利益集团涉足这样一个空间“再分配”的过程。然而,我们要把自己的注意力从“全球化”转向资本主义“在地理上发展的不平衡”这一问题,强调我们当前正在见证对资本主义现代化的矛盾逻辑的新空间尺度的重新阐释,而资本主义在后现代时代最新的发展,事实上就是新的“空间调整”和再分配的一个完整的历史过程。

哈维指出,他使用“时空压缩”这个词语是要表明,资本主义的现代性和后现代性实际上已经把空间和时间的客观品质“革命化”了:一方面是我们花费在跨越空间上的时间急剧缩短,以至于我们感到现存就是全部的存在;另一方面是空间收缩成了一个“地球村”,使我们在经济上和生态上相互依赖。这两方面“压缩”的结果是:我们在感受和表达时空方面面临着各种新的挑战和焦虑,以及由此引起的一系列社会、文化和政治上的回应。前一个方面的“压缩”可以叫作“使时间空间化”(即“存在”),后一个方面的“压缩”可以叫作“通过时间消灭空间”(即“形成”)。这两个方面的关系既是对立的,又是辩证的,它们在资本主义现代性和后现代性的历史进程中始终交替着发展,亦呈现出交融的趋势。

哈维对“时空压缩”问题进行考察的立足点始终都是资本主义生产方式的历史变化,尤其是从战后“福特主义”的生产方式以及相应的现代主义,向灵活生产与积累的生产方式以及相应的后现代主义的转变。他认为,资本主义在文化上的现代主义和后现代主义都不过是社会生产方式转变的结果。从这个意义上看,现代主义和后现代主义在文化上的矛盾,表面上呈现为如何征服时间与如何征服空间之间的矛盾,实质上却是资本生产与积累之间的矛盾的反映,以及由此带来的政治上和文化上的后果。

就现代主义而言,“存在”(使时间空间化)与“形成”(通过空间消灭时间)之间的矛盾是主要的,它们之间的紧张关系造成了两次世界大战在政治上的动荡以及现代主义在文化上的特征,即如何以理性和技术的力量克服空间障碍与差异,合理地安排、控制和利用空间，即如何实现“空间化”。现代主义的美学问题，实际上也就是如何通过空间化来追寻“永恒”、“幸福”这些资本主义的梦想。

就后现代主义而言，随着资本主义生产方式由福特式转向灵活的、小规模的、弹性的生产方式，哈维断言：“我们就这样逼近了核心的悖论：空间障碍越不重要，资本对空间内部场所的多样性就越敏感，对各个场所以不同的方式吸引资本的刺激就越大。结果就是造成了在一个高度一体化的全球资本流动的空间经济内部的分裂、不稳定、短暂和不平衡的发展。集中化与分散化之间在历史上有名的紧张关系，现在以各种新的方式产生出来了。”由此而来的在整个社会范围内的后果主要有两个：第一，强调时尚、产品（工业产品和文化产品）、技术、劳动过程、观念、意识形态、价值观念、实践活动的易变性和短暂性。第二，与短暂性相适应的、着眼于建构新的符号系统与意象的“形象生产工业”，它们致力于制造各种“幻象”，以至于出现了以这种行当为业的各种社会角色，如“形象装配工”、“形象建设者”、“形象工匠”、“形象创造者”、“形象顾问”等等。哈维依据详实的材料证明说，现在仅纽约地区就有 15 万名专业艺术家，在 10 年之内创造了 1 500 万件艺术作品（对比 19 世纪中、后期的巴黎，相应的数字是 2 000 多名艺术家和 20 万件艺术品）。“一切坚固的东西都烟消云散”早已成了司空见惯的普遍现象。“通过时间消灭空间”已经在从日常生活到思想、文化等诸多方面的领域里，彻底改变了人类的基本状况：科学判断与道德判断之间的联系崩溃了，美学战胜了伦理学，形象支配了叙事，短暂与分裂超过了永恒真理与统一，对时间与空间的体验已经改变了。这些都是“时空压缩”在后现代时代所造成的现实状况。

（阎嘉）

事件（Event）

在经历了一系列重要事件之后，20 世纪后半期，事件在人文学尤其是历史和哲学领域成为一个越来越重要的概念。罗宾·瓦格纳—帕西菲斯（Robin Wagner-Pacifici）曾在《什么是事件？》（What is an Event?）中指出了个中缘由：第一，在经历了结构主义大潮的洗礼之后，人文和社会科学开始逐渐强调主体能动与结构之间的互动及其意义与作用；第二，年鉴学派及其余脉重长时段而轻事件的历史研究方法日渐遭到后学的反驳；第三，历史叙事开始重新关注人的真实生活，对事件的重新检视也因此变得不可避免;第四,众多知识分子与各种事件产生了直接关联,如米歇尔·福柯、吉尔·德勒兹和阿兰·巴迪欧等人曾切身经历或投身于五月风暴等重要事件之中。换句话说,事件在思想领域内的逐渐升温,既涉及普遍的方法论上的转向,也涉及具体的研究手段的更迭;既表现出某种宏观的时代精神,也表征着个体的独特品味。也正是因此,事件周围存在着歧见(ledifférend):人们从不同的角度展开分析,在事件与存有(seyn)、生成(devenir)、存在(être)、形势(situation)、过程(process)等概念之间恣情往返,探究着事件之本质/非本质与可能/不可能,却尚未形成某种广义上的事件理论;与此同时,在另外一些领域,随着事件管理、事件策划的专门化,一种针对策划事件的理论化努力——事件研究——却逐渐成型了。

问题是,策划事件是可能的吗?难道事件不是计划外的、不可预测的、突发的、陡然降临的甚或即将发生的吗?正如其拉丁语动词 ēveniō? 的构型 ex 连缀 venio 所明示的?那么,究竟什么是事件?又有否可能与必要去区分事件的种类,区分事件与事故(accido,accidents)、事情(affairs),区分某类突发事件和常规生活中的事情?前者如法国大革命、9·11 或柏林墙的倒掉,后者如某场欢迎会、某次偶遇、某个庆典?还是说,从科学的角度看,太阳底下本无事件发生,因为无时无刻不在发生,根本无法从时空之中抽取出事件,所谓的事件不过是由于人的叙事感和历史感罢了?

对这些问题的不同回应,彰显出了诸多理论家讨论事件时的不同面向。如对海德格尔而言,所谓的事件(Ereignis),乃是存有本身的本现,是人与对人有意义的存在者在其中相互坦露并构成一个意义整体的发生,因而它绝非具体的、可被指明日期并加以记录的历史事件或突发事件。正相反,它是最先使具体事件之存有成为可能的东西,它并非历史分析的对象,也不可能得到完整充分的说明,它"不可测量"、"不可计算",而是所有测量、计算、理解、讲述得以发生的原基(Urgrund),它开启历史又不发生于此历史之中,它敞开世界又不发生在此世界之中。这类似于胡塞尔所言,事件没有将自身作为特定时刻整合到时间流中,但它极大地改变了存在的整体风格。正是在这个意义上,部分海氏的英译者舍弃了 Ereignis 与 Event 之间的直接对译,转而采用了诸如 Appropriation(占有、居有)、Eowning(owning 加前缀 e)、Befitting(适宜)等译法。

海德格尔强调事件与存在、存有之间的关系,强调事件作为本现、自在发生;德勒兹则主张在生成(devenir)甚至创生(genèse)的意义上来理解事件(Événement)。因此,在德勒兹看来,事件也不是事故,不是具体发生的事情,而是存在于千差万别的具体事件之中的纯粹表达,是众多事件相交互的唯一事件,一种多的、差异的"一"。它类似于“树变绿”的命题中动词“变绿”对树之属性的表达。在这里，树的属性不是“绿色”，不是某种存在也不是存在的某种性质，而是动词“变绿”所陈述和表达的事件，这个事件不在此命题之外，而是内在于此表达或命题之中。也就是说，在德勒兹这里，事件“一面朝向事物，一面朝向命题”，但它既不等同于命题，也不等同于事物的某种性质或事态，它就是“命题与事物之间的边界”，一种非实体的某物，一个“双重物”，既是超存在(extre-être)又是持存(insistance)。故此，德勒兹强调，绝不能“把事件混同于它在某种事态之中的时空具现”，更不必去追问某个事件的意义是什么，因为“事件就是意义(sens)本身”。如果说时空具现是在当下实存的个体性、人物或世界，那么事件就是在无限定的时刻(L'aiôn)之流中持存的非人格的、前个体的奇异性(singularité)。事件是中性的，既不涉及个体/集体、人称/无人称、特殊/普遍之间的对立关系，又必须在发生之事中得到理解、得到意志化、得到表征。因而，德勒兹认为，每一个事件都具有一种双重的结构，既有其实现(actualization)的当下、此刻、现在，又有对现在的回避、在过去—未来的流动中的反实现(counter-actualization)。事件之于人，存在着演员的悖论：他自身留在当下，却是为了上演永远被预期、被拖延、被期待和被召回的事物，恰如死亡之于人——死亡早已存在于人却又与人无关。因此，当布朗肖期盼着“把死亡提高到其自身的高度”时，德勒兹断言，伦理的唯一意义就是“不要配不上发生在我们身上的事件”。

巴迪欧同样对事件充满浓厚的兴趣，这在《存在与事件》中表露无疑。一方面，像海德格尔一样，他强调事件与存在之间的关系，但事件并非存在的本现、不可计算的，而是存在的“额余”(surnuméraire)、一个间项(intervalle)，只能通过其抽象形式来思考，只能经由介入性实践来揭示。另一方面，他又反对德勒兹把事件视作多的一、中性的“双重物”，他强调事件是一个“一的多”，而且根本“不存在自然事件，也绝不存在中性事件”。事件，在巴迪欧看来，总是某个形势(situation)内的点，总是关涉着在此形势内展现着的“多”，总是占据着一个位(site)——形势的历史性所聚集的那个点，一个历史形势中的奇点(singularité)。由此，事件即是一个“一的多”，既包含所有属于事件位 X 的多，又仅仅包含其自身 e_x。这样一个既包含自身又包含多的事件，在巴迪欧看来，便是无法被彻底“计数为一”的超一(l'ultra-un)，这个无法计数的超一，将打破原初的形势，使之同原初的“一”发生断裂。这就是事件的发生。事件就意味着对原有形势的断裂，溢出。事件发生时，主体的介入至关重要，因为它意味着认识、判定、命名，它是介入者对事件的定性，但它“又不传达任何原初的东西”，完全是“为了发生另一个事件而展现出一个事件的东西”——“两个事件性之间”。也正是因此，巴迪欧断言，事件就是介入本身,“介入的理论就是所有事件理论的核心”。倘若“我们将对事件的有序控制称作忠诚(fidélité)”,那么所谓的介入者——主体,可能就是那些在与事件同时涌现的主体化进程中知道要对真理保持忠诚的人。

围绕着事件,如果说巴迪欧与德勒兹针锋相对,德勒兹则在与海德格尔短兵相接的同时回应着怀特海。与这几者不同,德里达曾在可能与不可能的逻辑绝境中思考事件,进而将礼物、忏悔、宽恕、好客认定为事件,凸显了事件的垂直性和可能—不可能。正是在这一系列对事件本身的问题化中,有关事件的理论不断丰富,如金在权(Jaegwon Kim)做出了对事件结构的分析,而与此同时,某种事件现象学、事件本体论也被提上了哲学的议程。

(郭峰)

世界体系(World-System)

作为人文社科领域的一个特指的概念,世界体系是随世界体系论在上个世纪70年代一同出现的。世界体系论的提出者是美国社会学家伊曼纽尔·沃勒斯坦,他在《现代世界体系》第一卷中对世界体系有概括性的说明。

沃勒斯坦认为,“世界体系”是一个社会体系。在沃勒斯坦的概念系统中,社会体系有两个特征:体系内的生活大体上是独立自足的、体系发展的原动力大体上是内在的。按此标准,绝大部分通常被视为社会系统的实体,如“部族”、社会共同体、民族国家都是不完整的体系。完整的(或真正的)社会体系包括两类,一类是小规模、高度自治的自给经济体,而另一类就是诸世界体系。二者的区分不仅在于范围的大小,而且在于世界体系是以广泛的劳动分工为基础实现自足的,其内部包含有多种文化。不过,被称为世界体系并不意味着它是囊括整个世界的实体,实际上是表明它大于任何从法律上定义的政治单位。同时,世界体系还具有自身的结构、成员集团、合理规则和凝聚力。从存在状态来看,世界体系可以被想象为有机体,它具有生命期,我们可以根据其运行的内在逻辑来判断其生命阶段。其生命力则由冲突的各种力量构成,这些力量既是聚合的力量也包含着分裂体系的潜能。沃勒斯坦以世界体系内是否存在单一的政治体系为标准,又将迄今为止出现的诸世界体系分为两种:由单一的政治体系控制的世界体系就是帝国,无此结构的世界体系就是世界经济体。这后一种世界体系是沃勒斯坦关注的重点，其名称正体现了世界体系的真正属性：世界体系（或诸世界体系）是一种经济实体。按照沃勒斯坦的说法，世界经济体各个部分之间的基本联系是经济的，尽管这种联系在某种程度上是由文化联系而加强的，并且终于由政治安排甚至联盟结构而加强。这也是我们认识世界体系以及世界体系论的基本出发点。沃勒斯坦认为，至今为止能长期稳定地存在的世界经济体只有一个，那就是15世纪末、16世纪初出现于欧洲的世界经济体，在它之前的世界经济体都极不稳定，要么转变成帝国，要么解体了，这个诞生于现代世界早期的世界经济体又被称为现代世界经济体、资本主义世界经济体或现代世界体系。沃勒斯坦的世界体系论主要就是围绕现代世界体系展开的。

沃勒斯坦认为世界体系是具有广泛劳动分工的实体，这种分工不仅仅是功能上的，而且是地理上的。以劳动分工为基础，根据经济活动的复杂性、国家机器的实力以及文化的完整性等衡量标准，世界经济体可以划分为核心区、边缘区和半边缘区三个部分。资本主义世界经济体更清晰地体现了这种内在结构。按照沃勒斯坦的说法，资本主义世界经济的建立基于三个非常必要的因素："世界本身在地理规模上的扩张；针对不同产品以及世界经济的不同地带而出现的劳动力控制方式多样化的发展；相对强的国家机器的出现，这样的国家成为资本主义世界经济的核心国家。"这个资本主义世界经济体的动力是"不等价交换"和"资本积累"。这种资本积累过程中的不等价交换存在于该体系内的两组关系——无产阶级和资产阶级、核心区和边缘区——之中。核心区就是生产技术含量高、资本密集、高工资产品所在的地区，而边缘区刚好相反，其技术含量低、劳动密集、生产低工资产品，介于它们之间的地区就是半边缘地区。沃勒斯坦强调，半边缘区并不是一种"残余类型"，它是世界经济体不可缺少的结构性要素。他指出："一个半边缘国家是其活动一半类似核心一半类似边缘的国家……半边缘国家这种模式主要是指将世界体系的边缘国家的产品进口到核心国家，同时将核心国家的产品进口到边缘地区，并且是以大致同样的程度来进行这两种活动。"资本主义经济体对三者之间的不平衡有很强的"自我维持之势"，同时市场的力量也会更多地强化而不是削弱这种不平衡。但是对特定的地区来说，它在体系内的角色并非一成不变。尤其是当技术进步带来世界经济体的范围扩大时，它们之间有可能出现角色的转换。

沃勒斯坦认为资本主义世界经济体有两种主要的经济周期，包括"较长的周期，即那些平均长50—60年的，通常被称为康德拉捷耶夫(Kondratieff)周期；以及更长一些的(200—300年)，有时也称之为'特长周期'"。沃勒斯坦认为，资本主义世界经济体虽然经历周期性的繁荣—平衡—稳定—上升—衰退，但它的扩张势头并没有减弱，在空间上从西欧蔓延到了全球，在深度上从经济渗透到了社会生活的各个层面。

沃勒斯坦认为现代世界体系之所以成为唯一长存的世界经济体，主要在于其独特性——资本主义世界经济体之内存在的“不是一个，而是多个政治体系”。相对于世界帝国来说，多个政治体系同存于一个经济体内并不意味着政治实体已经无足轻重，恰恰相反，“在资本主义基础之上建立的政治实体使经济收益分配到‘私人’手里的同时，又不断关注经济损失”。但是众多的政治体系也不可能都同样强大，因为“如果是势均力敌的，它们就会阻碍位于别国的跨国经济实体的有效运行。那样的话就会妨碍国际劳动分工，世界经济就会衰落，直至世界体系土崩瓦解”。这样在世界体系中就会形成金字塔形的权力机构，从而出现霸权。沃勒斯坦认为，霸权是指在大国竞争中，一个大国能够在很大程度上将自己在政治、经济、军事、外交、文化上的原则和意愿强加于其他政治体系。在现代世界体系的历史上出现的霸权国家有一些共同的特征：首先，霸权国家要将自己的经济优势从农业—工业生产领域开始，逐步扩大到商业、金融业，并维持在此三个领域的全面优势时才能建立霸权；其次，享受霸权的国家都力主门户开放的自由贸易；第三，霸权的军事力量主要体现在海上。资本主义世界经济体中的霸权也会出现周期性的变化，迄今为止，政治体系经历了三个霸权周期，相应先后有三个霸权国家，即17世纪的“海上马车夫”荷兰、19世纪成为“世界工场”的英国以及20世纪中期的美国。

从20世纪90年代开始，世界体系论者热衷于从文化或文明的角度透视世界体系。沃勒斯坦就曾指出：“一般的核心国家，以及作为一种特殊形态存在的霸权国家，都在努力加强其生产者的优势，并且通过他们对世界的文化统治而使得他们在国家体系中的作用合法化。在某种程度上，这些是通过容易观察到的形式，诸如语言、宗教以及习俗来实现的。但更为重要的是，这种霸权是通过其他形式来实现的，这些形式包括思维方式和分析方式，尤其是通过哲学和科学/社会科学的范式来实现的。”沃勒斯坦揭示了现代世界体系内文化/文明演变中的霸权趋势。从文明的角度来说，现代世界体系本来是西欧一隅的文明，随着世界体系的扩张，这种“特殊的文明”成为一种具有普遍意义的文明。世界体系论认为，现代世界体系主要是通过“社会科学的制度化”、“意识形态的规范化”和信奉启蒙哲学的运动的普遍化，来谋求文化上的统一。对发展中国家来说，这一趋势迫使他们在明确文化身份时举棋不定、进退两难。

世界体系论认为，现代世界体系自诞生就面临反体系运动，主要是社会主义劳工运动和民族主义运动。沃勒斯坦曾展望过世界体系的未来形式，这将是世界体系的第三种形式：社会主义世界政府。他后来表明，自己的设想只是一种可能的结果，并不能完全肯定。

沃勒斯坦认为：世界体系分析根植于“马克思主义，特别是马克思的原著以及那些运用马克思主义来看待世界体系的学者们的著作；叙述历史事件的年鉴学派，特别是布罗代尔和他对长时段研究的重视；熊彼特、波兰尼和普雷维什（Raul Prebish），所有这些人都强调作为资本主义运行基础的制度性结构；以及关于长波的叙述”。更具体地说，世界体系论是对以国家为分析单位，追求普遍发展模式的现代化理论的反动，其更直接的一个知识渊源是依附论。在依附论者中弗兰克曾用依附理论对现代世界历史进行过细致的分析。他认为，帝国主义和殖民主义构成现代世界的中心城市力量，它们在从属国建立起卫星城和官僚政治中心。利用这种机构和机制，帝国主义和殖民主义不断榨取财富，从而造成西方的发展和第三世界的欠发达。沃勒斯坦继续了这样的分析，使之更加精细明确。从方法上给予世界体系论滋养的是布罗代尔的长时段理论以及年鉴学派的多学科综合研究方法，沃勒斯坦推陈出新，将自己的方法定义为“一体化学科方法”。

世界体系论虽然为多个学科的学者所接受，但也面临着众多的竞争者和批评者。沃勒斯坦认为自己的世界体系分析是超越欧洲中心论的尝试，但他的分析却被批评为欧洲中心论式的解释，柏格森甚至对世界体系论的理论身份都大为怀疑。不过，世界体系论的影响还在扩展，其价值需要更长时间更多事实的验证。

（王燕平）

世俗的启迪（Profane Illumination）

法国在20世纪20年代曾经发行过一套别出心裁的导游手册，专门介绍文化景点上那些鲜为人知的、黑暗阴森的“哥特特征”。其中的一本手册题为《世俗的启迪》，介绍的是马克思主义，但它所勾勒的是一个非正统的马克思主义系谱，这一系谱所热衷的是社会过程中那些非理性的、用“基础”和“上层建筑”这样笼统的概念所无法涵盖的方面。它既考察这些因素如何作用于社会的方方面面，又考察那些意欲利用这些因素达到社会变革目的的梦想。这一系谱被称为“哥特马克思主义”。（Margaret Cohen, *Profane Illumination*）其实这也就是法兰克福学派的弗洛伊德马克思主义的前身，而最早把马克思主义和弗洛伊德主义相关联的又是超现实主义的艺术家们。所以有批评家认为超现实主义是20世纪新的和革命的历史意识的“种子基地”。(Andrew Benjamin & Peter Osborn, ed., *Walter Benjamin's Philosophy*)

而这也是本雅明对超现实主义的认识,所以在他的《超现实主义》(“Surrealism”)一文中,他正是使用了“世俗的启迪”这个概念来解读超现实主义的实践论和经验论,同时也是借此而总结了自己的认识论和方法论。在他的阐述中充分表现了他的“两面神”特征,即,神学与马克思主义。因为“启迪”原本是个犹太教的概念,指犹太人在宗教体验中顿悟到上帝所教诲的世界真谛,即弥赛亚将最终到来,打败伪基督,截止世俗的历史,将流亡中的犹太人带回美好幸福的世界。这在犹太教中被叫作“救赎”。“启迪”所启示的就是这历史的终极真理。如果说这是一种宗教启迪,需要借助宗教沉醉与感悟进入形而上的世界,那么,“世俗的启迪”就正如文化批评家沃林(Richard Wolin)所指出的,“也利用精神陶醉所产生的能量以便制造‘启示’,即制造一种超越经验现实之平淡无奇状态的远见或洞见。然而这种远见却是以内在的方式产生的,即还是在可能的经验之内,而无须述诸来世性质的教条”。(Richard Wolin, *Walter Benjamin: An Aesthetic of Redemption*)

从这个意义上,本雅明又称“世俗的启迪”来自“唯物主义、人类学的灵感”。这种提法的具体含义是,正如宗教启迪从形而上的体验中看到世界末日和弥赛亚的到来,“世俗的启迪”则可从世俗历史的现象中看到超越现状的未来世界。因为本雅明历来认为现代性是真正人类历史的史前阶段,对技术的滥用,对传统的摧毁,使得所谓文明与进步变成了一个堆积现代性废墟的过程,但是这个过程不会成为一个无法被截止的进程,因为“时间是一道弥赛亚随时会进来的窄门”,弥赛亚的到来就意味着现代性历史的终结,但是本雅明的弥赛亚给人类带来的不是宗教天国,而是傅立叶们所梦想的人间天堂。

但是在一个已经物化的世界如何得到上述“启迪”?在本雅明看来,超现实主义的实践开了一个先河,其方法的“秘仓”在于“将醉的能量用于革命”,即以“陶醉”状态进入现实的世界,因此看到一个“非同一性”的现实,一种“超现实”。超现实主义在这方面的实践具体表现为布勒东通过“陶醉”而得到的“无与伦比的发现”,即布勒东第一个从已经“过时”的东西中,如第一批钢铁建筑、最早的厂房、最早的照片、已经濒临绝迹的物品——如大钢琴和五年前的服装、生意已经不再红火的酒店等旧物上,都看到了革命的能量。在本雅明看来,“对于这些事物与革命的关系,他们比任何作家都有更确切的概念。在这些幻想家和预言家之前,还没有人领略过极度的贫乏如何转眼变成革命的虚无主义。且不说阿拉贡的《歌剧院拱廊》,布勒东和娜嘉这对恋人把日常的一切，包括在火车旅途中和在大城市无产阶级聚居区凄凉的礼拜日下午中的所见所闻，还有从新公寓雨意朦胧的窗户中偶然一瞥所看到的，都变成了革命的体验，即使还不是革命的行动”。

这种革命的经验在超现实主义的早期还只是一种带有无政府主义色彩的“革命的虚无主义”，一种“贪婪的否定”和叛逆的体验。“他们使埋藏在这些事物中的‘气韵’的巨大能量达到爆破的顶点。”“埋藏的‘气韵’”只有通过陶醉的体验才能使之爆破出来。他们借助大麻、鸦片进入这种新的体验，尝试自动记录式的写作。所以在《巴黎城中的乡巴佬》和《娜佳》中，巴黎的街道被描绘成如同突然发现的梦幻世界。他们的目的不仅是对传统理性的矫枉过正，也是对资产阶级心安理得的态度的批判，因为梦幻的意象给了人们一种不同的视角。正像乔伊斯的主角斯蒂芬要用“灵悟”美学体验的狂喜所带来的昭示替代天主教的神启一样，蓝波、劳泰蒙、阿波利奈尔也是在反抗天主教的激情中把超现实主义带入世界的，他们都是利用宗教的迷狂体验重新感悟世界。借用斯蒂芬的“实用阿奎纳”的说法来类比，可以说他们都将宗教进行了世俗化和政治化的使用。他们都像浪漫主义英雄拜伦一样要为世界立法，因此像斯蒂芬一样，他们也被资产阶级斥责为傲慢的撒旦，但是他们却以此而自居，有意激怒传统的价值观念。本雅明对于这种撒旦主义的意图是高度赞赏的，他说：“打开这个浪漫主义的傀儡，会发现有用之物：即对魔鬼的崇拜是一种政治手段。”即这属于自弥尔顿以来、经骚塞、直到波德莱尔的反叛传统，其目的正如本雅明所说：“我几乎唱破了嗓子要给文学注入某种新东西，我这种文学只唱绝望的调子，以便使读者压抑，因此使他更加渴望用善来医治，因此最终人们所歌唱的只有善，只是方法更具哲理性，更少幼稚性。”

对于“陶醉”的体验方法本雅明同样认同，认为陶醉和清醒具有一种互补的辩证关系：“陶醉的辩证法的确很神秘。难道沉浸在一种世界中的迷狂不是一方面使清醒降格，另一方面却又是对它的补充吗？”陶醉所带来的不仅只是一个“与圣心之墓和圣女之祭坛临界的世界”，还是一个“与战斗之前和胜利之后的早晨临界的世界”，也就是说这种体验带来的不是“宗教或毒品性质的欣喜若狂”，而是对宗教启迪的克服，对世俗启迪的追求和对革命激情的阐发。但是在本雅明看来，超现实主义能否成功，全在于他们是否能将叛逆和陶醉的体验变成革命的实践，如果像早期超现实主义那样把重点放在叛逆和追求陶醉本身，那将是使“对革命所做的方法论和训练的准备完全服从于一种介于健康锻炼和提前庆贺之间的实践了”，也就是说“把醉的能量用于革命”这一超现实主义的“最特殊的任务”就变成了一种获得智力乐趣的思想体操，或一种“诗学政治”。从另一方面来说，即使超现实主义有意将醉的能量用于革命，“对于神秘的神秘强调也不会带给我们更多的东西”。能将醉的能量用于革命的秘诀在于:“我们对神秘的探索程度应止于在日常的世界中发现神秘,借助一种辩证的眼光,把日常的看作神秘的,把神秘的看作日常的。”这是本雅明所理解的“世俗的启迪”的实践方法,即从形而上学的思辨和玄妙体验中走出来,进入对生活的哲学化批判,目的是“损毁”其“物质内容”,揭示“真理内容”。从卢卡奇的角度来阐释,即透过历史表象,揭示其总体性的必然趋势。

(郭军)

市民社会(Civil Society)

市民社会是当代政治学和社会学研究中一个重要的比较性概念。它是与国家相对,并部分独立于国家的一种社会存在,包括那些不能与国家相混淆或者不能为国家所淹没的社会生活领域。市民社会具有以下几个特征:一是经济和权利多元;二是其基本单位是独立的个人;三是契约社会;四是高度自治。从社会学的角度讲,市民社会是国家或社会的基本单元(个人、家庭、企业、社团)之间组成的社会组织,这些基本单元具有一定程度的自治性,并且自愿捍卫自己的价值和利益;从政治学的角度,市民社会强调国家与社会之间建立在公民、公民权和法制等概念基础上的一种制度化关系,基本上属于一种民主政体范畴的概念。

市民社会这个术语可以追溯到古希腊的亚里士多德和古罗马的西塞罗。在他们的著作中,市民社会还主要是一种“城邦”概念,意指具有国家意义的城市的文明共同体的生活状况。显然,在古希腊罗马,甚至中世纪早期,市民社会与政治权力都是混同的。事实上,市民社会和政治国家的分离过程从 16 世纪就已开始,但直到 17—18 世纪,一些思想家才认识到国家和社会的区别。洛克认为,社会先于国家,国家必须受制于其对社会的承诺。孟德斯鸠则认为,社会由其政治社会予以界定,作为政治社会的君主制必须受制于法治,而法制则需要分立自治和相互制衡。在他们看来,国家可以说是市民社会的一种工具,人们通过社会契约建立国家是为了克服自然状态的缺陷,将自然状态所隐含的自由平等予以体现。家庭、私有财产、工商业生活等,并不能构成市民社会的主要特征,拥有政府和法律这样一些政治文明因素才是市民社会的基本特征。因此,他们所说的市民社会实际上是区别于野蛮社会或自然社会的文明社会,其内涵特指与自然状态(家庭)相对的政治社会或国家,而不是指与国家相对的实体社会。

第一个将市民社会与国家和政治社会的概念作出学理上分别的是黑格尔。黑格尔肯定了独立的市民社会的存在,并赋予它以新的含义。在他看来,市民社会是一个个人所有权得到法律确认与保护的、建立在契约性基础上的、追求个人利益的经济活动的领域。黑格尔的思想可以概括为以下几点:一、市民社会是各个成员作为独立的单个人的联合,市民社会的最终目的是维护作为具体的、特殊的个人而存在的各个成员的利益、需要、权利和自由。二、与代表普遍利益的国家相对而言,维护特殊利益的自治性团体是构成市民社会的一个基本要素。三、国家和市民社会作为不同的伦理实体,有着不同的、甚至相互冲突的组织原则。但是,由于国家是普遍性原则的体现者,是伦理精神发展的最高阶段,市民社会的原则必须服从于它。通过对市民社会和国家在学理上的分离,黑格尔将关注的重心转移到了经济活动上,反映了私有财产、市场竞争、中产阶级的勃兴和人们对自由日益强烈的需求,真正形成了现代意义上的市民社会的概念。但是,由于对伦理精神的过于强调,由于对市民社会的非理性和国家的普遍性特征的刻意区分,他把司法制度和警察等政治国家的机构包括在市民社会之中,并且最终得出了家庭和市民社会从属于国家的结论。这显然是黑格尔市民社会概念的很大缺陷。

马克思吸收了黑格尔市民社会理论的合理内核,并对其进行了修正和完善。马克思认为,现代市民社会概念是对政治国家和市民社会相分离的现实的反映,而政治国家和市民社会的分离则是近代欧洲的产物。他指出:“市民社会包括各个个人在生产力发展的一定阶段上的一切物质交往,它包括该阶段上的整个商业生活和工业生活”,“真正的市民社会只是随同资产阶级发展起来的;但是这一名称始终标志着直接从生产和交往中发展起来的社会组织,这种社会组织在一切时代都构成国家的基础以及任何其他观念的上层建筑的基础”。可以说,马克思的市民社会概念包括两个层面的含义:第一,就其所处的时代和理论批判的对象而言,它指的是资本主义社会的经济关系;第二,就其内在本质而言,它指的是一般市场经济条件下的商品经济关系。显然,像黑格尔一样,马克思也承认个人是市民社会活动的基础,但他强调从生产和交往中发展起来的社会组织即市民社会的组织的重要性。马克思同时认为,在包括社会关系、文化—意识形态关系和经济关系在内的市民社会诸领域中,“物质生活关系的总和”或经济关系的领域具有决定性意义。不仅如此,通过对欧洲历史上政治国家和市民社会之间关系的历史演变的考察,马克思还从代表制的形成、权力的分立、人权和公民权原则的确立等角度,进一步分析了市民社会和政治国家相分离的政治意义。

第二次世界大战之后，由于葛兰西的《狱中札记》在政治学和文化研究领域的巨大影响，市民社会的概念再度成为理论探讨的热点。葛兰西认为，马克思主义的上层建筑包括两个层面的内容，“一个能够被称为是‘市民社会’，即通常被称作‘民间的’社会组织的集合体；另一个则是‘政治社会’或‘国家’”。具体而言，政治社会与统治集团通过国家“法律上的”政府所行使的“直接统治”或命令相一致，其执行机构是军队、警察、法庭、监狱等国家暴力机构；市民社会与统治阶级对整个社会所行使的“霸权”相一致，它是制定和传播意识形态特别是统治阶级意识形态的各种私人的或民间的机构之总称，包括政党、教会、工会、学校、学术文化团体、各种传播媒介等非暴力性机构。因此，“国家不仅应当被理解为政府的机构，而且应当被理解为市民社会的‘私人’机构”。也就是说，在上层建筑的范围内，市民社会是政治社会的基础。正是在这个意义上，葛兰西认为，在资本主义社会，资产阶级的统治主要不是通过政治社会及其代理机构来维持的，而是依靠牢牢占有意识形态领导权，依靠他们广为宣传并为大众所普遍接受的世界观来维持的。这样，通过对市民社会概念的重新阐释，葛兰西就将它描绘成了政治活动的特定核心和反对专制统治的一个至关重要的领域。显然，市民社会概念在葛兰西的思想中发生的一个重要变化，用马克思主义的术语来说，就是市民社会的“上层建筑”化。

葛兰西之后，有关市民社会的讨论更趋深入和分化。阿尔都塞把葛兰西意义上的市民社会改造成意识形态国家机器理论，哈贝马斯则将“公共领域”的概念引进了市民社会的讨论；泰勒从民主自由主义的立场出发对黑格尔式市民社会作了重构，马修从帕森斯社会学的理论出发提出了“社会团结或凝聚性”理论；而柯亨(J. Cohen)、阿拉托(A. Arato)等人提出国家—经济—市民社会的三分法来代替国家—市民社会的二分法，认为市民社会主要应该由社会和文化领域构成，同时强调它的社会整合功能和文化传播与再生产功能。面对纷繁复杂的讨论，泰勒曾经概括了市民社会的三种含义：一、就最低限度的含义来说，只要是存在着不受制于国家权力支配的自由社团，市民社会便存在了。二、就较为严格的含义来说，只有当整个社会能够通过那些不受国家支配的社团来构建自身并协调其行为时，市民社会才存在。三、作为对第二种含义的替代或补充，当这些社团能够相当有效地决定或影响国家政策之方向时，便可称之为市民社会。从泰勒的概括中，我们其实已经可以较为清楚地看到，尽管众说纷纭，并非无迹可寻，无论如何，市民社会的概念依旧没有逃脱黑格尔哲学中那个与国家相对并部分地独立于国家的比较性范畴。

（张跣）

属下/属下阶层(Subaltern)

“属下”一词在字典中的一般意思是“次要的”,在英国军队中主要指“次长,中尉,副官”等次级军衔。20世纪初,葛兰西在《狱中札记》中论述阶级斗争时,迫于政治压力,用了“属下”这个词汇来代替马克思的“无产阶级”这个概念。它可以与“属下的”(subordinate)或者“工具的”(instrumental)进行互换,以用来指那些从属的、缺少自主性的“没有权力的人群和阶级”。葛兰西这一概念主要针对意大利南部的乡村农民,他们缺乏组织,没有作为一个群体的社会的、政治的意识,因此在文化上依附、顺从于统治阶级的观念、文化和领导权。葛兰西认为,他们有一种走向同一性的趋势,但这种趋势不断被统治集团所打破,并且他们的行动也往往受到统治集团的支配,甚至当他们起义反抗的时候也是如此。

葛兰西的“属下”与“无产阶级”之间的区别,在于它补充了被压制阶级在历史和意识等方面的文化上的特点,相比之下,马克思的“无产阶级”则是一个有着鲜明主体意识、强烈社会组织性和明确的政治历史感的群体。并且,相对于“无产阶级”在经济关系上的较为明确的定位,“属下”则是一群被动顺从的、没有理论严格性的群体称谓,相对而言具有更大的灵活性。之所以需要这种变动,不仅仅为了躲过意大利当时的审查制度,还因为在葛兰西看来,意大利农民在全国人口中占有较大比例,所以解放要有效地进行的话,就必须依靠他和城市工人阶级之间的结盟。由于在意识水平上,葛兰西的“集体工人”已经能够明白自己的任务并通过实际的东西表达他们的政治觉悟,因此,“属下”在事实上主要还是指农民。

葛兰西的“属下”概念得到“印度属下研究小组”的历史学家们的继承,但其中也有不同。正如古哈(Ranajit Guha)所指出的,“印度属下研究小组”所使用的“属下”这个词被“用于南亚的研究”,以纠正精英知识分子在这个问题上的偏见。它用来指南亚社会中存在的从属群体的一般性特征,包括阶级、种姓、年龄、性别、职务和任何其他领域中存在的受压制群体。(古哈等编《属下研究选集》)对属下研究小组来说,葛兰西对南部意大利的乡村农民所受压迫的讨论,正好也可以用来描述独立之后的印度社会中的乡村农民、工人阶级和贱民阶层所持续遭受的压迫。在这里,属下阶层在文化上的“顺从性”得到强调,并被扩展到印度特定的环境中,包含了除农民外的更多的组成内容。

对“属下”这个概念进一步进行补充和阐释的是美国后殖民批评家斯皮瓦克。在《属下能说话吗》(Can Subaltern Speak?)这篇著名文章中,她强调了属下“不能说话”的特征。也就是说,属下一词用来指所有不能言说自己、失去自身主体性的人群。如果说,葛兰西注重的是意大利背景、属下研究小组注重的是印度民族独立的历史,那么,斯皮瓦克在该问题上注重的则主要是后殖民背景下的属下阶层及其特殊处境。

由于帝国主义认知暴力对精英文化的浸染以及精英阶层在事实上与帝国主义的同谋效果,第三世界作为被压制者整体,其内部并不是同质化和均衡的,它必然进一步地被具体差异所代替。因此在属下阶层的组成上,与葛兰西和印度属下研究小组偏重农民阶级不同,斯皮瓦克更加注重属下阶层在构成上的各种内在差异,尤其是其中的性别差异。在她看来,在经典马克思主义的生产方式叙事中,社会集团都无一例外地忽略了女性在其中的位置和力量,她们始终处于无声的角落里,成为“他者中的他者”。对属下研究小组来说,他们考虑的主要是男性属下主体,而女性属下在社会历史中、在民族独立前后的生活和斗争则遭到了忽视。并且,站在解构的立场,斯皮瓦克更加注重属下概念的情境化和灵活性,以随时包括那些可能遭到忽视的、各种各样的斗争形式。因为在经典的马克思主义的历史变革模式中,像印度这样的前殖民地,其民族解放默许了民族解放斗争中的民族资产阶级的优先性,而贱民阶层和属下女性等虽然在变革中同民族资产阶级站在一起,但在民族独立之后却并没有实现自身的解放,而是继续接受资产阶级和新形式的帝国主义的双重压制。从这个意义上说,斯皮瓦克是在差异的基础上将马克思主义的阶级概念做了更加细致的处理。因此,她并不是简单地拒绝马克思主义思想,罗伯特·扬就曾明确地指出,斯皮瓦克是在修正的基础上,扩大了马克思主义狭义的阶级斗争模式,以适应其他形式的解放斗争,包括女性运动、农民斗争以及本土少数族的权力斗争等。

不过,在使属下/属下阶层摆脱其属下性的工作中,斯皮瓦克还分析了可能存在的本质主义危险。她认为,属下历史研究小组在其早期工作中力图恢复被精英历史写作忽视的属下历史,以此找到一种纯然的属下主体和主体意识,因此不可避免地具有理想性,是一种本质主义的理论虚构,因为“属下”之所以具有属下性,就在于他们的“不能说话”的特征。从历史中恢复属下阶层的主体意识是不可能的。但问题是,一种自主的声音和力量的形成,又必然依赖这种自觉意识的发掘。所以斯皮瓦克认为,属下这个概念本身意味着一种灵活的策略性,其主体性只具有策略的意义。“属下/属下阶层”本身并没有固定不变的本质,作为一个概念,它只能是斗争实践的产物。

总的来看,“属下/属下阶层”是马克思“无产阶级”概念在各种新形势下的变体,是一种后马克思主义的概念，并且在解构主义和后殖民主义等新思潮影响下，不断容纳着新的内涵。

（李应志）

述行（Performative）

“述行”最初是英国语言哲学家约翰·奥斯汀（1911—1960）提出的言语行为理论里的一个重要概念，后来被广泛用于哲学、社会学、语言学、文学研究等学科的研究中，在不同的语境下和不同的使用者手里，“述行”也被说成施行、行为、施事、表演。

直到20世纪中期，人们普遍认为，一个语句的有效性在于它陈述了一个可以证实或可以证伪的事实，换句话说，如果一个陈述句既不能被证实，也不能被证伪，那么这个句子就是无意义的。奥斯汀发现，并非所有的陈述句都是对事件、过程或状态的描写；也有一种陈述句并无真假值，但是确实有意义。这样就有了两种不同类型的陈述句：

（1）It rained yesterday.（昨天下雨了。）

（2）I bet it must have rained yesterday.（我打赌说昨天下雨了。）

第一句话是对一个事实的陈述，到底是否属实，是可以加以证实或证伪的。而第二句话就不存在真假问题，说出这句话等于做出了“打赌”这件事情，说话本身就是一种做事的“行为”。基于语句的不同功能，奥斯汀将陈述句分为“表述句”（constatives）和“述行句”（performatives）两大类。他指出，表述句对事件和状态进行事实性的描述、报告或判断，所述内容可以是真，也可以是假。而行为句由于本身就在“做事”，或发出指令，或提出警告，或做出承诺，或表达愿望，或表现情绪，所以不存在真假问题，只有恰当与不恰当之分。

奥斯汀最初认为，述行句应该具备三个特点或符合三项基本原则：一、主语必须是第一人称单数。二、谓语动词应该是行为动词。三、谓语动词是主动语态的肯定现在式。能够把这三项标准结合起来的常见句式有：我同意……，我请求……，我承诺……，我命令……，我提议……，我宣布……，等等，据奥斯汀统计，英语里具有某种“行事力量”的词语大概有一千来个。然而，对述行句的深入研究使奥斯汀看到，有些句子虽然不完全符合这三项原则，但是同样起到了实施某种行为的作用。例如：“You are sentenced ten years of imprisonment."(判处你十年监禁。)说出这句话,就是在做出"判决"的行为。当然,严格地讲,这一判决只有在法庭上宣读出来,才能具有法律效力。于是,奥斯汀进一步将述行句分为显性述行句(explicit performatives)和隐性述行句(implicit performatives)两类。显性述行句至少包含一个行为动词,通过这类动词确切地表明了句子所实施的言语行为,例如:"I promise to go with you."(我答应和你一起去。)句中的行为动词"promise"表明该句做出了"许诺"这一言语行为。而隐性述行句则没有明确的行为动词,需要通过语境来确定它所实施的言语行为。例如:"You will be right there."这句话所实施的言语行为,可以在不同的语境里表示"赞成"、"许诺"、"警告"或"不满"等不同行为。

随着对隐性述行句的进一步研究,奥斯汀意识到表述句与隐性述行句并没有实质性的区别。例如"It will rain tomorrow."(明天要下雨。)这句话几乎完全不符合上述三项原则,但是它确实可以表达"劝告"、"担心"、"提示"等行为意义,即可以做事。由此看来,所有的语句都是述行句,"述行"是一切言语的共性,是语言的实质;至此,言语行为理论开始形成(参见本书"言语行为理论"词条)。

当代人文科学话语广泛采用了"述行"一词,它被引申表示一切符号现象的根本属性,就是说,符号再现、表征或表意本身就是一种行为实施过程,我们所见的语言文本、音乐文本、标牌、告示、建筑、服饰……所有符号使用都是在做事、行事、表演或"述行",符号活动本身就嵌入和参与了社会文化过程,它塑造现实和被现实所塑造,是整个生活构成中的一部分,而不是外在于生活、对生活反映或不反映、正确反映或歪曲反映的另一独立系统。甚至言语表现不再有"正确"与"不正确"的区分,只有恰当与不恰当的不同和差异,就因为语言活动是一种行为。所言的正确与否,完全是一种差异效果;话语的恰当性决定于特定的时间和场合,也就是"什么山头说什么话"。因此,在分析言语的意义时,应该充分考虑到语境的限定作用,词语的意义是在使用中产生和确立的。

(马海良)

双性同体(Androgyny)

双性同体,也称雌雄同体,就词源看,由希腊语 andro (男性) 和 gyn(女性)组成,指兼有男性和女性精神的人,也指阳刚与阴柔的情感在一个人身上的完美体现。这个词不同于医学上生理意义的双性同体性。双性同体的说法由来已久。印欧宗教中的始祖都是男性和女性特征并存的。古希腊哲学家阿里斯托芬曾描写过男人和女人合二为一的状态，这个人兼有的双重力量导致人类同天国抗衡。宙斯将谋反者劈成两半，从此男人和女人开始永久地寻求另一半。北美印第安人的传统文化一直以不同于西方的方式定义男性与女性的关系，所描绘的人兼有男性和女性特征，如纳瓦霍部落的纳德尔(Nadle，Nedleeh)等。

女性主义理论之所以将双性同体一词纳入研究范畴，同英国女作家弗吉尼亚·伍尔夫在《一间自己的房间》中的思考有密切联系。在该书最后一章，伍尔夫提出双性同体的观点，这不仅是这本书，也是她所有小说思想的关键所在。伍尔夫认为："对任何写作的人来说，想到自己的性别是不幸的。做个单纯而简单的男人或者女人是不幸的；一个人必须是男人般的女人，或者女人般的男人。"她引用英国诗人柯勒律治的话"伟大的心灵都是双性同体的"，认为"艺术家应该是双性同体的"。伍尔夫指出，单纯地以男性或女性身份思考"干扰心灵的完整"。她想象着男性和女性特征的完美结合，做了如下构思："每个人内心都有两种力量，一是男性的，一是女性的。在男人的头脑中，男性的一面主导女性的一面。在女人的头脑中，女性的一面超过男性的一面。当男性与女性的特点和谐共处，精神上共同合作时，这是个正常而且舒服的状态。"伍尔夫倡导的双性同体是一种心理和诗学意义上的理想，是对性别、自我和语言的超越，是身处两难之境的女性作家对现实的回应。

伍尔夫调侃为业余式的有关双性同体的思考为20世纪60年代女性主义思想的发展注入了活力。女性主义者们对她的看法有不同反应。倾向于双性同体观点的女性主义者视伍尔夫为典范。卡洛琳·赫尔博容(Carolyn Heilbrun)是继伍尔夫之后第二个认真钻研双性同体的女性主义批评家。在《认可双性同体》(*Towards a Recognition of Androgyny*，1973)一书中，她引用伍尔夫的话，指出双性同体对女性主义是有用的，因为这个词摆脱了弗洛伊德强调社会性别差别的二元性双性观，绕开了同僵化的社会性别范式相联系的主导与服从的文学样式。不仅如此，因为西方文学和神话中一直存在双性同体传统，她提议用双性同体来代替现存的、分别以男性气质和女性气质为主导的性别观，颠覆传统文学批评中对男性和女性的表征。她的观点之新颖处在于，她说明可以用双性同体一词来命名流动的、不受生物性别限制的个性发展，这一点在伍尔夫、格特鲁德·斯坦等作家质疑传统性别说法的虚构世界中都得到了体现。对她来说，双性同体是一个拒绝身体、性欲或者任何性别差异之物理性特征的精神理想。

就影响而言，因为赫尔博容理论性地分析和解释了父权制社会中女性所体验到的性别、感情和智力等差别及其原因，所以她的观点得到不少女性主义者的认同。她们的共识是只有拥有双性同体的人格才是完整的，能体验人类情感的整体性。美国学者琼·辛格(June Singer)认为，男性气质和女性气质在一个人身上是并存的，她倡导个人合理地调整这两种气质，实现“内在的联姻和融合”。她指出：“双性同体是以开放的并能同开放的世界接触的有机体中能力的运用为基础的机制发生作用的结果。”许多女性，尤其是中产乃至上流社会的女性接受双性同体的观点，并将它政治化，使其成为支持并巩固其男性理想的理论基础。双性同体的政治化催生了通俗文化中的社会性别角色实验，著名的例子有电影《雌雄莫辨》(*Victor /Victoria*)和《窈窕淑男》(*Tootsie*)。

激进的女性主义者，如玛丽·戴利和艾德丽安·瑞奇等对伍尔夫双性同体的观点持反对态度，认为即使双性同体是一个合适的道德理想，它作为一个政治目标也是不恰当的，因为它没有明确区别差别，双性同体的想法模糊了为同男性相区别而斗争的需要。凯特·米利特和伊莱恩·肖瓦尔特一致认为伍尔夫不关心政治，因为她的作品没有公开谈论令女性受压迫的意识形态问题，她的双性同体观是男性和女性特点的综合，是逃避冲突和斗争的表现，带有解除性和解政治化倾向。在1977年出版的《她们自己的文学》一书中，肖瓦尔特专章阐述并评价了伍尔夫的双性同体观，指出这是伍尔夫为了避免直接面对她的家庭、读者和社会阶层而建构的一个带有逃避色彩的理想。她认为双性同体观对伍尔夫来说是个神话，“它帮助她躲避直面自己身为女性的痛苦，使她能够把自己的怒气和雄心都压抑住”，她的双性同体设想是“理想的艺术家乌托邦思想的投射：安静，稳定，不受性别意识的阻扰”。在肖瓦尔特看来，这种想法是非人化的，伍尔夫的理想艺术家很神秘地超越了性别，或者无性别。不管人们怎么评说双性同体，它都是对女性特征和男性特征的逃避。

自20世纪80年代之后，美国女性主义评论家托瑞·莫依(Toril Moi)对肖瓦尔特的观点的挑战使伍尔夫的双性同体观在遭遇了冷遇之后重新受到关注。莫依运用法国批评家德里达和克里斯蒂娃的解构理论，认为伍尔夫的双性同体说法其实是革命性的，是反对二元对立的。她指出，伍尔夫的双性同体观在她最早的小说《到灯塔去》中就有所体现。在这部小说中，伍尔夫“通过朗姆赛先生和朗姆赛太太，阐明形而上学式地信奉牢固的、恒久不变的社会性别身份具有毁灭性的本质”。莫依坚持认为，对伍尔夫而言，显然“女性主义的努力目标正是要解构DEATH-DEALING男性气质和女性气质的二元对立”。

总的说来，提倡双性同体的女性主义者将它作为对付厌女症的策略，以期打破男性和女性二元对立的僵化局面，接受个人充分发挥男性和女性特点的观点，鼓励女性成为阳刚和阴柔兼具的个人。对双性同体持保留和反对意见的女性主义者则认为这一观点带有破坏性，或者是逃避现实。对双性同体的争论至今仍在持续。值得注意的是，随着人们对词语含义认识的增强，这一词语所包含的男性意识也逐渐引起关注。卡瑞·维尔提出用医学上表示雌雄同体性的词"hermaphrodite"来代替"androgyny"，认为"男性/女性合二为一永远都是不完整的，两个身体一直都是相互竞争，而不是相互完善的"。

从上述有关双性同体的认识可以看出，女性如何在父权制社会找到自己的定位一直是女性主义者关注的问题。不论用哪个词，双性同体所表示的意思对女性主义理论来说，都是见仁见智的关键构想。同这一理想化的双性同体构想相对照，法国女性主义者露西·伊丽格瑞的认识虽然也因抛开了民族、种族、不同意义上的性等因素受到质疑，但是却具有一定的现实意义。伊丽格瑞认为，就理想的两性关系而言，不论是完整性，还是统一性，都抹杀了差别，有趋同于男性的倾向。她为女性提供的策略是模仿，即有意接受女性气质的要求，但是在实践的过程中将它所代表的从属含义转换为对自身的肯定。换言之，就是通过有意识接受的举动来实现并肯定父权制预设的女性角色和女性自身角色间的分离，展现一个女性欲望能够得以施展的空间，保持带有积极意义的差别。这一观点在一定意义上算是对双性同体构想画上了句号。

（单雪梅）

碎片（Fragments）

碎片概念在文化批评理论中，首先是用来描绘现代工业化社会中事物的破碎状态以及与此相对应的人对事物体验的破碎状态。其次，碎片概念用于指一种思想风格，表现为片段、形象、格言、寓言等。这两个层面互相联系，前者是后者的基础，后者是前者的表征。

从第一个层面来看，这个概念概括了现代性的特征。在现代化进程中，由于工业化和技术开发，那些原本具有整体性与有机性的事物，如大自然，再也不能保持原状，而是被按照人的需要肢解和分割成了各种材料，这是一种破碎状态；而在现代生活中，则由于各种技术手段的介入，如现代交通、通信等，使得德国社会学家滕尼斯

(Ferdinand Tonnies)所说的前现代时代的共同体解体,代之而来的是现代的社会,其区别在于,前者是被一个共同伦理或宗教信念凝聚在一起的集体,后者则是无数个独立的单子组成的聚合。总之,相比之下,现代性是一幅完全不同的文化景观。与之对应,人对事物的体验也同样完全改变,最突出的特征就是失去了完整性和联系性,原初人类在大地劳作或进行手工制作时所经历的完整过程被现代工业生产线上重复和局部的劳动所替代,一个生产线上的工人只是一部大机器上的附件,被锁定在一种功能,他可能劳作一生都没有体验过原初生产劳动中完成一件完整产品时给劳动者所带来的成就感和喜悦,而在共同体时代归属一个群体的安全感觉也荡然无存。工业化的劳动过程使他的反应是机械的,感觉是麻木的,世界对他来说没有意义。而集体的解体又使他成为一个“人群中的孤独者”,这些都使他的体验以碎片、断裂为特征。

从第二个层面来看,这个概念概括了对这种破碎经验状态的表征模式,因为面对破碎,最恰当的表征自然不可能再是完整连贯的宏大叙事,而同样应该是碎片形式。对此,最敏感的首先是艺术家们,他们的表现手法是碎片似的语言、寓言、主题意象、思想片段等,于是在文学中有乔伊斯式的对语言的拆解,卡夫卡式的没有结论的寓言故事,波德莱尔式的捕捉现代都市中转瞬即逝体验的一个个主题意象。在电影中则有早期苏联电影利用蒙太奇的拼贴手法所再现的城市生活画面,突出表现了生活中的事件尽管同时进行、却互不关联的碎片性质;卓别林的电影更是以木偶似的动作表现了人在现代都市生活中,尤其是在现代工业劳动场所被异化的状态,突出了其“震惊”的特征,因为已经失去连贯性的事物撞击人的神经时,人所产生的本能反应就是“震惊”。与此同时,绘画艺术中不仅有印象派对瞬间感官印象的表现,更有后来各种先锋派艺术对完整形式和连贯主题的全面颠覆和摈弃。

在文化批判中,自然也不乏各路批评家从不同的批判立场对现代社会的碎片状态作出反应。如韦伯从这种破碎中看到人对自然的解魅和工具理性的操作;西美尔看到人际关系的冷漠;克劳斯看到传统的消解;后来的法兰克福学派批评家们则更为锐利,不仅看到破碎,更看到虚假的整体,如法西斯主义和大众文化,并用自己“解体的逻辑”、“否定的辩证法”将之瓦解为碎片。但是如艺术家一样将碎片既作为主题关注、又作为思想风格的人,无疑应数20世纪德国思想家瓦尔特·本雅明。

从主题内容上来说,在本雅明的文本中,满是瓦砾、碎片、垃圾、废墟,这有两层意思。第一层意思指的是,在本雅明眼中,现代性“是一整场灾难。这场灾难不断把新的废墟堆到旧的废墟上,然后把这一切抛到他的脚下”(On the Concept of History)。为何如此阐释现代性?这是由他那将犹太教神学与马克思主义相结合的历史哲学观点所决定的，在他看来，人类自离开了天堂中和谐完整的生存状态，便进入了历史，历史与天堂的区别在于，后者是永恒的，而前者是变动的，这个变动被叫作“进步”，然而当人类进步到由工具理性和市场所主控的现代社会后，单纯的技术进步越来越远离和谐完整的生存理念，它给世界带来的必将是灾难，所留给世界的只能是一堆堆的废墟和残垣断壁。

那么，是否这样一个破碎的世界就没有了希望？否。在现代性的瓦砾中，本雅明如一个收藏家，甚或拾荒者，在现代性中寻找救赎的碎片，这便是本雅明的文本中的第二类碎片。从犹太教喀巴拉传统的阐释学角度，本雅明认为，原处的完整器皿被打破以后，其碎片散落在历史中，表现为在以时尚为标志的商品化社会中那些早已被赶出流通领域的陈旧物品上，那些不入典籍的文本上，以及那些被正统社会拒绝接受的人物上。所以，在他的《拱廊街计划》这部研究19世纪废墟文化，即资本主义商品文化的著作中，他不再关注已经被资产阶级历史叙事所物化的“重大事件”，而是专门搜集被主流艺术、文化、历史研究所破坏和摈弃的东西，如清理古化石的碎片一样，把积淀在上面的乌托邦理想显现出来，表明人类追求技术进步的初衷其实是要建立傅立叶意义上的理想社会，是资本主义生产方式导致技术的堕落，所以资本主义社会必将被理想社会所取代，这个理想社会被本雅明叫作弥赛亚的新时代。

这种研究现代性历史的方式又决定了他的整个思想风格的碎片式特征。他认为“连续叙事”的历史或成体系的知识论都是虚假的整体，对应于现代性的碎片和救赎的碎片共存的现代景观，他的表征风格表现为由各种思想碎片的共现所形成的一个星座或一个马赛克。从文本的层面来看，构成这个星座或马赛克的碎片不是成本的著作，而是一篇篇的“短文”，即研究者根据自己理解的侧重面不同而分别译为“essay”，“treatise”，“tract”，“tractatus”的论述模式。这种论述模式并不是本雅明所独有，但是本雅明思想风格的独到之处在于，每一篇短文同时又是由思想的片段所构成的星座或马赛克，这些片段之间往往去掉了传统修辞所强调的逻辑联系，而对他的主题，即灾难与救赎，进行迂回性和多层次的展开。这些思想片段是本雅明意义上的“单子”，即用格言式的语言或寓言式的意象所揭示出的总体真理，这样的“单子”又被本雅明叫作“辩证意象”。可以说，他最后的《历史哲学论纲》是对这种风格的最精致的体现。

但是相比之下，对这种风格的最宏大的体现当数他的《拱廊街计划》，可以说这部书全书由“引文”碎片所构成，完成了他要用“引文”写书的理想，但是，需要指出的是，本雅明所说的“引文”不仅是指转引其他文本，更指对历史和现实的“引用”，这指的是打断历史和现实的连续性和既定性，抓住那能够昭示现代性的灾难性和救赎的必要性和可能性的事件，把历史研究的文本保留为一个单子或意象，这是一种“以反潮流的方式梳理历史”的姿态。正是在这种意义上，本雅明说，“我著作中的引文如全副武装的路边强盗，猛然蹿出来，让悠闲的散步者失去自信”(*Illuminations*)，而这也正是碎片式思想风格的效果，即解构与破坏物化的东西，但是，又正如本雅明在“毁灭者性格”中所说，解构与破坏不是为了收获废墟，“而是找到穿越废墟的道路”(the Destructive Character)，所以可以说，碎片风格在本雅明的思想体系中是解构和建构双重运作的一种策略。

(郭军)

所指(Signified)

所指是瑞士现代语言学家索绪尔在他的《普通语言学教程》一书中提出的一个基础性概念。作为语言符号中与能指(音响形象)相对的要素，所指意指概念。

关于所指，首先要注意的是它的基本内涵。在索绪尔看来，能指与所指作为符号中的两个最基本的要素，一个表示音响形象，一个表示概念，它们都是心理事实，与外在事物完全不同。人们通常认为，语言是对外在事物的命名和表达，而所指往往被认为是这种命名和表达的对象，与其相对的能指则成为语言本身的替代物。这样一来，语言与外在事物的联系就转化为能指与所指的联系。这种把所指与外在事物联系起来或直接把所指作为外在事物的做法，在索绪尔的语言符号学中是不成立的。索绪尔之所以用所指而非现实或外在事物，就是要强调语言符号本身的结构性和系统性，而不是指涉的外在性。

把索绪尔的所指与外在事物联系起来，是人们按照习惯思考语言功能的传统路径，因为语言在此显现出存在的价值。传统语言观认为，语言只是表达外在事物的工具。语言与外在事物是表现与被表现，言说与被言说的关系。从这一立场出发，人们通常会自觉不自觉地把所指与外在事物联系起来。语言自身是透明的，它的意义来自它所表现的对象。索绪尔的语言符号学的一个基本特征就是从根本上消解传统语言观的这种语言工具论，为语言自身的意义和价值寻找新的基础。

所指的意义不是来自它所表现或表达的外在现实，而是来自概念。概念是心理的，而非客观实在的。从这一基础出发，关于所指的意义问题，还要进一步联系到索绪尔提出的符号学原则，其中之一是“符号的任意性”。通常认为，索绪尔所说的“符号的任意性”原则是指能指与所指之间关系的任意性。比如，英语中的“cat”或汉语中的“猫”这样的音响形象与“猫”这一概念没有必然的联系，它们之间的关系是不可论证的，从这一意义上说也就是“任意的”。其实，在能指和所指的任意性关系之外，所指本身的任意性也是所指内涵的一个非常重要的方面。

如何来认定所指的任意性？我们可以这样来考虑：语言是否是一个对概念或事物的命名？是否是这样的一种命名的集合体？如果承认语言具有这样的性质，那么就等于承认在语言之外有一个先在的客观实在存在或有一个先在概念等着语言去为之命名，但实际上，先在的客观实在或许存在，但先在的概念是否存在是一个大大的疑问。乔纳森·卡勒(Jonathan Culler)分析说，如果有一个先在的概念存在，每一种语言都是对这一概念的命名和表达，那么不同语言之间的互动或翻译就会是一件非常容易的事情，但事实上，事情并没有那么简单。不同语言之间的翻译，是一件非常不容易的事情，要想用一种语言准确地替代另一种语言几乎是不可能的。其实，每一种语言总是在根据自己的系统要求和概念自身的不断变化来进行言说活动的。卡勒举出一些例子对此进行了说明。先从不同语言之间概念的差异来看。比如，法语词“aimer”(喜欢、爱慕)就没有直接的英语对应词，只能在“to like”(喜欢)和“to love”(爱)之间选择一个。法语概念“demarrer”(离去)包含英语中的两个概念，“moving off”(移开)和“accelerating”(加速)。英语中的“to know”(知道)对应法语中的两个概念，“connaitre”(懂得)和“savoir”(知道)。英语概念“wicked man”(邪恶的人)或“pet”(宠物)，在法语中找不到真正的对应词。再从概念自身的演变来看。比如，英语中的“cattle”(牛)一词，曾经一度泛指财产，后来逐渐指作为财产一部分的四足牲畜，最后发展到家养牛群这一现代概念。再如，“a silly person”曾一度指一个快乐的、有福而虔诚的人，但是这一概念逐渐变化，到15世纪初，意思变为“一个天真、无助、甚至可怜的人”。可见，无论从语言系统的需要，还是从概念自身的不断变化，都表明不可能存在一个先在的概念，概念总是在语言的不断变化中改变自身的，这也说明，概念与语言的所指是高度统一的。

概念与所指的统一性把语言从现实的表达和再现的处境中解脱出来，传统意义上的语言与现实之间的凝固关系遭到彻底瓦解。索绪尔的所指思想为西方当代文论中形式主义和结构主义的发展提供了语言学基础。形式主义文论家雅各布森就提出语言是一种交流活动，是从“说话者”到“受话者”的传达和理解活动，而其中无论是“语境”、“信息”还是“代码”都只能在这一过程中起作用。从这一角度看，文学是一种传达和理解活动，它的意义来自这一过程，而不是来自语言之外的东西。巴特提出区分两类作家的写作：一类是及物的，确实是在通过写作引向作品之外；一类是不及物的，不是要通过写作而达到之外的目的，而是生产写作。巴特强调，真正的作家是不及物的，是要关注写作活动本身。无论是雅各布森还是巴特，他们的文学主张显然是受到索绪尔语言学的深入影响，他们所代表的形式主义和结构主义也就是从这里走向了理论的成熟。

（戴阿宝）

T

他人/他者(autre/Autre)

在拉康的著作中,“他人/他者”可能是最为复杂的一个概念。在1930年代,当拉康最初开始使用这个术语时,它并未占据什么突出的地位,仅仅指“其他人”。虽然弗洛伊德确实也曾使用过这个术语,有过“der Andere”(其他人)和“das Andere”(他者性)这样的说法,但拉康使用这个词语的渊源似乎是黑格尔;在1933年至1939年这段时期,拉康参加了亚历山大·科耶夫就黑格尔《精神现象学》所作的讨论会,由此深受影响。

1955年,拉康在他人(other)和他者(Other)之间作了区别(*The Siminar II.*, 1988),这个区别在他后来的思想中一直存在,并越来越重要。此后,在拉康的代数式中,他者以A来表示,而他人则以a来表示。拉康声称,这个区别对分析实践来说是一个必须坚持的基础:分析者必须彻底牢记A和a之间的区别,以便他能够将自己置于他者的位置,而不是错误地站在他人的位置上。

他人并非现实的他人,而是自我的一个影像或者投影。他既是那个相似者,同时也是那个镜像,所以他人完全处于想象秩序中。他者表示根本的另我性,这种另我性超越了想象界的虚幻的他人性,因为它并不能够通过认同而同化。拉康将这种根本的另我性与语言和法律等同起来,所以他者属于象征秩序。事实上,他者之所以是象征的,原因就在于它在每个人那里都被特殊化了。就根本的另我性和无法同化的独特性而言,他者既是另一个主体,也是中介了与其他主体之关系的象征秩序。拉康说:“所谓他者,指的是因为借助言语而在任何关系——于中这种借助扮演了某种角色——中涉及的那个处所。如果它在他者中说话,无论主体听见与否,那是因为主体正是在那里以某种方式找到了他有意义的位置,这种方式在逻辑上先于任何所指的觉醒。对它在那个位置,亦即在无意识中所说内容的发现,使我们得以理解他以何种分裂为代价而构成。”(*Ecrits*: *A Sellection*, 2002)

但是,“作为另一个主体的他者”永远次于“作为象征秩序的他者”。“他者首先应被理解为一个处所,言语就在这个处所里构成。”(*The Siminar. III.*, 1993) 我们只能在第二层意义上谈到作为一个主体的他者,在这个意义上,主体可以占据这个位置,并由此为另一个主体“体现”他者。

言语并不始于自我,甚至也不始于主体,而是始于他者;在谈到这一点时,拉康特别强调言语和语言都是超越人的意识控制的;它们来自另一个地方,意识之外的地方,因此“无意识就是他者的话语”(*Ecrits*, 1966)。拉康将他者设想为一个地方,以此暗示了它就是弗洛伊德所谓的精神场所,无意识在那里被描述为“另一个场景”。

对幼儿来说,首先占据他者位置的就是母亲,因为正是她接受了婴儿最初的哭求,并回溯性地将这些哭求当作某种特定的信息。当幼儿发现这个他者有所欠缺并不完整时,阉割情结就形成了。换言之,在他者构成的能指宝库中,总是有一个能指未到达或者逃脱了。那个神秘而完满的他者并不存在。1957 年,拉康以划了线的 A 表示这个不完满的他者,这个被抹除了的他者。

(马元龙)

逃逸线(ligne de fuite)

逃逸线在法国最初是一个用来描述透视绘画的术语,与“没影点”/“逃逸点”(point de fuite)存在着某种关联。尽管德勒兹在《差异与重复》和《意义的逻辑》中没有提及逃逸线,但他开始探讨线或抽象线与西方思想的关系,为我们研究逃逸线提供了大量线索。从 1969 年德勒兹与加塔利相遇之后,逃逸线逐渐成为他们哲学探索的极其重要而又极其著名的概念之一,处于他们哲学的中心位置,它与欲望机器、抽象机器、解域化、装配、块茎、生成等概念相互交织、相互阐释,是他们进行精神分裂分析的核心概念之一,充分体现了他们的多样性理论、生成论哲学和内在性哲学,而且他们通过卡夫卡、弗吉尼亚·伍尔芙、菲茨杰拉德、克莱斯特等作家阐述和丰富了逃逸线理论,由此论述英美文学的优越性,为文学艺术研究打开了一个全新的视角。逃逸线一词最早出现在德勒兹与加塔利合写的第一部著作《反俄狄浦斯》中,阐释了欲望的逃逸线问题;他们在《卡夫卡》中广泛地使用了逃逸线理论,论述了逃逸线与装配(agencement)、解域化、生成—动物的关系；德勒兹与帕尔奈在《对话》中将逃逸线融入了线的体系，在三种线的体系中阐述了逃逸线；加塔利在《分子式革命》和《逃逸线：支持诸可能的另外世界》中继续深化逃逸线理论，由此将逃逸线定位于“重寻自由”的维度上；德勒兹与加塔利在《千高原》中系统阐述了逃逸线理论，最终逃逸线成为他们哲学思想和文学艺术理论的核心关键词之一。

尽管德勒兹与加塔利提到了各种各样的线，但他们最终综合概括了三种线——坚硬线、柔韧线和逃逸线，产生了广泛的影响。第一种线是切分的、节段性的、层化的、克分子式的坚硬线，也被称为切分线，它们通过明确切分的人生片段规划着人生的未来，强行规定着界域与编码，如家庭—职业、工作—假期、家庭—学校—军队—工厂—退休、小学—中学—大学、婴儿—童年—少年—青年—中年—老年；它们通过二元对立的机制来构建循规蹈矩的发展轨迹，如富人—穷人、青年人—老年人、成功—失败等；它取决于克分子式的集合体，隐含着权力的运作，制约着人生的重要抉择，如国家机器、机构、群体、阶级等，总之一个人在坚硬线的控制下绘出了从小学到大学到工作直至退休的人生轨迹，人生刻板呆滞，毫无生机。第二种线是分子式的、节段化的柔韧线，它们贯穿社会、群体和个体，秘密地重新分布界域、编码与欲望，具有更加明确的切分性，但它们更加微妙、更加柔韧，蜿蜒迂回，最终它们通过各种各样的具有阈限或量子的分子流来实现相对的解域化运动，各种生成、微生成发生在柔韧线上，扰乱了线性的发展轨迹和人生常态，没有目的和方向，致使人生出现了一定程度的破裂，偏离了循规蹈矩的人生状态，因而柔韧线也被称为破裂线。第三种线是游牧的、不断生成的、绝对解域化的、生机论的逃逸线，它们奇特而又重要，简单而又抽象，在全部线中最错综复杂、最迂回曲折，它们触及绝对的阈限，采取绝对的速度“把我们带向了一种不知名的、没有预见的、没有预先存在的目的地”；逃逸线结合各种流和强度，摆脱了形式、质料、结构，乃至种种束缚和禁锢，走向了绝对的解域化；逃逸线完全摆脱了坚硬线和柔韧线，走向持续不断的生成，走向断裂与碎片，走向了自由和解放，因而逃逸线也被称为断裂线。概而言之，坚硬线循规蹈矩，柔韧线游走边缘，逃逸线脱离正轨，它们彼此交错，但又相互内在，没有任何线具有超越性，每种线都在其他的线中运行，它们共同绘出了人生百态与世间变化。坚硬线的关键词是“切分”(coupure)，句法是“我应该……”，存在着界域化与编码化的危险，导致了生命的枯萎与人生的乏味；柔韧线的关键词是破裂(fêlure),句法是“或者……或者……”,虽具有相对的解域化,也总是存在再域化的危险,出现微—俄狄浦斯情结化、权力的微—构造、微—法西斯主义;逃逸线的关键词是“断裂”(rupture),句法是“我情愿不……”(I would prefer not to…),虽具有绝对的解域化,但有可能发生最糟糕、最僵化的节段化,存在着毁灭的极端危险——“变成消除、摧毁、他者与自身的线”。

综合德勒兹与加塔利的著述,逃逸线具有三个基本特点。首先,逃逸线使欲望逃离外在的束缚和压抑,具有某种变革的力量。在《反俄狄浦斯》中,逃逸线的概念在双重的意义——临床的意义和政治的意义上实现了变革,出现了精神分裂症式的逃逸线和革命的逃逸线。逃逸线在临床的意义上被用来指无意识的特殊功能,关涉着欲望机器的分析,德勒兹与加塔利从欲望生产的层面上审视逃逸线,变革了弗洛伊德和拉康关于无意识的阐释,他们认为无意识不再是欲望戏剧的剧场,而是欲望机器的工厂,不再是再现与压抑,而是生产与再生产。其次,逃逸线以生成为中心,走向绝对的解域化。德勒兹与加塔利继续在临床和政治的双重意义上强化逃逸线的变革性意义,更多地使用逃逸线来区分生成—动物的过程与解域化的过程,具有了某种形而上的意味。卡夫卡的中短篇小说大多都以动物为对象,以生成—动物为主题,生成—动物就在于找到一个出口,划出逃逸线。以黄蜂与兰花为例,兰花通常被认为摹仿了黄蜂,以意指的方式再现了黄蜂的形象,尽管兰花会摹仿雌蜂吸引雄蜂,雄蜂也会把兰花错当作雌蜂进行授粉,但在德勒兹与加塔利看来,兰花与黄蜂之间存在着一种双重的释放与捕获,真正的生成——兰花的生成—黄蜂与黄蜂的生成—兰花——确保一方的解域化与另一方的再域化,两种生成根据一种将解域化始终推向更远的强度的循环中相互关联、相互替换,最终在共同块茎构成的逃逸线上实现两种异质性系列的爆裂。再次,逃逸线运行于“之间”(entre)或“中间”,遵循着一种“与”(ET)的逻辑,由之颠覆了西方以“存在”为指向的形而上学。“之间”是德勒兹与加塔利经常提及但经常被研究者忽略的一个小品词,在《千高原》中主要用来阐述与块茎密切相关的“与”的连接形式,块茎没有开端和终端,也没有中介,它始终居于中间,居于事物之间,居于存在者之间,它将连词“与……与……与……”作为织物,运行于“之间”,撼动并根除动词“存在”,英美文学善于在事物之间运行,“建立了一种‘与’的逻辑,颠覆了本体论,废黜了基础,取消了开端和终结”。

在德勒兹与加塔利的哲学中，哲学与文学存在着极其密切的关系，彼此难分难解，难以区分。在尼采的强力意志思想的影响下，德勒兹与加塔利认为文学就是解放生命，就是创造全新的生命可能性，逃逸线就是对生命的肯定，就是肯定生命本身的潜在性，逃逸线呈现了作家与作品的内在运动，充分呈现了哲学与文学的密切关系，作家与作品则呈现了逃逸线的生成变化，创造了全新的生命可能性。法国作家虽然像所有人一样逃逸，但他们对逃逸的看法存在很大缺陷，他们逃避介入与责任，认为逃逸就是摆脱神秘主义或艺术，他们着实不懂得逃逸线的奥妙，将逃离世界与逃逸线混淆不清，他们沉湎于想象与幻觉，与逃逸线相去甚远。法国作家错误地相信逃逸线就在于逃避生命，向想象或艺术逃逸，劳伦斯曾指责法国文学不可救药，与其说是对生命的创造，倒不如说是对生命的批判与否定。与此相比，英美文学懂得如何划出逃逸线，懂得如何创造生命的可能性。英美作家深谙块茎的奥妙，懂得从中间开始，懂得在二者之间划出逃逸线，他们懂得像草一样而非像树一样进行生成。英美文学是一个不断实验的过程，从不解释，从不制造幻象，经验主义者就像英美小说家一样是实验者，他们也从不解释，他们没有基本原理，经验主义就是在诸关系中实现装配，在“与”的逻辑线沿着积极创造的逃逸线逃离。

（董树宝）

同质性/异质性（Homogeneity/Heterogeneity）

“同质性”，表示同种、同源、同性；“异质性”，表示异类、异源、异性。最初这一对概念在生物学上使用，指陈生物种的系统演化和个体发展过程之中的两性——同化和异化相辅相成的结果。生物同质化的典型行为是占有，而生物异质化的典型行为是排泄。后来这一对概念延伸和散播在人类学、社会学和宗教学之中，被用来描述人类行为及其创造的文化的两个维度，“同质性”表示有限、整体、秩序的方面，而“异质性”表示无限、差异、紊乱的方面。更加晚近的文化理论家则将这一对范畴运用来描述全球文化景观的连续性与断裂性。

将“同质性”和“异质性”概念运用于人类学和宗教学之中，对神圣世界和世俗世界进行深度描述的哲学家，是法国的乔治·巴塔耶。要理解他的“同质/异质”概念，必须首先对他所提出的“三界世界模型”略做了解。第一界是由兽性、欲望和色情等构成的生命原力之涌动渊流，第二界是由规则、法律和理性等约束的世俗社会世界，第三界则是由天堂、灵魂、神性来启示的宗教王国。这样，世俗社会世界就位于原欲世界和宗教世界之间，而对立于这两个世界。巴塔耶认为，原欲世界和宗教世界都是神圣的世界，二者宛若诺斯替主义所构想的黑暗与光辉：原欲世界的神圣性在于它是以色情为动力并被欲望所主宰；而宗教世界的神圣性则在于它以信仰为依托，引导灵魂朝向纯洁的境界升华。世俗社会世界是同质的世界，而原欲世界和宗教世界所构成的神圣世界就是异质的世界。同质性，构成了世俗社会世界的强化形式，其特征在于它是一个生产的社会，一个以占有为目标的社会，一个实用的社会。一切不能被占有而被视为无用的东西，就被当作异质性排除在社会同一体之外。这令人想起福柯所描述的历史：麻风病人、心智不健全者、奸夫淫妇、不孝之子、犯上作乱之人，都统统被当作危及社会安宁秩序的因素，装上“愚人船”，在月黑天高的夜晚让他们任河水卷走，从而净化城市生活的环境。这种在苦难的呼喊之中诞生的历史，就是世俗世界的历史，就是排除社会异质性而维持社会同质性的历史。在一个同质的社会之中，首先被尊重的是使用价值，对任何一种社会要素的第一度拷问就是：它有什么用？

同质社会对应于功利性生产，这一社会的开支必须求取利润和期待回报的开支。异质社会要素则对应于超越功利的消费，它追求一种不求利润和无须回报的开支，甚至是夸耀性的挥霍与浪费。如果说，同质社会的经济是有限的经济，那么，异质社会则是普遍的经济，或者说无限的经济。如果说，社会同质性是一种节俭的要素，将生命活动约束在有用的范围内，那么，社会异质性就是一种耗费的要素，将生命力量夸张地散播在无限的空间。如果说，同质性是可以公度的，它服从于逻辑运演和理性算计，那么，异质性则是不可公度的，它蔑视逻辑和理性。一言以蔽之，同质性是可以归化于同一秩序的性质，而异质性则是无法归化于同一秩序的剩余物。

异质性首先表现在巫术礼仪之中，然后形象地呈现在文学之中。神圣启示力量，预言家的话语，神秘的禁忌，超越理解而被诉之于想象的神话及其内涵的至上权力，宗教领袖的超凡魅力，属于宗教神圣的异质世界。同样，无器官的身体，肮脏的排泄物，深度无意识，原欲及其在梦境之中的呈现，色情的变态表现如暴力、疯狂和残酷，构成了原欲神圣的异质世界。四平八稳、温情脉脉、浪漫典雅的布尔乔亚社会，是同质世界的典范。而疯疯癫癫、残暴无常、鲁莽无知的暴民世界，则是异质世界的原型。而从布尔乔亚社会杀出一条血路的作家如萨德、劳伦斯，则用血性和残暴书写了异质性，顽强地将之写进了同质性的社会空间，瓦解了同质社会的秩序，暴露了同质社会的羸弱。他们的使用价值是其所归属的共同体所厌恶的无用性，是排泄、流射、呕吐的时刻所获得的极度快感。身受巴塔耶影响的波德里亚说，诗歌就是价值的毁灭：神名在能指的死刑中被碎尸万段，分解为音素成分，而且永远不会复原(《象征性交换与死亡》)。

同质性和异质性的冲突也贯穿在宗教历史之中。异教侵入罗马基督教，不仅导致了基督教信仰体系的裂变，而且还导致堂而皇之的古代经典所表达的理想秩序的致命颠覆，古代多神教的复活给予基督教一神以强大冲击。比如，梅列日科夫斯基的《背教者尤里安》就叙述了公元4世纪罗马皇帝冒险复兴古典多神教的悲壮故事。公元前后活跃在地中海沿岸的诺斯替教几乎是以一种残酷的方式将圣洁与淫秽、光辉与黑暗的二元论宇宙模式和思维方式引入到希腊罗马意识形态之中，将埃及传统、波斯宗教、东方犹太人的异教这些异质的因素注入基督教体系之中，导致了一场诺斯替主义的残酷革命。他们将卑微淫荡的宗教形式与神秘占星术结合在一起，塑造了“无头的太阳”，并以此为旗，展开对同质的精神秩序的反抗。宗教精神异质性对于同质性的反抗在历史上从来就没有平息过，文艺复兴时代的狂欢、喜剧、下半身语言的爆发，甚至到19世纪20世纪之交狄奥尼索斯随着尼采生命和思想的复归，都足以说明异质性与同质性的持久冲突，特别是异质性不可低估的生命力。

在政治学中，同质性和异质性之争斗与矛盾还为思考法西斯主义的起源提供了一个有效的理论框架。色情和宗教构成了神性的二极，高等权威和低俗暴力则构成了社会权力的两个端点。法西斯主义就生成于高等权威和低俗暴力的整合之中。法西斯领袖可能出身寒微，流落街头，饱受屈辱和充满苦难。他流氓成性，是十足的害群之马。在这个意义上，法西斯领袖是一种由低俗暴力所充实的异质性。但是，不可否认，法西斯领袖具有超凡的个人魅力，千古风流集一身，振臂一呼，英雄无不归顺，他享有威仪天下的君王气概。他卓尔不凡，是十足的人中豪杰。在这个意义上，法西斯领袖是由高等权威所浸润的异质性。一旦低俗暴力与高等权威融合无间，他掌控了军事权力和宗教权力，就成为民族精神的体现，并把民族精神上升到了神圣价值的高度。散漫地存在于民众身上的异质性，在“元首”人格上得到了光辉四射的表达，因此，民众无条件地服从于“元首”，恰如千流归海，万法归宗。于是，法西斯主义就凌驾于同质社会之上，成为理性和逻辑无法说明的历史怪物——一种异质的主权形式。

在更晚近的后殖民主义文化理论语境下，全球时代文化互动的中心问题被认为是“文化同质化和文化异质化之间的张力”。阿帕杜莱(Arjun Appadurai)认为，全球时代的文化想象建构了人种、媒体、科技、金融和意识形态五大流动的景观，其中既有断裂又有连续，而同质化和异质化之间的争斗赋予了流动景观不断生成的动力。同一性和差异性都力图吃掉对方，从而各自宣称它们成功地实现了所向披靡的普遍性和死而复活的特殊性这一花开并蒂的启蒙信念。西方现代性话语长驱直入，在全球民族之林中散播和蔓延，塑造出同质性的文化。但后殖民时代的民族国家却顽强抵抗，全力抵制西方现代性，渴望把异质的文化写入新时代的史册。西方现代性并没有造就全球同质社会而终结历史，相反，后殖民时代的人民却以差异的书写方式展开了异质的文化空间，许诺了人类文化在多元世界生生不息的未来。全球时代异质文化的暴动，导致了互相吞噬、互相残杀的惨烈现实：恐怖主义幽灵徘徊不去，暴乱此起彼伏，难民涌动如潮，流氓国家以自杀的方式来剪灭异己以期保护自身免疫系统的纯洁性，还有系统灭绝他人的种族屠杀。但无论如何，“同质化”和“异质化”持续不断的争斗、冲突，构成当今全球文化进程的两个重要方面，把世界变成了一个文化冲突的舞台，既演出了神圣的邪恶，也呈现了丰饶的苦难。总之，不同层次的全球流动之间存在着深刻的断裂和脱节，由此还产生了飘忽不定的景观。

（胡继华）

W

晚期资本主义(Late Capitalism)

在马克思主义理论传统之中,有许多理论家都曾对“资本主义”的发展进行过分期。最经典的资本主义历史分期,就是列宁在《帝国主义是资本主义的最高阶段》以及《国家与革命》当中的论述,它系统地描述了“晚近”资本主义特征并将其与“古典”资本主义特征相对立。如果说“古典资本主义”的社会机制的“配置”是由议会制政体、市场向导的自由竞争的经济制度、自由主义的意识形态这三者构成的话,那么,19 世纪晚期,随着古典资本主义经济基础的转变,整个资本主义世界的特征也发生了变化。对列宁来说,这种晚近的变化预示着“资本主义终结”的条件:“资本主义的自由竞争为资本主义的垄断所代替。自由竞争是资本主义和一般商品生产的基本特性;垄断是自由竞争的直接对立面,但是我们眼看着自由竞争开始转化为垄断:自由竞争造成大生产,排挤小生产,又用更大的生产来代替大生产,使生产和资本的集中达到这样的程度,以致从中产生了并且还在产生着垄断,即卡特尔、辛迪加、托拉斯以及同它们相融合的十来家支配着几十亿资金的银行的资本。同时,从自由竞争中生长起来的垄断并不消除自由竞争,而是凌驾于这种竞争之上,与之并存,因而产生许多特别尖锐特别激烈的矛盾、摩擦和冲突。”寡头的垄断势力结成政治联盟以维护自身的垄断地位:经济垄断主义、政治独裁主义、意识形态上的权威主义(民族主义、法西斯主义等只是权威主义的各种地方表现)装配起来的“帝国主义”资本主义在 20 世纪初得以形成。帝国主义竞争引发的世界性危机将是世界革命的前提和条件,不言而喻,对列宁来说,“晚近”资本主义也恰恰是“晚期”资本主义,是最高形态的资本主义,在它之后将由无产阶级革命缔造更高级的社会形态。

但经过了两次世界大战,这一预言式的历史目的并没有实现,相反,在西方马克思主义阵营中的理论家们看来,他们仍然处于“晚近”而不是“晚期”资本主义之中,新技术和机械化的长足进步使得列宁所预言的世界革命似乎被无限期地延宕了。基于对这种新情况的理解和对自身理论定位的需要，众多西方马克思主义理论家们都对“晚期资本主义”社会进行过重新的界定。

法兰克福学派理论家阿多诺 1968 年 4 月主持了第十六次德国社会学会议，其主题就是“晚期资本主义或工业社会”，阿多诺在会上作了同题发言。一方面出于在卡尔·马克思诞辰 150 周年之时拿出马克思主义对资本主义新理解的需要，另一方面也是基于当时欧洲正在兴起的“学生抗议”运动的现实，阿多诺指出，工业及技术高度发达的资本主义社会尽管使阶级矛盾退向了后台，但“抗议运动”、“青年运动”则作为社会结构性矛盾的表征的文化斗争越来越体现出重要性：“对于盲目的因循守旧的反抗，理性选择目标的自由，对于充满欺骗的世界现实的厌恶，对于变革可能性的思考和认识，所有这些青年中的反潮流迹象就在最近几年里开始出现了。社会上日益增长的破坏自身的强烈愿望是否能够战胜这种反潮流的力量，尚有待观望。”五年之后，阿多诺的学生于尔根·哈贝马斯用“合法化危机”的概念系统地解释了阿多诺这里提出的“晚期资本主义”的基本政治特征。哈贝马斯指出，资本主义固有经济危机的延缓或者转移，在“新型”资本主义中不仅需要以先进技术和官僚体制为支柱的国家干预对经济领域进行调控，而且更为致命的是，由于国家调控当中技术治国论意识形态与“包含了对现实的反思与批判”的传统资产阶级意识形态间的矛盾所造成的国家“合理性危机”，也需要国家对形成合理性的“文化”、“生活世界”领域进行技术管控，以塑造必要的“大众忠诚”。但国家干预的这双重倾向最终只能形成社会的总体社会化，只能使原有资本主义社会中相对享有舆论自由的公共领域陷于彻底枯竭状态。和弗洛伊德理论中“症状”的形成相似，神经症症状“移置”超我—自我对根本性创伤经验的压抑，在哈贝马斯看来，“晚期资本主义”中抗议斗争、文化斗争和议会院外压力之所以越来越成为重要的政治形式，其原因在于它们“移置”国家总体调控对合法化危机的压抑，呼吁着新的理性化市民社会公共领域的形成。

如果说法兰克福学派对“晚期资本主义”的理解主要是从政治特点着眼的话，那么，美国批评家詹姆逊则是更多地从文化特征去理解它的。詹姆逊从文化逻辑角度出发对资本主义进行了这样的分期：一、市场资本主义时期，其基础是对“直接”自然的占有，而与之相应的意识形态较为简单，甚至具有积极向上的精神气质。二、资本主义的完成期、垄断资本主义时期，或“现代主义时期”，政治上表现为帝国主义，意识形态上也完成了西方/非西方的划分，在这种划分之下，意识形态诸形式明显地包含了民族主义、国家主义及其在社会主义国家意识形态中的变体。三、晚近资本主义时期，或“后现代主义时期”。在后现代主义时期的晚近资本主义当中，自然开发、人力开发的饱和态使"娱乐"开发、"文化开发"、"符号商品化"必然地成为最重要的产业，经济开发的主导产业中增加了非创造性的大众文化(既包括高雅文化也包括大众文化)，或毋宁说是"大量文化"。一切文化因素，无论其"高雅"与否，在全球化语境中，在新的生产媒介中，都表现出同样的"后现代特质"——一切都成了"深度丢失"的"大众文化"(*Cultural Logic of Late Capitalism*)。因此"创造性"的艺术要使自己摆脱商品化就不得不不断地以"反讽"、"戏仿"、"碎片化"等消解可接受性的方式使自己与商品化的非创造性艺术区别开来，这一晚期资本主义文化、艺术逻辑，恰恰与哈贝马斯所分析的晚期资本主义政治多元化、文化化的逻辑是同构的。

(赵文)

文本(Text)

文本并不是一个当代西方学者新创的术语，而是一个一直被使用且有较为固定含义的"旧"词。在最通常的意义上，文本是指任何书写或印刷的文件；在文献学中，文本是指原文。文献学关注文本与作者的关系、不同版本(抄本)之间的关系等问题，而文本成为其中的承载者，也成为最直接的观察和研究的对象。直到 20 世纪后半期，文本才彻底走出文献学而获得全新的意义。

法国文论家罗兰·巴特在 1973 年为《大百科全书》撰写的"文本理论"(Theory of the Text)词条中对文本的旧词新用的语境进行了说明。他指出，传统语言观念的危机是文本浮出水面的直接动因。传统的语言观念认为，语言是一个封闭的整体，能指和所指之间的关系是起源式的、单一的和确定的。这一主张避免了意义的多样性和不确定性，但一直受到批评和质疑。直到 20 世纪中叶，传统语言观念本身终于爆发危机。首先，卡尔纳普、罗素和维特根斯坦等人把逻辑作为一种语言，用可靠性代替真理，从所指回到能指，使能指获得了充分的自主性。其次，布拉格学派尤其是雅各布森等人在诗学名义下使文学与语言学结合起来，在相当程度上避免了文学史传统的束缚，文本结构凸显为问题的核心。再次，21 世纪初索绪尔建立的语言学在 60 年代被更加系统而深入地运用于文论研究，结构主义乃至后结构主义成为一时之主潮。这一切最终导致文本成为作品概念的替代品并被委以重任。

巴特所提供的背景分析十分复杂，其中既涉及人文科学在 20 世纪出现的整合现象，又涉及语言论转向、结构主义兴起等。仅就文论而言，从20世纪初期的俄国形式主义到英美新批评，西方文论一直在谋求变革，而这一变革的基本方向是强调形式（语言）本身的自主性。尽管在俄国形式主义和英美新批评那里，作品仍然是主要的批评对象，但对作品形式和语言功能的强调使得形式因素格外凸现出来。韦勒克（Rene Wellek）和沃伦（Austin Warren）在《文学理论》（*Theory of Literature*，1977）这部新批评的总结性著作中把文学研究分为"外部"和"内部"，前者包括传统的批评内容，如传记、心理、社会、思想；后者实际上是指传统作品中的形式部分，如文体、叙述模式、语言特征等，并肯定了新批评把"内部的研究"作为文学研究的"合情合理的出发点"的做法。当然，新批评所推崇的这种"内部的研究"还只是形式性的，也就是说，它还属于作品概念之内的形式研究，而没有完全脱离作品的束缚，但它已经在相当程度上对作者在作品中的作用进行了消解，对作品内容与外在现实的联系进行了阻隔，也使得内容和形式之间产生了张力，所有这一切为文本的出场准备了条件。

语言论转向，结构主义迅速崛起，文论最终突破传统规范，使得以语言为基本内核的文本批评成为可能。索绪尔语言学承担了语言论转向和结构主义的理论诉求。索绪尔语言学的一个重要特点是对共时性的强调，这一点迎合了结构主义的理论追求，即把结构作为观察一切事物的基点，结构系统本身的整体性、转换性和自我调节性存在于各种形式的叙事、社会制度、思想观念之中，从而结构主义具有了广泛的包容性，哲学、人类学、历史学、语言学、精神分析学、文学批评等诸语域，都无一例外地成为它所研究的对象，这就使得学科之间的交汇日益频繁而深入，多层次、多角度、跨学科的研究视野成为主流。结构主义改变了文论的研究方向。文本成为结构主义特征的重要表现场所。

现代语言论转向和结构主义的兴起导致了文本的凸现。巴特在《从作品到文本》（From Work to Text，1971）一文中指出了文本与作品之间更替的意义。巴特认为，作品通常强调与作者的联系，作品是由作者创作出来的，作者被尊为作品的"父亲"，是作品的源头之所在。如此一来，尊重作者的手稿、弄清作者的意图，就成为文学研究的一个核心问题。文本与作品相反，它反对任何在起源意义上考察作品的企图，既不把作者与作品之间的关系视为理所当然，也不赞同从作者那里获取文本的意义。它主张文本是复数的，具有无法缩减的意义多重性。文本揭示的是文本之间拼合的无引号性、匿名性。作品意义的获取是有终极指向性的，作品中的所指始终左右着对作品的解读；而由于对一元论和终极指向的消解，文本的阐释进入多种可能状态，文本彻底脱离了对一元论幽灵的依附。从这一意义上说，所指的隐退使意义最终停留在能指上，而能指本身的连续滑动必然导致意义的无法达沽，意义遂成为一种意义游戏。巴特强调，作品阅读的快乐充其量只是一种消费的快乐，因为阅读作品时无法对其进行重写，无法直接参与作品的再生产；而文本的快乐则是一种狂喜式的快乐，因为阅读者与能指没有距离，他的文本阅读是重构性的。

可见，在巴特的心目中，文本与作品之间的最大差异在于：作品的生产是有源头的，作者既是作品形式的制造者，更是作品意义的赋予者；而文本强调语言自身的自主性，强调意义决定于语境。巴特的这一文本思想深受另一位法国学者朱莉娅·克里斯蒂娃的“互文性”理论的影响。克里斯蒂娃在研究中发现，苏联学者巴赫金在分析陀思妥耶夫斯基的小说时，揭示出词语本身具有承担多重言语的性质，这一性质在小说中表现为不同文本片段的重新分配和交换，从而生成一种互文现象。互文性不是传统考据学的一种观察，而是强调不同的能指系统在文本之间的相互介入和整合，实际上是文本之间的拼合、转移和对话。巴特意识到文本概念在文论研究中应该具有更重要的价值。当然，与克里斯蒂娃注重具体的文本分析有所不同，巴特试图通过对文本概念的建构，揭示出结构主义乃至后结构主义文本理论的新特点。

文本在文论研究中的方兴未艾之势，在从结构主义向后结构主义过渡的过程中得到了持续的展现。在后结构主义时期，后期巴特的文学批评、福柯的历史考古学、后期拉康的精神分析、德里达的解构哲学等都具有明确的文本指向性，都彰显出文本对文论研究的意义。德里达的后结构主义文本思想在当时具有代表性，他提出“文本之外别无他物”的口号成为最时髦的一句文论话语，反映出后结构主义的文本观。德里达的这一文本思想实际上是对后期巴特文本思想的进一步发挥。德里达认为，文本既不关涉现实，也不关涉作者的思想，文本是不及物的。德里达甚至强调世界的文本构成性，而这一点又是与索绪尔语言学思想分不开的。索绪尔语言学在某种程度上暗含了语言走向解构的因素，这不仅表现在能指与所指之间关系的任意性上，也不仅表现在语言意义的结构性生成上，更为关键的是，语言通过能指的延宕而使意义得以生产成为一种游戏。从这一意义上说，任何文本都是一种延宕性存在，意义的延宕始终成为文本观照现实的阻力，成为文本阐释的阻力，成为文本指向意义阻力，但文本也就是在这样的解构语境中不断地走向自身的存在。把文本作为一种外部世界的构造者，或者说使文本成为包含外部世界在内的唯一存在，这一观念实际上已经成为一种文本哲学，它在最根本的意义上对德里达所谓的逻各斯中心主义进行了彻底的消解。

20 世纪 80 年代以来，伴随着视觉转向和文化研究时代的开启，文本越出文字的阈限，开始进入图像世界。这一切为文本注入了更加丰富的内涵。全新语境中的文本的视觉化和图像化又一次令人难以忽视。值得强调的是，文化研究只有在文本中或者透过文本才可能以全新的姿态再次走进文论的外部空间，再次走进历史、社会和文化。也就是说，这一切只有在文本的基础上才有意义，因为脱离了文本，这一“走进”只能是重蹈传统的历史学、社会学、文化学的覆辙。

（戴阿宝）

文化霸权（Hegemony）

“文化霸权”，或称“文化领导权”、“领导权”，其希腊文和拉丁文表达分别是“egemon”和“egemonia”。雷蒙德·威廉斯在《关键词》中，从词源学角度考察了“文化霸权”这一概念的产生与发展。威廉斯指出，“文化霸权”这个词最初来自希腊文，指来自别的国家的统治者，到了 19 世纪之后，它才被广泛用来指一个国家对另一个国家的政治支配或控制。而到了葛兰西手里，这个词又有了新的含义，被用来描述社会各个阶级之间的支配关系。但这种支配或统治关系并不局限于直接的政治控制，而是试图成为更为普遍性的支配，包括特定的观看世界、人类特性及关系的方式。由此，领导权不仅表达统治阶级的利益，而且渗透进了大众的意识之中，被从属阶级或大众接受为“正常现实”或“常识”。

根据佩里·安德森的考证，文化领导权的概念是由普列汉诺夫在 1883—1884 年间首次提出的，是作为推翻沙皇制度的策略的一部分而提出的，涉及无产阶级在联合其他团体，如资产阶级、农民和想推翻沙皇的知识分子时所应有的文化领导权。后来列宁在《怎么办？》(1901—1902) 和《社会民主党在民主革命中的两种策略》(1905)中，使用了“文化领导权”这一概念，指出无产者不要避开资产阶级革命，不要把革命中的领导权交给资产阶级，应当既以理论家的身份，又以宣传员的身份，既以鼓动员的身份，又以组织者的身份“到居民的一切阶级中去”，领导社会各个阶级去争取推翻沙皇统治的胜利。强调对大众的宣传参与，也强调不放弃对资产阶级革命的领导权，列宁的这一认识对文化霸权概念的演进起到了重要的作用。但只有到了葛兰西，文化霸权才真正作为一个概念被提了出来，并形成了葛兰西最富影响的文化霸权理论。

在《南方问题的一些情况》中，葛兰西第一次明确使用了“文化霸权”这一概念。后来在《狱中札记》和狱中所写的书信中，葛兰西更是明确把“统治”(压制)和“领导”区分开来，强调了文化霸权的这样一面：通过大众同意进行统治的方式。葛兰西指出，一个社会集团能够也必须在赢得政权之前开始行使“领导权”，这是赢得政权的首要条件之一；当它行使政权的时候就最终成了统治者，但它即使牢牢地掌握住了政权，也必须继续以往的“领导”。葛兰西对西方资本主义社会进行了细致的考察，把资本主义社会的上层建筑分为“市民社会”和“政治社会”或国家。市民社会由政党、工会、教会、学校、学术文化团体和各种新闻媒介构成，而政治社会或国家则是由军队、监狱等暴力机构构成。葛兰西指出，西方资本主义社会，尤其是先进的具有较高民主程度的资本主义社会，其统治方式已不再是通过暴力，而是通过宣传，通过其在道德和精神方面的领导地位，让广大的人民接受他们一系列的法律制度或世界观来达到其统治的目的，这就是葛兰西所说的“文化霸权”。

文化霸权首要的不是一个争夺“领导”的问题，而是一个争夺领导“权”的问题，是你的领导能否被接受，能否合法化的问题。因此统治阶级或统治集团要获得统治的合法权，就需要通过赢得被统治人民的同意，通过被统治阶级的自愿的赞同来获得，而不是通过压制或暴力来获得。但要赢得大众的同意并不就是一件简单的事情，这其中就必然需要双方的谈判，而有谈判也就有让步或折中平衡的问题，由此文化霸权的争夺并不是一方对另一方的简单的灌输和强加，是双方谈判或协商的结果。这样，文化霸权所给予我们的就不是一种静止的或静态的统治模式，而是一种动态的统治方式，一切都正在进行中，是统治与反抗之间的一种不断变化的动态的平衡，或如葛兰西所说的“运动中的平衡”。

那么，统治阶级或集团如何赢得被统治人民的同意呢？葛兰西指出，统治集团要赢得大众的同意，其自身必须要具备一定的条件，这就是要超越自身的经济局限，从经济社团阶段、经济合作阶段一直过渡到“最纯粹的政治阶段”，即文化霸权阶段。正是在这一阶段，从前产生的具有不同意识形态的社会集团或“政党”互相对峙和冲突，并在这种对峙和冲突中相互妥协或协商，最终造成某个基本社会集团对一系列从属社会集团的领导权，从而带来整个社会经济和政治目标的一致，也引起精神和道德的统一，虽然这只是暂时的。

对于葛兰西来说，文化霸权虽然需要超越经济阶段，体现出一种精神和道德的统治，但这并不意味着要抛弃经济基础，甚至与经济基础割裂开来。文化霸权同时也必须属于经济的范畴，必须以领导集团在经济活动的根本中心所执行的决定性职能为基础。因此在这一意义上说，文化霸权又是一项全面的统治工程，既是一个文化或政治的问题，也是一个经济问题。

在领导权的争夺上，葛兰西认为这是一个长期而复杂的工程，用他的话来说，就是一场“阵地战”，而在这其中，知识分子，尤其是“有机知识分子”起着重要的中介作用。

葛兰西的文化霸权理论对文化研究，尤其是大众文化研究具有重要意义，它为大众文化提供了一个整合框架，开拓了大众文化领域，使我们以双重视点去看待大众文化，即既不把大众文化看作是麻醉剂，是腐蚀愚弄大众的工具(法兰克福学派的观点)，也不是对大众文化一味地欢呼欢迎(文化民粹主义的观点)，而是把它看作一个冲突的场所，是国家意识形态与大众相互斗争，相互协商和谈判的场所，这样就更为丰富和深入地帮助我们去理解大众文化，为我们理解大众文化提供了新的视角。

但对于葛兰西的文化霸权理论，后马克思主义的代表人物拉克劳和墨菲以话语理论作了重新思考，批评了葛兰西文化霸权理论中所残存的两个“本质主义”方面。一是坚持领导权的阶级主体性，而忽视了非阶级的社会力量之间所展开的斗争。在拉克劳和墨菲看来，领导权并不以阶级、阶级斗争为核心，它是一个差异体系，是不同社会力量在对抗中所展开的斗争。葛兰西文化霸权理论的第二个本质主义方面，就是过分强调领导权在社会斗争的中心性甚至单一性，而在拉克劳和墨菲看来，在特定社会形态中，可能存在着多样化的领导权关节点，如女权运动、和平运动、环境保护主义等等，而不是单一的资产阶级与无产阶级之间的斗争，由此社会斗争呈现出复杂多元的倾向，而在每一个斗争点上都可能形成领导权中心，社会主义革命也只是这其中的一个。

应该承认，拉克劳与墨菲对葛兰西文化霸权理论的批评是有一定道理的，消除了人们的一些传统的、僵化的认识和思想，为文化霸权理论的发展做出了重要的贡献，而这些是他们对资本主义社会所出现的各种新的斗争形式，如生态主义、女权主义、反种族歧视等清楚认识的结果。在这种情况下，文化霸权就从阶级斗争中心转向了更为多元化的斗争形式，这也就是他们所说的激进、自由和多元的民主斗争形式。但我们也应当看到，把文化霸权的斗争无限地延伸到几乎所有的社会斗争中去，这无疑忽视甚至遮蔽了依然存在的阶级斗争，无法对社会的结构力量、意识形态力量和国家权力进行更为深入的批判性的分析，这是我们所应当充分认识到的。

(和磊)

文化帝国主义(Cultural Imperialism)

文化帝国主义是文化研究领域的重要概念之一。文化帝国主义理论是对于西方发达国家通过文化输出对不发达和欠发达地区实现文化霸权和文化控制的讨论。由于它关注国际文化生产与流通过程中的不平等结构以及由此形成、扩大和加强了的跨国支配，文化帝国主义理论也常常被认为是后殖民主义文化理论的重要组成部分。

如果说对帝国主义的讨论可以追溯至霍布森和列宁的话，那么对文化帝国主义的研究至少应该从葛兰西和法侬算起。葛兰西的"霸权"理论和法侬对保守民族主义和帝国主义关系的论述，都是文化帝国主义理论得以发展的重要理论资源。而后殖民主义文化理论的代表人物赛义德的《东方主义》(1978)则令人信服地指出，东方主义是与西方殖民主义和帝国主义紧密联系在一起的西方关于东方的话语形式，在东方主义话语背后体现出来的东西方关系是一种权力关系，一种支配关系，一种不断变化的复杂的霸权关系。而他的《文化与帝国主义》(1993) 则将文化和帝国实践直接联系了起来。赛义德明确指出，在帝国扩张的过程中，文化扮演了非常重要的实际上也就是不可或缺的角色。

第一个系统阐述"文化帝国主义"这一概念的是美国传播学家赫伯特·席勒(Herbert Schiller)。席勒的全部研究基于这样一个事实：在第二次世界大战以后新兴的民族国家尽管在政治上脱离了西方的殖民统治，但在经济和文化方面仍然严重依赖着少数发达的资本主义国家。就文化和传播领域而言，西方几个主要的通讯社掌控了全球信息的流通权和阐释权，以好莱坞为代表的美国影视业同样占据了新兴的民族国家的绝大部分市场，新兴的民族国家的文化空间被严重地挤压和左右，国际文化的流通严重失衡。在其著名的《传播与文化支配》(1976)一书中，席勒认为，文化帝国主义就是在某个社会步入现代世界系统过程中，在外部压力的作用下被迫接受该世界系统中的核心势力的价值，并使社会制度与这个世界系统相适应的过程。文化帝国主义有三个特点：一、它是一个以强大的经济、资本实力为后盾，主要通过市场占有而进行的扩张过程。二、这种扩张是一种文化价值的扩张，其实现的途径是含有文化价值的产品或商品的全球化销售，其目的或者说后果在于实现全球化的文化支配。三、由于信息产品的文化含量最高(或者说信息本身就是文化产品)，这种文化扩张的过程主要通过信息产品的传播而得以实现。席勒进一步指出，文化帝国主义是一个历史性的现象，是现代帝国主义总过程的一部分。"经过这些过程，某个社会被吸纳进入现代世界体系之内，而该社会的统治阶层被吸引、胁迫、强制，有时候被贿赂了，以至于他们塑造出的社会机构制度适应于，甚至是促进了世界体系之中位居核心位置而且占据支配地位之国家的种种价值观与结构。"因此，文化帝国主义研究的集中议题就是：国际文化生产与流通的不平等结构，是如何形成、扩大和加强了一种新形态的跨国支配。显然，在席勒关于以媒介为中心的文化帝国主义问题的讨论中，政治经济的分析趋向占据着明显的优先性。

20世纪80年代中后期，席勒的文化帝国主义理论受到了巨大的挑战。主要表现在：一、葛兰西的文化霸权理论受到了前所未有的重视。按照这种理论，大众文化不是一个单向灌输的过程，而是一个谈判和斗争的领域；不仅是支配的，而且是对抗的；不仅包括获得霸权的努力，而且包括对各种霸权的抵抗。二、霍尔的编码/解码理论及理查德·约翰逊的民族志研究都表明，传播过程是一个复杂的结构，编码和解码之间没有给定的一致性，同样的信息可以由不同的受众以不同的方式解码。三、理论范式的改变，如后现代主义、后殖民主义、积极观众理论等等，也使华勒斯坦的文化帝国主义理论在思想方法和理论基础上受到一定冲击。越来越多的理论家认识到，文化支配与一般经济支配并非完全等同，文化抵抗事实上是和文化霸权同步进行的，而且，文化帝国主义不仅仅是大众传播的问题，它是和现代性、民族认同、消费主义等问题紧密联系在一起的。在这样的理论背景下，汤林森（J. Tomlinson）出版了《文化帝国主义》（1991）一书，对这一问题作出了全面的论述。

基于对“文化”概念和“帝国主义”概念的复杂性的充分认识，汤林森对学术界相关的文化帝国主义的命题提出了质疑。他指出，文化帝国主义根本就不是一个清晰的命题，因为它没有原初形式可言，与之相关的话语不止一套，操作这些话语的人本身也不具备文化代理人的资质。为此，汤林森将有关文化帝国主义的论述分为四个层次或是途径来加以解剖和分析，其中，现代性的批判是其关注的焦点。

第一，不平等的信息流，即作为一种媒介帝国主义论述的文化帝国主义。不平衡的信息流指的是第一世界流到第三世界的信息，明显超过第三世界流到第一世界的信息。这一论述主要从西方发达国家媒介工业霸权的角度分析文化帝国主义，揭露媒介帝国主义背后的政治帝国主义和经济帝国主义。根据对受众的经验性研究，汤林森指出，媒介本身是中性的，在不同的文化语境中会产生不同的意义，它最终能够具有多大的影响力则取决于市场。

第二，对民族国家文化认同的威胁，即作为一种民族性论述的文化帝国主义。这一论述主要关注西方外来文化对第三世界本土文化的巨大冲击和渗透。汤林森认为，民族国家既不是一个均质性很高的团体，本土文化也不是一个固定不变的体系。所谓的本土文化其实不是“共时性—空间”的历程，而是一种始终伴随着外来文化影响和交流的“时间—历史”下的产物。

第三，消费文化对传统社会的冲击，即作为一种全球资本主义论述的文化帝国主义。这一论述认为,“世界体系”实际上就是全球的资本主义体系,而文化帝国主义实际上就是资本主义文化的全球性胜利,文化帝国主义是带来“消费主义”、“同质化”的罪魁祸首。汤林森认为,简单断言资本主义商品和广告“殖民化”了民族国家的文化认同似乎禁不住推敲,不应低估发展中国家人民的判断力。

第四,现代性的发展及其对传统文化的挑战,即作为一种现代性批判的文化帝国主义。这一论述认为,现代性的叙述(如发展、理性、民族国家等)已经变成了支配性的叙述,现代性已经变成了文化帝国主义的构件。在解析对现代性的批判时,汤林森否认现代性的扩散与文化支配之间有任何直接的联系。因为“所谓现代性变成了文化变迁乃是一种‘文化宿命’,而其强烈的意思则是这样的过程在历史上是不可避免的”。汤林森指出,现代性的关键在于,所有的现代社会都按照一个“特定而狭隘的理性观在运作”,而这样的理性观占据了现代社会重要机构的核心。现代性之所以具有宿命性,是因为它沿着自身的逻辑,即现代化——现代性——现代主义向前发展,不以人的意志为转移。

在汤林森看来,自 20 世纪 70 年代以来,世界进入了一个由现代性催化的“全球化”时代,旧式的帝国主义体系已经被全球资本主义体系所代替,不仅体现在国际金融、跨国公司的出现,还体现在文化体验与思维方式的扩展与重塑。事实上,文化帝国主义的语境已经随之发生了巨大改变。汤林森断言,全球化进程将削弱所有民族国家的文化向心力,即便是先前帝国主义时代的权势中心国家亦不能幸免,现代文化的全球化是我们的文化宿命。

(张跣)

文化工业(Culture Industry)

自从 19 世纪末、20 世纪初以来,文化进入了大规模的生产。由于文化的规模化生产,如今成千上万的人都在观看同样的电视节目和电影,通过电台和录音聆听相同的音乐,阅读相同的报纸和杂志。显然,文化工业在绝大多数个体的日常生活中起到了强大的作用。因此,对文化工业的批判就构成了当代文化研究的一个重要组成部分。在文化研究中,最早对文化工业进行严肃的分析与批判的,当属德国法兰克福学派的思想家,其中尤其以霍克海默和阿多诺合著的《启蒙辩证法》中专论文化工业的一章最具深远的影响，也引起了当代学者的诸多争议，甚至是连篇累牍的攻击。事实上，当代文化研究正是通过抗拒法兰克福学派及其批判分析风格而得以起步的。

在《启蒙辩证法》中，文化工业代表着启蒙理性盲目发展的典型后果，因此，对文化工业的批判就意味着对晚期资本主义社会进行病理性诊断。值得注意的是，在他们的理论中，文化工业与大众文化或流行文化是有着重要的区别的。阿多诺在《文化工业再思考》一文中说，在《启蒙辩证法》的初稿中，他们用的是“大众文化”(mass culture)一词，但他们后来采用了“文化工业”(culture industry)这个术语，其目的在于说明他们所研究的对象不是那种自发地从大众那里生发出来的文化，也不是当代流行文化形式，而是“或多或少按照计划而生产出来的文化产品，这种产品是为大众的消费而度身定做的，并在很大程度上决定了消费的性质”。显然，在他们看来，文化工业并不像古老的民间文化和流行文化那样，是大众创造的、为大众服务的文化，而是服务于利润欲望、由集中化的相互联结的公司所控制，由销售专家和金融专家、管理与制作小组、技术人员、狗仔队、作家、演员、音乐家和其他创作人员所组成。霍克海默和阿多诺(尤其是后者)充分利用哲学、心理学、社会学和经济批判，深入分析了文化工业是如何通过标准化和图式化、通过操纵消费者的心理结构来对消费者的思考能力施加影响，从而维护当前社会状况的。

首先，作为标准化的产品，文化工业的产品是按照严格的规范程序制造出来的，从流行歌曲到电视剧，从电影到推理小说，甚至搞笑的技术、效果、幽默讽刺的方式，都是按照一定的格式考虑设计出来的。这种程式化的创作直接导致了文化工业产品的同质化。问题更严重的是，在这些标准、规范、程式之下，文化工业还潜藏着一种深层的运作模式，即图式化(schematization)，这是确保文化工业成功操纵消费者的最重要的策略之一，它取消了人们对任何可能替代当前社会现状的方案的思考。霍克海默和阿多诺借助康德理论，认为直觉为主体提供了一个纯然由客观事物组成的世界，但这些事物是经过图式或概念工具的处理的，以便让主体去感知、处理、操纵并生产一个他所意愿的世界。这种预先准备，通过排除主体性的差异，也预先排除了人类个性。通过“概念工具”的强迫接受，这种对个体认知差异的排除结合了对自然的暴力性调整和同质化。对于他们来说，这种图式最终是在工业社会中实现了它的“真正本性”。文化工业的图式化预先处理抹杀了消费者的自主性、自发性和个体性，因而导致消费者接受能力的退化倾向。文化工业通过图式化运作，力图限制消费者思考或鼓励他们不加思考地遵照媒体中所提供的类似方式去理解自己的体验，从而促进消费者对当前流行的行为标准的顺从，以确保个体不至于偏离社会所接受的行为方式，确保人类行为始终维持在社会可接受的范围内。

此外，文化工业在造成一种标准化和统一化现象的同时，又滋生出各种各样虚假的风格和个性，似乎每个接受者都可以按照自己的趣味，按照自己的个性去选择。文化产品通过使用不同的商标或通过提高表面的差异如包装等来创造出这种独特性或新颖性的假象。在阿多诺看来，文化工业的这种伪个性化不过是其标准化和同质化的一块遮羞布而已，它掩盖了文化工业的压迫性质，并给人以一种虚假的满足感。在文化工业那里，文化成了娱乐，娱乐本身成了人们的理想。娱乐再造了幸福感，压制了反思。它许诺人们能从烦恼中解放出来，然而并不提供现实的解放，相反，它只是使人们从思考和否定中解放出来。事实上，文化工业的有效性在于它与本我的联合，就是说，它通过制造效果，给消费者提供充分的快感，最终能够有效地防止人们思考任何替代当前社会现状的方案。

霍克海默和阿多诺关于文化工业的描述向我们展示了一幅黑暗的图景，其中文化工业的技术具有以各种方式来控制人的思想的无限的潜能。这一技术的进步似乎将导致更加总体化的独裁统治。当代文化理论家常常以“从下到上”的抵抗模式来取代阿多诺那种据他们所称为“自上而下”的支配模式。在当代社会理论中，阿多诺关于文化工业对个体造成的影响的观点常常被指责为过度悲观。即便到了 1993 年，《文化研究读本》的编者杜林(Siman During)在介绍阿多诺与霍克海默的《文化工业》一文时依然认为，阿多诺和霍克海默忽视了未来将成为文化研究的核心的问题：即文化工业在服务于有组织的资本的同时，也为所有的个体和集体的创造性和解码提供了机会。事实上，许多(当然不是所有的)文化研究学者都始终与法兰克福学派保持着一种怀疑的距离，而将目光投向葛兰西、阿尔都塞、福柯、德赛都等人，把文化研究的知识与政治精力集中到释放主体在日常生活中的各种颠覆性潜能中。

并不是所有的法兰克福学派思想家都对文化工业持强烈的批判态度。事实上，在 20 世纪 30 年代，阿多诺和本雅明就曾经展开过一场论争。本雅明认为，生产技术的变革会对艺术生产和对艺术作品的接受发生重大影响。技术的逻辑将会结束独裁的特权，最终将会带来共产主义的自然平等与和平。它将改变传统的、精英的所有权关系的不自然的逻辑。他认为，机械复制性有着积极的、进步的效果，它能够破坏艺术的神韵(aura，或韵味)。所谓神韵，他指艺术作品的原真性、独特性、权威性和不可重复性。这使得平民百姓也能够接触到一向为王公贵族享有的东西。因此，对他来说，不断发展的技术复制为社会革命带来巨大潜能，因为它使得大众有可能从法西斯总体化中解放出来。

阿多诺和本雅明分别代表着对待文化工业的两种态度。一种态度将技术和艺术的“机械复制”视为进步的发展和解放的潜在媒介，另一种态度则认为，新的文化技术，如电影、广播、录制工业等，是由经济动机和意识形态动机所左右的压制性操纵体系的一部分。阿多诺指责说技术乐观主义忽视了所有权的问题，低估了物质占有与意识形态利益之间的关系。阿多诺和本雅明之间的差异的深层原因在于，前者强调的是在垄断资本主义时期社会总体性的结构变异对文化生产和消费产生了前所未有的冲击，而后者关注的则是技术发展对艺术作品的生产与再生产的方式的影响。由于观察角度的不同，他们得出的结论因此也就迥然不同。

不过，近年来的研究表明，阿多诺其实也向我们展示了抵制文化工业的可能性。阿多诺提示我们，技术也许不会彻底地物化意识。就是说，它无法全然将人类主体客观化，无法完全殖民、征服和控制詹明信所说的“政治无意识”。阿多诺在《透明的电影》一文中就曾反复强调文化工业意识形态的虚弱性。在这里，阿多诺指出，电影观众的观点和行为方式与文化工业的意识形态之间存在着差异，而这种差异造成了电影的“意图”与其实际效果之间的断裂。阿多诺认为，经验性的传播研究应该重点探索这一断裂，因为它可能产生重要的结果。事实上，当前一些文化理论家正是沿着这一条道路前进的。比如，在《理解大众文化》一书中，约翰·费斯克说，根据意义理论，“牛仔裤深刻地渗透着白种人资本主义的意识形态，而且没有哪一位穿牛仔裤的人能不参与并扩展此一意识形态”。但是，人们可以通过有意地穿破烂的牛仔裤来进行某种抵抗。费斯克据此认为，通过将商品“移入”(excorporate)到被支配者的亚文化当中，消费者可以瓦解资本主义的意识形态。由此我们可以得知，虽然费斯克老在批评阿多诺没有认识到对文化工业意识形态的抵抗的可能性，但实际上他所走的路，早就已经被阿多诺指出来了。

（凌海衡）

文化记忆（Das kulturelle Gedächtnis）

文化学对“记忆”的研究不是从神经学或者脑生理学的角度出发的，即它不再关注人作为生物所具有的将感知和经历的内容存储到大脑中的能力，而是将记忆看成是一个和文化、历史等范畴紧密相连的概念。记忆连接了过去和现在，并且建构着未来，个人的记忆受它所处的社会、文化环境的影响，个人和集体的记忆不但是他们各自主体同一性的重要组成部分，同时也是重要建构成分。

法国社会心理学家莫里斯·哈布瓦赫（Maurice Halbwachs）在他1925年出版的著作《记忆的社会框架》中指出，记忆并不是单纯的生理意义上的概念，记忆虽然要以大脑作为物质载体，但在很大程度上受到社会因素的制约。由此哈布瓦赫将“集体记忆”这一概念引入到了社会心理学领域中，并强调“集体记忆”并不是一种比喻，而是真实存在的：集体通过决定其成员的记忆的方式来获得并保有其记忆；个体只有在他所属的集体中通过与其他成员的交往才有可能获得属于自己的记忆并进行回忆。同时哈布瓦赫还认为，某一思想若要进入到集体记忆中，就必须要附着在具体的事件或者个体上；而某一事件或者某个人若要在集体记忆中占有一席之地，就必须要使自己和得到集体认同的思想或者意义联系在一起。因此，集体记忆必然具备以下几个特点：它在空间和时间上是具体的，它专属于某一集体，决定着这一集体对自身的认知，同时它又是可以被重构的。集体记忆的可重构性是哈布瓦赫的重要思想之一，他认为集体并不是“客观”地回忆过去，而是根据各个阶段不同的社会框架来对过去进行重构，它不是简单地用新思想来代替已经被认同的旧思想，而是以重新阐释过去的方式来达到巩固自己主体同一性的目的。

作为社会心理学家的哈布瓦赫对集体记忆的研究仅限于关注其对某一具体的集体的意义，而并没有将其扩展到文化范畴中去。德国的埃及学研究者扬·阿斯曼（Jan Assmann）在他1997年出版的著作《文化记忆》中发展了哈布瓦赫的观点，提出了“文化记忆”的概念并将“记忆”引入到了文化学的研究领域内。扬·阿斯曼秉承了记忆不单单是个生理学问题的观点，认为记忆是和很多外部条件相关联的，它存在于社会和文化因素的框架之内，并据此将记忆划分为四类：模仿式记忆、对物品的记忆、通过社会交往传承的记忆以及文化记忆。模仿式记忆，即通过模仿他人来学习如何行事；对物品的记忆指的是人在与周围的物品打交道的过程中学习如何使用它们、形成自己对物品的审美喜好等，并以此将自己融入由这些物品组成的世界中，而这个世界也便为记忆提供了可依附的空间；通过社会交往传承的记忆是指语言和与人交往的能力不是与生俱来的，而是后天习得的，是内外部因素共同作用的结果；文化记忆涵盖了前三个范畴的记忆，与社会、历史范畴相联系，它负责将文化层面上的意义传承下来并且不断提醒人们去回想和面对这些意义。其中通过社会交往传承的记忆和文化记忆同属集体记忆的两个范畴。

扬·阿斯曼认为，每个文化体系中都存在着一种“凝聚性结构”，它包括两个层面：

在时间层面上，它把过去和现在连接在一起，其方式便是把过去的重要事件和对它们的回忆以某一形式固定和保存下来并不断使其重现以获得现实意义；在社会层面上，这种凝聚性结构包含了共同的价值体系和行为准则，而这些对所有成员都具有约束力的东西又是从对共同的过去的记忆和回忆中剥离出来的。这种凝聚性结构是一个文化体系中最基本的结构之一，其意义在于使所有成员对此文化体系产生归属感和认同感，从而定义自己和这个集体。这种凝聚性结构的产生和维护，便是"文化记忆"的职责所在。

扬·阿斯曼尝试从以下几个方面对"文化记忆"进行了阐释：首先，文化记忆的内容是关于集体起源的神话以及与现在有绝对距离的历史事件。对这些内容进行回忆的目的并不是要将其客观地重现，而是要论证集体的现状是合理而必然的，从而达到巩固集体的主体同一性的目的。这也就解释了为什么有些历史事件(或其中的某些细节)会被遗忘——它们对集体的主体同一性是无足轻重的甚至是颇具威胁性的。其次，文化记忆的传承一定是遵循着特定而严格的形式的，而从媒介上来说，文化记忆需要有固定的附着物、需要一套自己的符号系统或者演示方式，如文字、图片和仪式等。其中节日和仪式是文化记忆最重要的传承和演示方式。节日日期一般是固定的、年复一年循环出现的，这种规律性和重复性是文化记忆得以传承的形式上的保证。同时节日也提供了让所有集体成员聚集到一起并亲身参与到仪式的演示中的契机。仪式的演示使得集体成员有机会获得或者温习集体的文化记忆，并以此来确立或者巩固自己作为集体成员的地位，而对集体来说，它也正是通过仪式的演示来使自己的文化记忆不断重现并获得现实意义，同时也将其文化记忆植入到每个成员身上从而保有自己的主体同一性。最后，集体中的某些成员在对文化记忆的掌握和阐释上享有特权。由于文化记忆对集体的主体同一性起着异乎寻常的重要作用，所以它的存储和传播都会受到严格控制，对这一控制权的掌握一方面意味着责任和义务，另一方面也意味着权力。

德国的文化学研究关注"记忆"，具体来说"文化记忆"这个概念，并不是一个偶然的现象。首先，文化学多学科合作的研究方式使得将记忆作为一个社会、文化现象进行研究成为可能。其次，德国在20世纪的历史的特殊性以及由此引发的一系列问题也使得对"记忆"的研究成为一种必要。正如扬·阿斯曼所说，"四十年是一道槛"，当那些纳粹暴行的施行者以及见证者作为一代人开始离开人世时，刻在他们身上的那些活生生的记忆的命运将会如何，是将随这代人肉体的灭亡而从此淡出人们的视线还是会被以某种方式保留下来，这些记忆对后来者的意义和影响如何等等，这些都是文化学对"记忆"的研究的现实意义。

（黄晓晨）

文化唯物主义(Cultural Materialism)

"文化唯物主义"是英国当代著名文化理论家和文学批评家雷蒙德·威廉斯(1921—1988)在《文化与社会》(*Culture and Society*,1958)、《漫长的革命》(*The Long Revolution*,1961)、《马克思主义与文学》(*Marxism and Literature*,1977)等重要著作中阐发并倡导的一种批评方法,它以开阔的社会视角和自觉的政治意识与形式主义美学形成强烈对照,从一开始就吸引了众多的支持者,经过几十年的发展壮大,已经成为一支声势浩大的批评流派。

"文化唯物主义"这个名称充满诡异,好像把两个互相矛盾的词硬拽在一起,因为在人们,至少在当时的主流批评家们看来,文化与物质是相对立的,文化属于形而上,物质属于形而下,很难设想把它们并置起来。这种主流文化观念其实也是英国的传统观念,从浪漫主义以来,英国人习惯地将文化看作一种精神的、意识的、思想的东西,而且从人的"类"属性和规定性上认定文化的至关重要性,认为人之所以为万物之灵,就在于他有这个"灵",即心灵和精神能力,这种能力及其活动使人们能够超越沉重的生产劳役和物质束缚,保持人的高尚特质,保持人性的光亮。沿着这个方向往前走,文化必然跃升为一套高悬的价值指数,而且它离形而下的物质现实越远,价值越大。换句话说,传统文化概念的内在规定性决定了它与物质范畴的必然分离和疏远。在这一背景下,不难看出文化唯物主义将文化物质化的做法与传统的将文化精神化的做法之间的根本差异。

与文化/物质的二元概念相反,文化唯物主义的文化概念的要义,简单地说,指的是文化本身就是一种物质的东西或过程。威廉斯明确强调自己的历史唯物主义立场:"历史唯物主义包含着……一种理解形形色色的社会和物质生产的方式……一种理解与作品相联系的且变化着的艺术范畴的方式。我把这种立场称为文化唯物主义。"但是将文化完全物质化,等同于物质过程,显然与马克思历史唯物主义的经济基础与上层建筑基本模式有出入。事实上,威廉斯的文化唯物主义也正是在修正上述模式的基础上形成的。他认为,至少是部分马克思主义者沿用了浪漫主义的文化概念,将"文化"看作一种精神范畴、意识形式或知性和想象的产品,然后套用经济基础与上层建筑关系的公式,让后者从属于并往往是机械地"反映"前者,结果是作出了许多已经被历史证明为十分荒谬的理论判断和“政治预言”。

可以说，威廉斯一方面反对将文化视为纯粹精神范畴的英国传统定义，另一方面想纠正将文化视为经济基础的直接“反映”的某种马克思主义偏颇，这双重动机将“文化”概念径直推入和融入“物质”范畴之中。抓住这一点，就会深刻理解威廉斯“文化是整个生活方式”命题中的“整个”二字的深刻含义。

衣食住行，思维言语，人的一切行为活动都是文化的具体表现，从政治、经济到制度、习俗以及语言，文化也只能具体表现为各种历史和生活形式。汗流浃背的劳动场面是文化活动，轰轰烈烈的政治示威也是文化行为，它们都融入了参与者的智慧和创造，正是在这些丰富多样的文化体验中，人类继往开来，不断地全面改造着自己的生存方式、生活面貌和文化条件。各种文化形式的集合构成人类自我改造和成长的家园，因此不能把“文化”设想为某种从杂乱无序的生活中过滤分离出来的特殊成分或高级品质，譬如一套观念、价值体系或上层建筑，也不能将生活中的某些部门划入文化范畴，而将另一些领域排除在文化范畴之外。进一步说，所有的文化形式在价值上是平等的，没有高下之分。在文化唯物主义者手里，长期固守的高雅文化与低俗文化、严肃文学与大众文学之间的界墙被推倒了，这一思想引发了文化研究派打破传统学科界限，自由设立研究对象的做法。

需要进一步说明的是，文化不只是那些已经概念化的范畴和程式化的形式，而往往更多地溶入看不见的日常行为和经验当中。用威廉斯的话来说，作为社会经验的文化，“并不一定要显现为公开的公众的形式……而总是潜入各种关系的深层之中……即使将它分离出来，它也不是豁然呈现或断然切割出来。它表现在实际的家庭或个人经验之中”。威廉斯用“感觉结构”(structure of feeling)来描述这种以最微妙和最不明确的方式表现的文化活动，它是社群中的个体所共有、使交往成为可能、使一代人能够对他们所继承的世界做出反应的一种感觉结构。由于是一种“感觉”结构，所以它只能存在于人的活体身上，一旦活体不在，载体已逝，“感觉结构”便也停止作用了。在这里，与其说威廉斯可能贬低文献形式的文化的价值，认为离开我们当下生活的关于彼时彼地的传说和记载总是无可挽回地失去了一些重要的成分，不如说他通过“当下”、“经验”、“感觉”、“情感”等鲜活的词语，突出强调了文化所具有的彻底的物质性和实践性，所以威廉斯说，文化唯物主义是“关于物质的文化和文学生产的各种具体情况的理论”。

如果说生产物件、制造用品的劳动是一种物质实践活动，实实在在地改变着人们的生活，那么制造所谓的知性和想象性产品的活动也是一种物质实践，因为这种活动及其产品同样介入、影响和改变着人们的生活状态和方式。在这个意义上说文化是一种实践，也可以说文化是一种过程，是一种绵延逶迤的历史过程。即使在实际的分析操作中只能截取局部的文化片段来把握审视，也可以看到这一片段总是过去的传统文化、现在的统治文化和隐现的新生文化的交织物。作为一种实践过程，这个交织物不是静态的，而是不停地发生着调整、包容、侵入、改造、兼并、斗争、摧毁等变化，传统文化被反复重估和拣选，统治文化一再受到挑战和改造，新生文化不断壮实。当然，这只是一个大致的路线和粗略的描述，实际情况要复杂得多，威廉斯提醒批评家："应该充分估计多样性和复杂性，应该考虑到变革中的延续性，应该考虑到或然性以及某些有限的自治领域"，甚至应该估计到"出乎意料的非连续性"。

文化唯物主义不仅是一套关于文化的理论、立场和态度，而且也是一套方法论。"组织"、"结构"、"模式"、"关系"、"整体"等，是文化唯物主义语言里的一组关键同义词。既然"文化是整个生活方式"，而整体总是大于部分之和，那么文化分析就应该从"整体"出发，从"整体"的角度观察和研究一个具体对象。在此要提醒的是，威廉斯的"整体说"与卢卡奇的"总体性"还是有区别的。卢卡奇的"总体"是从个别对象中抽取出来、能够反过来统辖个别对象的一般规律、普遍法则或内在的稳定本质。尽管卢卡奇也强调"特殊"或"个别"的重要性，但是从价值逻辑上讲，这个"总体"当然是"高"于部分的，"个别"的重要性更多地在于"总体"只能通过它显现出来。威廉斯的"整体"更多强调的是"关系"，也可以说，"整体"和"关系"对他而言基本上是同义词。他主张作文化分析时，将对象视为一个关系复合体，研究对象内和对象外的各种因素之间的多重关系。这样的关系总是具体的，而且各种关系的地位是平等的，不存在"前景"与"背景"之分。批评家只有抛开一切预设的体系、纲领、原理、公式，以自己的感觉和智慧直接贴住对象，才能看到多重关系网络中的对象的意义，才能把握一种文化形式的实际"组织"、"结构"或"模式"。

如果说文化包括了所有的实践形式，而且各种形式具有同样重要的价值意义，那么从实践主体的角度来说，文化过程的所有参与者也不应该有高下之分，文化属于全体社会人，而不是有闲阶级的专利。威廉斯倡导一种人人参与其中、集中社群智慧和创造力的"共同文化"，这是一种"民主的"文化，因而也是一种充满活力、不断更新、永远开放的文化，它的无限潜力决定了它的前景是无法限量的："文化是共同的意义，是全体人民的产物……如果以为任何这样的意义是可以预先设定的，那将是十分愚蠢和自以为是的；这些意义是通过生活来产生的，其产生和再产生的方式是我们所无法事先知道的。"可以看出，文化唯物主义的政治意向是十分明确的，当然通向理想文化的道路也是漫长的。

（马海良）

文化研究(Cultural Studies)

1964年,英国学者雷蒙德·威廉斯和理查德·霍加特(Richard Hoggard)等人在伯明翰大学成立了"当代文化研究中心",此举标志着"文化研究"作为一个重要的学术研究领域的出现。

威廉斯等人所开创的文化研究的"伯明翰学派",从一开始就具有平民主义的倾向。他们对西方传统知识分子的精英主义表示不满,更加关注社会的中、下层阶级,以及与他们相关的通俗文化。他们试图使学术研究从传统知识分子的书斋走向中、下层民众的日常生活和经验之中,使之成为一种"活的"知识。这种倾向为早期的文化研究定下了基调。他们对工人阶级生存状况的同情和理解,决定了他们对待大众传媒和流行文化所采取的较为亲和的态度,而作为人文知识分子,他们对传统的精英文化则采取了批判的立场。传统的精英文化对大众的通俗文化采取的常常是无视和蔑视的态度,所采取的手段往往是压制或隔离。威廉斯等人把大众文化放在更为广阔的社会历史背景中去考察,对其起源和发展进行了认真的探讨。大众文化现象从此登上了学术的"大雅之堂"。

威廉斯作为"伯明翰学派"最重要的精神领袖,率先把"文化"定义为"一种整体生活方式",而文化研究则是对这一整体生活方式的完整过程的描述。他在《关键词》一书里提出,"'文化'……在历史与'文化研究'里,主要是指'表意的'或'象征的'体系"。但是,这种"表意的"或"象征的"体系不仅应当在知识的过程中得到描述,同时也体现在社会体制和日常的行为之中。尽管威廉斯的文化研究的路向在后来受到了不少批评,但他为文化研究确定的基调,却在后来产生了广泛的影响。例如,伯明翰大学的迈克尔·格林(Michael Green)认为:"文化研究的特定对象既不是由文化参照物所强化了的理论评价,也不是文化的特殊形式,而是一种文化过程或要素,是为了特定目的并在特定地点和时间里对它们所进行的分析。文化既不存在于各种文本中,也不是文化生产的结果,不只是存在于文化资源挪用和日常生活世界的创新之中,而是存在于创造意义的不同形式之中,在各种场景、由变化和冲突不断标明的社会之中。文化不是体制、风格和行为,而是所有这些因素复杂的相互作用。"(《文化与批评理论辞典》)

源于威廉斯的文化研究传统,把文化研究当作是对一种特殊生活方式的描述,这种描述不仅要揭示艺术和学术中的某些价值和意义，而且也要揭示社会制度和日常行为中的某些意义和价值，要阐明一种特殊的生活方式，一种特殊文化隐含的或外在的意义与价值。威廉斯使用“经验”和“情感结构”这两个概念来当作其文化理论的支撑，前者指个人在日常生活中积累起来的心理体验，后者指生活在同种文化中的人们共同拥有的心理经验。这种研究方向，被一些学者称为“文化主义”(Culturalism)或“文化唯物主义”(Cultural Materialism)。

文化研究的另一种取向是以法国学者罗兰·巴特和路易·阿尔都塞为代表的“结构主义”。结构主义把文化看作是一套标记符号，认为这些标记符号可以创造出人们逐渐接受某种文化的愿望。在他们看来，个体的经验在很大程度上是由意识形态结构决定的。阿尔都塞认为，意识形态是个人同周围现实环境的“想象性关系”的再现，它是一套隐蔽的观念体系，人们往往根据这种观念体系来感知和想象世界，在意识形态的镜像中识别出“自我”，并被意识形态的镜像结构召唤为“主体”。阿尔都塞认为，先在的、本质的“自我”是一种神话和虚构。主体性依赖于我们生活于其中的意识形态的塑造，我们用意识形态来想象自我的形象、文化身份，来看待我们与国家、社会乃至世界的关系。意识形态成了解释、说明个体经验的前提和支点。

意大利马克思主义理论家葛兰西所提出的“文化霸权”概念，对当代文化研究产生过重大影响。他认为，在资本主义社会里，资产阶级不仅依赖军队、法庭、监狱等暴力机构来维持其统治，还成功地利用了文化上的领导权。文化霸权不是一般所理解的支配阶级和从属阶级之间压迫与反抗的简单关系；它是一个不断变动的斗争过程，是支配者与反支配者之间力量的较量。在这场文化能力的斗争中，既有主导阶级的支配、统治和从属阶级的反支配、反统治，同时还存在着不同阶级为了换取其他阶级、阶层的支持与信任而做出的妥协与让步。霸权的形成需要依赖被统治者自愿的赞同，依赖某种一致的舆论和意见的形成。统治阶级必须与对立的社会集团、阶级以及他们的价值观念进行谈判、协商，调停的结果所造成的资产阶级文化已不再是一种纯粹的“资产阶级文化”，而是一种来自不同阶级的不同文化和意识形态的动态结合。葛兰西的“文化霸权”理论看到了文化结构中的差异、矛盾、妥协、混杂，没有把意识形态看成是僵化固定的实体，而是一种充满裂缝的动态组合。

1970年代之后，西方的“文化研究”从早期对工人阶级及其亚文化的关注扩展开来，把注意力集中到性别、种族、阶级等文化领域中复杂的文化身份、文化认同等问题之上，关注大众文化和消费文化，以及媒体在个人、国家、民族、种族、阶级、性别意识中的文化生产和建构作用，运用社会学、文学理论、美学、影像理论和文化人类学的视野与方法来研究工业社会中的文化现象。这一时期的研究与“后结构主义”的理论有密切关系。在这方面，福柯的“知识考古学”和“知识谱系学”，德里达的“解构主义”理论，波德里亚的“文化仿真”理论，以拉康等人为代表的“后弗洛伊德精神分析学”等，都对当代西方文化研究产生过重要影响。

当代文化研究的对象比起传统文化研究的对象来，已经有了很大的变化。“文化”这个概念的内涵被大大地扩展了，不仅包括“高雅艺术”与“通俗艺术”这些传统领域，也包括日常活动以及在其中显现出来的意义，尤其是后者，往往成了当代文化研究的主要对象。作为文化研究的“文本”对象，也不只是书写下来的语言和文字，还包括电影、摄影作品、时尚、服装、发型等具有意义的文化表意系统。此外，“文化研究”有时也用来指“区域研究”，即针对世界上某个特殊地区的文化所进行的学术研究，如亚洲研究、非洲研究、伊斯兰研究等等。

（阎嘉）

文化政治(Cultural Politics)

文化政治是指把文化与政治结合起来的一种理论立场和批评方法，它广泛表现在各种非形式主义批评话语中，譬如马克思主义批评、文化唯物主义、新历史主义、文化研究、后殖民主义、女性主义、身份研究、性别研究等批评理论和流派，都具有文化政治特点，只是具体的政治取向不同和对政治的强调程度不同，例如新左派和新右派之分。

把文化与政治联系起来，是与一种传统的文化观根本对立的做法。相当长的时期以来，“文化”无论作为一套理想的永恒价值的体系，还是作为各种知性和想象作品的集合，抑或作为某种具体的生活方式，都被有意无意地赋予了一种非政治的属性。自近代初期的意大利政治学家马基雅维里以来，在许多人的概念里，“政治”是肮脏利益、狭隘目光、阴谋计算、倾轧厮拼的近义词，而“文化”则以其价值指向的普遍性、打动所有人的审美性以及温情脉脉的生活直接性和感染性而获得特殊尊重，甚至许多思想家热情洋溢地期望“文化”能弥合无情的政治纷争，像宗教一样将社会凝聚起来，或将人们从险象丛生的政治森林里引领出来，带入文化的真善美乐土。在这一文化观的长期熏陶下，普通人的确有一种自以为远离政治领域或愿意远离政治是非之地的倾向，总希望能保留一块非政治的“属于自己的生活领地”，总有一份对神圣“文化”的向往之心，总是希望自己成为一个高雅的“文化人”。

其实，“文化”的高雅脱俗只是现代文化人生产出来的一种品性，是一种主观建构的东西，正如“政治”概念也在不断地被建构和重构。在古希腊时代，亚里士多德曾经说，人是政治动物，他所指的政治是公共事务。在现代时期，进入一般人的“政治”范畴的是党派组织、国家机构、司法机关、教育部门、国际外交领域以及相关运作程序和政策法规等权力概念。虽然社会中的每个人都受到这种政治形式的控制和制约，但是大部分人总在有意无意地设想着一条逃出政治掌控的自由之路。进入20世纪60年代以来，可以统称为“理论”的一些新视角的出现，例如葛兰西的文化霸权理论、阿尔都塞的意识形态理论、福柯的权力话语理论等等，让人们看到“政治”在微观层面的运作，对生活肌质的侵入，甚至在无意识中的沉积。某些激进文化政治主义者的“一切皆政治”的命题，某些女性主义者的口号“个人的就是政治的”，都应该放在这个背景下来理解。

坚持文化政治立场的批评家们总体上把“政治”理解为权力关系，即统治与被统治的关系。权力关系不仅表现为强制性形式——英国当代文化政治学者J. 佩特(Joe Painter)称之为“正式政治”，通过看得见的“组织”的手直接实施控制，而且更多地通过看不见的无处不在的触须、甚至通过无意识渠道，实现调节、控制和监管。无论“正式政治”，还是“非正式政治”，都通过和借助于文化发挥作用，也就是说，文化广泛地发挥着政治载体的功能。作为一种分析方法的文化政治，从总统选举到环境保护运动、从街头涂鸦到历史档案、从文艺作品到广告招贴、从流行音乐到媒体技术、从服饰时尚到建筑风格、从议会程序到家庭行为……对各种形式中的权力关系进行前所未有的探究，其发现和洞见极大地丰富和改变了人文研究的面貌。

以纪念碑为例，按照伊莱恩·鲍德温(Elaine Baldwin)等人的分析，各个国家各个城市到处可见的纪念碑既不是纯粹的表达永恒普遍价值的文化文物，也不是真实再现历史史实的艺术，而是具有强烈的政治含义、进行政治表演的作品，英国伦敦的坎维尔纪念碑就是这样一件作品。纪念碑塑像的原型是第一次世界大战中被德国人处死的英国护士伊迪丝·坎维尔。伊迪丝于1906年前往比利时，协助建立一所护士培训学校。一战爆发后，该校被用作红十字会的一所医院，交战双方的受伤战俘均在收治之列。由于伊迪丝帮助英法士兵避难的活动暴露，她被德国军事法庭判处死刑。被处决后的伊迪丝立即成为英国的烈士，不久便被塑像纪念。尽管在世时的伊迪丝作为培训学校校长经常穿着深色衣服，但塑像上的伊迪丝却是一个“白衣护士”，象征着纯洁无瑕和母性的慈爱善良，这是传统的男人心目中完美女人的形象，更重要的是，她的牺牲暴露了敌对方的凶残，同时使自己一方的战争行为获得合法性。反过来看，德国人对伊迪丝的判决，也借助了相似的性别代码：伊迪丝的间谍行为由于她的护士身份而使其污点更加突出，她成了不纯洁的女人，必须受到严厉惩罚。

在文化政治分析中，性别已经成为一个重要的层面。女性主义者大都认为，“性别”的政治性在于它是一种社会历史的文化建构，反映着特定的权力关系。对现代官僚制度的文化政治分析，也可以印证这一点。根据马克斯·韦伯的研究，现代官僚制度要求行政人员严守等级纪律，排除个人情感，精于理性筹划，保证工作效率。而女性在传统上被认为是情绪化和个人化的，于是现代官场中的大部分工作便由男性担任了，女性最好是留在家里，做好后勤服务，让男性行政人员可以衣冠整洁、精力充沛地投入工作。即使少数女性走进办公室，打扫、清洁、整理一类的活儿也被看作她们的分内之事；显然，判断她们是否能够履行好公务职责的重要标准之一，是看她们是否能够完成社会对女性这一性别的文化期待。

文化政治分析不仅揭示无处不在的权力渗透，揭露种种细密的统治手法，而且也寻找着反权力的抵抗途径和策略。“僭越”(transgression)是常见的策略之一。人们往往在特定时刻不失时机地跨过常规界线，对统治价值、观念、习惯、规定进行修改、冒犯和颠覆。这种反权力的僭越行为是权力的孪生物，正如俗语所说，哪里有压迫，哪里就有反抗。巴赫金对狂欢文化的研究表明，各国历史上广泛存在的各种狂欢仪式活动就是对统治权力进行颠覆的戏剧性场面。在狂欢的群众盛典中，皇帝可以成为弄臣，王子可以成为贫儿，壁垒森严的统治与被统治的秩序在嬉笑喧闹中被打破了。僭越和颠覆的行为可以发生在各个领域。1987年，英国历史上首次选出了四名黑人议员。其中黑人女议员迪安娜·艾伯特(Diane Abbot)在议院的举止引起媒体的热烈讨论。她正好坐在以反对移民政策著称的议员艾诺克·鲍威尔以前常坐的席位上，而且她在议院席上掏出化妆盒，描眉画唇。无论在传统保守者看来，还是在激进主义者眼里，艾伯特的举止显然是对庄重正式的政治表演模式的僭越和颠覆，只是艾伯特的这次僭越行为包含着更复杂的内容：种族和性别。尽管多数文化政治主义者的“批评介入”基本上不超出象征和再现的符号领域，但是仍然有激进批评家坚持直接的宏观政治行动，譬如组织起来的群众运动。

总之，在坚持文化政治立场的批评家看来，“文化”是一个充满意识形态争执的概念，也是一个典型的政治用语，声称“文化”是一套永恒而普遍的价值系统，与纠缠于暂时世俗利益的纷争政治相对立，这种做法本身恰恰显露出强烈的政治动机和鲜明的政治倾向。当年的马修·阿诺德(Mathew Arnold)等人高高祭起“文化”大旗，认为文化具有超阶级、超物质的精神力量，正是希望借助于一个“超”字，调和社会各阶级的矛盾，使喧嚣躁动、冲突争斗的社会平静下来，政治动机是不言而喻的。然而，一种超验的精神性的文化——无论指派给它多大价值，甚至宗教般的崇高地位——能够将资本家兜里的钱放回到工人手里吗？阿诺德想以一种天国式的远景来打发19世纪作家们反复描写的那些被工厂吃进去又吐出来的工人，其阶级立场和政治倾向是显而易见的。同样，阿诺德的前辈埃德蒙·柏克等人曾经在18世纪末的英国，用"文化"来消解法国大革命引起的喧嚣和躁动，柏克的"文化"代表的是传统法权、世袭地位、等级差别、习俗惯例，要对抗的是托玛斯·潘恩（Thomas Pain）等人要求的平等、自由、公正的"自然"。当今的塞缪尔·亨廷顿等人提出，阶级政治斗争已经消失，意识形态纷争已经终结，世界当今和以后的冲突将是文化的冲突或"文化战争"。然而这种观点本身恰恰反映了文化的政治属性，说明"文化"是问题本身，而不是解决问题的答案。只有通过对文化问题的有效分析，正视文化的政治功能和含义，并且最终诉诸政治行动，才能实现真正的文化变革，把此岸世界建设成理想乐土。

需要指出的是，权力关系涵盖了所有社会和文化关系，这一基本观点也导致了文化政治的泛政治化，"政治"现在几乎可以与任何概念相链接，因此出现了"性别政治"、"阳性政治"、"视觉政治"、"同性恋政治"、"身份政治"、"身体政治"，等等。少数马克思主义学者对此颇为忧虑，呼吁文化政治应该与经济、阶级以及现实社会制度联系起来，譬如伊格尔顿就提醒人们："莎士比亚仍然体现着永恒的价值，但是如果没有万全保险公司的支持赞助，你就无法制作他的作品。"

（马海良）

文化资本（Cultural Capital）

传统人文主义思想和普通常识往往将文化视为神圣、杰出的领域，是一个相对自律、和经济逻辑隔膜的符号领域。透过布尔迪厄的"文化资本"概念，我们超越了对文化的狭隘理解，将文化带到日常生活中，从大写文化（Culture）回到复数的小写文化（cultures），文化走下被膜拜的神坛，成为和衣食住行一样与社会地位、阶级、社会再生产密切相关的因素。文化"关系性"地存在于"象征性位置空间"与"社会位置空间"的结构异质同构中。文化和社会等级、仪式制度、机构设置等日常生活的方方面面须臾不离。文化资本的隐秘巫术被曝光后，资本主义后工业社会通过教育体制、文化消费、趣味等文化形式再生产社会等级和社会区分的真相就昭然若揭。

在布尔迪厄看来，社会空间中的资本积累表现为经济资本、社会资本和文化资本、象征资本等形式。资本之间可以相互转换，其中文化和象征资本以最隐蔽的形式转换经济和社会资本，巩固行动者掌握的社会稀缺资源。文化资本有三种存在形态：一、具体形态，以精神和身体的“持久性情”的形式存在。二、客观形态，以文化商品的形态（图片、书籍、词典、工具和仪器等等）存在。三、体制形态，如教育文凭，以文化资本的形式由权威机构授予，并成为一种具有保证性的资历认证。

文化资本与积累时间密切相关。如果说经济资本的获得是资本家通过将一般社会劳动时间抽象化，从而榨取工人的剩余劳动价值的话，那么文化资本的获取和积累，与行动者遵循“物以稀为贵”原则，在一定时间中将经济资本转化为文化资本有关。文化资本将殷实丰裕的物质财富转换为恒久的文化魅力，成为高贵性的自我界定。本雅明曾经谈到，许多选择波希米亚生活方式从事文化艺术创作的犹太思想者同其富有的资本家父辈之间的微妙关系。两代人的差异和内在的延续，沉淀了资本转化以及漫长岁月的痕迹。

文化资本和时间的关系，也体现在文化资本的体制化形态之上——权威机构签发的学历、文凭和批准的文化经典等形式。现代性社会空间由两种根本区分原则——经济资本和文化资本来划分等级和位置，而教育体制已成为争夺垄断性支配位置的重要工具。教育体制在文化资本的分配和社会空间的再生产中扮演核心角色。社会出身不同的孩子在学校场域的学习能力和学术成果与他们的社会出身有密切关系。因此同一个教室的学生，从家庭和幼年教育中继承和积累而来的文化能力是千差万别的；然而学校却漠视这些差异，把文化积累丰厚的优等学生视为“天赋”甚高的学生，反之，文化积累匮乏的学生则被认为是资质愚钝者。学生在文化积累上的不平等，泄露出社会权力和文化资源的不均衡分布。在发达资本主义的分化社会中，学校全面接管教会为社会分工提供了正当性。学校颁发的文凭、学历都有助于社会空间的建构，授予文凭早已成为现代教育体制中的制度性仪式。如果说高等学校的文凭具有神奇的符咒般魔力，它使技艺、个人素养黯然失色，在劳动力市场中，一跃成为区分和衡量的主要砝码，那么，学校则是制造砝码魔力的魔术师。

和教育部门被视为价值中立机构的神话一样，趣味作为身体性情也被人们当成无功利的、自然天成的领域，社会学揭示了趣味通过习性的内化将社会区分转换成身体性的文化资本的事实。布尔迪厄对趣味的祛魅和他对康德美学的社会学批判结合在一起。他认为康德美学所期待的纯粹目光（pure gaze）实际上是与文化资本息息相关的纯粹目光，是将精英和社会大众区隔开来的文化界限感。纯粹目光是形式高于功能的目光，是以超功利方式对待艺术品的态度，是潜移默化、心领神会地识别艺术品的特定编码，是从复杂的声音、节奏、色彩和线条中感受意义和情感的能力。观看梵高的《星夜》，不是立刻想到画面对生活具象模仿得逼真与否，而是从纷乱的笔触中体验到狂乱、焦虑和烦闷的心绪。文化资本越丰富，越有可能获致和日常目光决裂的纯粹审美目光。社会学的经验研究揭示了任何看似正当、合法的文化都是任意的、社会历史建构的、是支配阶级强置的观点。

文化任意性观点颠覆了高雅趣味和通俗趣味或大众趣味之间的神圣区隔，因为文化等级、趣味等级都是有条件和社会建构的。社会区分总是依赖趣味这种融入血液的文化资本、内化的社会结构，在身体层面形成自我界定的区分感。日常生活中不经意的手势、姿态、发音，以及常用的感叹词、口头禅等，都微妙地透露出行动者的社会归属、社会身份。在社会化过程中，同一社会世界中的行动者共享类似的属性，从而产生共同的社会归属。个体和群体不断卷入判断和被判断，区分和被区分的过程，将社会对他们的区分再现为他们对自身的区分，并由此获得文化和社会身份。

在分析文化区分与社会区分的结构性同源关系时，布尔迪厄超越了马克思意义上的"阶级"划分方式。在布尔迪厄看来，以生产资料拥有和收入的差异来界定阶级划分的单一维度，难以解释文化实践、趣味类型和个体、社会阶层的生存条件、资本结构的内在联系，难以揭示区隔个体、阶层和阶级的复杂表征。布尔迪厄还接受韦伯从生活形态研究身份群体思路的影响，更为细密地展示身份群体的对立体现出的阶级区隔，展示趣味成为社会等级标志的事实。他植根于社会历史时空，研究现代社会复杂的阶级区分状况，既考虑到现代社会中文化的阶级区分功能，又没有掉进缺乏历史内容的符号学形式研究的泥沼。这是他和波德里亚的文化符号学研究的根本区别所在。

文化资本和趣味问题成为不同阶级或阶层的再现或表征问题。布尔迪厄从阶级和趣味的关系，讨论了同一阶级内部的同一性、一致性，以及不同阶级的趣味形成的差异和对立。他描绘出社会空间的三重维度：资产阶级趣味——区分感，他们推崇纯形式的审美文化；与之对立的，是工人阶级的趣味——对必需品的选择。资产阶级趣味作为正统趣味，与工人阶级的通俗趣味形成对立和排斥；处于中间位置的，是小资产阶级趣味——文化善意(cultural goodwill)，即小资产阶级了解什么是合法的经典文化，但往往显得矫揉造作和牵强附会。

在布尔迪厄眼里，"文化资本"是一个在隐喻意义上运用的概念，它最终指向作为支配杠杆的经济资本。相对于经济资本的权威而言，文化资本的富裕使知识分子成为统治阶级中的被统治者。凝结着不同文化资本的习性再生产了社会等级秩序,统治不再是强制性的,而是在行动者的误认基础上形成的自我认同。然而,与布尔迪厄强调文化对社会结构的再生产功能的悲观姿态不同,艾尔文·古德纳(Alvin Gouldner)的“知识分子与新阶级”论吸收并改造了布尔迪厄的“文化资本”说,他乐观和激进地表达了知识分子作为握有丰富文化资本的专业群体,将成为未来社会的支配者的观点。然而,古德纳虽然看到知识分子的专业化能力和自治品格的可贵,但他无视专业化、技术理性化的知识分子体制极大地钳制和扼杀了知识分子参与社会公共问题的能力和激情。古德纳还未能意识到文化资本和经济资本的复杂关系,意识到当代社会中经济资本仍然是强势资本,它通过体制、常识的力量正在侵蚀大学、新闻、媒体等文化领域。

“文化资本”概念的丰富阐释力,使得文化实践所包含的经济、社会权力逻辑得以彰显,使得“经典”、“文化生产和消费”、“生活风格”等问题展现出崭新的文化政治经济学内涵。布尔迪厄等社会学家对“文化资本”概念的建构和运用也为文化研究跨学科、跨领域的方法论实验提供了诸多借鉴。

(张意)

无器官身体(Body without Organs)

“无器官身体”可能是当代法国哲学家德勒兹与精神分析学家加塔利最难以捉摸的后结构主义思想概念。需要特别指出的是,对德勒兹哲学美学概念的界说,是一项勉为其难而且违背德勒兹精神特质的悖论式的工作。任何习惯于经典批评话语的人,如果想把一切都置于界说清晰的位置并加以盖棺论定的话,则可能会大失所望。因为德勒兹与加塔利的话语的形式与旨趣皆变动不居,纠缠不清,颇为令人困惑。他们的著作中现代理论数学与原始神话共存,遗传密码的符号学与金融资本的级差计算携手并行。稀奇古怪的术语如“无器官的身体”和费解的形象如“飞砖”(flying bricks)突然出现却不加解释,然后又常常同样莫名其妙地倏忽而去。

德勒兹和加塔利从阿尔托那里借用了“无器官身体”这一术语。无器官身体在本质上是尚未编码的身体,在《千高原》中,无器官身体被描绘成为“欲望的内在领域,欲望的一致性平台”。其上流动着“纯强度的、自由的、前物质的、前有机的单一性”。无器官身体在一个本身是强度的、未拓展的空间中生产并且分配强度。这是一个没有科层化的未形之物，是强度的母胎，在那儿，强度＝0。

从欲望机器、无器官身体和游牧主体这三个因素出发，可以把德勒兹和加塔利关于无意识欲望生产的概念设想为一个巨大的蛋，上面覆盖着纵横交错的线与游走不定的强度点：无器官身体就是这个世界之蛋，是宇宙的胚胎；其区域、斜坡、强度及潜在的裂缝与刻录在其表面上的运动轨迹互相呼应；这些互相交叉的轨迹之线代表着欲望机器和游牧主体漫游的线与点。欲望机器与无器官身体之间构成了复杂的坐标网络，出现横截线效应。例如，一个欲望机器可以在数个不同的网络线上发挥功用（嘴巴可以是饮食机器，可以是呼吸机器，说话机器等等），但不是共时性地发挥功用。欲望机器由此在网络的不同线索上与这个或那个机器结合，无器官身体基本上是部分客体的一种聚合，它阻断"器官身体"的三大组织原则：有机论、意义论和主体性。

在"资本主义与精神分裂症"的题旨下，最好是把无器官身体的概念与更宏阔的社会无器官身体联系起来加以理解。无器官身体即是不同系谱学文化符号刻录的最初空白载体。德勒兹和加塔利坚持一种前历史的视域和微观政治哲学批判，认为人类语言和意义是从原始身体的编码和刻录中诞生的。他们把社会无器官身体的（再）辖域化的形式称为"社会体"（socius，或译"聚落"）。每一种社会体都有着不同的编码或者刻录系统。社会体的三种基本类型为：原始社会的大地身体，野蛮社会的专制身体，资本主义社会的资本身体。原始人建构了人类原住民（土著）起源的神话；野蛮的专制体制播散了统治者绝对权力的神圣起源神话；而资本主义正如马克思在《资本论》中所指出的那样，它将资本拜物教化，建构了颠倒劳动与资本的关系的神话。德勒兹和加塔利把这种神话的"准因果律"（quasi-causality）推衍到所有的社会体及其刻录系统之中。这是对无器官身体的"神化"（miraculating）、魅化或编码化，与"解魅"或解编码化相对位。

原始社会以大地身体为刻录系统。原始社会组织是由刻录系统所实施的，它属于一种"辖域刻录"（territorial inscription）体系，或者"残酷"的系统。原始社会生活中有大量稀奇古怪的文身、穿鼻、凿耳、饰唇的现象和充满痛苦体验的残酷仪式。原始部落通过刻录、铭记、文身、在身体上切口凿孔或绘画而构成某种普遍的身份认同的符号。例如在一场联姻仪式上，年轻丈夫在妻子身体上刻录下类似子宫的葫芦的图案，以标示和确认他们结姻的合法性并且作为家族血统的标志。原始仪式的公众凝视功能使得每一个人都由此知道这个身体的子宫属于谁，更确切地说，给了它在社会联姻和血统系谱的网络中的一个定位。

野蛮社会以专制身体为刻录系统。原始社会体的辖域刻录体系在专制社会中也变成了“帝国刻录”(imperial inscription)体系,或者“恐怖”的体系。当某个专制独裁者从部落中冒出来,自命为法律和天授神权的代表人物,把个人的身体凌驾于部落之上,把他自己作为社会秩序再现的化身之时,这种情况就发生了。独裁者创造了新的书写或刻录方式:“立法、官僚制度、计算和敛集税费、国家垄断、帝王的公正、官方行为、历史图式——所有一切都书写在独裁者的群像身上。”这时,这些铭记变成所有权的符号,语言随着铭记的解辖域化而产生,铭记不再直接意指发出或承载它们的身体个体。

资本主义社会以资本身体为刻录系统。资本主义是一种“后国家机器”——资本主义机器的社会体是资本自身。资本主义以解编码/再编码取代了原始社会的编码和专制社会的超编码,一切社会关系皆衍生于作为它们准原因的资本身体。资本主义是经由公理而经济性地组织起来的,其生成与发展有消极和积极的两面性。在消极的层面,它有辖域化和再辖域化的特征:资本主义倾向于将一切都纳入同一性和统一的量化之中,以资本作为衡量一切的尺度,固定住一切生成。资本主义之所以成为可能,是因为我们能够把丰富复杂、异彩纷呈的生活都纳入一种单一的交换系统之中。在积极的层面,资本主义表现出解辖域化的特征:它以交换之流消解了一切既有的物质形式,是什么东西在交换中循环并不重要——无论是金钱、货物、信息还是商品都不重要,重要的是这种不断交换的流变运动的力量。这是一种积极的资本主义倾向,它渗透了全部生活。而德勒兹和加塔利强调精神分裂症的文化哲学取向与提出著名的“反俄狄浦斯”命题,就在于俄狄浦斯情结与资本主义再辖域化的精神偏执症同构同谋。

就文化哲学的维度而言,无器官身体的概念折射出德勒兹和加塔利对西方思想文化的形而上传统的扬弃与颠覆,体现出对实有与空无的后结构主义哲学美学思考。无器官身体由于“organs”(中文可译为“器官”或“组织”;西文则与“organism”即“有机论”词源相通)词义艰涩、含混、复杂而引起歧异的理解,它更确切的含义似应是“a non-organismic body ”(一种非有机论的身体)。德勒兹和加塔利曾经表示,无器官身体根本就不是 organs 的对立面,它的敌人不是 organs 而是 organism 即有机论。有机论是科层化(即具有中心化、等级制的强大的身体模式)的,而无器官身体则是解科层化(非中心、非习惯化)的身体。由此可见,无器官身体与他们所提倡的“千高原”、“游牧”、“块茎”、“解辖域化”等后结构主义观念有异曲同工的旨趣。在《反俄狄浦斯》和《千高原》中,他们还分辨了“充实的无器官身体”(full BWO)和“空虚的无器官身体”(empty BWO),以及特定的聚合性的无器官身体和单一的无器官身体,更增加了该术语的歧义性或者理解的难度。在《反俄狄浦斯》中,充实的无器官身体意味着反生产的契机，是一种让欲望机器发动和游牧主体活动的表面，作为这种表面，无器官身体可以记录欲望生产；在社会刻录方面，它是社会体。在《千高原》中，充实的无器官身体得到积极的肯定，而“空虚的无器官身体”则应当注意规避，因为前者是建构性的，是所有身体与装配共享的虚拟领域和零强度流的“大地”，在这种角斗场上一切链接都有可能，一切伦理选择必然发生，因此可以链接其他解科层化的身体，扮演着选言综合（选言意味着丰富的差异性，综合则标志着某种一致性的平台）的角色，既区分差异性本身，又肯定差异性的差异，它向新的链接、创造开放，生产新的领域；后者则是某个个体静态的空间，是强度所栖居的主体性的黑洞，在那儿万籁俱寂，什么事件都不会发生。

德勒兹把身体视为“器官”的装配，不同于拉康式的“意义链”，不由“欲望的转喻”所制导，而是可以具有共时发展的众多意义链，具有复杂多元的符号关系，是符号中自由联系的不确定模式。它甚至不属于任何符号系统（如拉康认为无意识属于语言系统），而是具有突出的异质性。人类的语言常常窘于表达人类的身体，故而言不尽意可以改成“言不尽体”。“无器官身体”作为好像亟待刻录的白板（tabula rasa），欲望驱力的对象和本能的轨迹可以在上面生成多元性与差异性。

（麦永雄 符飞亮）

无意识（Inconscient）

虽然在弗洛伊德之前，“无意识”这个术语就已经有人使用，但只是在弗洛伊德的著作中，它才获得了与众不同的意义，并变成一个非同寻常的概念。

弗洛伊德区别了无意识的两种含义，作为一个形容词，它仅仅指某个时间内不为意识所注意的心理过程；作为一个名词，它指的是弗洛伊德在他的第一个心理结构图中的一种心理体系。根据这种理论，心灵分为意识、前意识和无意识。无意识不是给定时间内意识之外的东西，而是因为压抑而与意识分离，以致不经歪曲就不能进入意识—感觉系统的内容。

在弗洛伊德的第二个心理结构图中，心灵分为三个代理，即本我、自我和超我。在这个结构中，没有哪一个代理完全等同于无意识，即使是自我和超我中也具有无意识成分。

在 1950 年之前，拉康主要将这个词用作形容词，这就使得他的早期著作与弗洛伊德的思想具有很大的差距。但是在1950年之后,伴随着“回归弗洛伊德”,这个术语经常被用作名词,拉康越来越强调弗洛伊德为这个术语赋予独特性所作的贡献。拉康强调说,无意识决不仅是意识的对立面。“就其不具备意识所具有的特征而言,许多可以合理称之为无意识的心理效果与弗洛伊德意义上的无意识其实毫无关系。”(*Ecrits*: *A Sellection*)他同时坚持,无意识不能等同于被压抑的内容。

拉康认为,弗洛伊德的追随者严重歪曲了这个概念在弗洛伊德那里的真正意义,仅仅把它约减为“本能的场所”。与这种生物主义的思考模式截然不同,拉康认为“无意识既不是原始的,也不是本能的”,而是语言的。这种观点集中体现在拉康的这句箴言中:“无意识是像语言那样结构起来的。”(*The Siminar. III.*)

弗洛伊德曾说无意识观念只有物表象而没有词表象,拉康的反对者据此非难拉康的无意识理论。拉康提出了他坚持这一箴言的根据:“只有得到明确的解释,也就是说,只有通过进入语言从而被连接/说出,无意识才能得到最终的理解。”(*The Siminar. VII.*)

拉康还把无意识描述为一种话语:“无意识就是他者的话语。”(*Ecrits*)这种谜一般的表述可以用许多方式来理解。或许其最主要的意思就是“人们应该在无意识中发现言语对主体产生的影响”(*The Siminar. XI.*)。更准确地说,无意识就是能指对主体所产生的影响,因为被压抑的就是能指,以无意识的形式(口误、妙语、梦和症状等)回归的就是能指。

所有对语言、言语、话语和能指的涉及都无一例外地将无意识置于象征秩序之中。事实上,“无意识就是作为象征的功能而结构起来的”(*The Siminar. VII.*)。因此,无意识就是象征秩序对主体的规定。

无意识不是外在的,恰好相反,因为言语和语言是主体间的现象,所以无意识是超越个体的,是外在的,也就是主体间的。“就人而言,象征秩序的这种外在性正是无意识的概念”,这一点是拉康与弗洛伊德的重大区别,于中我们可以看见拉康的辩证性。在拉康看来,如果无意识是内在的,那它就只是一种想象的作用,主体与他者的联系就难以理解了。

虽然只是在无意识的形式中我们才可以看见无意识,但我们的所有行为都在它的领域之内。无意识的法则,也就是重复和欲望的法则,就像结构本身一样无所不在。无意识是不可化约的,因此分析的目的不应该是将无意识变为意识。

(马元龙)

物化(Reification)

“物化”一词来自它的拉丁词根“res”(即客体意义上的物)。作为一个哲学概念,它的流行起源于20世纪20年代的马克思主义者所发展的哲学,尤其是卢卡奇(他用的德语词语“verdinglichung”和“versachlichung”)。关于马克思本人是否使用过这一术语,学界有着不少争议。卢卡奇在《物化与无产阶级意识》中认为马克思在《资本论》有关商品拜物教的章节中使用了物化(verdinglichung)一词。然而据吉丽安·萝丝的考证,马克思唯一一次使用过“versachlichung”一词的地方,是在《资本论》第三卷中,但是英译本将这个词翻译为“conversion ... into things,”而不是“reification”。不过,无论马克思本人是否使用过“物化”一词,有一点是明确的,就是说马克思在《资本论》第一部分中详细论述了价值理论和商品拜物教理论之后,他并没有从这些理论中发展出有关其他资本主义社会制度或文化制度的详细的描述。事实上,将马克思对商品拜物教的分析发展为一种普遍的物化理论,将马克思的价值理论普遍化为资本主义社会形式的模式,并将其应用于对社会制度和文化的分析之上的,是以卢卡奇为首的新马克思主义者。

卢卡奇借助马克思在《资本论》中对商品结构的分析,西美尔对文化商品化的描述,以及韦伯有关合理性化的论述,力图向人们证明,物化已经渗透到所有的生活领域之中。他提出,由于商品拜物教,人类自身的活动即人类的劳动被异化成了某种独立于他之外的客观的东西,各个孤立的个体生产者相互之间的关系也被间接化了,只能通过事物的中介(即商品的流通)才能得以实现。因此,生产者的劳动所具有的社会性变得模糊了,人与人之间的关系也成了物与物之间的关系。通过对与资产阶级科学、法律、哲学相关的各种形式的意识的仔细分析,卢卡奇指出,这些形式全都展示了一种拜物教的倾向,与商品生产领域中的拜物教相似。因此,在他那里,“物化”这一术语指涉的是商品拜物教向一切人类意识和行为的扩张,就是说,在资本主义制度里,商品形式已经成了“普遍的结构原则”,物化“渗透到社会的每一个方面”,甚至是渗透到人类主体性之中。由于资本主义制度在越来越高的经济层次上不断地生产和再生产着自身,物化结构也就越来越深刻地、越来越决定性地、越来越明确地渗入人的意识中。它将自己的印记深深地铭刻在意识的整体之中。在卢卡奇看来,这种物化的影响怎么估计都不过分。所有的人类能力，包括意识，都被物化了。商品化的抽象劳动，如同一切商品，都表现出一种自主的幻象。

卢卡奇的理论明显有着内在的问题：如果物化效应波及一切意识，那么物化本身是如何被人所知的？卢卡奇于是引入了资产阶级意识与无产阶级意识之间的区别。他认为，这两种意识都经历了物化的影响。资产阶级误以为自己是物化的主体，能够控制物化及其后果。同样，工人也常常错误地从自己的经金钱为中介的消费能力来衡量自己的主体价值。因此，无产阶级无法意识到，要想真正认清自己的状况，就必须获得真正的意识和革命。在卢卡奇的理论中，共产党就是一种革命阶级意识的中介性力量，它能够帮助无产阶级获得革命所需要的真正的意识。

卢卡奇的分析就是要试图估量当时社会物化的程度，并力图寻找突破这种物化的主体力量。继卢卡奇之后，德国法兰克福学派的思想家更进一步深入研究物化的效果。阿多诺是其中一位对物化进行了最为系统的研究的思想家。他的物化学说同样也是建立在商品拜物教理论的基础之上。他同样认为，物化是一个社会范畴，它指涉意识被决定的方式。因此，说某种东西被物化了，并不是强调说人际关系以物际关系的形式出现，而是强调说人际关系以事物属性的形式出现。然而，阿多诺与卢卡奇不同的地方在于，他并没有依赖于马克思的劳动理论或劳动过程理论，而是转而求助于马克思的价值理论，尤其是他关于使用价值与交换价值的区分。此外，在阿多诺那里，无产阶级的革命意识在认识论方面并不具有任何特别的优越性，他不愿意赋予任何一种实践，尤其是一个历史集体主体，以特别的地位。

在阿多诺的理论中，物化的起源在于商品的交换价值。交换原则是一种同一化力量，旨在取消任何质的区别，代之以量的等同。事物之间的质的区别成了价格的差异。只有这样，交换才能得以在异质的事物之间进行。问题更严重的是，交换价值的普遍原则已经作为一种意识形态渗透到了社会的一切领域中。就是说，在资本主义生产的条件下，由于交换原则渗透到了整个社会的方方面面，人类的一切生活、思想和文化都被物化了。这种物化消除了质的区别，在形式化和标准化的原则下统治了整个商品社会。其结果是，那些表面上看来是特殊性和个体性的东西实际上都只具有虚假的特殊性和个体性。

不过，阿多诺的物化理论并没有止步于社会层面的分析。他从否定辩证法的角度出发，揭示了同一化思维所造成的物化现象，从而将批判的范围扩大到启蒙理性。所谓同一化思维就是使不同的事物相同，使异质的事物同质化。这种思维方式与启蒙理性的固有特征关系密切。阿多诺认为，导致启蒙理性向其反面即蒙昧与专制逆转的内在特征在于,启蒙理性的主要倾向是以普遍性统摄特殊性。这种统摄性的或工具性的合理性将相异的东西看作相同的东西,无视事物的内在特性,可正是这些特性赋予了事物以感性的、社会的、历史的特殊性。启蒙在等同原则的口号下取消了个体的特质,因此,将不同事物等同化便成为社会对个体的强制。这种统摄,就是服务于主体的目的和意图,即自我保护。统摄的目的在于取得概念的和技术的掌握。因此这实际上是概念领域中的统治。当这种统摄性的合理性被看作是理想的全部的时候,按其本身来认识特殊事物的可能性就不复存在,启蒙合理性本来的目的也被遮蔽了。这就是思维过程的物化。

阿多诺反复强调,社会和对社会的意识已经日益物化。有时他甚至说已经“全盘物化”了。所谓社会被“全盘物化”,指的是交换过程的宰制已经发展到全面控制各种机构制度、行为方式、阶级构成的程度,以至于它阻碍了任何独立的和批判的意识的形式。而所谓意识被“全盘物化”,阿多诺的意思是,意识只能认识社会的表象,意识只能将当前机构制度和行为方式的功能模式认作一种固有的、不变的特征或属性,好像它们“实现了自己的概念”。因此,所谓有关社会的意识已经被“全盘物化了”,实际上就是在暗示说,一切批判性的意识或理论都成了不可能。因此,阿多诺关于物化的论述从总体上说来是比较悲观的。虽然根据新近的研究,他并没有像人们以前所想象的那样彻底绝望。

当然,物化概念并不仅仅存在于马克思及其后来的追随者。事实上,它是德国知识传统遗留给现代社会思想的最重要的遗产之一,席勒、黑格尔、赫尔德、尼采、西美尔等都对这一概念有所探讨。然而,正如前面所说的,有关物化的起源与终结,社会被深刻物化的历史时刻、克服物化的可能性或不可能性等等,一直以来都有着许多纷争,在将来也势必会得到更多的分析和阐释。

（凌海衡）

物质(Material)

古希腊时期,最早的哲学家们大都把物质性的本原当作万物之本。如水,无限者,气,数,火,原子和虚空,等等。万物虽形态不一,却均由同一种物质构成,都是先由它产生,最后又化归为它。苏格拉底否定了这类自然研究哲学,因为他更关心人事与伦理。而柏拉图一方面认同赫拉克利特,一切感性事物都在永恒的流变中,因此是不可能认识的;另一方面,他又提出万事万物的原因是理念,它们之所以存在乃是靠"分有"与其同名的理念。人通过理性把纷然杂陈的感官知觉集纳成一个统一体,在回忆中望见那真正的本体。正是对理念的分有与回忆,个体事物被认为处于实在与不实在之间,其意义和作用自然是低一等的。哲学家的任务因此是求理念、求真理、求根本法则,而非研究具体事物。

基督教神学深受柏拉图哲学的影响,二者之间最大的差别只是世界的本原由理念替换为上帝。奥古斯丁说,一切存在物都是上帝创造的,上帝所造的一切都是好的。托马斯·阿奎那进一步明确,上帝是绝对的最初存在者,上帝从无创造了万物;上帝不等同于原初物质,因为"物质仅只是潜能"。基督教教义对物质财富的轻视与贬低,对生命短暂的劝告与提醒,无一不呼应了苏格拉底对灵魂不断完善的期待和柏拉图对理念世界的向往。

文艺复兴时期,达·芬奇在他众多发明试验的基础上提出,"我们的一切知识,全都来自我们的感觉能力"。这一观点日后在休谟的《人类理智研究》(1748)中得到回应,"我们的观念或比较微弱的知觉,都是我们的印象或比较生动的知觉的摹本"。显然,人对物的经验构成了知识的基础,对具体事物的经验是可以通向真理与科学的,以人为本的社会文化心理由此逐渐确立。

欧洲哲学在17世纪以后发生了重大转折。霍布斯在《论物体》(1655)中提出,宇宙的全部均由物体构成,而物体又不依赖于人类思想,与空间的某个部分相合或具有同样的广延。也就是说,物体是自主存在的,独立于人的思考和再现之外,因此物体事实上又被称为"主体"。对此产生了两种理解:一种认为物体依然可以为人的感觉所知觉,并为理性所了解,霍布斯即持此观点;另一种则认为物体是不可理解的,康德可作为代表。在《纯粹理性批判》(1770—1781)、《未来形而上学导论》(1783)中,康德提出"作为我们的感官对象而存在于我们之外的物是已有的,只是这些物本身可能是什么样子,我们一点也不知道"。人可凭感性与知性能力认识物体的现象,而对"物自体"本身,则只能以纯粹理性和实践理性将其作为"信仰的客体"。但康德同时又坚称,"自然界的最高立法必须是在我们心中,即在我们的理智中",我们必须"根据自然界的普遍的合乎法则性,在存在于我们的感性和理智里的经验的可能性的条件中去寻求自然界"。也就是说,对物的认知实际上内在于自我的认知结构,人才是事实上的认知主体。

那么,究竟物是第一位的,还是人的主体性是第一位呢?究竟应当为了物的独立性而牺牲自我的独立性，还是反过来，为了自我的独立性而牺牲物的独立性？这是费希特在《知识学引论第一篇》(1797)中的疑问。他自己是更倾向于后者的，因为他认为唯心论是唯一的哲学。同样是唯心主义，黑格尔则认为，应当把真正的实体即理念理解为“主体”，因为它“是自己建立自己的运动”，“是使自己转化为他物的媒介”，“是以终点为目的而又以终点为起点的循环”。这种思维逻辑与霍布斯相类，只是二者所认为的主体截然不同。费尔巴哈认为，将黑格尔的思辨哲学颠倒过来，即将其所认为的主体当作客体，将宾词当作主词，就能得到纯粹的真理。受其影响，马克思批判黑格尔“在任何地方都把理念当作主体，而把真正的现实的主体，例如‘政治情绪’(政治制度)变成了谓语”。显然，马克思的辩证唯物主义哲学是为其政治观点服务的，他关注社会环境及对自然世界的改造，而非自然世界本身；其根本目标乃在于探索人类实现自我解放的最终可能。因此，现实性不是外在的、客观的，而是由人之主体性所塑造的。

由此，伴随工业革命以来科学技术的不断发展，对宗教神话的破除，人之主体能动性地位不断提升，乃至终成为万物的尺度。胡塞尔认为，世界是“我思”或先验自我的意向性构造物或相关物，人的意识让世界得以显现，让其变得有意义。海德格尔因此表达了颇为悲观的论断，世界被图像化了。也就是说，整个世界成为人的认识对象、表述对象、支配对象，结果就是人对世界的征服与占有。海德格尔认为，一方面，人成为主体和世界被把握、被表象为图像是同一个现代过程，世界观和世界学说“无保留地变成一种关于人的学说，变成人类学”；另一方面，人与物之间的关系愈发紧张了，“人施行其对一切事物的计算、计划和培育的无限制的暴力”，客体或物遭到贬损。海德格尔因此提出要重新思考物，思考物和人的关系。他认为，物其实就是“聚集”，天、地、人、神作为一个总体，在物中得以聚集。物与人因此不是对立关系，也不是人所探究的知识对象；相反，它是我们的栖居之地，是容纳我们的神秘家宅。

20世纪中期以来，不断增长的物、服务和物质财富构成了惊人的消费和丰盛，鲍德里亚感叹“我们生活在物的时代”。不过，受马克思商品拜物教理论之影响，物的文化意义曾经与商品、机器等同。物具有压迫性、剥削性，工人的劳动行为被异化，工人本身、劳动产品相应地也都发生了异化，人与产品、商品之间是异己、敌对关系。在此基础上，卢卡奇认为资本主义社会各领域已经全面物化，人与人彼此客体化，视对方为工具，这种刻板冷漠的人际关系以及丧失主体意识的症候正是资本主义自身的危机。本雅明则捡拾诸多过时的商品，与原始的集体梦幻并置，组成诸多辩证意象，以剖析商品拜物教的实质，希望人不致异化为商品或物的奴隶。而身处消费社会的鲍德里亚则通过对技术物的分析表现出截然不同的态度。他认为，人类主体所缺失的任何东西都会被投注到物上，现在是物主宰了世界，但我们却一度认为客体是“羞耻的，龌龊的，被动的”。在他看来，正如现代性与主体呈现是同一过程，如今的后现代性该是客体占优势了。通过描述座钟、手表、镜子、画像等家居物品的功能，他认为物体本质上是以拟人的方式存在的。

与鲍德里亚呼应，自20世纪80年代以来，阿帕杜莱、丹尼尔·米勒、比尔·布朗等学者开始探讨“物性”（thingness），认为这是一种类似主体结构的东西，与主体相对应，且同等重要。他们追溯“物的社会生命”，为物作传，充分肯定物的主体性、能动性与生成性。阿克塞尔·霍耐特（Axel Honneth）也提出，人对外界应持“承认”态度，既要承认他人的人格存在和价值，又要承认周遭世界与我之共存且相系相应，并尊重他人所赋予客体之各种意义面向。如此，人与物、人与人之间及自我的物化危机有望被打破。

在哲学领域，布鲁诺·拉图尔借用米歇尔·塞尔的“准客体”（quasi-object）概念来包容社会、自然、语言、存在，这种总体性之道与海德格尔的“聚集”说颇有相似之处，主客体的辩证关系被重新调整。他的行动者网络理论亦欲破除人与物之本体性区分，作为行动者，二者可形成一种相互认同的主体间性。昆汀·梅亚苏则提出绝对者（an absolute）、不相关者，即一个与人类毫无关系的存在，一个无须人类即可自我维系的世界，意在将客体重置于本体地位。但思想如何接近这样的绝对者呢，如果根本意识不到后者的存在？同为思辨实在论者，哈曼则认为物始终处在与人、与他物的多样关系之中，且互为主客体，互为现象与实在，这就是“对象导向的本体论”（即“OOO”体系）。自海德格尔以来的物理论与物质文化研究共同构成了西方当代批评理论的“物转向”。

（张杰）

X

西方马克思主义(Western Marxism)

顾名思义,西方马克思主义是一种有别于经典马克思主义的哲学体系和思想体系,正因如此,西方马克思主义的特征也可以通过它与经典马克思主义的区别来进行限定。

从最"肤浅"的层面看,西方马克思主义者大都来自发达的"西欧",这就和来自不发达的"中东欧"的经典马克思主义者之间存在着"地理差异"。西方马克思主义者们最为显著的共通性是他们所有人都是在西欧大陆或英国出生或进入理智之年的,这一点使他们不同于一战前以列宁、卢森堡、希法亭、布哈林、托洛茨基和鲍尔为典型的这些人,在某种程度上说,后一类"经典马克思主义者"和西欧的知识传统没有直接的联系。从这种地理上的差异来看,所谓"西方马克思主义"其实也是一种"地缘政治"的产物。我们可以看看"西方马克思主义"在"蓬勃发展期"最具代表性的那些人物:卢卡奇生于布达佩斯,但却在1913年定居德国海德堡之后进入理智的成熟期;霍克海默、阿多诺和本雅明都生于德国富有的犹太中产阶级家庭;萨特和阿尔都塞则是法国中产阶级家庭出身,前者的父亲是一位海军军官,祖父是一位具有博士学位的语言教师,而后者的父亲则是一位颇为成功的银行经理;"西马"英国代表人物雷蒙德·威廉斯尽管出身于工人阶级家庭,但其一生的大部分时间都在剑桥大学度过。他们所在的国家尽管有着工人运动组织,但共产主义并非是官方的意识形态;显然,他们的家庭和生活环境也并未给他们提供充分进入工人运动的条件。

"西方马克思主义"发展期的代表人物生活的时间段也是颇有意味的。从大范围来看,卢卡奇生于1885年、布洛赫(Ernst Bloch)生于1885年、柯尔施(Karl Korsch)生于1886年、葛兰西生于1891年、本雅明生于1892年、霍克海默生于1895年、莱希(Wilhelm Reich)生于1897年、布莱希特生于1898年、马尔库塞生于1898年,这些人是世纪之交前十五年间出生的一代,他们都因第一次世界大战对"美好的资本主义"这个19世纪美梦的毁灭而激进化，并在这个动力的推动下开始寻求批判资本主义的理论出路；洛文塔尔生于1900年、列斐伏尔生于1901年、阿多诺生于1903年、萨特生于1905年、梅洛-庞蒂生于1908年、戈德曼（Lucien Goldmann）生于1913年，阿尔都塞生于1918年，威廉斯生于1921年，这些是1900年之后出生的一代人，他们都在两次战争之间或在第二次世界大战中走向激进；科莱蒂（Lucien Colletti）生于1924年，哈贝马斯生于1929年，他们则是"一战"之后出生的一代人，他们都是在"二战"之后接受的政治教育。这种分类的唯一一个主要例外是德拉·沃尔佩（Galvano della-Volpe），他生于1897年，但却是第二次世界大战"促使"他宣布自己是一个"马克思主义者"的。可以料想得到，每一代人都各自围绕着各自的生活经历而形成了不同的论题，这些经历有布尔什维克革命、法西斯主义的兴起，或抵抗运动的重大政治活动。

他们的理论主张的特点也和他们生活的时代和地域有着密不可分的关系。

时代为他们提出了相似又特殊的问题，而他们对时代的难题给出了自己特殊的答案。之所以说"相似"，是因为无论他们是"西方马克思主义"发轫期还是勃兴期的西方马克思主义者，都是某种"双重幻灭"的境遇促使他们选择马克思主义的。第一次世界大战用血腥的事实让欧洲人"在巨变过程引起的毁灭中惊惶恐惧，眼睁睁地看着那些曾经使他们怡然自得、给他们带来好处、他们也衷心喜爱的事物消失得无影无踪"，经济的高度发达带来的不是第二国际"预言家"们曾预期的共产主义革命在欧洲的成功，而是非理性的列强战争。因而"一战"的效果是双重的，它不仅使自由资本主义美好时代的美梦不再，也使当时欧洲左翼知识分子信奉的"时机成熟之际新秩序将会应运而生"这样典型的第二国际"经济决定论"名声扫地。对资本主义整体及其文化的批判和对第二国际的"经济决定论"的批判从而构成了以卢卡奇为代表的第一代"西方马克思主义者"的理论出发点。无论是对德国的法兰克福学派的理论家来说，还是对法国的亲马克思主义的或共产党内的知识分子来说，第二次世界大战作为一个关切到他们自身命运的事实性体验彻底改变了他们的思考对象和思考方式。阿多诺给自己及世界下了一道美学和哲学的禁令："在奥斯维辛之后，写诗是野蛮的"、"奥斯维辛集中营之后的一切文化，包括对它的迫切的批判都是垃圾"。而他在那期间并从那以后都将自己的批判重心放在对奥斯维辛之前的现代美学和启蒙思想批判之上。不唯他是如此，与他一起的法兰克福学派的思想家们都是这样。在二战之后法国共产党执行的苏联斯大林主义路线，使得"苏联正统的马克思主义"成为法国左翼知识分子的反抗对象，而且二战的经验在法国战后提升为了一个理论命题"主体与历史的关系"，左翼知识分子通过对此论题进行理论探讨丰富马克思主义学说本身，使它与当代哲学美学思想积极展开对话，摆脱法共的“反智主义”倾向。对资本主义本身和苏联模式的社会主义的“双重幻灭”，使得这批知识分子在批判资本主义和批判“僵化”的马克思主义的双重要求下“创造”出了加上了不同定语的“马克思主义”——“新马克思主义”、“存在主义的马克思主义”、“结构主义的马克思主义”、“弗洛伊德主义的马克思主义”、“基督教的马克思主义”，等等。

到了20世纪50年代，用一个名称来指代这个“庞杂”的“马克思主义”思想潮流已经成为必要。大多数评论者都采用了莫里斯·梅洛-庞蒂的一个提法——“西方马克思主义”。正是梅洛-庞蒂在他1955年的《辩证法的历险》(*Adventures of the Dialectic*)一书中使这个词流行开来，他用这个词来指由20世纪30年代格奥尔格·卢卡奇的那部“异端著作”《历史与阶级意识》(*History and Class Consciousness: Studies in Marxist Dialectics*)培养起来的、从不同派别汇成巨大思潮的这个思想群体。对梅洛-庞蒂及采用了这一提法的人来说，西方马克思主义就是指非正统的马克思主义这一潜在传统。

作为整体的西方马克思主义思想传统也有一些共同的理论倾向。非常突出的是，“理论”的非实践性构成了“西方马克思主义者”的共同特征。“西方马克思主义”理论家们将自己限制在理论的探讨上，形成了特有的“学院化”特征。这种学院化特征就主要表现在他们的“理论综合”，或者严格地说就是“美学理论”和“文学批评理论”综合之上。卢卡奇、布莱希特、布洛赫、法兰克福学派、萨特、戈德曼、德拉·沃尔佩和阿尔都塞的著作构成的西方马克思主义时代，也就是西方马克思主义美学和文学理论的形成期。他们的作品更为系统，与马克思、恩格斯片段性的对文艺问题的讨论有所不同。而且相对普列汉诺夫、梅林和其他第二国际理论家的化约主义理论而言也有长足的进步。如果再算上雷蒙德·威廉斯这位唯一可与大陆同辈匹敌的英国马克思主义者的话，也许就可以这么说了：西方马克思主义者已经使文化理论的丰富性胜过了经济或政治理论。他们关注的全部焦点已经是“作为意识形态”的文化问题了。

（赵文）

习性(Habitus)

个人与社会本是相生相成的有机整体，然而在传统社会科学中，对个人的研究往往归属于心理学范畴，对社会的考察则划归为经济学、政治学等学科。布尔迪厄(1930—2002)采取一种关系式研究姿态使社会学打破个人和社会分离的社会学传统，聚焦于具体而微的日常社会实践而不是抽象演绎的理论思辨。“习性”概念就源于这种关注实践、关注身体的社会学理论和方法。

“习性”概念的酝酿与布尔迪厄早期所从事的经验研究有直接的渊源关系。当他在阿尔及利亚做田野调查时，他目睹当地社会前资本主义经济遭受剧变，农民失去土地被亚无产阶级化，此后他回到法国本土进一步研究法国贝恩亚农村社会。他意识到社会变迁与个体性情之间存在千丝万缕不可忽视的联系。而此前的各种主观主义和客观主义的理论及分析模式要么侧重结构，要么倾向主体性，它们都无力透彻地解释这一问题。在他看来，存在主义夸大了主体的主观选择能力，对制约性的、前在的社会客观结构置若罔闻。而列维-斯特劳斯等人的结构主义理论把“关系的方式”带入社会科学研究，并且为研究社会现象的经验学科——社会学提供了走出实体的、本质主义研究的方法。但是结构主义的客观“规则”完全抛弃了主观再现的能动性，将一切社会和文化都看作结构性的制度和规则的总和，个体行动者不过是结构的承担者和被动执行者而已。这种超越历史的、恒定的共时结构，难以解释精神结构对规则的主观内化，也无法说明实践的生成性活动。布尔迪厄认为个体和社会，主观主义和客观主义，身体和精神的对立，理论建构和经验研究的日益脱节都是人为、虚幻的设定，都无益于揭示社会世界的真实逻辑。他试图从实践的维度消解在社会学，乃至哲学传统中长期存在的二元对立。因此，习性、场域和资本等概念的建构深刻地体现了他试图将个体与社会，主体与结构结合起来，从宏观视角分析问题的关系式方法。

布尔迪厄关于习性的构想，还来源于埃尔文·潘诺夫斯基(Erwin Panofsky，1892—1968)的《哥特式建筑与经院哲学思想》的影响。潘诺夫斯基发现，中世纪哲学家托马斯·阿奎那的思想对于哥特式建筑风格有着深刻的影响。在哥特式建筑与经院哲学之间，在大教堂建筑与神学理论之间，存在着结构上的同源性。也就是说，经院哲学的教育无疑影响了中世纪的时代精神、心智活动，并渗透进当时人们的社会活动和思维方式乃至鉴赏判断之中，也就此成为哥特式建筑师的重要思想基础。潘诺夫斯基认为“心智习惯”不仅仅在制度、实践和社会关系中传递、渗透，它本身还作为特定条件下人的思想、行为的生成图式，一种“形塑习惯”的力量起作用。布尔迪厄受到潘诺夫斯基的“心智习惯”和“习惯形塑力量”等观念的启发而发展出习性概念。

行动者的习性包含两方面内容：一方面是社会空间的主导规则内在化和具体化为性情结构，另一方面指习性作为生成性结构，能够生成具体实践行为的功能。因此习性是“被建构的结构”（structured structure）和“建构中的结构”（structuring structure），习性在客观上是被规定的和有规律的，它们会自发地激活与之相适应的实践，就像一个没有指挥的乐队，仍然可以集体地和谐地演奏。

“习性”概念和布尔迪厄的实践理论密切相关。实践逻辑不同于理论逻辑，它是一种前语言的、类似于游戏感的模糊逻辑。人们总是亲身体验到游戏感后，才能真正理解游戏规则，并获得正确参与游戏的能力。对游戏规则的理解被铭刻进人们的身体，形成前反思的意向性。譬如，足球运动员和足球比赛之间就存在着一种契合关系。运动员通过长期的苦练、熏染，不断加深对足球比赛的理解，以至于他们的身体可以本能地意识到球的落点、走向、速度，下意识地控制足球，并同其他队员的配合意识相结合，最后躲过守门员的拦截把球送进大门。

行动者漫长的成长过程，正是个人学习和理解社会规则，并得以社会化的历程。伴随行动者的成长，他们在实践中形成特定的信念经验，对生于斯长于斯的世界，产生一种从实践体验流露出来的认同。行动者的内在精神结构和客观社会结构之间逐渐形成一致性，主体对世界产生某种“信念经验”（doxic experience），即一种前语言的、下意识的对世界的想象，一种对于世界的误识。习性就建立在对世界的“误识”之上。因此习性是一种身体知识，体现了社会空间和身体性情之间双向的辩证作用。因此社会实践既不是一个主体以纯粹认知关系面对客体世界，也不是社会环境将机械的因果规律强加给社会行动者。习性萌生于客观社会结构、制度和主观习性的契合中。

习性将集体和个体的历史内化、具体化为性情倾向，将“历史必然性转化为性情”。因此习性作为历史和未来之间的中介，它脱胎于过去的历史，成为一个被铸造的结构。它使得过去的、沉积在感知、思维和行动中的经验，复苏为鲜活的现实存在，并长时段地生成未来的生存经验和实践。因此，习性总是与社会文化母体保持广泛、深层次的联系。习性内化了个人接受教育的社会化过程，浓缩了个体的外部社会地位、生存状况、集体历史、文化传统，同时习性下意识地形成人的社会实践，因此，什么样的习性结构就代表着什么样的思想方式、认知结构和行为模式。

习性概念辩证地沟通了主观与客观，内化与外化，结构与建构，规则与生成这些二元关系，进而表明，经济和社会等生存条件形塑着实践，实践又反作用于这些生存条件。习性是一种社会化了的主观性，它揭示出所谓个人、私人和主观的都是社会、集体的建构物。习性观与许多社会学、经济学遵循的理性行为观念分道扬镳，后者将实践视为有目的、理性筹划的自由选择。这种观念忽视了实践行为受制于行动者内在化的社会和历史条件的现实，也忽视了实践行为某种自发的和模糊的生成逻辑。正如一个肤浅的市侩和一位胸中有韬略的知识分子同时参加社会游戏的竞争，二者面对未来的姿态、眼光以及遵循的策略和实践轨迹迥然不同，这显然与他们的社会身份、文化背景和行为能力密切相关。正是“习性”使这种历史性关联突显出来。

习性作为被建构的结构，拥有长期生产性情系统的社会再生产功能，即在社会空间中不断将社会等级内化和铭刻在行动者的心智结构和身体之上，并通过行动者的实践，巩固和再生产这种社会等级区分。因此，习性是社会权力通过文化、趣味和符号交换使自身合法化的身体性机制，它使得行动者受制于塑造他们的环境，想当然地接受基本的生存境遇，从而使现存社会政治、经济不平等结构深入人心地合法化。

习性概念也是社会学反思方法的重要概念，它对身体性情和权力运作关系的揭示，为知识分子的自我反思提供了有效的分析途径。进行符号生产的知识分子，同样无法逃脱文化游戏的权力巫术，布尔迪厄通过反思参与文化生产的知识分子习焉不察的习性，他们的成长轨迹、性情倾向和逻辑盲点，从而洞悉学术研究、科学探索等符号活动中的象征权力逻辑。严肃而深刻的反思为知识分子直面现实公共问题、走出象牙塔积聚了批判力量。“习性”和“资本”、“场域”构成的概念三重奏缺一不可、互为补充，成为布尔迪厄为后工业社会日常生活中，符号权力的社会再生产巫术祛魅的重要分析工具。

（张意）

戏仿(Parody)

“戏仿”，又译为“滑稽摹仿”、“戏拟”、“拟仿”、“反讽”等等，是一种通过对原作的游戏式调侃式的摹仿从而构造新文本的符号实践。加拿大学者琳达·哈钦(Linda Hutcheon)通过对20世纪文学艺术实践的考察，提出“戏仿”是现代艺术形式的“主因”，并且断言它已经超越修辞手法而成为艺术的基本存在方式，并在后现代艺术之中获得了政治意蕴。

按照《牛津英语词典》，“戏仿”被定义为一种造就喜剧效果、滑稽效果以及荒谬效果的摹仿，或者一种低劣的摹仿。从词源看，“parody”来源于古希腊词语“παρωδια”，其含义有二：一是讽刺性的玩笑式的诗句或者歌曲，二是在旁边吟唱的次等从属的歌曲。从历史角度看，“戏仿”的确是一种相当古老的文化实践和修辞手法。早在古希腊公元前 4 世纪左右，“戏仿”是滑稽地摹仿和改造“史诗”的创作手法，亚里士多德《诗学》里记载的第一个“戏仿作家”是公元前 5 世纪用滑稽方式摹仿史诗的作家赫革蒙(Hegemon)。在古希腊时代约定俗成的文化实践之中，“戏仿”主要还是一种模仿。罗马时代的智术师以及演说家的文化实践大大地扩充了“戏仿”的含义，使之包含了“滑稽引用”、“评注引用”、“俏皮摹仿”以及“演讲举例”等等。在文艺复兴时代，“戏仿”获得了“滑稽”、“可笑”、“喜剧”的含义，而随着意大利语“burla”在 16、17 世纪进入英语和法语生成了“滑稽”(burlesque)一语，“戏仿”渐渐被定义为一种“滑稽摹仿”，比如表现道貌岸然仪表堂皇但骨子里却低微卑劣的平庸之辈，或者表现一个伟大英雄却具有卑贱小人一样的言行举止。在 18 世纪，“戏仿”甚至被修辞学家等同于“低劣的摹仿”，并被当作简单低劣而且不严肃的艺术形式予以蔑视。在 19 世纪浪漫主义以及其后的艺术实践之中，天才、个性与独创成为美学评判的最高准则，“反讽”被过度地强调，“戏仿”则被当作派生或者寄生的艺术形式被严加拒绝。

视“戏仿”为低劣的艺术形式和卑微的修辞技术，这种观点在现代艺术实践之中遭到了挑战。俄罗斯形式主义者什克洛夫斯基率先为“戏仿”正名，从他对于 L.斯特恩的《项第传》(*Tristram Shandy*)的开拓性研究中，他断言“戏仿”是通过摹仿小说的一般规范而暴露小说技巧的修辞手法，是一种革命的艺术形式引起的陌生化效果。在后现代艺术实践中，“戏仿”已经洗刷了作为艺术世界“劣等公民”的耻辱，成为艺术形式的“主因”，甚至成为一种雄踞主导地位的文化实践。就它在后现代艺术实践之中的地位来说，它已经从边缘走向了中心，成为后现代文本或者艺术表现的首要层次，后现代艺术的基本成分就是镜像、引语、自我参照以及讽刺摹仿(Margaret Rose, *Parody: Ancient, Modern, and Postmodern*)。就它在后现代文化语境之中的地位而言，它已经逾越艺术领域而成为一系列摹仿其他文化形式产生不同程度讽刺和幽默效果的文化实践(Simon Dentith, *Parody*)。无论是作为艺术形式还是文化实践，“戏仿”都蕴含着文化冲突的复杂向度。不论是与过去的文本及其负载的文化记忆进行对话，还是同其他的文化形式以及隐含于其中的伦理美学观念展开普遍交流，“戏仿”都是多重编码系统以及编码规则互相竞争的中心场所，因而它在微观的修辞实践之中凝缩了后现代宏观的文化冲突。杂语喧嚣而寻求折中调和，价值多元而又追寻普遍适用，生活景观支离破碎却在精神上向往完美整体，身份独特而又渴望有所归属，于是“戏仿”对于戏仿对象构成了一种双重关系，既是颠覆、批评、嘲笑，又是肯定、会通、认同。正是在“双重约束”或者“双重编码”的意义上，“戏仿”被定义为“保持批评距离的重复”，对戏仿对象之存在合法性的肯定与颠覆(Linda Hutcheon, *A Theory of Parody: The*

Teachings of Twentieth-Century Art Forms)。

正因为“戏仿”与“戏仿对象”的这种“双重关系”，“戏仿”有时被看作是一种激进的文化实践，有时又被看作是一种保守的文化实践。第一种观点以巴赫金为代表，他认为“戏仿”是一种颠覆正统规范的文化实践。他以《色普利安人的晚宴》(*Coena Cypriani*)为例，说“戏仿”就是“用他人的语言说出的他人话语”，从而展开一种狂欢的世界感受，颠覆正统的官方文化。《色普利安人的晚宴》是一种狂欢的哥特式晚宴，整个《圣经》、整个福音书仿佛都被撕成了碎片，其中所叙述的主要人物，从亚当、夏娃到耶稣及其圣徒都在纵情作乐，一派狂欢景象。这幅图画以及“神圣的戏仿”首先呼唤并表现了西方历史上语言的巨大变革，即民间粗俗的语言向官方神圣的语言展开了嘲讽、颠覆，从而激发了多语言世界的诞生，而这是一个杂语喧嚣的世界，一个异质生成的世界。其次，“戏仿”神圣的《圣经》及其福音书，创造出戏仿他者同时也自我戏仿的人物，从而激发出狂欢的笑声，这就表明人类进入了一个觉醒的时代，心灵从整体一致、神圣统治的漫长黑夜苏醒过来，开始质疑确定的信仰。最后，作为文化实践，“戏仿”揭示了中世纪生活的两副面目——教堂里的神圣生活和大街上的狂欢生活，前者严肃刻板，眉头紧锁，不可忍受，后者轻松愉快，纵情欢乐，人人向往。狂欢，是一种宇宙感，一种文化模式以及一种哲学，或者说是人们以戏仿的方式建立在大地上的虚拟教堂，颠覆了真实教堂及其神圣世界的等级秩序(见巴赫金，《小说理论》)。“戏仿”在这个意义上就是一种激进的文化实践，即以滑稽模仿的方式重复占统治地位的文化观念和规范，从而催生一种自由批判的意识模式。由颠覆效果激发的狂欢，不仅存在于传统的古代生活和节日庆典之中，而且几经改造，默默流传，活跃在小说和戏剧之中，甚至还以激进的形态出现在电视、电影中，体现生成于20世纪消费社会的大众文化生产力(见菲斯克，《理解大众文化》)。

第二种观点以詹姆逊为代表，他认为戏仿在后现代文化之中已经蜕化为“仿作”(pastiche)，一味沉迷于过去和囚禁在过去之中。换言之，“戏仿”是一种保守的艺术姿态。他认为，现代主义文学是滋生戏仿的土壤，因为作家的独一无二的艺术风格，如福克纳那些复杂得令人生畏的长句子，劳伦斯用方言描摹的自然景象，以及史蒂文斯运用抽象词语的特殊才能，都为戏仿提供了丰富的文本资源。但是，随着后现代的到来，伴随着生活碎片化的是情感的隐逝、历史感的淡化以及艺术深度的平面化，艺术家独一无二的风格不复存在，因而有了“文学(艺术)的枯竭”。同时，随着媒介文化的迅速崛起，艺术世界呈现为幻象的累积以及幻象所造成的“超真实性”，艺术真实的对象不是现实世界，而是其他文本；构成艺术的不是形象及其客观对应物，而是形象以及形象对形象的反射。后现代艺术成为自我参照的艺术，成为“仿无所仿”的摹仿，即“戏仿”蜕化为“仿作”。“仿作”与“戏仿”一样，都是佩戴着一副面具去摹仿一种特别的风格，让已经死亡的语言说话，但在“仿作”之中已经没有了讽刺倾向，没有隐秘的嘲笑动机，没有公开的批评意识，总之没有了笑声。因此，“仿作”成为一种“空心的戏仿——一尊被挖去了眼睛的雕像”（詹姆逊，《后现代主义或晚期资本主义文化逻辑》）。“戏仿”蜕化成“仿作”，表明后现代世界的风格创新已不再可能，只有摹仿已经死去的风格，戴着面具并用虚拟的博物馆里的风格说话，而这是艺术、审美和创新的失败。

与上述两种观点不一样，琳达·哈钦认为，“戏仿”是现代和后现代艺术的主导艺术形式。“戏仿”在不同的历史语境之中具有不同的含义，但一个基本的意义是“摹仿”，而“摹仿”就是重复与再现。戏仿作为一种非常特别的摹仿，首先是以一种批评的姿态与摹仿对象保持一段距离，从而产生有差异的重复。“在重复之中创生差异，在差异之中重复”，戏仿对象不仅是某个特定的作家和某个特定的文本，而且还包括一切文类法则、创作规范、作者和读者的角色。归根到底，“戏仿”就是一种文本间性，即被摹仿的文本和摹仿的文本之间的相互作用的动力过程，以及一种主体间性，即戏仿作家与其他文本、读者与文本之间的解释学互动关系。按照哈钦的说法，就不能简单地把“戏仿”看作是激进或者保守的艺术实践，而应该说，“戏仿”已经表征了后现代的政治。后现代“戏仿”是以争论的姿态去修正或者重构过去，既肯定而又颠覆再现的权力，既解构地批判又建构地创造，这种“双重姿态”隐含着解构的潜能（Linda Hutcheon, *The Politics of Parody*）。作为一种文化实践，“戏仿”立场变易不测，姿态转换不定，在挪用了历史的同时创造了当今艺术形式奇幻诡异的景观。

而这不仅是当今艺术的景观，也是当今思想的处境。德里达的解构、福柯的谱系学以及利奥塔对现代性神话的质疑，都表明了挪用历史而创造新异世界的思想姿态。不妨说，德里达戏仿了西方整个形而上学传统，福柯戏仿了与现代性相关的一整套话语及其约定俗成的规范，而利奥塔戏仿了启蒙以及思辨哲学两大神话。“我们都是背向未来目光向后的探索者，戏仿是当代的核心语句”，琳达·哈钦引用多维特·麦克唐纳的这句话，可以看作是当今思想处境的写照。

（胡继华）

现代性(Modernity)

没有哪个词比“现代性”这个词的解释更加纷繁多样的了。一般来说,现代性是16世纪以来首先出现在欧洲的社会事实。但是,按照姚斯的考证,“现代”(modernus)一词在公元5世纪就出现了,这个词旨在将刚刚确定地位的基督教同异教的罗马社会区别开来。正是在这个意义上,“现代”一词就意味着现在和过去的时间断裂。它在欧洲的一再使用,就是为了表现出一种新的时间意识,就是要同过去拉开距离而面向未来。它“把自己理解为新旧交替的成果”,如果是这样的话,那么在历史上就会有各种各样的现代——在查理大帝时代,在12世纪,在启蒙时期,都会出现这样为时间性的求新意志所主宰的现代。但是,现在通常说的现代,在时间断裂的意义上,只是针对中世纪。只是在同中世纪剧烈的对照中,只是在整个社会的政治、经济、文化同中世纪全面决裂的背景下,现代性才萌芽,它自身的独特性才崭露头角。但是,现代性到底有哪些特征?可以以最简略的方式对现代性进行叙事,而不是将它概念化。现代性的序曲阶段,是以文艺复兴和宗教改革为标志,这是走出中世纪的开始,正是在这个阶段,人开始了自我发现,教会受到了质疑,社会的宗教色彩开始淡化,个人主义的种子开始发芽,世俗生活逐步获得了肯定。在这个意义上,现代性的过程,用韦伯的说法就是除魔化的过程,也是一个理性化的过程。现代社会的除魔化实践,逐渐在政治、经济、文化观念以及整个社会层面上表现出了它不同于中世纪的独特的现代特征。

而这些现代社会的特征,就构成了现代性的主要内容。那么,这个不同于中世纪的现代性到底有哪些内容呢?首先,有一种政治层面上的现代性:从马基雅维里到霍布斯到洛克,现代国家的概念建立起来。这个国家是技术性的人工制品,而非天然的秩序法则;是人间的社会契约,而非上帝的天意;是自然权利和意志的保障,而非是对它们的限制。这个现代国家的构想,就摧毁了中世纪政治的神学基础。这个现代国家的核心是,个人是最高的价值,个人及其权利是社会的法律、政治和经济的根基。这是从自由主义政制的角度谈论的现代性。其次,还存在着一种经济层面上的现代性。资本主义和工业主义从16、17世纪开始同时得到了发展,它们相互促进,商品经济的规模越来越大,中世纪自给自足的封闭的庄园经济遭到了破坏。农业社会的稳定性在逐渐瓦解,以工业经济为主导的现代大都市在形成,到了成熟的资本主义时期,一切都被商品化了，按照马克思的说法，旧时代“一切固定的东西都烟消云散了”。一个巨大的世界市场也开始形成，与之相伴的还有殖民主义和帝国主义的出现。就观念而言，亚当·斯密的“看不见的手”从理论上让市场至上的经济观念合法化。这种观念同洛克的政治观念一结合，就奠定了资本主义政治经济的完整版本。再次，从哲学上来说，笛卡尔的理性主义奠定了现代主体哲学。理性主体既是自然身体的对立面，也是自然世界的对立面。同培根一样，这个理性主体发誓要对自然世界进行征服和整饬，而这正是另一种形式的除魔实践，即清除自然界的魔法，这也是 18 世纪启蒙思想的一个来源。在这里，人从自然的背景中脱颖而出，并站在了自然的对立面来驾驭自然。到了 18 世纪的启蒙思想家那里，理性既是神学的对立面，也是自然的对立面。一切事物和观念都必须受到理性的审判。

就此而言，理性的意义多种多样，它是现代性的一个核心观念。韦伯同样将理性作为现代社会组织形式的内在根基。无论是现代国家，还是现代企业，其组织方式的内在脉络就是理性。但这个意义上的理性，指的是精心规划和仔细盘算。现代社会机构充斥着这种计划性。理性之所以受到推崇，是因为它能提高效率。这样的理性无所不在，以至于现代“国家生活的整个生存，它的政治、技术和经济的状况绝对地、完全地依赖于一个经过特殊训练的组织系统”。这就形成了韦伯那著名的“铁笼”。

到此，我们看到了作为历史实践过程的现代性：它是一种同中世纪决裂的多层面的历史进程（我们有时将这个现代进程称为现代化），这个进程是非人格化的物质层面上的，它包括政治、经济、技术和观念层面上的逐步现代化，这个进程迂回曲折，到了工业革命和法国革命之后的 19 世纪，也就是说，到了现代性的成熟时刻，它逐渐累积起来的形象就是疆域固定的民族国家，自由民主政制、机器化的工业主义，市场化的资本主义、主体—中心的理性哲学以及所有这些之间的功能联系，等等。但是，现代性，这种（现代化的）历史进程除了饱含它丰富的历史所指外，它还展现出某些独一无二的气质和禀赋，现代性还有自身的时间观念。这是另一层意义上的现代性。其核心内容可以表述如下：越是新的，就越是现代的。它为一种进步主义和发展主义的欲望所主宰。这种现代性具备一种明确的时间意识，“这种现代性是转瞬即逝的——今天的先进到了明天就过时了”，它意味着，较之过去的历史阶段，现在更为进步，更加成熟。“在对转瞬即逝、昙花一现、过眼烟云之物的抬升，对动态主义的欢庆中，同时也表现出一种对纯洁而驻留的现在的渴望。”这是现代性的一个气质。它首先是在波德莱尔那里得以表达。最后，这个现代性的物质化进程决不单单是自己孤独地前行，它毫无疑问将现代人携裹其中，并驱使着现代人不断地品尝和回味这个历史性的现代性浪潮。

这就是现代性激发的个人体验。现代人和现代化进程之间就存在着这样一种互动的复杂的经验关系：现代生活锻造出了现代意义上的个体，锻造出他们的感受，锻造出他们的历史背影；同样，这个现代个体对现代生活有一种前所未有的复杂想象和经验。现代主义文化，正是这种感受的各种各样的历史铭写，尤其是受到现代社会猛烈撞击的文人感慨的经验抒情，这个意义上的现代性指的就是一种人们对现代社会的体验，以及经由这种体验所表达出来的态度，人们通常称此为现代主义。其中一种表达了肯定的态度，即欢呼现代性的历程；而另一种则表达了否定的态度，现代性进程引发了人的暴躁、忧郁、焦虑、呐喊和反抗。物质性的现代性进程、被这种进程席卷而去的现代人，以及这二者之间敏感而丰富的经验关系，最后，贯穿在现代时期的对这个进程推波助澜或者相反的冷嘲热讽的各种哲学观念和时间意识；所有这些，构成了现代性的核心内容。不过，层面上的区分只是叙述的权宜之计，人们往往从整体上将现代性的几个层面关联起来。确实，现代性必须被视为是一个历史化的复杂的即便是内部矛盾重重的悖论系统，在其中，必定是牵一发而动全身。它像一艘巨轮一样，从 16 世纪开始慢慢驶离了完全由上帝宰制的那个中世纪码头。

这样，就存在着作为一种物质实践过程的现代性；这种现代性还保留着进步主义的时间意识和历史意识；对这个现代性历程进行体验后表达出来的现代主义态度。现代性的每一个层面在自身的发展过程中，都遭到了反诘和批判。它既受到保守主义的攻击，也受到后现代主义的攻击。同时，现代性的各个层面也彼此不合拍，也发生争执，如美学现代性和社会现代性的争执。同时，现代性作为一种欧洲的特有现象，它的普遍性也开始遭到质疑。自由主义的政治经济是一种现代性，社会主义的政治经济是不是另一种现代性？这样，另类现代性和多元现代性的概念出现了。这样，人们不断地就现代性的概念发生争执，人们不断地质问是哪一种现代性？人们不断地质问是现代性的哪一个层面？现代性就在冲突中展开了它的叙事：现代社会同古代社会的冲突；现代文化和现代社会的冲突；现代技术同现代经验的冲突；现代欧洲同非现代欧洲地区的冲突；正是这些冲突引发了现代性的危机。于是，一种反现代性的欲望如同现代性欲望一样，固执地在现代性的历史中浮现。今天，各种各样的后现代主义是反现代性的最新的、最暴躁和最激进的表达。

（汪民安）

现代主义(Modernism)

“现代主义”是一个很容易引起歧义的总括性的词语。它一般被用来指称西方从19世纪末到第二次世界大战结束的半个多世纪里“作为一场整体的文化运动和阶段”(雷蒙德·威廉斯,《现代主义的政治》)。这场整体的文化运动率先从文学、绘画、音乐、建筑等文艺领域开始,逐渐波及社会领域的各个方面,被纳入这场运动里的艺术流派通常包括印象主义、后印象主义、象征主义、未来主义、立体主义、表现主义、野兽派、达达主义、超现实主义、荒诞派、各种形式的抽象主义和先锋派等等。要从总体上概括这场影响深远的整体文化运动的特征,是十分困难的。不过,我们可以从以下几个侧面去理解和把握“现代主义”这种特殊的、多元的文化现象。

从词源和词义上看,与现代主义相关的“现代”一词出现于欧洲的中世纪,那时与它相对的是表示“古老”的“古代”。“现代主义”一词从18世纪以来开始出现在西方文化和文艺领域里,在实际使用中,往往具有否定与肯定两方面的含义。在否定的含义方面,它或者指文艺技巧和风格上的拙劣、古怪,或者被用来谴责背离传统的“异端”。在肯定的含义方面,它经常指一些新颖的、激进的、创新的美学与文艺上的趋势。1950年代之后,“现代主义”这个词开始流行,词义逐渐由广变狭,尤其是指19世纪晚期至第二次世界大战期间西方社会在文艺上的各种趋势、思潮和实验性的创作,其词性逐渐由否定和肯定趋向于“中性”。

从社会发展的角度看,现代主义的产生与19世纪晚期以来西方社会出现的两个方面引人注目的变化有关:一个变化是丹尼尔·贝尔和雷蒙德·威廉斯等人所强调的文化生产媒介中出现的摄影、电影、收音机、电视、复制和记录等各种新技术。贝尔在《资本主义文化矛盾》(*The Cultural Contradictions of Capitalism*)里把这些发展及其在文艺上的趋势称为“对媒介的偏执”。威廉斯在《现代主义的政治》(*The Politics of Modernism*)里认为,对这些在现代主义时期取得的“决定性进展”做出的回应,就是在文化上形成的各种派别,它们以各种“宣言”表明了对这些发展的热情或者轻蔑。第二个变化是西方新的“文化大都市”的形成,这使现代主义在很大程度上成了一种“都市现象”。根据威廉斯的看法,由各种原因造成的知识分子的流亡与放逐,在巴黎、维也纳、柏林、伦敦、哥本哈根、纽约、芝加哥这些资本主义国家的大都市里形成了一批

“没有边界的艺术跨国首都”，其中聚集了一大批有才华的艺术家和知识分子，如阿波里奈、乔伊斯、贝克特等人。在威廉斯看来，“这种无止境的跨越边界”构成了现代主义文化运动的内在动力。这两方面的因素在大多数情况下共同构成了西方社会中一种持续的“知识霸权”，它们通过官方的、机构的、个人的、小圈子的渠道，不断对现代主义运动产生着复杂而深刻的影响。

从政治倾向上看，现代主义与19世纪到20世纪中叶革命与反革命、激进与保守、进步与倒退、国际主义与民族主义、全球主义与地方主义、不同阶级之间的政治斗争有着密切联系，艺术家们通过自己的价值取向和艺术追求表达出来的艺术立场，往往与他们的政治倾向具有内在的联系。例如，具有社会主义倾向的马雅可夫斯基、毕加索、布莱希特、茨威格等人，以及具有法西斯主义和保守倾向的达努奇奥、马里内蒂、庞德、刘易斯、艾略特、叶芝等人。他们在文化上和艺术上的“宣言”，在某种意义上也可以看成是他们的政治宣言。重要的是，一些现代主义者往往把创造与破坏、革命与颠覆、民主与大众简单地联系起来，并且竭力在文艺作品中宣扬这样的观念，以至文艺运动在外表上经常成为社会政治运动和意识形态的先声与传声筒。卡林内斯库(Matei Calinescu)认为，在19世纪，“主义”一词意味着政治和文艺方面的运动、信条和趋势，在20世纪则出现了尊崇各种“主义”的黄金时期。这种看法实际上指出了现代主义的各种趋势与社会政治运动之间的内在联系。

从人们的内心体验来看，表现在“现代主义”之中的“现代体验”与传统的体验相比，已经有了巨大的变化。在对时间和空间变化的感受方面，对现代社会以及工业文明的成就造成的短暂、流变、偶然、分裂、碎片的感触，远远超过了前工业社会和传统的农业社会对永恒、稳定、必然、统一、整体的感受。在文化上，“世纪末”的感受、忧郁的、深刻怀疑主义的、强烈自我批判的思潮弥漫于整个上流社会的精英文化之中，反叛和挑战传统因而成了文化精英们竭力追逐的时髦思潮，大卫·哈维把这种倾向称为“创造性的破坏”。在哲学上，人们对从笛卡尔以来构成启蒙主义思想基础的“主体性”哲学之失败的哀挽感受，从根本上动摇了资本主义社会一直在制造的关于进步、解放、自由、平等、科学、理性、幸福、乐观主义、永恒真理等等神话。这些分裂的、悖论式的、自我矛盾的内心体验和感受，经常以复杂的感性形式表现在现代主义的各种“文本”和“形式”之中，并且经常在读者内心造成颠覆性的感受。

从性质上看，现代主义大体上具有卡林内斯库在《现代性的五副面孔》(*Five Faces of Modernity*)里所说的“作为文明史阶段”的现代性与“作为美学概念”的现代性两种不可调和的性质。前者(也可以称为“启蒙的现代主义”)对资本主义的工业革命、科学技术进步所带来的社会和经济繁荣持拥抱与赞美的态度，并且抽象地肯定资本主义文明传统中的理性、人本主义、自由等核心概念。后者（也可以称为“审美的现代主义”）则以激进的姿态反对资产阶级及其价值标准，公开拒斥和否定资本主义文明的成就，其表现从反叛、自我流放直到宣扬无政府主义。这种倾向发端于18世纪的浪漫主义运动，并导致了20世纪“先锋派”（Avant-garde）的产生。然而，在看到这两种不同性质的现代主义之间的敌对之时，也应当看到威廉斯所说的在一次又一次的“意识形态的迁移”中，曾经以激进姿态强烈否定资本主义的审美的现代主义，也很容易丧失其“反对资产阶级的姿态”，在新的情景中达到“与新的国际资本主义轻松自在的结合”（《现代主义的政治》）。

丹尼尔·贝尔认为，现代主义文化运动无疑有功于西方文化史上最大的一次文艺创作的高峰，其成就主要体现为在几乎所有文艺领域内进行了前所未有的各种实验，但由此付出的代价则是对文化的一致性、传统的道德准则、文化标准的怀疑，以及艺术与生活之间的界限的模糊、艺术评判标准的日趋“民主化”。接着，在1960年代之后，西方社会出现了以反文化和反现代主义为特征的后现代主义文化运动。

（阎嘉）

现象学（Phenomenology）

现象学的创始人是德国哲学家胡塞尔（1859—1938），他在1900—1901年发表了两卷本的《逻辑研究》（*Logical Investigations*），标志着现象学的创立。胡塞尔在慕尼黑大学、哥廷根大学、弗莱堡大学培养出几代出色的哲学家，如亚力山大·普凡德尔（Alexander Pfaender）、莫里茨·盖格尔（Moritz Geiger）、阿道夫·莱纳赫（Adolf Reinach）、马克斯·舍勒、海德格尔、贝克尔（Oscar Becker）、罗曼·英加尔登（Roman Ingarden）、埃迪·施泰因（Edith Stein）、卡尔·勒维特（Karl Loewith）、伽达默尔、阿隆·古尔维奇（Aron Gurwitsch）、汉斯·莱纳赫（Hans Reinach）、列维纳斯、欧根·芬克（Eugen Fink）、阿尔弗雷德·舒茨（Alfred Schutz）、帕托契卡（J. B. Patočka）、兰德格雷贝（Ludwig Landgrebe）等，这使得“现象学运动”成为20世纪最重要的一场哲学运动。

严格意义上的现象学指的是胡塞尔本人的现象学。胡塞尔的《逻辑研究》第一卷

《纯粹逻辑学导引》批判并终结了当时流行的也是他一度信奉的心理主义，标志着现象学的开端。《逻辑研究》第二卷《现象学与认识论研究》的六项研究开创了“描述现象学”或“本质现象学”的现象学分析之路，从认识论上为逻辑学奠定了客观的基础。1913 年胡塞尔的《纯粹现象学和现象学哲学的观念》(*Ideas Pertaining to a Pure Phenomenology and to a Phenomenological Philosophy*，通常称为《大观念》)提出了“先验的现象学”，完成了他的第二次思想转变。胡塞尔的这一思想转折遭到了胡塞尔早期的哥廷根学派与慕尼黑学派的弟子们的抵制，认为他倒退回了康德的先验唯心主义，造成了现象学的第一次分裂。1927 年《哲学与现象学研究年鉴》第八期发表了海德格尔的《存在与时间》，弗莱堡学派的一些人开始追随海德格尔而去，这是现象学的第二次分裂。胡塞尔在 1929 年退休后的十年进入了自己思想的第三个阶段即“生活世界现象学”阶段，这一阶段的两大主题是 1931 年的《笛卡尔式的沉思》(*Cartesian Meditations*)和 1935 年的《欧洲科学的危机与先验现象学》(*Crisis of European Sciences and Transcendental Phenomenology*)中提出的“交互主体性”(intersubjectivity)和“生活世界”(Life-world)的问题。

要理解严格意义上的现象学，首先就要理解胡塞尔本人在 1911 年的《哲学作为严格的科学》(*Philosophy as Rigorous Science*)中表达的“现象学的抱负”。胡塞尔说：“就哲学观念而言，哲学对我来说是最整全的并且在彻底的意义上的‘严格’科学。因为它是这样一种严格科学，或者也可以说，源自最终自身负责的科学，因此，在哲学中，任何判断的和前判断的自明性都不能作为未经探问的认识基地而发生效用。”《哲学作为严格的科学》是胡塞尔的“现象学的宣言”，现象学在胡塞尔那里是亚里士多德意义上的“第一哲学”。胡塞尔把现象学塑造成一门严格的学科和流派，也把它塑造成一种坚定的哲学信念：他把现象学视为解决“欧洲科学危机”、“非理性主义”、“现代虚无主义”的唯一之路。如果不理解这一现象学的抱负和观念，就无法理解胡塞尔晚年对欧洲科学危机的分析和重返生活世界的努力。

现象学在严格的意义上指的是一门学科，在宽泛的意义上则指的是一场哲学运动，它遵循着“现象学的精神”，即“返回事物本身”以及共同的“现象学方法”。胡塞尔在《哲学与现象学研究年鉴》创刊号的“前言”中写道：“将各个编者联合在一起并且甚至在所有未来的合作者那里都应当成为前设的东西，不应是一个学院系统，而毋宁说是一个共同的信念：只有通过向直观的原本源泉以及在此源泉中汲取的本质洞察的回复，哲学的伟大传统才能根据概念和问题而得到运用，只有通过这一途径，概念才能得到直观的澄清，问题才能在直观的基础上得到新的提出，尔后也才能得到原则上的解决。”

现象学提供了一种新的哲学方法，一种直观事物本质的哲学技艺，一种不假于各种自然而然的态度和假设而返回事物本身的分析和描述的技巧。现象学的方法是在具体的现象中看出来并描述出来事物的本质，所以，现象学具有描述的特征，而不是解释、说明、论证和反思的特征。现象学的描述严格依赖于直观，它仅仅描述在直观中呈现出来的东西。而为了描述直观呈现的事物的复杂层面，又必须依赖于大量的语词概念。胡塞尔的现象学使用的层层划分和相互区分的概念，往往使得初学者将现象学视为畏途。

施皮格伯格(Herbert Spiegelberg)在《现象学运动》(*The Phenomenological Movement*)中概括了现象学方法的七个层层推进的步骤：1.研究特殊现象：现象学的直观、现象学的分析和现象学的描述；2.研究一般本质；3.理解诸本质间的本质关系；4.观察现象在意识中的构成；5.观察显现的方式；6.将对于现象存在的信念搁置起来；7.解释现象的意义。当然，即使一个人非常清楚这些方法和步骤意味着什么，如果没有精心指导下的实际训练，也无法获得这门技艺。因为，“现象学的精神”要求一种细致入微、脚踏实地的工作态度。很多哲学家都从现象学那里获得了基本的训练，但是其本人并不是一个现象学家。现象学家们的标志是遵循共同的现象学观念。

什么是现象学最基本的观念？那就是现象学提出的口号：“回归事物本身”。胡塞尔称之为“一切原则中的原则”，即在本质直观之中，在反思的彻底性中，现象自身会向我们原原本本地显现出来，显现出不同于日常的那个世界的一种新鲜的、令人惊奇的、丰富的世界关联。以前所有的哲学都认为“本质”是通过抽象化、对象化、形式化和普遍化形成的概念和范畴，胡塞尔的本质直观却是在个别中见普遍，在现象中见本质，在感性之中见观念，在知觉之中见范畴，在意向中见活生生的事物本身。“回归事物本身”就要回到活泼泼的意识行动之中，还原到进行本质直观的我思之中。每一个意识都是“意向性”的意识，每一个“意识活动”都是指向一个“意识对象”，意识的明晰性基于现象的“绝对的被给予性”或“明见性”。这是事物前反思的、非预设的、非对象性的、不可证明也不可还原的最后的根据和最后的确定性。因此，“回到事物本身”要“悬搁”(epoche)各种未经审查的前提、预设、概念、学说和无根的思辨。为了彻底“悬搁”自然态度，胡塞尔要求从“现象学的还原”提升到“先验的现象学”的本质还原的构成性之中。先验现象学的自我就是在直观中将世界显现出来的、在意向性构成中将世界统摄起来的活动本身；而一个被统摄、被体验的世界是一个更为真实而丰富的新鲜世界。这一先验现象学的思想导致胡塞尔晚年对近代科学的客观世界遗忘了直观和边缘域的非对象性所导致的危机进行历史性的反省和批判。因而，胡塞尔的现象学同样也有一个令人肃然起敬的伦理学的维度和政治哲学的维度。

（张旭）

想象/象征/真实（the Imaginary/the Symbolic/the Real）

想象—象征—真实这三个概念所构成的三元组合，在拉康的理论中占据着核心位置。拉康认为，想象—象征—真实构成了“人类现实性的三大界域”，它们也是组织人类所有经验的三种秩序。拉康的这个界域三分法，并非只针对纯心理界，而且也更是针对生存或存在界的，因此基本上是一种哲学性的而非心理学性的划分。这三个界域或秩序作为主体面对或身处的三个存在级次，即形象的或想象的存在层，象征的或能指的存在层，以及实在的或真理的存在层。需要指出的是，拉康对想象、象征和真实这三个术语的用法是将形容词名词化，其意义指涉比较灵活，既指界域或秩序，也指认知的性质或功能。

在这三个秩序中，想象秩序最先由拉康在 1936 年论“镜像阶段”的论文中提出。镜像阶段论的灵感来自生态学的研究，后者把动物的行为模式与对特定的视觉形象的感知联系起来。拉康据此提出一种类似的“想象”功能也在人类身上起作用。在“镜像阶段”，当 6 至 18 个月大的婴儿认同于一个身体形象——无论是其自己的镜像，还是与己相像者的形象——时，就形成了最初级的心理生活形式。在拉康看来，想象指的是那种由形象（意识或无意识的、感知的或幻想的）所控导的基本的和持久的经验维度，是在镜像阶段的原初认同中建立起来的心理构成力量；这种心理力量一直延伸到个体成年后对他人以及外部世界的经验之中，因此，只要发现主体内部、主体彼此之间或主体与事物之间存在不切合现实的认同，则必然是想象在起作用。在想象秩序中出现的形象为孤立的、虚幻的存在，自我亦在与此形象的认同中形成并确立自身。对拉康来说，想象秩序是形象和想象、欺骗和诱惑的领域，它使主体产生的是那些完整性、综合性、自主性、二元性、而尤其是相似性的幻觉。想象秩序对主体的迷惑力来自镜像的几近催眠的效果。因此，想象秩序植根于主体与其自身身体形象之关系。想象秩序对主体既是诱惑也是陷阱：它把主体囚困于一系列静态的定象中，而这些凝定的形象就是自我。将传统的“自主的自我”界定为一种想象的构成，是拉康挑战传统主体观念的重要的第一步。

在拉康作于1953年的《罗马报告》即《言语和语言在精神分析学中的功能和范围》中，象征秩序开始走上拉康理论的前台。列维·斯特劳斯、马塞尔·毛斯等人的人类学研究中有关社会秩序是由某些规范亲属关系和礼物交换的法则所结构的观点给拉康的象征秩序概念提供了理论基础。因此，礼物的概念，以及交换的循环的概念，对于拉康的象征秩序概念来说是至关重要的。既然最基本的交换形式是语言交流本身(即作为言语之礼物的语词的交换)，而且法则和结构如果没有语言是不可思议的，那么象征秩序基本上是一种语言的维度，精神分析经验中任何具有语言结构的方面(如症候、无意识等)因而都与象征秩序相关。对拉康来说，语言的基本成分是能指，而他所说的象征(symbol)不是像(icon)，也不是风格化的图案，而是能指，因此，所谓象征秩序即为能指的秩序。能指是本身没有意义的差异因素，没有肯定的存在，象征秩序纯粹由它们相互间的差异关系构成。因此，象征秩序是变动的领域而不是固定的领域，是差异性的领域而不是相似性的领域。象征秩序也是拉康称之为大他者的根本他异性的领域，“无意识是这个大他者的话语”，因而完全属于象征秩序。象征秩序是规范俄狄浦斯情结的欲望的法则的领域，它是相对于自然的想象秩序的文化的领域。象征秩序也是死亡、缺场和欠缺的领域。象征秩序既是调节与物之距离的快乐原则，也是通过重复而超越快乐原则的死亡冲动，事实上，“死亡冲动只是象征秩序的面具”。象征秩序是自主的，这一方面是说它与真实秩序并没有必然的关联，它不是由生物学或遗传学决定的“上层建筑”，“并没有生物学，而且尤其是遗传学的原因来说明异族通婚制度。在人类秩序中……一种新功能完全是无中生有地形成的，包括整个秩序本身”。因此，尽管象征秩序看起来似乎“来自先定的真实秩序”，但这是一个幻觉，“人们不应该认为象征实际上来自真实界”。从另一方面来说，人是说话的存在，但首先是象征使他成为了人。不能把象征秩序设想为由人所建构，相反，是它建构了人，“象征事实上以一个如此周全的网络包围了人的一生，在他降生来到这个世界上之前，它们早就与那些将要‘以血肉(by flesh and blood)’制造他的人结为一体了；在他出生时，它们给他带来星座的秉赋，或者说仙女的礼物，或者命运的概略；它们赋予言词以使他忠诚或背叛，给出行动的法则让他遵循直到他还未到达的将来，甚至直到他死后；通过象征他的终结在最后的审判中获得了意义，在那儿言词宽恕或谴责他的存在——除非他在主观上实现了为死的存在(being-for-death)”。因此，象征秩序是人的主体性得以建构的领域，对拉康来说，主体的现实是象征秩序。

在这三个界域或秩序中，真实域是最为扑朔迷离的一个，亦是拉康后期理论探讨的重心所在。拉康对“真实”(the real)这一概念的用法严格区别于经验性的概念“现实”(reality),真实是本体论层次上的概念。“现实”是由想象域和象征域共同作用的结果,而真实则是超现实的,也就是说,它不仅与想象对立,而且也处在象征之外。这意味着,真实域既不可能在想象域中被形象化,也不可能被象征域所表征;它是被彻底排斥的,完全无法认知的。按拉康的说法,“真实是不可能的”,“上帝属于真实域”。真实是纯粹的、无差异的和抵制象征化的力量或效果。因此,处于创伤之核心的正是某种真实的经验。不过,真实不仅仅是指称某种外在于个体的未知物,它也与机体需要的那种不可言喻的骚动以及身体的无意识性相关。斯拉沃热·齐泽克在他的拉康研究名著《意识形态的崇高客体》中对拉康的真实域概念所作的独到阐明,也许有助于我们对这个概念的理解:

> 我们拥有的真实域是象征化过程的出发点、根本和基础(这就是为什么拉康谈及“真实域的象征化”的原因)——即,真实域在某种意义上先于象征秩序,当它陷入象征秩序网络中时,也是由象征秩序所结构的:这就是伟大的拉康式的象征化母题(motif of symbolization),而象征化是这样一个过程,它抑制、排出、倒空、切割生命躯体的真实域的丰富性。但与此同时,真实域又是这一象征化过程的残品、残余和废料,是逃避象征化过程的残迹、余额,因而也是由象征化过程自身制造出来的。用黑格尔的术语来说,真实域既是被象征域预先假定的,又是被象征域提出来的。……
>
> 真实域即惰性呈现、实证性的丰富性,真实域中什么都不缺少——即是说,欠缺仅仅是由象征化引入的;欠缺是引入了空隙的能指,是真实域中的缺席。但与此同时,真实域本质上又是处于象征秩序中间的一个空洞、缺口和开口——它是这样的欠缺,象征秩序正是围绕着它被建构起来的。真实域作为出发点、根基,它是没有欠缺的实证性的丰满性;与此相反,作为象征化的产物和剩余,真实域是由象征结构所创造和环绕的空隙和空无。……它无法被否定,因为就其实证性而言,它本质上只不过是一个纯粹的否定、空无的体现而已。

在齐泽克看来,真实域体现了一种悖论性的特征,其表现为:真实域既是坚硬的难以渗透的内核,它抵抗象征化;又是纯粹的空幻的实体,它本身并不具有本体论的一致性。简言之,它是一个并不存在然而却拥有一系列属性的实体。拉康本人也提示过理解真实域这一悖论性特征的线索。在其研讨班讲演之二十“再来一次”(Encore)中,拉康指出:“只有通过形式化的僵局,才能把真实域记录下来。”这意味着,首先,真实域当然是无法记录下来的,“它并没有停下不去记录自己”——它是一块石头,每一次形式化的努力都被它绊倒。不过正是通过这一失败,我们才能环绕并确定真实域的空位。换言之,真实域不可能被记录下来,但我们可以记录下这种不可能性,我们可以确定这种不可能性的位置:一个引发了一系列失败的创伤性位置。拉康的全部观点就在于,真实域不过是对其进行记录的这一不可能性而已。也就是说,真实域本质上什么也不是,它只是一个空隙,是标志着某种核心不可能性的象征结构中的空无。拉康意义上的真实域是内在于象征域的,它是后者的难以捉摸的、完全非实质的失败点,它使象征域永远地成为“非全部”。然而又正是因为真实域对象征域的这种内在性,才有可能通过象征域来接触真实域。

(严泽胜)

象征资本(Symbolic Capital)

文化在当代生活中日益凸显的意义已经显示出,文化不只是对社会的记录、再现,而且还是动态、生成性地形塑和再生产社会生活。文化的象征体系和人们赖以交流、实践的社会空间纠缠在一起。因此布尔迪厄毫不含糊地指出:文化是所有人都不得不卷入其中的社会游戏。

“象征资本”是布尔迪厄继“文化资本”后提出的概念,两个概念对剖析当代资本主义社会的文化再生产本质有功能重叠之处,但二者仍然存在根本的差异。如果说“文化资本”是布尔迪厄对社会结构和心智结构之间对应关系的理论总结的话,那么“象征资本”更充分、深入地讨论了社会结构和符号表征体系之间的联系,以及凝聚了诸种资本的权力如何获得合法性与垄断权的问题。

“象征资本”是在布尔迪厄对卡比尔(kabyel)农业社会的人类学分析里提出的。布尔迪厄认为像卡比尔这样的非分化社会,人际交往以礼物交换的逻辑展开,礼物馈赠既是具体的社会实践,也包含象征意义。在未分化社会中,赠送礼物是相互承认其社会地位的方式,人们内在的习性形成对礼物馈赠——“善意经济”的契合和遵从,从而维护社会的等级秩序。“善意经济”以礼物交换的形式否定经济利益,即以象征资本方式施行权力,因此象征权力正是被否认的权力,它总是在不知不觉中施展权力,以自然而然的外表得到被支配者的认同和支持。

然而，在法国这样高度分化的后工业社会里，统治秩序同样依赖象征权力的巫术效应。统治的合理化或者说象征权力的运作必须依靠各个分化的小场域、次场域分别建构自律的制度，确认该场域中最权威的资本和利益形式，进而由教育、法律等日积月累地将外在的制度结构嵌入行动者的习性中，使行动者置身于等级结构中而全然不觉其不合理性。由于行动者的习性和他们成长的生存环境的天然吻合，行动者在主观结构（习性）和客观结构（场域）天衣无缝的结合中感到自在与释然，他们无法激活二者之间的断裂和错位。人们接受统治秩序并非因为统治本身合法，而是统治者借用象征权力的伪装将自身打扮为合法者。

无论在阿尔及利亚的前资本主义社会，还是在法国本土的发达资本主义社会，布尔迪厄发现，人类行为其实都是象征性实践，具有文化内涵。而文化本质上是历史建构的，文化秩序并非天然合法，而是任意武断的。正如雷蒙德·威廉斯的论断，“布尔迪厄的全部经验研究和理论建构都始终围绕不同社会场域中的象征资本的运作逻辑”。现代社会的等级结构得以巩固和再生产，统治秩序受到被统治者自愿拥护，行动者产生误识和生存幻象，这些现象的根源正是统治秩序借用名目繁多的制度机制创造着“象征暴力”。这种软性的、被否定的暴力，总是神不知鬼不觉地为本来“赤裸的”统治套上一层合法的外衣。社会支配利用象征资本的巫术效果，打扮成亲近和蔼、符合大众利益的面目，出现在被统治者眼前。被象征权力制造的利益幻象，似乎具有一种无关目的又合目的的亲和力，自然而然地生产意识形态效果。

布尔迪厄这样来表述“象征资本”概念：“象征资本是有形的‘经济资本’被转换和被伪装的形式，象征资本产生适当效应的原因正是，也仅仅是因为它掩盖了源自物质性资本这一事实。物质性资本同时也是象征资本的各种效应的根本来源。”

象征资本体现了行动者在社会空间里携带和积累的、被否认和掩饰的各种特权与资本，它发生效果的根源是经济力量决定的等级秩序。行动者的经济、社会和文化等资本越是不被觉察和意识到，他的象征资本越丰厚。由于象征资本的合法化效果，社会空间就像被施行了魔法，社会成员在魔法作用下形成共同“信仰”，认同自身在等级社会中所属的差异性身份的天然合理性，并生产和再生产社会结构。换言之，象征资本使得资本的不平等分配合法化，就像巫师调遣神力，化腐朽为神奇。象征资本的运作不过是社会的集体巫术，是社会场域建筑的制度和社会行动者共同参与的骗局，使权力运作成为顺理成章的游戏。

象征资本和经济资本、社会资本以及文化资本之间是可以转换的，转换率由历史性生成的场域决定。布尔迪厄对象征资本的认识无疑与他对符号象征体系的理解交织在一起,他认为,象征体系作为行动者和社会之间的中介,既是行动者实践的产物,同时也塑造和雕刻行动者的社会身份。象征体系具备认知、交流和社会区分等相关功能。象征系统首先是"建构中的结构",譬如宗教、艺术、语言、阶级、性别等意义体系和区分模式,给予社会世界以意义和秩序。象征系统还是"被建构的结构",象征符号作为交流和认知的结构被内嵌入行动者身体,成为内在的感知体系,如凝结在语言中的二元区分系统,指导判断和划分的价值标准。携带象征资本的行动者的身体不再仅仅是个体的躯壳,而是场域中*集体历史的产物*。它被灌注了信仰的魔法——强制性的二元感知系统,成为社会化的身体。在这一意义上说,象征权力也是创造世界的软性暴力,它自然而然地将世界的区分原则和被合法化的世界观输入给行动者。因此作为社会区分的象征体系必然具有文化政治功能,象征符号为统治提供合法化游说,象征系统怂恿被统治者相信既定的社会体系。换句话说,为统治提供意识形态的水泥、黏合剂,使高度分化的社会群体认同经济和权力在根本上的非平均分配。因此布尔迪厄对人类实践的象征本质和利益倾向的认识最终指向一种意识形态分析。象征资本和象征权力的分析也是对韦伯关于现代生活"合理性机制"、迪尔凯姆关于"社会凝聚力",以及马克思主义意识形态理论的融合与创新。

布尔迪厄对发达社会的象征资本运作的最早和系统论述见于他对教育体制的分析中。现代学校替代了教会成为社会再生产统治关系的合法化基础,是塑造、培育统治精英的摇篮,是为社会等级提供证明的合法机构,替劳动力市场编码,颁发学历、文凭等标签的制度性"神圣场所"。没有任何制度比学校和教育制度更有利于支持和掩饰优越者争夺、传承资本与特权。对教育体制的层层剖析和细致的经验研究,构成了布尔迪厄关于象征权力的一般理论的重要部分。通过教育、文化体系,布尔迪厄揭示了法国作为发达的工业国家,自 1968 年"五月风暴"后的社会空间状况,及其自我伪装、自我维持的权力支配逻辑。丰富的令人印象深刻的统计数据、访谈问卷展示了教育空间的学术分类等级及其社会根源,授衔仪式和精英的生产过程,名牌高校的空间结构及其演进,阶级社会中权力的生产、转换和传承,学校等级和国家权力结构的联系等五方面内容。社会空间的权力总是通过制度雕刻行动者的身体和心智,通过行动者的实践得以再生产。而象征权力和象征资本的隐秘生产正是教育机制的核心作用。

社会空间中的诸多区分原则如高\下、男\女、西方\东方、主体\客体、支配者\被支配者、诗意的\物化的等等,无不是社会建构的。象征体系划分社会空间并赋予其意义。诸如性别、种族、阶级、民族等区分关系及其建构过程就是统治秩序的体现和表征。社会区分借助习性、场域的双重作用，将统治关系纳入生物性自然中，将区分关系合法化。因此，自然属性已不再是天地所生，而是被移花接木，成为带上自然性面具的社会构造。

现代社会的诸多小世界中，象征权力和象征资本的踪迹无处不在。它们或是烟尘弥漫，或是潜移默化、了无痕迹，然而其乐融融的社会表象，民主、平等的繁荣盛景往往是人们主动接受的神话，是象征资本在浑然不觉中施行的迷魂巫术。布尔迪厄对社会空间的象征权力和象征资本轨迹的揭示，显示出一个栖息在知识分子场域和社会复杂空间里的符号生产者，一个独立自觉的知识分子，通过科学研究建构的清醒反思。

（张意）

消费社会（Consumer Society）

消费社会中的“消费”一词实际上是英语里的“consumer”（消费者）一词。从词源学上说，“consumer”自 14 世纪出现在英语里以来，其内涵一直在不断变化，最初有摧毁、浪费、耗尽等意思，多负面性；从 18 世纪开始，“consumer”以中性姿态进入资产阶级政治经济学，但其负面意义并没有彻底消失。当代使用的“消费社会”这一术语之所以选用“consumer”，实际上表明了一种批判的立场，即对一个浪费的、奢侈的社会生活状况的观察和批判。

消费社会的建立至少需要如下条件：商品生产达到相当的规模，在足以支撑整个社会再生产的情况下，人们日常的消费能力、消费欲望和消费市场被充分地培育出来，并紧密地结合在一起。这时的消费已经不仅是为了满足社会进行再生产的需要，或仅仅满足人们日常生活的需要，而是为了进一步满足人们的非生产性的消费欲望。消费不再是物质属性的消费，而是符号属性的消费。

通常认为，1913 年福特的第一辆汽车从生产线上下线，是一场新的大规模生产时代到来的开始。之后，随着电力、电子、信息等科技革命的爆炸式增长，生产力水平获得前所未有的提升。商品交换和消费由于生产和科技的发展而空前繁荣，市场经济日益成熟，这一切对消费的整体性呼唤越来越迫切，使得整个社会处于一种巨大的消费压力之中。但仅仅根据生产和科技的发展水平，还无法评估所谓的消费社会是否已经形成，因为生产规模的扩大以及劳动产品的增加既不必然产生大规模的消费行为，也不必然导致消费的社会性内涵的改变。

消费群体的形成以及这一群体的消费行为本身获得足够的非生产性的社会内涵，这成为消费社会建立的一个必不可少的基础。如果一个人没有足够的经济能力支付他所期待的消费，没有足够的自由空间来体味他的消费，没有把他的消费作为一种非生产性的社会行为加以展示，消费社会也就无法真正地被构造出来。从这一意义上说，只有当消费成为一种独立于生产的社会行为之后，消费社会才可能到来。也就是说，消费社会出现之前，生产是社会的基本形态。尽管消费现象在生产型社会中也普遍存在，但它本身被彻底地纳入生产过程中，成为生产和再生产的一个环节，其目的也只是为了更有效地扩大再生产。在这一意义上，消费还只是生产意义上的消费，或者说是为了生产而进行的消费。1968 年，波德里亚出版了《消费社会》(*Consumer Society*)一书，这是一部具有广泛影响的著作，"消费社会"作为一本书的书名表明了把消费社会作为一种理论话语的努力。波德里亚指出，消费社会从根本上意味着消费游离于生产过程，在此基础上，物的实用性消退，物的非实用性浮出水面。由于被消费物已经在实用功能的意义上全面满足了人的需求和欲望，整个资本主义的消费开始由物的有用性消费过渡到物的符号性消费，符号价值替代了使用价值。

由物品消费到符号消费的转换是社会消费行为的一个根本性变化。波德里亚分析说，当代资本主义社会出现的丰盛和奢华的消费现象，一方面表现在被消费的物品以优质的、全套的面貌出现，而且消费场所高度一体化和网络化，从而人们的日常生活被有效地组织到消费过程中来；另一方面表现在消费中的"浪费"，"浪费"固然是一种破坏，但它恰恰表明消费符号性发挥到了极致，此时的消费已经完全脱离了"生产"而进入"生活"，脱离了"生存"而进入"休闲"，成为人通过商品符号展示自我存在价值的一种方式，消费的非生产性的社会指向成为整个消费行为的主导因素。波德里亚的这一思想可以看出莫斯、巴塔耶关于原始社会的庆典、祭祀的研究和社会学家维布伦的"夸示性消费"理论的影响。

消费社会既涉及个人的需求和幸福意识等社会伦理问题，又涉及增长、丰盛、平等、福利等社会政治经济问题。无论从哪个意义上说，消费要充分发挥自己的社会功能，必须与社会逻辑达成某种共谋。在资本主义社会，需求和幸福观念通常被打上自然的人类学色彩，被作为人的基本欲望，而需求的满足和幸福意识的建立又是通过增长、丰盛、平等和福利来加以解决的。波德里亚指出，这里存在的一个神话是：增长即是丰盛，丰盛即是民主，民主即是幸福。这一社会逻辑导致了对社会的结构性不平等的忽视乃至掩盖。实际上，其中的问题在于，无论财富的绝对量是多少，不平等是结构性的。在社会逻辑的作用下，消费本身出现了某种难以避免的偏向。这种偏向实际上就是消费进入符号领域的一个标志。把物品消费变成为符号消费，在满足了起码的生理需要之后，精神需求的无限空间开始由符号加以填补。人们在日常生活中的所谓的幸福、地位、尊严、权力都会在符号消费中一一得以实现。但实际上，一旦消费进入非生产性的社会领域，消费的社会逻辑开始操控消费行为本身，消费只能是完全按照社会的等级和差异来进行。倘若消费要想达到自己的目的，就需要与社会结构的既定逻辑形成共谋，制造出消费意识形态。所以，消费一方面在不断地制造需求欲望，制造幸福意识，制造平等的消费权利和机会；另一方面在幸福、平等权利的幻觉制造中把消费打扮成人人都可以获得和享用的现实状况。其实，这时的物品和符号已经相互分离，真正的消费已经在符号层面上进行，消费的社会意义也只有在消费符号层面上才可能体现出来。

符号消费作为消费社会的特点，需要制造一种消费意识形态神话来获取合法性。波德里亚认为，大众传媒对这一过程的参与是必不可少的。大众传媒把消费进行了高度的意识形态包装，最大可能地制造出人们的消费欲望，消解人们在现实中消费能力的差异，使消费不仅满足人们的日常生活需要，而且成为平衡整个社会结构的重要组成部分。而大众传媒对消费社会的塑造从某种意义上说是使大众沦为消费的奴隶，沦为资本主义结构合理性的奴隶，从而也就把大众彻底镶嵌在资本主义的政治经济体制和日常生活中，服从和接受消费主义的安置和抚慰。

马克思在研究资本主义商品生产时指出“商品拜物教”现象，这是一种商品（货币）的崇拜行为，是生产型社会的产物。在消费社会里，对符号的崇拜替代了对商品的崇拜，人们的幸福意识完全表现在对符号的占有和操控上，符号对人们的社会形象的表达，对人们的精神欲望的满足，充分说明了消费的社会逻辑实际上是一种欺骗和压抑的逻辑，是一种掩盖差异和等级的逻辑，是一种把虚假的幸福意识作为人生理念的逻辑。从某种意义上说，消费社会是被制造出来的意识形态神话。

自从 20 世纪 60 年代波德里亚提出消费社会理论并进行了开拓性的研究以来，消费社会作为一种理论话语持续发酵，当代西方学者纷纷把消费社会与后现代主义联系起来，通过消费社会考察后现代主义或通过后现代主义考察消费社会，已经成为一个最具价值的理论视角。詹明信（Fredric Jameson）从后现代主义文化和美学立场出发把消费社会的基本特征归结如下：人为的商品废弃，时尚和风格的急速变化，广告、电视和媒体对社会的全面渗透，超级公路庞大网络的发展和驾驶文化的来临等，这一切从根本上意味着现实的影像化，时间断裂为一系列的现在，并最终导致历史感的消失。

应该说,消费社会的价值在后现代主义的文化和美学层面上得到了根本性的体现。对符号价值的奢侈性占有和消费已经从经济学意义上的商品消费转换为社会学、文化学和美学意义上的意义消费。鲍曼(Zygmunt Bauman)从后现代性缺憾的视角对消费社会进行了批判,强调指出消费社会具有更多不可忽视的政治和社会内涵,它的建立实际上变相地剥夺了一部分人的社会生存权利。鲍曼主张建立消费合作社这样的社会组织来解决消费社会中存在的无法回避的问题。费瑟斯通(Mike Featherstone)则认为,消费社会中的文化消费从某种意义上说是声望经济的产物,是对影像、记号和符号商品的消费,体现了梦想、欲望和离奇幻想。

无论是关于消费社会的早期研究,还是在后现代主义语境下消费社会理论话语的构建,对消费社会的批判乃至否定的姿态几乎没有太大的改变。实际上,消费社会作为当代资本主义发展过程中的一个重要阶段,它在社会和文化领域对后现代主义的表征是需要给予合理的评价的。

(戴阿宝)

新教伦理(Protestant Ethic)

“新教伦理”一词出自马克斯·韦伯的《新教伦理与资本主义精神》一书。韦伯和迪尔凯姆一起被公认为是现代西方社会学理论和宗教社会学的奠基人。在《新教伦理与资本主义精神》这本对现代社会科学影响深远的著作中,通过对西方资本主义发展史上的产业地域分布、职业统计、宗教构成、教育类型等诸多因素的考察,韦伯揭示了16世纪宗教改革以后的基督教新教的宗教伦理与现代资本主义的亲和关系。在韦伯看来,对资本主义精神发生影响的酵母,应该到西方宗教精神,尤其是新教精神中去寻找。“新教”,德文原文为“Protestanten”,意为“抗议者”,指的是16世纪欧洲宗教改革运动中出现的各教派以及随后又从这些教派中分化出来的更多教派(包括路德教、加尔文宗、虔信派、循道宗、浸礼宗诸派等)的统称。韦伯认为,新教伦理中所包含的多方面的精神和心理基质,尤其是天职观念、命定说、禁欲主义、忏悔期限论等内容,是资本主义企业精神必不可少的内容和动力因素。

在韦伯的研究中,“资本主义”不仅仅是一个经济学和政治学的范畴,而且还是一个社会学和文化学的范畴。韦伯把“资本主义”当作一种整体性的文明来理解,认为它是18世纪以来在欧洲科学、技术、政治、经济、法律、艺术、宗教中占主导地位的理性主义精神发展的结果，是现代西方文明的本质体现。韦伯指出，资本主义不能简单地等同于营利，更不能等同于贪欲。恰恰相反，资本主义是对贪欲的抑制，至少是一种“理性的缓解”。因为，资本主义经济行为具有的一个最为显著的特点就是，这种以获利为目的的行为要根据资本核算来调节。具体的表现就是，通过勤勉、刻苦的劳动，依靠合乎理性的、健全的会计制度，在生产和流通过程中投入资本，并从而获得预期的利润。因此，资本主义是依靠持续的、理性的、交易的方式来获利的经济行为。体现于经济领域的这种合理性观念同时会渗透和表现于社会生活的其他领域，形成一种普遍性的精神气质或者社会心态，这就是所谓的“资本主义精神”。

韦伯指出，资本主义精神是一种“理性而又系统地追求利润的态度”，它是欧洲理性主义发展的一部分。表现在经济行动中，它是利用交换及和平方式获得预期利润；表现在思想方法上，其核心是理性和禁欲。具体而言：其一，对金钱的追求或者通俗地说赚钱，成为一种“合理的伦理原则”，成为一种“精神气质”，而不单是那种到处可见的商业上的精明。其二，赚钱，表现着一种“与一定宗教观念有着密切关系的情感”，它是一种为职业劳动献身的精神，是资产阶级必须完成的一项义务。在韦伯看来，赚钱的天职是“资本主义文化的社会伦理的最重要特征，一定意义上也是资本主义文化的根本基础”。其三，表现在企业家身上主要是创新的精神、坚定的行动和洞若观火的远见。最重要的是，节制有度，诚实守信，精明强干，全心全意地投身于事业中，固守着严格的资产阶级观点和原则。

通过对世界诸种宗教形式在经济伦理方面的考察，韦伯认为，现代资本主义精神的核心来源于信奉加尔文“预定论”的新教的“天职观”。“天职”一词“把完成世俗事务的义务尊为一个人道德行为所能达到的最高形式”，不可避免地使日常的世俗行为具有了宗教意义。认认真真地完成上天所交付的世俗使命，“敬神如神在”，是韦伯眼中的新教伦理要旨。韦伯认为，基督教禁欲主义本来就存在着某种明确的合理特质；而在新教伦理中，禁欲主义特别是加尔文教派的“入世禁欲主义”更是发展成了一种系统的合理行为方式。它通过使信徒的行为规律化，消除自发的、出于冲动的享乐，使一个人能够抑制感情，过一种警觉而又睿智的生活。在韦伯看来，限制消费的行为与牟利行为结合起来，其结果是“强制节省的禁欲导致了资本的积累。在财富消费方面的限制，自然能够通过生产性资本投资使财富增加”。通过相得益彰、互相促动的天职观念和禁欲主义，把限制消费的行为与牟利行为结合起来，促进财富的增长，完成上天交付的世俗使命，这大概是韦伯思想的基本内容。所以他最后得出这样的结论：“现代资本主义精神，以及全部现代文化的一个根本要素，即以天职思想为基础的合理行为，产生于基督教禁欲主义。”

从表面上看，韦伯关于新教伦理与资本主义精神的亲和性理论似乎是在主张一种“宗教—伦理—经济”的单向决定论。实际上，他并不否认存在着一个逆向的作用过程。而且，对于经济基础的决定作用，韦伯持有相当程度的肯定，这在《经济与社会》等著作中表现得更加明显。韦伯的立场是：社会科学宗旨之一就是要澄清人类社会各种动机和行为之间的复杂关系，经济有经济自身的价值，宗教也有宗教自身的价值，而无论是物质因素还是精神因素，都必须通过造成社会现象的人才能真正发挥作用。

（张跳）

新历史主义（New Historicism，Neo-Historicism）

新历史主义作为文学批评“历史转向”总体趋势的一部分兴起于20世纪70年代末80年代初，它以独特的文化策略和广阔的理论视野同时挑战旧历史主义和形式主义，并在“历史与意识形态和权力话语”的自我表述中迅速聚合了大量边缘的“社会能量”，成为名动一时的理论时尚和影响深远的批评实践。

在其跨学科研究过程中，新历史主义深受多种批评方式的影响。西方马克思主义的意识形态霸权理论、福柯的权力话语理论、怀特的“元历史”理论、格尔兹的文化人类学“深描”方法、解释学的历史性学说和解构主义的“互文性”观念，都对新历史主义有过不同程度的影响。理论来源的杂糅状态，使其成为缺乏统一理论支撑的碎片的拼贴与汇总，表现出多样化复数化的批评形态。当然，其学说主线主要形成于对传统历史观和形式主义批评局限性的清算过程之中，并在有关“结构—主体”二元对立论争的夹缝中发展壮大。旧历史主义否定文艺复兴以来的人性论传统，强调客体决定论和历史的总体发展观，但遭到形式主义和解构主义的激烈攻击；形式主义对文本进行自足性的“内部研究”，但排斥了文学与历史、文本与主体等外部因素的关联，陷入了“形式化”的泥淖。新历史主义在两者之间找到观念方法更新的批评飞地，由此出发而对形式与历史的母题加以重新整合，从而将艺术价值的恒常性与批评标准的现实性、方法上的共时态与历时态、文学特性与史学意义等母题显豁出来，重新以文化大视角审视主体与历史，关注文本与历史、文学与权力政治以及主体与文学之间的关系，逐步形成一种揭示文化文本间性的“文化诗学”和寻求历史性与文本性之间折中平衡的“历史诗学”。

新历史主义是一种强调政治文化批评的“文化诗学”。它以“颠覆”、“抑制”和“巩固”等表达文化政治与权力关系的词汇作为自己文学批评的轴心概念，将“历史”拆解成异质的、断层的、复数的“histories”和由社会交往、经济活动、政治斗争以及国家权力、文学艺术与道德伦理构成的“权力关系”。它承继福柯的思想路径，将权力看成渗透在社会、政治和文化关系中的控制和抵抗关系，看成“压制性”与“生产性”的统一和对“历史中的各种力量或社会能量的总称”。它在对文本进行解读之时，试图利用这一权力理论“发现”文学文本最初生成与消费时的那种原生态历史语境，但同样处于特定历史语境中的“发现”者不过是在从自身出发对文本进行的二次建构。在二次建构过程中，文本被纳入特定的权力话语构成的网状结构内，它便承担了“自我意义塑形与被塑形、自我言说与被权力所说、自我生命‘表征’与被权力话语压抑的命运”。这样一种关系，表现为“颠覆”、“抑制”、“强化”三位一体复合性的认同、利用和化解，从而，“能量”在三者之间不断得以“流通”与“交换”，以期达到一种“协合”的状态。

新历史主义也是一种重新解读历史与文学之间关系的“历史诗学”。它以“文本的历史性和历史的文本性”作为其批评实践的主要立足点。在这一关于其本质特征的著名概括中，“历史的文本性”指人们只有通过“源自选择性保护和涂抹”的文本才能接近一个物质性的历史存在，而当文本转化成“档案”时，它们自身也充当后人的阐释媒介。经过选择的文本成为历史撰写的依据，也成为对文本的文本阐释和对表述的表述；历史在文本中留下自己的镜像，而历史事实只有通过经过权力挑选和抹除而保存下来的“文本”才能得到表述。“文本的历史性”指的是所有的书写和阅读形式（包括文学文本、非文学文本乃至社会大文本）的历史具体性与物质性；文本并非是一个超历史的审美客体，而是特定时代的历史、阶级、权力以及文化等语境的产物。文本解读应该注意文本阐释的特定语境以及这种语境对文本存在方式与存在状态的“抑制”与化解等作用，即要进行“双向调查”；文本意义并不是固定不变的对现实社会的“反映”，它在不同的点和场中（阐释者所处的特定语境）不断生成，而文本也只有在纳入到具体的语境之中时才能显现其意义。文本是彰显历史意义的存在体，甚至就是构成历史不可缺少的一部分，文本本身就是一种历史文化“事件”。历史与文本一样都具有“诗性”的深层结构，都充满了想象性与虚构性。这一历史观和旧历史主义的不同在于，它是小写的复数的“histories”，是一种开放的对话结构和偶然性的、即兴的历史，如同文本一样等待着被阐释。

“新历史主义”作为特定批评术语首次出现在威斯利·莫里斯 1972 年出版的著作

《走向新历史主义》(*Toward a New Historicism*)中,但莫里斯的观念实际上仍属于所谓"旧"历史主义之类,与后来在文论界引起轰动的"新历史主义"大相径庭。1982年美国加州大学柏克莱分校的斯蒂芬·格林布拉特教授在其为《文类》(*Genre*)杂志的一期专刊所写的导言中正式打出"新历史主义"的旗号,一时应者云集,迅速扩展为一个多学科、超国界、多流派的松散的研究群体。但被笼统地归入这个流派中的批评家对这一称谓充满疑虑,格林布拉特本人更倾向于"文化诗学",而怀特则更愿意称之为"历史诗学"。也许这种命名危机正映射出其批评方法上的困境,即共时性与历史性、文化表述与历史事实、远离中心与沉沦边缘、回归历史与沉迷历史碎片之间新的失衡与倾斜。而这也正是当前文学理论自身所面临的困境。20世纪90年代后期,理论界出现了"新历史主义之后"的呼声,这被看作新历史主义走向颓势的标志,这大约同时也是人们对文学理论和新历史主义摆脱困境的善意期待。

(张进)

新物质主义(New Materialism)

新物质主义作为一种新兴的跨学科的理论研究,其发端可以追溯至20世纪与21世纪的世纪之交。当时,西方学界出现了一批前卫学者试图走出社会建构论的认知束缚,重新阐释"物质"的概念,以在存在论层面上寻求一种阐释科学实践的适当方法。进入新世纪之后,各种与"物质"相关的哲学话语开始浮现,试图重构语言与现实、意义与物质之间的关系。随着2010年前后新物质主义一批革新意义的专著出版,新物质主义思潮也走向了全盛期。

在历史上,"物质"的概念并非第一次进入人文研究界的核心视野。在结构主义马克思主义理论的唯物主义研究方法与存在主义现象学理论中,物质的概念大多指的是人类社会结构,或是人类社会结构及其他物体中所"蕴含"的人类意志。自20世纪70年代以来,本体论和认识论受到后结构主义研究的严峻挑战,曾经风靡学界的唯物主义研究方法开始退后。其后,受索绪尔的结构主义以及之后的以德里达为代表的后结构主义理论影响,强调语言、话语、文化和价值等概念的"语言学转向"开始出现并占据了主导地位,人们对物质现象与物质过程的关注也开始随之变少。正如新物质主义指出的,后结构主义思想将世界解构为一种语言学建构或社会建构,是一个"去物质化"

的过程。

此前占据人文研究主导地位的“语言学转向”认为，社会是由语言建构的。然而，随着现代自然科学的发展——尤其是量子物理学的出现——以及后现代主义的崛起，研究者开始逐渐意识到“语言学转向”观点的先天不足，学界开始需要一种新的视角来阐释和分析物质及其生成过程。正如戴安娜·库尔(Diana Coole)和萨曼莎·弗罗斯特(Samantha Frost)在《新物质主义》(*New Materialisms*)一书中指出的，这种对“新的视角”的需求虽然有些分散，但是非常广泛，这也显示出“语言学转向”相关的文本分析方法已经不足以解读当今的社会，尤其是其中的环境问题、人口学、地理政治学与经济变化的相关议题。相比于占据了主导地位的“语言学转向”，新物质主义重视世界的身体维度与非二元对立的结构，在认知层面对思想—身体的二元对立发起了挑战。

新物质主义理论的核心是对“物质”概念的重新解读，这种重新解读体现在多个层面。在“物质转向”的浪潮之中，物质所具有的活力、动态性、能动性等属性得到了前所未有的强调。新物质主义颠覆了能动性是人类独有的观念，指出非人自然也同样具有能动性。新物质主义反对语言学转向带来的人类对语言和思想的过度自恋，主张关注在非人物质中广泛存在的能动性。世界是由物质构成的，无论是在人类个体内，还是在非人自然和人造产物中，物质都是广泛存在的；同样，能动性也是广泛存在的。在布鲁诺·拉图尔(Bruno Latour)提出的“行动体”(actants)概念中，非人或者说后人类世界中便存在着行动的物质来源。借助“行动体”的概念，本内特在《活力之物》一书中探讨了多种非人物质具有的能动性与活力，如电流、污染物、化学物质、聚合体、赛博格、垃圾等。此外，阿莱莫在《身体自然》中也分析了有毒化学物质所具备的负面的破坏力，并称之为“异常能动性”(deviant agency)。

新物质主义质疑能动性的界限，试图发掘物质所具有的“内在创造性”，将能动性的范围扩大至人类之外，展现出外部与内部、思想与现实之间的紧密联系，将生命、语言、思想共同置于一个非二元对立的视角之下，有力地反驳了人类自认为可以主宰世界的自恋情绪。在新物质主义视域内，任何物质都具有能动性，这一点是不以人类的意志或理性而改变的。由此，能动性不再是将物质与人类区分开来的属性。长久以来，物质被视为一种被动的、原始的、野蛮的或惰性的存在。具体而言，物质被认为是无法拥有灵魂或生命的，其存在方式也是非动态的，人们只能通过尺寸、形状等基本属性来描述其特征。新物质主义理论在挖掘物质固有的内在活力的过程中，将物质从与自动论与机械论的长期关联中解放出来。自此，人类具有能动性这一点不再是其优越于其他物种的理由。在这一背景下，非人自然和人类个体能够以平等的方式共存，共同建构一个彼此相连的生态网络。

新物质主义指出，物质并非静止或被动的存在，而是一种处于生成过程中的动态存在，这也是物质能动性的具体表现形态之一。关于物质具有的能动性与动态性之间的关系，新物质主义的核心人物凯伦·巴拉德（Karen Barad）曾使用“能动实在论”（agential realism）理论进行阐释。“能动实在论”出现在巴拉德的《与宇宙相遇》（*Meeting the Universe Halfway*）一书中，主张“现实”是由物质过程和话语过程共同构成的存在，因此物质一词“并不是指代客体内在的固定属性”，而是“客体正在进行的物质化现象”。这种进行时的状态使得物质始终处于不断变化的动态过程之中，因此物质并不是“固定的，既成的，或不同过程共同造成的纯粹结果。物质既是产品也具有生产力，既是生成物也具有生成力”。换言之，物质是充满能量的，而且能够给予他者能量；物质是充满活力的，并且能够给予他者活力。这样的一种物质存在，具有其独立的意志、适应力与抵抗性，既影响着现实世界，也被现实世界所影响。

在新物质主义视野中，具有生成力和生产力的物质被视为一个复杂的开放的系统，展现出偶然性、生成性与相关性。物质并非一成不变的或一块被动等待人类书写的“白板”，而是一个不断发展、嬗变与变形的动态的“生成过程”，是一种“能动性的凝结体”。物质的这种复杂多维性，在阿莱莫的“内部—行动”（intra-action）概念中体现得十分明显。“内部行动”是阿莱莫创造的术语，用来指涉“‘客体’的不可分性与‘观察能动性’”。“内部行动”与“相互作用”不同，后者更加强调具有争议性的（主—客）二分法，而“内部行动”则着重于展示物质的物质化过程。巴拉德认为，“内部行动”的概念体现出宇宙是一个“处于变化之中的能动的、内部行动的过程”，无论是人类还是非人物质，都是通过内部的行动来展现其能动性的。

正如人类的能动性会对他人和现实世界造成影响一样，物质所具有的能动性也具有同样的功效。因此，只有正视物质所具有的能动性，才能摆脱语言学社会建构框架的束缚，更加平衡地审视现实世界中的力量博弈。当然，新物质主义带来的“物质转向”并非完全否定语言学转向，而更多的是“重构”语言学转向带来的成果，试图完成后现代主义的终极目标，即“解构语言—现实的二元对立”。由于新物质主义理论的本体论倾向，新物质主义不仅在与自然世界相关的研究中绽放魅力，同时在诸多领域都产生了回响。目前，研究者对物质文化的兴趣不仅体现在政治科学、经济学、人类学、地理学和社会学等社会科学研究中，也包括了性别研究、跨物种研究、酷儿理论、新媒体研究、科技史研究和后殖民主义研究等。可以说，新物质主义所带来的“物质转向”对整个人文社科领域都产生了深远的影响。

（马特）

星座(Constellation)

星座,原本是个占星术概念,指古人在认识天空的过程中所看到的星象。从古代起,人们就开始将天球划分为许多区域,把每一个区域中由最亮的恒星坐落分布所呈现的一个构型称为一个星座,再把各个星座分别用动物名称、古代巴比伦或希腊神话中的人物名称来命名,如由七颗亮星构成的勺子形状的星座,就被称为"大熊座"(中国人叫"北斗七星")。人们再根据这种视觉体验绘制出微缩的图像,以此来形象、对应地表现恒星分布的格局。

本雅明第一个把这个概念作为哲学术语使用,借此来追求他一生的哲学理想,即对事物的本质构造做模仿、形象、客观、总体的再现。他在写于1932年的一篇短文《论占星术》(On Astrology)中开宗明义,说他想取得一种占星术的认知视角,因为这种视角"可将魔法影响和辐射能量的教义排除在外",本雅明所指的有"魔法影响和辐射能量的教义"包括所有"移情"、"同一性"甚或康德的"先验论"的理论,在他看来,上述这些认识和再现事物的模式都是以主体为圆心,去影响或辐射,并最终归化客体,在他看来,如此所获得的知识更是对主体性的反映,或主体对对象的占有,而不是对真理的再现。

本雅明认为哲学的任务不是由主体去构造知识体系,而是再现真理,这是他在他的认识论(即他写于1929年的《德国悲苦剧起源》的"认知—批判序言")的第一句就明确提出的目标:"哲学著作的特征就在于,它必须不断面对再现的问题。"那么认知主体如何才能再现真理?本雅明认为,其前提条件在于,主体应该是一个纯粹的接受者,让客体来印刻,然后将印刻进来的东西再现出来,而不是从客体上收获自己的情感或任何先在模式的投射物。那么对于一个能动的主体来说,他如何能达到这种"被动性"?本雅明在两者之间所看到的中介是"模仿"。

本雅明认为,模仿与移情正相反,后者认识的起点是主体的情感,前者的起点则是在再现和被再现的客体之间找到"近似性"或"相像性",并继而在两者之间建立起"对应"关系。本雅明称这种模式为模仿性再现,并将之定性为"科学人文主义"。(*Walter Benjamin*:*Selected Writings*)

本雅明认为这种"科学人文主义"的起源在星象学中,具体则体现在对星座的分析和再现中，因为在本雅明看来，星座是一个“本原总体，而占星术的解释只是给予了分析而已。天体的全景展现了具有特征的统一性，而每个个体星宿的特征（更应该说是本质）都是根据其在星座中的功能而被认识的”。

由此，对星座的再现，或构造星座的方法，在本雅明的认识论中被演绎为一个哲学方法论，概括了对事物进行客观反映、辩证分析、具体再现的过程。所谓客观反映，这指的是，这种方法并不是主观建构一个体系，而是对一个先于认识而存在的客体的反映。所谓辩证分析，则指的是，这种反映并不是机械再现客体的所谓“实际”状态或表象，而是再现其“本原总体”（originary totality），在此“本原”是本雅明对本质的命名，在《德国悲苦剧起源》的“认知—批判序言”中，“本原”被定义为“那决定着生成变化的在或是”，它“是生成变化之旋流中的旋涡，在它的涡流中，它卷进了生成过程中的所有材料”（*The Origin of German Tragic Drama*），所以“本原”是使事物构型的内在逻辑，由此，也可以说，这种“本原”就是一个卢卡奇意义上的“总体”。星座方法所再现的正是事物的这种内在格局或总体势态，而不是事物的任意聚合。星座的方法在分析事物时，不会被个别现象的表象所蒙蔽，而总能在总体中定位个别，根据其在总体中的功能而抓住其本质，正如卢卡奇能够按照历史的总体趋势来认识资本主义社会的个别现象一样。

正是从上述客观辩证的层面上，本雅明认为星座的方法是对事物本质的形象对应，这指的是，一个哲学星座不是用演绎法和归纳法建构出来的一个知识体系，而是一个“马赛克”式的聚合，单个的碎片只是这个整体中的要素，全部碎片的聚合才显现出完整而有意义的图景，正对应于事物的总体存在状态。

那么对于必须借助语言来再现的哲学，它如何达到这种形象对应性？在此本雅明引进另一个概念，即理念（idea）。这不是柏拉图意义上的理念，而是由事物的本质成分所构成的星座，具体来说，就是在认识事物时，不是用先在的抽象概念去指认具体的事物，也不是不加甄别、照事物“本来的面貌”加以描绘，而是从总体的视角洞察事物，并将其成分分解出来，重新聚合到一个具有哲学特征的格局（星座）中，这个格局就是一个理念。在理念中，事物既被拆解又得到了救赎，因为这个理念或哲学星座具有一种双重功能，它的重构内含解体的逻辑，即它首先消解了事物在特定意识形态中被物化而成的“第二自然”的自在性和既定性，使其成分被重新定位在一个新的构型中，成为一个总体中的分布点，并由此获得超越其表象的意义。这个意义就是本雅明所理解的本原总体的意义，而在本雅明救赎哲学中，这个总体也就是历史的终结和弥赛亚主义新时代的到来。理念是对事物这一内在逻辑的表征，正如星座是对星星的内在布局的表征一样，都不是空洞、笼统的描述，而是描述以主体从总体视角所“洞察”到的一种内在格局，从这种意义上，本雅明说：“理念与事物的关系就如同星座与星星的关系。”

如何获得这样一个理念或哲学星座？无疑必须借助概念，因为现象并不能以其原始的经验形式直接成为或完整地进入理念，必须先去掉其虚假的表象外壳，以被拯救出来的基本成分进入理念。一旦事物如此被分解以后，它们就被祛除了虚假的表面统一性，而加入了真正的历史总体性中。那么概念在帮助建构理念和从传统哲学意义上获取知识时所起的作用又有何不同？这个不同就在于，在后者，“概念的分解”是一种“毁灭性的诡辩术”，而在前者概念则仅仅是被派入现象中的“密探”，或“使者”，只起中介作用，即从现象中收集理念的构成要素，以备组成新的聚合，形成一个理念。

如此形成的理念，它与现象的关系不是临近性的，即理念并不像属对种一样包括现象，而是对应于现象的本质，正如星座相对于星星的内在布局。正如星座是对散乱的星星的构型，这个哲学星座则是对现象世界现有秩序的重组，从这个意义上，哲学星座又构成了现象世界一种尚未实现的、即得到救赎以后的形象，因此哲学星座在对应事物内在发展逻辑的同时，也显现了这个发展逻辑必然导向的完全不同于实证的现实的世界的景观，从这种超越表象世界的视角，哲学星座不仅揭露了现实被歪曲的本质，因此意味着改变现实的迫切性，同时也起到了一种先导的作用，预示了一个旧世界的解体和新世界的到来，这个新世界在本雅明这个“马克思主义拉比”(Marxist rabbi)看来，就是资本主义历史终结、人类彻底解放的弥赛亚时代。所以，本雅明称这种哲学理念或星座“是一种永恒的星座，被拆解出来的要素就是这个星座上的点，借此在被分解的同时也得到了救赎”。这表明，这种救赎以拆解为前期操作，即它首先是一种激进的批判和解构，以此来开辟走向救赎之路，因此批评家沃林又把这种意义上的星座称为“否定的认识论”。

（郭军）

行动力/能动性(Agency)

在批评理论和文化研究中，行动力指个体做出选择的权力和自由，以及在现行社会结构中执行这些选择的能力。“Agency”一词最早出现在1685年的《牛津英语词典》(*Oxford English Dictionary*)中。霍布斯(Thomas Hobbes)将“行动力”一词构建在行动者(agent)/受动者(patient)这一颇具亚里士多德意味的二元对立体之上,并进一步反思行动力与行动(action)之间的关系。具有哲学属性的"agency"一词则最初出现于英国哲学家塞缪尔·克拉克(Samuel Clarke)的《演讲录》(*Lectures*)中,指"行动和自由选择"的能力。此后,休谟(David Hume)将"行动力"置于行动/冲动二元对立框架中思考,其经验主义哲学观在"行动力"一词的哲学建构中加入精神维度。进入19世纪,深受启蒙思潮影响,该词具备"启蒙主体"、"人文主体"内涵。自20世纪60年代以来,后结构主义、西方马克思主义、女性主义、后殖民理论、文化研究及后现代理论合力完善了"行动力/能动性"一词的理论构建。

在文化研究中,"行动力/能动性"的概念界定与"主体性"和"身份"等概念的演变密切相关。主体性指人之为人或作为自我的状态或过程。在《沉思录》中,笛卡尔提出"我思故我在",从而完成了西方哲学史第一次"灵与肉"的分离。通过分离主体与客体,主体性原则逐步确立起来。自笛卡尔之后,康德在《纯粹理性批判》中区分现象自我与超验自我,但依然未能摆脱传统的意识/现实二元认知模式。在《精神现象学》中,黑格尔首次引入"他者"概念,提出主/奴主体认同辩证论,丰富了西方主体性理论。此后,马克思和弗洛伊德在社会与无意识两条思想脉络上发展了各自的主体性理论。20世纪,西方的主体性理论延续了马克思和弗洛伊德的这两条主线,同时,在后黑格尔哲学思潮的关照之下,出现了第三条主体性理论线索——欲望主体论。沿着第一条理论线索,卢卡奇、葛兰西和阿尔都塞等人相继修正与改造了马克思的主体性理论。在第二条线索上,拉康和克里斯蒂娃汲取弗洛伊德无意识理论的思想精华,极大地推进了无意识主体性理论的发展。他们认为主体是语言的建构,但两人均对前辈学者的理论进行了大幅修正。第三条主体性理论线索始自科耶夫对黑格尔主/奴辩证哲学的重新诠释,这条欲望主体论之线囊括了让·保罗·萨特、西蒙娜·德·波伏娃、雅克·德里达、米歇尔·福柯、吉尔·德勒兹和朱迪斯·巴特勒数位20世纪至关重要的哲学家与思想家。

在《文化身份问题》(The Question of Cultural Identity)一文中,文化研究巨擘斯图亚特·霍尔运用3种模式梳理身份的演变——启蒙主体、社会学主体与后现代主体。这一模式对"行动力/能动性"概念的理论构建很有启发意义。启蒙主体"建立在对人的这样一种理解之上,即人是完全以自己为中心的统一个体,他被赋予理性、意识和行动的能力,其中心由一个内核构成……自我的核心便是人的身份"。社会学主体的"内核不是自给自足的,而是在与他人的关系中形成的,他人将所处世界的文化——价值观、意义以及符号影响给主体"。从启蒙主体向社会学主体的转变代表了身份从自给自足的统一实体向社会建构的身份转变的过程。而后现代主体则指在不同时间获得不同身份的主体，它“不再是统一于连贯‘自我’的身份。内在于我们的是相互矛盾的身份，力量指向四面八方，因而我们的身份总处于一个不断变动的过程”。霍尔批判本质主义身份，认为“身份从来不是单一的，而是构建在许多不同的且往往是交叉的、相反的论述、实践及地位上的多元组合。它们从属于一个激进的历史化进程，并持续不断地处于改变与转化的进程当中”。身份是主体在与他人的交往互动中、主体自身所处文化与不同文化的碰撞交融中认同或反认同产生的话语效果。由于身份本身的抽象性，尤其是后现代语境下稳定统一主体的消失，使得我们很难捕捉到身份的实在内核。变动不居、甚至多重异质的身份需通过主体在话语中占据的具体位置或主体所处的不同认同过程和样态来呈现。

正是这样复杂、多样和流变的主体和身份性概念，使得“行动力/能动性”得到了重视，主体，尤其是弱势的主体，不是被动的产物，他们也有自己的能动性。他们也可以通过这种“行动力/能动性”创造和激发自己的身份和主体性。这在后殖民研究中表现得尤其明显，“行动力/能动性”是范农、巴巴、斯匹瓦克等后殖民理论家使用的重要概念，特指后殖民主体在殖民或后殖民语境下挑战或抵制帝国权力时采取行动的能力。由于殖民主义的长期压迫，后殖民主体逐渐丧失了在社会、政治结构中做出自由选择的能力，从而丧失行动力。在《属下阶层能说话吗?》(Can the Subaltern Speak?)一文中，斯皮瓦克集中探讨属下阶层被系统化消声、被剥夺行动力的状况。霍米·巴巴的后殖民理论则架构于后结构主义与拉康心理学之上，他敏锐地洞察出爱德华·萨义德的后殖民研究论述虽深刻批判欧洲中心主义，却未能摆脱西方二元对立思维模式。因而，巴巴的理论矛头不仅指向殖民统治的终结，更深入挖掘滋养殖民主义与帝国主义的文化因子和思维模式以及殖民者与被殖民者的深层心理机制。巴巴从权力话语层面分解殖民者与被殖民者之间的文化认同模式、差异化策略及心理机制，探究殖民文化与被殖民文化相遇时引发的心理与潜意识的抵抗、融合、冲突与转变的微妙过程，着力在文化裂缝处的域限空间内挖掘行动力。霍米·巴巴试图在二元对立的思维模式之外寻求殖民情境中“抵抗”的可能性，他把“抵抗”的场域置于两种文化遭遇的“含混”之处，提炼出后殖民主体的“混杂”、“摹仿”等抵抗策略。这些抵抗策略彰显着后殖民抵制政治的可能性、可行性、复杂性和有效性，包括重构本土后殖民意识形态、语言或话语，重构后殖民主体。

在晚近的新物质主义尤其是拉图尔的行动者网络理论中，“行动力/能动性”甚至被应用到作为客体的物上面来。人并不是对物有绝对的掌控地位，相反，在物和人的关系中，物也会体现出这种“行动力/能动性”。

（陈李萍）

行动者网络理论（Actor-Network Theory）

从20世纪80年代开始，拉图尔（Bruno Latour）与卡隆（Michel Callon）、劳（John Law）等人共同创立行动者网络理论（简称ANT），并通过以下著作发展了ANT：《科学在行动》（*Science in Action*，1987）是关于研究方法的讨论；《法国的巴斯德化》（*Pasteurization of France*，1988）与《阿拉米斯或技术之爱》（*Aramis or the Love of Technology*，1996）讨论ANT范例与研究方法；《潘多拉的希望》（*Pandora's Hope*，1999）是ANT认识论层面的个案研究；《我们从未现代过》（*We have never been Modern*，1993）侧重ANT本体论建构；《自然的政治》（*Politics of Nature*，2004）和《重聚社会》（*Reassembling the Social*，2005）讨论了物的议会与准主体；《存在模式研究》（*An Inquiry into Modes of Existence*，2012）则对ANT作了重要的修正。

ANT最初是科技研究领域（Science and Technology Studies，STS）的理论成果，由于该理论打破了二元论的两分逻辑，试图衔接自然科学与人文科学，将科学研究看作人类学意义上的研究对象，因此，其理论影响逐渐溢出STS，对整个人文社会科学的理论范式与研究方法都产生启迪。ANT基本内涵在于：世界是处于不断生成之中的网络，其中行动者是节点，网络是关系；行动者可以是人或非人，不必要有预先确定的本质，换句话说，人或者非人没有分别、都具有对称的能动性。ANT没有否认人的能动性，只是强调该属性不为人所独有，这就是ANT最为重要的核心原则——广义对称性原则。

ANT的广义对称不是人类与非人类要素之间建立某种荒唐的对称性，只是意味着不在人类的故意行为和偶然关系的物质世界中施加一种先验的、虚假的不对称。其最吸引人的理论洞见在于承认非人因素（物质）具有与人类因素一样的能动性。拉图尔拒绝“主体”、“客体”区分中的人类中心主义倾向，使用“人”、“非人”行动者来表述行动者的述行性（performativity）特点。与人类行动者的能动性一样，作为网络节点的非人行动者（物）从网络获得力量，其建构过程凝结了各种关系。可这一过程却被藏匿（用拉图尔的话说就是“黑箱化”、“点化”、“折叠”），行动者的行动之名变成了物之名。

ANT认为行动者行动时，是谁或者是什么在行动，其实并不明确，因此不妨将某物的在场视作许多其他物的缺席，也就是黑箱网络。通过分析物被黑箱化的过程，拉图尔揭示出“物的本质是实存，实存就是行动”。

ANT中的行动者同时也是网络——作为行动者，它指代的是已经被隐藏起来的网络；作为一段网络，它又只能以行动者的方式展现出来。ANT的“网络”不是可以描述出的网络（物之名），而是被用来制造该描述的网络（行动之名），换言之，ANT中的网络是动态且不断变换的概念，网络（net-work）是网（net）与活动（work）的结合，它是一种行动（work），不仅仅是连接（net）。非人行动者（物）本身就是各种行动者的集结，或者说网络这种集结解释了物，界定了物。这种对物的界定与理解实质是关系主义的界定方式，此外，这一新唯物论的解释方式抛弃了用B解释A的因果模型，体现出非还原性原则：“万物，就其自身而言，既非可还原又非不可还原到他物”，从而取消了二元论强烈的还原主义色彩。

在拉图尔看来，ANT中具有最根本地位的不再是某种实体或者实体之间的混合物，而是实体之间的关系，这种关系是一切变化的根源，社会的本质被定义为联系，因而ANT是一种关系本体论。拉图尔还认为，不存在主体与客体，所有主体或客体都是混杂、流变的“准\类客体”（quasi-object），社会形成于混杂物网络或异质性元素，因此ANT的本体论也称作混合式本体论。不同于现代性所推崇的单一本体论，拉图尔去除了一切稳定的形而上学的划界标准，试图摆脱传统本体论的束缚，因此，ANT的关系式、混合式本体论也是多元本体论、可变本体论，体现出对生成性（becoming）的强调，即通过描述实践运动来克服二元论。ANT体现了拉图尔的后二元论式生成科学观、“去中心化的”后人类主义哲学。

拉图尔一直强调：ANT不是一个工具，不是那种拿来应用的工具，而是可以让研究者用来生产一些用其他理论都从未得到的**效果**。对于科学研究而言，自然（非人）或者社会（人）决定科学的优先权都失去了意义，两者具有同样的地位。科学变为异质网络，物的集合制造我们生存的世界，作为物之集结的行动者因而成为研究者学习、研究、解释、批评的目标。正如行动者无法被化约为任何其他的东西，不存在以隐蔽的方式行动的无形实体。真正的行动者一定会留痕，也就是说行动者一定要造成某种改变才是行动者。由是观之，对科学研究者来说，“立场”与“从任何地方观察”没有差异，“主观诠释”（诠释社会学）与“客观解释”（客观主义社会学）之间也没有差异。因此，所谓“主观”的解释并不受到主观限制，而客观的东西很多情况下不过是一堆陈词滥调。严格来讲，ANT更像是一种可以为研究者提供某种分析框架的理论视野，是一种方法论而非理论框架。拉图尔把科学理解为动词，科学活动是行动者网络，是行动中的科学，其中充满事件。科学是行动中、创制中的科学，用他自己的话说就是“描述的意义在于描述本身；绘画的意义在于绘画本身”。皮克林（Andrew Pickering）对 ANT 的概括可谓一语中的：“科学是人类力量与非人类力量（物质）共同作用的领域。在这一网络中，人的力量与非人的力量相互交织并共同进化。在 ANT 的图景中，人类力量与非人类力量对称存在、平分秋色。任何一方都是科学的内在构成，因此只能把它们放在一起考察。”

从科学研究领域推广到政治领域，可以看到拉图尔维持自然和社会之间平衡的努力，通过分析物建构的过程，拉图尔将科学带入政治，他的新唯物主义政治批评认为世界本质是集体的世界、“物的议会”，从而驳斥了西方将自然界（物质世界）划分在公共生活（人的生活）之外的旧政治体制。他继而指出，传统唯物论都是观念论，事实与价值之间的二分是虚假的，事实与价值、科学与政治在现实中相互渗透、相互界定。拉图尔使用“集体”一词将主体与客体，也就是人与非人包含在一个整体中，进而呼吁一种万物的民主、一种包含人类与非人类的集体政治模式，取代自然与社会二分的政治。

自 ANT 问世以来就遭到各种批评：如林奇（Lynch）批评 ANT 暗含万物有灵论；柯林斯与叶尔里（Collins&Yearly）认为 ANT 无法获得非人行动者知识，因而无法对其描述，只能借用科学家与工程师既有的科技知识，因此在 STS 与科学知识社会学（Sociology of Scientific Knowledge，SSK）的论争中，把“认识论的鸡”（意思是说其胆小怯懦）称号原物奉还给拉图尔；柯林斯尤其质疑非人本体论，认为 STS 政治策略的焦点在于个人与社会之间，而非人与物之间，只有人类学家，没有非人类学家；哈波斯（Harbers）更对此直言不讳——“所有非人的背后，最终被追究责任的还是人”。对于网络模式，批评多集中于其相同的联结机制如何产生不可通约的后果。对此，拉图尔自己也承认“指责这一理论是马基雅维利主义并非没有道理”，后期通过“存在模式”研究强调 ANT 中被漏掉的差异性。

尽管有学者认为拉图尔是“天真的实在论者”、非实在论者，ANT 最重要的意义在于否认主客二分之间的对立。通过将各种实体虚化，将实体之间的关系实化，拉图尔构建了由介于主体与客体之间的准主体、准客体和杂合体组成的行动者网络。罗蒂（Richard Rorty）认为拉图尔是“克服二元论问题最出色的哲学家”，拉图尔亦自称其物的理论是“哥白尼式反革命”，扭转了哲学的参照体系。拉图尔将实体唯物论改造为关系唯物论或者实践唯物论，打破传统哲学的先验进路，将 SSK 的社会建构论向前推进，从而开启了科学哲学的唯物论转向。因 ANT 影响，皮克林创立了自己的冲撞理论，并弥补了拉图尔的广义对称性；拉图尔对“非人”之物能动性的肯定则影响了新物质主义者本内特(Jane Bennett)等人。

（李楠）

形而上学(Metaphysics)

20世纪哲学的特点之一可以概括为“反形而上学”。无论是维也纳学派的逻辑实证主义，还是法兰克福学派的新马克思主义，无论是欧洲大陆的存在主义，还是当今的后现代主义，它们的共同特点就是反西方形而上学传统。按照海德格尔的讲法，整个西方哲学从柏拉图到尼采，就是一部形而上学的历史。反过来也可以说，形而上学就是西方哲学两千年传统的核心。塑造西方思想与其他文化的思想的差异之处正在于西方哲学是以形而上学为核心的，其他的文化是非哲学的文化，或者说是非形而上学的思想。当20世纪西方哲学试图克服西方哲学传统的危机之时，它正在探求各种“非形而上学思想”(海德格尔)、“后形而上学思想”(哈贝马斯)或“后哲学文化”(罗蒂)。

“形而上学”一词最早是由亚里士多德的吕克昂学园继承人安德罗尼科在编辑亚里士多德十四卷哲学著作时所用的名称，意思是编排在物理学著作之后。于是，这个本来用于编辑的术语“物理学之后”(Metaphysic)就成了亚里士多德的书名。中文将其译为“形而上学”，取自《易传》中“形而上者谓之道，形而下者谓之器”。

在《形而上学》第四卷中亚里士多德认为，形而上学研究的是“作为存在的存在”，考察万物的本原或原因。亚里士多德把这一研究称为“第一哲学”。对于亚里士多德来说，作为第一哲学的形而上学就是他的哲学研究的核心。到了中世纪，托马斯·阿奎那将亚里士多德的形而上学体系与奥古斯丁的神学体系结合起来，形成了规模宏大的形而上学体系。17世纪的西班牙经院哲学家苏亚雷斯最后将这个体系从概念到原理加以完善，形成了完整的形而上学体系。完整的形而上学体系包括四大部分：本体论部分是关于存在的理论，心理学是关于灵魂的理论，宇宙论是关于世界的理论以及神学是关于上帝的理论。形而上学是整个西方哲学极其结构化的知识体系。

康德是最早对整个西方形而上学的体系进行批判的现代哲学家，尤其是针对德国的莱布尼茨—吴尔夫的形而上学体系。康德将未经批判的形而上学称之为“教条主义”。然而，康德的努力并不是想以怀疑论彻底摧毁形而上学，相反，他试图在对纯粹理性的批判的基础之上重建“自然的形而上学”(《纯粹理性批判》)和“道德的形而上学”(《道德形而上学原理》)。由此也就不难理解,在康德之后,德国唯心论的三个哲学家费希特、黑格尔和谢林都将建构一个更庞大的形而上学体系视为己任。对西方形而上学体系真正进行摧毁性批判的是尼采。在尼采之后,没有人能再坚持形而上学体系的必要性了。

形而上学在20世纪的覆灭归因于两大哲学潮流,一个是逻辑实证主义以及整个英美分析哲学,另一个是存在主义以及历史主义的解释学。

传统的实证主义认为形而上学是无法为科学经验所证实的,与宗教信仰差不多是同一类的东西。而逻辑实证主义则从语言分析的角度入手去分析形而上学命题的无意义。维也纳学派从维特根斯坦那里获得灵感。维特根斯坦在《逻辑哲学论》中认为形而上学的根本错误在于企图“说不可言说的东西”,其结果是提出了一些无意义的问题和命题。维也纳学派的逻辑实证主义将形而上学的哲学命题统统视为不可证实的命题,甚至是也不能被经验检验或证伪的命题,它们只表达了某种情感,但却毫无意义。即使是实用主义的分析哲学也仅限于将形而上学视为一种“本体论的承诺”而已。英美的分析哲学运动整个都是拒斥形而上学的。

但是,逻辑实证主义的科学主义与他们所尊崇的维特根斯坦还是有很大差别的。维特根斯坦试图为思想划定一个界限,或者毋宁说,是为思想的语言表达划一个界限。可以言说的是经验世界,而对于不可说的东西我们必须保持沉默。无论是逻辑结构本身,还是伦理与美,无论是自我,还是神圣的东西,这些神秘之物都不能言说。但是,我们却可以显示它们的存在。保持沉默,在沉默中去显示和体验这些不可言说的事物,这就是维特根斯坦的思想。维特根斯坦只是认为传统形而上学总是企图去思考和言说不可说的神秘之物,结果只能是一些无法被证实的无真假无意义的言说。但是,他从未否认,形而上学的空间或维度并不存在,或者并不重要,相反,维特根斯坦认为它非常重要。这是维特根斯坦与逻辑实证主义截然不同之处。

与英美分析哲学运动拒斥形而上学的理由不同,海德格尔是从存在主义和历史主义的方向推进尼采的事业的。海德格尔的《存在与时间》一书一方面是要建立基础本体论,另一方面就是“解构形而上学的历史”。基础的本体论或“此在的形而上学”这一名称表明,海德格尔仍然试图为形而上学奠定新的基础,就像康德在《纯粹理性批判》中所作的努力一样。但是,海德格尔提出的解构形而上学的任务最终战胜了建立一个“此在的形而上学”的构想。而德里达的解构主义无疑是海德格尔的解构西方形而上学事业的最激进的推进者。

海德格尔在《形而上学的本体论—神学机制》(1957)中断定,西方形而上学的本质就是“本体论—神学”(onto-theology)。这一判断看起来是断言西方的形而上学就是希腊本体论和基督教神学两种文化或两种思维方式的统一,实际上,海德格尔却另有深意。尽管在传统的形而上学之中,时而是本体论作为第一科学,时而是神学作为第一科学,但是,人们一直没有看出来,形而上学的秘密就在于二者在深层上的统一。因为,形而上学研究所有的存在者,它要给整个世界一个根据或最终的原因,而这一根据或最终的原因又总被设定为一个最高的存在者即上帝。因此,思考存在者整体即世界的本体论和思考最高存在者即上帝的神学从来就不可分。从亚里士多德一直到黑格尔、尼采的形而上学,从本质上说就是一种本体论神学。德里达进而将整个西方的形而上学视为“始源学—目的论—末世论—本体论—神学”(onto-theo-archeo-telo- eschatology)。

海德格尔认为,柏拉图和亚里士多德以来,作为“无根据的游戏”和“本体论的差异”的“存在的真理”就已经被遗忘了。从此,形而上学就变成了对根据和原因的追求,一直到当代的技术时代都是如此。它最终将所有存在者都视为同质的和整体的,它们的根据在于一个其根据在自身之中的“自因”即上帝之中。正是基于这种机制,上帝必然要在形而上学之中成为最高的存在者,成为整个知识体系的奠基和完成者,成为所有存在者的根据。无论是第一因,还是自因,无论是实体,还是主体,无论是意志,还是最高价值……这些都是形而上学的本体论—神学机制的不同命名,其实质都是“逻各斯中心主义”。就此而言,海德格尔认为,尼采的权力意志的哲学所设定的权力意志仍是一种形而上学。海德格尔晚年追求一种既非本体论又非神学的思考方式,也就是一种非形而上学的思想。

然而,与后现代主义者颇为不同的是,海德格尔认为,不能简单地拒斥形而上学,或简单地宣布形而上学无意义或无用,因为技术时代就是整个西方形而上学的结果,它不因人们的拒斥而存在或消失。只有进入形而上学的深层基础之中,看到形而上学的界限,从非形而上学中给西方的形而上学的传统找到新的根基,才能克服西方形而上学及其技术时代的后果。海德格尔认为恰恰是西方形而上学的传统导致了现代技术统治地球的虚无主义的命运,因此,海德格尔对形而上学的批判不能被简单地视为一种鞭尸的行动,而应视为对西方现代性起源前所未有的深入的批判。海德格尔对形而上学的批判也是对西方历史命运的沉思,是对西方的新的开端的可能性的期待。形而上学并不会因为简单的拒斥和抨击而过去,相反它早已深深扎根于那些看起来宣称已与它决裂的日常语言、各种科学的和哲学的话语以及各种意识形态之中。只有对整个西方的形而上学进行彻底的清理，才能使人从根本上摆脱渗透于整个西方日常生活、政治生活以及各种生活领域中的形而上学思维和形而上学文化。这就是海德格尔批判形而上学的与众不同之处。

（张旭）

形式主义（Formalism）

西方关于形式的学说自古希腊罗马时代就已经出现，而有“形式主义”之名的则是20世纪以现代语言学为基础的形式观。它作为一股重要的文艺美学思潮，在20世纪形成了三次高潮：第一个10年的中期俄国形式主义的兴起，及其30、40年代在布拉格的中兴；20年代肇始于英国、30年代形成于美国，并于40、50年代占据美国文坛主导地位的新批评派；60年代法国结构主义，直到80年代走向衰落。

俄国形式主义主张从语言学角度研究作品本身，抛弃了以往从作者、社会历史和心理等外部角度入手的方法，使文学研究内转，给传统文艺观以毁灭性一击，实现了文学观念的革命性转折，开创了20世纪西方文艺理论的新篇章。它研究的两大重点是文学性和陌生化。文学性是文学的根本特性，是使文学成为文学的东西，它包括文学的语言、结构和形式，包括文学的手段和方法，但不包括文学的内容。文学性不在于形象思维，而在于语言。语言分为描述的语言和被描述的语言，而后者是文学语言的特点，它的功能是唤起人对语言的感受，而非认识。文学性还在于形式，文学的本质即在于形式，传统文论对内容与形式的二分，是导致文学工具论的根源。日尔蒙斯基指出，“如果说形式成分意味着审美成分，那么，艺术中的所有内容事实上也都成为形式的现象”。什克洛夫斯基则直截了当地宣称：“文学作品是纯形式，它不是物，不是材料，而是材料之比”，“艺术中的一切都是形式”。其形式是包含内容的全新形式，形式是发展变化的，而文学的发展演变也是形式自身发展的结果。“陌生化”是其研究的另一重点，也是最重要的程序。陌生化是一个过程，文学作品以非常规的用词打破人们的认识惯性，使人们像第一次看到它一样去感受它，从而将艺术品感受为艺术品。什克洛夫斯基说：“我们所指的有艺术性的作品，就其狭义而言，乃是指那些用特殊程序创造出来的作品，而这些程序的目的就是要使作品尽可能地被感受为艺术作品。”俄国形式主义对文学进行的语言学研究，为文学研究增添了许多新范畴和新方法，扩大了这一学科的解释范围，是对西方文论史的一大贡献。

新批评派以文学作品为本体，着重研究文学作品，注重作品的内在构成及其因素，将作品看作一个有机整体，以"细读"为批评方法，对作品进行仔细的阅读和评论，并在作品的结构、反讽、比喻、张力等方面显示文本的语义。这是一种"就文论文"式的"纯批评"，排除一切外在因素，如社会、作者、读者，且限定在一部作品的形式中，致力于建立作品本体论。在作品构成上，有兰色姆的"构架—肌质"说。诗的"构架"犹如房子的结构，诗的肌质犹如房子的装修，文学则是结构与外在美的统一体。在文艺作品的内在构成各因素的协调方面，新批评派文论家有瑞恰兹的中和诗和退特的张力论。中和诗提倡对立基础上的平衡，及其引起的多元审美反应。张力则是语义学意义上外延与内涵的协调，文学既要有明晰的概念意义，又要有丰富的联想意义。在语言学方面，新批评从语义方面入手，着重分析语言的"含混"、"张力"、"悖论"、"反讽"等。瑞恰慈语义研究的核心是"语境"，即上下文，它限定词的意义，揭示词的多义性。他区分科学语言与文学语言，一个是政治的、逻辑的，一个是情感的、联想的乃至虚构的，具有多义性和含混性。语言的含混带来的美感正是文学语言的特点。

新批评是对俄国形式主义形式语言观的进一步探索和扩大，它完成了从外在研究到内在研究的转折，西方形式派文论从俄国形式主义向结构主义的过渡形态。

1945年列维·斯特劳斯发表《语言学和人类学中的结构分析》，标志着法国结构主义思潮萌动的开始。法国结构主义主要是结构主义语言学与形式主义文学理论相结合的产物，其直接思想渊源可追溯到索绪尔与雅各布森的语言学观点，以及俄国形式主义与布拉格结构主义的文艺美学观。结构主义者运用"二项对立"的分析方法，对客体进行重构，强调整体模式研究，注意现象之间的关系，挖掘其深层模式。他们的研究领域从语言到非语言、从文本到非文本和整个社会生活。结构主义具有以下鲜明的特点：语言学的霸权地位，永恒存在的结构观，普遍适用的符号学。

列维·斯特劳斯和罗兰·巴特是结构主义的两个重要人物。斯特劳斯运用普洛普在《民间故事形态学》中的"功能与结构观"分析方法来指导自己的神话学研究，他分割情节要素，然后重组编排，以寻求意义的产生模式。在他看来，研究神话主要是揭示隐藏在神话表层结构之下的深层结构，从中可以找到对全人类的心理都普遍有效的思维构成原则。巴特则认为，写作是作家思考文学的一种方式，写作是独立自足的，绝不是交流的工具，也不是一条只有语言的意图性在其上来来去去的敞开大道。字词实际上充满了无限的可能，包含着过去和未来的一切意义。"零度写作"也就是中性写作，一种毫不动心的、纯洁的写作，去掉了语言的社会性。"作者之死"则奠基于互文性观念,互文性取消了作品的原创性,直接导致作者死亡。作者已死,读者得到了关注,“读者的诞生应以作者的死亡为代价来换取”,写作的意义在于读者对结构的多次编织和重构,意义产生的过程比意义本身更重要。

结构主义强调对文学史的内在结构和审美现象做深层的模式化研究,突出了人的行为和思想的“构成性”,但这个自在自为的结构排斥非结构的其他系统,忽视社会实践和人类历史发展与模式的内在联系,是一种反主体、反人道主义、反历史主义的思想观念。它既表现了对艺术创造作用的轻视和排斥,也显示出对语言学的泛化和滥用。

形式主义掀起了一场形式的轩然大波,对旧有观念产生了巨大冲击,突出了研究对象和方法中久被忽视的方面和角度。这种转向“形式结构”而排斥历史内容的研究,在 20 世纪 70 年代以来却不期而然地遭遇了“历史的铁门限”,在“历史文化转向”的批评潮流面前,渐渐退到了理论后台,但其观念方法同时也渗透到这个新批评潮流的毛孔和血脉之中了。

(张进)

性别(Sex, Gender)

性别概念是随着女性主义理论和酷儿(queer)理论的兴起和发展而日益受到关注的。汉语的“性别”,其实对应了两个不同的英文单词:“sex”和“gender”。这两个单词虽然都常常被直译为“性别”,但其内涵却各有偏重。“sex”是指一个人出生之后,从解剖学的角度来理解的男性或女性;“gender”则是在社会文化中形成的男女之间在形象塑造、角色期待和行为规范等方面的各种差异。由于“sex”注重的是两性区分的生理原因,而“gender”则强调的是社会文化原因,因此“sex”又常常被翻译为“生理性别”或“自然性别”,“gender”则被译为“社会性别”。

在“gender”未被引入性别理论之前,它只是一个生僻的语法词汇,指词的阴性阳性。此时,女性主义者还只是用“sex role”来指称社会对女性的规范。传统的性别观念认为男女两性的差异是由生理或自然因素决定的,这也就是性别的生物决定论。按照这种论点,女性“天生”就是柔弱的,顺从的,被动的,附属的,女性的活动空间应该局限在家庭之中,她的人生目的就是成为一个好的妻子和母亲,她毕生所受的教育就是为实现这个目标而努力;而男性则“天生”是坚强的,独立的,主动的,主导的,他活跃于社会文化的各个领域，除了儿子、丈夫、父亲这些血缘身份之外，他还可以拥有神甫、教师、工程师、军人等等社会身份。一个成功的男人应该积极参与公众事务，并在这种参与中获得财富、地位、旁人的尊重和自我发展的成就感。

但是，这些所谓“天生”的男性气质和女性气质，并非直接从生理事实中衍生而出，而是在社会和文化的制约中形成的。为了更好地说明两性差异形成的社会原因，1968年，美国心理分析学家斯托勒（Robert Stoller）出版了《生理性别与社会性别》（*Sex and Gender*）一书，首次用 sex 和 gender 对生理性别和社会性别进行区分。借助社会性别的观念，女性主义者进一步分析了社会文化机制是如何塑造了先在于个体的性别角色模型，并是如何通过家庭环境、学校教育、大众传媒、公众观念、族群认同反复“召唤”女性进入这个性别角色模型的。响应这种“召唤”的个体，一般会得到家庭、学校以及社会的认可及奖励，并被社会接纳而成为“正常”的一员；否则，则会因其“不正常”、“变态”而遭到嘲讽、打击、挤压和排斥，成为对立于社会的反面价值的代表。盖儿·鲁宾在 1975 年发表的《妇女交易：性“政治经济学”笔记》中指出：性/社会性别制度是把生物的性转化为人类活动的产品的一套组织。是家族的再生产构造了社会性别身份，或者也可以说，是妇女交易再生产了男性权力和构造了社会性别身份。在男性经济中，女性被教化成了供交易使用的女性产品，这个交易的目的就是将女人归入家庭去完成所谓的自然功能。这些研究，奠定了西方妇女学的理论基础，使人们认识到，社会性别制度作为建立在男女两性区隔上的社会组织结构，其作用和意义与人类社会的经济制度、政治制度一样重要，并同样需要深入研究。对社会性别问题的研究，除了能够使女性主义者加深对不合理的传统性别制度的认识之外，还为进一步的社会变革提供了可能：既然社会性别是一种社会建构而不是本质存在，那么为什么不能去消解掉这种不合理的社会性别制度，而建立一种更为公正合理的性别形态呢？

由此可以得知，社会性别其实就是借助生理性别差异而建立起来的一种社会权力关系。朱迪丝·巴特勒（Judith Butler）在她的重要著作《至关重要的身体：论对“性”的话语限定》（*Bodies that Matter: On The Discursive Limits of ‘Sex’*）和《性别烦扰：女性主义与身份的颠覆》（*Gender Trouble: Feminism and the Subversion of Identity*）中，就借助福柯的理论对社会性别问题中的权力关系做过精辟分析。她认为“gender”是一个强制性的规范理念，它不是一种静止的状态或实事，而是一个被严密控制的物质化过程：通过各种社会文化机制对性别规范进行反复强调和申述，在个体之上不断实现性别的物质化呈现。也就是说，社会性别具有一种表演性：它召唤个体按照它所要求的强制性规范表现自己的性别特质。就这种意义上来说，纯粹的生理性别是不存在的，因为我们能够看到的总是被社会化了之后的性别。然而，尽管将社会性别和生理性别截然区分开来是困难的，但是在概念上做出界定还是有必要的。社会性别的概念能够清楚地表明，关于性别的成见和对性别差异的社会认识，绝不是自然的。作为一种社会构成，它可以被改变甚至被消除。

性别问题的提出虽然和女权运动有直接的关联性，但是并不只是在面临女性问题的时候才会产生意义。与妇女研究和女性主义理论不同，它不仅研究女性问题本身，还把男性问题和两性关系，尤其是其中的差异性和不平等现象，纳入研究视野。比如酷儿理论也是性别研究所关注的一个重要问题。“queer”原来是西方主流文化对同性恋者的贬意称呼，有“怪异”的意味，后来被性的激进派用来概括他们的理论，其中含有反讽之意。酷儿理论运用社会性别理论表达男同性恋、女同性恋、双性恋和其他不可归类的非常态性向选择的文化和政治立场，反对将性别角色和性别分工本质化。传统的性别生物决定论将性别角色本质化，认为性别是一种“自然”存在，任何逾越的行为和表现都是不正常的，应该受到排斥和惩罚。这种性别“本质”和西方社会的异性恋禁令有着割舍不断的联系，也就是说，生理性别所认为的最“自然”的性别状态，就是在异性恋当中形成的性别角色和性别分工。这种认识不仅限制了男女两性在性别气质上的发展变化，同时也成为歧视、排斥甚至动用暴力清除同性恋、易装癖和变性者的理论依据。而按照社会性别理论，性别是由性别权力机制建构而来的，并不是一种本质的存在。因此从这种意义上来讲，没有人是“天生”的女人或者男人，也没有人是标准的同性恋者或者异性恋者。每个人都是易性者，每个人都有异性恋或者同性恋的潜能。按照这种思路，如果要达到自由解放，就要取消同性恋和异性恋的区别，承认每个人的双性恋潜能。这样传统性别身份的暧昧、模糊和不连贯性就昭然若揭，从而不再有力量对个体的性别和性向选择进行强制和规范。

目前，社会性别研究已经成为人文社会科学领域中的一个重要范畴，并跨越学科边界，向交叉学科发展。在欧洲和美国，社会性别研究在大学学科建设、学术研究、国际交流和组织发展方面都有一定建树。联合国的各种文件也多次提倡将社会性别纳入决策，在联合国的各种统计中，社会性别统计已成为重要的决策指标。

（徐艳蕊）

性别表演(Gender Performance)

性别表演是美国当代著名的酷儿理论家朱迪斯·巴特勒提出的一个在性别研究领域具有重要意义的命题。在1990和1993年,巴特勒相继发表了两本堪称性别研究经典的理论著作:《性别烦扰:女性主义与身份的颠覆》及其续篇《至关重要的身体:论对"性"的话语限定》。此二著一出,即奠定了巴特勒在酷儿理论研究中的核心地位。巴特勒称自己的工作是"性别本体论的批判性系谱学",即揭示性别的建构性质及其机制,指出主体的性别身份——无论是生理性别还是社会性别——并不是制度、话语、实践的原因,而是它们的结果,也就是说,不是主体创造了制度、话语、实践,而是它们通过决定主体的生理性别、社会性别和性欲倾向而创造了主体。因此,主体的性别身份不是既定的和固定不变的,而是不确定和不稳定的,用她的话来说,是表演性的。性别乃至一切身份都是表演性的,这无疑是巴特勒理论中最核心的观念。然而,不同寻常的是,"表演性"(performativity)这一在巴特勒的理论中如此关键的概念,她却并没有加以明确界定,而是让其处在意义的模糊地带,使其保持开放的语义张力,在不同的语境中进行语义的"表演"。于是,在巴特勒的著作中,"表演性"这一概念至少是在两个界线模糊的"舞台"上进行"表演"。一个似乎是通常意义的"戏剧舞台",所谓"性别表演"就是"我"在扮演或模仿某种性别,通过这种不断重复的扮演或模仿,"我"把自己构建为一个具有这一性别的主体。这显然是对波伏娃的著名洞见——"一个人不是天生为女人,而毋宁说是变成女人的"——的重写。可见,巴特勒亦像波伏娃那样认为,性别不是固定的形式,而是一个无始无终的过程,所以,它不是我们所"是",而是我们所"做"的东西。不过,正如巴特勒指出的,对波伏娃来说,性别是"建构的",但在她的表述中却隐含着一个行动者、一个"我思",这个行动者以某种方式具有那种性别。这样,建构变成了一种选择的形式。那么,与波伏娃的存在主义式观点不同的是,巴特勒否认在性别身份背后有一个自由选择的意志主体,决定着性别是什么。在她看来,并不存在先于性别表演的"我",因为那个"我"是不断重复的产物,也就是说,那个"我"仅仅是通过某种对自身的重复而获得的身份的外表,因此,"我"总是要不断地被维持这种重复本身的实践所取代。这就意味着,主体是一个表演性的建构,是通过反复重复的表演行为建构起来的"过程中的主体"。为避免误解,巴特勒有时将"表演性"(performativity)与“表演”(performance)区分开来,表演总是预设了一个表演者,一个作为行动者的主体,而表演性则没有。这样,“表演性”就是一个“表演”的悖论,表演先在于表演者,表演者只是表演产生的效果。经由这个悖论,巴特勒的“表演性”概念过渡到由语言学和哲学搭建的“话语舞台”。在这里,不仅主体的社会性别,甚至生理性别(身体),亦是话语的表演性建构的产物。在这里,“表演性”具有不同的面目:阿尔都塞的“询唤”、福柯的“建构”、奥斯汀的“行事”、德里达的“引用”。

从福柯的观点来看,身体的表演性表现为话语对身体的建构。福柯在《性史》中认为,性或身体并不是一个生物学事实,而是权力话语实践建构的产物,这样一种“建构主义”的立场无疑是巴特勒的“性别表演”论的基础。通过引用阿尔都塞的意识形态论,巴特勒进而指出,话语对性别(sex /gender)的建构是通过“询唤”(interpellation)达成的。她写道:“考虑一下医学询唤的情形,这种询唤(尽管最近出现了超声波扫描)把一个婴儿从‘它’转变为‘她’或‘他’。在此命名中,通过对性别的询唤,女孩被‘女孩化’(girled),被带入语言和亲属关系的领域。但这种对女孩的‘女孩化’却不会就此完结;相反,这一基本的询唤被不同的权威反复重复,并不时地强化或质疑这种自然化的结果。命名既是设立界线,也是对规范的反复灌输。”也就是说,无论是在出生之前通过超声波检查,还是在出生之时,婴儿的性征(sex)一旦被宣布——“这是一个女孩/男孩”——对性别的询唤就发生了。婴儿成为一个性别的主体。巴特勒当然是在阿尔都塞的意义上使用“询唤”这一概念的,用以描述主体获得的位置或身份是通过某种“召唤”的行动而被赋予的。阿尔都塞在《意识形态和意识形态国家机器》一文中指出,“询唤”乃是意识形态“表演”或“起作用”的方式,即通过某个权威人物,把个体“召唤”进其社会或意识形态的位置,也就是说,把个体“转换”成为主体。为说明这一点,阿尔都塞举出警察在大街上向某个人喊“喂,你别动!”的例子。通过呼喊,警察把那个人询唤为一个主体,而通过转身,那个人接受了他的如此位置。阿尔都塞写道:“仅仅通过这一百八十度的转身,他成为了一个主体。为什么呢?因为他认识到那召唤‘确实’是对他发出的,‘被召唤的确实是他’(而不是别人)……意识形态的存在和把个体召唤或询唤为主体是一致的,而且就是一回事。”警察在大街上把某个人询唤为主体,就像医生或护士在产房里宣布婴儿为女孩/男孩。因此,在巴特勒看来,性别是询唤的结果。也就是说,当医生或护士宣布“这是女孩/男孩”时,他们不仅是在报道他们所看到的情况,他们实际上是在赋予一个身体某种性别,而这种性别在话语之外是不可能存在的。换言之,“这是一个女孩/男孩”这一陈述是表演性的,它不是一种对事实的陈述,而是一种询唤,正是这一询唤开始了主体的性别化过程。这样,波伏娃的那句名言就可以改为“一个人不是天生为女人，而毋宁说是被叫作女人的”。

无论是福柯式的权力话语对“性”的“建构”，还是阿尔都塞式的意识形态对“性”的“询唤”，在巴特勒看来，都与J.L.奥斯汀所论述的语言的“表演性”或“行事性”（performativity）有关。可以说，奥斯汀讨论“如何以言行事”的言语行为理论，为巴特勒的“表演性”概念提供了语言学基础。根据巴特勒的观点，行事性言语是这样一种话语实践，它“展现或创造它所命名的东西”。因此，宣布“这是一个女孩”就不是一种中性的描述行为，而是一种把婴儿询唤为“女孩”的表演性/行事性陈述。从此，这一句话就会迫使“女孩”去“引用”性和性别规范，以便在那个“召唤”她的异性恋范型（matrix）中成为合格的主体。巴特勒说：“‘这是一个女孩’这一最初的行事性陈述，预期了‘我宣布你们为夫妻’这一认可的最终来临。”

不过，在巴特勒看来，言语行为理论的行事性言语——例如《圣经》中的例子：“要有光！”——似乎表明，正是通过某个主体的权力或其意志，一种现象被命名而成为存在。但巴特勒援引德里达指出，这种权力并不是某种起源意志的功能，而总是衍生的，是对规范、权威的“引用”。于是，从德里达那里，巴特勒引用了“引用性”（citationality）这一概念，用以扩展“表演性”的语义张力。她甚至声称，通过“引用性”来重新思考“表演性”，对于一种激进民主理论是极其有益的。因为“引用性”瓦解了一切权威起源的神话。如果说“表演性”还会给人造成是对某个原型的模仿的误解，那么“引用性”总是处在一条引用链中，没有起源，也没有终结。

从“表演性”到“引用性”，或者把“表演性”看作“引用性”，巴特勒似乎更强化了她的“性别表演”论的颠覆潜力。在她看来，性别身份的建立总是一个对性别规范的引用、失败、再引用的循环往复的过程，这样，不仅主体不可能建立起任何稳固的性别身份，就连性别规范本身也在以种种方式进行的、反复不断的“引用”——“再引用”中松动、瓦解而丧失统治的效力。因此，巴特勒强调，“引用”应该成为酷儿政治的基本的颠覆性策略。“引用”不是试图从权力话语的外部反对它，取消它（这种在权力外部的抵抗已被福柯证明为不可能），而是尝试潜入权力话语的内部，在各个层面侵蚀它，改变它。这也许就是在“后革命”时代，抵抗政治所能采取的唯一有效的运作形式。

（严泽胜）

性政治(Sexual Politics)

“性政治”一词因美国女性主义者凯特·米利特的同名代表作《性政治》而广为人知。由于该书的出版适逢美国历史上第二次妇女解放运动,一时炙手可热,颇有争议。如果说贝蒂·弗里丹1963年出版的《女性的奥秘》中所探讨的问题还没有名字的话,那么米利特为这个问题找到了名字:性政治。如今《性政治》一书虽已成历史,其中的观点也已为公众所熟悉,但在当时却有振聋发聩的效应。米利特也因此被认为是个革命者,是妇女解放运动的领头人物。而她的著作则成为女性主义的经典文献。

在《性政治》一书中,米利特以人类学、社会学、经济学和历史等学科知识为后盾,探讨文学作品中性政治和性权力的含义,说明性政治是西方文学和父权制社会的普遍现象,性是权力话语的体现。米利特首先剖析著名的男性作家,如亨利·米勒(Henry Miller)、诺曼·梅勒(Norman Mailer)、D.H.劳伦斯和让·热内(Jean Genet)等人作品中性政治的积淀痕迹,试图说明文学是社会意识形态的反映,作家对两性关系的认识同父权制主导思想有不可割裂的关系。第二章是《性政治》一书的精华所在。米利特发问“两性关系究竟能不能从政治角度来看”,提出政治与性密切相关,在非传统意义上定义和探讨一种两性间权力关系的政治理论是势在必行的:“正因为特定的群体在许多公认的政治机构中没有代言人,他们的地位才如此固定,他们受的压迫才如此恒久。”在探讨政治和性两词在书中的使用范畴时,米利特指出,政治是制度性建构,即“权力构成的关系和安排,凭此一方处于另一方统治之下”,性是“带有政治含义表地位属性的字”。米利特将自己的分析称为“父权制理论笔记”,一针见血地说:“不论现在看上去多么沉寂,性统治却可能是我们这个文化中最具有渗透力的意识形态,是最基本的权力概念。”米利特将性政治定义为男性与女性一直处于统治和服从的状态。在父权制社会,生理意义上的男女差别其实是受政治制约的,男性和女性被贴上了不同的性别特征标签,女性往往同被动、无知和顺从等贬义词语相联系,在社会中处于次要地位。米利特指出,女性之所以是二等公民,是有深刻的历史和文化根源的。父权制下社会化的固有意识形态过于强调男女生理差别,与阶级、教育和经济等因素共同为性政治推波助澜,于是形成性关系中权力极端不对等的状态。米利特认为,性政治是妇女解放的理论基础,而性政治的基础是厌女症。因为厌女症长期大行其道,所以不仅女性作为个人受压迫，而且社会制度倾向于压迫女性。米利特批评整个社会对性政治的破坏性视而不见。针对这一现实，米利特坚决批判父权制、一夫一妻制和浪漫之爱，提倡进行性革命，终结父权制的统治和压迫。

不论是在美国第二次妇女解放运动中，还是在女性主义理论发展过程中，米利特的观点都很有代表性。20 世纪 60 年代美国的妇女解放运动孕育了三个关注点，即女性作为有共同兴趣的社会群体，同男性有别的女性主体的实现和以女性为主导的政治之可能性。性政治一词迅速得到接受和认可，是因为它归纳综合了上述观点，在一定程度上统一了女性主义者的看法，明确了女性是受男性统治和压制的社会群体这一认识。与此同时，性政治一词试图说明女性仍无权把控生育，将政治这一概念引到人们熟悉的最亲密的关系上来，使它成为 60 年代的流行口号——“个人的就是政治的”的一个有力例证。就米利特的观点对妇女解放运动和女性主义理论发展的影响来看，虽然当时的女性主义者们对以上两方面侧重点有别，多倾向于在女性作为社会群体和政治关注目标的研究上花工夫，但是毋庸置疑，同女性身体及其性需要相关的问题的研究依然是当代女性主义者的关注所在。受米利特启发，激进的女性主义者反对任何针对女性的暴力，如强奸、殴打和色情等。女性主义的不同群体，如同性恋女性主义者等在有关施虐和受虐的研究中所揭示的权力在性中的体现，又拓展了性政治一词的含义。

米利特对性政治的看法同后来福柯提出的权力话语理论有密切联系。米利特认为性政治支持父权制将个人生活政治化，权力关系不仅体现在公共生活，而且体现在个人生活中。这同福柯对权力结构产生方式的分析和特定的文化和意识形态如何通过规范女性的身体来达到压抑女性的目的的说明走的是同一条路，不同的是两人的切入角度。米利特从文学作品入手，将文学作品反映的内容视为社会主导意识沉淀的结果。福柯综合了他对话语、权力和性相互关系的思索，这从某种程度上拓宽了 1970 年以后至今的女性主义理论发展视域。在《性史》一书中，福柯认为，不存在自然状态的性和身体，性是一种历史建构，是由当时社会的性话语所塑造的，而不同历史阶段的性话语又同当时纷繁复杂的权力关系有着千丝万缕的联系，“权力严重依赖性来证明和增强自己，而且剥削它”。“性不是权力关系中最难处理的，却是被赋予了最强的工具性的。”

参照米利特的观点，看女性主义思想的发展轨迹，性政治一词含义的变化是显而易见的。米利特在使用性这一概念时所指涉的内容虽然无意排斥种族、阶层和阶级，但《性政治》一书还是侧重于异性恋关系中的性，即当时妇女解放运动中主导的呼声所定义的性。后来米利特受到女性阵营的攻击，没能在美国第二次妇女解放运动中如贝蒂·弗里丹一样在浪潮的前沿呐喊并受拥戴，同她公开了自己的双性恋身份有关。虽然1970年之后美国妇女大会将女同性恋群体也纳入了妇女解放运动议程，但是当时公众对性的理解相对比较狭窄。

自20世纪70年代以来，有关男女差别与权力关系和政治的讨论已为性政治添加了新的内容。现在“性”一词不仅涵盖异性间，而且还表示女性间、男性间、双性恋者间和变性者所理解的性。同它相对应的是社会性别概念的变化，如不同身份交叉状态下的社会性别，不同文化建构社会性别理论，社会性别的分布与公共和私人领域中工作的定义等。随着社会日益多元化，性政治同阶级、民族或族裔等的联系日益密切，不同的女性主义者的认识也有差别。黑人女性主义者所理解的性政治脱离不了阶级和民族，因为三者密不可分。举白人男性对黑人女性的强奸史为例，三种压迫是同时体验的。亚裔女性主义者也是一支独立的队伍，引入的是族裔加女性的视角。第三世界女性主义者关心的是同发达国家白人女性相区别的后殖民状态中的女性的问题。与此同时，性政治现状同社会问题密切联系在一起，如妓女、色情、家庭性暴力和艾滋病等。

在日益复杂的语境下，性政治的内涵不仅变广了，而且同其他的因素相互交叉，涉及的层面由单一走向多元。“性政治”一词无可避免地成了不同理论、不同派别、不同群体争相定义的术语，性政治议程也因此改变。性政治成了杰弗瑞·威克斯(Jeffrey Weeks)所说的“在更大空间内衡量个人与社会对文化变化焦虑程度的气压计”。

（单雪梅）

叙事学(Narratology)

叙事学是托多罗夫(T.Todorov)在1969年正式提出并加以论述的概念，指“关于叙事结构的理论”。法文“叙事学”由拉丁文词根narrato(叙述)加上希腊文词尾logie(科学)而构成，《大拉霍斯法语词典》解释为“关于文学作品结构的科学研究”，新版《罗伯特法语词典》则定义为“关于叙事作品、叙述、叙述结构以及叙述性的理论”。两种定义颇有出入，但都重视对文本叙述结构的研究。可以简单地说，叙述学就是关于叙述文本的理论，它着重对叙事文本作技术分析。

柏拉图关于模仿(mimesis)/叙事(diegesis)的著名二分说可以看成是西方讨论叙事问题的发端。李斯特(Thomas Lister)1832年就利用“叙述视点”来分析小说作品，同时期的洛克哈特(John Gibson Lockhart)更是用这一术语来探讨作者与自己的作品保持恰当距离的问题。后来经过詹姆斯、福斯特和马克·肖尔(M.Schorer)等人的讨论发挥,叙述视点成为小说批评(包括叙事学)最重要的术语之一。

托多罗夫综合各家论述提出了作为一门特定学问的"叙事学",并借用语言学中的关键术语,对最小叙事单元、序列和文本进行了描述。他认为,叙事中的最小单位是一些基本命题,可以是表示行动元的命题,如:"X是国王",也可以是表示动作的命题,如"X娶了Y"。五个命题构成一个序列:表示初始平衡的命题——表示外力侵入的命题——表示失去平衡的命题——表示恢复平衡力量的命题——表示新平衡的命题。而序列按照嵌入、接续、交替等方式结合起来就构成了完整的叙事文本。

法国人类学家列维-斯特劳斯对神话进行研究之后发现,在浩如烟海的神话底下隐藏着某些永恒的普遍结构,任何特定的神话都可以被浓缩成这些结构,这就是叙事中所谓的"深层结构",其中的变项是一些普遍的文化对立(如生/死、天堂/尘世等)和处于这些对立项之间的象征符号。在不同的文化中,这些深层结构将演变出具有不同价值的表层结构。

俄国形式主义者普罗普依据对俄罗斯民间故事的研究,对事件的功能进行了明确分类,同时提出了与这些功能相对应的人物类型。格雷马斯继承并发展了普罗普的分析模式。他将后者对民间故事的分析方法扩展到所有叙事,提出与行动相关的三对共六种"行动元"概念,即主体和客体、发送者和接收者、帮助者和阻挠者。同时他又压缩了普罗普提出的功能种类,将它们归入三种序列结构:契约型、完成型和离合型。当然,并非所有叙事学者都认同上面的分析模式,比如布雷蒙(Bremond)认为格雷马斯关于叙事序列的分析不能囊括所有叙事现象。他在肯定普罗普的功能分析的基础上,提出叙事的基本序列由下列三个功能组合而成:表示可能发生变化的功能、表示是否实施这种变化的功能、表示变化是否实现的功能。由这三个功能组成的基本序列互相结合产生复合序列,布雷蒙列举了"首尾接续式"、"中间包含式"和"左右并连式"等几种常见类型。

罗兰·巴特区分了"核心"和"催化"两种功能,核心功能以其依据的行为为故事"打开或结束一个未定局面",而催化功能表示的行为则只起连接作用。苏珊·兰瑟(Susan Lanser)将声音作为"意识形态的表达形式",探讨叙述声音和女性作家写作的关系。詹姆斯·费伦(James Phelan)则将声音看成是叙事"为达到特殊效果而采取的(修辞)手段",探讨声音在叙事交流中所起的作用。

语式用来描述叙事信息调节,热奈特区分了两种调节方式,即距离控制(叙事信息数量控制)和投影控制(叙事角度控制)。这里的关键术语是聚焦者,指充当叙事视角的眼光。叙事可以采取叙述者聚焦(如全知型三人称叙事),也可以采取人物聚焦(如第一人称叙事或第三人称有限视角叙事),而多数叙事都混合采用两种聚焦方式。

在最近的二十多年里,叙事学从内容到形式都发生了巨大的转折,使其走出了经典形态,而进入当代形态的"后经典叙事学"。美国叙事学者杰恩(M.Jahn)评价道,今天的叙事学"是'叙事学+X'的研究模式",无论"X"是女性主义还是性别研究,是文化研究还是后殖民研究,"都很有研究价值"。在《后现代叙事理论》(1998)一书中,马克·柯里指出,当代叙事学"转折"的特点是"从发现到创造,从一致性到复杂性,从诗学到政治学"。他给雅克·德里达、保罗·德曼、J.希利斯·米勒等都贴上"新叙事学"或"后结构主义叙事学"的标签,认为将后结构主义批评理论视为一种新叙事学是对叙事学的拯救,说明叙事学并未死亡,而是进入"后经典"阶段。

后经典叙事学使叙事学在西方得以真正复兴,依据其研究目的可以将后经典叙事学分为两大类。一类旨在探讨(不同体裁的)叙事作品的共有特征,与经典叙事学相比,这类后经典叙事学的着眼点发生了五个方面的转移:一、从作品本身转到了读者的阐释过程。二、从符合规约的文学现象转向偏离规约的文学现象,或从文学叙事转向文学之外的叙事。三、在探讨结构规律时采用一些新的分析工具来描述不同体裁的叙事作品的结构特征。四、从共时叙事结构转向了历时叙事结构,关注社会历史语境如何影响或导致叙事结构的发展。五、从关注形式结构转为关注形式结构与意识形态的关联。

另一类后经典叙事学家以阐释具体作品的意义为主要目的,其特点是承认叙事结构的稳定性和叙事规约的有效性,采用经典叙事学的模式和概念来分析作品(有时结合分析加以修正和补充),同时注重读者和社会历史语境,强调跨学科研究,有意识地从其他派别吸取有益的理论概念、批评视角和分析模式,以求扩展研究范畴,克服自身的局限性。

可见,后经典叙事学与经典叙事学,两者在叙事学内部构成一种互动共存关系。在解构主义风行、怀疑论盛行之时,有的叙事学家给"事实"、"证据"、"现实"、"结构"等统统打上了引号。里蒙—凯南在《叙事虚构作品:当代诗学》2002 年第二版中说:"现在我认为,这些引号其实可能具有双重意义,既象征怀疑,又象征一种愿望,想在某种程度上保留这些遭到破坏的概念。"事实上,叙事学正是在怀疑与希望、破坏与保留的过程中,随着时代的发展而积极开拓研究领域,不断创新观念方法。

(张进)

Y

延异(Différance)

“延异”，是哲学家德里达为显示自己的思想风格而生造出来的一个符号。“延异”既不是一个词，也不是一个概念，这是德里达反复强调的一个观点。人们甚至还可以补充说，“延异”什么也“不是”，或者“延异”就是“一切”。如果要运用西方“逻各斯中心主义”确定的分类标准来框范“延异”，那么，它就立即逃避了所有词语和概念形成的囚笼，而隐迹于言语至上的语言体系之中。如果要追问这么一个符号有什么意义，在真实世界有没有对应物，那么，人们就立刻陷入一个既必须肯定回答又必须否定回答的“绝境”之中：就它负载着过度的意义而言，你必须肯定地回答；而就它根本就是以“语言反对语言”(诺里斯语)来说，它根本就没有现实对应物，你就必须否定地回答。

从字形上说，“延异”(différance)是“差异”(difference)的变形，将“差异”之中的一个字母“e”变成字母“a”。首先，这样的书写变形产生了一种暴力入侵的视觉效果，一个“a”横空而降，十分突兀地插在“差异”之中，如君主的利剑刺入罪犯的心脏，如金字塔将死亡意象笼罩在快乐的生活世界上。其次，这样的书写变形只能由视觉来把握，听觉根本捕捉不到“延异”与“差异”之间的区别，因为在法语之中 différance 和 difference 的发音是完全相同的。是故，différance 隐含着德里达解构的一个基本策略，那就是以文字符号来颠覆发音符号的特权，以沉默的书写来抵抗语音的统治。这就是“以语言反对语言”，以“文字”来消解“逻各斯”无所不在的霸权。第三，这个突入和穿越了“差异”的符号“a”，位于拼音语言字母表的开端，用这个字母来置换“差异”之中的字母“e”，就大有深意，即暗示“延异”就是起源，书写语言是发音语言的原型。不幸的是，在“逻各斯中心主义”这个充分言说的时代，沉默的文字以及有关文字的思考，都惨遭废黜，被置放到括号之中存而不论了。德里达用象征着起源的字母“a”来侵入“差异”，就表明要把文字的生命力从“逻各斯”的统治之中解放出来。最后，“延异”之中的字母“a”体现了一束具有方向感的力，这种力显示了“解构”的生产性和冲突性。

作为差异系统变形的产物,“延异”蕴含着差异游戏的无限生成运动,将一切静态结构的文本转化为动态生成的文本,从而决裂了自我接近和自我封闭的系统。作为差异游戏,“延异”之中又包含了一系列不可和解的矛盾和永无止境的冲突,它既不是“是”,也不是“不是”,既不在场也不缺席,既非言语也非文字,既不是感性也不是理性,而是超越于所有二元对立之上并颠覆了二元对立系统的差异之差异,差异之游戏。

“延异”既是对“差异”的变形,也是差异系统游戏的产物。“差异”深深地隐藏于同一系统内部,先于一切约定俗成的观念、先于一切结构整体而存在。因此,“差异”就是源始的踪迹,就是在“逻各斯中心主义”的威压之下化作沉默渊流的源始书写。“差异”以及哲学家对于差异的思考,贯穿了整个人类思想的历史。所谓历史,无非就是差异的呈现,或者通过差异来写出异端、写出歧义、写出独特性以及写出陌生的他人。“差异”书写“差异”,就是踪迹的游戏,就是“解构”,就是“延异”。德谟克利特让原子偏离轨道的运动,不仅是思想歧义的象征,而且还成为现代个体性意识的历史原型。《巴门尼德篇》之中雅典的异邦人把“多”引入“一”之中,从而引发了西方存在论历史上的第一次地震。这个异邦人,以及他所向往的“多”,就是“差异”,以及“差异的游戏”。普罗提诺《九章书》将差异的源始形式看作是“无形式的踪迹”,而在语言之中追寻这种差异的源始形式,就是语言对自身发动的战争。甚至在卢梭、狄尔泰以及胡塞尔的文本之中,也可以发现一些“不可还原的差异”的踪迹,显示出其理论基础无止境的“延异”。

但“延异”之中的“差异”更接近于拉丁语源(differre)。拉丁语之中的“差异”包含两个意思,一是观点的分歧,意见的争论;二是空间之物彼此分隔以显示区别。德里达在铸造“延异”时,更多地接纳和消融了黑格尔、尼采、弗洛伊德、海德格尔和列维纳斯的思想。黑格尔在耶拿《逻辑学》之中提出了“某种绝对不同于简单性的关系”的“差异”关系,德里达将这种关系发展为一种冲突性、生产性和决裂性的关系,让“差异”激进化,决裂黑格尔辩证法的“扬弃”,成为一种拒绝和解的断裂运动。尼采的权力意志之中包含着一种酒神一般迷醉的爆破力量,一种可以转换成隐喻、象征和梦想的力量,一种将真理和意义化为幻象的力量,它们形成一束“差异”,动摇了以“逻各斯”为根据的存在—神学的历史。弗洛伊德的神经科学纲领和无意识心理学为德里达出示了一幅心灵书写的画面,那就是“差异的踪迹”及其游戏抹杀了自我在场的确定性,从而富有成效地解构了“逻各斯中心主义”,演示了文字的文学生成。海德格尔提醒人们不要忘记“存在之意义”的方式,是刻意地描述“存在”与“存在物”之间的差异,但德里达以为,海德格尔在把存在规定为“在场”的时刻,又淹没了他自己开启的“差异”,可悲地成为他立意要颠覆的传统哲学的猎物。德里达将眼光转向策划了古典存在论决裂的列维纳斯,从他的“绝对相异性”之中解读出被言语压制在完整的连续性之中的绝对过去,及其不可还原的差异形式。将“差异”的种种面相以及复杂的力量网织起来,就铸造了“延异”,这是一种比一切存在论、一切形而上学和一切神学都古老的源始书写形式。

作为源始书写形式,“延异”是一种在空间之中产生间隔(spacing)的力量,一种产生界限同时又不断地逾越界限的动作。空间化区分了内与外,差异的游戏从系统之内产生了源始的文字,然后又把源始文字作为绝对的外在性置于系统之外。用德里达的话来说:“延异是众多差异、众多差异的众多踪迹的系统游戏,以及使众多要素彼此相关的分隔运动。”用最简单的方式表述:“延异就是差异的分隔运动,以及作为差异的分隔运动。”不断产生分隔,不断产生差异,就是不断地确立界限又不断地逾越界限,由此导致无限地越界,无限地接近他者和倾听他者的语言。“延异”总是在超越“大写圣书”和“唯一语言”,总是在破除百科全书的痴妄,诗歌绝对自律的迷妄,以及绝对自我的僭妄。“书写之当下的延异,是书与书之间的距离”,因此“延异”就是空无。

作为源始书写形式,“延异”总是发生在时间之中。包含在其中的这层时间性含义,是由“延宕”(temporarization)来表示的。延宕是时间之中的拖延,耽搁,是产生空间间隔的运动之同时发生的时间化运动。这个“延宕”是拉丁语的“差异”一词的特殊意义,表示当下“在场”的虚幻性,而指向一个不可呈现的过去或者一个不可预料的未来,总之是指向一种不可还原的绝对差异。延宕构成了“延异”的时间化向度,将在场和缺席、呈现与消失之间的二元对立关系消解了。延宕造成“延异”的拖延效果,将意义的呈现推到了无限遥远的地平线之外。按照现代语言学,意义与声音、所指和能指、价值与媒介之间的关联是随意武断的关联,而词语只有在差异系统之中才生成意义。“延异”就是将差异游戏激进化,以泯灭所指和能指之间的界限,并推动指称活动以符号消灭事物,以能指置换所指,将媒介变成价值。以符号指称符号的无限运动,造成了生产文本意义的“指称链条”上所指的空缺,那个作为“先验所指”的终极意义就永远被延宕在中途,而不会直接呈现于当下在场之中。一切指称因此而永远不会功德圆满,存在—神学及其基础“在场形而上学”就在这种世界游戏之中被动摇了。这种情形就是雅毕斯(Edmond Jabès)在《问题之书》之中呈现的关于书写的灾难景象:作为“延异”,“问题之书”在延宕自己和书写自己,所有的字母都为缺席构型。这种情形也就是胡塞尔在《观念 I》之中所描述的德累斯顿画廊里的关于“声音与现象”之谜,“一个在我们面前发出声响的名字”(这一次不是“书”,而是“声音”),“令人想起德累斯顿的画廊”(这一次不是“字母”,而是“图画”):一幅画再现一个油画画廊,这个画廊又再现了另一些画，这些画使人看到了一些可以明白的含义。可是，这些含义被延宕在中途，永远没有出现于当下在场之中。

除了空间上的分隔、时间中的延宕之外，“延异”还有一层更复杂的意思，那就是弥漫于时间和空间的散播。“散播”（disseminations）是一个用“播撒种子”（seme）和“散播精子”（semen）两个词语做的文字游戏，同时还取用复数形式来显示它在运动之中的生产性和冲突性。人们已经在现代主义文学的词语挥霍、风格过度以及标新立异的追求之中熟悉了“散播”，说实在的它们就是用语词反对语词，以符号反对符号，从而在冲突之中拓展文本边界，以及产生多元意义的过程。“散播”就是“延异”，意味空无而且不可以定义。它们所呈现的是分裂的形式和差异的力量破除语义学视界的状态，一种决裂一元论书写方式和阅读方式的实验，一种中断直线时间和历史逻辑的解构姿态。德里达认为，“散播”生产多元意义或者多元主义，这无论如何都是一种进步。“散播”表明，文本内在的差异力量不能还原为简单的本源，也不能归结为一种终端的在场，同时还不可确立一个稳固的中心。“散播”之中的字母“s”，似乎应该大写，它表明“唯一语言”的梦想应该醒觉，“逻各斯”的统治应该终结，意义总是在延宕之中产生差异，总是在规避逻辑的宰制。“散播”是文本与文本之间的复杂连接，是文本生殖力的解放，以及多元性在文本网络之中的弥漫。“散播”，就是“延异”在文本层面上实现的“踪迹游戏”，文本就如同无底的棋盘，意义被置于多元意义弥漫的深渊。

德里达认为，“延异”比存在论、辩证法和形而上学更加古老，但是在“逻各斯中心主义”的统治下、在充分在场和充分言说的时代被窒息了。如果说，德里达呼应了后现代的声音，张扬了意义多元主义，那么，这种后现代的确就是被重述的后现代，是对前现代、甚至是前古典的重访。一方面，无止境地决裂权威强加的“唯一词语”就意味着要把一切意见提交给“歧异”（利奥塔语）的法庭，在彼此冲突之中接近真理；另一方面，“延异”是一种朝向世界的欲望和活力，给迷茫之中没有方向感的人以“世界感”，或者“世界意义”（南希语）。总之，“延异”是一种需要颠覆和转换视角才能得以理解的哲学承诺。

（胡继华）

言语行为理论（Speech Acts Theory）

1955 年，英国哲学家奥斯汀在美国哈佛大学作了一个系列讲座，讲稿于 1962 年结集出版，书名叫《如何以言行事》(*How Do Things with Words*)。按照传统的语言观，语言和行为是两码事儿，或者说，语言是一种思维工具，仅仅用来表达思想，表达抽象的意义。20世纪初，逻辑实证主义哲学家们开始讨论语言表达的意义和有效性问题，认为一项陈述是否有意义，可以通过验证其所陈述或说明的内容的真假而得到判断，凡不能证明其真假的陈述都是"伪陈述"，是无意义的陈述。例如，"今年的第一场雪比去年的要来得早一些"，这是对事实或状态所作的陈述，它的真假可以被质疑和验证，但是无论验证的结果是真是假，这是一项有意义的陈述。依此逻辑，"我想去北方去看雪"这句话的真假无从验证，因而就是无意义的。但是我们知道，"我想去北方去看雪"在实际语言交流中并无什么不妥，这句话并非无意义的陈述，它表达的是一种愿望意义。奥斯汀就是抓住这一点，对逻辑实证主义的语言观提出异议。他认为，人说出话语不仅是提供描述事实和状态的信息，而且还在完成某些其他的行为。语言使用既是一个组词造句过程，也是一种做事行为，通俗点讲，即"言可行事"或"说话即做事"。

奥斯汀把言语行为分成三个层面。一、以言表意(locutionary acts)：语句总要说出些什么或表达些什么，描述某个事实或陈述某种意愿，等等。这个层面研究的是具有意义的语言单位或概念，研究一般所说的字面含义。二、以言行事(illocutionary acts)：语句在表达出字面含义的同时，在发出一串有意义的词语的同时，也完成了各种行为，譬如承诺、期待、赞同、致谢、道歉、反对、放弃、拒绝、发誓、命名、判处，等等。也就是说，人们在说出些什么的同时，也是在做着些什么。三、以言取效(perlocutionary acts)：无论陈述事实，描述状态，发出指令，还是表达意愿，言语总是会对说话人和听话人的思想、感情、态度和行为产生这样那样的影响和后果，言语行为见到了效果，譬如让听话人高兴或使他生气，或者让听话人做某事。

应该强调的是，三个"层面"的意思不是说它们是三种不同的语句类型，而是说它们是同一语句或同一言语行为的三个层面，就像一个多棱体的各个侧面；或者更确切地说，它们只是用于分析的一种概念性区分，而在实际语言交际中是糅合在一起的。例如，"列车正在进站"。按照汉语语法，词组成句，并用正确的语调说出来，描述了列车现在的状态或陈述了关于列车的一个事实，是"以言表意"。说出这句话的意图可能是提醒或督促听话人做好下车准备，这是"以言行事"。听话人离开座位，或拿起行李，开始准备下车，便是这句话产生的效果，是"以言取效"。也可以说，"以言表意"说的是一个语句的字面含义，"以言行事"类似真正用意或言外之意，"以言取效"指的是言后反应。

奥斯汀的语言理论引发了后来学者的更为深入系统的研究，卓著者有J.塞尔(John Searle)、P.格赖斯(H.P.Grice)、齐肖姆(R. Chisholm)和万德勒(Zeno Vendler)等人，其中影响最大者是当代美国哲学家塞尔。塞尔曾经留学英国牛津大学，是奥斯汀的学生，20世纪50年代末回美国任教。他于1969出版的《言语行为》(*Speech Acts: An Essay in the Philosophy of Language*)，1979年出版的《语词和意义：言语行为理论研究》(*Expression and Meaning: Studies in the Theory of Speech Acts*)和1982年出版的《意向性》(*Intentionality: An Essay in the Philosophy of Mind*)，都是言语行为理论的代表著作。塞尔引入意向性概念，指出言语行为在使用语言符号的同时，表达了说话人的意向；此外，他把一个言语行为明确界定为"语言交流最基本或最小的单位"。也就是说，能够构成或完成一个交流意向的词语就是一次言语行为；那么，甚至只说出一个词，也可以成为一个言语行为，譬如："谢谢!"至此，言语行为理论已经形成。

言语行为理论本来是对语言的哲学思考，是哲学领域内的一个问题，但是它首先进入应用语言学，成为语用学的支柱理论；后来广泛进入并极大地影响了人文科学话语。"言即行"，言语行为理论的这一核心观点可以汇入20世纪的许多角度不同而取向相似的思想潮流，例如文化唯物主义、解构主义、文化政治分析，等等，它们都强调符号表意活动的行为性、实践性、社会性以至政治性。

（马海良）

厌女症(Misogyny)

厌女症是女性主义理论的一个重要术语，指父权制社会长期以来根深蒂固的对女性的诋毁、诽谤和虐待，也可以理解成是任何社会以明显的形式表现出来的对女性毫无道理的恐惧和痛恨。美国女性主义者艾德丽安·瑞奇将厌女症的特征概括为"有组织的、制度化的、正常化的对女性的仇恨和暴力"，具体体现在文化制度、书籍、仪式和其他行为中。

厌女症的历史可谓久远，而且是全球性普遍存在的，体现在不同的文化中，至今依然积重难返。但是只有女性才会对这种现象有不平之声，尽管声音微弱。早在15世纪，意大利女作家克里斯廷·德·匹赞(Christine de Pizan)在《女士城之书》(*The*

Book of the City of Ladies，1405）中就质疑厌女症现象："这么多不同的人，其中不乏博学之士，为什么不论是在言谈中，还是写作中都如此倾向于刻毒地侮辱女性、糟蹋她们的举止？"从《圣经》里夏娃为亚当的一根肋骨算起，世界上的宗教，不论是基督教，伊斯兰教，还是犹太教，佛教和印度教，都谴责女性，认为女性不论是在精神上还是肉体上都有瑕疵，女性是狡诈邪恶的、有毁灭力的，将女性视为万恶之源和祸水，在一些文化中厌女症以极端形式出现，如裹脚、纳妾、寡妇殉葬等。

厌女症的成因很复杂，以下五种说法比较普遍。弗洛伊德派认为男性因阉割焦虑的影响而憎恨女性。按照行为主义者挫折/进攻理论的解释，进化过程中不断出现的觉醒和挫折感使男性将怒气置换到作为性对象的女性身上。精神依赖理论认为男性对女性有依赖心理，同时渴望回归，两者都体现了明显的被动性，所以憎恨女性就成了必然反应。另有人认为，男性因自己的愿望和理想无法满足，注定会失望和幻灭，因此将女性作为替罪羊为自己开脱。女性主义者则认为厌女症的成因是父权制。

厌女症得到女性主义者的广泛关注是美国第二次妇女解放运动的结果。按照美国女性主义者伊莱恩·肖瓦尔特在《她们自己的文学》中的划分法，非主流文学的发展一般由三个阶段组成。第一阶段是对主流传统中盛行模式的模仿期，也是内化其艺术标准和社会角色观点的时期。第二阶段是对上述主流标准的抗议期，同时倡导少数群体的权利和价值观，包括表达自治的要求。第三阶段是自我发现期，也就是摆脱对主流标准的依赖，探求自己身份的时期。根据这一划分法，揭批厌女症同女性主义发展第二阶段的目标相吻合，对此清醒的认识和坚决的反对成为女性主义发展阶段性的目标。

就女性主义的发展轨迹来看，不同阶段女性主义作家对厌女症现象的揭露为后来厌女症研究从文学批评转向文化批评提供了基础。在《一间自己的房间》一书中，弗吉尼亚·伍尔夫就深刻意识到厌女症的存在。写出名为《女性在智力、道德和生理上的卑微》一书的教授满怀怒气，伍尔夫从中捕捉到这同父权制的关系："当教授过于强调女性卑微时，他更关心的不是她们的卑微地位，而是自己的优越性。那才是他有些急躁和过于重视地保护的东西，因为优越性之于他是无价之宝。"伍尔夫以莎士比亚和他的妹妹为参照物，说明社会对于女性的压制和贬抑是根深蒂固的。凯瑟琳·罗杰斯在《讨厌的助手：文学中的厌女症史》中追溯了自《圣经》以来文学中负面的女性形象，如妓女、泼妇、不像女人的女人和贪婪的母亲等，说明她们为表达和发泄厌女症情绪提供了合理的渠道。罗杰斯认为，憎恨女性在西方文化中比较普遍，男性作家的个人经历也会加深他们对于女性的排斥。究其根源，主要原因是"父权制让女性永远臣服于男性的愿望在起作用”。凯特·米利特在《性政治》一书中通过描述男性作家作品中模式化的性描写和性原型，揭示文学作品中性别歧视意识如何发生作用，并挖掘其根源。该书被批评家誉为厌女症意象的目录。米利特认为，厌女症现象凸现了父权制对女性的压迫。父权制对女性的仇视表现在许多方面，笑声是其一。以厌女症为特征的文学是“男性仇视女性的主要渠道，是既带激励效果，又滑稽的一种风格”，“是父权制所有艺术形式中最具有宣传蛊惑性的”。总之，厌女症的动机就是父权制对女性占主导地位的畏惧。自罗杰斯和米利特之后，对社会各个层面中厌女症表现的申讨和清算逐渐增多，坚决反对性歧视的呼声日益高涨。这是女性主义的一个重要成就。

随着女性主义批评的不断深入，女性主义者对厌女症的认识因各自不同的侧重点而发生了变化，对如何彻底清除厌女症及其影响的看法也有差别。正常的女性对男性主导的文化中厌女症所抱的态度是怀疑男性和谨慎为事。激进的女性主义者认为，厌女症是异性恋关系中所固有的，它反映了男性和女性间根深蒂固的权力微积分，制约了男人和女人间的关系。她们同时认为，厌女症构建和滋长了男性气质，鼓励对女性的暴力，父权制是男性特权得以强大的社会和政治秩序，主张女性通过参与政治同父权制对峙。心理分析学派从心理学的角度分析男性厌恶女性的原因。弗洛伊德在《女性性欲》一文中剖析男性对女性产生厌恶情绪的根源，认为这同恋母情结遭到抑制有关。女性主义心理分析学家认为，因为社会分配女性养育孩子，所以厌女症，或恨女人，就植根于婴儿对母亲原初的怒气中了。她们认为，只有男性从婴儿一出生就参与养育过程，才能根除厌女症。对生态女性主义者来说，自然和文化是分离的和对立的，而厌女症是根源。所以生态女性主义者反对自然/文化二元对立，希望按照女性主义理论和生态原则重新构建人类社会。黑人女性主义者对厌女症的认识多了一层种族意识。她们分析指出，因为黑人男性在父权制社会中由于肤色原因无法享受白人男性的优越感，所以将怒气发泄在黑人女性身上，使后者成为双重压迫的受害者，因此同厌女症作斗争必须同解决种族问题结合在一起。

事实证明，由于女性主义者的不断推动和妇女解放运动的影响，从性别歧视这个层面上看，厌女症现象得到了明显的改观。但是彻底摆脱厌女症是个不可能实现的任务。美国学者大卫·迪·戈尔莫（David D. Gilmore）指出，虽然如此，可以通过以下方式减轻厌女症的危害。首先，应解除性隔离。其次，鼓励男性参与婴儿养育的全过程。第三，倡导通过教育改变固有的对男性女性气质的规定，鼓励个人充分发挥性格中阳刚与阴柔的特征。女性主义者的普遍认识是，在父权制统治下，只有男性具备了自我知识，只有两性结盟，厌女症的危害才能得到真正的缓解。对于女性主义者和整个社会来说，摆脱厌女症可谓任重而道远。

（单雪梅）

移动性（Mobility）

较早关注移动性的理论家当属德国社会学家乔治·西美尔。他在《桥与门》（1909）中提出，人类有一种联结的意志与渴望，人会为了联结而移动，桥梁、道路等亦因此而产生。他看到了移动性与物质性之间的关联。

可以说，尤其是自19世纪以来，由于轮船、铁路、汽车、飞机等现代交通工具以及电话、因特网、手机等信息沟通方式的出现，空间的阻碍似乎不再能限制人们对远方的涉足。整个世界，包括人、物、信息、关系、货币等，都在不停地运动与变化。正是基于“距离间的摩擦”已在很大程度上被克服，且移动问题已普遍成为各地发展的中心议题，以英国社会学家约翰·厄里（John Urry）为代表的学者在2006年正式倡导“移动性范式”。

20世纪90年代，厄里曾密切关注旅游消费，先后出版《游客的凝视》（1990）、《消费场所》（1995）、《旅游文化》（1997）等著作，其中《游客的凝视》为他赢得世界声誉。在此期间，他逐渐意识到移动性概念本身的重要性。他发现，在传统的社会科学中，移动与旅行通常被视为“黑匣子”，人被认定为静态的实体，须依附于特定的场所，因此“为了工作、家庭生活、娱乐休闲、政治反抗等目的进行的系统流动是被忽视或轻视的”，这与中国古代安土重迁的传统颇为相似。即使讨论社会变迁和移民等问题，传统社会科学依然惯于将稳定性视为优先、理想状态，正如有学者曾一度担忧现代移动性的增长或将导致“地理学的终结”。因此，移动性理论首先就要反对安栖主义（sedentarism）。

顾名思义，安栖主义强调地方（place）、根基（root）、稳定性（fixity）、秩序（order），而对移动（mobility）、无根（unrootedness）、变迁（flux）、混乱（chaos）充满警惕。厄里在这篇与米米·谢勒尔（Mimi Sheller）合作的《新的移动性范式》中指出，安栖主义与海德格尔理论有一定的渊源。借助对古高地德语的考证，海德格尔指出“筑”与“居”本为等义，“筑造乃真正的栖居”；栖居又意味着持留、逗留，是“终有一死的人在大地上存在的方式”。所以，人应当满足于居住在一个地方，安居乐业。在厄里等人看来，这种安栖主义的本质即“将一种本真而有界限的地区或国家作为人类身份认同与经验的基础,作为社会研究的基本单位”。考虑到对国家、地方与家园的推崇已根深蒂固,其间掺杂强烈的情感和道德色彩,丽萨·玛凯(Liisa Malkki)将其称为“安栖主义形而上学”。

厄里认为,“现代社会的居住形式中几乎总是包含着多种样式的移动性”。诸如地图、汽车、火车、道路、电脑,这些促成移动性的物质因素都强有力地重建了归属感与旅行之间的关系,这正是海德格尔未曾或不愿谈及的。而既然移动性问题已然是现代人生活的常态,社会科学就应当运用新的理论和方法,鼓励实现与物理、历史、文学研究等领域的关联与借鉴,以跨学科的方式对其进行深入的研究。由此,“移动性范式不仅弥补了以往社会学对人或观念之运动变化的忽视与遗漏,因而在本质上区别于其他研究方法;同时,它还是对社会科学的变革,为之提供了新的理论与方法之图景”。所以,厄里选用复数“mobilities”来指代其范围更为宏阔的研究,那就是要建立“一种由运动、变化而驱动的社会科学”。

在其专著《移动性》(2007)中,厄里探讨了移动性的多种所指,具体包括:一、因工作、休闲、家庭生活、娱乐、迁徙、逃亡等原因进行的身体旅行、日常通勤、永久性放逐等都包括在内;二、物品向生产者、消费者和零售商的物理输送,以及礼物和纪念品的发送与接收;三、由于地方与人物的图像出现在多种印刷与视觉媒介,人对其产生想象中的旅行;四、在真实的时间进行的虚拟旅行,突破了地理限制与社会差异;五、通过留言、短信、信件、电报、电话、传真与移动电话进行的社交式旅行。也就是说,旅游,生产运输,阅读与想象活动,虚拟的空间旅行,电子通信,以及资本、信息、观念在世界范围内的流动,等等,都是移动性的表现形式,它们相互依存,共同构成了社会生活和社会关系的基本轮廓。

厄里等人还提出,移动已成为现代社会的一个基本价值理念,其重要性有如平等、理性、个体、全球化等概念,它应当成为人的基本权利。可以说,只有现代社会才会为移动性赋予如此积极的内涵——在此之前,很多旅行要么受制于各种现实条件因而难以完成,要么是主体尚不具备自由移动的权利。这一重要的理论贡献因此非常恰当地概括了现代社会的本质属性。“移动性”从此成为一个积极而正面的有机概念,成为社会学、地理学、传播学、英语文学等领域的关键词——“转向”意义即在于此。

越来越多的西方学者意识到移动性正在促成当代社会发生巨大转型。德国的斯文·凯塞林(Sven Kesselring)、莫妮卡·布什尔(Monika Büscher),美国的米米·谢勒尔,英国的蒂姆·克瑞斯维尔(Tim Cresswell)、奈杰尔·斯瑞福特(Nigel Thrift)、彼得·阿迪(Peter Adey)、戴维·比瑟尔(David Bissell),以及来自社会学、地理学、人类学、文学与文化研究等领域的其他众多学者均参与推动了移动性讨论。2003年,厄里在兰开斯特大学成立移动性研究中心;2006年,他又亲自参与创办期刊*Mobilities*。德国的慕尼黑大学、尼尔廷根应用技术大学、丹麦奥尔堡大学、瑞士洛桑联邦理工学院,以及谢勒尔工作的美国德雷塞尔大学等高校亦设有移动性研究机构。*Mobilities*,*Social & Cultural Geography*,*Environment and Planning A*,*Transfers:Interdisciplinary Journal of Mobility*,*Theory,Culture & Society*等期刊集中发表了大量移动性主题成果,且多数都是跨学科的。阿迪与谢勒尔等合编的《劳特里奇移动性读本》(*The Routledge Handbook of Mobilites*,2014)可谓移动性研究的集成。

整体而言,移动性范式呈现如下特征:一,将自然科学、社会科学与人文学科关联,跨学科特征非常突出;二,联结不同层面的运动和移动形式,而非仅专注于某种特定的运动形式;三,考察人、物、图像、信息、垃圾等的多样流动性,尤其关注这些事物如何在相互关联中运动;四,关注由移动性引发的"地方性、停止、静寂以及相对的固定";五,拒绝"有界性与定居观";六,关注移动性的差异性政治,反对所谓的非政治或"客观"立场。

受益于德勒兹游牧哲学,以及由列斐伏尔、福柯、哈维等促成的"空间转向",厄里等人将移动性提升为现代社会的基础性、本体性概念。这首先是意识到移动与游牧有颇多相似之处,具有改变、拓展并强化空间的功能;同时,互联网、手机等虚拟沟通亦被纳入移动性范畴,这是对"空间转向"的进一步延伸。福柯对权力、社会机制、治理术等概念的探讨同样启发了移动性研究。移动性范式不但肯定多样移动性并存的活力,同时也愈益重视由地域、种族、性别、阶级、经济等因素所促成的移动不均衡性与区隔性,反思由此引发的治理危机。

在《全球化:人类的后果》(1998)中,齐格蒙特·鲍曼指出,拥有全球流动权已被提升至阶层划分要素的首位,围绕流动性已经形成一个新的等级体系。他的"流动的现代性"更是对当代世界的经典阐释。不过,如果说"*liquid*"更强调事物在哲学意义上的流动变化,那么"*mobile*"则偏重具象的移动与流通,其利用民族志、社会学等方法进行的研究更为细致,有助于人们从移动性的角度理解现代性逐步发生的过程与脉络。进一步而言,通过物质、技术文化探索时代的精神结构与社会转型,也正是移动性研究的价值所在,尤其是在弥漫着更多危机的当代社会,其时空结构已经完全建立在大规模交通和通信基础设施的有效性基础之上。

纵而观之,德勒兹、瓜塔利之"游牧"(1986),贝克之"风险社会"(1986),鲍曼之"流动的现代性"(2000),乃至德里达的"解构主义"(1967),这些理论研究均表达了对运动、生成、消耗的肯定,其意义不仅仅局限于哲学、社会学,更有对国家、地域、政治、信息、学科、文化、心理等界限解域化的期待。由此,移动性应当被视为社会结构变化的核心与基础性问题。

(张杰)

仪式(Ritual)

从现象上看,仪式是被一个群体内的人们普遍接受的按某种既定程序进行的身体的活动与行为。与传统和习俗类似,仪式经常固定地和重复地在某个时间或某一特定情况下举行,并且承载着某种象征意义。

仪式最初只是一个纯粹的宗教概念,被认为是宗教观念和宗教情感外化的表现方式和宗教的一种实践和行为。

19世纪末以来,随着跨学科的人类学研究的兴起,仪式成为人类学的重要研究对象。西方学术界对仪式的研究突破了纯粹的宗教学范畴,人们开始从宗教人类学、社会人类学、文学人类学、历史人类学等多个角度理解和研究仪式。

首先,仪式仍然是与宗教联系在一起的,以仪式和神话何为宗教的起源这一问题为出发点,宗教人类学对仪式进行了大量的研究。作为一个宗教行为,仪式与其他宗教现象如信仰、神话、典礼等同处于宗教的体系之内。从本质上说,宗教包含两个部分,思想层面上的信仰和行为层面上的仪式,二者缺一不可。对于两者之间的关系,学术界存在两种截然不同的观点。一方面,有的学者将思想层面上的信仰、神话视为宗教的内在行为,而将行动层面上的仪式视为宗教的外在行为。受西方古希腊以来重视内在精神的传统的影响,他们认为,宗教起源于作为其内在行为的神话,而仪式只是神话的一种演示和实践方式。相反,因为仪式作为一种实际的行为,在内容和形式上相对于神话更为确定,另一些学者认为,宗教起源于仪式,神话则只是对仪式的表述。这个类似"鸡与蛋"的问题虽然没有明确的答案,但可以肯定的,仪式与神话一样,至少为宗教的存在提供了一个确凿的证据,仪式的进行清楚地表现了人们对宗教的信仰。

在结构功能主义者那里,仪式几乎已经失去了宗教意义,而成为一个社会现象。对于作为一个共同体的社会来说,仪式起着举足轻重的作用。由于社会共同体的某种需要，人们确立和举行特定的仪式。而通过仪式的进行，它承载的象征意义和社会规则被所有与仪式有关的人，比如参与仪式和观看仪式的人内化。这样，仪式实现了个人与社会的认同，消解了他们之间的差异，并由此建立起一个社会共同体和一定的社会秩序。另外，仪式还可以通过共同回忆和投射实现时间的延续性。因此，在社会共同体受到威胁时，仪式能够因为其相对稳定性而帮助社会共同体克服危机和重构其秩序。于是，仪式就成为建立社会共同体和维护其稳定与和谐的有效工具。

与结构功能学派相关的是阐释学角度的仪式研究。在这里，文化被视为一个符号、意义和价值观体系，而仪式则是这个文化体系的象征。由于一定的文化体系反映了其相应的社会结构，仪式在象征某个文化体系的同时，也表征了其相应的社会结构；而在仪式进行中，由于现实的社会价值观体系被传达给其参与者，仪式的进行就成为人们自身现实生活的叙述。于是，对仪式的解读成为人们理解社会内部结构的途径。另一方面，由于文化体系同时还决定了其相应的社会结构，通过仪式的进行，文化体系希望建构的社会价值观体系也被传达给仪式的参与者，仪式就成为一种通向虚拟的社会结构的“召唤”。

20 世纪 70 年代以后，学者们更多地把仪式行为本身看作一种象征，而不是社会结构和文化体系的象征，仪式研究的重心因此转移到对其进行过程的研究上。在这里，仪式被视为一种表达人们社会生活中经验、情感等的身体的行为。就其进行过程而言，仪式通常发生在一个社会共同体中，是一种“社会模仿”。每次仪式的进行都是对之前进行的相同仪式的模仿，也同时成为下一次仪式进行的模仿对象之一。这样，仪式一方面为人们提供了一个行为模式，“导演”着人们的行为以及人们通过仪式所表达的经验和感情。它们所承载的社会规范和价值观因此通过人的身体被内化，同时仪式作为模仿的不断重复还能使这种社会结构更为稳定。所以，可以把仪式视为一种机构化的工具和强制机制。另一方面，由于仪式进行的具体情境和个人对仪式的不同感知，仪式不可能一成不变。这就使个人对仪式的个性演绎成为可能，人们在仪式进行中的行为方式也不断地更新甚至发生根本的变化。正是这种变化的可能性，使仪式对个人而言更富影响力，并得以延续。

在近两年的研究中，学者们发现，仪式以其所处共同体为出发点建构的社会秩序可能与主流的社会秩序不同、完全相反或者将其颠覆。于是，从整个文化史角度看来，可以被改变并且发生变化的不仅是仪式本身，还有社会的文化体系，而仪式正是使这种变化发生的“动力”，学者们称之为“仪式的动力”，这也是目前仪式研究的重点。

（范妮）

异化(Alienation)

异化这一概念与马克思主义有着莫大的关系,但它有着悠久的历史。欧洲现代异化理论中某些主题,在许多世纪之前就已经以这样或那样的形式出现。比如,犹太—基督传统中就有所谓人类的异化的说法,即人类与上帝日益疏远。在后来的世俗政治理论中,异化指的是人逐渐疏远于其生活于其中的世界的过程。在个体与社会关系的语境中,异化指的是社会作为一个整体对社会每一个成员的个体性的冷漠。许多学者认为,与传统社会相比,人与人之间的关系在现代社会里肤浅得多,这导致人类难以理解和适应他人的独特性。这些异化理论潜藏着一种假定,即在过去的某个时候,人类之间、人类与自然和谐地生活,然而后来出现了一种断裂,导致人类与世界和社会的疏远,人类成了异乡人。这一理论往往还假定,在未来,这一异化将会被克服,人类能够重新建立与自身、与自然之间的和谐关系。

虽然之前存在着种种有关异化的说法,然而最有影响力的,还是马克思的异化理论。与前人一样,在马克思那里,异化也关涉个体的无力感和自我疏远。然而,马克思的独特之处,在于他将异化状态与商品化过程联系起来,并强调资本主义与异化的必然联系。马克思在写于1844年的巴黎手稿中论述了异化是如何从私人劳动、从商品生产中出现的。他指出,异化状态主要有四种表现:即工人被剥夺了对产品的控制、对生产过程的控制、对他本人的控制(因为他的异化了的劳动是他的存在的一个根本因素),最后阶级与阶级之间也相互疏离异化,从而将社会与阶级自身对立起来。具体而言,在资本主义制度下,工人疏远于他们的劳动成果,而只是与它们产生契约性的关系。这一过程反过来也促使工人从自己的身体、外部自然、他们的精神生活、人类生活中异化出来。在他看来,个体将自己的劳动与劳动成果附属于一个更强大的、异在的实体,即金钱。这种与生产和生产成果疏远的异化状况意味着人也从自身中异化出去,就是说,他们无法在自己的劳动中实现自身,无法充分发展自己个性的诸多方面。因此,对于马克思而言,异化是资本主义社会内部的一种状况,其中个体面对诸种生产力无力处理自己的劳动和成功,或者说无法在这些产品中实现自己的潜能。根据这种看法,如果个体能够自由地使自己适应于他们自己所选择的任何活动,如果他们的活动和世界观不受制度的控制,那么异化就可以避免。因此,马克思用异化概念来证明,推翻当前体制对于工人,甚至还有资本家,都有着广泛的利益关系。

显然,马克思将异化归咎于资本主义所特有的社会组织形式。这种对异化的结构性原因的关注,同样也体现在韦伯和迪尔凯姆等经典社会理论家的论著中。对于韦伯而言,官僚制度是导致个体之间彼此疏远的根本原因;而对于迪尔凯姆而言,工业化的、技术化的发达社会才是异化的根源,因为它导致了规范缺失的状态,导致了个体之间、群体之间的冲突。

与马克思的无力感和自我疏远不同,韦伯认为异化主要是关系到无意义性和疏远感。在前现代时期,宗教通过把人们生活中的事件归置到更广大的模式中而为个体提供了意义。因此,个体可以从宗教中获得抚慰,因为宗教帮人找到意义,也为人们找到他们在宇宙中的位置。然而,随着世界的合理性化和知识化,随着现代性的发展,合理性思想将取代宗教思想,一切事件成了纯粹经验性的事情,从而导致许多人认为自己的生活空虚而又没有目的。韦伯将这一过程称为祛魅。韦伯将官僚制看作是合理性化的组织形式。在官僚机构里,个体日益变得微不足道,屈从于各种管理规则和这些规则的执行。因此,官僚化是导致异化的最重要的原因。相比马克思的理论,韦伯的异化观稍微允许对个体的需要作主观的看法。

迪尔凯姆的异化形式,即"失范"(anomie),描写的则是调节社会行为的规范的缺失或崩溃。与马克思和韦伯不同的是,迪尔凯姆既从结构的观点也从个体的观点来看失范现象。他认为问题根源于日益发展的社会劳动分工和工业化社会中人们职责和行为的专门化。虽然他不像马克思那样认为这一过程存在着固有的危险,然而他的确看到了问题出现的可能性:随着这种专门化的发展,围绕着这个生产和社会功能的体系的调节性规则将会落后于正在发生的变化,从而导致冲突而不是团结。奥尔森将这种失范形式概括为"程序性规则不足以调节一个复杂社会体系中的专门化的、相互依赖的各个部分之间的互补关系"。迪尔凯姆在《自杀论》一书中也讨论了其他形式的失范,并且更多地关注个体感受而不是社会结构。迪尔凯姆认为,个体欲望是无穷的,人性本质上是需要受到限制和规训的,就是说,人必须由一种高于他自身的意识所统治。这种更高的意识必须源自于社会,因为社会是高于个体的唯一的道德力量。奥尔森将这种失范形式概括为"道德规范不足以指导和控制人与群体的行动使之服务于总体的社会体系的利益"。总而言之,在迪尔凯姆的理论中,失范主要关涉缺乏调节性规范的社会的无意义性,以及缺乏创造凝聚力所需的有机团结的专门化社会的孤立性。迪尔凯姆过于强调个体对规范的需要,然而却突出了社区和凝聚对于个体认同的发展的重要性。

有关异化的更新近的讨论与这些关注异化的结构性原因的经典思想有些不同。这些新的理论更加关注异化对个体的影响和后果。像马尔库塞和波德里亚这样的现代理论家更为关注那导致个体从自由思想中异化出来的媒体、符号和意识形态的弥漫性力量。社会对个体的力量更多的是将其看作“诱惑”(seduction)而非“宰制”(domination)。这些思想家更多的是强调个体之异化于他们的“真实”思想或自我,或异化于他们在社会所提供的参照框架之外的思考能力。

(凌海衡)

异托邦(Heterotopia)

1967 年,福柯在建筑研究会上做了一篇演讲,演讲稿中文译名为《另类空间》,在 1984 年被发表出来。正是在这篇文章中,异托邦的概念被提出。异托邦的阐释早于 20 世纪 70 年代人文科学的空间转向,可以说是这次空间转向的先声。福柯认为,当下时代处于一个空间的时代,这个时代的生活是由不同的点线而组成的同时性的、并列的网络版的生活。

异托邦的阐发有着相应的历史观念背景。福柯首先梳理了空间的谱系。中世纪的空间是一种定位的、局域性的等级空间。到了 17 世纪,等级空间被绵延空间取代。伽利略的革命首先打破的是人们的等级空间观念,日心说背后,是一个无限敞开绵延的宇宙空间。这种空间观集中体现在牛顿的绝对空间中,空间成为稳定均质的空洞载体,空间被去圣化了。到了现代,绵延空间被位置取代。我们所处时代的空间内在于位置之间的关系中,这显然与人口统计学有关,为了人口更好地生活,资源的空间分布、空间的邻近关系,都要作为数字而被统计进来。正是从关系化的位置出发,福柯认为我们绝不是生活在真空当中,而是生活在诸种关系的总和中,这些关系确定了相互之间无法缩减的位置。

异托邦概念正是在关系化空间观的背景下提出的。在所有位置中,有些位置是被设计的,并与其他位置相关,但它与其他空间的关系却是颠倒、抵消和中断。这样的空间有两种,乌托邦和异托邦。乌托邦是对社会关系总和的颠倒或完美的呈现,但乌托邦是想象中的,并不真实存在。异托邦不同于其他位置,与其他位置是颠倒或抵消的关系,但异托邦是现实中的真实位置,是实现了的乌托邦。镜子既是乌托邦又是异托邦。"我"站在镜子前，镜中呈现的影像是一个虚拟的空间，正是通过镜子，"我"发现自己处身于一个"我"不在场的镜中虚拟空间中——这导致"我"在真实位置的缺席，此时，镜子是一个乌托邦；然而，镜子毕竟占据现实中的一个位置，同时，"我"在真实空间的位置也在镜中得到了折射而变得绝对真实，但这种折射必须通过镜中那个"我"所不在的虚拟点(乌托邦)来感知，这又使得"我"所在的位置变得虚幻。因此，这个非场所的场所——镜子，本身也是一个异托邦。视角在真实与虚构中折返，"我"在目光的折返中得到重构，异托邦的可述性就存在于这视角的折返中(可视之线无穷褶曲所倍增繁衍的光线体制正是异托邦本身)。

福柯对异托邦进行了功能式的分析，共六点。首先，福柯认为异托邦不适合普遍性的定义，而应该被系统描述。因为，世界上每一种文化中都存在异托邦，异托邦形式多样，无法归类出普遍化的特征。同时，对异托邦的描述内在于对位置关系的分析中，异托邦即是一种分析策略。但总的来说，异托邦可以分为两类，即危机异托邦和偏离异托邦。危机异托邦是原始社会中供那些处于危机状态的个体停留的地方，比如老人，产妇等。到了现代，偏离异托邦逐渐取代了危机异托邦。偏离异托邦容纳行为异常的个体，比如精神病院、监狱等空间。所谓异常，是对某种社会成规的偏离，这种偏离是无法准确界定的，对于一个崇尚劳动的社会，闲暇也是一种偏离。总之，偏离异托邦是将社会无法同化的异质性个体囊括在内。

第二，同一个异托邦会在不同时期以不同的形式发挥作用，异托邦遵从同时代的文化共时性特征。墓地是一个典型的异托邦，它与其他位所都相关——每个家庭都能在其中找到一个位置，又不同于其他空间——不同时代、民族的墓地处于同一个公墓中，公墓是一个异域的集合体。18 世纪末，墓地被置于城市中心的教堂附近。受启蒙精神影响，人们不再相信灵魂不死，因此开始高度重视尸体而将其置于教堂周围。到了 19 世纪，墓地却迁往城市边缘，迁移的原因在于，首先，人之死亡的原因与疾病纠缠在一起，疾病的蔓延与公墓主题联系在一起；其次，这种迁移对应于福柯的知识型变迁，不同于以分类和秩序为目的的古典医学，19 世纪的解剖学使得人之死亡与器官的病变联系在一起。因此墓地与城市的空间关系受到同时代文化共时性特征的影响。

第三，异托邦有能力将几个本身无法并存的空间并置在一个真实的空间内。电影院就是一个异托邦，电影院——二维空间，与其内的三维空间——屏幕，并置在一起。福柯还举了花园和地毯的例子。波斯花园中长方形空间中的四个方位，是对宇宙四方的象征，中间的喷泉象征世界的脐带，对花园四方的所有植物进行灌溉，这个花园就是一个小宇宙。如果说花园是一个对世界进行象征性呈现的地毯，那么地毯就是花园的微缩模型，并且是一个流动的花园，因为它可以被放置在不同的地方。类似的还有动物园、大型博物馆。可以看出，异托邦之内诸位置之间差异关系所承载的象征性含义，通常需要文化想象参与其中，同时，这种位置之间的差异关系通常是可见的。

第四，对应于异托邦的是异托时。简单讲，异托时就是在同一个空间中并置两种或两种以上与真实的线性时间不同的时间片段，在这个空间中，时间也是异质性的。公墓是一个高度异托时的地方，公墓开始于生命消亡之时，同时，生命消亡对应着永生，永生开始的地方就是公墓消失的地方。异托时与异托邦的关系多样，总的来说，有两类，一类是时间之永恒积累的异托邦。在同一个空间内，不同时代的象征性物品、风俗、档案在此汇聚，比如图书馆和博物馆。博物馆是福柯笔下19世纪知识型的对应空间。另外一种异托时相对于传统线性时间更为短暂、更不稳定，表现为狂欢——节日形式。这种形式包括展览、集市、博览会，短时间内汇聚不同时代的各地珍物，并快速消散。在现代社会还有度假村这种形式。这两类异托时可以并置在一起。异托时的显现有赖于空间内诸位置之间的时间差异，有赖于异托邦与周遭空间的差异关系。

第五，异托邦有自身的开合和关闭系统，这使得异托邦既与周遭隔离又具有可渗透性。开合系统意味着异托邦不是可以自由进入的，人们需要许可或者被迫进入，比如军营和监狱。此外，还有一些异托邦尽管看起来开放，内部却隐藏着排斥。比如巴西农场的床屋，游客进入床屋的门以及卧室，其并不连通家庭活动的中央，游客虽进入了床屋，但始终是家庭空间活动的他者，被排斥在外。与此类似的还有美国的汽车旅馆。因此，异托邦的开合系统，展示了看似畅通无阻的空间中充斥着的复杂的、异质性的位置关系，而开合系统是由权力所赋予的社会规范、规则设定的，进入此空间中的个体被异托邦之内的规则规训。

第六，异托邦在与周遭空间的对比中，呈现出大致两种功能。一种异托邦作为一种幻觉空间，使周遭一切真实的空间变得虚幻，比如在妓院中，法律和伦理的界限被倒置，变得模糊。另一种异托邦则是对周遭空间的补偿，被称为补偿性异托邦。福柯举了殖民地的例子，殖民地比周遭空间更为精致和完美，是理念高度实现的场所。比如在巴拉圭的耶稣教会殖民地，民宅、公墓等空间按照十字架的形状排列，基督符号在这里被完美呈现，同时时间也被规划，人们按照教堂的钟声作息。在这里，空间是具有生产性的，空间与时间的安排，造就驯顺而有用的个体，每个人都履行着各自的义务。殖民地不过是把一整套的空间生产关系带到另一个位置。

异托邦正如那面镜子，是一个没有位置的位置，位于可见与可述之间的领域中。异托邦是在与其他空间的差异关系中被谈论的，在这种颠倒或抹消的差异中我们得以洞见日常空间中习惯性叙述的漏洞。如果不同的关系、不同的叙述和话语互相缠绕和印证,那么异托邦折射的就是被扭曲的“关系”,它是权力和话语的褶子,观察此空间与彼空间的差异,就是观察关系的差异运作,观察空间的流动变异,就是观察知识与权力叙事的位移。

(战宇婷)

意识形态(Ideology)

在当代中国语境中,“意识形态”多被当作某一阶级(政党)的政治思想观念或倾向来使用,以致不少人总是将意识形态与政治观念混为一谈,却很少关注这一概念所依附的哲学史框架和社会文化语境。“意识形态”一词在今天更多地与贬义(如神秘化、虚幻或欺骗)相关联,但它最初是作为启蒙主义理想中的一个重要的科学理性概念被提出来的。法国大革命时期的思想家托拉西(Destutt de Tracy,1754—1836)是第一个把“意识形态”概念引入西方哲学史的人,这个词的字面意思是“观念学”,即通过对观念进行唯物的、科学的精确描绘和研究而得到的知识。后来拿破仑将托拉西们污蔑地称之为“意识形态家(ideologue)”,才使这一概念蒙上了虚假、空洞的意涵。黑格尔在《精神现象学》中对于意识在不同社会发展阶段上的具体表现形式的探讨,揭示出这些意识形式对现实世界的异化和对主体的虚伪教化,这对“意识形态”含义的转折产生了重要影响。随后的费尔巴哈对宗教这种最具异化特征的意识形式进行的彻底批判,都为人们揭示意识形态的社会根源提供了自信心和思想条件。

真正对意识形态概念发生革命性影响的人是马克思。他的名言——“哲学家们只是用不同的方式解释世界,而问题在于改变世界”,昭示出马克思主义探讨意识形态的两条理论途径。一条是通过理性批判对资本主义社会进行科学研究,最终发展成《资本论》那样的经济学—哲学专著;另一条则是通过对既有的占统治地位的意识形态的批判,创立新的意识形态观,以指导无产者进行工人运动或暴动的政治行动实践。前者更重视意识形态的真假认识价值,后者更注重意识形态的社会改造效果。

马克思的意识形态概念与马克思对社会结构的看法紧密相关。在《德意志意识形态》中,马克思将“一般意识形态”看成是某种社会为维持自己的存在和运转所必然带来的社会现象,属于“观念上层建筑”,是我们应该揭穿和批判的幻象。在《路易·波拿巴的雾月十八日》中，意识形态的内容被具体化，指的是创建于物质条件和社会关系之上的各种情感、幻想、思想方式和人生观。随着马克思唯物史观的建立和对政治经济学的研究日益深入，马克思已经不再将意识形态简单看成带有贬义色彩的虚假（歪曲）幻象，而更重视从唯物史观为意识形态定位，更重视揭示构成意识形态虚假性或歪曲性的社会关系根源。换句话说，就是不再纠缠于对意识形态想象是否真实的追究和批判，而更加重视揭露和消灭造成意识形态虚伪性的真实（物质）条件。马克思不但揭示了意识形态生成和运作得以依赖的社会物质关系，而且进一步揭示了居于统治地位的意识形态为使自己的存在更具合法性而采用的种种话语策略和隐蔽手法。

马克思之后的革命哲学家列宁、卢卡奇、葛兰西等人以及法兰克福学派和法国的阿尔都塞也从不同程度发展了意识形态理论。出于建立新政权的需要，列宁开始将意识形态理解为描述性的概念（有别于马克思对意识形态的否定性批判观念），将意识形态看作配合阶级专政的附带内容，并将意识形态实践工作正式纳入新社会制度的建设当中。而葛兰西却发现，意识形态在西欧社会远比列宁所说的要复杂，意识形态分布在哲学、宗教、常识和民间传说各个层次的意识形式当中，是"一种在艺术、法律、经济行为和所有个体的及集体的生活中含蓄地显露出来的世界观"。他将上层建筑划分为两个层面："一个可被称为'市民社会'，即通常所说的'民间的'社会组织的集合体；另一个则是'政治社会'或'国家'。"政治社会的执行机构是军队、法庭、监狱等专政工具，采取的是暴力形式；而市民社会由政党、工会、教会、学校、学术文化团体和各种新闻媒介等构成，以意识形态或舆论方式得以维持。以这种划分为基础，葛兰西提出了著名的领导权理论，将意识形态基本上看成是争夺市民社会"文化领导权"或"智识的和道德的领导权"的斗争平台和阵地。葛兰西对文化和意识形态领导权的强调，到20世纪70年代对西方左翼学术（尤其是英国的文化研究事业）产生了决定性的影响。

葛兰西之后，对意识形态理论有重大推进的当属法国马克思主义思想家路易·阿尔都塞。他不但揭示了意识形态的外在特征和社会职能，更揭示了意识形态作为主体与自身的一种"想象"性关系在社会生产活动当中所起的作用。由此将意识形态理论转移到马克思的社会结构观和社会生产理论当中，将意识形态看成一种附着在一定机制上、对个体有构造作用的生产活动，从而摆脱了长期以来对意识形态真假问题的静态认识论理解，将意识形态问题引入到对于主体身份建构的探讨。阿尔都塞在《意识形态和意识形态国家机器》一文中基本明确了意识形态依附的物质条件——"意识形态国家机器"——的存在及运作方式，从劳动力再生产的角度考察了意识形态所起的特殊功用，形成了他对于意识形态问题的基本看法：即意识形态是一种无处不在、略显神秘而又时时发挥着现实功用的物质性存在，是渗透和弥漫于诸多意识形态国家机器当中的建构主体的活动。为了凸显主体在被建构过程中还有一定的主动性空间，阿尔都塞的弟子米歇尔·佩舒(Michel Pêcheux)随后提出了不认同(disidentification)的说法。福柯尽管拒绝使用“意识形态”一词，但他对于权力概念、对于权力与知识共谋关系的强调，对于话语建构效能的强调，显然与阿尔都塞的意识形态和主体建构理论有深层的关联。

至于法兰克福学派对意识形态概念的理解，则更多是从意识形态的消极社会职能这一角度进行，其外延比较宽泛：不仅包括社会意识形态的各种形式，而且还包括科学和技术。在霍克海默和阿多诺看来，资产阶级意识形态的支柱——理性——本质上就是具有暴力性和操纵性的东西，它残暴地驾驭着大自然和肉体的感性的独特性。人们为了能一致地同自然界作斗争和进行生产，往往对人的本能、欲望进行压抑和管制，一切的意识形态正是为此而建立起来的一种“同一性思考”的机制。这种“同一性”用一种理性的妄想抹杀了个人的独特性，将事物的独特性和多元性无情地转化为自身的幻象，资产阶级宣扬的抽象平等交换机制正是这种资产阶级意识形态的神秘性之所在。法兰克福学派由此将资本主义意识形态的本质特征描述为虚假性或非真实性，并将虚假性扩展为一切意识形态所固有的普遍特性。他们认为这种普遍性表现为操纵、欺骗大众和为统治现状辩护等消极功能，需要结合精神分析理论，对个体的精神幻象和社会文化传播行为进行更为彻底的祛魅和批判。

雅克·拉康开创的新精神分析学说，进一步解释了个体精神幻象的生成与意识形态之间的关系。拉康提出的“镜像理论”将主体的成长看成一个与“他者”所代表的既定秩序不断调整和适应的过程，“标明了主体与他自己的自我或形象之间的永远也不能沟通的鸿沟”。拉康借鉴索绪尔语言学和黑格尔精神现象学主—奴辩证法的思想灵感，将弗洛伊德的谈话治疗与带有意识形态倾向的话语表述相联系，将语言学中能指的永恒滑动与人的欲壑难填相联系，由此发现人是一个永远无法完全清楚表述自我的未完成体，因此他对自身的认识必然带有一定程度的虚幻性。拉康的研究深化了有关意识形态与主体、意识形态与语言秩序之间关系的讨论，对阿尔都塞的主体和意识形态理论有直接的影响。

另外，卡尔·曼海姆从知识社会学出发对意识形态概念史进行的历史分析也具有重要的方法论意义。曼海姆的知识社会学先是把一切知识都看作是意识形态，继而又把意识形态与特定的党派立场分离开来，并把它们看作是对“存在的联系”的思考。既对维护现有秩序的意识形态的虚假性进行除蔽，又对批判现存秩序的乌托邦理想进行知识学分析。詹姆逊在《政治无意识》的结尾所探讨的方法论框架——即马克思主义的“否定的解释学”，就借鉴了曼海姆对意识形态的知识社会学分析框架，提出了“意识形态与乌托邦的辩证法”。曼海姆对意识形态和乌托邦的双重分析和洞察，让人们更为自觉地认识到：每一个文化文本内部似乎都包含着意识形态和乌托邦的迷幻，我们的研究和批判就是对这些虚幻的祛除。詹姆逊由此认为，如果这种双重视角——意识形态和乌托邦——的曼海姆式寓意仍然非常活跃，“马克思主义实践的正统的意识形态分析在对实际作品的解读和阐释中，应与马克思主义的肯定解释学或对相同的意识形态文化文本的乌托邦冲动的破译同时进行”。

自20世纪50年代以来，“意识形态已经终结”的断言在欧美知识界不绝于耳，丹尼尔·贝尔的《意识形态的终结》最具代表性。支撑这种断言的两个立论前提：一是认为意识形态与专制、同一化的极权主义有密切关联，它会随着世界政治大对立格局以及极权主义的消解而终结；二是认为意识形态运用的思维方法是科学所不容的，是一种封闭僵化的、易受操纵的带有情绪性的信仰体系，将在政治权力分散化、多元化的欧美逐渐失去激进的追随者。强调多元和差异的后现代主义者，对意识形态概念的抛弃显得更决绝，意识形态被纯粹视为需要解构的元叙述，一种观念一旦被贴上意识形态的标签，就会被带有犬儒色彩的后现代方式打发掉，从而渲染出一派意识形态终结的幻象。但是，正像阿尔都塞等人坚持的那样，只要人类社会存在，意识形态就不可能终结，它潜伏在我们四周，渗透在我们身体当中，无处不在、无时不在，它是物质性的存在，需要我们不断地去祛除萦绕在它四周的光魅。

特里·伊格尔顿通过对意识形态概念进行的细致统计和梳理，认为与其将这些丰富的意义压缩成一个单一的定义，不如将“意识形态”看成是由不同的概念线索交织而成的一个文本，从这些概念线索的历史性分歧中鉴别哪些应该丢弃，哪些应该继承，这恐怕比人为地构造某些宏大完整的理论要更有意义。只有这样，才能理清意识形态、知识、话语及权力之间的复杂关系，完成真正的意识形态批评和文化分析。因此，意识形态不是一个可以用静态本质论下定义的概念，而应该从话语权力斗争的视角，将对于意识形态的讨论落实到对具体语境中的知识、话语及行为进行意识形态分析的实践上。

（孟登迎）

意识形态国家机器(Ideological State Apparatuses)

意识形态国家机器源自法文“Appareils Idéologiques d' Etat”,是法国著名马克思主义思想家路易·阿尔都塞首先创用的一个概念。由于阿尔都塞首先将意识形态问题纳入社会物质生产结构当中进行讨论,在很大程度上绕开了将意识形态当成精神现象或理论(知识)体系的普遍思路。阿尔都塞继承了马克思、列宁和葛兰西等人对于国家和意识形态所做的理论探讨,最终将主体建构、劳动力的再生产与国家机器等概念有机地联系在一起,揭示出主体及主体性被建构的物质基础和体制结构。

阿尔都塞对意识形态问题的讨论是从意识形态的神秘性开始的。他首先将意识形态放在社会结构当中去理解,在初步揭示意识形态的外在特征和社会职能之后,再进一步思考作为表象体系的意识形态与个体“意识”的相互关系,倾向于将意识形态理解为一种先于个体存在的文化客体、社会结构、思想通道或政治无意识。他认为意识形态所反映的是人类同自己生存条件的“想象”关系,“是人类对人类真实生存条件的真实关系和想象关系的多元决定的统一”。因此,意识形态表象背后隐藏着复杂的社会关系结构和主体认同活动,不能将意识形态仅仅看成一种否定性的虚假存在,它可能是一种动力体系,物质地、真实地发挥着改造我们的功能。这意味着,意识形态是一种无处不在、略显神秘而又时时发挥着现实功用的物质性存在。如何认识意识形态的物质存在和功能?在1969年所写的著名论文《意识形态和意识形态国家机器》中,阿氏认为还是要回到劳动力的再生产问题当中,但考察的重点应该集中在支配个体生存信念的最重要载体——国家机器上。

阿尔都塞认为,马克思所说的生产条件的再生产至少包括两个必要条件:一是劳动力的再生产;二是现存生产关系的再生产。他尤其重视劳动力的再生产问题,认为后者涉及意识形态和主体构造这个更复杂的问题。“劳动力的再生产不仅要求一种劳动力技能的再生产,同时,还要求一种对现存秩序的规则附以人身屈从的再生产,即工人们对统治意识形态的归顺心理的再生产,以及一种剥削和压迫的代理人恰如其分地操纵统治意识形态的能力的再生产。”从劳动力再生产角度考察意识形态所起的特殊功用,将问题推向主体的自我建构,推向国家机器和社会机构的教化功能问题,这些实际上是阿尔都塞意识形态理论的核心。

在探讨国家机器与意识形态的关系时，阿尔都塞直接继承了葛兰西对于国家和意识形态的精辟探讨。葛兰西是第一个强调意识形态之物质载体的创造型马克思主义思想家，阿氏高度赞扬葛兰西的独创性，认为葛兰西提出一种新的“令人惊异的”国家观念，即“国家不能被简缩为（强制性）的国家机器，还应当包括一定数量的‘市民社会’机构，如教会、学校、工会等”。受此启发，阿尔都塞指出，尽管马克思主义经典作家一般将国家看成与政权紧密相关的强制性机器，但在他们的政治实践中还是看到了国家机构的复杂性，看到了国家政权（State power）与国家机器（State apparatus）之间的相对差别。政权的覆灭或更替并不意味着所有国家机器都要发生完全的变革，掌握政权的阶级或阶级联盟有可能利用原有国家机器的功用来达到自己的阶级目的。他强调“不仅必须注意国家政权和国家机器的区别，而且还要注意另一类明显支持（强制性）国家机器的实体，但一定不要把这些实体同（强制性）国家机器混淆起来。我将这类实体称作意识形态国家机器”。因此，国家权力的实施可以通过两种方式、在两种国家机器中进行：一种是强制性和镇压性国家机器，另一种则是意识形态国家机器。前者包括政府、行政机构、警察、法庭和监狱等等，它们通过暴力或强制方式发挥其功能；后者包括宗教的、教育的、家庭的、法律的、政治的、工会的、传媒的（出版、广播、电视等）、文化的（文学、艺术、体育比赛等）等诸多方面的意识形态国家机器，以意识形态方式发挥作用。

综上所述，可以看出，意识形态国家机器是“政治无意识”所依附的真正的物质基础，是对个体进行体制化规训和合法化“生产”的领地，是一套看似温和却弥漫着神秘暴力的社会调控工具。意识形态国家机器概念的提出，在很大程度上打破了资产阶级法学或伦理学体系对公共/私人领域的区分，深刻揭示了公共领域对私人领域的渗透和作用，尤其强调了公共法则对私人领域的控制。在诸多意识形态国家机器当中，阿尔都塞最为关注和重视家庭和教育机构，他对此进行的纲领性的探讨已经在相当大的程度上影响了西方当代的诸多文化理论和身份政治运动（如女性主义、同性恋运动、酷儿理论、少数话语等）。尤其是阿尔都塞对教育机构的深层分析，已标志着西方左派革命方向的根本性转移。在工人和学生的街头暴力日益无法奏效、无法发动的时代，阿尔都塞为西方左派在意识形态层面的革命寻找到了物质层面的依托——以学校为代表的众多意识形态国家机器。教育作为培养社会主体和劳动力的典范的意识形态国家机器，既是有意识塑造新一代公民的意识形态阵地，又是知识分子群体聚集的公共领地，各种公共理念都可能在这里交汇撞击。在一些西方左派知识分子看来，左翼知识分子应该到教育机构中进行物质性的革命实践，为继续进行左派革命，他们要走进大学,至少要走入教学大纲。当代西方高等教育领域的许多学术(尤其是文学理论和文化研究领域)争论,大都隐含着强烈的政治取向,这一切与阿尔都塞的影响不无关系。对意识形态国家机器进行深入的分析,将有助于我们去解开日常生活和文化的秘密,恢复社会领域本应该拥有的批判活力。

(孟登迎)

隐喻/转喻(Metaphor/Metonymy)

隐喻和转喻是传统修辞学中的两种基本的比喻类型。隐喻是指用通常(字面)意义上表示某种事物、特性或行为的词来指代另一种事物或特性或行为,其形式不是比较而是认同。比如莎士比亚的诗句"朱丽叶是太阳"就是一个隐喻,因为莎士比亚通过把朱丽叶比作太阳来描绘她的光芒四射的美,却没有用"像"这个词来指明这一类比。转喻是指用一个词来指代它在字面上并不指称但却与之紧密联系的对象。这种联系可以是物理性的邻接(例如用"三十张帆"来表示"三十艘船"),但也不尽然(例如用"我没有读过莎士比亚"来表示"我没有读过莎士比亚写的东西")。

结构主义语言学的代表人物之一、俄裔语言学家罗曼·雅各布森通过其创造性的研究,使隐喻和转喻从两种修辞形式转变为语言的两种基本运作机制。1956年,雅各布森发表了一篇研究失语症的重要论文:《语言的两个方面和失语症的两种类型》(Two Aspects of Language and Two Types of Aphasic Disturbances)。他发现失语症这种语言错乱现象中的两种主要的(并且对立的)组合错乱("相似性错乱"和"邻接性错乱")竟然和两种基本修辞即隐喻和转喻紧密相关。在他看来,这两种修辞都是"等值"的,因为它们都独特地提出了一个与己不同的实体,而这个实体同形成修辞格主体的实体相比具有"同等的"地位。因此,在隐喻"汽车甲壳虫般地行驶"中,甲壳虫的运动和汽车的运动"等值",而在转喻性的短语"白宫在考虑一项新政策"中,特定的建筑和美国总统是"等值的"。广义地说,隐喻是以人们在实实在在的主体(汽车的运动)和它的比喻式的代用词(甲壳虫的运动)之间提出的相似性或类比作为基础的。而转喻则以人们在实实在在的主体(总统)和它"邻接的"代用词(总统生活的地方)之间进行的接近的(或"相继的")联想作为基调。用索绪尔的概念来说,隐喻从本质上讲一般是"联想式的",它探讨语言的"垂直"关系;而转喻从本质上讲一般是"横向组合的",它探讨语言的“平面的”关系。

雅各布森把隐喻和转喻看成是二元对立的典型模式，它们为语言符号得以形成的选择和组合这一双重过程打下坚固的基础：“特定的话语（信息）是从所有的组成因素（代码）的库存中选择出来的各种组成因素（句子、词、音位，等等）的组合。”正如索绪尔所说的那样，这种信息是由“平面的”运动和“垂直的”运动结合而成的。“平面的”运动把词语组合在一起，“垂直的”运动则从语言现有的库存或“内部贮藏室”中选择具体的词。组合的（或句段的）过程表现在邻接性（把一个词置于另一词的旁边）中，它的方式因而是转喻的。选择的（或联想的）过程表现在相似性（一个词或概念和另外的词或概念“相似”）中，它的方式因而是隐喻的。因此可以说，隐喻和转喻的对立其实代表了语言的共时性模式（它的直接的、并存的、“垂直的”关系）和历时性模式（它的序列的、相继的、线性发展的关系）的根本对立的本质。隐喻和转喻构成了语言的两种基本向度，它们表明了语言是怎样工作的。隐喻和转喻的关系可图示如下：

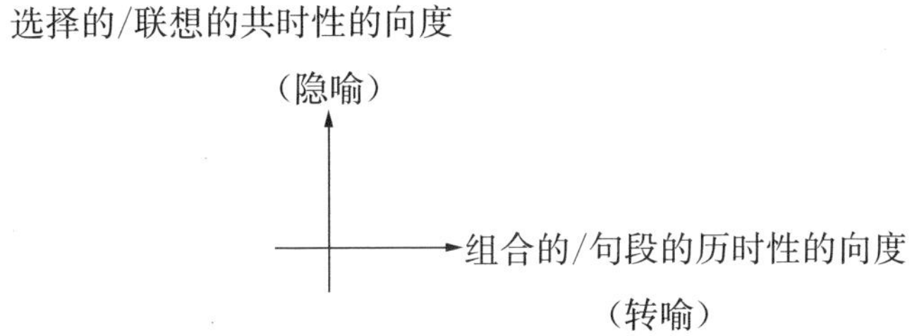

举例来说，在“我是教师”这个句子中，“我”和“是”这两个词的关系是转喻的关系，而“医生”或“律师”等可以取代“教师”则依赖于它们之间的隐喻关系。隐喻和转喻共同构成了具体话语的意指关系的生产方式。

雅各布森还把隐喻和转喻运用于文学风格学的研究。他发现，语言中隐喻和转喻过程的区别不仅在语言的个别表达层次上，而且在更大的话语模式上都可看到。因此，在任何一部文学作品中，话语都是根据相似或邻接关系——也就是根据隐喻或转喻思维过程——来转换主题的。而不同的文学风格可根据它们对哪一种过程的偏好来加以区别。他指出，本质上由邻接性促成的散文往往倾向于转喻，而有格律押韵和强调相似性的诗歌则偏向于隐喻；现实主义的作品是转喻性的，而浪漫主义和象征主义的作品则是隐喻性的。

雅各布森对隐喻和转喻的重新阐释是结构主义语言学的重要理论贡献之一，对其他理论家产生了深刻的影响。雅克·拉康将隐喻和转喻模式引入其精神分析研究中，遵循的就是雅克布森的阐释。根据雅各布森将隐喻和转喻分别等同于语言的纵向选择轴和横向组合轴，拉康把隐喻界定为一个词代替另一个词或一个能指取代另一个能指，而把转喻界定为能指链中一个能指和另一个能指间的历时关系。在拉康看来，隐喻和转喻这两种语言运作机制可用于一种特殊的语言——即作为“大他者的话语”的无意识的分析中。他认为隐喻和转喻分别对应于弗洛伊德在分析“梦工作”时所揭示的压缩和移置的机制：“‘verdichtung’，或‘压缩’（condensation），是能指的重叠结构，隐喻把它当作自己的领域，而且它的名称将‘Dichtung’一词压缩在自己里面，显示这一机制与诗是性质一致的，以致它包含了诗所特有的传统功能。在‘verschiebung’，即‘移置’的情况中，这一德语词更接近于我们在转喻中所看到的意指关系的转向的观念。自从它第一次出现在弗洛伊德的著作中之后，它就被看作无意识用来挫败审查的最合适的手段。”

弗洛伊德的压缩机制，使许多梦思想变形合成为显梦中的一个单一的新项，这类似于隐喻的过程。同样地，移置机制使隐蔽的梦思想的某些特征与显梦的截然不同的要素联系起来，类似于转喻的功能，这恰恰是因为两者都突出要素与要素、能指与能指间的关系的优先地位。这样，拉康就揭示出弗洛伊德对梦的解释实质上是解释它们的“语言结构”。他因而颠覆了视无意识为被压抑的原始本能的通常看法：“无意识既不是初始的，也不是本能的；它所知道的基本的东西只是能指的基本要素。”“依照弗洛伊德的说法，无意识是一条能指链。”“梦工作遵从的是能指的法则。”而这些正是拉康的著名命题“无意识像一种语言一样地被结构”的含义。

按拉康的看法，语言的分析机制同样也可用于神经病症候和一般欲望。拉康论证说：“隐喻的双重引发的机制正是症候在分析的意义上被决定的机制。……一个症候是一个隐喻，其中肉体或机能被当作一个意指的要素。”而拉康强调这种说法本身却并不是隐喻。可以说，一个神经症行为本身就是一个取代某个其他的能指的能指，而这个其他的能指因其没有在个体的行为中表现出来，实际上是被压制在无意识中的。因此，在精神分析对话的过程中，必须使这个被压制的能指从持存于受分析者行为的其他要素间的转喻关系中再现出来，从而把这整个行为理解为一个能指链。

拉康把转喻描述为一个沿着能指链从一个能指到另一个能指的历时运动，因为一个能指在一种意义的永远延搁中不断地指涉另一个能指。欲望的特征恰恰也是同样的无止境的不断延搁的过程，因为欲望总是“对别的东西的欲望”，欲望的对象一旦被得到，它就不再是可欲的了，而主体的欲望又会集中在另一个对象上。所以拉康写道：“欲望是一个转喻。”

（严泽胜）

永恒轮回(Eternal Return)

永恒轮回(Ewige Wiederkehre)是尼采哲学的核心术语。表面上看来,尼采的"永恒轮回"不过是袭用了很多民族都流传的古老神话,埃利亚德在《永恒轮回的神话》(*The Myth of the Eternal Return*,1949)中指出,对万事万物都轮回或转生、重生的信念是人类最古老的一个神话。永恒轮回的神话一般被认为是原始社会或农业社会的产物,它是对宇宙和时间最古老的沉思。尼采既不是利用这个古老的神话的内涵,也不是要恢复古代的自然观和时间观,而是要克服现代西方虚无主义危机。这一虚无主义的危机是由柏拉图主义的理念世界、基督教的彼岸世界以及现代历史主义所导致的。尼采的永恒轮回学说意欲克服这种虚无主义的万事皆空的思想。

尼采最早是在《快乐的科学》中讲到了永恒轮回的学说:"假如恶魔在某一天或某个夜晚闯入你最难耐的孤寂中,并对你说:'你现在和过去的生活,就是你今后的生活。它将周而复始,不断重复,绝无新意,你生活中的每种痛苦、欢乐、思想、叹息,以及一切大大小小、无可言说的事情皆会在你身上重现,会以同样的顺序降临,同样会出现此刻树丛中的蜘蛛和月光,同样会出现现在这样的时刻和我这样的恶魔。存在的永恒沙漏将不停地转动,你在沙漏中,只不过是一粒尘土罢了!'你听了这恶魔的话,是否会瘫倒在地呢?你在以前或许经历过这样的时刻,那时你回答恶魔说:'神明,我从未听见过比这更神圣的话呢!'现在你是否会咬牙切齿,诅咒这个口出狂言的恶魔呢?倘若这想法压倒了你,恶魔就会改变你,说不定会把你碾得粉碎。'你是否还要这样回答,并且一直这样回答呢?'这是人人必须回答的问题,也是你行为的着重点!或者,你无论对自己还是对人生,均宁愿安于现状、放弃一切追求?"可见,永恒轮回是权力意志学说的一个深化。如果没有权力意志的话,永恒轮回就会陷入虚无主义之中,因为如果"万事皆空,一切相同,一切俱往",如果现实的世界就是一个不断生成和消灭的过程,那么一切就毫无意义,这个世界就是一个虚幻的世界。一切都"永恒轮回",那么没有任何新的可能性,也没有任何高级的目的,这就会使人陷入极度的绝望之中。只有以权力意志肯定这个生成的世界,肯定生命本身在生成中的存在,人类才能克服虚无主义的绝望,克服要向所有逝去的进行复仇的怨恨心理,积极地面对这个本来就有限的且永恒轮回的世界。

永恒轮回学说是《查拉图斯特拉如是说》一书思想的顶峰，这一学说代表了尼采哲学中最美妙的、最诗意的、也是最形而上学的部分。尼采在《查拉图斯特拉如是说》中通过各种各样的隐喻表达了这种对生命的积极肯定所达到的新境界，他将永恒轮回比喻为孩子的游戏，比喻为指环的联盟，比喻为鹰与蛇的纠缠，比喻为酒神的歌舞。

在《查拉图斯特拉如是说》第二部分“论救赎”（Erlösung）一节中，尼采假借查拉图斯特拉之口阐述了永恒轮回学说的含义，那就是要把生命从对时间和“过去”的复仇心理中解放出来，获得最高程度的自我肯定。如果一切创造都将在时间之流中生生灭灭，一切当下都会注定要成为过去，一切并没有一个永恒的意义，而是一个永恒的生生灭灭的过程，那么，生命就会由于无意义的虚无感而绝望，并仇恨一切生成的和过去的事物。如果不能把“过去如此”（Es war）变成“我愿意如此”（So wollte ich），那么，所有的“过去如此”之物都是一种偶然性，一些毫无意义的事件，一个令人彻底厌倦与绝望的世界。只有以权力意志去积极肯定这个永恒轮回的生命，而不是将其视为纯粹的偶然性的生成之流，生命才能从柏拉图的理念世界以及基督教的彼岸世界的幻象中解放出来。在《查拉图斯特拉如是说》这部哲学戏剧中，尼采揭示了永恒轮回学说的复杂性。并不存在着一个简单的永恒轮回的神话，而是一个极其复杂的克服虚无主义困扰的自我教育的体验。要想在最大程度上肯定生命，就必须先体验生命的虚无；要想得到永恒轮回的狂喜和游戏，就必须经历生命的变形和历练，经历深渊一般沉重而恐怖的思想磨炼；要想得到健康和康复，就得先遭受大病的痛苦折磨；要想摆脱怨恨和复仇的心理，就得先感受恐惧与颤栗。“永恒轮回”的思想不啻一场巨大的斗争之后所得到的快乐和解脱。“永恒轮回”就是“热爱命运”，就是以“权力意志”肯定永恒轮回本身。

从永恒轮回的字面上来看，这一学说包含着某种悖论式的时间观念。因为，“永恒轮回”既不等同于基督教的“永恒”的时间观念，也不等同于神话的“轮回”的时间观念。实际上，在《历史对于生命的利弊》中尼采早已提出了一种超历史的和非历史的时间性，这种时间性就是“瞬间”或“当下”（Augenblicke）。这种时间性不是超时间的彼岸世界的永恒，也不是一条由过去、现在和将来组成的时间箭头。相反，这种时间性具有某种新奇的特征，它既是流逝的和生成的，也是当下的瞬间就可以达到永恒的。这种时间性是克服了基督教的时间性和现代历史主义的时间性之后的新生命的时间性。

从永恒轮回的字面上来看，只有有限的存在才会永恒轮回，而无限的存在则会自足不动。因此，永恒轮回实际上乃是有限的同一事物的不断重复。在有限的多样的同一事物的永恒轮回中，我们会发现万事万物不断生成的存在。每一次轮回并不是同一事物的简单重复，而是事物自身的自我创生和不断选择的过程。尽管没有超验的和终极的意义，但是，这也并不意味着一切终归于虚无。因为，正是在同一事物的永恒轮回之中，我们才看到了生命本身的自我存在和价值，从而也看到了万事万物的自身存在，整个自然处于一个各安其位的等级秩序之中，没有外在于自身的价值、意义和目的。当此之时，“万物是自己跳舞：它们出来，手拉着手，欢笑，逃开，然后返回。万物走了，万物回来；存在之轮永恒地转动。万物死亡，万物复生，存在的岁月永恒地流转。万物破碎，万物重新组合，同一个存在屋宇永恒地自己建构。万物分离，万物复又相聚；存在之轮永恒地忠于自己。存在开始于每一瞬间；彼处之球围绕此处之球永恒地转动。中心无处不在。永恒之径充满了曲折”。

可见，“永恒轮回”学说就是尼采的“快乐的科学”，它通过强有力的权力意志，克服了对一切皆变以及一切皆轮回的恐惧和厌倦，积极地肯定和赞美生命自身。只有生命才可以说出“我渴望再来一次，我想要永恒地轮回”的呼喊，只有生命才可以选择肯定自身。可以说，尼采的酒神精神所赞美的对象就是永恒轮回的世界，而权力意志所要肯定的内容就是万事万物存在的永恒轮回，就是生命自身，就是自我克服者在大地上的诗意的栖居。永恒轮回思想既是对那些“人性、太人性”的现代思想的批判，也是对基督教的民众柏拉图主义和禁欲主义道德世界的批判。

永恒轮回思想是尼采思想最为积极的和建构性的一面，也是尼采哲学最为健康无害的一面；它不仅是尼采哲学思想的顶峰，而且也是其洋溢着快乐与幸福的诗歌以及令人难以捉摸的那些隐晦的教诲的根源。尼采的“永恒轮回”学说对现代西方哲学产生了极为深远的影响：海德格尔将其视为一种存在学说，并在其《存在与时间》中发展了他的“当下”的时间观；卡尔·洛维特将其视为重返古老的自然观；德勒兹将其视为对多样性的肯定；福柯将其视为人的终结；德里达将其视为解构的游戏性。可以说，尼采的永恒轮回学说不仅是这位古典语文学家从古典思想中所获取的美妙的思想，而且也成为整个后现代主义思想的发源之一。

（张旭）

忧郁（Melancholy）

忧郁在西方文化中占据着重要的一席之地。在古典思想中，亚里士多德提出的“‘黑色胆汁’的忧郁气质决定卓越精神”的论点影响了其后两千多年的忧郁观。从中世纪到文艺复兴时期，液体病理学中的性格理论认为人体内过分的干燥和寒冷造就了嫉妒、悲哀、贪婪、贪吃、不忠诚、胆怯和面色如土的忧郁者。此外，忧郁增进预言能力、忧郁的天才特别容易体现在预言活动中的看法古已有之，人们通常会认为复仇情绪、灵感、梦幻、诱惑、预感、征兆皆为忧郁所致。

值得注意的是，中世纪的忧郁论与占星术有着紧密的联系，当时土星的影响能够控制忧郁性情之说深入人心。这种学说认为，忧郁者的内省与土星有关，原因在于土星是距离日常生活最高和最远的行星，是一切深邃思辨的创始者，因此可以从外部把灵魂招至内在的世界，使其上升到更高的位置，从而缔造掌握终极知识和预言的天才。然而，土星内含的矛盾精神一方面与人以智慧和思辨的力量，另一方面又赋予灵魂懒惰和迟钝。到了文艺复兴时期，对受土星影响的忧郁的重新阐释作为一种天才理论得到了空前的发展。对这个不惜一切代价接近自然奥秘的时代来说，忧郁提出的问题是怎样在发现土星的精神力量的同时逃避疯癫，解决方案就是把崇高的忧郁即英雄的忧郁与普通有害的忧郁区别开来，并且把身体和灵魂的严格训练与占星术的魔法结合起来。

巴罗克时期，英国学者罗伯特·伯顿在《忧郁的解剖》(*The Anatomy of Melancholy*)一书中论述了忧郁的定义、起因、症状和诊治，特别分析了爱的忧郁和宗教忧郁，为巴罗克时代的哲学和心理学思想提供了颇具价值的材料。伯顿认为，忧郁是知识人性格的主干，不满足于现状的知识分子的特征是忧郁。忧郁者不行动，与活动、劳动、工作、勤奋、前进等近代资本主义的日常精神气质无缘。他们迟疑踌躇、不能决断，哪一个选择都不能舍弃，但任意选择又都不满意。

瓦尔特·本雅明在他的重要著作《德国悲剧的起源》(*Ursprung des deutschen Trauerspiels*，1925)中指出，忧郁论在一些古代寓意画中变得清晰起来，正是文艺复兴时期的天才阐释首先把这些学说赋予了寓意画，其中丢勒的铜版画《忧郁》在许多方面显示了巴罗克忧郁的时代情绪。

本雅明进一步指出，在巴罗克悲悼剧中，沉思忧郁是悲悼的首要特点。中世纪忧郁的学者形象成为剧作的一个决定因素被移植到君主身上。君主成为忧郁者的最高典型。人的脆弱在此暴露无遗，连专制君主也不免如此，他们的意志也逐渐被忧郁情绪所消磨。宫廷和地狱别无二致，是个永远悲惨之地。“哪里有权杖，哪里就有恐惧”、“悲哀的忧郁大多寓于宫廷”是悲悼剧中常见的警句。因恐惧而颤抖作为忧郁的标志控制了君主，备受折磨的君主往往以陷入狂暴的疯癫而告终。由于土星使人冷漠忧郁、行动迟缓，君主的优柔寡断无非就是受土星影响的懒惰，其心灵的懒惰导致王权的丧失。

在德国悲悼剧中，典型的态度是反宗教改革运动，因此其决定因素就是中世纪经院哲学中的忧郁意象，这使它不能成功地构想出适合两个时代的人物形象。只有莎士比亚才能从巴罗克僵死的忧郁者身上碰撞出基督教的火花，哈姆雷特的身上具有土星的上升和懒惰的标记，忧郁的自我专注只有在这位王子身上才能达到基督教的高度。哈姆雷特的生命，即他悲悼的典型客体，在消失之前就已承担起基督教的天命，在基督教的怀抱中，他的悲悼形象变成了一种蒙受上帝恩宠的生命存在。本雅明认为，德国产生不了哈姆雷特，因为德国悲悼剧从来不能赋予自己新的生命，不能在自身内部唤起明确的自我意识。

现代精神分析学对忧郁的关注由来已久。弗洛伊德认为，忧郁有别于意识到失去之物的悲哀，它与某种模糊的对象丧失有关。忧郁的精神症状是深刻痛苦的郁闷、对外界的兴趣缺乏、爱的能力丧失、行动受阻并伴随着内疚悔恨、自责自嘲和情绪低落。朱莉娅·克里斯蒂娃继承了弗洛伊德的研究，建立了自己的忧郁论。她在分析临床病例的基础上，探讨了忧郁在艺术和文学中的表现形态，着重论述了忧郁与宗教和神秘主义的关系、女性的性别特征与忧郁的关系、诗歌的语言活动与忧郁的关系以及转化忧郁的机制问题。由此可见，忧郁在当代理论视野中所涉及的领域之广。

（曹雷雨）

游牧（Nomad）

当代法国著名哲学家德勒兹被视为“游牧思想家”，他在其著作《褶子：莱布尼茨与巴罗克风格》中以“新和谐”为题，对莱布尼茨的“单子论”（monadologie）进行后结构主义哲学的思想过滤，以“游牧论”（nomadologie）取而代之。虽然这两个术语在法文中只是拼写上调换了 m 与 n 的位置，但是却意味着从“单子”的闭合的世界中延展出一个新的思维空间。德勒兹的“褶子”哲学美学观念与西方巴罗克文化艺术风格都是具有反复折叠的“褶子”式特征的世界，充满着自律与互动，标志着一种开放性的思想游牧。

游牧并非空穴来风或者单纯的文学隐喻。虽然德勒兹和加塔利并未给“游牧”以明确的界说，但是这一概念却几乎贯穿在他们全部重要的著述之中。在《差异与重复》

中,游牧意味着由差异与重复的运动构成的、未科层化的自由装配状态;在《反俄狄浦斯:资本主义与精神分裂症》中,德勒兹和加塔利认为分裂症的本质在于欲望的自由游牧。人们无法设定任何目的来拘囿欲望,因而欲望的游牧呈现非确定性和多元性。游牧意味着"新的大地",精神分裂症者犹如游牧者外出巡游,能够呼吸新鲜空气,与外界产生联系,因此分裂症模式要好于作为分析对象的精神病患者躺在精神分析家床上的模式。在《千高原》中,游牧与世界范围的文明迁徙中游牧民族制造的战争机器相关。在人类社会组织的基本类型中,战争机器与国家机器形成对位,分属游牧类型与辖域类型。两者的关系犹如游戏理论中围棋与象棋的关系。德勒兹和加塔利认为,围棋的"游牧"与象棋的"国家"相对峙,游牧战争与政治国家相对位。围棋属于"光滑"的空间,象棋属于"条纹"的空间。象棋中各个棋子皆身份明确,帝、王、将、相、兵、炮、马、车、后职责分明,其战争遵从机构化、编码化的规则,有前线,有后方,有作战机制;围棋中各个棋子则是匿名的、聚合的、单一的,具有第三人称功能,是非主体的机器装配,没有作战的等级制机构,只有情境联系或战略。我们认为,在某种意义上,体育竞赛和文艺节目表演也同样形成游牧类型与辖域类型的对位关系。体育竞赛充满着非确定性和可能性,其多种因素的影响导致千差万别的结果,因而是一种具有游牧韵味的魅力十足的"光滑"的空间;而文艺表演则是事先设计、排练、按部就班完成的,具有明显的预定结构与既定目的,因而是一种可掌控的辖域化的"条纹"的空间。相对国家机器与既定辖域而言,战争机器与游牧方式均有破除既有状态,在差异与重复中不断逃逸或生成新的状态的性质。

在当代哲学美学中具有重大意义的主体问题上,德勒兹和加塔利的"游牧主体"(nomadic subjects)概念具有重要意义。个体的身体不是单数而是复数,它们通过不同的行为和干涉关系形成多元的主体身份。一个人可以同时是女人、白人、中产阶级等等,这种观念关涉的不是存在问题,而是与其他身体和其他政治差异的事件的相关联系所导致的结果。德勒兹的"游牧主体"概念打破了主体、性别、种族和阶级等二元对立的社会文化符码,使思想和相互作用的新形式创造成为可能。

在文化研究和符号学的维度,世界是如何被图式化和科层化的?德勒兹和加塔利从符号论框架中历史与文化的力量冲突的维度出发对此加以阐发,其中"游牧"概念扮演了重要角色。按照德勒兹和加塔利的观念,世界是由多个符号系统构成的。其中不少系统迥异于作为"特殊的欧洲疾病"的西方理性哲学超验传统。这些符号系统可以根据其意义和特征分为三种体制:一、前意义的符号论(presignifying semiotic)——这是多元的、多声部的符号论,它规避普遍性的暴政;二、反意义的符号论(countersignifying semiotic)——它以“游牧”为特征；三、后意义的符号论(postsignifying semiotic)——它涉及将主体性模式建构加以具象化过程。这些符号论可以融为一体，可以与不同的“装配”相关联。

以世界文明中迁徙型的希伯来(犹太)文化为例，以多元化为特征的前意义的符号论与以游牧为特征的反意义符号论曾经建构了犹太人历史的一部分(《旧约》曾经描绘摩西率领犹太人走出埃及、进入旷野的文化迁徙历史)，但是这段历史后来为上帝信仰模式的具象化过程或后意义符号论的一神论信仰所覆盖。上帝的超验主体观念是这种一神论的高度极权主义的表达式。因此，德勒兹和加塔利把西方基督教传统解读为杂糅的符号学形式，它合并了激情主体形式和偏执专制形式，对其加以反拨的结果之一即是宗教改革。尤为重要的是，“二希文化”的结合导致西方思想文化的主潮发展成为灵肉二元论，笛卡尔式的“我思故我在”就是这种以理性为主体的二元论的典型形式。德勒兹1962年解读尼采，把理性视为一种主要的“反动力”。理性/情感(灵/肉)固定的二元论与游牧的流散性质的多元论恰成对照。德勒兹后结构主义的思想取向显然看重的是多元流变的“游牧”论。

在此意义上，这种超验主体性的犹太模式是直接与游牧符号学相对立的。如前所述，游牧符号论是一种“反意义”的符号学。它抵抗希伯来一神教的极权体制以及其他的控制机器，例如国家机器。游牧论集中体现为“生成”状态，发挥着挣脱严谨固定的符号体系藩篱的逃逸线的功能。类似地，德勒兹和加塔利的“褶子”、“块茎”等概念的本质特征是混沌宇宙无序的“秩序”的一种反映。因此，游牧论在定义上是与上帝无所不在的教义和笛卡尔主体理性中心主义“cogito”(我思故我在)意义上的“普遍性”相悖立的；反之，它与特殊性的表达式相关联，与具体的犹太民族相联系，因此也就与一个特殊的种族及其历史语境相关联。德勒兹和加塔利认为“主体化的极权主义过程最纯粹地体现在犹太民族的命运之中”，他们提倡游牧思想以对峙权威化、绝对化、普遍化的超验主体性，认为历史并非基因的叙事或进化的叙事，而是游牧的旅程图式。德勒兹曾经说尼采的思想就是游牧的思想。同样可以说，德勒兹和加塔利的思想也是游牧的思想。

但是，这里似乎也存在某种悖论：德勒兹和加塔利以“游牧”概念建构了一种意义模式，一方面具有显而易见的反基要主义、反本质主义的特征，是一种多元性、多声部的漫游与生成，恰如游牧民逐水草而居，居无定所。另一方面，生存与发展的欲望是游牧的主导内驱力；他们所构想的游牧“多声部”模式的背后，又掩盖了其“游牧本质”的基要主义性质。

德勒兹和加塔利的符号论依赖于一种活力论(vitalism)的形式。这种活力论在历史编纂的年鉴中是无法找到的。德勒兹认为游牧"没有历史","只有地理学"。因为历史是极权主义和权威叙事的产物,历史总是拒斥游牧者。游牧的"逃逸线"是试图从历史中逃遁的一种努力。德勒兹和加塔利的游牧思想是建立在其多元符号论和"过程本体论"的基础上的,并且由此建构了一种关于文化与力量取向关系的后结构主义哲学与文化的叙事。

(麦永雄　段祥贵)

有机知识分子(Organic Intellectuals)

有机知识分子是葛兰西在《狱中札记》中所提出的关于知识分子的重要论断。葛兰西对知识分子一直都很感兴趣,他在狱中来信中就多次提到要研究知识分子问题。在 1927 年的信中,葛兰西就指出首先要研究意大利的知识分子,研究他们的起源,研究他们的文化流派,研究他们不同的思维方式,等等,并认为这是一个具有高度启发性的题目。

葛兰西的有机知识分子是与传统知识分子(traditional intellectuals)相对而言的。所谓传统知识分子,是指在社会变动过程中,仍然凭借着文化的持续传承而保持相对稳定地位的知识群体。传统知识分子主要来自那些与过去的经济结构或生产方式(如封建的生产方式、小资产阶级的生产方式等)相联系的知识分子,而当这些旧的生产方式没落或退出历史舞台后,这些知识分子仍然作为一种独立的力量而存在,代表着一种历史的连续性,如教士阶层等。

但对葛兰西来说,他更强调的是随着社会的发展和新阶级的兴起而产生的"有机知识分子"。葛兰西指出,每个社会集团都会同时有机地制造出一个或多个知识分子阶层,并在自身的发展过程中进一步加以完善"有机的"知识分子,这样的阶层不仅在经济领域而且在社会与政治领域将同质性以及对自身功用的认识赋予该社会集团。

葛兰西所说的知识分子的"有机性"实际上有两层意思,一是与特定社会历史集团的"有机性",即每一个社会集团都会产生出与其保持紧密联系的知识分子阶层。由此对葛兰西来说,为确保获得争取文化霸权的胜利,无产阶级需要培养自己的有机知识分子,并且同化和征服传统知识分子。知识分子有机性的另一层就是与大众的"有机性”，这种有机性在葛兰西看来就是知识分子与大众的辩证法。葛兰西指出，知识分子不仅仅教育和启蒙大众，其自身的发展，自身在数量和质量上得到壮大和提高，与群众运动是紧密相连的。人民群众进一步提高了他们的文化水平，同时也扩大了他们的影响力。

由此可见，大众需要知识分子的引导只是问题的一个方面，而另一方面是知识分子也需要融入大众，从大众那里不断充实自己。在这里，葛兰西批判了知识分子那种忽视大众甚至脱离大众的认识。他曾指出，知识分子的错误在于相信，即使和人民—民族分开，知识分子也能成为一个知识分子，甚至可以去创造政治—历史。而实际上，这就把知识分子和人民—民族的关系归结为那种纯粹官僚的和形式的关系，知识分子就变成一种特权阶级或一种教士。这显然是不可能的。

葛兰西提出有机知识分子的根本目的，是出于其政治上反霸权的需要。在葛兰西看来，领导权不是通过武力压制获得的，而是通过对大众进行知识道德上的宣传，通过赢得大众的“同意”而获得的，在这种情况下，武力或暴动是不可能取得反霸权的真正效果的，而只有通过知识分子与社会特定集团和大众这种双重的天然的有机联系，特定的社会集团或政党才可能赢得大众的同意，才可能真正联合大众，并与之一道去取得反霸权的胜利。这是葛兰西重视知识分子，强调知识分子的有机性的根本原因。

葛兰西有机知识分子概念的提出，可以说是对卡尔·曼海姆“自由漂移”的知识分子理论的否定。在曼海姆看来，知识分子是一个“非依附性”的“自由漂移”的阶层，即知识分子并不依赖于某一特定的社会集团或阶级，不属于任何阶级，可以说是一个没有或几乎没有“根”的阶层。而葛兰西的有机知识分子可以说直接否定了这种可以超越任何阶级或集团的观点，指明了超然的个体并不存在，知识分子必须进入社会实践才能真正发挥作用的现实。但在这里我们需要注意的是，葛兰西所说的知识分子的有机性，并不指的是依附性甚至从属性，更不是简单地执行特定集团或阶级的政策，甚至成为某一党派的喉舌，而是以反霸权、以大众的解放为根本目标，以创造新文化、创造新文明、创造新人类为根本目的，而不是以党派利益为中心，这就使得葛兰西的有机知识分子带有很强的启蒙色彩，这是葛兰西关注有机知识分子的根本原因。

在文化研究中，知识分子问题并不是一个简单的拥有多少文化知识的问题，也不是一个简单的传授知识的问题，而是一个知识分子在社会中的职能问题。这牵涉到知识分子与社会、与体制、与霸权，乃至与大众之间的复杂关系。在这种复杂的关系中，文化研究需要知识分子在保持其自身独立性的同时，必须积极地介入现实，走向社会公共领域，揭示并批判社会霸权的压制，让人们看清真相，并进一步引导人们走向反霸权实践，促进人们新的解放与进步。这就是文化研究所要求的具有批判精神的有机知识分子。也正是在这一意义上，斯图亚特·霍尔(Stuart Hall)指出，文化研究要生产自己的有机知识分子。他说，文化研究要生产自己的有机知识分子，而有机知识分子要在两个方面发挥其突出的作用，一是要占据知识理论工作的前沿，要比传统知识分子了解更多的理论知识，而且要更深刻，更丰富。这是基于反霸权的需要。因为你要取得反霸权的胜利，你就必须要比对方知道得更多。第二就是知识分子不能回避或推脱传播这些知识观念的责任，也就是不能抛弃大众而沉溺于自己的象牙塔或安乐窝中。由此，创造具有批判精神的有机知识分子，是文化研究发展的一项带有根本性的任务，如果知识分子失去了这种批判意识，则将或者回到传统知识分子自我的封闭的世界中去，或者很容易被权力集团所俘获，成为权力集团的一员，这必将使得知识分子的反霸权实践变得更为艰难。

(和磊)

语言转向(the Linguistic Turn)

"语言转向"是用来标识西方20世纪哲学与西方传统哲学之区别与转换的一个概念，即集中关注语言是20世纪西方哲学的一个显著特征，语言不再是传统哲学讨论中涉及的一个工具性的问题，而是成为哲学反思自身传统的一个起点和基础。换句话说，语言不仅被看成是传统哲学的症结所在，同时也是哲学要进一步发展所必然面对的根本问题，由于语言与思维之间的紧密关联，哲学运思过程在相当程度上被语言问题所替换。

"语言转向"作为一个术语最早是由维也纳学派的古斯塔夫·伯格曼(Gustav Bergman)在《逻辑与实在》(*Logic and Reality*，1964)一书中提出的。他认为，所有的语言论哲学家，都通过叙述确切的语言来叙述世界，构成了语言学的转向，语言成为日常语言哲学家与理想语言哲学家在方法上的基本出发点。但使这个说法得到广泛流传和认同的，则主要缘于理查德·罗蒂所编的《语言学转向——哲学方法论文集》(*The Linguistic Turn*：*Essays in Philosophical Method*，1967)一书的出版。总体来看，两位学者对哲学新动向的总结针对的主要是英美分析哲学，其中包括作为先行者的弗雷格、罗素，在一定程度上受他们影响的牛津日常语言学派和维也纳学派以及后来的逻辑实用主义和批判理性主义。他们共同展示了哲学研究中语言分析的不同方法和阶段。

分析哲学家大多是数理方面的科学家，在追求科学性方面承袭了实证主义的传统，即力图在语言、意义和实在之间达到统一。语言的意义必须通过经验证实来作为其可靠性的基础。弗雷格提出的"逻辑哲学研究三原则"：即反心理主义原则、语义整体原则及反形而上学原则正是这种追求的产物。罗素进一步强调了逻辑是哲学的本质，并力图从自然语言中提炼出具有逻辑可靠性的理想人工语言，以解决语法结构同其逻辑结构不一致的问题。前期维特根斯坦也认为日常语言是一种不完满的充满歧义的领域，也是传统形而上学误入歧途的原因，因此他也力图建立一种以可靠的逻辑为中心的理想人工语言。维也纳学派继承了人工语言的思路，卡尔纳普(Rudolf Carnap)还曾设想过两种较为具体的方案。而以剑桥和牛津大学为中心的日常语言学派则认为哲学的问题主要产生于日常语言的误用，因此只需要对日常语言进行分析，就可以澄清其使用上的混乱。

分析哲学是在科学突飞猛进的时代产生的，受科学主义思潮的影响，那些无法为经验证实的语言命题被宣告为非科学的和无意义的命题。传统形而上学作为一种追求普遍有效性的真理言说系统，其语言必然包含超越于经验的指向，"形而上学"这个概念本身所意味的即是这种超越性，因此分析哲学的科学性要求最终划分出两个世界，即可以用可靠的语言或有意义的命题进行表达的部分和无法进行可靠表达的"无意义"的部分，因为它超出经验证实的可能性，用维特根斯坦的话来说，就是必须对之"保持沉默"的部分。

分析哲学对逻辑的实证性追求必然导致拒斥形而上学的结果，卡尔纳普还明确地倡导通过对语言的逻辑分析消除形而上学。不仅如此，分析哲学实际上意味着哲学研究性质的改变，即哲学变成一种语言批判活动而不是某种理论的建立。语言的逻辑分析和命题意义的澄清变成了哲学活动的全部内容。仍然用维特根斯坦的话说，"全部哲学就是语言批判"，或者"哲学是一种通过描述语言的实际用法而进行的治疗性的活动"。形而上学的思辨哲学最终转变为一种分析性的语言哲学。

英美分析哲学的"语言转向"虽然突出地代表了20世纪哲学的总体特征，并且是这一术语得以产生的具体原因，但并不是这一"转向"的全部内容，而只是其中较为极端的那一部分。继承人文主义传统的欧陆哲学实际上同样走上了集中关注语言、乃至把语言"本体化"的道路。这又分为两条线路，一个是从现象学开始的"现象学——存在主义——阐释学"线路对语言的关注，一个是受索绪尔语言学影响的"结构主义——

解构主义——符号学”线路。

就前一个线路而言，胡塞尔认为语言的意义仍然来自语言符号之外，这一点与分析哲学一样，只是这一外在来源主要与意向性相关；而英伽顿明确指出词句意义的指向是意向性客体，而不是真实客体；海德格尔在某种意义上直接面对的是维特根斯坦认为的那个必须“保持沉默”的领域，他认为意义就在于语言之中，“语言是存在之家”，只不过这语言不是人工语言，也不是日常语言，而是“诗语言”，即本真状态的语言或者“原语言”。在后期海德格尔和伽达默尔的阐释学中，语言实际上已具有本体论的意义，语言成为此在的存在方式，成为存在的寄身场所和人拥有世界的根本方式。

就后一个线路而言，语言意义问题也同样成为关注中心，其直接起点是索绪尔符号学，在某种意义上说，包括了广义的语言即意义表达系统。但是与分析哲学和现象学线路不同的是，语言的意义在这里不是来自语言外部，而是来自语言符号自身。索绪尔首先从符号的差异产生意义的角度为这一线路的哲学发展奠定了理论基础。从某种意义上说，这一线路不只是否定语言表达超验意义的可能性问题，而是否定一切意义的外在可靠性，即对语言符号的“起源”神话的否定。在德里达的解构主义理论中，语言活动被看成是能指符号自身的“游戏”，从而使语言符号具有了真正的本体论意义，传统形而上学不止是转变为语言哲学，而是在这里转变为一种较为极端的符号哲学。显然，在这一线路中，语言意义不仅与外在来源没有可靠的联系，同时也与现象学强调的主体内在来源无关，巴特认为“作者已死”、德里达认为“文本之外别无他物”，语言符号取得了它独立的中心地位，我们可以认为这是一种最为彻底的“语言转向”。

我们看到，“语言转向”在狭义上讲与分析哲学和语言学直接相关，因此“linguistic turn”最初的意义实际上是“语言学转向”；但是从广义上看，它的深度已经涉及符号和表意系统整体，而广度上则包括了欧美现代哲学的整体趋势，因此这一转向也可以认为是西方哲学整体的“语言转向”，对后来的哲学研究影响深远，今天的哲学家已经很难直接去探讨纯粹的哲学运思，而是必须面对各种文化意义领域与语言或者其他指意符号系统之间的密切关系。事实上，美国哲学家皮尔斯早就认为，使用符号的能力乃是思想的根本要素，从这个角度说，皮尔斯应该是最早预言了“语言转向”的一位哲学家。

从横向看，“语言转向”直接导源于数理科学和语言学的发展；从纵的方向看，“语言转向”实际上是现代哲学方法论转向的一个结果，无论是第一、二代实证主义的经验归纳还是现象学的本质直观，都首先意味着现代哲学的方法论转换，其次才是语言在这一转换过程中的出台并取得中心地位。由于语言联系着主体与客体、联系着本体论领域和认识论领域，因此这一转向并非真正与传统哲学异质，而只是从一种新视角来重新探讨传统哲学面临的各种问题，其初衷很难说是对形而上学问题的真正拒绝。只不过在结果上“语言转向”展示了把形而上学科学化的不可能，从这个意义上说，它是对传统形而上学的“终结”。但乐观地看，“语言转向”也反过来标明了人类语言与科学化表达对于形而上学的无力，因此它恰恰更为鲜明地突出了形而上学独立和超越于人类经验范式的价值和意义。

（李应志）

语义学(Semantics)

语义学是语言学的一个重要组成部分，是研究语言意义（语义）的一门学科。同语音、词汇、句法一样，语义是语言的组成部分，是语言的一个层次，也是人类社会中一个非常重要的现象。例如，法国著名学者格雷马斯（A. J. Greimas）就说：“人类世界从本质上来说大概就是意义的世界。一个没有意义的世界，决不会被称为‘人’的世界。”

人类对语言意义的关注可谓由来已久，所涉及的学科也相当多。古希腊哲学家在研究哲学问题时，就涉及语言的意义问题。例如，苏格拉底、柏拉图、亚里士多德等人的哲学著作，都曾探讨过语言的意义。欧洲古代的逻辑学、雄辩术、修辞学、宗教哲学等学科，也从不同的角度触及到了语言的意义问题。中国古代涉及语义的学科主要是训诂学和名辩学。此外，中国古代的哲学、逻辑学、佛学、理学、文学理论等学科，也对语言的意义问题表现出了极大的兴趣。欧洲近代的许多学科如哲学、逻辑学、符号学、心理学、人类学等都从不同侧面探讨了语义，并推动了语义研究的发展。但是，所有上述学科，都没有把语义作为自己的主要研究对象，也未对语义问题进行系统的探究。只有语义学才把语义拿到议事日程上来，作为自己直接的、基本的研究对象，并对其进行全面的系统研究。

一般认为，语义学成为一门独立的学科是 19 世纪初叶的事情。1838 年，德国学者莱西希（K. Reisig）就主张把词义的研究建成一门独立的学科，他称这门学科为“Semasiologie”（semasio“意义”＋logie“学”）。但他的主张当时并没有引起人们的注意。1893 年，法国语言学家布雷阿尔（Michel Bréal）首先使用了“sémantique”（语义学）这个术语，并于 1897 年出版了著作《语义学探索》（*Essai de sémantique*）。从此，语义学逐渐从词汇学中分离出来成为语言学的一个新的分支学科。

在语义学的发展史上，语义学曾表现出两个重要的方面：一方面，作为语言学的一部分，语义学关心的是词义及其演变；另一方面，作为哲学的一个分支，语义学关心的是符号的指称问题。这两个方面实际上形成了语义学发展的三个重要阶段：历史语义学(historical semantics)、结构主义语义学(structuralist semantics)和形式语义学(formal semantics)。历史语义学主要研究词义及其演变规律，结构主义语义学主要关注语义之间的关系，而形式语义学则把焦点放在语义的逻辑和数理问题上。但从研究的角度和范畴来看，语义学又可以分为三大类：语言学的语义学(linguistic semantics)、逻辑语义学(logical semantics)和哲学语义学(philosophical semantics)。语言学的语义学主要是研究词的意义及其演变，特别是着重从社会和历史的角度研究词义变化的原因和规律。例如，词义的扩大、缩小和转移等问题。逻辑语义学研究形式化语言中的指示、真实和满足条件等问题。哲学语义学或称语义哲学，主张语言是哲学分析的唯一对象，至少是最主要的对象。新实证论即逻辑实证论，则是语义哲学中的一个代表、一个流派，它认为哲学是一种分析活动，是对科学的语词和语句的逻辑分析。新实证主义认为，把哲学看作对语言的逻辑分析是一种新的哲学，是哲学上的转折点。

20 世纪 30 年代，在新实证主义运动和语言学的发展中，哲学语义学成了逻辑学中的一部分，专门研究符号与命题所指之间的关系，而不考虑词源、文化和心理因素。尽管语义学在形式逻辑中获得了较大成功，但却付出了放弃认知方面研究的代价。可以说，20 世纪 30 年代以后相当长的时期内，语义学的一个重要发展趋势就是把语言与认知割裂开来，其结果就是把语义的认知理论简化为语义的逻辑或纯语言理论，这一现象在当代哲学尤其是分析哲学中可以找到许多证据。直到 20 世纪 50、60 年代以前，由于结构主义在语言学中处于统治地位，语言学家的注意力主要集中在语言的形式结构上，而语义的研究却未引起重视。例如，美国结构语言学派——描写语言学(descriptive linguistics)一直回避语义的研究，从布龙菲尔德(L. Bloomfield)开始到霍凯特(C. Hockett)再到乔姆斯基(N. Chomsky)，语义的研究都相当薄弱。因此，那时的语义学被戏称为语言学中的“困难户”、“可怜的小兄弟”、“句法学的垃圾箱”。但在 20 世纪 60 年代中期以后，语言学界对语义研究的兴趣达到了高潮，语义学由此成了语言学中的“灰姑娘”。正如英语著名语言学家利奇(G. Leech)在其《语义学》(*Semantics*)一书的序言中所说：“语义学在语言研究中的地位越来越重要，成了研究的焦点，多数人现在同意这种看法。”当然，现代语言学对语义研究的重视，一方面是语言学发展内部规律的合乎逻辑的表现：对语言研究越深入，就越会发现语义问题的重要性。

另一方面，对语义的重视也是社会实践不断向语言学提出新课题、新挑战所导致的必然结果。其中，法国的结构主义叙事学尤为突出，罗兰·巴特等人借用语言学的模式，也提出了文本的语义学探讨。其要点是叙事文本的语义（意义）是如何被叙事结构生产出来的，在这里，表意（signification）实践成为讨论的重点。许多学科如哲学、文学批评、逻辑学、符号学、心理学、人类学、计算机科学、人工智能、音位学等都为语义学的发展提供了丰富的营养，而语义学则博采众长、兼收并蓄，使自身的理论体系日臻完善。语义学中的许多理论如指称论（referential theory）、意念论（idea theory）、用法论（use theory）、行为论（behavioral theory）等，无一不是出自哲学家和逻辑学家之手；语义学中的义素分析理论则是来源于人类学的分析词义的方法，而其中义素双分法的二元对立思想又来自音位学。正是由于语义学具有这种开放性和兼容性，20 世纪中叶以后，其发展非常迅猛，并诞生了许多理论，如解释语义学（interpretative semantics）、生成语义学（generative semantics）、蒙塔古语义学（Montague semantics）、概念语义学（conceptual semantics）、情景语义学（situation semantics）、心理语义学（psycholinguistics）、文化语义学（cultural semantics）以及认知语义学（cognitive semantics）等。

20 世纪末，认知科学对语言学、逻辑学以及人工智能的研究产生了很大的影响。所有这些研究不但需要微积分方面的知识，而且需要知道“人类心智的工作模型”，即人类的心智到底是怎样工作的？因此，学者们又提出了这样的问题：在语言分析中为什么心智是必要的？尤其是语言学和人工智能对言语行为、推理等问题的研究，促成了各种形式语义学之间的比较，并对语义的认知方面的研究产生了浓厚的兴趣。这样，认知语义学顺应时代的需要和发展，登上了历史舞台，成了语义学研究中的热点、一门显学。

（文旭）

欲望（Desire）

欲望是当代主体性理论的核心概念，用以颠覆传统以理性为中心的主体观。这一由理性向欲望的转换，其最初的根源应追溯至 20 世纪初俄国革命时期的流亡哲学家亚历山大·科耶夫在法国巴黎高等研究实践学校开讲的历时六年（1933—1939）的“黑格尔《精神现象学》”系列研讨班。科耶夫通过对黑格尔哲学的解读，揭示出历史的主体实为欲望的主体而非理性的主体。因为根据黑格尔的理论，作为真正的人性现实的自我意识（动物没有自我意识）的根基不是纯粹认知的消极沉思（在沉思中，认知主体完全迷失在他所认知的对象中，而不会意识到自己，也就是说，认知性的沉思不会使人产生自我意识，“我思”并不意味着“我在”，而恰恰意味着我不在），而是欲望（“那个被其正在沉思的对象所吸引的人只有通过一个欲望才能返回自己”，“的确，当人体验到一个欲望，例如当他饿了，当他想吃东西并意识到这一点时，他必然会意识到自己。欲望总是显示为我的欲望，而且为了显示欲望，人必定会用‘我’这个词”）。正是通过对自我意识即人的本质乃是欲望的强调，科耶夫使黑格尔的哲学远离了从笛卡尔到康德的将先验意识看作人的本质的认识论传统，而重新汇入了以斯宾诺莎为代表的视欲望为人的本质的哲学传统，并开启了从拉康到德勒兹的后现代性“欲望力批判”哲学。经过分析，科耶夫指出，真正的人性欲望不同于动物性的欲望，它指向的对象不是实在的物，而是他人的欲望。这种对欲望的欲望就是希望被他人所“欲望”，也就是希望被他人“承认”。因此，人性的欲望就是要求得到承认的欲望。

沿着科耶夫开启的把欲望作为理论探讨之中心的道路，精神分析学家雅克·拉康对欲望作了更为深入的研究。拉康欲望观的独特性主要体现在他对需要、要求、欲望这三个常被混淆的概念的区分上。拉康认为，需要是纯粹的生物性本能，其“存在”是短暂的，需要表达在语言中便转化成了要求。要求是人际性的，因为它总是指向一个他者；要求具有双重性：表面上它是对某一特定的需要的对象的要求，然而深层次上它却是对超越了具体对象的爱的要求。那么欲望是什么呢？拉康说：“欲望既不是对满足（需要）的渴望，也不是爱的要求，而是从后者减去前者所得的差数，是它们的分裂的现象本身。”拉康的欲望概念不仅仅来自弗洛伊德的有关爱欲、里比多和愿望的基本观念，而更主要的是来自黑格尔的欲望概念，尤其是由科耶夫讲解的《精神现象学》，在此黑格尔提出欲望乃是一种欠缺和不在场。欲望是一种基本的欠缺，是存在的一个空洞，能满足它的只有一种“事物”——即他者的欲望。以他者的欲望为对象也就是以“对象之欠缺”为对象。因此从一开始，欲望就是超越任何对象的根本的否定性。与要求相同的是，欲望保持了一种绝对性或无条件性和一种对他者的指向性。而与要求（因而也是与需要）不同的是，欲望超越了意识的表达，它是需要表达在要求中所产生的被排斥或压制在表达之外的剩余。因此压制构成了欲望的真理。欲望具有一种语言的结构，却从未被主体如其所是地言说。它之通过压制而产生正是无意识的构成性标志之一，是欲望赋予无意识以意指效果。欲望破坏了意识的能动性；它通过要求说话，作为要求的反面或边缘在起作用：“欲望依赖于要求——要求通过表达在能指中，留下了一种在其下运行的转喻式的剩余物，一种不可确定的因素……一种被称为欲望的因素。”

所谓欲望是转喻指的是欲望本身永远也不能被充分表达。无论主体要求的是什么，他得到的永远只是满足需要的对象。在徒劳地试图表达欲望时，欲望着的主体不断地从一个要求转到另一个要求，从一个能指转到另一个能指。因此，与需要不同，欲望是永远不能满足的。如果说需要可以被满足，而后便不再激发主体，直到另一个需要产生，那么欲望则始终保持着其压力。欲望的实现不在于其被“满足”，而在于欲望本身的再生产。要求是对想象的主体—对象、自我—他者关系的语言表达，而欲望则总是大他者(Other)的一种效果。这个大写的他者不是一个人，而是一个场所，即法则、语言和象征秩序的所在地。幼儿必须在这个秩序中找到其位置以成为一个说话的存在，拉康说：“由于欲望是由一种受语言支配的动物产生的，所以人的欲望就是大他者的欲望。”

“人的欲望就是大他者的欲望”，这个拉康一再重复的命题，主要有以下几个方面的含义：

一、欲望本质上是“大他者的欲望的欲望”，这既是指成为另一个欲望之对象的欲望，也是指被另一个欲望所承认的欲望。

二、主体是作为大他者来欲望的，就是说，主体从另一个主体的角度来欲望。其结果是“人的欲望的对象……本质上是别人所欲望的对象”。

三、欲望是对大他者的欲望。这个基本的欲望是对母亲的乱伦的欲望。

四、欲望总是“对别的东西的欲望”，因为不可能去欲望已经拥有的东西。因此，欲望的对象总是不断地被延搁，所以说欲望是转喻。

五、欲望最初产生于大他者的领域，即无意识域。因此，从拉康的这个命题中得出的最重要的一点是：欲望是一种社会的产物。也就是说，欲望不是个人的“事务”，它总是在与其他主体的欲望的辩证关系中形成的。

总之，对拉康而言，欲望不是“本能的”欲望，而是语言和无意识的效果。欲望之欠缺实基于语言能指链之欠缺。故而拉康说：“欲望之功能乃为能指在主体中之效果的最后的残余。欲望实为弗洛伊德式的我思。”

拉康的欲望概念在当代理论场域中具有举足轻重的地位，不过，他却受到了来自德勒兹和加塔利的挑战。德勒兹和加塔利对拉康欲望理论的批判主要集中于后者视欲望为语言中的欠缺的观念。他们认为，这种来自柏拉图传统的把欲望解释为欠缺的否定性观念，“把欲望变成了一个唯心主义的(辩证法的、虚无主义的)概念”，按此，欲望被视为“攫取”而不是“生产”。但在德勒兹和加塔利看来，这种欲望逻辑是对欲望的歪曲。因为欠缺绝不是本原的，它是在社会生产中并通过社会生产被制造、规划和组织的。蓄意地制造欠缺，这是市场经济的功能，是统治阶级的艺术。事实上，“欲望并不欠缺任何东西；它不欠缺对象。相反地，在欲望中缺失的是主体，或者说欲望欠缺固定的主体；除非有压抑，否则就没有固定的主体。欲望与其对象是一致的，而且就是同一种东西：机器，机器的机器。欲望是机器，欲望的对象是另一部与之相联结的机器”。欲望是机器，它生产万物，它以一种非连续流动和“间断性流动”而运行，总是在制造与部分对象以及别的欲望机器的连接。欲望是无主体的，也没有任何确定的对象，它是由无意识以各种类型的“综合”而引发的情感和里比多能量的持续生产，是没有任何意义和目的的能量之流。如果说存在有意义，那也不过是欲望生产的副产品，是被永恒的欲望之流冲到岸边的转瞬即逝的形象。作为一种自由的生理能量，欲望追求包容性的而非排他性的关系，同物质流及部分对象建立随机的、片段性的、多样化的联系，“欲望的唯一客观性就是流动”。

显然，德勒兹和加塔利是在张扬一种尼采式的肯定生命强力的欲望观。在写于1962年的《尼采与哲学》一书中，德勒兹对尼采的“权力意志”做了重新诠释：“权力意志本质上是创造和馈赠：它不渴求，不寻求，也不渴望，最重要的是它不渴望权力。它只是馈赠：权力是意志中不可表达的东西（是流动的、易变的、可塑的东西）；权力作为‘馈赠的美德’存在于意志中，通过权力，意志本身馈赠意义和价值。”按照德勒兹的理解，权力意志意味着一种决不妥协的活跃力量，它肯定生命，让生命充满强度。权力意志不是攫取和支配的欲望，而是创造和馈赠的欲望。它是充盈的而不是匮乏的，是主动的而不是被动的，是肯定的而不是否定的，是快乐的而不是痛苦的。它对抗的是那些充满怨恨、自责以及反生命的虚无主义的“奴隶道德”。就这样，德勒兹以及加塔利把尼采对权力的力本论（dynamism）解释以及对主动力量的肯定，转译为一种关于创造性欲望的理论，这种理论宣扬欲望的生产性，并谴责各种试图弱化或瘫痪欲望的社会力量。

（严泽胜）

欲望机器（Desiring-Machines）

当代法国重要的后结构主义思想家、哲学家德勒兹与精神分析学家加塔利在其名著《反俄狄浦斯：资本主义与精神分裂症》中提出的“欲望生产”理论具有复杂丰富的内涵，这是他们致力于把欲望生产与社会生产结合起来进行资本主义微观政治哲学批判的关键概念之一。德勒兹和加塔利后结构主义俄狄浦斯批判分为内在批判与外在批判两方面：内在批判旨在于阐发“欲望生产”；外在批判旨在于阐发“社会生产”。欲望机器在其中扮演了重要角色。

从柏拉图到弗洛伊德和拉康，皆将欲望等同于缺失，而德勒兹和加塔利则从尼采哲学获得灵感，扬弃了传统的欲望观，将欲望视为第一重要的生产力，从而把欲望与生产结合了起来。因此，在对弗洛伊德和拉康的精神分析模式解辖域化的意义上，德勒兹和加塔利的“欲望机器”概念不是一种文学隐喻，而是一种生产方式和思想方式。他们否定了弗洛伊德“俄狄浦斯情结”无意识的里比多“欲望”观，扬弃了拉康结构主义精神分析的“父亲之名”的决定性，认为无意识欲望不是被决定的，而是积极的、生产性的、异质的、流变的和多元性的；由于不同的社会对欲望流的“编码”和“辖域化”的方式不同，因而呈现出不同的社会形态。这就是欲望机器“生产的链接综合”。在某种意义上，德勒兹和加塔利将一切都看作机器与装配，认为身体是由各种各样的机器构成的。因而欲望机器的概念提示了无意识不是一个表演剧场而是一个工厂，不是宗教的或拟人的修辞比喻，而是一种政治文化生产制作机器。欲望机器与一般意义上的技术机器的不同在于：技术机器把相互依赖的各个部分（零件）合成一个整体，才能有效地工作，而欲望机器虽然将异质的、独立的各个部分“装配”在一起，但是其生产功能只有在它不断地与其他部件链接时才能够实现：“欲望机器只在它们垮掉并且不断地垮掉时才工作。”欲望机器没有匮缺、静止、固定等属性，而是具有无限链接“部分客体”的功能，它避免囿于目标、效应或系统的封闭性和统一性。因此欲望生产的心理情综（the psyche）的分裂分析模式是一种机器模式，或一套机器的模式——欲望机器的模式。在资本主义与精神分裂症题旨下的反俄狄浦斯的内在批判与外在批判皆直接来自对心理情综的分裂分析理解。这是德勒兹和加塔利研究中最艰巨的任务之一。

在资本主义微观政治哲学批判维度，德勒兹和加塔利“反俄狄浦斯”的核心论旨集中在“欲望生产”概念的阐发上。在某种意义上，这种阐发反映了五月风暴之后欧洲一代知识分子将马克思与弗洛伊德加以整合扬弃的理论努力。借助“欲望生产”的理论观念，德勒兹和加塔利提出了与经典精神分析学派“俄狄浦斯”学说和经典马克思主义“生产”理论颇为不同的“欲望”观和“生产”观。他们将欲望（精神分析）和劳动（政治经济学）两大体系转化并且糅合成为“欲望生产”的概念，开拓了资本主义政治哲学批判的新领域。

德勒兹和加塔利以分裂分析的思路在精神分析层面对俄狄浦斯情结解辖域化，以系谱学方法探究在社会历史层面俄狄浦斯由何而来，在前社会中它是什么形式，在资本主义条件下它是如何通过核心家庭再生产的私人化而转化和实现的，进而分析野蛮社会、专制社会和资本主义社会三者的生产、刻录方式不同的性质与差异，从而凸现"欲望生产"的后结构主义政治哲学批判维度。

鉴于德勒兹和加塔利是从精神分析的维度切入而展开论旨的，因此他们的欲望生产观念具有对人的精微复杂的心理机制加以深入探究的微观特性。在精神病学层面，精神病患者常常体验到他们身体的各个部分是分离的实体，有时感到它们像是侵犯和迫害人的机器。精神分裂症发作时患者似乎可以看到体内没有器官；有些患者则看到影踪不定、多种形象的人物，并在臆想中认同于形形色色的历史人物，如拿破仑、耶稣等等。虽然德勒兹和加塔利以精神病学的经验为基础，从心理学维度提出"欲望生产"的概念，但是他们的目的并非是将精神疾患浪漫化，而是力图揭示在当代哲学和美学语境中颇为重要的"无意识"问题的真正的症结，并且将其与人类社会的政治经济发展史联系起来，对当代资本主义文化进行反思与批判。在学理上，德勒兹与加塔利认为，欲望生产是一种持续不断且似乎无所不在的创造流和强烈情感流，并以多元和弥散的方式体现出来。无意识不是意义问题，而是使用的问题。欲望问题不是"欲望是什么意思"的问题，而是"它是如何工作的"问题。

欲望生产概念的主要脉络可以梳理出三种综合与构成类型。具体而言，德勒兹和加塔利的欲望生产的概念与三种逻辑综合和三种无意识构型密切相关。德勒兹曾经在他的《意义的逻辑》中阐发了三种逻辑综合：链接综合、选言综合和联言综合。而在《反俄狄浦斯》中，德勒兹和加塔利把它们分别与不同社会体（原始社会、专制社会和资本主义社会）的三个维度——生产、刻录和消费——联系起来，构成与欲望机器相关的三种无意识综合。反俄狄浦斯的主要目的之一就在于揭示欲望生产的这三种综合机制：生产的链接综合，刻录的选言综合，消费结果的联言综合。因为欲望生产是根据这三种综合而运作的。与这三种综合相应的是欲望机器、无器官身体和游牧主体三种构型（霍兰德认为是无意识的三种构型），它们构成了欲望生产的基础。

内在的欲望生产与外在的社会生产共同构成了资本主义社会的微观政治哲学。欲望的"链接综合"与本能或内驱力相关，它赋予客体以价值或情欲，大致与弗洛伊德的里比多注情的概念相当，具有厄洛斯（Eros）或生命本能的功能。欲望催动生产的不断发展。社会生产的链接综合的主要驱动方式是：生产性的欲望在客体之间构成联系，并且构成唯物论的模式的基础。它产生的链接是多元的、异质的、连续的、次第延展的。其链接模式是一系列的“and...and then...and then...”，力量之流通过这类链接而生成，并将情感灌注于作为“部分客体”的器官。并非是说马克思与弗洛伊德作出了同样的发现：欲望与劳动也并非同一事物，但是，这两大发现皆与资本主义的崛起有关。而“欲望机器”的概念最终将里比多与劳动联系在一起。《反俄狄浦斯》第二章聚焦于对“神圣家庭”的俄狄浦斯三角（daddy-mommy-me）的批判，第三章将俄狄浦斯问题与“原始人、野蛮人、文明人”的欲望生产与社会生产的讨论联系起来，强调它们体制上的联系与差异，重构了欲望与生产的关系，使“欲望机器”与其他的分裂分析概念如“解辖域化”、“再辖域化”、“解编码”、“再编码”、“生成”以及“游牧”等等的概念一道，成为德勒兹/加塔利后结构主义辞典中的重要术语。

（麦永雄）

寓言（Allegory）

寓言是诗学中一个重要的概念。最常见的解释是，寓言是扩展了的隐喻，散文或韵文叙事中的物体、人物和行动因之而等同于叙事本身之外的意义。可以说，寓言代表的是具象掩盖下的抽象概念，是具有双重性的词序。寓言和象征不易区分。柯勒律治提出的传统区分法是，“寓言不过是把抽象的观念转化为图像语言”，而“象征总是具有令人一目了然的实在性”。在艺术创作中，寓意画是一种常见的绘画形式，手法是运用单个或成组的物体和形象来表示某种抽象品质或观念。从历史上来看，中世纪的寓言本质上是通过说教为宗教服务的，文艺复兴时期人文学者对埃及象形文字的研究催生了近代寓言，但这种象形的精神直到巴罗克时期方居主导地位，成为巴罗克艺术的主要风格。

瓦尔特·本雅明是从哲学的高度对寓言予以重视并加以研究的重要理论家之一。在他看来，寓言不仅是一个诗学概念和艺术作品的形式原则，而且是一种观察世界的有机模式。本雅明的寓言概念主要涉及他的两部重要作品：《德国悲剧的起源》（1925）和《拱廊街计划》（1927—1940）。本雅明在这两部作品中研究了德国巴罗克悲悼剧和波德莱尔的诗学，揭示了寓言的两个基本美学特征：对美的表象的破坏和对忧郁的艺术表现。在此基础上，他又对美学中的寓言进行批判并为之正名，使寓言具备了真正的哲学复杂性。经本雅明界定的寓言概念被布洛赫、阿多诺、卢卡奇和保罗·

德曼等人以不同的方式接受和吸收之后，一次又一次地被改造、激活，成为最具争议和歧义并且呈开放状态的概念之一。

18世纪的古典主义把象征和寓言相对立，歌德的观点具有代表性。他认为，寓言是从一般中寻求特殊，象征则从特殊中寻求一般，象征比寓言具有更大的艺术价值。而在本雅明看来，寓言却是可以对抗象征的另一种艺术形式。他指出："古典主义在本质上不容许关注缺乏自由、不完善和形体美的崩溃。但在它的浮华之下，恰恰是巴罗克寓言以前所未有的力量所要显示的内容。"因此，寓言是作为对应于特殊历史状况的话语而出现的。他认为，寓言是一种特殊的书写方式，是一系列经过严格整理的能指，它们不必与一系列所指发生关系。在寓言中，意义的生产失效了，代之以"意义的自然史"。寓言的基本特征是断裂性，因此它不对事物的表象进行模仿式的再现。寓言文本不具有象征作品所要求的能指与所指之间完整的关系，而是代之以任意性甚至是混乱。作为"无定形断片"的寓言意象与造型象征形成了鲜明的对照。

寓言特别适宜于表现历史。本雅明指出，巴罗克悲悼剧这一寓言形式是"凝神专注的需要"，是表现历史状况和人类反应的"具有道德责任感的"形式。随机而隐秘的寓言意象所反映的历史本身类似于碎片和废墟。寓言式观看的核心，就是"把历史作为世界苦难史进行巴罗克式世俗展示的核心"，而"历史只有在衰败的地位上才有意义"，因为"如果自然总是服从于死亡的力量，那么它也就总是寓言式的"。在巴罗克悲悼剧中，自然史以道具、标志物、非个性化和无足轻重的人物形式"在舞台上游荡"，以一种既没有逻辑也没有意义的秩序向观众展现着自己。因此，尸体总是最后的寓言对象并非偶然。本雅明对寓言的关注不完全在于发现了寓言主题和形式中的否定性，他指出，寓言中存在着双重运动，它在救赎的同时又贬低了事物。寓言家忠实于事物，同时为了知识又背叛了这些事物。这就是寓言的二律背反，它同时具有提升力和破坏力。"在寓言直觉的领域，意象是断片，是秘义符号。当神圣的知识之光落在它上面时，它作为象征的美丽便消失了。总体性的虚假表象黯然失色。由于文化表象消失了，明喻不再存在，它所包含的宇宙也随之枯萎。"寓言作品在受众身上产生了某种"生产性的自我异化"，使大众看到了他们自己的异化，认识到历史的断片性和压迫性。

本雅明并没有把寓言看作是固定在某个时期的类型，对象征或寓言的类型划分并不代表从一个形式到另一个形式的历史性演进。寓言既不局限于中世纪和巴罗克时期，也不是一种要被其他更有效的表现方式所取代的原始形式。寓言是巴罗克的典型形式，也是波德莱尔所采用的典型方法。在本雅明看来，巴罗克之后的寓言复活并不出现在某个时期，而是在波德莱尔强大的诗歌声音中。在本雅明看来，波德莱尔有意要复活被人们忘却的古老寓言并且要更新显得过时的古典与现代之争，他的寓言不仅要体现现代精神还要以不合时宜的方式对现代精神进行批判。从社会史的角度来看，巴罗克悲悼剧把造物衰亡的经验作为时代的神权政治状况加以接受和强化，而在波德莱尔的诗歌中这一态度则破坏了他所处的发达资本主义时代的意识形态。可以说，资本主义奢华的幻觉效应、技术进步胜利的喜悦和社会革命的预言直接激发了波德莱尔的美学态度，而他那忧郁的寓言天赋则是对这些表象的破坏。以寓言为代表的诗歌模式最适合于揭示资产阶级的运作过程。本雅明在波德莱尔的抒情诗中不仅看到了毫不妥协的否定性，而且还有一种进步的趋势。波德莱尔的寓言瓦解了拜物化的商品表象，击碎了歪曲和转移真正历史经验的神话力量和幻觉效应。在暴露资本主义制度下无法承受的生活本质方面，波德莱尔的寓言具有一种积极的政治功能。

寓言艺术的重要性还在于它作为非光晕艺术形式所具有的特点。如同可机械复制的艺术形式一样，寓言文本不能用独特性或真实性这样的概念来界定。本雅明说，“转瞬之间，真实性就不能再用来评价艺术品了，艺术的整个社会功能转变了。取代它的仪式基础的是另一种实践形式的基础，即政治基础”。非光晕的作品的功能不仅仅是消极抵抗，它们不仅破除了资本主义大厦的外观，还能够为受众提供另一种未被谬见污染的经验形式，因此在某种程度上扮演着积极的政治角色。

（曹雷雨）

元历史（Metahistory）

“元历史”是美国历史学家海登·怀特（Hayden White，1928—）在其《元历史：19世纪欧洲的历史想象》（1973）一书中提出论证的重要概念，用来说明历史意识和历史表述的深层结构，以及历史的学科价值问题。它集中指向历史话语背后潜在的“诗性预构”，人们用它来解释历史之本质，但这个认识结构在根本上是先在的（先于个人反思）、“诗性的”（不能脱离想象虚构）和“语言的”（具有语言构成物所共有的叙事性）。在《话语转义论》（1978）、《形式的内容》（1987）和《比喻的现实主义》（1999）等著作中，怀特进一步阐发了历史话语的基本转义形式、情节编排方式、论证解释模式和意识形态含义类型等元历史问题，拆除了历史话语与文学话语之间的传统藩篱，瓦解了历史话语的客观性基础。

有关史家曲学阿世、虚美隐恶而造成史笔失直的讨论古来实多，涉及“史蕴诗心”或“历史若文学”的论述亦为数不少，但能结合结构主义、现代语言哲学和历史经典解析，以体大虑周而又整饬简明的理论体系拆除历史话语客观性之基础的，则非怀特“元历史”莫属，其要义要旨可归结为如下总体图式：

话语转义形式	情节编排方式	论证解释模式	意识形态含义类型
隐喻	浪漫史	形式型	无政府主义
换喻	悲剧	机械型	激进主义
提喻	喜剧	有机型	保守主义
反讽	讽刺剧	语境型	自由主义

“元历史”的观念认为，历史学家只能在话语形式之中而不能在它之外把握历史，话语又必然具有转义性。历史事件是可能发生过但又不再可能被直接感知的事件，为了将其建构为思辨的对象，它们必须被话语叙述再造。但历史叙述并非无限多样，历史叙述的类型及这些类型的数目，都受话语基本转义形式制约。“转义”(trope)指喻体对于本体的“乖离”，“转义学”(tropology)作为这种语言现象的理论，自古以来就是修辞学的重要内容。但古典修辞学将转义作为偏离正常语言的“非常规”表达来对待，认定正常语言可以避免转义性；而现代转义学则将转义作为语言的正常的普遍模式来研究，认为语言转义叙事是“元符码”(meta-code)，人们思想意识的结构即由语言基本转义类型构成。怀特运用维柯确立的四重转义格，即隐喻(相似性原则)、换喻(邻接性原则)、提喻(部分从属于整体的原则)和反讽(对立性原则)，来说明历史话语的基本转义模式，认为历史学家只能在这些转义模式中选择并叙述历史。历史话语与文学话语共同奠基于这个诗性结构，因而其间并无本质区别。

历史“事件”须经由叙述而成为“故事”，但这是史家在审美性的情节编排模式中选择的结果。与四种话语转义形式相应，历史的情节编排方式也有四种：浪漫史(表现为如愿以偿)、悲剧(表现为法则启示)、喜剧(表现为调和化解)和讽刺剧(表现为反复无常)。怀特采用弗莱《批评的剖析》对叙述结构原则的著名区分来表达自己对历史叙事的根本观点：作为历史素材的事件无“本来面目”可言，它们只是用来进行情节编排的可能成分。史家必须在四种方式中做出选择，而拒绝选择本身就会成为一种特殊选择，有意不选择的结果是将历史叙述为“反复无常”的过程，从而不自觉地陷入讽刺剧模式。由于历史话语在情节化过程中呈现出与文学话语相同的模式，因此，对历史话语也应进行文学的批评。这当然并不意味着要以文学批评代替历史研究，而是要通过这种逆向剥离过程，揭示情节编排过程中所发生的一切，从而对历史进行反省批判而不是认可放行。

历史话语中必然包含着史家的论证解释，传统观点大多区分出“事实”的意义层与“解释”的意义层，但这种区分掩盖了做出如上区分的难度。实际上，在历史话语中呈现出的“事实”及其存在方式，只是被挑选、涂抹和解释之后的有用话语，但其被解释之后所呈现出的模式是有限的。怀特借用鉴佩珀《世界的假设》里的“世界类型”划分，将解释模式归为四种：形式型（通过客观描述事件而解释）、机械型（通过将局部确定为“因”来解释作为“果”的其他部分）、有机型（通过将各种条件联系起来而解释）以及语境型（通过描述事件得以发生的环境而解释）。历史学家必然在这四种范式中选择，其依据则在于历史学家就历史知识的性质所采取的不同立场。

历史学家在选择特定叙述形式时就已经具有了一般意识形态倾向，包括对人文社会学科之科学性的态度、对社会现状及其改造可能性的观念、对改变社会的方向及手段的构想以及历史学家的时间取向等。怀特归纳出可供选择的四种基本立场：无政府主义（否认制度权威）、保守主义（极力维持现状）、激进主义（要求改变现状）和自由主义（相信理性权威），认为史家选择的理由与其说是认识论的，不如说是审美的和道德的；因而历史不是“科学”，而是每种意识形态争取以科学名义把自己的一得之见说成“现实本身”的重要环节。

在如上四个四重模式中，任一模式中的任一因素并不与其他模式中的任一因素随意相容，但也并不总是一一对应地出现在具体历史著作之中。正是它们之间组合关系的千变万化，才造成了历史著作的千姿百态。而怀特本人的著作则倾向于“反讽”系列。

“元历史”以文学理论的特定模式说明历史话语的潜在结构，代表了史学研究的形式主义倾向，但这种作为内容而存在的形式，揭示了语言模式、历史环境、认识条件以及学术体制对历史话语的制约，呈现出历史自身的“历史性”；而且打通了历史话语的叙事维度与意识形态维度勾连互渗的渠道，探索了模式描述与内容分析相结合的诸多技术难题，拆除了学科壁垒，为人文社会学科的多学科综合研究和各学科自我反思扫清了道路。它不仅将怀特缔造为历史哲学家和前卫的文学批评家，也为人文学科研究确立了行之有效的观念方法体系。

（张进）

元叙事(Metanarrative)

元叙事由“元”(meta-)和“叙事”(narrative)合成。从词源学上讲,“meta-”在英语中是“超越”、“总的”、“继……后”之义;在汉语中,“元”有“首也、一也、始也、大也、本也”等义。“narrative”一词在名词性意义上指一个“故事”,在小说、史诗等文体中,它还包括这个故事的事件、人物及其言行。“narrative”一词有“叙述”和“叙事”两种通用汉译,前者宜指话语层面上的叙述技巧,后者则包括故事结构和话语技巧两个层面。而所谓“元叙事”,即“元”的叙事,指一切包罗万象和自成体系的思想讲述的具有普遍意义的故事,它也是一种思维与存在方式,并且在动词性的意义上以包容和排斥的调和力量为其他的各种叙事制定规范、提供解释和揭示意义。

法国哲学家让-弗朗索瓦·利奥塔(1924—1998)在其《后现代状况:关于知识的报告》(1979)一书中认为,可以完全得到证实的、被无条件接受的科学知识是不存在的,因而自柏拉图以来的科学知识都存在着自身合法化的问题;而且,追求实证标准、真理限定的科学知识脱胎于关注社会伦理、审美价值的叙事知识,它和“语言游戏”一样,也只是一种话语而已。这样,利奥塔就将科学知识与叙事知识放在了同一平台上。

在利奥塔看来,现代性知识以“元叙事”的名义在历史上曾出现过两种“宏大叙事”:一种是法国式的“启蒙型叙事”,它坚信理性能够带来真理、正义、进步和解放;另一种是德国式的“思辨型叙事”,以探索真理为其首要目标。但无论哪一种宏大叙事,都无法令人信服地表明自身叙事活动的合法性。作为一种调和力量,“元叙事”通过包容和排斥来发挥作用,它以追求同质化和普遍化的名义压制和排斥其他的话语和声音,企图把原本异质性的世界整合成一个井然有序的叙事王国,但事实上,这种寻求“共识”法则的做法违背了语言游戏的异质性原则,给原本异质性的东西强加上了虚假的普遍性。利奥塔进一步认为,后现代是现代的一部分,而后现代性就是对于“元叙事”、总体性和共识的拒绝,以及对异质性、多元性和微观叙事的拥护。在宏大叙事解体之后,实用化的效益原则、异质标准和不稳定性就成了后现代知识的特点,从而,世界变成了一个各类语言游戏不断形成、瓦解和更迭的过程。

在利奥塔的理论视野中,“元叙事”就这样在被“重视”的同时也被“叙事化”,它变成了一种思维和存在方式,但其“合法性”却是值得怀疑的。事实上,“元叙事”一直以一种“幻象”的方式存在，其存在的“合法性”和“非法性”都需要在一定的语境下才能得到说明。值得注意的是，利奥塔是在提出“元叙事”理论的同时又解构它的“元”存在的，这是以一种自己的“元叙事”来拆解其他的“元叙事”，即使在他与哈贝马斯就“差异”(differend)与“共识”(consensus)而展开的论辩中，也似乎在怀疑共识的同时又寻求着某种共识。

大约从1960年代起，一大批理论家开始用不同于以往的新词汇来描述和解释他们正在经历的文艺、文化和社会变迁，缘之而形成的有关这个世界的新理论被人们统称为“后现代主义”。理论家们自己的表述充满了内在的悖论和外在的争论。有趣的是，在被认为是后现代主义大师的理论家中间，除了利奥塔以外，很少有人宣称自己是解构主义者或后现代主义者。但就其总体而言，对“元叙事”的质疑、对中心与边缘二元对立的消解、对深度模式的平面化和碎片化、对多元性和异质性的追求，成为后现代文化逻辑的“精神渊源”。在解释什么是后现代时，利奥塔将之笼统地定义为“针对元叙事的怀疑态度”，并将后现代定义为“对现代的全面反思和批判”。这种反思和批判的“意义”，即在于展现一种不确定性，并试图在这种不确定性中挖掘一种生产性和创造性；另外，多元性的诉求则在于希望摆脱那种所谓霸权文化的控制，得以窥见主流文化的混杂性和意识形态性。

如此看来，“元叙事”正是在“解体”过程中才显现出其意义价值的，讨论它是否真正存在过、或继续存在着、还是业已解体这样的“事实”，也许与讨论我们是否还需要它那样的问题一样，是非常困难的，也是难以说清的。抑或是不管承认与否，我们总是处在一种“元叙事”当中？其悖论性即在于，对“元叙事”的否定会不期然而然地成为另一种“元叙事”，正像利奥塔对“元叙事”的解构过程，却意想不到地变成另一种“元叙事”。

那么，对于“元叙事”的自觉，其意义又是什么呢？詹姆逊在论述“元评论”(“元批评”)时指出：“一切关于解释的思考，必须深入阐释环境的陌生性和非自然性；用另一种方式说，每一个单独的解释必须包括对它自身存在的某种解释，必须表明它自己的证据并证明自己合乎道理：每一个评论必须同时也是一种评论之评论……任何不需要解释的情况本身就是一个亟待解释的事实。”看来，对“元叙事”的自觉，也就是对叙事本身的语境化和历史化理解。当文化不仅包含了叙事作品，而且由叙事所包含的时候，那么叙事就在当今世界中无处不在。这就形成了众多的小叙事(little narratives)。这说明，全球化与多样化都是同一过程中相互关联的不同方面，它们之间并非如我们所想象和预设的那样充满无法调和的矛盾，而是相反，全球化与多样化也许是能够共存于不同的语境之中的。

（张进）

怨恨(Ressentiment)

“现代性”不仅是一场文化转型,也是环境、制度、艺术的基本概念及形式的转型,更是人的心灵、精神内在构造本身的转变,是价值基础的评价方式、道德的深刻转变。尼采指出,现代道德的三个核心现象——善与恶之间的区分、道德负罪感和禁欲理念——都源自怨恨(*On the Genealogy of Morals*)。尼采在《道德的谱系》里第一篇论文中界定了作为道德基础的“怨恨”的实质内涵:首先,“怨恨的人”渴望主导某种生活,珍视某种生活价值;其次,他在追求这种生活的过程中逐渐意识到实现此类抱负的完全无能为力,处处受限制于他自身的“虚弱”与“无能”;最后尽管他对原初价值念念不忘,但却拒绝接受他实现这些价值之无能这一事实,对自己之无能的“怨恨感”促使他在表面上提倡、宣扬相反的“生活理想”和“价值理念”,以此在自己的“无能”方面进行“自欺”,然而越是努力作相反的赋值,便会意识到离原初价值越远,对自己的怨恨就越是啮噬着怨恨者的内心。尼采指出,“现代”进步理念并不是从真理、事实本身当中得出的,而是在强大的反赋值的“怨恨”心理推动下得出的:“不要误以为这种爱是对那种报复渴望的否定,是作为犹太仇恨的对立面而萌发的!不是的!事实恰好相反!这种爱正是从那树干中长出来的,是它的树冠……”(*On the Genealogy of Morals*),对“强力”价值的无能之怨恨促生了“和平”、对“报复”的无能的怨恨促生了“爱”,总之对“主人”价值的一切源自无能的怨恨促生了“奴隶的价值”。

现象学社会学家马克斯·舍勒继承了尼采的这一命题,在现象学层面上就现代社会心性结构的“怨恨”作了细致的分析。“怨恨是一种没有明确的前因后果的心灵自我毒害。这种自我毒害有一种持久的心态,它是因强抑某种情感波动和情绪激动,使其不得发展而产生的情态。……这种自我毒害产生某些持久的价值错觉和对此错觉的价值判断。”(*Das Ressentiment im Aufbau der Moral*)首先,“怨恨”心理的产生,植根于启蒙的道德环境之中。群体的与宪政或“习俗”相应的法律地位及其公共效力同群体的实际权力关系之间的差异越大,怨恨的心理动力就会越多。因而,忍无可忍、一触即发的怨恨必然蓄备在如下社会中:在这种社会中,比如在现代资本主义社会中,随着实际权力、实际资产和实际修养出现极大的差异,某种平等的政治权利和其他权利(确切地说是受到社会承认的、形式上的平等权利)便会不胫而行。在这一社会中,人人都有“权利”与别人相比，然而“事实上又不能如此”。即使撇开个人品格和经历不谈，这种社会结构也必然会积聚强烈的怨恨。其次，现代市民社会一元化的价值观的形成也促使怨恨的形成。中世纪农夫并没有与封建主攀比，手工业者不与骑士攀比，等等。农夫至多与较为富裕或较有声望的农夫攀比；就是说，每个人都只在他的等级的范围内攀比。但是在市民社会中，这一价值等级完全被打破，代之以一种一元化的“质性价值”、“以币值表达的”交换价值，在这一条件下，“竞争制度”全面确立，从而每个社会位置都成为一个暂时的竞争起点。“怨恨的根源都与一种特殊的、把自身与别人进行价值攀比的方式有关”，因此当竞争制度成了一个社会的支柱，社会变为“奋求型”社会，人的追求欲和野心就会无限增殖，野心的相似性和社会位置的差异性会使弱势者对强势者产生怨恨感，而且由于这里“弱势”和“强势”总是相对的，因此怨恨感也以弥散的方式在整个社会中流布开来。

作为结果，在道德评价上则发生尼采所描述的“反赋值”过程，这些充满怨恨的本体性“弱者”、“那些被压迫者、被蹂躏者、被战胜者，他们出于无能者渴求复仇的狡猾在窃窃私语：‘我们要和那些恶人有所区别，让我们做好人！做不去侵占、不伤害任何人、不进攻、不求报的人……’如果冷静而不带偏见地倾听，这段话的真实含义其实不过是：‘我们这些弱者的确弱；但是只要我们不去做我们不能胜任的事，这就是好。’”(*On the Genealogy of Morals*)尽管怨恨的树根生出了“利他主义”、“爱邻人”、“平等”等等美丽的“树冠”，但毕竟这些价值的根基乃是作为本体性不安的“怨恨”。在这样一种社会体系当中，怨恨决定着这些价值的基本功能。在彬彬有礼的“爱邻人”表面之下，掩盖的真相是人与人之间的“不信任”，“现代道德的全部一般根基于人对人的原则上不信任的态度……惧怕被竞争对手所骗的商人，其态度一般地变成了现代陌生感的基本态度。只有与怨恨如此相近的‘不信任’感才产生出现代道德的个人主义和否定休戚与共的态度。”(*Das Ressentiment im Aufbau der Moral*)在“人人平等”的“公意”表面之下，掩盖的是“拉下”优越者的投机心理，在“人都是一样的”口号下抹去“激情”、“活力”和创造力。在“普遍人性”的信仰表面之下，掩盖的则是对每一种特殊实体生命的仇恨。总之，这些道德的伪币融通的是恼恨、恶意、羡慕、嫉妒和阴恶构成的怨恨。最终，所有这些颠倒的价值都表现为一种根本的价值的颠倒：有用价值凌驾于生命价值，怨恨的人总是在追求过程中受到“尚未意识”的支配，也就是说受到无餍足追求本身的支配，而一再推迟对有用物的享受，最终成为真正意义上“禁欲的人”。

尼采和舍勒所抓住的现代资产阶级“怨恨”的心性结构，在现代性的制度建构当中的表现也是多方面的。仅就学术和艺术而言，在其现代体制当中不难发现“怨恨”的根基。舍勒就指出，现代学术的思想类型未尝不受“怨恨”的毒化，这一点表现在它的“批判癖”当中，“人们抵达自己坚定信念的道路，不再是与世界和事实本身直接沟通；只有批判他人意见并通过这一批判，才会形成自己的意见”。美国学者阿兰·布卢姆(Allan Bloom)从事实出发对激进的“女权主义”的分析也许可以视为对“怨恨批判”思维提供的一个例证。“女权主义”在被纳入“革命”价值观的同时，潜在地意识到自己在“革命”之实现上相对于男性的“本体劣势”，不仅怨恨式地放弃女性传统“谦恭庄重”的价值，而且也怨恨式地在“解放”上表现得更为激进，不惮以最激烈的批判打破任何禁忌，然而就在获得了这样的解放的同时，这个学术运动和社会运动却也迷失了自己，“在这个局面中，一切支配人本性的道德约束消失了，不过这样一来人的本性也消失了。然而，解放的喜悦也消失了，因为不清楚什么得到了解放”(*The Closing of the American Mind*)，这种迷失未尝不是怨恨批判“对事实本身放弃”的结果。与理论怨恨地放弃与“真”的代表关系而陷入“批判癖”一样，艺术价值也出现了类似现象，舍勒撮要指出了“浪漫主义运动”的怨恨本质：“浪漫心灵类型在某种程度上总带有怨恨——至少在这样一种程度上：该类心灵所特有的、对过去的历史上(古希腊、中世纪等等)某一国度的渴念，并非基于该时代自身特有的价值和财富的特殊吸引力，而是基于一种内在的、逃离自身时代的运动；与‘过去’的一切称誉和赞赏总具有一种共鸣的意向——贬低自身和现实的意向。比如，荷尔德林对古希腊的爱是一种本原的、正性的爱，是发自作家内心深处的、与希腊人气质相同的爱；而弗·施勒格尔对中世纪的渴念却浸透了怨恨”(*Das Ressentiment im Aufbau der Moral*)；事实上，这里需要补充说明的是，另外那种在“未来”汲取自己诗情的“浪漫类型”，以及与浪漫主义相反的其他艺术思潮，特别是一浪一浪以史无前例的速度更新的“新”艺术，在很大程度上也可以通过源自与“美”分离的颠覆性，通过对自己时代的“怨恨感”而得到解释。

(赵文)

Z

在场/缺席(Presence/Absence)

“在场/缺席”,是西方形而上学体系内部构成“存在论”基本问题域的一对基本概念。所谓“在场”,就是存在呈现于此时此地(当下时刻和当下场所)。所谓“缺席”,即是存在的缺失状态,也就是存在隐蔽于此时此刻(当下时刻和当下场所)。作为“存在论”的基本问题域,“在场/缺席”这一概念对子贯彻在西方形而上学的历史之中,甚至还构成了基督教神学的基本论说框架。从柏拉图《斐德洛斯篇》对于言语/文字关系的分析,亚里士多德《物理学》第4卷对时间的分析,关于“在场/缺席”二者之中谁更有优先特权的争论,一直延伸到了海德格尔的“基本存在论”和德里达的“解构”,并构成后现代哲学之争的重要线索之一。

“在场/缺席”概念之中交织着时间和空间含义。“在场”一方面是事物在空间的显现,另一方面又是事物在时间上的现在时刻。同理,“缺席”一方面是指事物在空间的隐蔽,另一方面又是指事物不在时间上的现在时刻(在过去或者在未来)。海德格尔用“消解”的战略,德里达用“解构”的策略,分别拷问西方形而上学历史之中在场的牢固支配地位及其相对于缺席的特权,从而动摇了西方思想的基础。

海德格尔的《存在与时间》对于“此在”(Dasein)的分析在多个方向上展开了“在场”问题。在这个“存在论分析”之中,“在场”具有三种不同的含义:第一,它指现成的或者当下即在的状态(Vorhandenheit),这是对事物的理论沉思;第二,它指当前(Gegewart)时间或者此时此刻的一个时间点;第三,它指此时此刻的呈现即“在场”(Anwesenheit)。这三层含义当中,后两种含义即“当前性”和“此时此刻的呈现”对于形而上学的后现代探索意义最为重大。

德里达认为,从亚里士多德到黑格尔,再到柏格森,甚至包括海德格尔本人,他们的形而上学思考都受到了“在场”观念的支配。这里的“在场”,既是自我呈现的能指,又是一个暂时的现在,即“在场”既是一种意识在空间中的呈现方式,又是一个时间单元。渴望“充分在场”,向往“绝对在场”,这构成了德里达所说的“逻各斯时代”。“逻各斯中心主义”的统治首先就是确立了在场对于缺席的优先地位。“在场”和“言语”相连,“缺席”与“文字”共命,所以“在场/缺席”对立等级关系的确立同时也是“言语/文字”对立等级关系的确立,一个以言语压制文字,以说话放逐书写的时代就降临了。而且,“充分在场”、“绝对在场”,也意味着对“先验所指”的幻想,对完美神性的渴望,对“唯一语言”的缅怀,对人类主体性的自信,以及对语言之中的“所指”的膜拜。因此,德里达断言,“逻各斯时代”是在场统治缺席的时代,是充分言说而弱化文字的时代,这个时代的形而上学把“在场”看作是普遍有效的终极真理。有鉴于“在场”的绝对统治,德里达把从柏拉图到海德格尔的哲学称之为“在场形而上学”(metaphysics of presence)。

在场的充分显现,以对缺席的遮蔽为代价。后结构主义者以及后现代主义者延续着海德格尔消解“在场形而上学”的思路,一方面从多种视野出发检讨“在场”遮蔽“缺席”的方式,另一方面又希望解构在场与缺席的对立,以及在场的优先地位。在场不是静止的,在场的显现则是一种派生差异的运动,因而在场根本就不可能同缺席分离,相反它对于规定在场是必不可少的。既然在场与缺席如影随形,所以在场就绝不完满也非本源,而与在场血脉相连的终极真理和固定意义也就是不可接受的了。对“在场形而上学”进行的如此颠倒,决定了后现代对于“上帝”、“主体”、“语言”、“现代性神话”等等的立场。用利奥塔的话说,既然一切确定性的知识都值得怀疑,那么,“后现代”就是“一股美妙的流动”,一切稳定的在场都被动摇了。

后现代哲学关于“在场/缺席”的观点之中,至关重要的是语言问题。德里达对“在场形而上学”以及“逻各斯中心主义”的批评堪为典范。“延异”、“踪迹”、“散播”、“书写”等奇特的语汇,尽管有极其复杂的含义,但都有一个共同的解构旨趣,那就是颠覆在场/缺席、言语/文字、说话/书写的二元等级关系,剥夺前项对后项的优先地位。与海德格尔纯粹的“存在论”思辨不同,他运用了“语言即一个差异系统”这一结构语言学命题,将差异激进化,发展了“绝对差异”,并用“延异”来表示对“在场/缺席”关系的超越。与赋予在场以绝对优先地位的传统形而上学、绝对知识体系相对立,德里达认为缺席对于语言符号及其指称活动更为根本,因为隐没在“逻各斯”之中的“原始文字”构成了指称活动的前提。这种“原始文字”就是不可还原的“差异”,就是被压抑而又蠕动在形而上学绝对知识体系之中的“踪迹”,是创造了主体、意识、在场的感性生命。建立于压制差异、融化踪迹的形而上学基础上的传统语言观认为,符号再现了某些在场的所指,这些所指超越于指称运动之外,因此,符号具有稳固不变的终极意义。与这种观点正相反，德里达认为，一切指称活动之中必不可少的，不是这种先验所指的在场，而是它的缺席。仅仅是在符号之间的差异关系之中，仅仅是在它们的散播之中，也仅仅是因为它们绝对不可能达到外在于语言的所指的充分在场，符号才能有所指称。

从尼采呼出"上帝之死"开始，一直到后现代思想家对意义和价值的质疑，"缺席"就构成了思想的首要主题。"上帝死亡"，"人的末日"，"作者的死亡"，以及"历史的终结"，都是悲凉而又深沉的缺席感的表达，是对意义危机的深度忧思。让-吕克·南希和让-吕克·马利昂这样一些思想家，为了应对意义危机，而重新表达"缺席"的神学意义或者宗教意义，他们呼吁被遮蔽的(缺席的)上帝，或者退位的(缺席的)神性再次光顾人间世界(返回在场)。此外，后现代思想家还呼唤"缺席"来批判现代性，因为现代性总是努力把确定的真理安置在自我同一的主体之理性的自我在场之中。海德格尔和萨特从有限存在的虚无开始破除自我同一的幻觉。拉康通过对无意识的彻底拷问发现了分裂主体。列维纳斯改造现象学，建立一种负有义务的伦理主体，发现这个主体之中隐含着他者的踪迹。如此等等的后现代思想，都重建了缺席的形象。缺席，如同幽灵一样纠缠着主体，使之无法通过自我在场实现自我同一。

布朗肖说，在19世纪末期，马拉美就以自己的诗歌宣告，那本"绝对之书"(黑格尔绝对知识体系)永远也不可能被写出来，因而总是必须面对"书的缺席"。雅毕斯(Edmonde Jabès)面对"书的缺席"之绝对空无，感觉到就是面对无限。在这种景况下，"写作"就是隐退、流浪、孤独以及迷失。由此可见，颠倒"在场/缺席"关系不仅构成了后现代语言观、再现说、存在论、神学理论的显著特色，而且也成为文学、艺术以及反思文学艺术的文学理论以及美学的核心主题。

(胡继华)

褶子(Fold)

"褶子"是当代法国著名的哲学家吉尔·德勒兹在其著作《褶子：莱布尼茨与巴罗克风格》中的核心概念，也是德勒兹整个哲学体系中的核心概念之一。巴罗克(baroque)一词源于葡萄牙语，意为"奇特而不规则的圆"，是珍奇和奇妙的意思，代表着17至18世纪的一种欧洲文化艺术风格，在当时欧洲的建筑、雕刻、绘画，乃至其音乐和文学中都有着充分的体现。在文学上指奇崛夸张、繁艳的藻饰，花团锦簇的风格。

巴罗克艺术以富丽繁复、精雕细刻为特点，意味着奇异、变幻，标志着被压抑的激情的异化，显示出动态、戏剧性、追求无限、虚实一体、色彩与光线的明暗反衬等艺术特色。例如凹凸不平的图形，富于装饰效果的涡旋，建筑上单柱变成双柱，园林中水花飞溅的喷泉，等等：不偶尔破坏规则便无伟大的创造。在此意义上，巴罗克与古希腊文化艺术如“拉奥孔”形象（肢体的扭曲与表情的痛苦）有关，也是文艺复兴时期与巴罗克时期之交的意大利著名画家米开朗琪罗的艺术奥秘。德勒兹在该著作中，在哲学“过程本体论”或思维方式的意义上将褶子与对莱布尼茨的思想过滤及巴罗克风格联系起来。

“褶子”是德勒兹从莱布尼茨“单子”论引申出来的哲学概念。在西方哲学领域中，“一”与“多”是一个经典命题。德勒兹的“褶子”概念是从后结构主义视角对此命题的一种当代哲学和美学的反思。从毕达哥拉斯、新柏拉图主义哲学家到莱布尼茨，都曾经从数学、神学等维度来阐释这个命题。莱布尼茨的“单子”论认为单子无门无窗，与其说是粒子，不如说是斗室；单子是最简单的数，或者说是无穷的倒数∞，上帝则是该倒数之上的“唯一”。倒数的特性在于它是无穷大的或无穷小的，是世界之镜和上帝的反向形象。单子概念在某种意义上类似于印度文化中“因陀罗之网”的隐喻。因陀罗是古印度文学中的天神之王，根据印度神话传说，他有一张神奇的大网，网上缀满熠熠生辉的宝石。每一颗珍宝自身光华灿烂，同时又映射出其他宝石的绚丽光辉。而从莱布尼茨“单子”概念来说，世界由无穷单子（宝石）构成，但是任何一粒单子或宝石都映照出上帝“唯一”之像，从而构成“一与多”的既隔又通的微妙和谐关系。单子因此构成一种美的和谐。德勒兹认为“单子”是莱布尼茨对形而上学视点的灵魂或对主体的命名，是他从新柏拉图学派借来的概念，以表达包裹着“多”的“一”的状态。这个“多”将“一”以“级数”的形式展开。单子中的“一”具有包裹（打褶）和展开（解褶）的潜能，而“多”则既与其被包裹时所形成的褶子（fold）不可分，又与它在被展开时所呈现的解褶（unfold）不可分。每一个单子都将世界作为一个无穷小的无穷级数而包含着它。身与心形成褶子，两者不断地折叠、展开、重折，构成一个皱褶式的双重世界。德勒兹精彩地破解了莱布尼茨哲学蜿蜒曲折的褶子之谜，并创造性地把褶子的哲学概念与欧洲文化中的巴罗克风格联系起来，认为“巴罗克风格由趋向无限的褶子来定义”。

褶子是无所不在但人们却熟视无睹的现象，具有重要的思想意义。德勒兹在《褶子》中，对褶子现象多加描绘：褶子以极其丰富的形态出现在外部宇宙和内心世界之中。迷宫就是典型的褶子。大脑也是皱褶式的。小到微粒，大到宇宙，无处没有褶子。其实，活生生的世界就是一个美丽而浩瀚的褶子。褶子象征着差异共处、普遍和谐与回转迭合。褶子中蕴含着差异哲学观念和与现代全息论类似的内涵：打褶与展开褶子已经不仅仅意味着物理意义上的拉紧—放松，挛缩—膨胀，而且还意味着生命意义上的进化—退化；生命被打褶进入一粒种子之中，种子之褶的展开可以成为一棵参天大树；“动物都有异质和异形两重变化，比如蝴蝶折叠成毛虫，毛虫伸展为蝴蝶”。康斯坦丁·邦达斯和多萝西娅·奥尔科斯基编著的《吉尔·德勒兹与哲学戏剧》指出：褶子的特质在于它有三重套叠：一、它是一个反外延的多元概念，一种迷宫式的复杂性的多元表达。二、它是一种事件或一个反辩证的概念，是让思想与个性互相“分层”的操作者。三、它是一个反笛卡尔（或反拉康）的主体概念，是绝对内在性的一种“传播”（交流）形象，既与世界等同，又是审视世界的一种视点。德勒兹哲学美学攫住生活，强调活力论：生活本身既是整体的，又是富于差异的。德勒兹从莱布尼茨的“单子”出发，在莱布尼茨划分的单子的三个等级（实体形式、动物灵魂、理性精神）中发现了“单子”更深一层的意义，即每一个“单子”都包含着世界的各种状态，每种状态都是连续或延伸的运动。在对什么是巴罗克风格的追问中，德勒兹找到了用几何学折回分裂的方式来描述巴罗克的方法。由此，在德勒兹看来，莱布尼兹与巴罗克的特征就生成了重合。这种重合周边围绕着建筑师、画师、音乐师、诗人、哲学家，同时也与柏格森、尼采、康德、斯宾诺莎的形而上学产生了对接。其中，世界的差异与重复、简单与复杂、低级与高级、分裂与缝合都不断地体现着“褶子”的性质和功能。例如：数学的运算、推断，绘画的描绘、染色，权力的演习、占领，话语的谈判、书写……都是自然地旋转着的“褶子”。“褶子”已然成为一个优美的图案。“褶子”普遍存在于物质与精神世界之中，并且互相联系、互相交叠。物质世界中的“褶子”犹如水流中的一个旋涡，不断地形成无数个小旋涡；精神世界中的“褶子”犹如无数条曲线与无数个点相切的变化曲线。德勒兹在《褶子》的最后一章以“新和谐”为题，对莱布尼茨的“单子论”（monadologie）进行后结构主义哲学的思想过滤，提出以“游牧论”（nomadologie）取而代之。虽然这两个术语在法文中只是拼写上调换了 m 与 n 的位置，但是却意味着从“单子”的闭合的世界中延展出一个新的思维空间。德勒兹说，我们发现了一些新的折叠方法和新的包裹，但是我们依然是莱布尼茨哲学的信奉者，因为所涉及的仍然是折叠、解褶、再折叠。简言之，德勒兹的“褶子”与巴罗克风格都是具有反复折叠的“褶子”式特征的世界，充满着自律与互动，是一种开放性的思想游牧。

在语言文化研究领域，德勒兹式的“褶子”论体现了殊异于传统的思维方式（机械论、辩证思维等）的一种后结构主义的哲学美学思维方式。德勒兹和加塔利曾经以此来观照少数族文学的双语或多语问题和流散作家的多重身份问题。“褶子”论由此涉及复杂的社会、历史、文化和权力关系等层面。在德勒兹和加塔利合著的《卡夫卡：走向少数族文学》中，他们借用亨利·戈巴尔的四种语言学模式来研讨这些问题。这四种语言模式是：方言（母语或地域语，农村社群使用或具有农村渊源）；媒介语（城市、政府、商务语言，是一种解辖域化的语言）；参照语（文化与感觉的语言，限定文化的再辖域化）；神话语言（在文化的视界中将精神或宗教再辖域化）。这四种语言学模式的空间范畴颇为不同：方言在此（here），媒介语在四面八方（everywhere），参照语在彼（there），神话语言在上（above）。这些语言的属性变动不居，一个时代不同于另一个时代，具有模棱的边缘和正在嬗变的界域。例如，拉丁语在变成参照语、进而变成神话语言之前，曾经作为一种媒介语长期流行于欧洲；英语已经变成了今日世界的媒介语；等等。我们可以用褶子的打褶—解褶—复褶的概念对这些语言和言者的身份加以评估。卡夫卡时代的奥匈帝国哈布斯堡王朝崩溃，也是一个对既有褶子进行解辖域化的历史、语言、文化过程。卡夫卡使用多种语言：捷克语、德语、希伯来语和意第绪语等等。他是奥匈帝国统治下的布拉格少数几位会说捷克语的作家之一，以当时的主流语言德语（媒介语和参照语）来写作，还懂得法语、意大利语和一点英语，希伯来语是他后来才学习的拥有梦幻般活力的神话语言，卡夫卡把意第绪语视为重写德语的解辖域化的游牧运动，把这种大众口语性质的语言改造成为一种独特的写作形式，推进了布拉格德语解辖域化的程度。因此在语言上卡夫卡的著作是革命性的，是对已打褶的主流语言的解辖域化。德勒兹和加塔利特别强调卡夫卡在其所生活的时代对主流语言既有的辖域从内部进行颠覆、解构和重构，强调具有差异哲学和流变思维性质的“逃逸线”，力图揭示卡夫卡文学语言的在捷克语、德语、希伯来语及意第绪语之间复杂的“褶子”关系中解辖域化以及再辖域化的特征。由此可见，上述的四种语言模式和“褶子”论哲学美学观念，为我们思考当代国际化背景下不同文化身份和语言的“褶子”关系提供了一条重要思路。

（麦永雄　秦伟）

阵地战（War of Position）

“阵地战”是葛兰西借用军事术语所提出的一种反霸权的斗争策略，与葛兰西所提出的另一种斗争策略“运动战”（war of movement）或“机动战”（war of manoeuvre）、“游击战”（partisan warfare）是相对的。所谓“运动战”，是指正面、直接和迅速地攻击敌人；而“阵地战”则是避免与敌人做直接而正面的斗争，而是采取迂回的策略，不断地、持续地打击敌人，在一步步扩大自己的优势中，不断侵蚀敌人的地盘，最终击败敌人，取得反霸权实践的胜利。

葛兰西之所以区分这两种战争，与他对西方资本主义国家的深入了解有着直接的关系。葛兰西曾把资本主义社会的上层建筑分为“市民社会”和“政治社会”或国家。对于两者在国家统治中所处的地位和作用，葛兰西作了区分（见“文化霸权”关键词的有关介绍）。葛兰西指出，对于像俄国这样的国家，国家就是一切，市民社会处于原始状态，尚未开化，在这种情况下，市民社会根本不可能去保护国家，在有外来攻击的情况下就很容易崩溃。由此，俄国革命就可以通过“运动战”，通过直接而正面的武装暴动而取得胜利。

运动战战略适用于国家政权比较集中，市民社会比较薄弱的东方社会。但在西方大部分国家中，尤其在具有较高民主程度的先进资本主义国家里，“市民社会”已经演变为更加复杂的结构，对资本主义国家具有很强的保护作用，正如葛兰西所说的，资本主义社会中庞大的现代民主机构就像阵地战前线的“战壕”和坚固的堡垒，可以抵制直接经济因素（如危机、萧条等等）“入侵”的灾难性后果。国家一有风吹草动，市民社会坚固的结构就会立即挺身而出，构筑成一个强大的碉堡工事网，成为国家坚固的甲胄，由此在战争中，猛烈的炮火有时看似可以破坏敌人的全部防御体系，其实不过损坏了他们的外部掩蔽工事；而到进军和出击的时刻，才发觉自己面临仍然有效的防御工事。在大规模的经济危机中，政治也会发生同样的事情。也就是说，资本主义国家通过其宣传和较为完善的民主系统，已经形成了一套复杂而严密的抵御体系，由此而可以抵制各种侵袭，包括大规模的经济危机，在这种情况下，采取直接而正面的攻击显然是不明智的，唯有通过长期而不断的斗争，才可能取得战争的胜利。

葛兰西的阵地战是一场持久战，但同时它也是一场全面的战争，这种全面性既包括政治、文化、道德上的斗争，也包括经济领域的斗争。另外，葛兰西在强调阵地战的同时并没有抛弃运动战，阵地战与游击战实际上是不可分离的，一方不能代替另一方，运动战也必须建立在阵地战的基础之上，只有在攻克了一个接一个的市民社会的机构（如中小学、大学、出版社、群众性的宣传工具、工会、家庭等）之后，或者说只有在外线取得胜利之后，才可能取得内线的胜利，取得最后的真正的全面胜利，这就是葛兰西所说“‘阵地战’从来就不是纯粹的”的意思。葛兰西在《狱中札记》中明确指出：“不可能以集中和突发的暴动形式出现的群众干涉甚至也不会以‘发散的’、毛细管状的间接压力的形式出现——尽管后者具有可能性，并且或许是前者必不可少的前提。……只要不具备长期的思想和政治准备，以便唤起群众的热情并使他们集中起来发动暴动，集中和突发的形式就不可能存在。”在这里，葛兰西既强调了“唤起群众热情”的阵地战的形式，也肯定了“突发的暴动形式”的运动战，两者是相互作用的。没有阵地战，运动战不可能真正实现；而没有运动战争，阵地战也不可能取得真正的最后的胜利，由此，唯有把这两种战役结合起来，才有可能取得最后反霸权的胜利。

葛兰西对阵地战的强调，实际上是工人阶级或无产阶级在西方资本主义社会进行革命的一种策略上的转向，即必须要从那种盲动的正面冲突的运动战过渡到打持久战的阵地战。阵地战首先强调了思想或意识领域中的斗争的重要性，即首先夺取思想意识的领导权，才能取得革命的最终胜利；其次，阵地战强调了在资本主义国家革命的渐进性、长期性和艰巨性。在这里，葛兰西既否定了革命会自动到来的观点（即经济基础必然决定上层建筑），也否定了那种革命会在短期内解决问题的过分乐观主义态度。而所有这些，都是葛兰西对资本主义社会深入了解的结果。所有这一切对我们，尤其对于广大的有机知识分子的反霸权实践有着重要的启示作用。

（和磊）

震惊（Shock）

瓦尔特·本雅明在其思想生涯的晚期，想用一种更加内在的方式来解决现代社会生活的困境。本雅明在阐述他的力作《拱廊街计划》的主旨时曾指出，资本主义的表象所起的作用就是隐藏甚或是消除资本主义制度下历史经验的实质，即它的非人化和剥削的实质。他把波德莱尔的诗歌看作是至关重要的历史形式，一种揭示现代经验的断裂和虚假的形式，认为波德莱尔紧紧抓住了源自无名又无望的都市人群的转瞬即逝的意象，他的诗歌把这种经验当作一系列的震惊记录下来并以艺术的形式传达给读者。在1939年的论文《论波德莱尔的几个主题》中，本雅明旨在探求审美经验是如何昭示现代经验连续性之断裂的。他看到，波德莱尔正好位于传统社会与现代社会的交叉路口，由于他站在两个历史时期的顶端，能够目睹现代工业资本主义拔除传统生活的遗迹并记录这一重大的转折过程，因此有资格成为第一个现代主义者和首位真正的都市生活诗人。从理论上讲，经验应该是为人所熟悉的、可预测的，其原则是连续性和重复性。然而，作为现代都市生活主要特征和传统经验衰落标志的震惊却瓦解了人们熟知的经验类型。城市街道上行人川流不息、你拥我挤，密集喧嚣的人群引起了生存斗争也阻碍了个人的思想，这足以使都市生活几乎不可能以人性的方式去对待每一个体。如果说19世纪早期的资产阶级还蛰居于家庭领域的话，那么19世纪晚期的诗人直接面对的就是人群，这时期抒情诗的基础就是个人与大都市人群的对抗，而震惊经验则是衡量以上经验的标准，人们在当时状况下的心理机制的特殊功能就是不断增长的接受震惊的能力。

本雅明认为，随着震惊经验在日常生活中的出现，整个人类经验结构发生了改变。本雅明为此援引了弗洛伊德在《超越快感原则》一文中提出的论点：在同一系统中具有意识能力和留下记忆痕迹互不相容，而当把记忆痕迹置于脑后的事件从未进入意识的时候，记忆痕迹时常极其强大和持久。本雅明注意到弗洛伊德的意识与记忆相对抗的观点，把它与普鲁斯特在《追忆逝水年华》中提出的著名的无意识记忆说相提并论。本雅明断定，弗洛伊德从意识能力中排除了意识的功能，又把意识的功能置入他所谓的"前意识"。在弗洛伊德的记忆痕迹说中，记忆是外界对无意识域或前意识域发生影响的结果，意识能力被贬为针对外来刺激的第一道防线，而创伤则源于意识防护盾的破裂。

弗洛伊德认识到，意识抵御刺激的作用比它接受刺激的作用重要得多。先前，记忆痕迹以直接和自然的方式接纳经验，如今却在很大程度上失效了，因此人们在传统意义上拥有经验的能力无可挽回地降低了。在现代生活中，意识必须全力以赴地抵制令人厌恶的刺激或震惊的激增。在本雅明看来，大众似乎对主体完整性构成了威胁。他把震惊防御的反应方式分为两种：要么通过刺激防卫反射性地避开外部的刺激人群，要么刺激防卫被冲破从而导致某种创伤。根据弗洛伊德的刺激防卫理论，本雅明在论波德莱尔的文章中运用震惊防御来描绘无意识的创造性意象生产。

被意识彻底贬低和过滤了的经验只剩下赤裸裸的为生存所需的要素，结果人类的知觉器官本身发生了极大的改变，记忆作为传统经验概念的基石也遭到摧毁。早先存放在记忆中的经验能够代代相传，生活的智慧也因此得以保存。而在现代生活中，记忆已被回忆所取代；人们不再原原本本地保存记忆痕迹，而是让意识将其瓦解吸收从而得以储存。只有借助于这样的肢解过程，经验才能在意识中显示并在严格的意义上被认为是人们所经历过的。经验内涵完整性的丧失不仅成为波德莱尔抒情诗的主题，在普鲁斯特的作品中也起着同样重要的作用。普鲁斯特认为，与纯粹而不间断的无意识记忆的经验之流相比，现代生活中的有意识经验在性质上较为低下。在他看来，有意识记忆的主要功能在于消除可能令人不安的、受智力支配的记忆，这种记忆始终是有缺陷的;只有无意识地在无意识记忆中出现的经验才真正能够重新拥有被有意识记忆所阻塞的那些记忆痕迹,而这才是一笔真正的财富。

本雅明认为,震惊经验不仅是波德莱尔作品内容的中心,而且还贯穿着该创造过程的形式层面。波德莱尔自觉摈弃了“为艺术而艺术”的唯美主义,表现出社会转化的历史进程,这使他的创作迥异于同时代诸多诗人的作品。可以说,波德莱尔把震惊经验置于其艺术作品的中心以此来规避震惊,他把都市里形形色色腐朽堕落的意象置入抒情的语境,使之凸显出来更加令人震惊。波德莱尔的创作是从资产阶级唯美主义积极乐观的价值内部进行摧毁的最初尝试,也是为把日常生活中的偶然事件纳入主流意识形态中的自律艺术的禁地而自觉做出的最初努力,其方法的重要性在于它此后已然成为整个现代主义的范式。

(曹雷雨)

政治无意识(Political Unconscious)

“政治无意识”是美国著名的马克思主义批评家詹姆逊的一个核心概念。针对北美新批评和形式主义对待文化文本的那种非政治和非历史的倾向,詹姆逊指出,马克思主义的总体化和历史化的方法可以在哲学上和方法论上提出一种相反的阐释学,对作为社会象征行为的文化文本作“最后的分析”,以揭示文本隐在的意义,也就是揭示被压抑或淹没在文本之中的历史或历史真相。由此他提出政治无意识的概念来为这一文化政治阐释学提供基本的框架。

总的来说,詹姆逊的政治无意识理论包括这么几个核心的方面:

首先,作为这一理论之基础的东西就是历史或“真实”的双重性。詹姆逊挪用阿尔都塞和拉康的概念,称历史是一种不在场的原因或真实,它本质上是非叙事性的或非再现的,也就是说,它是一种不可总体化的总体性;可另一方面,历史作为最终的指涉物又必须通过文本化或叙事化体现出来,这表明任何叙事或文本都必定是对那个看不见的不可表征之物的一种表述或再现。在詹姆逊看来,“历史”作为不在场的原因乃是一种结构性的整体,而文本作为一种文化产品乃是这一结构整体的功能性结果,并且就历史只能存在于每一种文化产品之中而言,我们只有通过“它在政治无意识中先在的文本化和叙事化”来接近它。从这个意义上说,政治无意识既是文化实践的生产性机制，又是在文本或叙事中被编码的对象。提出政治无意识就是为了揭示历史，而这历史就是政治无意识投射到文本中的内容。

第二，政治无意识必定要以文本或叙事的形式来呈现历史。历史作为一种不在场的原因不是那可经验地再现的现实，就像庸俗唯物主义所认为的；也不是与指涉物全然无关的文本，就像结构主义者和后结构主义者所认为的。它是结构性的效果，只有在文本或叙事中才能呈现出来，只能通过文本化或叙事化来为我们所接近。因此，历史或真实与文本或叙事的关系决非一方直接地决定而另一方简单地反映的关系。如同在拉康那里真实界的“真实”只有通过象征界的影响踪迹才能被触及一样，在詹姆逊这里，历史只有通过在特定时刻运作的意识形态幻想加以“囊括和戏剧化”的叙事才能被接近，而那被叙事所“囊括和戏剧化”的东西就是存在于文本内部的“现实”或“情境”。正是在这个意义上，詹姆逊说，决无所谓文本之外或先于文本而存在的“现实”和“情境”，换言之，所谓的“现实”和“情境”，其实是文本在自身内部意识形态地重构出来的一种“亚文本”(subtext)，它们必须在政治无意识的象征性行为的运作下被纳入叙事的织体，并使其服从于“形式的变形”。这就是詹姆逊所说的文学或美学行为对于“真实”的那种能动关系。

因此，第三，政治无意识并非直接地存在于文本或叙事中，而是常常以歪曲的或伪装的转义方式体现在文本或叙事的内容和形式上。这也就意味着，我们必须把文本或叙事建构为一种社会的象征性行为，设定它是某种隐在意义的承载者。叙事作为社会的“象征性”行为，其“象征性”主要就体现在它是对社会矛盾的“想象性”解决，换句话说，叙事形式所表达或“解决”的社会矛盾无论怎么样被重构，都还是一种不在场的原因，它不可能被文本直接概念化，而只能通过将其重写为一种亚文本象征性地揭示出来。因此，詹姆逊认为，文本或叙事作为一种社会象征行为乃是意识形态和乌托邦理想的辩证共存。说叙事是意识形态的，是因为所有的叙事都必然是对不可总体化的总体性的一种表述，因而它在历史中的存在其实就是对历史本身的压抑和改装，它所表述的实际矛盾实际上只是亚文本的重构，是被文本化的具体历史情境。另一方面，之所以说叙事又是乌托邦的，是因为它作为一种象征行为是对实际的社会矛盾的一种想象性解决，是一定时期一定社会集团或阶级的乌托邦理想的投射。因此，如果说历史作为一种不在场的原因为政治无意识中叙事的可能性提供了前提，那么，叙事作为意识形态和乌托邦的共存就构成了政治无意识的具体体现。这样，接下来要做的就是揭示这一象征性行为本身的运作过程以及它的意义——这就是阐释的任务。从这个角度说，政治无意识乃是结构和解开文本的象征意义的潜在机制，因而也是阐释的主目标。

第四，政治无意识作为一种“野性的思维”就是历史的叙事化、文本化和语境化，在这里，历史作为所在叙事和文化产品的最后视域实际上又是一种否定的总体性，即它的存在构成了对文本和叙事的意识形态局限性的揭示、否定和扬弃，正是在这个意义上，詹姆逊将阐释的行为说成是对文本的意识形态策略施以除幻和解神秘化的行为。

最后，政治无意识这个概念既意味着政治是无意识的，也意味着无意识是政治的，前者是就历史在文本中总是呈现为被压抑、被掩埋和被改装的现实而言的，后者是就文本以意识形态幻想的形式想象性地投射社会集体的愿望而言的。一定意义上说，詹姆逊的政治无意识理论乃是马克思主义、结构主义以及精神分析理论的一种综合，在这里，马克思主义提供的是叙事分析的政治维度和历史维度，结构主义提供的是叙事分析的逻辑维度或者说语言学维度，而精神分析则为其提供了欲望投射或愿望满足的维度，这三者在一种辩证思维的运作下相互修正，结构了詹姆逊的强力批评的阐释学框架。

（吴琼）

症状阅读（Symptomatic Reading）

症状阅读是法国哲学家路易·阿尔都塞整个哲学的核心概念。作为其方法论，“症状阅读”体现在阿尔都塞对现代以来大思想家的文本阅读之中。19 世纪 60 年代，阿尔都塞最早在《阅读〈资本论〉》中系统地指出“症状阅读”是马克思“阅读”亚当·斯密、大卫·李嘉图等国民经济学家的作品，并借以建立自己无产阶级阶级斗争学说的特殊方法，从而揭示马克思所创立的学说与现代思想知识型的不同。可以说，《阅读〈资本论〉》通过对马克思学说的特殊阐释，不仅确立了“症状阅读”的方法论地位，也确立了阿尔都塞在“西方马克思主义”中的哲学地位。在随后的哲学生涯中，阿尔都塞用这种阅读方法“穿刺”了许多政治哲学的重要文本，从伊壁鸠鲁、斯宾诺莎、马基雅维里、卢梭，直到列宁，目的是真正区分出不同于“人道主义”知识型的“真正唯物主义传统”。

然而，从“症状阅读”这个词本身看来，它明显和弗洛伊德所开创的“精神分析”学说有关。阿尔都塞本人在许多场合也并不讳言他受惠于“精神分析”这一事实。事实上,“精神分析”就是对精神病和神经症患者的外在症状的一套阅读技巧。精神分析师通过与患者面对面的催眠式交谈,通过患者的表述中的移置、脱节和疏漏,把握它们所掩盖的那个缺席的创伤经验。阿尔都塞对“症状阅读”的创造性借用,无疑建立在他本人的社会理论与“精神分析”的结构性类比基础之上。在阿尔都塞的社会理论中,现实(real)与意识形态(ideology)之间的结构关系,类似于弗洛伊德那里梦的隐意和梦的显意之间的结构关系,和拉康那里“实在界”和“符号界”之间的关系。梦的显意在意识的稽查作用下曲折地,既掩盖又暴露地反映梦的隐意,符号界也永远是实在界的中介,与此相同,在阿尔都塞那里,现实关系(整个生产关系结构)只有通过意识形态话语表述才能得到反映,只有通过“症状阅读”才能把握意识形态表述与它所处的社会结构的总体关系,即社会结构对于意识形态话语的“过度决定”(overdetermination)关系。

“症状阅读”的方法,系统地体现在阿尔都塞对于马克思对国民经济学家的阅读的阅读之中。《阅读〈资本论〉》指出,马克思在阅读国民经济学家著作的过程中,看到了这些作品中的“沉默”、“疏漏”,李嘉图、亚当·斯密能看到有购买劳动的阶层,也有出卖劳动的阶层,但怎么也走不出“劳动买卖”这一“市场和谐”的古典政治经济学圈子,他们的理论表述使他们怎么也“看不到”劳动买卖过程中劳动力的剩余价值生产,在遇到“劳动力”范畴时总是用“劳动”这个范畴来置换——实际上,这一置换行为就是古典政治经济学家们无意识地因而是“意识形态地”对剩余价值生产这一现实的掩盖,对阶级斗争的掩盖,是一种明显的症状。马克思的这种阅读,通过发现古典政治经济学的“症状”而把握了它的症结所在。资产阶级科学话语(理论话语)往往就是这样在自身内部掩盖/暴露现实的。理论话语围绕“难题”(problem)结构自身,反过来“难题”的难题性(problematic)在理论话语中表现为表述中的“沉默”、“空白”、“置换”和“脱节”。在阿尔都塞看来,通过对这些“疏漏”的症状阅读,就可以洞悉“难题性”所移置的现实关系。

阿尔都塞还将“症状阅读”运用于文学文本的阅读。文学文本不像理论话语,后者总是充满矛盾地断言自己的真理性,而前者则将自身表现为矛盾体。阿尔都塞在《小剧场,贝尔托拉西和布莱希特(关于一部唯物主义戏剧的笔记)》(1962)、《一封论艺术的信——答达斯普尔》(1966)和《克雷莫尼尼,抽象派画家》(1966)中,表述了自己对文学艺术问题的看法。阿尔都塞认为,文学艺术、文本的表述以某种方式“向我们”展示意识形态、展示意识形态起作用的方式而获得“美学效应”。阿尔都塞这种对文学艺术的看法,在很大程度上借用了弗洛伊德的“梦”理论。在弗洛伊德的理论中,“梦”是无意识、潜意识和意识冲突的场所,是“本我”、“自我”和“超我”冲突的场所。在阿尔都塞的有关文学艺术的理论中,文本是“多重”意识形态斗争的场所、是具有领导权(hégémonie)的主导意识形态和具体主体的意识形态之间的斗争场所,也是这种斗争的“效果”的表现场所。阿尔都塞在回答达斯普尔提出的“巴尔扎克”问题时,详细地解释了文本的这种“意识形态效果”理论。达斯普尔曾在信中说,巴尔扎克的现实主义在于他在创作过程中使自己坚持的某些政治信仰让位于艺术的逻辑。但是阿尔都塞指出,恰恰相反,巴尔扎克的反动的、独特的政治立场不仅一直为他所坚持,而且在作品内容上起了决定性的作用。正是因为他保持了自己的政治概念,他才能产生出他的作品。正是因为他坚持了个人的意识形态,才在作品内部造成了起码由两种意识形态构成的“斗争”,造成了意识形态的距离。这两种基本的意识形态一个是作者,即巴尔扎克本人所坚持的封建主义意识形态,一个是作为“时代精神”的资产阶级意识形态。文本本身为我们展现了资产阶级意识形态对巴尔扎克本人的意识形态的规约和统治,让我们能“察觉到”这种“统治”的作用效果。从阿尔都塞意识形态理论整体与弗洛伊德精神分析学说的相似性出发来看,倘若说艺术作品是一个相对独立的封闭体系的话,那么作家意识形态和暗指现实的一般意识形态之间的脱节、错位、冲突和矛盾就构成了叙述中的“症状”,这种“症状”使得文本“显意”(类似于梦的显意)出现空白,从而指向了一个控制着或标出叙述走向的更大的意识形态结构,即类似于梦的隐意的占统治地位的意识形态。巴尔扎克所加工的意识形态,是封建保王党的贵族思想体系,而巴尔扎克的作品却成了封建贵族必然走向灭亡的无情的挽歌,这种错位可以让读者看到巴尔扎克意识形态和现实的想象关系,巴尔扎克的“现实主义”也通过这种方式完成了自己的展示意识形态机制的功能与作用。

从“症状阅读”的概念剖析及其运用来看,阿尔都塞的“意识形态”和“症状阅读”理论构成了西方马克思主义理论以及西方马克思主义文学批评20世纪60年代以来转向的基础。“症状阅读”在“理论话语”批判上的运用已经成为了英国“文化唯物主义”、“文化研究”的理论基础之一,特别在特里·伊格尔顿对作为现代学科的“美学”的知识学批判中得到了体现;而它在文学批评上的运用则更为广泛,弗雷德里克·詹姆逊运用“症状阅读”对巴尔扎克、乔治·吉辛、约瑟夫·康拉德的文本结构及其与社会的关系的分析,已经使这种阅读方法成为通过作为“社会表象系统”的文学认识社会现实的钥匙。

(赵文)

知识考古学(the Archeology of Knowledge)

"知识考古学"(l'archéologie du savoir)是法国哲学家福柯的基本术语,它既是福柯的哲学方法,又是福柯的著作标题。"知识考古学"中的"知识"(savoir)并不是通常意义上的科学知识(knowledge),它或者指的是那些不成熟或半成熟的科学知识,比如精神分析、临床医学、刑法学等,或者指的是知识体系得以形成的历史的可能性条件,这既包括话语的条件,也包括非话语的条件,如机构、组织、制度、实践、权力等。"考古学"就是对这些知识条件、这些"先验的历史性"、这些"真理体制"的分析。因此,知识考古学是一种对现代社会的知识和话语之形成和运作的可能性条件的历史分析方法。由此,知识考古学开辟了一个新的空间、新的领域、新的追问方式,新的方法,即对知识条件和话语实践的分析。可以说,知识考古学的方法是结构主义时代最有标志性的思想创见。

考古学是福柯早年三部作品《疯狂与文明》、《临床医学的诞生》和《词与物》的哲学方法。可以说,福柯早年思想都可以用"知识考古学"来做标志:《疯狂与文明》是对古典时代精神病学中疯人的"沉默"的考古学,《临床医学的诞生》是对临床医学诞生时刻中的"凝视"的考古学,《词与物》是对近三个世纪的"人的科学"的考古学。为了对早期三部作品的方法论和理论问题做一个总结,福柯写了《知识考古学》一书。当然,它也可以说是《词与物》的一个续集,它延续了《词与物》中的立场,仍然赋予话语和陈述以优先性。但是,与结构主义者将话语视为自足的结构或文本的立场不同,福柯首先将话语视为实践,视为经验性的历史事件。不仅如此,福柯还特别强调了构成话语实践的非话语因素。这表明他早已不能认同结构主义的原则了,他正在转向"权力—知识"分析的路上。福柯的法兰西学院就职演讲《话语的秩序》印证了这一转折,他把话语看作是相互限制、相互排斥、相互分离的实践,结构主义所发现的"话语的秩序"不过是一种幻象,实际上它是权力意志建立起来的效果。于是,福柯从对意义关系、知识和话语问题的关注转向了对权力关系的关注,从知识考古学的方法转向了谱系学的方法。

从《词与物》中对不同时代"知识型"的发掘到对"话语实践"的理论分析,福柯在《知识考古学》中修正并深化了他的知识考古学方法。在《词与物》中的"知识型"概念是一个共时性的、同质的、结构主义的概念,而在《知识考古学》中,不同的话语实践之间是非连续性的，没有一个共同的"知识型"能构成统一的话语类型。话语虽然是服从某些规则的实践，但是，这些规则是断裂的、异质的、表面化的、特殊性的、事件性的，而不是结构性的、总体性的和类型化的。因此，那些话语也是离散的、分形的、破碎的、断裂的、异质的。

福柯将话语视为物质性的和实证性的实践，而反对将话语视为拥有神秘的、神圣的、意识的、先验的哲学属性的事物。福柯将特定的历史的"话语实践"（Language practice）称为"陈述"（statement），话语实践的整体他称之为"档案"（archive）。德勒兹称《知识考古学》中的福柯是"一位新型档案员"，他试图发掘档案，发掘档案中实际发出声音的话语实践的整体。作为构成档案的话语实践，"陈述"既不是语言，也不是言语行为，它既不是命题，也不是句子，它并不遵循语法和逻辑的规则。"陈述"的概念介于话语的结构与事件之间。对于福柯来说，不存在某种统一的、连贯的陈述作为话语单位的标准，只有分散的、异质的、相互吸引、相互排斥、相互换位和替代的话语游戏。所有的话语实践都遵循着外在性、表面性、差异性和事件性的原则。知识考古学的方法就在于系统描述话语对象，限定话语的特殊性，有差别地分析各种话语方式。知识考古学以描述话语实践规则的构成以及不同的话语构成之间的转换替代了对事物规律的探究，解构了传统"词与物"之间的哲学关系；知识考古学也以话语实践的构成性规则的分析取代了一般的思想史对概念、观念和学说命题的分析。虽然福柯是法兰西学院的思想史讲座的教授，但是，福柯却以知识考古学的概念激烈地反对传统思想史的哲学前提，那种对起源、连续性和总体性的迷恋。

福柯将陈述的扩散和分配的原则称为"话语构成"（discursive formation）。像精神病学、医学、语法、经济学这样一些巨大的陈述家族，就形成于相互吸引和排斥的系列、差别、间距、替换、转换的散布体系之中。被话语构成的规则所控制的话语实践具有稀少性、外在性和繁衍性的特征。首先，陈述并不是什么都可以说的，一种陈述的出现总是排斥其他各种陈述的可能性。陈述的稀少性是由于话语事件的独特的历史的构成条件。其次，陈述是外在的和表面的，它没有隐藏什么本质的和深层的东西，在已经说出的表层就是外在性的扩散。再次，陈述是一个欠缺的、局部的、异质的、支离破碎的和边缘性的踪迹。陈述是一个相互交错没有起源的网络，而不是没有分岔和分散的线路。因此，知识考古学的话语实践分析，拒绝历史的连续性和总体性，拒绝哲学的或形而上学式的历史，拒绝对起源和目的性的迷恋，拒绝历史进步论的启蒙主义神话，而捍卫事物的偶然性、断裂性、异质性、差异性、多元性、事件性、弥散性。福柯在《知识考古学》中将间断性、差异、断裂、界限、系列、变化、转换、偶然性、事件引入到当代西方对历史的另类思考之中，激进地推进了巴什拉、康吉兰和阿尔都塞等人的“认识论的断裂”的方法原则，彻底摧毁了现代性关于历史的寓言，当然，这其中也包括马克思主义对总体历史的幻象。

福柯将话语实践视为一个匿名的、无意识的、历史的、被时空定位的规则整体。正是那些规则使事物成为一个“话语对象”，并构成其出现的历史条件，使其成为特殊事件的系列。知识考古学的话语实践分析首先是对这些话语事件的出现、矛盾、比较和相互转换的描述和分析。其次，知识考古学要力图发现在话语实践以及机构的、政治的、经济过程等非话语实践之间相互伴生的社会关系的整体性。话语实践和非话语实践之间的关系根本不是一种简单的因果关系、决定论关系或二元论的关系。话语、话语实践和非话语实践共同构成了像精神病、解放、自由、民主这一类话语对象，成为它们出现的条件。话语、话语实践和非话语实践共同构成一系列的真理的游戏，真理、知识、主体、理性、意识和客观性不仅是话语实践的内部事件，它还与权力机制的非话语实践相联系。比如，现代哲学所塑造的“主体”概念其实不过是随着类型和陈述的界限而不断变化的位置，不过是可以被不同个体填补的确定的位置，不过是话语的功能、话语构成的材料以及话语实践和非话语实践的游戏。主体在陈述中并不能起任何综合和统一的作用。“著作”、“作者”和“主题”也不过是大量特定模式的话语实践的效果；“历史主体”也不过是陈述的总体派生出来的功能。

可见，福柯的知识考古学并不是通过概念和观念的分析，而是通过话语实践的分析，解构了现代哲学的基本概念和现代性的基本观念。福柯将那些现代观念视为话语事件，而不是永恒的发现。当福柯将话语引入到整个现代知识领域中的时候，他便以尼采式的探索向整个现代西方的权力—知识体系发出批判性的挑战，向整个西方传统的历史主义发出了挑战，也向西方的现代历史本身发出了挑战。

（张旭）

知识型（épistèmé）

“知识型”的概念是法国当代著名哲学家福柯的经典之作《词与物》中最基本的概念。知识型（épistèmé）在法语中就是“认识”的意思，它源于希腊语中的“认识”一词，因此，有人也将它翻译成“认识型”。福柯用“知识型”这一术语指的是在不同的历史时期中由“词”与“物”建构出来的独特的“事物的秩序”的方式(《词与物》的英译本名字为《事物的秩序》),这一方式代表了特定历史时期的社会感知方式和思维方式,它规定着特定时期不同学科的知识生产自身的可能性条件。就此而言,将这一术语翻译成“知识型”而不是“认识型”也是可以接受的。

福柯的“知识型”这一概念的思想主要来源于巴什拉的“认识论的断裂”以及他的老师康吉兰的科学史思想。巴什拉和康吉兰反对萨特式的主体性,更强调形成知识的可能性条件。虽然福柯的知识型概念与库恩的“范式”概念有相似之处,但是,他们源于不同的哲学传统,福柯的思想源于法国认识论传统,而库恩的思想源于英美的科学哲学传统。福柯的知识型的思想继承了巴什拉和康吉兰的法国当代认识论传统,强调知识构成的结构性和先验性。因此,“知识型”的概念在当时的结构主义思潮中被理所当然地视为一种结构主义思想。尽管福柯后来否认他自己是结构主义者,但是,知识构成的先验性和结构性思想无疑非常符合结构主义的基本原则。我们可以说福柯的思想发展了,但是,知识型的概念的确体现了结构主义运动的基本思想。

福柯的知识型概念赋予话语相对于非话语的实践以优先性,这一点也符合当时的结构主义与语言学的潮流。不过,很快福柯就改变了自己的思想,他认为之所以特定时代只有有限的知识型,就是因为不同时代的知识型乃是权力关系的非话语实践的结果。福柯在《词与物》中赋予的“话语的优先性”后来被《规训与惩罚》中的“权力—知识关系”所取代,而且,福柯后来对知识和话语的理解也比《词与物》中知识型的概念更为复杂。所以,他后来就彻底抛弃了“知识型”这一不成熟的概念。

福柯的知识型的概念乃是他的“知识考古学”方法的必然结果,《词与物》的副标题就是“人文科学考古学”。福柯的知识考古学试图发掘不同时代的各种知识被时间化和空间化的语言表述方式,也就是每个特定时代的“知识型”。由于断定每个时代的知识型的独特性,以及与先前时代知识型之间的结构性的断裂,因此,知识型的思想无疑表达了一种结构主义的原则,或者叫作一种“历史的先验性”。每个时代的知识型就像地质学的断层一样,与其他时代的知识型并无连续性。某一学科的知识与其下一时代同一学科的知识的连续性远远小于其与同一时代的不同学科之间的结构性相似,因为同一时代的不同学科之间的知识竟然是以相同的知识型组织起来其话语的。只有以考古学的分析方式才能发掘这些知识和理论被建构起来的那个空间。福柯的知识型概念和考古学的思想因此是一种“非连续性的历史”的思想,或者说,它根本不是一种历史思想。福柯的考古学思想与传统史学和马克思史学迥然有别,却与法国年鉴学派有很多相通之处。

在《词与物》中，福柯通过考古学的方法，揭示了西方现代知识的两次重大的知识型的断裂，并批判了19世纪知识型所塑造的人类学主体性的“人”的概念。当尼采开始对整个19世纪的知识型进行彻底的颠覆之时，福柯指出，19世纪的人文科学所塑造的“人”的概念已经死了。这就是福柯非常有名的“人之死”的断言的来历。

福柯在《词与物》中对自文艺复兴以来近代西方人文科学的分析试图理解不同历史时期的知识型都建立在对“事物的秩序”的不同经验之上，建立在那些阐明知识的“词与物”的关系之上，所以，知识本身并无对错或进步与否，不同时代的知识依赖于不同时期的语言观念。《词与物》一书从博尔赫斯小说中对中国动物的可笑分类开始，福柯看到陌生的中国动物分类法与他们西方现存的分类体系之间存在着巨大的差异。可见，不同的文化体系的基本代码以及词与物的相关秩序截然不同。福柯的发现正处于列维-施特劳斯的文化人类学的兴起及其对非西方文化的热情关注之下。

福柯以知识考古学方法挖掘了近代西方三种主要的知识型：文艺复兴知识型、古典时代的知识型、现代知识型三种。文艺复兴知识型的主要思维方式是词与物之间的相似性秩序。所谓的相似性的思维方式，或者指的是类似于植物与动物接近，海洋与陆地连通，人与周边的万物交流，或者也不一定是空间的接近而是一种模拟上的相似，或者类似于星星和天空之间的关系与生物和地球之间的关系的类比关系，或者类似于重的物体被地球引力吸引而轻的物体被以太吸引的交感关系。文艺复兴的知识型借助语言（词）来认识世界（物），词与物之间的关系是相似的。17世纪中叶至18世纪末期的古典时代的知识型是西方近代思想史的第一次断裂。

培根在《新工具》中批判了“四种假象”，文艺复兴的知识型就是一种假象。笛卡尔的哲学彻底摧毁了文艺复兴知识型。他通过分析表象，通过词的体系表象物的秩序建立了一个有序的知识体系，整个古典知识型的基础是表象，而语言的功能主要就是表象。文艺复兴时期包裹在事物表面的词语被抛弃了，通过对事物本身作细致入微的观察研究，尽可能精确地再现事物的本来面貌，尽力排除了那些不确定信息的来源，将表象与被表象的物联系起来。到了19世纪初，西方现代知识型发生了第二次断裂，传统的认知理论因为表象理论的衰落而瓦解了，现代性开始了。

现代知识型分裂为先天分析、后天综合和批判三大方面，对应数学科学、经验科学和哲学三大学科分类。在经验科学中，语言学、生物学、经济学用劳动、生命和语言塑造了现代的“人”的概念。可以说，整个现代知识体系都是建立在“人类学”的基础之上的。正如康德的三大批判提出的三个问题：我能够认识什么？我必须要做什么？我能够希望什么？归根结底，这三个问题隐含着一个基本的问题：“人是什么？”但是，随着尼采的“上帝之死”和“超人”的出现，作为被现代知识型所建构起来的知识对象的“人”也死了，人失去了在笛卡尔和康德那里的主体性的中心位置。“人之死”是“上帝之死”的必然结果。“人之死”标志着现代知识型的瓦解和新的反人文科学的知识型的可能。

新的知识型就是福柯同时代非常流行的“精神分析”、“文化人类学”以及“语言学”，这三门学科没有一个关注于“人”的概念，主宰知识型建构的力量的是语言和话语。这一新知识型意味着与现代性的知识型截然不同的一种人文科学，它开始了一个新的时代即“后现代”。可以说，“精神分析”、“文化人类学”以及“语言学”是最典型的三门后现代人文科学。在后现代知识型，语言不再是透明的了，人也不再是主体，而毋宁说是语言的创造物。事物的秩序完全奠基在语言的结构之中。

我们可以说，福柯的知识型的概念属于一个特定时代的知识型，属于那个“结构主义时代”的话语结构，它们推崇语言和话语的优先性，注重语言的自足性。然而，知识型其实是一种生产话语的体制，虽然它具有一定的结构，但是，其实践的复杂性绝非简单的“知识型”就能概括得了的。话语事件和知识的稀少性表明，话语并非自足的，甚至也绝非优先性的，因为话语事件是非话语的权力关系的结果。福柯最终放弃了知识型这一概念，尽管这一概念已经成为“结构主义时代”标志性的词语。

（张旭）

治理术（gouvernementalité）

治理术是福柯前期权力谱系学与后期主体伦理学研究之间重要的转渡概念。这一术语取意复杂，随着研究的深入而变化。福柯的治理术研究始于 20 世纪 70 年代末对生命政治的考察，终于 1984 年他逝世为止对自我技术伦理学的探讨。福柯 1978、1979 年法兰西学院讲演在生命政治的总体框架下，从谱系演进的角度探讨了政治治理术。在 1978 年第 4 次课上，福柯第一次提出了“治理术”，并从三个层面来定义治理术。其一是作为生命权力之方略的治理术。它是生命权力得以实施所需的制度、反思、策略等的总体。其二是作为治理权力之历史趋势的治理术。该趋势推动“治理”权力的重要性超越主权、规训等权力。其三是作为国家形式转变过程的治理术。它是司法国家转变为“治理化”的行政国家的过程。在此福柯给出的是狭义上的治理术定义。

它代表了西方政治现代性的历史进程。而广义上，治理术则提供了分析权力关系的框架。福柯从广义上把“治理”定义为“指导人行为的技术和程序”，而对行为的引导则正是权力的施展。相应地，在内容上，治理术的研究同时涵盖了政治和人的治理术，而后者又包括对他人和自我的治理。可见，治理术融合了权力、技术、历史、性、政治等多方面因素，谱系悠长，面向繁复。正因此，福柯才有可能通过治理术的研究，将控制技术与自我治理的主体化实践结合起来。福柯最终将治理术定义为统治他人的技术与自我技术的结合。

狭义上的治理术代表了政治现代性的历史进程。在谱系学意义上，政治治理术是一种“历史元叙事”，从国家理性开始赋形，经由古典自由主义和福利国家，最终发展而为当代新自由主义的治理形式。福柯将治理术的源起追溯至希伯来牧领权力(pouvoir pastoral)。与古希腊传统的普适性法律权力不同，这是一种游离于政治之外的个体性的善意权力。基督教将其制度化，在引导与反引导的运动中，它得以冲出教堂，侵入政治领域。治理术进入政治领域后的第一个具体化形式是国家理性。17 世纪初的国家理性代表了现代治理全新的内在性逻辑，它不再以神圣、正义、善等外部条件确立其合理性，而以国家自身力量的强大为目标，并形成了古希腊普适性法律之下的全体性和牧领制度之下的个体性相结合的最为严密的治理技术。国家理性模仿家政经济(économie)的治理模式，发展出两大技术装置，对内强调无限治理的治安(police)技术，对外采用外交—军事的制衡战略。治安技术的重要治理手段是重商主义(mercantilisme)。作为经济学的最初发轫，重商主义着眼于用商业来增强国家力量。政治治理术的蜕变和转折出现在 18 世纪下半期。此时，治安国家对重商主义的征用表现出家政经济模式与主权庞大框架的不协调，国家理性也逐渐成为治理术发展的障碍。继之重农主义(physiocratie)借用人口—财富要素，使经济摆脱了家政模式，成为治理的对象。人口和经济的“自然”要求治理从无限治理转变为有限治理，这是西方治理思想的重大转折。由此应运而生的是 18 世纪中期的自由主义，其治理特征可视为最小的国家理性。福柯把自由主义解读为生命政治诞生的框架和历史形式，它以政治经济学为知识工具，以市场为实践场域，结合真理与法律的纠缠，来发现自由的消耗与生产的机制。这个机制既表明治理术自我限制、有限治理的可能，也展示了自由主义的内在危机，而对危机的思考是新自由主义的起点。福柯讨论了两种新自由主义形式。其一是二战后的德国秩序自由主义。它处在胡塞尔现象学、韦伯社会学和新康德主义哲学的交汇处，通过国家、市场、社会和人之间关系的重组，通过建构法律和制度的配合机制，从经济合理性出发建立强大的德国。其二是当代美国新自由主义。它意味着由经济而生发的对于存在的思考方式和阐释学。基于休谟经验主义，情感的本能性及不可化约性为从行动出发去理解经济和社会提供了合法性基础。由此，福柯发现了经济人主体的原理和市民社会的广阔空间。

广义上的治理术提供了分析权力关系的框架。权力关系在福柯看来是行为的相互作用，故而权力的施展并非两个对手的对峙或交锋，而是一种行为引导和对可能性的操纵，而对行为的引导正是广义上的治理术。治理术的分析框架自然地引发了对权力的再思考。它首先直接挑战了主权权力。长期以来，主权权力是在紧急状态下以司法形式决定生死的权力，但它高于法律。政治治理术内在于国家的逻辑必然取消主权的外在超验性。基于治理实践的演进，福柯认为权力在不同阶段具有不同的主导模式，其中主权、规训和治理呈现为历史性接替的序列，分别对应于民族国家、规训社会和人口国家。主权权力的衰落必然引出生命权力概念。与主权权力凌驾于生命之上的生杀大权不同，生命权力是一种作用于人口之上的权力，以其优化为目标。它强调塑造和优化生命的多种方式和机制。生命的生物性强调权力技术的物质性，但现代政治建构将生命深深卷入，又要求权力的主体化模式。福柯提出治理术概念，正是弥合这种裂隙的努力。福柯还发掘出牧领权力来深刻揭示政治治理术与行为引导的密切关系。他将现代国家治理术的背景设定在牧领权力向牧领制度的变形之中，从而揭示出治理将个体与全体相结合的本质特征。作为关注个体性的权力，牧领权力还表明宏大的政治权力之外，存在个体性的主体化实践维度，这是自我治理的深层原因。福柯指出，今天的政治和哲学问题是对数个世纪以来强加于我们的个体性进行拒绝。这也是作为反抗行动的自我技术内在于治理术的根本动力。

福柯由权力的自由实践转向对自我技术的研究。针对生命的治理术并不基于暴力和法律，而依靠批判反思的行动，亦即基于自由来运转。自由并非指摆脱权力关系而获得某种解放。自由内在于权力关系，是其必要条件，因为权力关系是相互的，有自由才能有行动和权力关系。可见，自由是治理术的内在原则，治理是一种自由的实践。故而，治理并不只涉及政治或国家的管理，它也表明个体或集体行为可能被引导的方式。个体对自我行为的引导表现于自我技术(les techniques de soi)，其核心是“关注自我”(le souci de soi)。希腊文“关注自我”(epimeleia heautou)指“作用于”或“参与”某事。古希腊人所“作用于”的对象是性快感，并为此做出了政治—美学选择，禁欲是他们使用的艺术，目的在于操控自我。这种自由实践促使个体成为自我的“主人”，并把生命本身作为知识、技术乃至艺术的对象，从而确立自我与自我的关系。基于自我与自身以及与他人的关系的基础特征，即自由，可定义伦理主体。福柯重提伦理主体，意在对抗自牧领制度以来治理术所逐步确立起来的知识主体。在牧领制度的整合下，牧领权力的个体化从个体的自由实践变为牧师对个体关注的实践，其目标是关注灵魂而非可塑造为艺术品的生命。就这样，古典自我技术在现代治理术之中消失了。与此同时，笛卡尔又用作为知识实践创建者的主体代替了通过自我实践构建的伦理主体。福柯试图将伦理主体与当下的政治相结合来抵抗当下主体化的形式。在《什么是启蒙?》一文中，康德将宗教、法律和知识作为使人处于不成熟状态的例证，通过提出对理性的公共应用，来塑造当下的自我。此时此刻之我所是才正是康德启蒙的现代性意义。福柯视此为批判，而“批判是不被统治到如此程度的艺术”。批判当下的治理，建构伦理的主体，自由地行动，做自己的主人，让对生命的恒久关注促发生命之美的可能性，这是福柯治理术的意义所在。

总之，治理术既是国家政治治理的谱系学，又是权力的分析框架，也代表了权力和主体之间的关系。作为福柯思想体系转渡的关键概念，治理术折射出福柯思想复杂的面向及对当下积极的关切和行动。

（安婕）

诸众（Multitude）

“诸众”，是美国学者迈克尔·哈特（Michael Hardt）和意大利学者安东尼奥·奈格里（Anotonio Negri）于21世纪初期以来介入到全球化、民族—国家主权和民主的关系讨论时提出、阐释并运用的一个重要批评概念，是他们对政治主体问题思考的结果。

诸众并不是哈特和奈格里创造出的新的理论术语，而是他们对旧有概念做了全新的解读和阐释。他们将诸众的谱系源头追溯到马基雅维利、霍布斯和斯宾诺莎。哈特和内格里指出，马基雅维利将政治界定为诸众的运动，诸众是由穷人组成的，而穷人是反抗的力量。霍布斯将诸众视为国家和人民的政治对立，是无任何特定政治性的主体，是威胁国家权力的乌合之众，是反人民和反国家的，由此，霍布斯否定了国家权力中诸众存在的合法性。斯宾诺莎与霍布斯的观点截然相反，他秉持诸众的存在既合理又合法的观点，认为，诸众代表无法化约的复数性，个体作为诸众的形象依然存在，即，诸众拒绝放弃权力使之化约为同一的政治身份。

显然，马基雅维利、霍布斯和斯宾诺莎都把诸众视为一个阶级概念，将其纳入政治主体的范畴。哈特和奈格里秉承了斯宾诺莎认同的从“一”到“多”的主体发展趋势，强调诸众的多样性与异质性。他们指出，诸众是由无数个政治平等的社会个体组成，不需要一个集体中心来代替所有个体发声。对此，哈特和奈格里援引了霍布斯对“诸众”和“人民”的区分。对于霍布斯而言，人民是现代民族国家的产物，是国家的源生基础，被赋予单一的共同意志，是一体的，即，人民是以唯一整体为特征的主体概念。人民被创造出来是为了服务于国家主权的合法性，因为，人民统治着所有的政府，即使在君主制国家中，发号施令的也是人民。诸众则是杂多的，是个性构成的层面，即，是一个由不同的个人或群体构成的主体。此外，诸众的本质是非差异的，因为，构成群众的个体或群体相互之间没有任何共同点，也很难进行协调一致的政治行动，即，诸众的本质是非差异的。按照哈特和奈格里的话说就是，诸众自身既缺乏同质性，也不具备认同感。但是，构成诸众的个体间存在的共同点和关联点能够将个体联合起来，使个体能够共同交流和行动，从而实现共同行动的政治目标。在马基雅维利、霍布斯和斯宾诺莎的基础上，哈特和奈格里塑造出诸众概念，旨在在全球化资本流动时期的斗争和反抗中构建出一个全新的革命主体。

诸众是与哈特和奈格里的帝国概念对应出现的，他们指出，没有诸众，就没有帝国。在哈特和奈格里看来，在全球化的后现代时期，虽然民族—国家的主权正在被超越或取代，但是，这并不意味着主权本身的终结，而是，主权正在经历着从民主—国家的层面上升或过渡到全球化的层面。由此，帝国是全球化的主权，是一种全球化的司法主权和全球化的资本主义的联合，呈现为离散的、网状形态的主权模式。在全球化时代，民主会冲破国家和民族主义意识形态的束缚，成为绝对的民主。对此，在《帝国》(2000)、《诸众》(2004)与《大同世界》(2009)等“帝国三部曲”中，哈特和奈格里指出，在全球化的后现代时期，全球化衍生出一种不受国界和民族意识形态限制的绝对的民主，他们将向往绝对民主的力量和资本的全球化扩张塑造出的新型政治主体称为诸众。诸众是支撑帝国的基础，也是摧毁帝国的主要力量，是奈格里和哈特所言的激进式的社会构建方式，是建立全球范围的民主方案，以及实现绝对民主的政治主体，即，诸众是在全球化资本主义时代帝国主权下抵抗全球式资本统治的联合政治主体，是受宰制的贫者的普遍联合。哈特和奈格里认为，诸众是帝国中最具革命精神的主体，理应承担起无产阶级的责任，完成推翻帝国压迫者的使命。

诸众存在于内在层面，是宪政力量，具有生产性、创造性、对抗性，构成诸众的主体处在永恒的变动中，形成繁若星云的个体和不可表征的社会。哈特和奈格里认同斯宾诺莎提出的从“多”到“一”的主体发展趋势，认为，主权超越了诸众的内在性，将多样的单一性表征为“一”。人民代表诸众，民族代表人民，国家代表民族。这一逻辑链中的每一环都进一步剥离了诸众的权力，使诸众最终将权力让渡与国家。就本体论而言，这种逻辑链将一种虚假的和有害的统一性施加到多样的单一性上，从而忽略了全球诸众的存在。此外，诸众是一种包容性的存在，是多样的单一性。因此，哈特和奈格里认为，诸众是无法表征的，表征只能对诸众造成破坏或伤害。在表征的过程中，诸众会将权力让渡给少数掌握权力的人。诸众明确自己的政治目的，能够创造出属于自己的体制或政体。民主的创造是巩固和加强诸众力量的唯一出路，诸众是唯一具备实现真正民主的能力的社会主体，即，诸众使得当今的民主成为可能。可以说，诸众为当代社会提供了一个社会主体和一种社会组织的逻辑，诸众形成的过程也是全球民主生成的过程。

哈特和内格里指出，在资本全球化扩张的推动下，生产知识、信息、交流、关系或一种情感反应的非物质性商品的劳动，即，非物质性劳动，开始取代传统工业的社会劳动，成为一种全新的劳动形式。在帝国时代，诸众是从事非物质劳动的主要力量，正是在非物质劳动的生产过程中，劳动者的合作与交往的关系能得到充分的表达和展现，这恰好是实现民主所必需的前提条件。诸众追求的是全球公民权、社会报酬权和再占有权等三项政治权利，其终极目标是推翻帝国，建立属于自己的乌托邦。帝国时代，在物质劳动向非物质劳动转化的过程中，诸众必将取代传统的产业工人，因此，非物质劳动是诸众民主实现的潜在或基础。诸众和资本在本质上是相悖的，造成二者对立关系的正是非物质劳动。非物质劳动促使资本采取新的劳动形式去剥削或支配工人阶级的劳动，吊诡的是，工人阶级却依靠非物质劳动不断地拓展自身的力量，成为与全球化资本针锋相对的诸众，演变为一种更强的政治主体。

除了哈特和奈格里之外，当代意大利左翼激进主义学者保罗·维尔诺（Paolo Virno）是最重要的解读诸众的理论家。维尔诺秉承了哈特和奈格里的研究范式，不但以解读人民和诸众的差异为切入点，而且从斯宾诺莎采用的“一”和“多”的辩证关系着手，重点考察了后福特时代的资本统治中的诸众。

对于维尔诺而言，诸众并不是大写的“一”的对立概念。虽然维尔诺认同哈特和奈格里所言的，在后福特资本主义的现实存在中，将诸众的“多”归为“一”或者“统一的形式”的东西不再是国家的外显式意志。因为，他认为，诸众本身含有失落和拯救、顺从和抗争、奴役和自主双重矛盾特征。维尔诺认为，将诸众由“多”归为“一”是化身为一种新的普遍性，一种作为一般智力出现的语言、治理、人类共有的东西，才能成为诸众存在的方式。这种大写的“一”不再是以同一性为基础对“多”加以压制，而是包容了多的差异，由此，维尔诺翻转了“一”和“多”的对立关系，认为诸众之所以能够存在，主要是基于一种表征为一般智力的新的大写的“一”。在他看来，诸众是一种存在模式，是后福特时代流行的存在模式。这个大写的“一”包容了他们的诸多存在，相应地，诸众成为后福特时代的政治主体。维尔诺指出，在后福特制资本主义的生产过程中，劳动者创造剩余价值的活劳动已经转变为以一般智力为主导的社会合作，而一般智力表现出的诸如艺术、创作、演讲等精湛技艺则成为诸众存在的方式。对于诸众而言，他们创造价值的活劳动已经演变为运用语言的精湛技艺，但是，这并没能改善和解放诸众在生产中的地位，即，诸众没能在凭借一般智力进行的精湛技艺活动中获得解脱，而是更深地陷入后福特制资本主义的奴役中。那么，诸众如何才能摆脱后福特制资本主义制造出的新型奴役呢？维尔诺给出的答案是，不合作主义，诸众可以通过对后福特制资本主义采取不合作的方式逃离福特主义工业框架。

（王彦军）

主奴辩证法（the Dialectic of the Master and the Slave）

主奴辩证法是黑格尔在《精神现象学》（*Phenomenology of Spirit*）中提出的用以说明精神发展的一个环节——自我意识——之形成的一个寓言。它表明了黑格尔对自我意识问题的基本立场：一个自我意识必然是相对于另一个自我意识而存在的，两个主体各自的自我意识均无独立性，他者不是被看作另一个自我意识，而是被看作主体自我意识的投射，即主体在他者中看到自身。黑格尔说：“自我是自我本身与一个对方相对立，并且统摄这对方，这对方在自我看来同样只是它自身。”然而在科耶夫的解读下，主奴辩证法被赋予了在黑格尔哲学中的中心地位，被认为是理解《精神现象学》乃至黑格尔全部哲学的关键。在科耶夫的眼里，黑格尔的主奴辩证法乃是人类历史的一个寓言，蕴含着人类历史之开始、展开、终结的全部动力学。按科耶夫的说法，主奴辩证法表明，人类历史开始于一场血腥战斗。这场战斗不是动物界的那种为争夺食物或性对象而进行的本能厮杀，而是独属于人的那种为争得承认而进行的殊死较量。这场战斗的动因，就是人的那种要求承认的欲望。

根据科耶夫的解释，人的欲望必定指向另一欲望，就是说，无论人的自我意识还是欲望都是在主体间格局中规定的。主体的欲望必然与另一主体的欲望相联系，否则就无法成立；于是，自我和他者的结合也就转化为双方欲望的联系。但是欲望总是争取“承认”的欲望，而且这种欲望起初只是单向的，就是说，人总想被一切人“承认”，却不愿反过来“承认”任何他人。这样，欲望被承认的两个人为争得对方的承认就必然陷入一场生死战斗中，此乃人类人际间之关系的原型模式，人的侵略性就源自于要求承认的欲望。在这一生死战斗中，如果战斗的双方有一方胜利活了下来但却杀死了对手，那他就不再能得到对手的承认；而被打败并被杀死的一方也无从承认征服者的胜利。所以，杀死其对手对战斗的双方并无益处，因为杀死对手或被对手所杀都使得承认不再可能。为解决此一困境，胜利者必须辩证地征服其对手，就是说，他必须留下对手的生命和意识，而只是摧毁他的自主性。换言之，他必须使他成为奴隶。

在科耶夫看来，黑格尔的主奴辩证法提供了一个理解所有历史变化的基本框架，它包含着三个环节：争取承认的流血战斗、主人对奴隶的统治、奴隶的胜利。首先，科耶夫赋予了“争取承认的流血战斗”一种无神论的创世意义，正如他所说：“如果没有这种为纯粹名誉而战的殊死战斗，地球上就绝不会有人类。”通过流血战斗，“最初”之人（直接的自我意识或对欲望的欲望）建立起了社会关系（统治和奴役），形成了“阶级”（主人和奴隶）。与马克思从经济的角度来划分阶级不同，在科耶夫—黑格尔这里，人的阶级划分是根据其对暴力死亡的态度来决定的。主人之为主人仅仅是因为他克服了对死亡的恐惧，敢于冒自己的动物性生命的危险去争得他人的承认；而奴隶之为奴隶则在于他由于害怕死亡而放弃了争取承认的战斗，向主人臣服并承认了他的人性价值和尊严。主人在为纯粹名誉而冒生命危险这一“反自然”的行动中实现了自己的人性，证明了自己的自由，从而成为真正的人。奴隶使其争取承认的人性欲望屈从于自我保存的动物性欲望，因而保留了更多的自然性，但奴隶仍然是人，因为正如科耶夫所说的：“为了有现实的承认……敌对双方必然要一方愿意承认另一方而不被其承认：一个必须臣服于另一个。这一由臣服来打断战斗的决定，虽然是立足于对死亡的恐惧才发生的，但它同样是自由的（= 不可预测的）或‘非自然的’，与决定开战并战斗到底是一样的。没有什么能够预测未来的胜利者会胜利，正如没有什么能预测未来的被征服者会失败。正是通过一个绝对自由的行动，敌对双方被造就为败者和胜者……这就是为什么，被征服者和胜利者同样是人，尽管以不同的方式——如果一个是主人，那另一个就是奴隶，在自然的或动物的世界中，显然既没有主人也没有奴隶。”科耶夫进而指出，主—奴关系表明，人不可能在孤立中成就其人性，在一个追求承认的殊死战斗中并通过这一战斗，人创造了自身，这使得人必然要么作为一个奴隶的主人要么作为一个主人的奴隶而出现。这意味着，这场斗争将人的实在创造为一种本质上是社会的实在。也就是说，如果没有他人的介入，人的自我就不会存在。真正的“我”总是与他人交往（最初是通过流血战斗）并被他人承认的结果。真正的人在起源上要么是主人要么是奴隶，但主人和奴隶之间的差异不是既定的，因为每个人都可以自由地把自己创造为主人或奴隶。因此，是成为主人还是成为奴隶就取决于最初的自由行动。主人为了满足其非生物性欲望而甘冒生物性生命的风险的行动固然是人性的体现，而奴隶决定向主人臣服（尽管是出于对死亡的恐惧）以中止流血战斗的行动在科耶夫看来同样也是人性的体现（尽管是以不同的方式）。而且从历史发展的角度来看，奴隶的选择具有更深远的意义。因为如果所有的人都像主人那样决定战斗到死，那么每一次为名誉而战的战斗都必将以战斗的双方中至少一方的死亡为终结，其最终的结果便是：世界上只剩下一个孤独的“人”。他将不再是人性的存在，因为人性现实只是一个人被另一个人承认这一事实。这样，世界上就既不会有真正的人也不会有历史。从这个意义上说，正是奴隶在流血战斗中的让步拯救了历史发展的可能性。

在首次争取承认的流血战斗后建立起来的是主人对奴隶的统治关系。科耶夫强调，在黑格尔那里，主—奴关系乃为一种辩证关系。奴隶由于在争取承认的斗争中不愿冒生命的危险，故而放弃了自己的欲望并屈从承认了他人的欲望；主人则不惜冒自己生命的危险而因此争得了他人的承认。所以，在主—奴关系中达成的承认是一种单方面的承认，即奴隶承认了主人的人的尊严和人性现实，而主人却没有反过来承认奴隶的尊严和人性现实，只把奴隶当作实现自己欲望的工具或手段。换言之，主人是被他所不承认的人所承认。而这正是主人所处情境的悲剧性之所在，因为主人冒着生命危险为之斗争而赢得的只是对自己毫无价值的承认。对主人来说，只有来自他认为值得承认的人的承认，才能使他满足。如此说来，主人的境况乃为一存在的死胡同。

主人故步自封于他的统治，他不能超越自己、不能有所改变和进步。至于奴隶，他没有任何固定不变的东西。奴隶想要通过否定他的既定状况而超越自己，他的理想是要达到自主的自为存在。主人强迫奴隶劳动，而正是通过劳动，奴隶却成为自然的主人，从而使自己脱离了自己的本性。主人自己并不劳动，因而他在自身之外没有建立任何稳定持存的东西，他仅仅是消费奴隶的劳动产品，他从奴隶的劳动所获得的只是动物性欲望的满足，而不是人的承认，所以说“他可以作为人去死，但只能作为动物而生”。对奴隶来说，劳动是受到限制或节制的欲望，它具有塑造和陶冶的功能。奴隶之能为主人劳动是因为他压制了自己的欲望，所以，他通过劳动陶冶并超越了自己。可以说，人只有在通过为他人服务的劳动而经历了苦役、克服了死亡的恐惧之后，才能够达到真正的自主和自由。如果没有改造客观现实世界的劳动，人就不能真正改造自己。

主人永远不能脱离他所生活的世界,如果这个世界灭亡,他也随之灭亡。只有奴隶可以超越既定的世界而不会灭亡。只有奴隶可以改造那个塑造他并使他遭受奴役的世界,从而创造一个他所塑造的世界,在这个世界中他将享有真正的自由。而奴隶要达到这一目标却只有通过为主人服务的强迫劳动。的确,这种劳动本身并不能使奴隶自由;但是,奴隶在通过这种劳动改造世界的过程中也改造了自己,从而为自己再次开始争取承认的解放斗争创造了新的客观条件。因此,长远地看,所有的奴役劳动实现的并不是主人的意志,而是奴隶的意志。如此一来,奴隶将成为最终的胜利者,而主人必然会失败。

奴隶的胜利意味着主奴辩证法的终结,也就意味着历史的终结。科耶夫认为,这不是历史的乌托邦,而是由拿破仑通过暴力战争所建立的普遍同质国家所实现的历史事实,黑格尔的《精神现象学》则是对这一事实之意义的话语揭示。

(严泽胜)

主权(Sovereignty)

英文中的主权一词,在拉丁文里的原意是指最高权力,或最高的法律权力。它是一个起源于中世纪教会和世俗国家之间冲突的概念,后来到了1648年,国家主权才在现实的国际政治中,具有了现代独立国家的意义。也正是从这时开始,它与其他主权国家的承认紧密联系起来,成为一个国家的人民或统治者的抽象象征。一个国家的对外主权,往往是这个国家与其他国家或国际组织在相互交往中具有代表性的最高权力。它也是一个国家对其领土完整和独立要求的基础,一个主权国家应该有权自由地决定参加或退出任何国际条约或组织。

对外主权是当代国际关系中的一个主要因素,它往往与国际法的管辖范围形成微妙的紧张关系,有时国际法会限制和制衡主权的范围。而对内主权更涉及一个国家据以处理其内部事务的法律及其主体的问题,从理论上来说,一个主权国家在其领土内拥有最终的法律权力,而外部力量则不能合法地加以干涉。但由于在国际事务中,各国在国际权力格局中的地位不同,对法律和道德的看法也不尽相同,因此在多大程度上承认主权国家的对内主权,以及如何对待个人权利与主权之间的关系众说纷纭。特别是当对外主权受到外来侵略和干涉的威胁，以及对内主权处于被篡夺和脱离的危机时，国际社会对不同国家和地区的态度更是莫衷一是。

在主权的理论层面上，16 世纪的法国人让·博丹(Jean Bodin，1530—1596)曾撰写了欧洲近代政治思想史上第一部关于国家主义的系统著作《国家论》。在这一著名的专著中，博丹对主权所下的定义是这样的："主权就是超越于一切公民与属民之上的、不受任何限制之最高权力。"博丹认为国家必须独自享有主权，一个共同主权的存在，是一个政治社会得以构成的根本要素。博丹所讲的主权，就是一个国家的最高权力。博丹认为，主权创造了法律，一切人(不论持任何信仰)都必须服从于法律，但国家主权本身却不应受任何法律的约束。因为博丹给法律下的定义是：法律是主权者意志的体现。因此简言之，主权就是一个国家之绝对和永恒的最高权力。

博丹的主权学说属于中央集权式的国家主权理论，主权在实际上是属于君主的。而卢梭等在法国启蒙运动中提出了人民主权的思想，这是与博丹和格劳修斯的国家主权论相对立的。人民主权的观点首先要把人民作为一个抽象的政治整体概念，同时赋予这一概念以复杂多样的政治、哲学和道德的内涵，从而使主权概念更加扑朔迷离，并且随着历史变迁，主权一词在数百年间获得了众多的含义。从本质上说，主权与现代国家机器，以及现代国际社会内部的强制力直接相关，它更多地表现为强制力量与国际政治角逐的后果，而不是理论和道德的产物。

对主权的当代阐释，基本上分为国内主权论和国际主权论两大体系。在国际体系内，国家主权在经济和政治全球化的浪潮中被不断地侵蚀。在第二次世界大战后，国际上形成了去殖民化和民族独立运动，国家主权概念在殖民地和第三世界国家有了全新的意义。冷战结束后，主权概念在全球普世价值和消费主义的大潮中大打折扣。日裔美国学者福山迫不及待地宣布历史已经终结，对全球一体化的向往使许多国际主权论者认为第二和第三世界国家的主权日趋破碎、消解。在国内主权体系内，很多主权中心理论都认为，秩序、统一和政府是规范标准，这是因为现代国家干预社会生活众多方面的能力大大增强，这与传统国家对社会的有限控制力相比，不可同日而语。在现代国家主权管辖的范围内，通过各种组织和技术，将社会权力的政治、经济、军事和文化资源加以综合利用，实行强大的宏观和微观控制，内部主权因此成为国家统治的一种属性，它在公民与主权领土之间制定了一种明确的、不可分和永久依存的关系。这种以主权领土为特征的边境环绕式的统治关系，已经成为现代公民自我认同的空间想象的基础。"爱国"是现代公民的基本伦理观念，国家通过时时将公民牵扯进国家事务中，并针对他们的生活设计和描绘一幅幅合理、且具有诱惑力的远景蓝图，从而把国民紧紧地团结到主权政府周围。

现代民族—国家凭借通信和交通科技的飞速发展，逐渐形成和完善了一整套与主权思想相关的意识形态体系。这套体系以忠诚和尽义务的公民为道德尺度，以热爱祖国和民族为理想目标，有效地整合了主权国家的凝聚力，并且通过社会保障体系、医疗和退休保险系统，使公民与国家建立起最基本的认同。同时，主权国家在复杂多变的国际舞台上，通过合作、结盟或区域联合等手段，为自己争取到最大的利益。

（王炎）

主体/客体（Subject/Object）

在哲学中，主体指的是一种有着主观体验或与其他实体（或客体）有关系的存在。就此而言，主体就是感知者、观察者，而客体则是被感知、被观察的东西。由于主体指的是实施行为并为之负责的个人或实体，而不是施行于其上的客体，因此这一术语常常被当作“人”的同义词，或指涉人的意识。在历史的语境中，主体指的是历史的行为者，即事件的有意识的设计者，而不是事件的无意识的工具。自从笛卡尔以来，“主体—客体”问题，或者说主体与客体的分离，就一直被看作西方思想的根本问题。

对于1638年的笛卡尔而言，主体（拉丁语为subjectum）一词开始意指一个有着充分意识的思想着的“主体”，尤其是思维或自我。它是有着唯一确定性的因素，一切理念皆为其所固有，一切再现，一切操作都归属于它。换句话说，主体成了思考着的、认知着的行为者。主体因此优于客体。客体只是派生的，是主体的起源。这就使得客体不仅在实质性质上低于主体，而且被贬低到依赖于主体的层面。主体认识到，客体如果没有主体的认可，它就没有本质或者存在。不过，在笛卡尔那里，这一术语并没有任何伦理内涵，而只具有认识论的作用。赋予主体以伦理意义的，是德国哲学家康德。

康德的批判哲学强调个人运用自身理性的能力。实际上，他关于启蒙的名言就是：“要勇于运用你自己的理性。”这一敦促主体运用自身理性的观念不仅是启蒙和现代性的最核心的特征，也是主体性的核心特征之一。自启蒙以降，理性一直被认为存在于主体之中，而不是希腊形而上学所认为的一种整体性的宇宙秩序。不过，值得注意的是，康德的主体不仅是一个有着理性思维和经验思维、组织着自己对物质世界的感知的个别主体，它还是一个有着自由的，从属于道德法则的行为者。实际上，现代道德与政治思想的一个基本部分就是,个体被认为能够自由地进行自己的选择。所谓“勇于运用自己的理性”,其实康德是在建议我们自己去审视问题,然后进行明智的抉择。因此从康德的启蒙定义中我们可以得到现代主体性的两个特征。首先,个体自身有着理性的力量,也能够运用理性来进行抉择,就是说,他并不受合理性的宇宙秩序所约束。第二,个体因此能够自由地进行抉择。这两个特征使个体成了主体。

到了黑格尔,主体一词有了更宽泛的意义,而不再局限于个体自我或个人,而是指涉有自我意识的、自我调节的社会行为者,它既是集体的,又是个人的,比如说它包括国家、家庭和个人——只要它们是法律上自由的行为者。就是说,黑格尔将主体看作一个有自我意识的活动体系,其中个别、特殊、普遍等方面能够得到协调。

因此,在传统哲学中,主体既是知识的根源,也是伦理责任的根源,甚至是社会革命的执行者(在马克思主义哲学中)。就是说,自我被看成是一个根本的、明确无疑的东西以及一切认知和意义的最终起源。主体被看作是知觉、意志、自由、理性和道德的所在地。因此,从笛卡尔以来,主体的存在就一直被认为是最基本的认识论现实。然而,这一现代主体正处于一种危机之中。事实上,如今来自各个阵营的攻击严重地削弱了它在哲学上的地位。一方面,法国后结构主义者与后现代主义者们纷纷攻击主体的概念,并相应地提出一种去中心化的主体性理论,或干脆整个儿地将这个理论抛弃。另一方面,德国哲学家哈贝马斯也反对传统的主体概念,不过他却在《现代性的哲学话语》一书中强烈批判法国学者提出的理论,从而使得主体性的问题日益复杂化。

在后结构主义和后现代主义阵营中,福柯就一直在致力于揭示主体的真相。他曾明确指出:“我实际上认为不存在一种主宰性的、奠基性的主体,一种我们在哪儿都可以找到的普遍形式的主体。我非常怀疑这样一种主体观念,甚至对它充满敌意。相反,我认为,主体是通过种种被奴役的实践构成的,或者以一种更自主的方式,就像在古代那样,通过种种解放和自由的实践被构成的。”对于他来说,并不存在所谓先验的自我,主体实际上是在现代性进程中权力主体通过掩饰个体经验而构造出来的。显然,福柯是想通过对先验主体的颠覆为现代性危机寻求出路,即关注原始身体经验的自我,回归自我关怀的伦理主体。

早在福柯之前,精神分析学就已经开始致力于瓦解主体的稳定性和完整性。根据弗洛伊德的理论,本我、自我、超我的三层结构模式是主体性的基础。就是说,主体并没有什么恒定的本质,相反,它同时受意识与无意识的影响。弗洛伊德强调的是,作为本能欲望的无意识由于始终受到表现为道德和理性的社会秩序的压抑,因此它最终无法实现自身。与福柯同时代的拉康对弗洛伊德的主体性理论进行了重读。根据拉康的观点，主体性的过程始于大约出生 6 到 18 个月之间的“镜像阶段”。在这个阶段之前，婴儿并未获得主体性。在“镜像阶段”中，小孩在镜子中看到自己的映像，认识到自己是一个与周围环境相隔的个体。但这种认识实际上是一种“误认”，因为“它”在镜子中看到的只是一个图像而已，这个图像给予“它”以自主性和完整性的幻觉。因此，“镜像阶段”构成了感知着的“我”与被感知的“我”之间的分裂。当小孩进入语言系统之中时，另一次分裂又产生了：小孩区分出在言说着的“我”与被言说的“我”。为了言说，小孩被迫进行区分。为了说及自身，“它”必须区分你和我。当主体进入语言之后，人的主体性就丧失了：一旦拥有了语言，人便被社会的理性道德和价值观念所控制，形成一个理性的“自我”，它并非真正的主体，而是人们想象和误认的主体，与此同时，那个前语言的原初的自我，作为真正的主体却以为无法获得表达而不得不退隐到无意识中。

福柯等人的主体观似乎回归了休谟提出的一种主张。根据休谟的观点，如果人们审视内在体验的所有客体，人们依然无法找到什么东西可以被确认为是自我。人们所遭遇到的，只有一个迅速接着另一个的个别感知：没有任何东西能够构成所有这些感知的一个支撑性的主体。这些所有印象中没有真正的联系来使人们得出有一个统一作用的主体的结论来。我们什么也得不到，除了各异的、没有联系的感知。但显然，与休谟的彻底的怀疑论不同，福柯等人并没有否认主体性形成的可能性，他们只是认为主体是由各种相互冲突的力量所构成的，没有稳定的性质，因此他们反对将主体看作一个根本的、明确无疑的东西，反对认为主体是一切认知和意义的最终起源。

因此，所谓的主体，只能解释为人的历史化、生物化、社会化的结果，是在社会化过程中形成和发展的。正是在这里，哈贝马斯提出了自己的主体理论。在他看来，主体形成的社会化，实际上是以语言为核心的交往行为。据此，哈贝马斯认为，传统哲学的主体—客体模式应该转变为主体—主体模式，这就是他所谓的主体间性(intersubjectivity)。在他看来，以主体概念为核心的认识论哲学所关注的根本问题是作为主体的人和作为客体的世界的分裂以及前者对后者认识的可能。哈贝马斯将这种传统哲学称为主体哲学或意识哲学。他认为如果不摆脱这种以主体为中心的理性观，那么批判理论就只能在认识和操纵的层面上将理性还原为一种工具，从而扼杀掉理性本身所蕴含的丰富的可能性。因此，他认为，“客体知识的范式必须被能够进行言说与行动的主体之间的相互理解的范式所取代”，因为这种范式“不再是可再现和操纵的客观世界中的单个主体之间的关系，而是言说和行动着的主体之间的主体间关系”。

哈贝马斯之前的许多思想家都曾关注过主体间性的问题。如黑格尔的主奴辩证法就已经很好地说明了主体之间的相互依赖关系。然而,与前人不同的是,对于哈贝马斯来说,主体间性是由语言交往构建的,在这个过程中,参与者通过语言的使用而最终达致某种一致意见。所谓合理性是建立在主体间的一致意见上的,而一致意见是通过语言交往过程而获得的,不是建立在任何本体论基础上或任何人类主体性之上。对于哈贝马斯来说,主体性的形成,关键在于其"构成性过程的语言媒介所拥有的持续不断的个体化力量",在交往行动中这种个体力量从来就没有减弱过。因此,健康的主体自我有赖于"更高层次的主体间性"的建立,而健康的主体间性则又归根结底在于未被扭曲的交往关系。

无论如何,建立在主体—客体二元对立的基础上的所有学说,在当代都遭受到了沉重的打击,从而无法以原来的样态继续存在下去了。

(凌海衡)

装配/装置(agencement/dispositif)

装配在法语中有安排、布置、聚集、组装等含义,它不是静态的"安排"或"布置",而是指安排、布置、组装在一起的动态过程。agencement 的词根来自动词 agencer,这个动词本身就具有安排、布置、组装等含义,强调了不同要素正在被装配在一起的生成过程。正是在这一点上,德勒兹与加塔利逐渐将装配发展成一个哲学概念,装配才在他们的哲学中发挥着至关重要的作用,作为"普通逻辑"运行于他们的著作之间。

作为概念的装配经历了一个逐渐发展的过程,大致可分为酝酿期、发展期与成熟期三个阶段。(一)装配概念的酝酿期。德勒兹与加塔利相遇之前都各自阐发了与装配密切相关的思想,就德勒兹而言,与装配直接相关的思想来自他 20 世纪 60 年代对于斯多葛派哲学、斯宾诺莎哲学的研究,尤其是他对事件、生成和意义的研究蕴含着装配思想的萌芽;就加塔利而言,与装配直接相关的思想来自他 60 年代对拉康派精神分析学的批判,尤其是他 60 年代针对政治先锋派与精神病制度阐发的群体幻想理论在一定程度上体现了装配思想。(二)装配概念的发展期。在《反俄狄浦斯》中,德勒兹与加塔利开始使用作为概念的装配,围绕着欲望机器的概念提出了"机器性装配"、"欲望机器的装配"、"陈述行为的集体性动因"等表达方式,这有助于阐述欲望机器和析取性综合;从《卡夫卡》开始,德勒兹和加塔利以装配的概念取代了欲望机器的概念,其中最后一章的题目是“什么是装配?”,从装配的视角详细地解读了卡夫卡的作品;而且德勒兹以《非作家:一位新型地图绘制者》为题评价了福柯的《规训与惩罚》,福柯的“装置”(dispositif)问题与德勒兹和加塔利的装配问题开始交织在一起,呈现出一定的理论张力。(三)概念的成熟期。德勒兹与克莱尔·帕尔奈在《对话》中进一步阐发了装配理论,将图表性成分增补到装配概念,不仅分析了封建制度的装配、小汉斯的装配、休谟一装配等,而且还明确了分析的最小单位不再是语词、理念、概念或能指,而是装配。《千高原》是装配理论的概括和总结,“装配的普通逻辑”构架着整部著作,意味着德勒兹与加塔利构建了一种完全成熟的装配理论。此外,自德勒兹1986年出版著作《论福柯》及1988年发表纪念福柯的文章《什么是装置?》之后,他开始不加区别地使用“装配”与“装置”,致使这两个概念变得越来越难以区分,日趋错综复杂。在《混沌互渗》一书中,加塔利进一步发展了装配理论,提出“陈述行为的界域化装配”、“陈述行为的解域化装配”和“陈述的过程性装配”,建立了一种关于陈述行为的“装配谱系学”,进一步阐述了他的“元模式化理论”(存在之域、价值世界/宇宙、机器系、流),构建了他的生态哲学理论。

从基本定义上看,德勒兹与加塔利以装配的普通逻辑来替代结构的统一性逻辑,以装配的异质性和多样性反对结构的同质性和统一性。就当时的历史语境而言,德勒兹与加塔利具有明确的理论指向性,他们批评了处于主导地位的结构主义。列维·斯特劳斯的结构主义人类学、拉康的精神分析学和阿尔都塞的意识形态理论基本上将结构视作一种同质性的和相对稳定的系统,而结构内部的异质性要素与结构的变化遭到忽视,德勒兹在1967年发表的《如何辨识结构主义?》一文中剖析了这个问题,进而在他与加塔利合著的《反俄狄浦斯》、《卡夫卡》以及他与帕尔奈合著的《对话》中明确地提出了以装配取代结构,通过整合装配内部的异质性潜能来实现结构的转化。“结构是与同质性的诸条件联系起来,不过装配并不如此。”结构主义虽然阐述了内容与表达,但忽略了两者之间的关系,仍然执着于结构内部的统一性,而德勒兹与加塔利则通过引入装配的概念探讨内容与表达的关系,尤其他们诉诸丹麦语言学家叶姆斯列夫的语符学理论来阐述内容与表达之间的相互预设关系。在德勒兹与加塔利看来,内容与表达的区分不再是所指与能指之间的区分,也不再是下层结构(经济基础)与上层结构(上层建筑)之间的区分,由此他们与当时主导的能指结构主义和马克思主义经济学区分开来,他们反复强调了装配的异质性和多样性的特征。德勒兹在《对话》中给装配下了一个明确的定义:“装配是什么?它是一种由很多异质的项构成的多样性,而且这一多样性在它们之间建立联系、关系,跨越了年龄、性别、领域——不同的本性。因此,装配的唯一单位是属于共同运行:这是一种共生、'同感'。重要的从不是亲属关系,而是联盟与和亲;不是继承、后裔,而是接触传染、流行病、风。"因而,装配是一种由很多异质的项构成的多样性,是一种遵循着"之间"逻辑在异质性要素之间的共同运行,是多样的异质性部分的同感共生。

从整体上看,装配受到斯多葛派的语言哲学、斯宾诺莎哲学和叶姆斯列夫的语符学的启发,装配是欲望、事物、身体、表达、质性和界域结合在一起的聚合体,装配因时因地而异,能够创造新关系和新功能。装配在水平轴上蕴含着内容形式(行动、身体、事物)与表达形式(感受、语词、观念),处于两者的交叉点上,装配在垂直轴上进行着再域化与解域化的运动。因而,装配被构想为一个具有双重面向的概念:欲望的机器性装配与陈述行为的集体性装配、事物状态与符号体制、内容形式与表达形式。"在第一水平轴上,一个装配具有两个部分,一是内容部分,二是表达部分。一方面,它是身体、行动、激情的机器性装配,是彼此相互作用的身体的混合;另一方面是陈述行为的集体性装配,关涉到行动和陈述,是被归属于身体的非形体转化。此外,在垂直轴上,一方面,装配具有那些界域性的方面,或再域化的方面,它们稳定了装配;另一方面,装配还具有解域化之点,它们卷走了装配。"在装配的水平轴上,不同的事物状态和身体状态相互渗透、相互混合,相互传递感受,出现了新的符号组织方式和表达方式,但不再有主体与客体、能指与所指、下层结构(经济基础)与上层结构(上层建筑)的区分,由此装配既是实现过程的机器性装配,又是陈述行为的集体性装配。不仅如此,装配在界域性方面要面对那些解域化与再域化的力量,而且由贯穿它的解域化的线构成,装配通过解域化与再域化的运动创造新的界域,实现了装配的功能性。其中图表被用来描述装配,图表是装配的功能地图,而装配则生产了感受与效果,装配与图表或者具体机器和抽象机器的耦合具有描述性与实践性的、批评的与临床的双重功能。因而装配就是要产生全新的表达方式、空间组织、行为方式、建制或现实。

此外,装配与装置的关系错综复杂,交织在德勒兹(和加塔利)与福柯、阿甘本之间。在福柯看来,装置是一种完全异质性的集合,它由话语、制度、建筑形式、管理决策、法律、行政措施、科学陈述以及哲学的、道德的和仁爱的命题构成,也就是由说出的东西与未说出的东西构成,装置始终具有某种策略性的功能,是权力关系与知识关系的交叉点。在阿甘本看来,福柯的装置一词可追溯到伊波利特的实证性问题,与基督教神学遗产有关,他在术语溯源和家政学治理的意义上进一步扩大装置的内涵与外延,将装置定义为任何以某种方式捕捉、定位、决定、拦截、塑造、控制或保护生物的姿势、行为、意见或话语的能力,因而不仅监狱、疯人院、学校、工厂等是装置,写作、哲学、文学、电脑、手机等也是装置，而且在资本主义条件下装置与日俱增，越来越影响着主体化程序与现代治理实践。德勒兹与阿甘本对装置的这种阐发有所不同，他对福柯装置的阐述类似于他与加塔利对装配的阐述，他自《论福柯》以及《什么是装置?》之后就开始不加区别地使用“装配”与“装置”，他从《知识考古学》和《规训与惩罚》中洞察到与内容形式和表达形式相应的可见性形式与可述性形式、非话语形式与话语形式，他在《什么是装置?》中将装置定义为一种交织缠绕、多线性的集合，是由性质各异的可见性之线、陈述线、力量线、主体化之线、破裂线、分裂线、断裂线构成，它们纵横交错、相互缠绕，会产生另外一些线，因而装置拒斥普遍性，支持多样性，追求可变性与创造性，最终福柯的“装置”在德勒兹的哲学体系中变成了“装配”，殊途同归，形成了福柯与德勒兹之间的装配/装置。

（董树宝）

资本/资本主义（Capital/Capitalism）

“资本”无疑是马克思主义全部理论中的主角。资本即以一般而言的流通形式、特殊而言的货币流通形式实现的财富积累。在流通过程中，资本总表现为资本的再生产即“增殖”。“增殖”的秘密在于工人的劳动之中，工人在生产过程中创造了“剩余价值”，因而实现了预付资本的增值。但如果历史地看，任何社会形态当中，只要存在商品的生产、价值的交换，一句话，只要存在商品经济就存在资本的运作，只是资本运作的范围、功效程度有大小之别而已。马克思在《资本论》中明确指出：“商品流通是资本的起点。商品生产和发达的商品流通，即贸易，是资本生产的历史前提。世界贸易和世界市场在 16 世纪揭开了资本的近代生活史。”(《资本论》第 1 卷)资本是“资本主义”的一个历史前提。

那么“资本主义”是什么呢？正如伊曼纽尔·沃勒斯坦所说，在现代资本主义（即马克思所言的“资本的近代生活史”）体系当中“资本的使用（投资）采取了一种特殊方式。自我扩张成为资本使用的首要目标或首要意图。在这个体系中，只有当过去的积累被用来进行更多的积累时，它才成为‘资本’”(《历史资本主义》)。16 世纪以降的欧洲政治经济发展即“近代世界贸易和世界市场的建立”是“资本主义”形成的“历史条件”。正是贸易和市场的世界化和总体化使“资本”运作采取了“自顾自的”、“自我扩张”的形式，形成了近代资本主义社会。《资本论》所揭示的就是近代以来形成的作为一种生产方式的资本主义，它满足两个基本特征：第一，“它生产的产品是商品，使它和其他生产方式相区别的，不在于生产商品，而在于成为商品是它的产品的占统治地位的和决定的性质。这首先意味着，工人自己也只是表现为商品的出售者，因而表现为自由的雇佣工人，这样，劳动就表现为雇佣劳动”；第二，“剩余价值的生产是生产的直接目的和决定动机”。简言之，资本主义就是以“万物商品化”为基础的资本自我增殖的生产方式。

资本主义生产是一种总体矛盾的生产方式。其一，财富的积累不是体现为对人类创造的积累，相反，它体现为“死劳动”对“活劳动”的控制，财富对人的控制，在体系化的商品链中，劳动者出卖劳动力，而“哲学家生产观念，诗人生产诗，牧师生产说教，教授生产讲授提纲”（马克思：《剩余价值理论》第一分册）以供出卖，总之，万物成为商品，人与人的总体关系只受到商品交换价值的支配。其二，资本主义的发展固然表现为生产力、技术的提高和资本投入的减少和利润率的提高，但是生产力、科技的创造能力的发展并不意味着财富创造直接对人的状况的改善，相反，资本的实现对“劳动后备军”的需要，本身就决定这里的“财富”必然与“赤贫”并存，“社会的财富即执行职能的资本越大，它增长的规模和能力越大，从而无产阶级的绝对数量和他们劳动生产力越大，产业后备军也就越大”。在这个意义上说，资本再生产同时也是资本主义生产关系的再生产，一方面生产出来的物质财富被作为整个阶级的资本家无偿占有，另一方面又生产出除劳动力以外的无产者，这样就把资本主义生产关系“再生产”出来。最后资本主义繁荣不过无时无刻产生着这样的现象：“工人阶级中贫苦阶层和产业后备军越大，官方认为需要救济的贫民也就越多。”（《资本论》第1卷）其三，资本自顾自地积累，以及生产的无序性，必然产生的结果便是在这一过程的早期阶段导致“奢侈”性生产。一方面通过浪费、刺激奢侈性消费，制造“需要”以刺激消费从而实现过度生产的剩余价值；另一方面，即使刺激需要也无法提高整体的购买能力，生产相对过剩，出现通货膨胀直至出现普遍危机；最后解决这一矛盾的最具毁灭性的办法就是“战争景气”，即通过“战争”消费，完成资本的自我实现。

虽然，资本主义发展到今天，似乎已经“克服”了它的固有矛盾，但实际上并非如此。如果对20世纪之后资本主义的“生活史”细加考察，不难看出，它的基本特征依然如故。资本主义的商品化程度发展到了一个更高的阶段，一方面商品化已经全方位进入文化领域，符号商品化、文化资本化已经创造出一个“后现代景观”（参看“晚期资本主义”）；另一方面，劳动者“白领化”并不能掩盖劳动力商品化依然如故的事实，今天的学校体系更有效地以规训方式成规模地培养着从精神气质到科技素质都能胜任资本自我实现的新型劳动力商品。资本主义私有制的存在使发达资本主义在进入“富裕社会”的同时，在实现历史性地相对全民富裕的同时，却无法消除绝对的财富分配不平等，因而丝毫没有改变马克思所说的“贫困人口”扩大的事实；另外还应看到，资本主义全球化的新的、深化发展的这个阶段，更完善的“商品链”在全球范围内得以确立，发达资本主义世界越来越多地通过既有政治霸权和资本输出、文化霸权和文化输出、全球范围的不平等交换等手段转嫁自身的经济危机，造成“克服”固有矛盾的假象，但丝毫没有改变马克思所说的财富与贫困并存的事实：“中心地带”的发达资本主义世界的稳定和繁荣总是以“边缘地区”即欠发达世界的贫困化为代价的（沃勒斯坦，《历史资本主义》）。19 世纪到 20 世纪初资本主义生产方式下资本的自我扩张只能制造毁灭它自身的力量，即制造贫困的无产阶级及其阶级意识，同样，今天它的新一轮全球化发展并非表现为毁灭它的力量的消除，相反，毁灭它的力量在无产阶级斗争与世界范围内被压迫民族斗争的交汇中、在经济斗争与文化斗争的交汇中不断地增长着。

（赵文）

自然之镜（Mirror of Nature）

“自然之镜”是理查德·罗蒂关于自柏拉图开始的西方理性主义和认识论传统的重要概念。罗蒂认为，传统认识论的主要线索都贯穿在“心灵是自然的镜子”这个隐喻上，而人心作为自然的镜子其实是无比可靠的。“自然之镜”隐喻的基本内容是：人的心灵如同一面镜子，上面映照着外在事物的各种表象，借助纯粹的、非经验的方法可以对这些表象进行研究；所谓知识，就是那些映照准确的表象。罗蒂认为，传统哲学的共同策略就是想“通过审视、修理和磨光这面镜子以获得更准确的表象”。这种以“自然之镜”隐喻为核心的策略，源起于柏拉图，形成于笛卡尔，发展于洛克，完善于康德，并一直延续到当今时代的分析哲学。

在《哲学与自然之镜》（1979）的导论中，罗蒂指出，传统的哲学观念执迷于这样一种误区：一方面存在着外部世界的客观事物，另一方面，存在着映现它们的认识主体即“心”；一方面存在着各式各样的知识门类，另一方面却又存在着考察这些知识的“第一原理”，其集中的表现是“哲学”。这是非常可疑和荒谬的基础主义的教条，因为它们事实上架设了某种“非历史性的永恒模型”。因此，罗蒂开宗明义表明了自己的立场：“本书的目的在于摧毁读者对‘心’的信任，即把心当作某种人们应对其具有‘哲学’观的东西的这种信念；摧毁读者对‘知识’的信任，即把知识当作是某种应当具有一种‘理论’和具有‘基础’的东西。这种信念摧毁读者对康德以来人们所设想的‘哲学’的信任。”

罗蒂对哲学史上几个重要关节点的哲学思想的镜像本质进行了分析。他认为，传统的镜式哲学源于古希腊时期，以柏拉图关于“知识即表象”的学说为代表。它把占有准确的表象看作获得知识、占有真理的途径，其实质就是把人喻为自然界的一面镜子。镜式哲学的真正完善是从近代开始的，大致经历了以下的过程：一、笛卡尔把“我思”作为出发点意味着认识是从人的内心发生的，人心成了一面映照外在世界的内在镜子。柏拉图关于“知识即表象”的理论在这里被进一步发展成为“知识即外界实在的内在表象”的理论，不仅引发了唯物主义和唯心主义认识论的长期争论，而且真正将认识论上的基础主义引向深入。二、洛克的“白板说”把对知识形成的说明与知识可靠性的证明混淆起来，描述了心灵之镜映现世界的过程，使镜式认识论趋于完善。三、康德企图消解主客二元对立所导致的近代哲学中的包括经验论和唯理论、唯物论和唯心论在内的各种对立，目的仍然在于为科学、艺术、道德和宗教文化等现实的和可能的领域确立合理性和客观性的普遍标准。通过对传统哲学的历史考察，罗蒂指出：“决定着我们大部分哲学信念的是图画而非命题，是隐喻而非陈述。俘获住传统哲学的图画是作为一面巨镜的新的图画，它包含着各种各样的表象（其中有些准确，有些不准确），并可借助纯粹的、非经验的方法加以研究。如果没有类似于镜子的心的观念，作为准确再现的知识观念就不会出现。没有后一种观念，笛卡尔和康德共同采用的研究策略——通过审视、修理和磨光这面镜子以获得准确表象——就不会讲得通了。”显然，在罗蒂看来，西方哲学传统是一种以笛卡尔—康德式的认识论为中心的镜式哲学。这种镜式哲学建立在“主客两分，心灵再现表象”的基础上，它把人的心灵当作一面可以客观地映照自然和整个世界的镜子，认为这种映照准确地再现世界，从而为人类知识提供了一个能够获得真理的永恒的构架。

罗蒂认为，即便是发端于罗素（Bertrand Russell）和弗雷格（Gottlob Frege）的分析哲学，其思想框架仍然没有摆脱传统的心灵再现世界并为知识提供基础的老路子。在他看来，分析哲学说到底仍然是“另一种康德哲学”，基本上未曾改变笛卡尔—康德的问题体系，并未真正赋予哲学一种新的自我形象。因为，分析哲学只不过是“把再现关系看成了语言的而非心理的”，而“语言是一种‘公共的’自然之镜，正如思想是一种‘私人'的自然之镜一样"。事实上,分析哲学家求助于语言,就如同柏拉图求助于天国,笛卡尔求助于心灵等一样,都是在试图通过寻求第三方的仲裁力量,确定人类知识的永恒框架和终极依据。

显然,按照罗蒂的解释,只要是将主体与客体、心灵与对象分割开来,把认识的过程看作是心灵掌握对象的过程,并试图寻找知识和行为的某种可靠框架和准则,那就仍然没有摆脱"自然之镜"的隐喻,就必然陷入到了某种形式的基础主义的藩篱。从古希腊开始,经由笛卡尔和康德,一直到今天的分析哲学,其基本的理论前提(不论是显在的还是潜在的)都是把人当作自然之镜,从而也都是某种形式的基础主义。

作为美国实用主义哲学的首席代表和西方后现代主义思想的主要理论家之一,罗蒂的全部哲学努力就在于打破镜式哲学心身分离的二元论,动摇以知识论为中心的传统哲学的根基,以当代解释学为思想资源,以教化(edification)代替知识,倡导"无镜的哲学",从而使得人类永远有新的应付世界的方式和新生活的可能。事实上,罗蒂之所以把他的第一部专著取名为《哲学与自然之镜》,就是要表明他对"心灵作为自然之镜"的传统观念的反叛。

(张跣)

自我技术(Technologies of the Self)

自我技术是福柯晚期探讨古希腊、希腊化罗马及早期基督教世界的一个关键概念,福柯将自我技术定义为"使个体能够通过自己的力量,或者他人的帮助,进行一系列对他们自身的身体及灵魂、思想、行为、存在方式的操控,以此达成自我的转变,以求获得某种幸福、纯洁、智慧、完美或不朽的状态"。福柯重点探讨了古代人在性(sexuality)、关心自己(epimēleia heautou)和说真话(parrēsia)这三个实践领域的自我技术。

首先,在《性史》第二、三卷《快感的运用》和《自我的关注》中,福柯从性伦理的角度探讨古代自我技术的演变。古希腊人在性的领域表现为一种生活艺术,性并不受到外在禁令或道德的束缚和压制,而是出于一种自发的审美追求。希腊人并没有从欲望本质这一层面来理解"性"及其道德蕴含——亦即,并没有将主体或自我一实质作为自己思想、情感和行为的基础。在希腊世界,性伦理是有关在自我关系中如何恰当使用快感的问题,是个人实行自我控制从而达至自由的一种劳作和修行。政治学、爱欲论、家政学、养生法都是自我修行或自我实践的具体领域：正是围绕着在这些领域中有可能获得的成功和出现的错误、它们的危险，人们为了控制自我所采取的技术与战术、由此获得的回报等，他们才能认识到自己的真相，从而将自己塑造为一种像艺术品般的美的存在。古希腊人在性的领域表现出对快感的主动控制，目的是获得一种美的名声，创造出个人的美学风格。

希腊化罗马时期自我技术的场域、目的、手段和强度都发生了变化。性伦理的目的从古希腊追求崇高的生存美学过渡到一种适度生活的理性需求。在观念层面，随着婚姻观念的形成，对婚姻之外及非生育需求的性行为有了严格的限定，这里表现出一种既出于美学也出于政治层面的伦理诉求；在行为层面，性行为由一种自我塑造的美学现象转变为自我防御的医学现象，人们普遍认为频繁的性行为和放纵的性快感有害身体健康，对性行为的控制从医学健康层面加以阐释。到了基督教时期，性的控制变得越来越严厉，但这种控制不是自我的主动选择，而是受到外在圣律的胁迫。自我技术实施的性领域不再是快感，而是欲望；不是塑造美的自我，而是摒弃恶的自我；其目标不是现世的美学与荣光，而是来世的不朽与圣洁。

其次，在20世纪80年代法兰西学院课程讲座“主体性与真理”和“主体解释学”中，福柯将自我技术的考察扩展到“关心自己”的各类实践中。古希腊时期关心自己的典型特征是“自我认识”，希腊化罗马时期关心自己的特征是“自我教化”，基督教时期关心自己的特征则是“自我弃绝”。在福柯看来，古希腊“关心自己”关注的重点是“生存的技艺”，关心自己的目的是要获取一种美的声誉，通过对作为“灵魂—主体”与“生活—主体”的“自我”加以治理，赋予自己的“灵魂”(psychē)与“生活”(bios)以辉光，从而创造出一种生存美学式的伦理主体，最终目的是进入政治领域，成长为有能力管理城邦与他人的政治主体。

然而，公元1—2世纪希腊化及罗马帝政时期的“自我教化”摆脱了古希腊“生存美学”的界限，“关心自己”成为一个普遍原则——所有人都应终其一生关心自己，政治生活不再是关心自己的终极目的。“自我教化”的重要目标是克服个体自身的弱点，通过在日常生活中的自我技术和修行实践摆脱各种烦恼的羁绊或对死亡的恐惧等，从而在现世中更好地塑造自我。但这一“自我教化”最终却发展成为基督教“牧师权力”(pastoral power)，其中关心自己的技术通过对罪行的忏悔、对自我的彻底坦白，清空自己的肉体及心灵，最终弃绝自己，达至对上帝的完全顺从。

因此，福柯认为从古希腊、希腊化罗马直到基督教时期，“关心自己”在历史上发生了巨大的转变：正是在这一点上，福柯发现了西方文化从“自我认识”到“自我教化”直到“自我弃绝”的漫长历程。同时,“关心自己”这一传统主题依旧贯穿当代社会,只是古代世界围绕着“关心自己”所展开的各种自我技术被现代社会以知识的名义加以借用,改造成为将个体屈从于更加复杂的现代控制技术的工具。其中,福柯具体分析了作为“个体之微观物理学”的规训权力和“人口之生命政治学”的生命权力。这两种权力形式塑造出的现代主体不是屈从于自上而下命令式的上帝、君王或普遍道德,而是屈从于借知识之名自下而上微观建构的身份认同:包括针对“灵魂”的科学知识和针对“生活”的政治算数。经过基督教的过渡,古代世界“品性塑造”(ethopoetic)式的“自我技术”转变成了现代社会“知识认知”(connaissance)式的“政治技术”,从而使人的主体性成为政治控制肆虐的场域。

另外,在1982年至1984年法兰西学院课程讲座“对自我与他人的治理”和“真理的勇气”中,福柯还详细阐释了“直言”(parrhesia)或“说真话”这一概念,将其看作关于真理体验的自我技术之一。“直言”是一种真理话语模式,这一概念并不纠缠于真理陈述的内容,也不关注真理陈述对外部客体世界所产生的效应。“直言”指涉的是一种说真话或真理言说的“品性气质”(ethōs),关注的是真理在言说主体身上产生的效应或影响。通过考察直言实践的发展变化,我们可以认识到古代自我技术的差异:古希腊时期的“直言”主要是与雅典民主制相关的一种实践活动;希腊化罗马时期的“直言”则从一种城邦实践转向个人和私人的关系领域。在希腊化罗马时期,直言从政治实践渐渐演变为一种哲学实践,其目标是人的灵魂而不再是城邦事务。福柯还考察了后来基督教的顺从概念与“直言”概念之间的接续关系,认为随着基督教的发展,二者越来越不相容,基督教自我弃绝的伦理是对“直言”价值的颠覆与倒转。基督教真理体验的典型特征是一系列“反—直言”(anti-parrhesia)实践,这开启了真理与主体化两者之间关系的崭新时代。从此以后,主体不再是自由的、对自己的行为负有责任的伦理行动者,而是成为知识的客体。

福柯晚期转向对“自我技术”的分析,这看上去好像是与其先前对现代社会所做研究的一次重大断裂:他不再研究现代时期权力/知识关系,而是转向对古代主体性模式展开分析。福柯重点探究的是“主体性形式”与“对自我与他人的治理模式”之间是如何发生交集的。在他对现代社会权力/知识关系的分析中,福柯倾向于认为我们的身份建构与一系列客体化程序密不可分。但在后来转向古代的自我技术问题的研究时,他更多是从伦理和美学而不是从权力的角度出发来展开的。对权力宰制的分析让位给对治理术的分析。不过这种分析,还是同当代有关,还是对当下我们自身的批判性反思。

(杜玉生)

自由(Freedom)

从本义上说,自由就是不受阻碍地行事。英国学者戴维·米勒将西方思想中的自由观念划归三个传统。第一种是源于古希腊的共和主义的传统,主张自由人就是一个独立自主的自由政治共同体中的公民,公民积极参与政治,法律在某种程度上反映其愿望。第二种是自由主义的传统,认为自由人就是可以依据自己的选择去生活而不受他人或权威限制或干涉的人,政府应保障公民自由,但也构成对自由的威胁。最后一种是唯心主义的传统,相信自由人就是克制内在的欲望和冲动按照理性行动的人,政治时常被当作人们过理性生活的手段。这种传统往往将政治导向强制和专断,甚至走向极权主义,所以受到了前两个传统的夹攻。

三个传统中,自由主义传统塑造的自由观以理论形态完整严密、实践威力广泛持久而在最近四个世纪中最具影响力。在自由主义者眼里,自由并不意味着为所欲为,绝对不受限制和阻碍的状态是不存在的,即使在自然状态下,个人还要受自然法约束,更不用说诸多自然或生理限制对人类的长久制约。人迈入社会状态后,各种社会性的限制便接踵而至,毫无行动限制的社会也是不存在的,不同的社会只是在限制行为的类别和程度上有所不同。所以,现实中的自由是有限的自由。对限制的关注实际上是对政治和社会性限制的合理性及限度的衡量。

自由主义传统认为不受阻碍的行动就是自愿的不受强制的行动,其核心是个人的选择权。除了极少数例外,它肯定每个人都具备理性的选择能力,由此也就否定了家长式的统治。按照亚里士多德的说法:“选择可以说是一种具有欲望的理智,或者说是一种具有理智的欲望。”不过,欲望的满足并不能混同于自由。如以满足欲望为自由的标准,则是用行动的结果来确认自由的有无,自愿选择便遭到了否弃。自愿的行动并不保证欲望最终得到满足,但是强调自愿选择无疑会扩大选择的余地,满足欲望的潜力和可能性也将相应增加。同样,自由主义传统也不要求自愿的行动符合某种理智或道德的标准。自由状态下的行动是中性的,其内容正确与否或其方向是否指向某个有价值的目标,都不是确认自由的凭据。所以,不受强制的行动可能是错误的,但是坚持行动自由却能在最大程度上让我们获得纠正错误的机会。自由对于个人完善和社会进步的意义亦由此显现。

自愿和不受强制是行动的特质，行动本身能否真正实施，或者说自由的行动者是否有行动的能力，却并不是自由必然要包含的内容。在现实中，由于贫困、无知和缺乏一般意义上的手段，人们不具备某些能力，不能去享受自由，自由主义传统将其视为对自由价值的影响。罗尔斯在《正义论》中对自由和自由的价值做过这样的区分："自由表现为平等公民权的整个自由体系；而个人和团体的自由价值是与他们在自由体系所规定的框架内促进他们目标的能力成比例的。"自由主义者坚持这一区分还在于：他们相信每个人享有平等的自由是他们能真正享用自由的前提，是从整体上提升自由价值的治本之策。不过，他们并不将区分绝对化，缺乏做事的能力确实也会影响自由行动者的选择，所以他们一般不反对用治标的办法增加自由行动者的能力。

在实践中，自由表现为多个具体的自由。罗尔斯从法律的角度将自由视为"制度的某种结构，是规定种种权利和义务的某种公开的规范体系"。建立这一规范体系就须明确自由的界限和范围。密尔在《论自由》中的相关论述虽然受到质疑，但仍被奉为圭臬。该书旨在讨论"社会所能合法施用于个人的权力的性质和限度"，严复将其译为《群己权界论》，甚为恰当。密尔提出："人类之所以有理有权可以个别地或者集体地对其中任何分子的行动自由进行干涉，唯一的目的只是自我防卫。这就是说，对于文明群体中的任一成员，所以能够施用一种权力以反其意志而不失为正当，唯一的目的只是要防止对他人的危害。若说是为了那人自己的好处，不论是物质上的或者是精神上的好处，那不成为充足的理由。"在该原则中，"危害"易引起歧见，此处是指给他人带来不必要的痛苦、侵犯了他人的正当权利的行为，密尔明确界定这类行为应该是"直接的"、"最初的"。限制自由只是为了防止此类危害，旨在保证所有人都有平等自由。因此，界限的设置必须出于自由本身的价值，用来设置界限的法律就应该以保障普遍的自由为最终目的。孟德斯鸠正是在与此相似的语境中提出"自由就是做法律所允许的事"。

密尔在论及"人类自由的适当领域"时划出了自由的范围，主要包括三个部分：思想与言论的自由，还包括良心的自由、感想的自由、意见的自由、出版的自由；个人选择生活方式并按自由选择的方式生活的自由；个人之间相互联合的自由，即结社自由。这些正是罗尔斯所说的"基本自由"。罗尔斯强调，各种基本自由必须被看成是一个整体或一个体系。确立基本自由，才能使平等自由获得确定的内涵。

在自由主义传统中，对自由的理论论证可分为不同的派别，它们都是围绕自由的必要性和价值展开的。近代最早的论证出现在自然权利学说中。霍布斯虽非自由中人，却于此论有开创之功。洛克的论证更完整，他认为在人的自然权利中最重要的是自由、生命与财产的权利，三者中最重要的又是自由。自由成了政治价值体系的拱顶石。在18世纪的资产阶级革命中，自然权利原则是革命的理论基础，并被确立为新社会的一项基本准则。北美《独立宣言》将一切人被造物主赋予固定的、不可转让的自由权利视为不言而喻的真理。法国《人权宣言》第一条就宣告："在权利方面，人们生来是而且始终是自由平等的。"几乎在这两个"宣言"发表的同时，功利主义的论证开始萌生。功利主义者认为自然权利概念大而无当且革命色彩过浓。他们认为趋利避害是人之本性，增进幸福的行为才是正当的，"最大多数人的最大幸福"是最终目标，功利主义者关注的是自由所能产生的社会后果，认为自由有助于实现个人功利和社会总体功利的最大化。密尔对思想和言论自由的论述是此类面论证的典范。

自由主义者还将自由观念区分为对比鲜明的不同形态，以进行剖析比照。法国思想家贡斯当在1819年的演讲中提出了古代自由与现代自由的划分。他认为，古代人所理解的自由主要是一种公民资格，即参与公共事务辩论与决策的权利，而现代人的自由首先表现为享有一系列受法律保障的、不受政府干预的个人权利，即独立和免于干涉。古代人主要指古希腊人，他们对自由的理解基于城邦政治。在该政治模式中，城邦的权力是绝对的、无所不及的，公民个人和城邦高度一致，公民生活中最重要的内容就是参与城邦的政治活动，直接民主是参与的主要方式。因此，社会生活中没有明确界定的私人领域，也谈不上个人权利。公私之分在罗马时代才相对明确，随着疆域的扩大以及基督教的传播，个人与政治间密切关系逐渐松动，过度政治化的社会生活出现了多元化的趋势。进入近代，个人自由意识全面觉醒，个人权利和私人空间成为个人生活的主要依托，现代自由才应运而生，人们更多以间接民主的方式参与政治。

贡斯当之后此认识模式最著名的继承者是伯林(Isaiah Berlin)。1958年他发表关于"两种自由概念"的演讲，提出消极自由与积极自由之分。贡斯当的创见源于对法国革命的反思，古今之别是历时性的；伯林则对俄国革命及其后果难以释怀，其区分出于共时性的角度。消极自由指"不受别人阻止地做出选择的自由"，积极自由则是"成为某人自己的主人的自由"。前者是古典自由主义者所持的自由观，他们强调"个人自由应该有一个无论如何都不可侵犯的最小范围"，这是个人天赋得到最起码的发挥的底线，达到此线个人"才可能追求甚至才能'构想'人类认为是善的、对的、神圣的目的"。积极自由可分为三种：第一种关注拥有自我实现所必需的资源、能力和机会；第二种主张理性的自主，要求用理性控制冲动和激情；第三种视自由为集体自决，即每个人都有资格享有公共权力，而公共权力有权干涉公民的全部生活。

积极自由的本意在自主，消极自由则突出不受限制；鼓吹积极自由者多出于欧洲大陆，讲求消极自由则是英语世界的偏好。两个观念间不乏重叠之处，但在历史上却屡屡直接冲突。积极自由观往往将自我一分为二：其一是理智、“更高层次的本性”、真实的自我，另一则是欲望、“较低层次的本性”、被外力支配的自我。自主可能是理智克制欲望，个人服从于某一原则或理想，也可能是由真实的自我转换成的集体意志对个人的约束，甚至出现强迫人自由的局面。“自主”之下，自愿和选择的权利要么名存实亡要么化为乌有。由此看来，消极自由更近乎自由之本义。

（王燕平）

自由主义(Liberalism)

“自由主义”是近代以来在西方世界影响最大的政治思潮。它还指一种高举自由大旗的社会运动，一种建立自由制度的政策取向，以及一种宽容平和的生活方式。西方学术界的主流派认为：作为一种政治思潮与智识传统，作为一个在理论和实践上与众不同的思想流派，自由主义的出现只是17世纪以后的事。“自由主义”作为一个名词出现则更晚。19世纪初，西班牙人率先用“自由主义的”(liberal)来指称议会中的政党。19世纪30、40年代，“自由主义”一词才被英语世界广泛接受。

三百多年来，自由主义的面孔屡经变换，其特征却大致如故。英国政治哲学家约翰·格雷(John Gray)认为，这些特征正是自由主义的现代性的体现，它们存在于自由主义关于人与社会的观念之中。这一观念包括四个要素：第一，它是个人主义的(individualistic)，主张个人对于任何社会集体的道德优先性；第二，它是平等主义的(egalitarian)，它赋予所有人以同等的道德地位，否认人民之间在道德价值上的差异与法律秩序或政治秩序的相关性；第三，它是普遍主义的(universalistic)，它肯定人类的道德统一性，而仅仅给予特定的历史联合体和文化形式以次要的意义；第四，它是社会向善论的(melioristic)，它认为所有的社会制度和政治安排都是可以改造和改善的。该观念为自由主义勾勒出一个统一的形象，并使之确立了一个单一的传统。

自由主义虽然成型于近代，其思想渊源却一直可以上溯到古希腊。古希腊的智者首先提出了政治平等的学说，在伯里克利(Pericles)论雅典民主的言辞中，我们看到了平等原则和个人原则在古典民主制中的体现：“对于私人争执，法律一视同仁地对待每个人……我们享有的自由也扩展到了日常生活……我们可以如其所愿地自由生活。”

柏拉图虽然堪称古典时代的思想巨人，但他却与自由的传统背道而驰，用理性构筑了一个宏大的反自由主义乌托邦。亚里士多德的自由主义思想火花主要见于其伦理学中，那里隐约可见某种对自然权利的肯定。到了古罗马时代，公与私的划分初步成型，对个人利益和权利的保护是古罗马政治的一大贡献，这集中体现在具有强烈个人主义色彩的罗马私法体系中。古罗马人对自由主义观念的另一个重大贡献就是普遍平等的观念，这其中包含了希腊化时期斯多葛学派的影响。基督教传统对自由主义的贡献既在于对普遍主义和个人主义思想的继承，也在于它在更广阔的范围内以自己的方式推广和强化了这些传统。其教义要求人们相信，所有的灵魂在起源上都是平等的；基督教反政治的倾向使信徒与政治保持一定的距离，从而使社会生活走向二元。这两方面都有助于个人意识的觉醒。

文艺复兴将人的注意力从彼岸拉回到现实中，个人在精神上获得了空前的解放。进入 17 世纪，个人主义在新的基础上得到诠释，这首先应归功于霍布斯。霍布斯虽然强调树立统治者的权威，但其理由却是自然状态下享有平等自由的人无法靠自身保全自己。这样人们建立政治社会并非要实现某种终极的目标，只不过是一种补救人性缺陷的策略性的选择。人们所承担的义务并非是无条件的，而是源于自我保存的权利。这一点得到了斯宾诺莎的认同。霍布斯还认为，个人福利应以和平为条件，没有和平，自由也就难以保存。斯宾诺莎则认为和平和自由缺一不可。人之生存不仅在于以和平保全性命，还要自由地发挥自己的潜能。不过，斯宾诺莎认为自由人只是人群中的极少数，大多数人都处于无知状态，遭受着奴役，因此人类社会的进步的希望在他看来既遥远又微弱。

自由主义传统的真正开创者是洛克。洛克对自由主义的贡献主要集中在两点上：自然权利理论和政府必须基于被统治者的同意。洛克和霍布斯一样，认为人在进入社会之前处于自然状态。在霍布斯笔下自然状态危机四伏，而洛克则认为自然状态是和平和睦的状态，它是自由的状态也是和平的状态。自然状态并非放任的状态，人们要受自然法的约束。“自然状态有一种为人人所应遵守的自然法对它起着作用；而理性，也就是自然法，教导着有意遵从理性的全人类：人们既然都是平等和独立的，任何人就不得侵害他人的生命、健康、自由和财产。”洛克认为，自由、生命和财产是最重要的自然权利，三者之中，自由又最重要。在洛克看来，自由就是人们除法律之外不受任何限制的权利，财产与个人自由存在着紧密的联系，财产权是个人独立的必要条件。洛克认为人们进入社会状态只是为了让自然法原则得到更完美的实现。洛克用契约论来论证政府的合法性。他认为，人们在建立政府时并没有将自己的全部权利让出，还保有了一些权利,政府产生于人们与统治者之间的契约,人们因此对政府的行为有控制的权力。洛克提出,人们控制政府的方式主要是法治原则和多数同意原则。

启蒙时代,法国的“哲学家”们推崇人的理性,相信在理性的指引下人们将不断进步以至完美的境地。当然,并非所有的“哲学家”都秉持进步的法则,卢梭就对其大力攻击。在苏格兰,启蒙思想家也对进步不可避免的观点表示怀疑。休谟更是从人类的不完善性出发构筑保障个人自由的政治秩序。亚当·斯密则展示了一种“方法论个人主义”,对社会的解释最终都要落实到个人身上。

19 世纪一般被称为自由主义时代,这主要是指自由主义不仅是一种思想,而且成为受到广泛认同的政治实践原则,同时它也成为一种受到追捧的生活方式。英国是这个时代最典型的自由主义国家,法国的思想家则在反思大革命的过程中构筑自己的自由主义体系,其主要的代表是贡斯当。但是在兴盛局面之下,自由主义在英国正在发生重大的转变,这一过程开始于边沁,密尔成为转变的标志性人物,“密尔……信念的变动或者说波动,立即成为由……个人主义……向集体主义……转变的一个标志。”19 世纪末新自由主义兴起,他们接受有机体理论,持更加积极的自由观,主张国家在经济中扮演更积极的角色。第一次世界大战猛烈地冲击了自由主义,两次世界大战之间是自由主义的衰落期。

第二次世界大战后,自由主义得以复兴。1944 年哈耶克发表《通向奴役之路》(*The Road of Serfdom*)是这一进程的开端。他认为,纳粹主义的根源存在于社会至上主义的思想和实践中,他号召西方世界回到古典自由主义的道路上来,坚持法治之下的有限政府原则。自由主义的复兴大致可分为两个时期:冷战时期,即 20 世纪 50 年代与 60 年代,自由主义也未能免于冷战思维的影响;第二个时期始于 20 世纪 70 年代,这是一个大发展时期。后一个时期中,自由主义的发展又可以分为两支:一支是以罗尔斯为代表的自由主义政治哲学的复兴,另一支是古典自由主义经济学的大规模复兴。前者主要围绕罗尔斯的《正义论》展开,罗尔斯认为理性的人在假定的原始状态中,对自己所处的环境是无知的,因此会作出最正义、也就是最公正的选择。社会组织应遵循“平等的自由原则”和“差别原则”——“社会的和经济的不平等应这样安排,使它们:一、在与正义的原则一致的情况下,适合于最少受惠者的最大利益;二、依系于在机会公平平等的条件下职务和地位向所有人开放”。后者包括:货币主义、产权理论以及基于产权理论上的新制度主义研究、人力资本理论以及公共选择学派。

概括而言,自由主义是以理性主义作为认识论和方法论的基础,其出发点是个人,即个人是立论与论证的基点。其论证的理论依据包括自然权力学说、契约论以及功利主义，自由主义者在道德上提倡价值判断的多元性，但同时坚守具有普遍性的基本准则。

自由主义诞生于对抗之中，反对、批评自由主义的主要力量是：激进主义、保守主义和民族主义。最早系统批评自由主义的思想家来自保守主义阵营，最著名的是梅斯特尔(Joseph de Maistre)与柏克。他们之后，除马克思主义外，真正对自由主义做出全面批评与系统清算的是20世纪德国思想界，主要是海德格尔以及法兰克福学派的众多思想者。他们的矛头是指向现代性的，自由主义与现代性关系密切，自然也就脱不了干系。

（王燕平）

踪迹(Trace)

“踪迹”又可译为“痕迹”，“印迹”，“迹象”，本来是一个平淡无奇的日常用语，但德里达赋予它解构的力量，在哲学上运用它来颠覆西方形而上学之中在场的绝对统治地位。按照德里达，“踪迹”就是一切符号系统之中不可还原的差异，差异的游戏以及由它们所引爆的裂变运动。对符号体系之本源和本质的一切追寻，其结果都必然会遭遇到“踪迹”，它就是在本源之处对本源的分裂，在本质之内对本质的摧毁。如果要用形而上学的概念来把握“踪迹”，则一定会陷入“踪迹”的自相矛盾，或者说陷入绝境：“踪迹”是虚无，又是大全；“踪迹”是“没有本源的本源”以及“没有本质的本质”；“踪迹”当下存在(在场)又隐蔽无形(缺席)。“踪迹是无，它不是存在者，超越了‘什么是?’这个问题，但它常常已经使‘什么是?’这个问题成为可能。”(*Of Grammatology*)但恰恰就是这么一个自落陷阱、自遭绝境的术语表示着形而上学传统的自助与自残，以及一切符号系统的建构和解构。

德里达尝试建构一种作为肯定科学的“文字学”。但这一在他看来尚未真正问世的学问之关键不在于“学”，而在于“问”。他追问，在言语和文字之间何者优先？文字“源”于何处？西方形而上学文化之中，“一念”统治了三千年。这“一念”就是言语高于文字，因为言语是活的说话者和活的倾听者之直接在场，一个充分言说，一个充分理解，因此交流畅通无障碍。这就是说，“言语”等于“在场”，“在场”等于意义和价值的充分实现。而文字则等于“缺席”，“缺席”导致意义和价值的错位和误解。“文字”在外，

“言语”居中，而“心灵”在内。文字摹仿言语，言语源自心灵。文字与心灵隔着两层，因此是十足的幻影，幻影之幻影。那么，在心灵深处诞生的思想、情感、真理和价值等等，又是什么呢？追至如此幽深的穷尽处，人们却只得无奈地说，有一只看不见的神圣之手，把真理以及对真理的爱恋铭刻于我心。“心本无物”，一切只是被铭刻的踪迹而已！这样上达神圣、下至心源的追问，实在逼迫人们承认，心灵是“踪迹”，言语是“踪迹”，文字是“踪迹”。“踪迹”就是“文字”，“源始的踪迹”就是“源始的文字”(arche-writing)。这种源始的文字不仅先于言语而存在，而且在本源处包容了言语。文字即一切符号系统的源头活水，它使一缕踪迹过渡到缕缕踪迹，使缕缕踪迹过渡到文字符号，从广义的文字符号过渡到狭义的文字符号，从一种文字符号过渡到另一种文字符号……文化流转不息，而生命不绝于缕。

“踪迹”，本来就是本源之处“筚路蓝缕”的生命活动。生命活动的绝对明证就是造就不可还原的差异。但是，在西方形而上学文化之中，这一本源的不可还原的差异却被压抑了。本源被遮蔽，就有了存在意义之遗忘。形而上学赋予“在场”以高于“缺席”的优先地位，这就使本来为言语之本源且包容着言语的源始文字，反过来被言语窒息或者放逐了。“踪迹”被囚禁在“逻各斯(话语)”的牢狱之中。“逻各斯”时代是崇尚言语蔑视“文字(踪迹)”的时代。要想解构“在场”的统治，要扫荡“逻各斯”时代的恐怖阴影，就必须利用不可还原的踪迹概念，来把握文字符号，从而确保神圣力量在踪迹之中发挥作用，以及了解宇宙的一般结构。

将“踪迹”作为一个解构西方形而上学传统的概念线索，这是德里达的独创。但对“踪迹”展开哲学思考，在西方哲学历史上却源远流长。背靠光亮的“洞穴人”投射在墙面上的模糊身影，这是柏拉图对“踪迹”的描述；普洛提诺说“踪迹就是某种无形式东西”，每一个哲学家都十分渴望却不能拥有；笛卡尔将心灵比拟为自然蜡块，铭刻在蜡块上的印迹显然就是主体意识的隐喻。

“踪迹”哲学的直接先驱是尼采、弗洛伊德和列维纳斯。尼采的中心概念“权力意志”之核心，归宗于一个“力”字。这个“力”就是产生不可还原的差异的“力”，爆破同一性体系及其永恒真理的“力”，总之是穿越一切合理的秩序而留下混乱踪迹的“力”。踪迹与踪迹的互相交错，差异在踪迹之中不息地生成而又普遍散播，一切真理都被化为幻影，一切价值都被看作恶意的欺骗。尼采就是这样建构出自己的哲学，来对抗传统形而上学的语法体系。他的哲学活在“踪迹”之中，又将“踪迹”延续下去，漫衍开来。

弗洛伊德的《科学心理学纲领》将无意识心理活动与一种叫作“书写魔板”(Wunderblock)的神秘打印装置进行了一种类比：在一张覆盖在有色蜡块之上的半透

明纸上刻画出痕迹，然后掀起纸张，再覆盖上去，再在上面刻画痕迹，如此反复以至无穷……这就是心灵活动的隐喻。而只要我们想描述心灵、意识、主体、记忆以及精神，就首先必须考虑到这种"踪迹"。踪迹的产生导致同一体的破裂，踪迹涂抹导致主体性的隐逝，踪迹的散播引起符号体系的裂变。"没有踪迹就没有破裂，没有踪迹就没有差异"，弗洛伊德就这样展开了不可还原的源始差异，从而上演了那场古老的"文字戏剧"——"踪迹"，或者"源始的文字"，就是历史的舞台与世界的游戏(《弗洛伊德与书写舞台》，见《书写与差异》)。

列维纳斯通过解放"绝对差异"而策划了一场走出希腊存在论的决裂。这个"绝对差异"最终决定了时间、历史、伦理、友爱以及正义。但"绝对差异"是他者——"一个完全异在的他者"，属于从来就没有"在场"过的过去。他者是一个不可呈现的谜团，是绝对可变的踪迹。

"踪迹"即"力"，即"源始的文字"，即"绝对差异"……在这里我们勉强地用"即"来取代"是"，因为"踪迹"在形而上学的语法体系之中是无法表达的，尤其反抗"是/不是"的二元逻辑。德里达将与"踪迹"有关的符号看作一些标志，它们沿着不同的踪迹、踪迹的差异、踪迹的游戏的复杂轨迹组织起一个无边的网络或者一个无底的棋盘。"踪迹"因此界定了形而上学，又破除了形而上学的界限。反过来说，"踪迹"作为本源而先于"逻各斯"，但被禁锢在"逻各斯"之中。这就是要利用源始的踪迹、不可还原的差异来发动反"逻各斯"中心主义运动的理由。通过"踪迹"这个表示源始差异的符号，德里达解构了贯穿于西方哲学历史和符号理论之中的三个基本主题：第一，建立在口头言语优先性基础上的语言理论，它们无法理解文字的本质以及"书写的逻辑"；第二，以"在场"为中心的存在概念，它们以对"在场"的迷信和对"先验所指"的幻想而压抑了不可还原的差异；第三，建立在摹仿论根基上的"再现"概念，这种概念将符号作为纯粹的工具，沉迷于外在的客观的真实，而漠视了符号本身的生命力量。

"踪迹"既在场又不在场，因此"流动"、"变易"是它的特征。而且，在德里达的作品之中，它也不是一个固定的概念，总是被其他的概念所置换、补充甚至颠覆。"灰烬"，德里达令人不解地表示，"更好地表示了我想用'踪迹'这个名词所表达的意思"(《不存在一种自恋》，见《一种疯狂守护着思想》)。而"灰烬"，恰如"踪迹"一样，它既不在场也不缺席，而且不留余迹地耗费它自身。不留余迹，好像证明了证人绝对地失踪，证据绝对地毁灭，记忆绝对地消逝，心上人一去不返地离去……而这就是档案学和考古学所必然遭遇的绝境。通过档案、遗迹、遗址、遗物、记忆等来追寻绝对的本源，就是一种对档案的狂热，而这份狂热一定会招致本源的痛苦(德里达的双关语"Archive Fever"，既是“对档案的狂热”，又是“本源的痛苦”）。本源的痛苦，在于追寻本源最终毁灭本源。人们希望穿越踪迹，踏着灰烬，去追寻过去的事件，去追寻本源，但这个正在被追寻的事件或本源已经被毁灭了。踪迹与灰烬，都有如幽灵，既没有形体又不会出场，而且在本源处就被分裂了。档案，即源始的踪迹，并没有记录一种可以返回源始经验的道路，道路被延宕在踪迹的交错之中。

在对抗和解构“元话语”的后现代文化语境之中，对“踪迹”的思考已经成为应付无意义感的“思想危机”和应付碎片化的生活的策略。“踪迹”是一种弱势思想的逻辑，这种逻辑体现在科学知识解体之后的语言游戏之中。利奥塔认为，“踪迹”即一种激进化的差异符号，它流通在先锋艺术、“不可再现的崇高”以及艺术博物馆谱系之中，代表着“某种死亡了的时间、某种停顿、某种写字本中的寂静”（见《非人》）。波德里亚对晚期资本主义社会、消费意识形态及其媒介呈现方式的思考，也贯穿着“踪迹”的逻辑。媒体建构的“虚拟世界”、“影像经济”、“超级真实”以及“赛博空间”，在某种意义上都是在本源处摧毁了本源的“踪迹”，用波德里亚本人的话说，就是消灭了真实也消灭了符号的“幻象”。“幻象”是踪迹，踪迹的踪迹，踪迹的游戏。最后，德里达对“踪迹”的思考以及相关的“文字”概念，启发了后殖民主义文化理论对于现代性、身份以及时空定位的探索。后殖民主义文化批评家，如赛义德、斯皮瓦克、霍米・巴巴等，他们或者在欧洲文学叙事之中去探询帝国文化的暴力踪迹，或者在被殖民的文化之中去寻找身份认同和抵抗现代性的踪迹。无论如何，“踪迹”都是一种被书写在书写过程之中、既不在场又不缺席的“绝对差异情结”，而对它的解释也趋向于无穷。

（胡继华）

总体性（Totality）

总体性是匈牙利马克思主义理论家乔治・卢卡奇用来总结马克思主义辩证法的一个概念。他对这个概念的定义是“总体范畴，整体对各个部分的全面的、决定性的统治地位”（乔治・卢卡奇，《历史与阶级意识》，杜章智等译，商务印书馆，1996年，76页）。也就是说，在认识事物时，以普遍联系、而不是孤立片面的方法来确定其本质。这原本是黑格尔的哲学概念，但在黑格尔那里，它是唯心主义的，马克思对之进行了唯物主义的改造，所以，在马克思的历史哲学中，辩证总体的联系跨纵横两个向度，纵向包括历史变迁的整个过程，横向则包括这个过程中的政治、经济、社会、文化等各种因素，用马克思的话来说，即“它是许多规定的综合，是多样性的统一”（同上，56页）。

卢卡奇称这种方法是具体的方法，或能够再现现实的方法。在他的总体论中，现实与事实不可混淆，所谓现实指的是历史或社会的现实性，即一个事件在各种联系中的定位，它是事件的必然倾向或趋势，因此也是事件的内在本质。只有不被表象所蒙蔽，由表及里，去伪存真，才能抵达现实本身。而事实则是直观的存在本身、既定性或直接性，是人对事物的镜像反映、感性认识，它不能说明事物的真正本质，正如卢卡奇所说：“一个人完全可能描述出一个历史事件的基本情况，而不懂得该事件的真正性质以及它在历史总体中的作用”（同上，61页）。

但是资产阶级的科学方法往往把直接截取、并孤立起来进行研究的事实本身奉为现实，而斥责总体的方法是不尊重事实的空想。对此，卢卡奇认为，这是目光短浅的经验主义者的见解。一方面这些人没有认识到事件的真义来自联系，另一方面他们也没有意识到，他们用来做证明的所谓客观数据、既定事实等，不管进行多么简单的列举，即使丝毫不加说明，本身就已经是一种“解释”了。因为事实已经被从它们原来所处的生活联系中抽出来，放到了一种范式中，被一种理论、一种方法所把握，由此，“纯”事实实际上已经是被主体占有的、对象化的形式，它已经是某种意识形态的产物，只是因为这种意识形态就是他所生活在其中的资本主义社会的本质所造就的一种认知方式，已经成为一种下意识，使他无法超然度外来反思这种方法。

上述观念是与资本主义的物化现实密切相关的。随着资本主义的发展，劳动产品转化为商品，在这个转变过程中，商品的本源——人与人之间的社会和阶级关系——越来越被掩盖，商品这个人造的对象表现为一种自律的东西，其规律不受人的意识所把控，使得人只有对其进行机械反映的本分，而没有驾驭的可能，它变成了一个第二自然。在资本主义社会，不仅人与自己的劳动产品之间如此异化，人本身也受到商品关系“幽灵般的对象性”的侵害，人与自己的能力也相互分离，因为劳动者必须把自己的能力在市场上出售，于是“他的特性和能力不再同他有机统一，而是表现为他所占有和出售的一些物”（同上，164页）。在越来越严密的劳动分工中，他的某种能力成了某一部分劳动的自动工具，原本属于他主体性的东西，如今被变成了一部大机器上的配件，与他作为“所有者”的人格相分离。

由于这种分离，对所有这些被对象化的东西，无论其存在形式是物质产品，还是人的某种技能，最合适的研究、最公正的评价就是量化计算了。当它们在这种计算中显现出各种规律和合理性、并从而自成体系时，物化程度达到了极限。于是，“这一切改变了社会的现象，同时也改变了理解这些现象的方式。于是出现了‘孤立的’事实，‘孤立的’事实群，单独的专门学科(经济学、法律等)，它们的出现本身看来就为这样一种科学研究大大地开辟了道路。因此发现事实本身中所包含的规律，并把这一活动提高到科学的地位，就显得特别科学”(同上，54 页)。但是这种看来非常科学的方法是不科学的，原因就在于总体景观丧失，本原丧失，它既忽略了作为其依据的事实的社会历史性质，即事物在普遍联系和历史总体发展中的地位，又忽略了事件的物质基础，结果就把现象和本质相混淆，就模糊了资本主义社会历史的、暂时的性质，使其各种规定带有适合于一切社会形态的永恒范畴的假象，使资本主义成了一种无法被超越的社会状态。

资产阶级之所以坚持这样的模式，是由它的阶级地位所决定的，因为“对于资产阶级来说，按永远有效的范畴来理解它自己的生产制度是生死存亡问题：它必须一方面把资产阶级看成是由自然界和理性的永恒规律注定永远存在的东西，另一方面必须把无法忽视的矛盾看作是与这种生产方式的本质无关而只是纯粹表面的现象”(同上，59 页)。所以这种思想方法是资产阶级的思想武器。

与资产阶级的方法论正相反，辩证总体的方法把资本主义社会既定事实的直接表现形式和总体性既区别又联系，既承认它直接表现形式的历史必然性，又把它作为历史总体发展的环节、过程，同时将它与作为它本源的社会物质基础相关联，达到对其辩证、深入、具体的认识，看到其流变的历史，最终看到它在社会发展过程中的倾向性。因此这种认识不是再现各种直接的、简单的规定，而是从直接、简单的规定出发，“前进到对具体的总体的认识，也就是前进到在观念中再现现实”(同上，56 页)。

这点可以用马克思的经典例证来说明，如对于黑人成为奴隶，纺纱机成为资本，黄金成为货币，砂糖成为砂糖的价格这类现象，如果仅仅以“精确”再现“事实”的方法来把握，就会把这种表象看成是它们的本质、命运、第二自然，而只有用总体的方法才能由表及里，去伪存真，看穿它们身上的“既定性”不过是特定生产关系的产物或特征，并且会随着历史的发展而被扬弃。所以这种揭去面纱，露出历史发展的真正趋势的方法是真正认识客体的途径，而“客体的可知性随着我们对客体在其所属总体中的作用的掌握而逐渐增加。这就是为什么只有辩证的总体观能够使我们把现实理解为社会过程的原因。因为只有这种总体观能够揭破资本主义生产方式所必然产生的拜物教形式，使我们能看到它们不过是一些假象，这些假象虽然看来是必然的，但终究是假的”(同上，62 页)。

由此可见，总体的方法能够在认识上打破物化意识，看到事物变化的过程，但这远远不是总体观的最终目的或结果，它的最终目的或结果必将是革命、实践、改变现实。这就涉及历史的主体问题，当一个历史的主体一旦能够通观总体，这必将意味着他世界观的改变并指导他的行为。那么，这个主体不可能是资产阶级，也不是任何伦理个体，而只能是随着人类社会的发展，随着历史的总体性问题越来越清楚地自我显现，无产阶级在历史的舞台上从自在的阶级成为自为的阶级。一旦如此，它必然宣告现存世界制度的解体，这是由它所生活的社会本质以及它在这个社会中的历史地位所决定的。无产阶级出现在一个"使社会社会化"的过程中，即资本主义的商品化社会中，在这个世界里，表面上人人平等，直接决定人和自然之间物质交换的封建经济关系日益消失，人成了真正意义上的社会存在物，社会对人来说成了名副其实的现实，即整个社会被生产、交换、分配、消费所连通，因而更有助于使人从宏观上把握社会生活的总体构架。此其一，其二，也是最重要的一点，即在这种社会现实中，无产阶级过着一种非人的生活，所谓的人人平等对他来说只是将劳动力作为商品出卖与交换的平等。所以他必须自己解放自己，即必须消灭他本身的生活条件。如果说对于资产阶级来说，把资本主义的片面性现实看作是永恒的本质，这是关乎其生死存亡问题，那么对于无产阶级来说，彻底认清社会的总体性以及自己在历史总体中的阶级地位，这同样是生死攸关的问题。

（郭军）

族裔(Ethnicity)

20 世纪中期之前，欧洲人对人种的分类一直是基于种族(race)的概念的。早在 18 世纪康德等人就曾将人种划分为白种人、黑种人、黄种人、棕种人和红种人五个类别。这种划分的标准主要是根据人种外部的身体特征，如肤色、面貌和身材等生物上的遗传特征。之后，这些区别又被运用于对文化差异的解释上。以生物特征来解释文化差异的做法为 18、19 世纪欧洲殖民主义对殖民地国家的入侵和掠夺提供了理论基础和铺垫，并最终种下了种族主义的恶果，英、美等西方国家一度实行的奴隶制、欧洲殖民者在美洲大陆对原住民印第安人的杀戮、二次大战中德国纳粹对犹太人的种族灭绝无一不是种族主义的极端表现。族裔一词与种族有很多相似的地方，但理论上它们之间最大的区别就是族裔是"不同的群族、种族、团体在实践规范、文化形式和宗教信仰上都有同样之处，在这样的情况下他们可以形成某种单一的认同，来陈述和再现他们在主流文化下被建构出的弱势族裔地位”。根据美国人类学家费什曼的解释，族裔不是建立在生物性、物质性和科学性上的，而是建立在文化性和象征性上的，是由许多社会特征相互结合而决定的。除了共同的出生地、语言、宗教这些基本因素之外，族裔更是由一个群体共同的价值观念、行为准则以及共同的意识、经历、语言、记忆、品位和效忠的对象等抽象的因素决定的。因此，族裔的一个简单的定义就是“一个由文化或民族性格与他者区分开来的社会群族”。

如果说种族从理论上讲是欧洲白人按照生物意义上的等级排列次序将其他种族所做的固定排列，那么族裔一词出现的意义就恰恰在于它去除了生物意义上的等级制，提倡各种族、群族之间的文化共生、共存和相互平等的主张。由此来看，种族是一元化、制度化的统治策略，是以二元对立的方式将一方强加给另一方、具有破坏性的等级划分；而族裔则是建立在多元共生、共存的思想基础上、具有一定积极的建设性意义的自我认定。它的积极意义和建设性体现在它承认历史、语言、文化在建构主体性与身份上的作用，承认一切话语都是有自身的发声位置、时间和语境的，并在很大程度上依赖于所有社会成员的赞同与积极配合，这就是族裔与种族之间最大的不同。（廖炳慧，《关键词 200》）。

族裔除了其文化属性之外，还有象征性很强的一面。它一般并不体现在物质或体制层面上，不由暴力国家机器，如法律、国家政策、警察、监狱等强制执行，它更多是体现在人的精神层面上，也就是意识形态中。如人们记忆中的亲情关系、语言（方言）关系与各种文化实践形式，如神话、传说、仪式、文学艺术作品等。这种意识形态的相互认同使得一个人如果决定认同于某个族裔，他/她就会长久地忠于这种族裔性，不会轻易地放弃或改变。1970 年，美国社会学家施默霍恩给了族裔一个更为具体的定义，他认为族裔就是“一个有着真实或假设的共同祖先的（也就是有着像殖民、移民、入侵或者奴隶制这样共同的渊源或历史经验记忆的）集体；一个有着共同的被分离、被命名的群体意识；一个有着作为群族的一个或多个象征物缩影的文化聚焦。这些特征永远处于根据具体发生的时间和地点相互结合的过程中，有意识或无意识地为这个群族的政治利益服务”（阿布都·R.简默哈默德《殖民文学中的种族差异问题》，1999）。这个定义最让人感兴趣的地方就是“象征物缩影的文化聚焦”：象征性的文化纽带可以比任何其他方式都更加牢固地将同族裔的人们团结在一起，为共同的政治权利和经济利益而奋斗。举例来说，当中国流散在世界各地的海外游子想到“炎黄子孙”、“龙的传人”这样“象征物缩影的文化聚焦”时，每个人对本族裔的认同都会上升到最高点，并升华成一种强烈的民族自豪感。

族裔和种族还有另一个重要的差别，那就是族裔一般是以一个国家、社会向另一个国家、社会迁徙或移居的移民、难民及各种流散者为主要对象而言的。也就是说，他们是主流文化之外的弱势群体，“凭借‘族裔’的概念来自我展现其文化的特殊性格，并借此结成团体”。这个意义上族裔的概念在美国是在1965年移民政策改变之后才有了实质性的改变。世界各国移民，特别是第三世界国家移民人数大量增长是在战后时期出现的。在20世纪初的“大熔炉”时代，美国的绝大多数移民都来自欧洲，所以同化与融合自然成为了美国建立国家民族性和团结、吸引移民的基本国策；与此同时，二次大战前后美国经济的快速发展也为同化与融合提供了经济上、物质上的保证。然而，1965年后，大量的移民涌入使得美国再也无力同化来自各种不同文化的移民，而且，当时的经济发展速度也无法满足大量移民就业、发展的需求，因此，强调不同文化之间共生、共存的“文化马赛克”、“色拉碗”的多元文化模式也应运而生，成了美国在新形势下的新国策。

族裔以及由此带来的在西方国家种族政策上的改变无疑代表了某种社会进步，但我们无法忽视隐藏在族裔一词，以及在政治上同样“正确”的另一个词——“多元文化主义”中的矛盾性和虚假性。事实上虽然上述强调多元文化共生、共存的种族政策的改变预示了一定程度上的社会进步，但实质上种族和族裔两个概念之间还存在着千丝万缕的联系。后殖民理论家霍米·巴巴曾就“文化多样性”和“文化差异”之间的差别进行过深入的分析。他认为文化多样性指的是主流社会能够包容的、于他们无害的、有选择性的他者的文化，是去除了政治色彩、被定格在古老的东方或过去的他者文化，允许其存在体现的是主流社会对边缘文化的大度与宽容。这和真正相互平等地尊重每种文化的差异还存在着一些本质的不同。巴巴的分析在一定程度上揭开了蒙在族裔或多元文化主义之类词汇上的面纱，使我们看清了有关“族裔”或者“多元文化主义”这些听上去“政治上正确”的词汇以及类似现象的本质。

（陆薇）

作者之死（the Death of the Author）

“作者之死”乃是法国当代文坛领袖罗兰·巴特在《作者之死》（1968）中的宣言。

这篇宣言诞生在巴特大战索邦大学皮沙尔(Raymond Picard)凯旋之际，诞生在1968年巴黎学生运动的大背景之中，因此，它不仅带有巴黎结构主义思想运动的印记，也同样具有来自学潮背景的政治含义。结构主义虽然不上街游行，但是一样能掀起革命运动。这时的巴特既是一个符号学家，也是一个文学批评家，既是一个作家，也是一个思想革命家。

在《作者之死》一文的开头，巴特分析了一部巴尔扎克的小说《萨拉辛》，而这个分析的内容还会重现在他的从1968年的研讨班中诞生出来的《S/Z》中。就文本的渊源而言，巴特的《作者之死》应该被视为《S/Z》的一个导言来阅读；但就实质内容而言，"作者之死"带来的是《文本的愉悦》。这是"作者之死"的一个效果。另一个效果就是《作者之死》的结尾所说："读者的诞生的代价就是作者之死。"从传统的"作者—作品—读者"的三角关系来看，巴特竭力解构西方文化中根深蒂固的"作者"的概念，而试图为"文本"与"读者"、"写作"与"批评"以及"身体"与"欲望"带来新一轮的解放。

当然，巴特对作者的批判不同于威姆萨特和比尔兹利对于解释作品诉诸作者的"意图谬误"的批判。虽然巴特也认为，写作就是作者的意图不断消失的过程，但是，巴特的批判远远超出了文学批评的范围，他的宣言带有深刻的结构主义思潮的背景，这是一种批判神学、神话学、人道主义、现代性和主体中心哲学的思想运动。在结构主义运动看来，"作者"的概念是文艺复兴、宗教改革运动以及英国经验主义、法国理性主义对个体和人性的发现的结果，是典型的资产阶级的意识形态，是实证主义发展出来的典型的现代神话。人们在日常文化中所能找到的文学意象，都集中在作者方面，集中在他的个人、他的历史、他的爱好和他的激情方面，比如波德莱尔的作品是波德莱尔这个人生活失败的记录，梵高的作品是他的疯狂的写照等，作品的意义和解释总是从生产作品的作者及其意图那里去寻找起源和本质。显然，这一"作者"的概念与上帝、创造者、人性、自我、意识、认同、意义等概念是密不可分的。因此，"作者之死"与"上帝之死"、"人之死"、"反人道主义"、"主体性的终结"、"反人类中心论"等也是紧密相关的。巴特对"作者"概念的批判，实际上是对整个"作者"观念背后的形而上学和时代精神的批判。在德里达解构西方形而上学的哲学传统之时，巴特在解构西方的文学传统。

当然，巴特并不是第一个给出这一新的写作理念的人，在巴特之前也有很多人开辟了这条道路，马拉美可以说是第一个在诗歌中明确"作者之死"的理论含义的人。波德莱尔、马拉美和瓦雷里的整个诗学核心就在于以写作取代作者，以语言取代语言的主人，以词语取代思想。他们的诗歌实践诉诸语言的本性，有一种近乎对语言的崇拜，因而拒斥任何求助作者内在性的可能。普鲁斯特的小说虽然有大量的心理描写和琐碎的分析，但是，他从来不让叙述者混同为作者，从来没有将小说的人物混同为现实中的人物。超现实主义的自动写作更是打破了传统的作者的形象，写作被认为是语言的事情，而不是作者的事情。在19、20世纪的文学实践、文学批评、语言学和语言哲学中，诸多现代派思想都坚持语言和作品相对于意图和意义的优先性，坚持写作行为相对于写作主体的优先性，坚持文本以及文本的阅读、享用和消费相对于创作和生产的优先性。

巴特认为，并不存在先于或超出于其写作和作品的某个潜在的作者，作者仅仅是其作品的主语，一个语法的位置，而不是一个固定不变的实体。作者与作品的关系并不是父与子的关系，因为，即使作者也不能创造写作作品的语言，更有可能的是，作者完全服从于作品的逻辑和语言本身的力量。作者与作品的父与子关系预设了作者是作品的法律，是作品的合法所有者，是作品的生命和意义的源泉，是创造作品生命的神圣的力量，有如上帝创造天地万物一样。而这首先要预设作者像上帝创世一样"无中生有"，完全凭借一己的天才或生命的力量创造了作品，而且，语言对于作者来说就好像是透明的存在或者完全称手的工具一样。然而，一个文本并不是由单一意义的所指组成，而是由多义性的能指链构成的空间，是由各种文本互相交织成的织体。在文本的空间中没有充满激情、性格、情感、个性的作者，而只有永不停歇的词语的聚合、符号的编织、文本间的模仿和挪用以及不可破译的写作行为。文本的空间是一个零度空间，这里没有上帝及其替代物，没有科学的法则，也没有有个性的人。文本的空间是多种文化间的冲突、对话、模仿和汇聚。这里没有主体间性，只有文本间性。这里的主宰不是生平、心理、传记和主体，读者是这个开放的空间的新主人。"作者之死"让读者诞生，让读者能进入被作者所禁闭的文本空间。"作者之死"也让新型的写作方式和新型的文本诞生，这就是作为欲望的显现的快感的写作，以及可写但不可读的文本。巴特的"作者之死"提出了一种20世纪最为激进的写作概念和文本理论。

在巴特的宣言发表的同时，福柯以《什么是作者?》(1969)一文回应了巴特的"作者之死"的宣言，使得"作者之死"成为当时最为流行的思潮。福柯同样反对一个外在于并先于文本的作者观念，这是一个先验的神学的概念；他反对将作品视为作者生命的延续以克服死亡焦虑的准宗教观念。福柯也反对语言学上的专名的概念和指称的单义性，好像作者的名字担保了占有性的个人主义。

从《词与物》和《知识考古学》的思想出发，福柯将作者的名字视为一种分类功能和话语功能，"作者"担负着划分文本的类别、分离不同的文类、划定话语集合的功能。将一套话语和一系列文本归之于一个作者，将作者赋予一个神圣的地位，将作者视为作品的统一性和意义的起源和确定性，将作者视为一个深层自我，这些都不是不言自明的，而是由话语实践与各种机构、制度、权力关系的非话语实践共同实现的“作者功能”。作者看起来是一个主体，实际上却是一系列话语实践的承载者和聚合器。从话语分析的视角出发，福柯指出作者只不过是“作者功能”而已，只不过是社会关系在话语实践中的一个效果。主体的创造性的概念应该被复杂多变的话语实践和作者功能的分析所取代。

福柯从话语优先于主体的视角出发，消解了主体性和人道主义的幻象。福柯坚信，在话语流通的地方，完全不需要作者；写作也不需要由作者的观念来担保，“谁在说话又有什么关系”。于是，福柯提出了一种新的写作伦理，写作不再为外在的意义而负责，写作更多地将被视为符号游戏、视为能指的游戏，被视为主体的消失。这意味着，写作将更多地关注文本本身的结构、游戏和界限，关注文本的缝隙、空白和缺席，而不是关注写作的那个人。福柯不是在重复“作者之死”、“上帝之死”和“人之死”的口号，而是试图检视作者消失后所留下的空间，探求是否可能建立一种无需作者的新写作概念和新文化观念。“作者之死”并不意味着一无所有，相反，意味着新的可能性：“作者之死”留下的空间将敞开一种新型的语言与自我关系。

由于巴特和福柯的批判，“作者之死”的观念已经成为后现代主义最重要的理论之一。

（张旭）

术语对照表

A

A Thousand Plateaus　千高原

Aesthetic　审美

Alienation　异化

Allegory　寓言

Androcentrism　男性中心主义

Androgyny　双性同体

Anti-Essentialism　反本质主义

Anti-Oedipus　反俄狄浦斯

Aporias　绝境

Aura　光晕

autre/Autre　他人/他者

B

Becoming　生成

Being　存在

Biopower/Biopolitics　生命权力/生命政治

Body Without Organs　无器官身体

C

Carnival　狂欢

Capital/Capitalism　资本/资本主义

Catachresis　词语误用

Civil Society　市民社会

Class　阶级

Cognitive Mapping　认知图绘

Collective Unconsciousness　集体无意识

Commodity Fetishism　商品拜物教

Communicative Rationality　交往理性

Community　社群

Complexe d'Oedipe　俄狄浦斯情结

Conservatism　保守主义

Constellation　星座

Consumer Society　消费社会

Critical Theory　批判理论

Cultural Capital　文化资本

Cultural Imperialism　文化帝国主义

Cultural Industry　文化工业

Cultural Materialism　文化唯物主义

Cultural Politics　文化政治

Cultural Studies　文化研究

Cyberspace　赛博空间

D

Das kulturelle Gedächtnis　文化记忆

Death of Man　人之死
Deconstruction　解构
Desire　欲望
Desiring-Machines　欲望机器
Deterritorialisation　解辖域化
Dialectic　辩证法
Dialectic Image　辩证意象
Dialectic of Enlightenment　启蒙辩证法
Différance　延异
Difference　差异
Discipline　规训

E

Ecological Literature　生态文学
Empire　帝国
Enlightenment　启蒙
Epistèmé　知识型
Epistemic Violence　认知暴力
Epistemological Rupture　认识论断裂
Eternal Return　永恒轮回
Ethnicity　族裔
Ethnography　民族志
Everyday Life　日常生活
Existentialism　存在主义
Expenditure　耗费

F

Feminine Mystique　女性奥秘论
Femininity　女性气质
Feminism　女性主义
Field　场域
Flaneur　浪荡子
Fold　褶子
Fordism/Post-Fordism　福特主义/后福特主义
Formalism　形式主义
Fragments　碎片
Freedom　自由

G

Genealogy　谱系学
Gender Performance　性别表演
Gift　礼物
God's Death　上帝之死
Grand Narrative　宏大叙事

H

Habitus　习性
Hegemony　文化霸权
Hermeneutics　解释学
Homogeneity/Heterogeneity　同质性/异质性
Humanism　人文主义
Hybridity　混杂性
Hyperreal　超真实

I

Identity　身份/认同
Ideological State Apparatuses　意识形态国家机器
Ideology　意识形态
Immanent/Transcendent　内在/超越
Implosion　内爆
Inconscient　无意识
Instrumental Reason　工具理性
Intertextuality　互文性

L

Late Capitalism　晚期资本主义

le théâtre de la cruauté　残酷戏剧
Legitimacy　合法性
Liberalism　自由主义
Local Knowledge　地方性知识
Logocentrism　逻各斯中心主义

M

Melancholy　忧郁
Metahistory　元历史
Metanarrative　元叙事
Metaphor/Metonymy　隐喻/转喻
Metaphysics　形而上学
Mimicry　模拟
Mirror Of Nature　自然之镜
Misogyny　厌女症
Modernism　现代主义
Modernity　现代性
Monad　单子
Multiculturalism　多元文化主义
Myth/Mythology　神话/神话学
Mythic-Archetypal　神话—原型

N

Narratology　叙事学
Nation-State　民族—国家
Negative Dialectics　否定辩证法
New Historicism, Neo Historicism　新历史主义
Nomad　游牧

O

Остранение　陌生化
One Dimensional Man　单面人
Organic Intellectuals　有机知识分子
Orientalism　东方主义
Overdetermination　过度决定

P

Panopticism　全景敞视主义
Parody　戏仿
Patriarchy　父权
Performative　述行
Phallus　菲勒斯
Phenomenology　现象学
Pleasure　快感
Political Unconscious　政治无意识
Polyphonic Theory　复调理论
Post-Colonial/Post-Colonialism　后殖民/后殖民主义
Post-Structuralism　后结构主义
Power　权力
Power-Knowledge　权力—知识
Presence/Absence　在场/缺席
Production of Space　空间生产
Profane Illumination　世俗的启迪
Protestant Ethic　新教伦理
Public Sphere　公共领域

R

Reason, Vernunft　理性
Redemption　救赎
Reification　物化
Ressentiment　怨恨
Revolution　革命
Rhizome　块茎
Ritual　仪式

S

Schizoanalysis　分裂分析

Semantics 语义学
Sex,Gender 性别
Sexual Politics 性政治
Shock 震惊
Signified 所指
Simulacra 仿真
Simulation 拟像
Signifier 能指
Sisterhood 姐妹情谊
Sovereignty 主权
Space 空间
Speech Acts Theory 言语行为理论
Strategic Essentialism 策略性本质主义
Structures of Feeling 情感结构
Subaltern 属下/属下阶层
Subject/Object 主体/客体
Symbolic Capital 象征资本
Symptomatic Reading 症状阅读

T

Technische Reproduzierbarkeit 机械复制
Text 文本
the Archeology of Knowledge 知识考古学
the Death of the Author 作者之死
the Dialectic of the Master and the Slave 主奴辩证法
the Ethics of Deconstruction 解构的伦理学
the Imaginary/the Symbolic/the Real 想象/象征/真实
the Linguistic Turn 语言转向
the Mirror Stage 镜像阶段
the Philosophy of Money 货币哲学
the Society of the Spectacle 景观社会
Theory 理论
Thick Description 深描
Third Space 第三空间
Time/Time-space 时间/时间—空间
Time-Space Compression 时空压缩
Totality 总体性
Trace 踪迹

U

Übermensch 超人
Under Erasure 擦抹
Universality/Universalism 普遍性/普遍主义

V

Value 价值
Verfremdung 间离

W

War of Position 阵地战
Western Marxism 西方马克思主义
Will to Power 权力意志
World-System 世界体系
Writing Degree Zero 零度写作